ANNA MAXTED

Kopfüber ins Glück

Buch

Bislang hatte Helen ihr Leben eigentlich ganz gut im Griff, trotz der Probleme, die jede junge Single-Frau nun einmal hat: Ihr Job bei der Zeitschrift »Girltime« ist ziemlich unbefriedigend, ihr Liebesleben steht kurz vor dem Aus, da der hinterhältige Jasper ein chronisches Treueproblem hat, und ihr Kater Fatboy findet nur selten den Weg zur Sandkiste. Aber all das wird unwichtig, als Helens Vater mit einem Herzinfarkt ins Krankenhaus eingeliefert wird und schließlich stirbt. Helen ist fassungslos. Doch ihr bleibt kaum Zeit, den Verlust zu verarbeiten, denn erstens fordert ihre Mutter Cecilia auf einmal Helens ganze Aufmerksamkeit. Und zweitens lernt Helen ausgerechnet am Tag der Beerdigung den hinreißenden Tom kennen, der ihr fortan nicht mehr aus dem Kopf geht. Allerdings endet bereits der erste gemeinsame Abend mit einem Desaster – und dem Auftakt einer ganzen Serie von Katastrophen, die Helens Leben gehörig auf den Kopf stellen …

Autorin

Anna Maxted ist Anfang dreißig. Sie schreibt regelmäßig für die *Cosmopolitan* und hat eine Kolumne im *Esquire*. Anna Maxted hat mehrere höchst erfolgreiche Beziehungsratgeber verfasst und mit »Kopfüber ins Glück« ihr stürmisch gefeiertes Romandebüt vorgelegt. Mittlerweile hat sie bereits einen weiteren Roman geschrieben, der ebenfalls bei Goldmann erscheinen wird. Anna Maxted lebt mit ihrem Mann und zwei Katzen in London.

Anna Maxted

Kopfüber ins Glück

Roman

Aus dem Englischen
von Christoph Göhler

GOLDMANN

Die Originalausgabe erschien 2000
unter dem Titel »Getting Over it«
bei Arrow Books Limited, London
The Random House Group Limited

Umwelthinweis:
Alle bedruckten Materialien dieses Taschenbuches
sind chlorfrei und umweltschonend.

Taschenbuchausgabe Februar 2003

Umschlaggestaltung: Design Team München
Umschlagfoto: Zefa/Sharpshooters
Satz: deutsch-türkischer fotosatz, Berlin
Druck: Elsnerdruck, Berlin
Titelnummer: 45408
AB · Herstellung: Sebastian Strohmaier
Made in Germany
ISBN 3-442-45408-5
www.goldmann-verlag.de

1 3 5 7 9 10 8 6 4 2

Für Leslie Maxted

Kapitel 1

Als es passierte, traf es mich wie ein Blitz aus heiterem Himmel. Ich rechnete genauso wenig damit, wie ich damit rechne, dass man mich zur Miss World wählt, rund um den Planeten fliegt und zwingt, mich mit kreischenden Kindern fotografieren zu lassen. Womit ich sagen will, dass es eine vollkommen abwegige Vorstellung war, an die ich nie auch nur einen einzigen Gedanken verschwendet hatte. Und nachdem ich so sensationell unvorbereitet war, reagierte ich wie Scooby Doo, wenn er über einen Geist stolpert. Ich folgte einfach meinem Instinkt, der mich, wie sich herausstellte, augenblicklich in die Irre führte und nicht die Bohne vom Kartenlesen versteht.

Vielleicht war ich zu konfus, um das Richtige zu tun. Schließlich ist das Richtige nur in den seltensten Fällen reizvoll, sondern im Gegenteil meist mit der langweiligsten Alternative gleichzusetzen: etwa darauf zu warten, dass die Fertigpizza auf unter 200 Grad abkühlt, bevor man reinbeißt. Oder sich diese sexy Boots mit den Monsterabsätzen zu verkneifen, weil sie einem die Schienbeine aufscheuern und die Zehen abquetschen und weil man darin wie ein Höhlenmensch herumstolpert und auf lange Sicht ein halbes Monatsgehalt im hintersten Winkel des Kleiderschrankes vermodern wird. Wenn wir uns immer vernünftig verhalten würden, würden wir nie mit jemandem ins Bett steigen.

Dessen ungeachtet möchte ich betonen, dass ich an jenem Tag, als alles anfing, um ein Haar eine sehr kluge Entscheidung getroffen hätte. Hier steht sie, in meinem blauen Letts-Tagebuch, tapfer in schwarze Tinte gefasst:

Ich mache mit Jasper Schluss – gleich morgen.

Worte, die mich in eine andere Zeit zurückversetzen. Nämlich um ein knappes Jahr, auch wenn es mir wie ein Jahrhundert erscheint. Doch der 16. Juli steht mir noch wie heute vor Augen. Vielleicht *ist* es heute. Und so beginnt heute:

Ich mache mit Jasper Schluss – gleich morgen.

Zum einen hat er es allein dafür verdient, dass er Jasper heißt. Und zum anderen kommt er auf nicht mal 1 000 Meter an meinen Standard für einen akzeptablen Geliebten heran.

Komisch, mit fünf wusste ich genau, wie dieser Standard aussieht. Damals ging ich mit dem Jungen von gegenüber und futterte ihm regelmäßig sein Nachmittagsbrot weg, bevor ich mich über meins hermachte. Außerdem tobte und schrie ich so lange, bis er mir seinen Rollhund von Fisher Price überließ. Und ich weigerte mich, in seinem Zimmer zu spielen, weil es da nach Pipi stank. Doch dann werde ich erwachsen und steige in die Scheiße.

Bedauerlicherweise sieht Jasper umwerfend aus. Er ist groß, was mir sehr zusagt. Ich bin nur ein einziges Mal mit einem kleinen Mann ausgegangen, und zwar als meine diktatorische Freundin Michelle ein Blinddate für mich arrangierte. Der Typ klingelte bei mir zu Hause, ich riss die Tür auf und schaute nach unten. Und ich bin 1,55 groß. Zwei Wichtel wackeln wankend übern Weg. Michelle wollte sich damit rausreden, dass er gesessen habe, als sie mit ihm gesprochen hatte. Jasper mit seinen 1,83 ist also eine wahre Augenweide. Ich trage zehn Zentimeter hohe Absätze, damit er den Größenunterschied nicht bemerkt. Er hat welliges braunes Haar, Augen von einem so paradiesischen Blau, dass sie eigentlich viel zu schön sind, um damit zu schauen, und, was bei mir ganz oben steht, einen guten Körperbau. Und obwohl er der egoistischste Kerl ist, der mir je begegnet ist – und das heißt einiges –, ist er im Bett ein wahrer Tiger.

Ich bin gerade auf dem Weg zu ihm. Und zu seinem Bett. Zu einer allerletzten Runde. Nur dass ich in der Park Road feststecke. Offenbar handelt es sich um Straßenarbeiten, allerdings sieht man weit und breit niemanden arbeiten. Ich sitze in meinem nicht mehr ganz taufrischen grauen Toyota Corolla (ein Erbstück von meiner Mutter, die ihn nur zu gern abgestoßen hat, Ehrenwort, ich würde nie und nimmer losziehen und mir so ein Auto kaufen, selbst wenn ich das Geld dazu hätte) und versuche, Ruhe zu bewahren. In den letzten 20 Minuten bin ich volle zehn Zentimeter vorwärts gekommen. Vielleicht sollte ich Jasper anrufen und ihm sagen, dass es später wird. Die Straße führt an ungefähr 50 Ampeln vorbei, und alle drängeln – so gut man im Stehen eben drängeln kann. Es ist fünf vor drei. Um halb vier soll ich bei Jasper sein. Super. Der Akku meines Handys ist leer. Ich zupfe an meiner Lippe herum. Also gut. Ich rufe ihn an.

Ich werfe einen prüfenden Blick auf den stehenden Verkehr – ja, er steht ganz eindeutig –, springe aus dem Auto, flitze über die Straße zur Telefonzelle und wähle Jaspers Nummer. Brrrt brrt. Brrrt brrt. Wo *steckt* er? Er hat unsere Verabredung doch bestimmt nicht vergessen. Mist, die Schlange bewegt sich vom Fleck. Ich rufe ihn auf seinem Handy an – Halleluja!, er geht ran. »Jasper Sanderson.« Er meldet sich nie wie ein normaler Mensch. Immer wirkt er so geschäftlich. Ich hasse das, aber ich liebe es auch. Er hört sich verdächtig außer Atem an.

»Wieso bist du außer Atem?«, frage ich scharf.

»Wer ist da?«, erwidert er. Jesus!

»Deine Freundin. Helen, du erinnerst dich?«, sage ich. »Hör mal, es wird etwas später, ich stecke im Verkehr fest. Wieso bist du außer Atem?«

»Ich spiele gerade Tennis. Verflucht, ich habe ganz vergessen, dass du vorbeikommen wolltest. Ich brauche eine Weile, bis ich daheim bin. Der Ersatzschlüssel liegt unter der Fußmatte.«

Er schaltet ab. »Du bist ein echtes Original», sage ich säuerlich, schaue auf und entdecke, dass sich das Verkehrschaos aufgelöst hat, sodass Schwärme zorniger Autofahrer giftig hupend um meinen Toyota herumsurren.

40 Minuten später stehe ich vor Jaspers Wohnung in Fulham. Ich klingle erst mal, falls er schon zu Hause ist, doch es tut sich nichts. Dann stampfe ich ein paar Mal auf die Fußmatte, um die Spinnen zu verscheuchen, hebe zögerlich mit zwei Fingern eine Ecke an und ziehe den Schlüssel hervor. Einfach genial, Jasper! Die Wohnung ist ein Abziehbild jenes Hauses, in dem seine Eltern wohnen. Auf dem Tisch im Flur steht sogar ein in Silber gerahmtes Bild seiner Mutter als junges Mädchen – mein Gott, die sah vielleicht etepetete aus. Zum Glück hat er mich nie seinen Eltern vorgestellt. Sein grässlichstes innenarchitektonisches Verbrechen ist jedoch eine Serie grauenvoller nautischer Drucke, die an den blassen Wänden prangen. Die Sache mit Jasper ist die: Immer wenn ich glaube, ich ertrage ihn nicht mehr, tut er irgendwas Unwiderstehliches, wie zum Beispiel nur die Manschetten und den Kragen seines Hemdes zu bügeln, bevor er zur Arbeit geht, und den verknitterten Rest unter dem Sakko zu verstecken. Ich kontrolliere den Briefstapel nach Briefen von anderen Frauen, doch dann sehe ich das grüne Lämpchen an seinem Anrufbeantworter blinken. Jasper, der angerufen hat, um mir mitzuteilen, dass es später wird. Ich drücke auf »Play«.

Während das Band zurücksurrt, dreht sich der Schlüssel im Schloss. Jasper drückt die Tür auf, und ich drehe mich mit einem Lächeln zu ihm um. Uff, sieht er nicht unglaublich aus? Ich werde ihn doch erst nächste Woche in die Wüste schicken. Diese Woche will ich ihn noch ganz für mich allein haben, ihn drücken und spüren und seinetwegen ein schlechtes Gewissen haben. Er ist wie Schokolade zum Frühstück – du fühlst dich verkommen, du weißt, es gehört sich nicht, du solltest was Vernünftiges essen, aber Vollkornmüsli ist einfach zu deprimierend, sogar mit Rosinen drin. Jasper ist Junk-Food, aber einfach köstlich. Er öffnet seinen unbeschreiblich küssbaren Mund, um »Hiya, Babe!« zu sagen, doch ihm kommt ein hohes Silberstimmchen zuvor, das zwitschernd über den Kachelboden flattert und fröhlich von den eierschalfarbenen Wänden widerhallt.

»Hiya, Babe!«, trällert das Stimmchen. »Ich bin's! Ruf mich an! Küsschen! Küsschen!«

Das Lächeln gefriert mir im Gesicht. Zu zweit starren Jasper und ich den Anrufbeantworter an, der nach seinem Hochverrat nun eisern schweigt. Obwohl ich die Antwort weiß, krächze ich à la Quentin Tarantino: »Wer, verdammt noch mal, war das?«

Jasper findet das überhaupt nicht komisch. Wenn das hier ein Hollywoodfilm wäre, würde ein Muskel in seinem Kiefer zucken und sein markant geschnittenes Gesicht unter dem Karamellteint erbleichen. Doch so stellt er bedächtig die Sporttasche auf den Boden und legt den Schläger korrekt darauf ab. Ich spüre, wie heißer Zorn meine Brust zerreißt. Am liebsten würde ich mir den Prince-Schläger schnappen und ihn damit verdreschen. Wenigstens hat er *wirklich* Tennis gespielt, obwohl er so ein verdammter Leisetreter ist, dass es mich nicht überraschen würde, wenn alles nur Tarnung wäre. Er schaut mir in das angstzerfurchte Gesicht und antwortet aalglatt: »Meine Ex. Sie möchte den Kontakt nicht abreißen lassen.«

Das kann ich mir vorstellen.

»Wann hast du sie das letzte Mal gesehen?«, knurre ich.

»Vor einer Woche«, erwidert er. »Wir haben uns nur unterhalten.« Ach ja.

Ich bin wie Fox Mulder. Ich möchte ihm zu gern glauben. Und Jasper möchte auch, dass ich ihm glaube. Er hat den Kopf reuig zur Seite gelegt. Süß, aber ich kenne Jasper zu gut, um auch ohne die Magenkrämpfe auslösende Phrase: »Ich bin's« misstrauisch zu werden. »Ich bin's« ist so Besitz ergreifend wie ein Dobermann vor einem Schokoladenkeks. Keine Frau sagt: »Ich bin's«, wenn sie ihren Ex-Freund anruft, weil sie nämlich nie wissen kann – und ganz offensichtlich weiß sie es nicht –, ob es nicht auch ein anderes Ich gibt. *Mich.*

»Hast du mit ihr geschlafen?«, brülle ich.

Jasper schaut mich gekränkt an. »Natürlich nicht, Helen«, schnurrt er. »Louisa sagt zu jedem ›Babe‹.«

Nicht etwa Luise, sondern *Louisah!* Arrgh! Ich kneife die Augen zusammen und versuche mich so gut es geht an einem vernichtenden Blick. Die großen, tapferen Worte: »Das war's dann« liegen schon angewärmt und abrollbereit auf meiner Zunge, doch sie klammern sich ängstlich und zaghaft an meinem Gaumen fest. Dies, sage ich mir, ist nicht der geeignete Moment. Am Ende glaubt er noch, ich liebe ihn! Es gibt nur einen einzigen würdevollen Ausweg, nämlich einfach wegzugehen. »Ich fahre heim«, erkläre ich hoheitsvoll. Die Ratte gibt dankbar den Weg frei. Ich bin fest entschlossen, einen Abgang wie in *Vom Winde verweht* hinzulegen, was auch ganz gut klappt, bis ich an die Türschwelle komme und hängen bleibe. Ich strauchle und frage mich insgeheim, ob das Prusten/Japsen in meinem Rücken von Jasper kommt, der sich das Lachen nicht entschieden genug zu verkneifen versucht, aber ich drehe mich nicht um, um das herauszufinden. Mit verbissenem Gesicht stampfe ich über den betonierten Gartenweg, plumpse in den Toyota, wende den Wagen schaukelnd und bockend in drei Zügen, wobei ich eine Macke in der Tür eines geparkten MG hinterlasse, und rassle davon in den Vorabend.

Du Armleuchter. Du mieser Armleuchter. Ich fummle das Handy aus der Tasche, falls er völlig zerknirscht anruft, dann fällt mir wieder ein, dass der Akku leer ist. Scheißding. Du Armleuchter. Ich habe keineswegs die Absicht, gnädig von der Bildfläche zu verschwinden und mir von *Louisah* die Schau stehlen zu lassen. Ich weiß nicht, ob er sie vernascht oder verschmäht hat. Jasper mag es, wenn sich die Frauen um ihn reißen. Aber er mag es auch, ein Leben in Stromlinienform zu führen. Als er zum ersten Mal in meinem Schlafzimmer war, murmelte er: »Ich glaube, bei dir ist eingebrochen worden.« Er erzählt mir auch voller Stolz, wie er eines Morgens neben einem Mann mit Bart in der U-Bahn saß und versucht hat, über dessen Schulter den *Telegraph* zu lesen. Der Kerl raschelte pikiert mit dem Papier und fauchte: »Zeitungen! Gibt's für 45 Pence am Zeitungsstand!« Worauf Jasper gehässig erwiderte: »Rasierklingen! Gibt's für 45 Pence in der Drogerie!« Jasper gefällt – von den ungebügelten Hemden einmal abgesehen – sein Leben und alles drumherum so, wie es ist. Mit seiner beschränkten, abgelegten Ex ins Bett zu gehen wäre ein viel zu großer Aufwand, damit würde er seinen ganzen Tagesablauf durcheinander bringen. Obwohl. Du Armleuchter.

Sie hat schon einmal ihr hässliches Haupt erhoben. Und zwar bereits im zweiten Monat unserer Beziehung, wie ich es gerne nenne. Jasper rief an, um mir mitzuteilen, wir könnten uns nicht treffen, weil er bei seinem Freund Daniel in Notting Hill bleiben würde. Ich war zwar überrascht, dass Jasper einen Freund in *Notting Hill* hatte, doch mir kamen keine Zweifel. Wir waren im Glotzaugenstadium, wo man sich in der Öffentlichkeit küsst und allen anderen, die weniger spitz sind als man selbst, auf die Nerven geht, und so glaubte ich ihm. Am nächsten Nachmittag eröffnete er mir unvermittelt: »Ich habe dich gestern Abend angelogen.« Ach was. »Ich … ich war bei meiner Ex.« Wie sich rausstellte, hatte er die letzte U-Bahn verpasst (er hat keinen Führerschein, die unvorstellbarste unter seinen vielen unvorstellbaren Eigenschaften), darum war er zu Fuß bis nach Kensington gewandert und hatte bei seiner Ex geklingelt. »Sie hat es wirklich gut aufgenommen.« Gut aufgenommen! Ich kann mir vorstellen, was sie gut aufgenommen hat! Im weiteren Verlauf des Verhörs stellte sich heraus, dass sie ihm zum Frühstück Cornflakes mit braunem Zucker vorgesetzt hatte. Diese gerissene Hexe – sie wollte ihn regelrecht anfüttern! Glücklicherweise war sie zu sehr bemüht, vor ihm zu glänzen, und die große Schüssel Cornflakes war für die Katz. Aber möglicherweise hat sie inzwischen an sich gefeilt. Und möglicherweise ist *mein* Glanz ein bisschen matt geworden. Huch, jetzt hab ich aber meinen Charakter raushängen lassen.

Unsere ersten Wochen waren eindeutig in Hochglanzformat. Ich habe Jasper auf einer Buchpräsentation kennen gelernt – für einen Taschenbuch-Sexratgeber. Ich war mit Lizzy und Tina direkt vom Büro aus hingegangen. Zum einen, weil Laetitia, unsere fehlbesetzte Chefin des Reportage-Ressorts, nicht hingehen wollte und es meine Pflicht als Handlangerin des Reportage-Ressorts bei *Girltime* ist, ihr den Müll hinterherzutragen. Und zum anderen, weil Tina, die Redaktionsassistentin in der Moderedaktion, genau wie ich eine unverbesserliche Champagnertucke ist – für einen Krug »Krug« (oder auch »Asti«, seien wir ehrlich) tun wir praktisch alles. Und Lizzy mag zwar beruflich wie privat Redaktionsassistentin im Ressort Gesundheit und Schönheit sein und am liebsten nur Sojamilch trinken – sie ist so süß, dass sie dem Wort Zuckerpuppe eine ganz neue Bedeutung gibt –, aber sie lässt sich überreden. Wir haben ihr einfach den durchtrainierten Arm umgedreht.

Die Präsentation fand in einer miefigen kleinen Gasse in Soho statt. Ich hatte mich extra aufgedonnert – schwarze Hose, schwarze Stiefel (zehn Zentimeter hoch – drunter mache ich's nicht, und das gilt nicht nur für die Schuhabteilung), schwarzes Top. Der Promi-Begräbnislook. Dazu hatte ich einen Klecks metallischen Silberflitter über meine Wangenknochen verteilt. Das sah zwar gespenstisch Abbaartig aus, aber an jenem Abend hatte ich das unbezwingbare Gefühl, dass ich auf keinen Fall ohne an der Präsentation teilnehmen konnte. Ich hätte mich hässlich und unvollständig gefühlt. Je älter ich werde und je langweiliger und vernünftiger das Leben wird, das man mir aufzwingt, desto verbissener klammere ich mich an irgendwelchen Kindheitsrelikten fest. Ich besitze inzwischen ein winziges rosa Reißverschlussportemonnaie mit bunten Perlchen, die man augenblicklich abzupfen möchte; einen Plastikhelikopter, den man an einem Faden an die Decke hängen kann und der mit roten Blinklichtern im Kreis herumfliegt; ein Kaleidoskop; eine Ausgabe von *Elmer* von David McKee; ein Dartboard (wirklich kein besonders geistreicher Zeitvertreib, oder?) und ein verwöhntes Kätzchen namens Fatboy.

Normalerweise unterhalte ich mich auf Partys nicht mit anderen Menschen. Ich beobachte die Horden von strahlenden besten Freundinnen, die sich schwatzend und laut lachend zu undurchdringlichen Cliquen zusammengeschlossen haben, und möchte am liebsten weglaufen. Ich merke, wie meine Schminke zu glänzen beginnt, wie mein Gesicht sich knarzend von einer Verlegenheitsmiene in die nächste verschiebt, und bin wieder der pummlige Teenager von vor zehn Jahren, komplett mit Streberbrille, brauner Schulmappe und einem kratzigen blauen Dufflecoat mit Haifischzahn-Knöpfen und riesiger Kapuze. Inzwischen wäre ich damit natürlich modisch extrem weit vorne. Aber auf der Jasper-Party war das anders. Ich gehörte zu einer genialen Dreier-Mädchengruppe, ich hatte in den ersten 20 Minuten zwei Gläser genialen Perlwein weggegluckert und war mit mehr genialem Glitzer beschmiert als die Weihnachtsfee. Ich war genial! Daher war es nur natürlich, dass Jasper vor mir auftauchte und mir eine Zigarette anbot.

»Ich rauche nicht«, sagte ich spröde. Und in einem weiteren Anflug von Genialität fügte ich schüchtern hinzu: »Ich bin ein anständiges Mädchen.«

Die Antwort kam wie aus der Pistole geschossen. Er sagte: »Du siehst aber gar nicht anständig aus.«

Es war das schönste Kompliment, das mir je ein Mann gemacht hatte. Musste ich nicht allein zum Dank dafür mit ihm schlafen?

Jasper war »in der Buchbranche«, was, wie sich herausstellte, bedeutete, dass er für einen popeligen Verlag in Hounslow Pressemitteilungen verfasste. Daher war ich, die rechte Hand und Assistentin bei der in Covent Garden beheimateten Zeitschrift *Girltime,* eine großartige Kontaktperson. Nicht dass wir viele Bücher über die Hygiene im elisabethanischen Zeitalter oder über die Insekten Guatemalas rezensieren, doch wir beschlossen – etwa zu dem Zeitpunkt, als ich in sein umwerfendes Gesicht und er in mein glitzerndes Antlitz starrte –, miteinander ins Geschäft zu kommen. Ein paar Wochen lang hielt ich mein durchretuschiertes Bild aufrecht. Ich übertrieb maßlos die Wichtigkeit meines Jobs. Tina stand mir in Kleidungsfragen zur Seite und riet mir zum Beispiel, ab und zu Grau zu tragen. Ich vermied es, ihn in meine Wohnung mitzunehmen. Und ich tilgte jede Spur von Spießertum aus meiner Konversation und blies stattdessen den genialischen Freigeist-Faktor auf. Wie Björk, nur besser gekleidet. Beschämend, aber es funktionierte. Natürlich war mir bereits nach drei Tagen klar, dass wir nicht den Dreck unter dem Fingernagel gemeinsam hatten – er sagte zum Orangensaft »O-Saft« und legte schon jetzt Geld zurück, damit sein Sohn später mal nach Eton gehen konnte (ein bisschen verfrüht, da er noch keinen hatte) –, aber ich mag es nicht, wenn sich zwei Menschen zu ähnlich sind, deshalb hatte ich damit keine Probleme.

Er lässt sich gern unterhalten, deshalb hatte auch er damit keine Probleme. Doch manchmal war ich, vor allem in letzter Zeit, ziemlich sicher, dass die Seifenblase kurz vor dem Platzen ist. Letzten Samstag verbrachten wir den ganzen Nachmittag im Park, und ich schwöre, dass wir uns absolut *nichts* zu sagen hatten. Als er mich zu meinem Wagen brachte, war ich felsenfest überzeugt, dass er jetzt Schluss machen würde. Garantiert würde er es mir mit dem Vorschlaghammer beibringen, in seiner effizienten, emotionslosen, hochnäsigen Art – »Helen, es klappt einfach nicht mit uns beiden.« Doch er sagte nichts. Stattdessen gab er mir einen flüchtigen Abschiedskuss, als wäre alles in Butter.

Den ganzen Heimweg über brütete ich vor mich hin. Ich kann Stille nicht ausstehen. Ich fürchte ihr Potenzial. Ich ziehe es vor, sie mit meiner Stimme zu füllen, die dann unvermeidlich irgendwelche Peinlichkeiten von sich gibt. Letzte Woche blökte ich einem Verkäufer, der mir seine Hilfe anbieten wollte, entgegen: »Nein, danke, ich will nur schnell was stibitzen.« Der Frau am Empfang von Lizzys Fitnessklub, die wissen wollte, wie es mir geht, antwortete ich: »Auf zum Training geht's.« Und Jasper, als er eine Stunde nach dem Mittagessen bei Pizza-Express plötzlich Lust bekam: »Ich glaube, ich habe noch nicht fertig verdaut.« Sexy!

Und so lasse ich, je länger wir uns anschweigen, meine mondäne Tarnung Stück für Stück auffliegen. Ihn scheint das nicht zu jucken, doch mir ist immer weniger wohl bei der Sache. Er kapiert meine Witze nicht, und ich komme mir komisch vor. Ich bin ganz bestimmt nicht die Richtige für Jasper, und er ist ganz bestimmt nicht der Richtige für mich, doch er scheint an mir Gefallen zu finden, und er hat einen Penis von ganz anständiger Größe. Sich zu trennen ist kein Kinderspiel. *Louisah* macht die Sache nicht *einfachah.*

Ich biege ins Swiss Cottage ein und mache mich auf die dreistündige Suche nach einem Parkplatz. Man könnte meinen, hier fährt nie ein Auto weg. Irgendwann am nächsten Tag schaffe ich es, den Toyota etwa eine Stunde Fußweg von meiner Wohnung entfernt zwischen einen Saab und einen Mini zu quetschen, und tappe los nach Hause. Ich krame gerade nach meinen Schlüsseln, als die Tür aufgerissen wird. Mein Mitbewohner Luke sieht, falls das möglich ist, noch struppiger und wirrer aus als sonst.

»Was!«, singe ich in sein ohrenbetäubendes Schweigen hinein. Er sieht mich eigenartig an. »Jasper hat angerufen!«, tippe ich. »Ich habe im Lotto gewonnen! Nicht bloß läppische 300 000 Riesen – sondern den Acht-Millionen-Jackpot! Du möchtest ein Fahrrad und ein Haus! Und mit mir nach Bali fliegen – wir nehmen die Concorde!«

Weiß Gott, warum ich ausgerechnet Bali sage, ich kann heiße Länder nicht *ausstehen* – ich kriege schon Hitzepickel, wenn ich zu nah am Toaster stehe –, doch Lukes Miene weckt in mir den Wunsch, immer weiter zu reden.

Er schüttelt den Kopf. Dann streckt er die Hand aus und packt mich am Oberarm.

»Nein, Helen«, sagt er. »Deine Mum hat angerufen. Dein Dad. Dein Dad ist tot.«

Kapitel 2

Als ich 15 und noch ungeküsst war (das mit dem Dufflecoat war kein Witz), stillte ich meinen Liebeshunger, indem ich Unmengen an alten Liebesschmökern von Mills & Boons verschlang. Die gertenschlanke Unschuld dieser Taschenbuch-Heroinen hatte mit meinem keuschen Dasein als dicker Brummer etwa so viel gemeinsam wie ein Diamant mit einem Kohleklumpen, gab mir aber nichtsdestotrotz die Hoffnung, dass auch *ich* eines Tages angesichts einer – puuh, sagen wir Schießerei ohnmächtig niedersinken könnte und ein kraftvoller, männlicher, adlernasiger Top-Manager aus seiner blank polierten Luxuskarosse springen, meinen erschlafften Leib aufklauben und mich in ein Leben voller Liebe, Glück und niemals endender Leidenschaft entführen würde.

Traurigerweise war das einzige Erlebnis, das einem solchen Ohnmachtsszenario nahe kam, jener Sonntagmorgen, an dem mir schon beim Aufstehen schwindlig war, ich im Pyjama die Treppe hinuntertaumelte und mir unten im Flur endgültig schwarz vor Augen wurde. Der laute Plumps weckte meine Eltern, meine Mutter packte mich unter den Armen, mein Vater nahm mich an den Fußknöcheln, und im Takt schnaufend wuchteten sie ihre allzu gewichtige Tochter auf das Wohnzimmersofa. Das Unromantischste an der Geschichte war, dass sich meine Pyjamahose unter all dem Wuchten allmählich abwärts haspelte und ich halb ohnmächtig mitbekam, wie mein eben erst sprossendes Schamhaar sich in voller Schönheit vor meinem Dad aus dem Bund ringelte.

Wenigstens bin ich, als Luke mich vom Hinscheiden meines Vaters in Kenntnis setzt, gut gekleidet, so wie es sich für eine Liebesschinkenschönheit gehört. Außerdem hält mich Luke am Arm fest, sodass die Worte – nachdem sie erst meinen Schädelknochen durchdrungen haben und wie wild in meinem Kopf herumschwirren – mich zwar benommen machen, aber nicht in die Knie zwingen können.

»Dein Dad ist tot.« Alles, was vor diesem Augenblick geschah, stürzt in diesen Satz hinein. Mein Dad ist tot. Mein Vater ist tot. Daddy ist tot. Aber er ist doch gar nicht tot! Er war gestern nicht tot und vorgestern auch nicht. Er war schon immer am Leben, seit ich ihn kenne. Nicht einmal vor einer Minute war er tot. Und jetzt soll er tot sein? Meine Eltern leben beide noch. Und dabei bleibt's. Wie kann mein Vater tot sein? Tot sind ausschließlich andere alte Menschen wie Frank Sinatra. So was widerfährt mir doch nicht. Oder meinen Eltern. Der Tod. So ein Quatsch.

»Wa-was? Wann?« Mein Mund ist ein Wackelpudding, er bebt an allen Ecken und Enden. Der arme alte Luke sieht schrecklich aus. Er ist keine sensationslüsterne Diva wie Michelle – die mit dem Blind-Date-Zwerg-Zwischenfall –, der es wahrscheinlich feuchte Träume bescheren würde, jemandem eine derart umwerfende Neuigkeit mitzuteilen. Irgendjemandem irgendetwas mitteilen zu müssen, ist für Luke die Hölle. Als er mir damals mitteilte, dass er sich in das Zimmer unseres Vermieters geschlichen hatte, um dessen Rasierer auszuborgen, und dass Fatboy allem Anschein nach einen riesigen Haufen mitten auf Marcus' weiße Daunendecke gesetzt hatte, da konnte er – ehe wir uns beide vor Lachen am Boden wälzten – unter der Last seines Insider-Wissens nur stottern und stammeln.

Diesmal ist es anders. Die Worte schwemmen in einem Sturzbach aus ihm heraus. »Er ist einfach so zusammengeklappt ein schwerer Herzinfarkt deine Mutter hat angerufen sie ruft ständig an ungefähr vor einer Stunde dein Handy ist tot ich hab ihr nicht sagen können wo du bist ich habe gedacht vielleicht bei Jasper aber ich hab die Nummer nicht finden können ich hab in deinem Zimmer nachgeschaut aber da sieht's ja aus wie auf der Müllkippe also wollte ich auf der Telefonrechnung nachsehen aber ich weiß nicht wo Marcus seinen Kram aufbewahrt ich weiß auch nicht wo er ist deshalb konnte ich ihn nicht fragen sie ruft alle paar Minuten an sie ist im Krankenhaus sie ist echt durch den Wind ich meine echt durch den Wind du musst sie unbedingt anrufen aber die sagen ihr immerzu sie muss ihr Handy ausschalten also wenn –« Luke ist völlig außer sich, und ein dicker Spuckefleck landet auf meiner Wange. Verstohlen versuche ich ihn wegzuwischen, ohne dass es ihm auffällt. Meine Hand bebt. Es ist zu spät. Zu spät, um zu beschließen, dass ich noch nicht heimfahren möchte und stattdessen Tina besuche, um mit ihr in glückseliger Ahnungslosigkeit über Jasper herzuziehen. Zu spät, um nach Hampstead zu fahren und bei Pied à Terre ein Paar Schuhe zu kaufen, die ich garantiert nie anziehen werde. Zu spät. Luke hat die Worte schon ausgesprochen. Sie können nicht wieder zurückgenommen werden. Sobald sie gesagt sind, ist es geschehen. Luke besteht darauf, mich zum Krankenhaus zu fahren.

Meine Eltern sind beide am Leben. Nein, ganz im Ernst. Mein Dad ist *beinahe* tot. Luke, dieser Trottel, hat alles in den total falschen Hals gekriegt – aber schließlich hat er mit meiner Mutter gesprochen –, ich kann mir also vorstellen, wie es zu dem Missverständnis kam. Luke jagte auf den Parkplatz, ich renne mit wehenden Röcken in die Notaufnahme und quassle auf die erste Bekittelte ein, die mir unter die Augen kommt. Sie schickt mich zu dem Aufenthaltsraum für die Verwandten gleich neben der »Wiederbelebung«. Der *Wiederbelebungsstation.* Mist. Ich renne einen Gang entlang, an einem Mann vorbei, der Laken von fleckigen Matratzen zieht. Dann höre ich die Stimme meiner Mutter und stürze darauf zu. O nein, Nana Flo, meine Großmutter väterlicherseits.

»Helen!«, krächzt meine Mutter und bricht in Tränen aus. Nana Flo, die Gefühlsausbrüche für vulgär hält und Jasper ganz bezaubernd fände, sieht sie missbilligend an. Meine Mutter klammert sich an mich, als könnte sie alles wieder gutmachen, indem sie mich in zwei Hälften bricht.

Ich bin zwar völlig außer Atem, schaffe es aber dennoch zu keuchen: »Was, wann ist er gestorben?«

Im nächsten Moment schleudert meine Mutter mich weg wie eine Flamencotänzerin. »Er ist noch nicht tot!«, kreischt sie, während ich mich strauchelnd aufrecht zu halten versuche. »Ach, Maurice! Mein armer Maurice!«

Mein Fehler. Während wir uns draußen auf dem Gang unterhalten, wird mein Vater von den hiesigen Spezialisten durchgecheckt, weil ihn während des Mittagessens eine massive Herzattacke umgeworfen hat. Da er zum Mittagessen gern und oft vier Rühreier verspeist – und ich von Lizzy weiß, dass sich die empfohlene Wochenration auf maximal zwei Eier beläuft –, überrascht mich das nicht sonderlich. Außerdem qualmt er wie Manchester zurzeit der industriellen Revolution. Meine Mutter, die eben im Obergeschoss ihr Make-up aufgefrischt hatte, fand ihn zusammengesackt und stöhnend mit eiverklebtem Gesicht auf seinem Teller liegend. Wie meine Mutter so ist, wischte sie ihm erst mit ein paar Kleenex das Ei vom Gesicht und putzte ihm – ohne

Witz – *die Zähne*, bevor sie den Rettungswagen rief. Ich weiß nicht genau, ob das Zähneputzen ihrem panischen Experiment einer Mund-zu-Mund-Beatmung vorausging. »Panisch« deshalb, weil er immer noch bei Besinnung war. Zum Glück hatte er sich am Morgen rasiert und trug saubere Unterwäsche, sonst wäre der Krankenwagen nicht vor morgen früh alarmiert worden.

Bis die Ärzte mit meinem Vater fertig sind, können wir nichts weiter tun, das meint jedenfalls eine Nervensäge, die sich als »Intensiv-Schwester« bezeichnet. Sie erzählt etwas von Infusionen, Monitoren, Sauerstoff- und Bluttests und lässt schließlich die Bombe platzen, dass es ihm »nicht besonders gut« gehe. Und so sitzen wir in der trostlosen Cafeteria, wo die Farbe von den Wänden blättert. Wenigstens gibt es Filterkaffee. In regelmäßigen Abständen bricht meine Mutter in Tränen aus und springt auf, um alle anzurufen, die sie kennt. Wenig später fällt ihr ein, dass es ihr entschieden zu viel wäre, wenn sich irgendjemand einmischen würde, weshalb ich alle ein zweites Mal anrufen und davon abbringen muss, im Krankenhaus einzufallen.

Ich sehe zu Nana Flo hinüber. Der Schreck hat ihren schmalen Mund noch schmaler werden lassen, dünn wie einen Bindfaden. Ihre Haut ist genauso fahl wie ihr beiges Nylonkleid, und ihre Augen haben schwere Tränensäcke wie die eines Salamanders. Ich verspüre einen mitleidigen Stich, bin aber nicht so dumm, mein Mitgefühl in Worte zu fassen. Wie immer wandelt sie ihre ganze Beklemmung in Aggression um, und heute hat sie Luke ins Visier genommen. Nana geht davon aus, dass er mein Geliebter ist, und heizt ihm richtig ein. »Ihr Haar ist zu lang, Sie sehen ja aus wie ein junges Mädchen«, zählt noch zu den netteren Bemerkungen. Die geschwollenen Hände hat sie fest im Schoß verschränkt, doch nicht fest genug, um das Zittern zu unterdrücken. Und sie sieht mich nicht an, nicht ein einziges Mal, und zwar, weil sie nicht will, dass ich ihr den Schmerz ansehe, so viel ist mir klar. Im Ernst, wenn man nicht genau hinschauen würde, dann könnte man kaum glauben, dass ihr Sohn eben in den letzten Atemzügen liegt.

Ich lasse Luke zappeln und ignoriere seine flehentlich Hilfe suchenden Blicke. Stattdessen starre ich blind an die Wände mit der abschälenden Farbe, während die sonst so penetrante, kiesraue Stimme meiner Großmutter scheinbar körperlos um mich herumschwebt wie halb vernehmbarer, schabender, weit entfernter Lärm. Alles fühlt sich so irreal an. Nein, alles fühlt sich an wie gar nichts. Ich komme mir vor wie ausgehöhlt. Was tue ich auf diesem harten, orangefarbenen Stuhl? Eigentlich sollte ich jetzt mit Jasper im Bett sein. Mein Vater sollte eigentlich in seinem Arbeitszimmer hocken, eine Zigarre rauchen und die *Sunday Times* lesen. Eltern sind immer einfach da, sie stellen eine Art unveränderlichen Hintergrund dar. Wie eine Tapete. Oder abblätternde Farbe.

Der drohende Tod – der Gipfel an Spannung. Ein guter Vorwand, Jasper anzurufen und ihm ein schlechtes Gewissen zu machen. Aus beiden Gründen galoppiert mein Puls mit 140 Schlägen pro Minute dahin. Wenigstens *schlägt* mein Herz. Zuerst frage ich Luke allerdings, ob er wohl so nett sein könnte, heimzufahren und Fatboy zu füttern.

Er springt mit einem Freudenschrei auf: »Na klar doch!«, ehe er einen ängstlichen Blick auf Nana Flo wirft und düster anfügt: »Ich helfe doch gern.«

Ich gebe ihm ausführliche Instruktionen. »Whiskas-Katzenfutter, und wenn er das nicht frisst, dann versuch es mit dem Hill's Science Plan. Und wenn er sich absolut sträubt, dann mach ihm eine Dose Tunfisch auf, und gieß den Saft in eine Schüssel, *nicht* den mit dem Öl, das kann er nicht ausstehen, es muss Tunfisch in Wasser sein. Und lass ihn auf keinen Fall was von dem Fisch fressen, sonst wird ihm schlecht.« Fatboy hat, so gierig er ist, einen empfindlichen Magen. Gewöhnliches teures Katzenfutter kotzt er wieder aus. Nur *richtig* teures Zeug, das es nicht im Supermarkt gibt und das einen langen Umweg zur Tierhandlung erfordert, bleibt bis zum bitteren Ende in seinem Bauch.

Nana Flo schnieft. »Katzen«, sagt sie. »Ungeziefer.«

Nana Flo tut mir Leid. Ich meine, sie tut mir ganz allgemein Leid. Sie findet so wenig am Leben, was ein Lächeln wert wäre. Sie ist in keiner Hinsicht so, wie man sich seine Großmutter wünscht. Keine niedlichen dicken Beinchen und keinen Pummelhintern, keine Geldscheine zum Geburtstag, keine Leibspeisen wie Erbsenpüree und Fischstäbchen zum Abendessen, kein Geklimper von Kinderhänden auf ihrem alten Klavier, keine Familiengeschichten über brüchigen, vergilbten Fotoalben und keine hinter dem Rücken der Eltern zugesteckten Süßigkeiten. Sie ist eine Anti-Großmutter, und ich vermute, dass sie genauso große Stücke auf mich hält. Mein Vater verdreht – wenn er ausnahmsweise einmal über sie spricht – die Augen und meint, sie hätte es eben nicht leicht gehabt. Na, Verzeihung, aber die meisten alten Menschen, die ich kenne, haben es nicht leicht gehabt, und das bedeutet noch lange nicht, dass sie deshalb zu widerborstigen alten Ziegen geworden sind. Michelles Oma ist absolut super, dabei hat sie über 26 Jahre in einer *Wurstfabrik* gearbeitet. Ein bisschen wie Barbara Cartland, nur mit mehr Schminke. Meine Großmutter dagegen sieht den ganzen Tag nur fern. Ich überlasse sie ihren düsteren Gedanken und laufe los zum Münztelefon.

Das Gespräch mit Jasper macht mich rasend. Er eröffnet es mit einem spröden: »Ach, hallo, du bist es«, und ich ziehe kurzfristig Befriedigung daraus, ihm die Neuigkeit mitzuteilen und ihn aus seiner Gleichgültigkeit zu katapultieren. Ich kann es selbst kaum glauben, ich kann kaum glauben, dass ich diese bizarren Worte laut ausspreche. Und folglich glaubt auch Jasper mir nicht, was vielleicht nicht wirklich überrascht. Er wiederholt immerzu wie ein eingebildeter Roboter: »Er kommt bestimmt wieder auf den Damm.«

Ich verkünde standhaft: »Nein, Jasper, es hat ihn *wirklich* schwer erwischt«, aber vergeblich.

Sein letztes Angebot lautet: »Ruf mich morgen wieder an, und erzähl mir, wie es ihm geht.« Nach Jaspers enttäuschender Reaktion will ich mit niemandem mehr sprechen.

Wir starren eine weitere Stunde die Wand an, dann kehren wir in den Aufenthaltsraum neben der Intensivstation zurück. Das Zimmer ist trostlos, stickig, stinkt nach Rauch und erinnert mich fatal an mein Klassenzimmer in der sechsten Klasse. Irgendwann kommt ein rotäugiger, ungekämmter Jüngling in schwarzen Jeans und einem grauenvoll karierten Hemd auf uns zu, der uns mitteilt, dass mein Vater auf die Herzstation verlegt worden ist und wir ihm folgen sollen. Der Teenager hat ein Stethoskop um den Hals hängen, aber Nana Flo sieht trotzdem aus, als würde sie ihn am liebsten übers Knie legen. Der Lift steigt mit dem Tempo einer fußlahmen Schnecke in die elfte Etage auf, wobei er auf jedem Stockwerk Station macht. Ich fange an zu kichern. Ich kann nicht anders. Ich biege mich vor Lachen. Ich höre nicht einmal auf, als meine Mutter schreit: »Schluss jetzt!« Dann komme ich auf die geniale Idee, mir auf die Lippe zu beißen, bis ich Blut schmecken kann. Das funktioniert. Minuten später bleibt der »Arzt im Praktikum«, als der er sich ausgibt, vor einem eingefallenen alten Mann in einem Bett stehen, und ich brauche ein paar Sekunden, ehe ich ihn erkenne.

Mein Vater, der Senior-Partner, neben dem Hoss Cartwright aussieht wie ein dürrer Hering. Mein Vater, der stille, doch unangefochtene König jeder Golfklub-Soiree. Mein Vater, der stets nur Maßanzüge trägt. Mein Vater, für den Nacktheit mit Satanismus gleichzusetzen ist. Mein Vater, der mir erst vergangene Woche ausrichten ließ – selbstredend durch meine Mutter –, dass es seiner Meinung nach an der Zeit für mich sei, in eine eigene Wohnung zu ziehen, und ob ich ihn bezüglich einer angemessenen Lage zu Rate ziehen wolle. Diese eingesunkene, hilflose und vollkommen reglose Kreatur, die, mit nackter Brust an eine Spaghettiladung von Drähten angeschlossen, einen leicht süßlichen Duft nach Krankheit verströmt und blind, bleich und hohlwangig mit rasselndem Atem in einem widerwärtigen Metallbett vor uns liegt. Das ist mein Vater. Er sieht eindeutig entsetzlich aus.

Während ich vor Schreck verstummt bin – auch wenn mir unwillkürlich durch den Kopf schießt, dass ich dafür *mindestens* eine Woche frei bekomme –, ist meine Mutter in ihrer Untröstlichkeit umso lauter. Nana Flo sagt kein Wort, sie sieht nur ihren Sohn an und scheint dabei aus wenig mehr zu bestehen als aus dünner Haut, die sich über ihren Schädel spannt, und tief liegenden, glänzenden Augen. Zögernd lege ich meine Hand auf ihre knochige Schulter. Zu meiner Überraschung tätschelt sie meine Finger. Dann schließe ich meine Mutter in die Arme, murmle sinnlose Worte in ihr Ohr und schaue zu, wie sie die leblose Hand meines Vaters festhält und in sein Bettlaken heult. Nana Flo hat ihre Tränen weggeblinzelt und sitzt schweigend an ihrer Seite wie ein griesgrämiger Todesengel. Der Jüngling meint leise, wenn wir in das Wartezimmer gingen, könne er uns darüber aufklären, was als Nächstes geschehen würde, aber wie meine Chefin Laetitia mir fortwährend eintrichtert – wenn sie mal wieder ein persönliches Zitat der Königin und nicht die Auskunft eines geklonten Pressesprechers aus dem Buckingham Palace verlangt –, muss man *auf jeden Fall* mit dem Drehorgelmann selbst und nicht mit seinem Affen sprechen. Ich laufe seinem davoneilenden Rücken nach – »Verzeihung!« Er dreht sich um. »Ich, äh, ich will nicht unhöflich sein«, setze ich an, »aber wäre es möglich, mit dem Oberarzt zu sprechen? Um herauszufinden, was jetzt unternommen wird? Ich meine, wie lange ...«

Der Jüngling seufzt und sagt, er werde den behandelnden Arzt holen. Fünf Minuten später kehrt er mit einem Kerl zurück, der garantiert nicht älter als 22 ist. Er stellt sich als »Simon« vor und verkündet uns, dass Dad »sehr krank« ist. Wer hätte das gedacht? Dann erläutert er in Kindergartensprache, was eine Herzattacke ist. Er versichert uns, dass sie alles in ihrer Macht Stehende tun. Sehr effiziente Medikamente. Aber es ist ein so großer Bereich des Herzmuskels betroffen. Kein Blutdruck. Nierenversagen. Flüssigkeit in der Lunge. Eine genaue Vorhersage ist unmöglich. Er hat keine Kristallkugel. Man muss es nehmen, wie es kommt. Um es anders auszudrücken: Er hatte eine wirklich gemeine Herzattacke. Dem kummervollen Ausdruck auf Simons Gesicht nach zu urteilen, hat mein Vater nicht mehr lange zu leben.

Nana, meine Mutter und ich sitzen hilflos am Bett meines Vaters, bis der Himmel sich verdunkelt und wir in den nächsten schmuddeligen Aufenthaltsraum geführt werden. Es gibt keine Vorhänge, und wenn ich mein Gesicht ans Fenster drücke, sehe ich ganz London lieblich unter dem schwarzen Himmel funkeln. Wir verbringen die Nacht sitzend, auf und ab gehend, ins Leere glotzend, seufzend. Hilary, eine kardiologische Fachschwester mit sanfter Stimme, taucht in unregelmäßigen Abständen bei uns auf, um uns auf den neuesten Stand zu bringen. Hilary ist, wie sich herausstellt, ein Er, was Nana Flo äußerstes Missvergnügen bereitet, weshalb sie immer wieder schimpft: »Das *gehört* sich nicht!« Zweimal werden wir, was wir dem Jammern und Zetern meiner Mutter zu verdanken haben, zu einer kurzen Nachtwache auf die Station gelassen. Jedes Mal, wenn mein Vater rasselnd Luft holt, muss ich sie mit aller Gewalt daran hindern, den roten Notknopf zu drücken. Während Nachtwache Nummer zwei bittet Hilary sie, leiser zu sein, weil die anderen Patienten auf der Station gerne schlafen würden. Meine Mutter stößt angesichts dieser Frechheit einen zornigen Schrei aus und rennt in den Gang hinaus. Ich gebe eine typisch englische, speichelleckerische Entschuldigung von mir und stürze ihr hinterher. Die Nacht nimmt kein Ende. Gegen fünf Uhr früh verlasse ich das Krankenhaus und kaufe mir im Laden an der Ecke eine Rolle *Pringles Cheese & Onions*. Ich hätte auch meine Lieblingssorte kaufen können, die mit Salz und Essig, aber das wäre mir unpassend vorgekommen. Meine Mutter bringt »keinen Bissen hinunter«. Nana Flo stopft sich mindestens die Hälfte meiner Pringles rein. Sie stürzt sich derart auf die Chips-Rolle, dass es mich nicht überrascht hätte, wenn sie sich dabei den Arm ausgekugelt hätte.

Kurz nach dem Morgengrauen geht meine Mutter »sich die Beine vertreten«, und Nana Flo verschwindet auf die Damentoilette – wo sie 20 angenehme Minuten lang bleibt. Hilary streckt den Kopf zur Tür herein und sagt: »Möchten Sie ihn sehen?« Ich nicke. Das Herz klopft mir bis zum Hals. Eine Sekunde später bin ich allein mit meinem Vater. Schmutziggraue Bartstoppeln bedecken sein Kinn wie ein Ausschlag, und der Schock trifft mich wie eine Ohrfeige. Sacht lege ich meine Hand auf seine. Ich sollte irgendetwas sagen. Doch es ist mir peinlich. Das Peinlichste, das, was meinem Vater am allerpeinlichsten wäre, ist der riesige, rechteckige durchsichtige Urinbeutel am Ende des Schlauches, der zum Glück unter seiner Bettdecke verschwindet. Die Beutel der anderen Patienten sind voll mit orangefarbenem Urin. Der meines Vaters ist – wie ich erleichtert feststelle – leer.

Ich möchte wirklich nicht wie jemand klingen, der für eine Frauenzeitschrift arbeitet, aber man sollte doch meinen, dass sich auch ein schickerer, nicht ganz so durchsichtiger Beutel entwerfen ließe. Ich sinne müßig darüber nach, ob Prada sich wohl einer Katheder-Kommission des *National Health Service* anschließen würde oder ob Louis Vuitton die bessere Wahl wäre, als mein Vater ein lautes Krächzen von sich gibt. Verdammt! Sag es, sag es, und zwar jetzt, jetzt, sag es! Doch ich bin wie geknebelt. Ich umklammere die Hand meines Vaters und sage mir im Geist steif vor: Dad, ich liebe dich, Dad, ich habe dir das nie gesagt, Dad, ich hoffe, du weißt es, Dad, ich weiß, dass wir nicht, dass wir zu selten … Sag es einfach. Geht nicht. Die Worte kleben am Gaumen fest.

Die Stunden schleichen dahin, doch ich sage immer noch nichts. Stattdessen quetsche ich die Hand meines Vaters und lasse meine Stirn darauf sinken. Diese Hand, diese Hand, die Taxis herbeigewunken hat, die Ober herbeieilen ließ, die schwungvoll Schecks unterschrieben, meiner Mutter über das Gesicht gestreichelt und mir den Hintern vermöbelt hat, diese warme, feste, riesige Pranke von einer Hand wird bald kalt und tot sein, nichts als verrottendes Fleisch, das sich unter dem kalten, harten Boden langsam von den Knochen schält. O Gott. Meine Mutter kommt mit einer Ausgabe der *Daily Mail* hereingeeilt und zieht sofort wieder ab, um Hilary auf die Nerven zu gehen. Und so lese ich ihm Artikel aus dem Wirtschaftsteil der *Daily Mail* vor, statt: »Ich liebe dich, Daddy« zu sagen und töchterliche Tränen auf den gebrechlichen, sterbenden Leib meines Vaters zu vergießen.

Nana Flo taucht wieder auf und beäugt mich misstrauisch. »Er kann dich nicht hören!«, bellt sie und marschiert sofort wieder ab. Ich stehe auf, gehe in den Gang hinaus, trete mit dem Fuß gegen die Wand und breche mir dabei um ein Haar den Zeh. Dann lehne ich mich an die Wand und atme tief durch. Schließlich humple ich zurück auf das Zimmer – ohne die fassungslosen Blicke der Siechen und Gebrechlichen zu beachten – und fahre mit meiner Privatvorlesung fort. Plötzlich steigert sich aus dem Nichts das leise Gemurmel im Zimmer zu einem Durcheinander von Schreien: »Er sackt uns weg!«, und: »Hol sofort den Arzt!« Schwärme von Menschen in Blau und Weiß kommen laut rufend auf mich zugerannt, zerren mich weg, machen sich am Bett zu schaffen, schieben Rollwägelchen, reißen Vorhänge zu, und in all dem Durcheinander sehe ich, gerade als ich weggezogen werde, dass die orange Linie auf dem schwarzen Herzmonitor zu einem wilden Gekrakel ausufert und mein Vater auf dem Kissen zusammengesunken ist. Ich bin bei meinem Vater, als er stirbt, und doch ist jeder von uns allein.

20 Minuten später erläutert der Oberarzt, flankiert von dem Jüngling, meiner schluchzenden, bebenden Mutter und meiner stillen, stummen Großmutter die Situation. Für einen kurzen Augenblick stiftet er Verwirrung mit der Bemerkung, mein Vater hätte einen Herzstillstand erlitten und sei nun »an einem anderen Ort«, doch die eilige Anfügung: »Ich will damit sagen, er ist tot«, klärt das Missverständnis auf. Mein Vater ist tot. Er stirbt um 19 Uhr 48. Er stirbt während der goldenen Stunde – zu der die untergehende Sonne die Welt in ein warmes, sattes Tuch von magischem Licht hüllt. Keine goldene Stunde mehr für Maurice. Es ist ein wunderschöner Tag, und mein Vater ist tot.

Kapitel 3

Cinderellas gläserne Schuhe waren aus Fell. Doch als die Franzosen den ursprünglichen Text übernahmen, übersetzten sie das englische *fur* mit *verre*. Die Stimme meiner Mutter wird ganz warm, als sie mir das erzählt, und mir ist klar, dass sie Cinderella einer Neubewertung unterzieht, nach der sie ein viel häuslicheres, anschmiegsameres Mädchen ist als die forsche Madame, die in harten Glasschuhen durch den königlichen Ballsaal klackert. Sie liebt solche Anekdoten, weshalb sie als Lehrerin für Erstklässler der absolute Hit ist.

Deshalb und weil sie lauter schreien kann als jeder andere, den ich kenne. Die Kinder vergöttern sie weit mehr, als sie die Kleinen leiden kann. Ihr Motto lautet: »Bloß nicht einmischen.« Nicht einmal, wenn Ahmeds Mama anruft und fragt, ob der fünfjährige Ahmed in der Schule übernachten kann, weil die Weißen in der Nachbarschaft seit drei Jahren regelmäßig ihre Fenster einschmeißen und Ahmeds Vater verprügeln und Hundescheiße in ihren Briefkasten stopfen und Ahmed dringend etwas Schlaf braucht. Meine Mutter nimmt keine Arbeit mit nach Hause.

Zu Hause lebt meine Mutter ihr ganz eigenes Märchen. Sie ist eine Prinzessin aus Nordwest-London und hat einen bezaubernden Prinzen namens Maurice, der einfach alles für sie tut. Niemand käme auf den Gedanken, dass sie eine intelligente, gebildete Frau ist. Sie kriegt die Krise, wenn sie den Videorecorder programmieren soll. Sie ist verschrien dafür, dass sie niemals Nana Flo oder irgendwen sonst zurückruft, der sie emotional beanspruchen könnte. Sie hält sich an die goldene Straußenregel – der zufolge Freunde und Verwandte, die etwas von einem wollen, einfach verschwinden, wenn man sie ignoriert, und zwar ohne sauer und beleidigt zu reagieren. Sie will, dass alles *nett* ist, und wenn es mal nicht nett ist, stampft sie so lange mit dem Fuß auf, bis sie ihren Willen durchgesetzt hat.

Zum Teil ist das der Grund, weshalb der Tod meines Vaters – der Tod meines Vaters! – ein Problem ist. Sie will nichts damit zu tun haben. Sie wollte seinen Leichnam nicht ein letztes Mal sehen (obwohl, mal ehrlich, ich auch nicht), sie weigerte sich, den Krankenhaus-Beauftragten für Trauerfälle zu sprechen – »Nimm dieses Wort nicht in den Mund!« –, und sie wollte sich auf keinen Fall mit den Arrangements für die Beerdigung befassen. Folglich bleibt all das mir und Nana Flo überlassen, die zu meiner Verblüffung einen Wirbelwind an Aktivitäten entfacht.

In der Arbeit waren sie super. Ich rief Laetitia am Montagmorgen an. Sie war wirklich mitfühlend, stand aber unter schwerem Druck und meinte, ich solle in die Arbeit kommen, um mich abzulenken. Ich sagte: »Äh, ich glaube, er steht gerade auf der Kippe, ehrlich gesagt.« Sie bot mir auch an, ein paar Zeitschriften zu schicken, »damit du auf dem Laufenden bleibst«. Das habe ich angenommen, abzulehnen wäre unhöflich gewesen. Jedenfalls habe ich jetzt eine Woche frei, einfach so, einen Mitleids-Urlaub. Und wenn ich nächste Woche auch noch fehle, wird mir nur der halbe Lohn abgezogen. Völlig neben der Kappe rufe ich am Dienstagmorgen an, um zu bestätigen, das mein Vater gestorben ist. Ich spreche die Worte aus, aber sie überzeugen mich nicht. Postwendend schickt die Sekretärin der Herausgeberin einen riesigen Strauß mit orangefarbenen Blumen an die Adresse meiner Eltern. Luke hat sich bereit erklärt, auf Fatboy aufzupassen, und meine Mutter ist absolut am Ende, deshalb ziehe ich vorübergehend zu ihr. Eines muss man den Leuten bei *Girltime* lassen, sie verstehen was von Bouquets.

Lizzy ruft mich an, sagt, dass es ihr Leid tut, und fragt gedämpft, ob ich okay bin.

»Es geht mir gut«, antworte ich schnell und ohne zu überlegen.

»Wirklich?«, hakt sie nach.

Ganz im Ernst, versichere ich mit gespielt brüchiger Stimme, es geht mir gut, ich habe eine Menge zu erledigen, meine Mutter flippt aus, weil sie nicht fassen kann, dass die Beamten im Passbüro so ›grausam‹ sein können, den Pass meines Vaters zurückzuverlangen.

Lizzy will alle Einzelheiten hören und fängt an zu schluchzen, als ich ihr erzähle, wie ich die Sachen meines Vaters in eine Plastiktüte gestopft habe und meine Mutter sich geweigert hat, das Krankenhaus zu verlassen. Es ist zwar nicht fair, aber das stinkt mir. Wie kann sie es wagen zu heulen! Dann versucht sie mich mit fröhlichen Storys aus dem Büro zu versöhnen. Heute, sagt sie, hätte die Geschäftsführerin die ehemalige Geisel Terry Waite – sie sagt allen Ernstes »die ehemalige Geisel«! – im Büro herumgeführt, doch niemand hätte sich für ihn interessiert, weil es gerade einen Beauty-Sale gab. So nennen wir es, wenn in der Schönheits-Redaktion alle angesammelten Kosmetika für 50 Pence pro Stück verkauft werden und der Erlös gespendet wird. Dabei kratzen sich regelmäßig alle gegenseitig die Augen aus, weil jede sich das Designer-Zeug unter den Nagel reißen will. Mich juckt das alles überhaupt nicht, doch ich raffe mich zu einem knappen, missbilligenden Schnauben auf.

Und dann sagt Lizzy etwas, das niemandem sonst auch nur im Traum einfallen würde. »Helen«, meint sie todernst, »du warst bestimmt eine wunderbare Tochter. Bestimmt war dein Vater sehr stolz auf dich.« Jesus! Das ist ja *entsetzlich*. Was für eine entsetzliche Bemerkung!

»Lizzy, bitte sag nicht solche Sachen«, flüstere ich und lege eilig auf. Ich zittere. Mein Kopf fühlt sich bleiern und wackelig an wie ein riesiger Felsblock, der jeden Moment von einer Felsklippe stürzen wird. Ich beiße die Zähne so fest zusammen, dass sich mein gesamtes Gesicht in eine einzige tiefe Furche verwandelt. Ich sauge die Luft in schnellen, knappen Atemzügen ein, bis sich die angenehme Decke von Taubheit wieder über mich senkt. Erst dann fühle ich mich in der Lage, etwas zu sagen. »In diesem Haus ist es stockdunkel und eiskalt«, meine ich säuerlich zu Nana Flo. Und dann ergänze ich gehässig: »Hier ist es wie im Leichenschauhaus.« Ich stapfe durch die Wohnung, um überall die Heizung aufzudrehen und das Licht anzuschalten. Danach fröstelt es mich zwar immer noch, doch ich fühle mich ruhiger.

Meine Mutter sitzt auf dem Boden des Schlafzimmers, das jetzt ganz allein ihr Schlafzimmer ist, und schnieft in die Schlafanzughose meines Vaters. Ich stelle ihr eine Tasse entkoffeinierten Tee hin, weil ich befürchte, dass richtiger Tee sie in einen hemmungslosen Drogenrausch stürzen könnte. Das Schlafmittel habe ich auch versteckt. In der Zwischenzeit haben Nana Flo und ich die Hinterbliebenenpflichten, wovon es etwa eine Million gibt, unter uns aufgeteilt. Anwälte, Zeitungsanzeigen, Sterbeurkunden, Anträge, Testamente, Testamentseröffnungen, Policen, Pensionen, Versicherungen, Steuer. O Mann. Wenn ich mir bewusst mache, wie viel ich noch zu erledigen habe, möchte ich am liebsten laut schreien und durchdrehen, deshalb versuche ich, möglichst wenig daran zu denken. Belassen wir es dabei, dass ich es hasse, mich um andere Menschen kümmern zu müssen, und dass ich es nicht weniger hasse, irgendetwas zu organisieren, und darum dies für mich nicht gerade ein Jubeltag ist. Am liebsten würde ich mich einfach auf mein Bett fallen lassen und an die Decke starren, doch das Herz hämmert mir immer noch im Hals, deshalb kann ich mich unmöglich entspannen. Mein Stoffwechsel kommt ordentlich in Schwung, jetzt weiß ich, warum trauernde Angehörige immer so dünn sind. Michelle wird *toben.* Außerdem danke ich, was ich nie für möglich gehalten hätte, dem Himmel für Nana Flo. Sie hat es geschafft, meine Mutter lang genug aus ihrem Tran zu reißen, damit sie uns zeigt, wo Dad seine Dokumente aufbewahrt. Sie hat all unsere garstigen Verwandten angerufen *und* sie gebeten, uns noch nicht gleich zu besuchen, und sie hat darauf bestanden, Dad auf dem Standesamt abzumelden – womit eine ermüdende Wallfahrt zum Rathaus von Camden verbunden ist.

Ich überrede sie, ein Taxi zu nehmen. Sie will schon protestieren, dass der Bus genauso gut ist, darum sage ich: »Ich lade dich ein.« Ich bitte den Fahrer, auf sie zu warten und sie zurückzubringen, ich würde alles übernehmen. Mein Gott, es ist nur Geld, mein Vater ist tot, wir können ruhig ein bisschen leben. Ich weiß nicht, ob ich schon im Delirium bin, jedenfalls rede ich nur noch in Klischees. Als ich das uns am nächsten liegende Bestattungsinstitut aus dem Branchenbuch anrufe – *Institut*! Machen die Witze? –, erkläre ich: »Ich rufe für meinen Vater an.« Als würde ich ein Hotelzimmer für ihn buchen!

Ich habe nicht die leiseste Ahnung, was ich tun soll, deshalb halte ich mich an ein blaues Heftchen, das mir die Trauerfrau gegeben hat und das den Titel trägt: »Was tun bei einem Todesfall in England oder Wales?« – wie ein Kochbuch. Es ist mir eine wesentlich größere Hilfe als meine nutzlosen Freundinnen. Lizzy ruft noch mal an, um mir mitzuteilen, sie hätte mit der Redakteurin des Ressorts Schönheit & Gesundheit gesprochen, und die hätte ihr erzählt, es gäbe eine Organisation namens »Zentrum für natürlichen Tod«, die ökologisch verträgliche Bestattungen organisiere und biologisch abbaubare Särge im Angebot habe. Dann spricht sie das Wort »Weidengeflechts-Urne« aus, und ich sage: »Jetzt reicht's.« Etwa sechs Stunden später kehrt Nana Flo triumphierend mit der Sterbeurkunde zurück – kochend vor Wut, weil man ihr sechseinhalb Pfund dafür abgeknöpft hat. Während sie auf dem Klo ist, stecke ich ihr den Betrag in das Portemonnaie. Außerdem hat sie das berüchtigte grüne Formular dabei, auf das alle so scharf sind. Damit wird einem erlaubt, den Leichnam bestatten zu lassen, und eine Leiche würde lieber tot umfallen, als sich ohne diesen Wisch erwischen zu lassen. Ha ha ha.

Obwohl die Situation schon fast lachhaft gruselig ist, ist der Bestattungstyp ausgesprochen süß. Er sieht, wie nicht anders zu erwarten, aus wie Uriah Heep (oder jedenfalls so, wie ich mir Uriah Heep vorstelle, denn schließlich habe ich keinen Dickens-Roman über die erste Seite hinaus geschafft, abgesehen von *Große Erwartungen*, das man uns in der Schule eingeprügelt hat). Er ist groß, knochig, hat wässrig blaue Augen und graues Haar im kritischen Stadium des Glatzenverdeckens. Seine Hand bleibt beim Schütteln widerwärtig schlaff. Ich wappne mich im Geist gegen einen raffgierigen Parasiten, doch wie sich herausstellt, ist er sehr nett. Er führt mich in ein Zimmer, in dem der Blick unwillkürlich auf ein wenig subtiles Gemälde mit einem Rothirsch in einem dunklen Tann fällt, der von einem grellen Sonnenstrahl am Kopf getroffen wird. Er bietet mir Kaffee an und geht dann mit mir alle Optionen durch. Gemeinsam blättern wir in einer Sargbroschüre. Uriah sagt, wenn ein Kunde sich für eine Verbrennung entscheide, dann »empfehlen wir ein Modell, das ich als schlichten, aber würdigen Sarg bezeichne«. Er fügt taktvoll hinzu: »Es ist keine Spitzenqualität, aber Sie wissen ja, was in einem Krematorium geschieht.« Ich nicke lächelnd, als würde ich jeden Tag über die Verbrennung meines Vaters plaudern. Uriah fährt fort: »Er sieht gut aus, und man wäre nicht enttäuscht, wenn man zufällig einen Blick darauf erhaschen würde.« Der Herr segne ihn.

Er präsentiert mir auch eine Trauerkranzbroschüre voller riesiger, plüschiger Engels-, Kissen-, Trompeten- und Stuhl-Skulpturen. Komisch – bislang hatte ich den Tod eher mit Liegen als mit Sitzen in Verbindung gebracht. Die Kosten für das Grab sind astronomisch, und Uriah ereifert sich angemessen über die Londoner Preise. »Ein Landstück, das bis zu drei Personen aufnimmt« – wie bitte? –, »würde 1 000 Pfund kosten.« Er sieht meine entsetzte Miene – obwohl mich die halsabschneiderischen Preise weniger entsetzen als die Vorstellung einer Ewigkeit zu dritt – und fügt hinzu: »In London ist der Grund sehr teuer. Eine Grabstelle auf dem Highgate-Friedhof kann bis zu 50 000 kosten! Wohingegen ich vor gar nicht so langer Zeit Anlass hatte, meine Mutter zu beerdigen, und zwar in Cornwall. Ganze fünf Pfund hat ihr Grab gekostet!« Auf diese Pointe hin ziehe ich die Brauen hoch und sage, dass meine Familie wahrscheinlich trotz der Kosten eine Erdbestattung wünscht.

Meines Vaters Bestattung, Grab, Tod, Leichnam – ein neues Vokabular an hässlichen, fremdartigen, abstoßenden Worten. Die Situation ist grotesk, ich kann nicht fassen, dass ich hier bin. Ich sitze wie festgefroren auf meinem Stuhl, die Füße brav nebeneinander gestellt, und die ganze Zeit über schwirrt mir der Kopf, als säße ich im Fünfer-Looping, und mein Hirn kreischt: *Das ist doch lächerlich, das kann doch nicht wahr sein*, und am liebsten würde ich einfach immer weiter weglaufen, bis sich alles nur als böser Traum entpuppt. Uriah erläutert währenddessen eifrig, dass er sich mit dem Krankenhaus und dem Priester in Verbindung setzen würde, den Leichenwagen und die Wagen für die Trauergäste besorgen könnte, dass er den ganzen Ärger von meinem Kleinmädchenhirn fern halten und dass bis zur Beisetzung »Dad hier bei uns bleiben würde«. Ich lächle und nicke, obwohl ich mir nicht vorstellen kann, was Dad weniger gefallen würde. »Sie können«, fügt Uriah noch an, »hereinschauen und ihn besuchen, sooft Sie wollen.« Dann rät er mir heimzugehen, die Einzelheiten mit meiner Mutter durchzusprechen und ihn morgen anzurufen. Er verabschiedet mich mit einem weiteren schlappen Händedruck und den Worten: »Ein grässlicher Tag, nicht wahr?« Er hat Recht. Es gießt in Strömen, und der Himmel trägt das gleiche dunkle Begräbnisgrau wie Uriah.

»Danke«, sage ich und renne zu meinem Toyota.

Ich komme zur Tür herein – und traue ich denn meinen Augen! (Ich liebe diesen Satz – der Zauberer von Oz sagt ihn –, ich ziehe ihn sogar meinem zweiten Lieblingssatz vor: »*Wer* hätte das gedacht!«) Wer sitzt da am Küchentisch und schwatzt Nana Flo – die wirklich alt genug sein sollte, um es besser zu wissen – *und* meiner Mutter – die wie durch Zauberei ein äußerst dramatisches Witwen-Make-up plus ein langes schwarzes Kleid angelegt hat – die Unterhosen vom Leib: niemand anderes als Jasper.

»Jasper?«, quieke ich.

»Helen!«, legt meine Mutter los, bevor sie aus ihrem Stuhl aufflattert und mich lange und kummervoll an ihre Brust drückt. »Du warst so lange weg! Ich hatte solche Angst! Ich habe schon gedacht, du hättest einen Unfall gehabt!« O bitte! Als würde sie mich sonst je umarmen!

»Mum, sei nicht albern«, sage ich. »Ich habe mich um Da –, um die Beerdigung gekümmert. Ich erzähl dir alles später.« Ich winde mich aus ihren stählernen Armen und gebe Jasper einen keuschen Kuss auf die Wange. Idiotischerweise, blöderweise bin ich überglücklich, dass er hier ist. Nana Flo und Mutter zeigen keine Absicht, uns etwas Intimsphäre zu gönnen, darum schlage ich Jasper vor, mit mir nach oben zu gehen. Wir stapfen hoch in Dads Arbeitszimmer, das eigentlich mein altes Kinderzimmer ist. Noch an dem Tag, an dem ich ausgezogen bin, haben meine Eltern es in ein Arbeitszimmer verwandelt.

Jasper hat mir etwas mitzuteilen. Er sieht sehr ernst aus. »Helen«, setzt er an. »Ich bedauere deinen Verlust außerordentlich. Du Arme. Wenigstens musste er nicht leiden. Und er hatte ein langes und gutes Leben. Und glaub mir, die Zeit heilt viele Wunden.« Er verstummt. Ich koche vor Wut. Du scheinheiliger Hanswurst! Was denn noch? Such dir ein Hobby? Sprich dich aus? Nimm ein heißes Bad?

»Wirklich sehr tröstlich«, sage ich, wobei ich mir keine Mühe gebe, meinen Sarkasmus zu verhehlen, »allerdings wäre es mir lieber, Jasper, wenn er noch am Leben wäre.« Das schmeißt ihn um. In Jaspers Welt der viktorianischen Etikette geben die Frauen keine Widerworte.

Er stockt und meint dann: »Nun denn. Es muss sehr schlimm für dich sein. Und für deine Mutter ist es bestimmt noch schlimmer, denn sie hat ihn länger gekannt als du.« Um Gottes willen! Bestimmt ist es für uns alle noch schlimmer, du Knalltüte!

»Pass auf, Jasper«, sage ich. Ich bin so wütend, dass ich kaum sprechen kann. Ich zittere am ganzen Leib. »Pass auf Jasper, mein Vater ist gerade gestorben, und ich habe eine Menge zu erledigen. Und dass du solche Sachen … solches Zeug … von dir gibst wie das, was du da eben gesagt hast, hilft mir nicht gerade.« Zum ersten Mal, seit dieses Fiasko begonnen hat, bin ich den Tränen nahe. »Also, Jasper. Hast du mir noch etwas zu sagen?«

Er senkt den Blick. Dann läuft zu meiner Überraschung sein Gesicht langsam blutrot an. »Am Sonntag«, setzt er an, »da habe ich dich angelogen. Ich habe Louisa letzte Woche gesehen. Und wir haben gebumst. Ich – ich wollte das nicht. Es ist einfach so passiert.« Er sieht mir direkt in die Augen. Ich starre zurück. »Ich hatte ein schlechtes Gewissen«, erklärt er mir. »Und nachdem ich mitbekommen habe, dass dein Vater gestorben ist, hatte ich das Gefühl, dass ich dir die Wahrheit schuldig bin.« Was bist du doch für ein feiner, tapferer, aufrichtiger Staatsbürger.

»Wow!«, sage ich, »wie nett von dir. Dann hat der Tod meines Vaters ja doch etwas Gutes!«

Jasper kapiert es einfach nicht. Er sieht absolut zufrieden aus und sagt: »Genau.«

»Jasper«, sage ich und balle die Fäuste. »Du Scheißkerl. Hau ab. Bitte. Es ist vorbei.« Sein Kopf ruckt überrascht hoch.

»Aber«, stammelt er, »aber Babe, es war ein Fehler. Ich habe das falsch eingeschätzt.«

Ich sehe ihn stinkwütend an. »Das hast du ganz bestimmt«, sage ich und weiß nicht einmal mehr, ob mir noch irgendetwas daran liegt, vielleicht sage ich es einfach, weil man so was eben *sagt*.

Jasper wuschelt sich mit der Hand durchs Haar und meint altväterlich: »Helen, du bist –«

Ich falle ihm ins Wort und fahre ihn grob an: »Jasper, es ist vorbei.«

Die paradiesblauen Augen werden kalt, und er zuckt die Achseln. Dann verschwindet er. Er zieht die Tür ganz leise hinter sich zu.

Jesus. Was habe ich nur getan? Mir ist wieder schwindlig. Die Zornestränen beginnen schnell und unkontrollierbar zu fließen. Wütend schniefe ich und verschmiere sie. Benebelt kehre ich in die Küche zurück. Ich fühle mich krank, erschöpft, und mir brummt der Schädel.

Meine Mutter sieht auf. »Helen! Was für ein netter Junge! Ich kann gar nicht fassen, dass du ihn uns nie vorgestellt hast. Er hat mir Lilien mitgebracht.« Pause. Sie bemerkt mein fleckiges Gesicht und fügt leise hinzu: »Schätzchen! Hast du gewusst, dass sie während des Krieges im Graben des Towers Gemüse angebaut haben?«

Kapitel 4

Zu meinem vierten Geburtstag nahm mich mein Vater mit in eine Aufführung des *Nussknackers*, wo ich ihn bis auf die Knochen blamierte, indem ich krähte: »Ich will *auch* eine Fee sein!« Diesen Ehrgeiz habe ich heute nicht mehr, und zwar aus dem einzigen traurigen Grund, dass Feen Röcke tragen müssen. Ich trage keine Röcke. Ich weigere mich, Röcke zu tragen. Ich habe seit annähernd fünf Jahren keinen Rock mehr getragen, weil ich dicke Stummelbeinchen habe und in einem Rock aussehe wie eine verkleidete Bulldogge. Dessen ungeachtet habe ich vor kurzem eine schmale, eng anliegende *Frühstück-bei-Tiffany's*-Kreation erspäht und ebenso skrupellos wie waghalsig meine eiserne Regel gebrochen. Ich habe den Rock zur Arbeit angezogen und mir gedacht: Eigentlich sehen meine Beine gar nicht so schlecht aus. Dann sah ich die von jemand anderem und dachte: Mein Gott, was hast du dir nur dabei gedacht? Am nächsten Tag habe ich den Rock an Michelle weitergegeben – die ihn mit dem größten Vergnügen entgegennahm und sagte, sie werde ihn in die Reinigung bringen.

Unverständlicherweise kann sich meine Mutter einfach nicht damit abfinden, dass ich keine Röcke anziehe. »Du kannst doch auf einer Beerdigung keine Hose tragen!«, quakt sie.

»Und warum nicht?«, fahre ich sie an. »Dad stört das bestimmt nicht.«

Als ich das sage, stampft sie mit dem Fuß auf. Sie ist 55 Jahre alt! »Und wenn schon, *mich* stört es!«, kreischt sie.

»Aber –«

Ihre Stimme wird brüchig: »*Tu* es einfach, Helen! Fang nicht an, mit mir zu streiten, ich warne dich, ich ertrage das nicht!« In punkto Dramatik könnte meine Mutter Elton John einiges beibringen, und mein Geduldsfaden ist so dünn, dass es schon an Magersucht grenzt. Meinen Vater würde es nicht mal stören, wenn ich als Feuerwehrmann verkleidet auf seiner Beerdigung erscheinen würde.

Habe ich schon erwähnt, dass Nacktheit für ihn auf einer Stufe mit Satanismus stand? Nun, Religion stand für ihn ebenfalls auf einer Stufe mit Satanismus. Folglich wird seine Beerdigung – wie ich Uriah aufgetragen habe – nur ganz leicht spirituell angehaucht sein. Keine Kirchenlieder, kein Gottesdienst. Und kein Gelb, weil mein Vater Gelb gehasst hat. Nur eine schlichte Zeremonie direkt am Grab.

»Und wer soll die durchführen?«, fragte Uriah.

»Ein Geistlicher natürlich!«, sagte ich. Das wollte Uriah nicht so recht begreifen, bis ich ihm erklärte, dass ich mir nicht vorstellen könnte, wer sie sonst durchführen sollte (obwohl sich Cousin Stephen bereit erklärt hat), und wir deshalb mit einem Geistlichen vorlieb nehmen müssten. Aber er müsse sich kurz fassen und solle, soweit möglich, alles Gelbe und alle Verweise auf Gott vermeiden.

Meine Mutter ist sich all dieser Dinge wohl bewusst, trotzdem bläst sie die Rock-Frage zu einem Problem von intergalaktischen Ausmaßen auf. Plötzlich ist mir die Vorstellung, auch nur eine Minute länger in ihrer zeternden, zappeligen Nähe zu verweilen, unerträglich. »Also gut«, sage ich. Ich spucke die Worte aus wie Traubenkerne. »Du hast gewonnen. Ich ziehe einen Rock an. Ich ziehe einen Rock an, aber ich habe beschlossen« – und ich fasse diesen Beschluss im selben Moment, in dem ich ihn ausspreche – »dass ich in meinem eigenen Auto zur Beerdigung fahre. Ich will nicht in der Prozession mitfahren. Ich finde das scheußlich. Ich weigere mich.« Damit gebe ich das Stichwort zum dritten Weltkrieg.

Das kommt gar nicht in *Frage*. Ob ich von *Sinnen* bin. Ob ich sie *umbringen* will. So etwas ist *unerhört*. Was sollen die *Leute* nur denken. *Buhuhu*. Zum Glück gehört es auch zu meinem Job, Experten anzurufen und sie um ein paar Zitate zu bitten, mit denen sich die langweiligen Artikel fauler, überbezahlter freier Journalisten aufpeppen lassen. Also setze ich eine List ein, die ich von einem der vielen im Auftrag von *Girltime* interviewten Psychologen abgeschaut habe. Die Schallplattensprung-Technik. Was meine Mutter mir auch entgegenschleudert – Vorwürfe, Drohungen, flehende Bitten, das zerknüllte Feuilleton des *Guardian* –, erwidere ich mit stets derselben, äußerst irritierenden Aussage: »Ja, das begreife ich, aber ich habe beschlossen, in meinem eigenen Auto zur Beerdigung zu fahren.« Bei der fünften Wiederholung stößt sie ein von Herzen kommendes Jaulen aus, kreischt: »Sei still, sei still, sei *still*, das ist ja nicht auszuhalten!«, und rennt nach oben. Ich nehme dies als Kapitulationserklärung und fahre triumphierend zurück in meine Wohnung. Ein schlechtes Gewissen habe ich nicht, wieso auch?

Der Morgen der Beerdigung bricht an. Ich schnelle in den Wachzustand hoch und spüre, wie mich Übelkeit erregende Angst umklammert, ohne dass ich wüsste weshalb. Dann fällt mir alles wieder ein. Der Himmel ist blau, aber es ist ein kalter, windiger, widerwärtiger Tag. Einer von den Tagen, an denen die Frisur sofort im Eimer ist, selbst wenn man die Haare mit Unmengen von Schaum zu spröder Knusprigkeit festgeföhnt hat. Zu allem Überfluss war Tina bis gestern auf einem Mode-Shooting in New York und stand deshalb nicht für Beratungen zur Verfügung, und der einzige billige Rock, den ich auf meiner einsamen Shopping-Exkursion ausfindig machen konnte, bestand aus langem, schwarzem Stretch-Stoff mit einer steifen, nicht ablösbaren Schleife an der Taille. Ich ziehe ihn an und sehe augenblicklich aus wie Alison Moyet.

In der Wohnung ist es totenstill, deshalb lärme ich und schlage mit den Türen, damit es nicht ganz so still ist, während ich mich gleichzeitig darüber aufrege, dass meine Mutter nicht anruft. Meine Laune hebt sich ein wenig, nachdem ich das Radio einschalte und erfahre, dass ein Heißluftballon mit zwei Vollidioten an Bord ins Meer geplumpst ist, wodurch ihr Versuch vereitelt wurde, den stinklangweiligen Mit-dem-Ballon-um-die-Welt-Rekord zu brechen. Mein Gott! Und das ist ihr *Hobby*! Ich suche gerade nach meinen Ohrringen, wobei ich überlege, was für eine Nadel man wohl braucht, um einen Heißluftballon anzustechen, als mein Blick auf die Uhr fällt und ich begreife, dass es 10 Uhr 25 ist und die Beerdigung um elf beginnt.

Sechs Minuten später krieche ich durch Golders Green und versuche mit Hilfe des Rückspiegels Lippenstift aufzutragen. Mindestens 25 Volvos stehen in zweiter Reihe und versperren die Straße. Ich wünsche mir gerade, ich hätte eine andere Strecke genommen, da sehe ich in der Ferne eine vertraut wirkende Gestalt vorbeischlendern. Ich schaue noch einmal scharf hin und sehe meinen Vater auf dem Gehweg spazieren gehen. Mein Magen krampft sich zusammen, weil ich seine ausgreifenden Schritte, seinen selbstbewussten Gang und die breiten, durchgedrückten Schultern wieder erkenne, doch dann dreht er sich einmal ganz kurz um und ist überhaupt nicht mein Vater, und ich höre ein irrsinnig lautes, blechernes Scheppern, werde nach vorne gerissen und komme abrupt zum Stehen, weil ich – langsam, aber mit Überzeugung – in einen geparkten orangefarbenen VW Käfer gerollt bin. »O neeeiiin!«, schreie ich.

Mein erster Impuls ist es, Dad anzurufen. Ich bin kurz davor, in Tränen auszubrechen, aber ich habe kein wasserfestes Mascara aufgelegt. Stattdessen springe ich aus dem Wagen und laufe los, um den Schaden zu inspizieren. Augenblicklich beginnen die anderen Autos zu hupen. Eine gut konservierte Frau in einem Jeep Cherokee lässt ihr Fenster heruntersurren und meint hilfsbereit: »Sie waren zu schnell.« Dann höre ich ein lautes Kreischen.

»Sie haben Nancy zusammengefahren!«, kreischt die Stimme. Die Stimme gehört einer winzigen Blondine mit dickem Lip-Liner und weißem Kittel. Ihr Gesicht ist vor Zorn ganz verkniffen. Sie kommt auf mich zugerannt, bis wir uns Auge in Auge gegenüber stehen und ich den unendlich dezenten Hauch von Fäulnis in ihrem Atem riechen kann.

»N-n-nancy?«, stammle ich. O Gott, ich habe jemanden totgefahren!

»Nancy, mein Auto, du dumme Kuh!«

Die unglaubliche Erleichterung angesichts der Erkenntnis, dass ich nicht ins Gefängnis muss, plus die zeitaufwendige Verarbeitung der Tatsache, dass eine Fremde, die sich nicht entblödet, ihrem Auto einen Namen zu geben, mich eine dumme Kuh nennt, lösen einen Adrenalinschub in mir aus, und ich schreie: »Scheißdreck noch mal, hören Sie auf zu brüllen, es ist doch bloß eine blöde kleine Blechbüchse!« Sie sieht mich schockiert an – wahrscheinlich hat sie sich nicht vorstellen können, dass jemand, der einen solchen Rock trägt, das Wort »Scheißdreck« in den Mund nimmt. Sie klappt ihren geschminkten Mund auf, um mir etwas zu entgegnen, doch ich bin dazu *überhaupt* nicht in der Stimmung. »Es tut mir Leid!«, belle ich, »aber ich bin unterwegs zur Beerdigung meines Vaters und –«

Mitten im Satz verstumme ich. Ich verstumme, weil ein großer dunkelhaariger Typ, ebenfalls im weißen Kittel, im Laufschritt zu uns geeilt ist und offenbar fest damit rechnet, in unser Gespräch eingeschlossen zu werden. »Ja?«, begrüße ich ihn eisig.

Schlagartig wird die Blondine schüchtern. »Tom!«, haucht sie. Sie sinkt ihm praktisch an die Brust. Das Grinsen in meinem Kopf muss sich irgendwie auf mein Gesicht gestohlen haben, weil sie einen wutentbrannten Blick auf mich abschießt. »Tom, *sieh nur*, was sie mit Nancy gemacht hat!«

Gemeinsam begutachten wir Nancys verbeultes Hinterteil. Dann schauen wir Tom an. Sie sieht bewundernd zu ihm auf. Ich taxiere ihn höhnisch, ertappe mich dabei und versuche hastig, mein Gesicht wieder unter Kontrolle zu bekommen. Das Hohnlächeln bricht dennoch als Muskelzucken durch.

Tom sieht fantastisch aus. Um genau zu sein, er hat – auch wenn ich weiß, dass das nicht gerade wie ein Kompliment klingt, doch das muss man entschuldigen, denn hierbei handelt es sich um meinen ganz persönlichen Fetisch – Augen wie ein Husky. Von einem kühlen, blassen, stechenden Blau. Wuff. Und seine Zähne. Wolfszähne. Das weiß ich, weil er ein überraschtes Lächeln aufblitzen lässt. Bei spitzen Hundezähnen werde ich einfach schwach. Ich kann es nicht ändern. Es ist verrückt. Ich meine, ich kann Hunde nicht mal leiden.

»Celine, es ist doch eigentlich nur die Stoßstange. Hör auf zu schreien«, sagt Tom. Dann wendet er sich an mich und sagt: »Haben Sie sich nichts getan? Wollen Sie sich hinsetzen?«

Ich schüttle den Kopf. »Ich bin spät dran«, antworte ich mit schriller Stimme. »Ich muss zur Beerdigung meines Vaters, und jetzt das!« Mir versagt die Stimme. Celine schweigt trotzig.

»Ach?«, sagt Tom.

»Und was ist mit Nancy?«, fragt Celine verdrießlich.

»Um den Wagen kümmere ich mich«, sagt Tom. »Du gehst wieder rein.« Celine zockelt ab. Tom verzieht das Gesicht. »Ich muss mich für sie entschuldigen«, sagt er. »Sie sehen aus, als hätten Sie einen Schock. Glauben Sie, dass Sie noch fahren können?«

Ich zucke die Achseln. Eigentlich will ich sagen, dass mir nichts passiert ist, doch aus meinem Mund kommt: »Mir ist schwindlig.« Ich hantiere an meiner Uhr herum und stelle fest, dass die Beerdigung meines Vaters in nicht einmal einer Viertelstunde beginnt. »Ich komme zu spät! Und dann der Käfer!«

Tom tut den Käfer mit einer Handbewegung ab. »Der Käfer ist höchstens noch zehn Pence wert. Machen Sie sich keine Gedanken. Das können wir auch später klären.« Pause. »Sie sehen ein bisschen zu mitgenommen aus, um zu fahren. Kann ich Ihnen ein Taxi rufen?«

Ich schüttle den Kopf. »Sie beginnt in zehn Minuten«, heule ich. Ich fühle mich schwach und zittrig, ganz zu schweigen davon, dass ich mir unaussprechlich dumm vorkomme. Um das Maß an Attraktivität voll zu machen, läuft mir ein entzückender, dicker Batzen wässriger Schleim aus der Nase. Ich wische ihn mit dem Ärmel weg.

»*Ich* werde Sie fahren«, bietet mir Tom an. »Ich hole den Rettungswagen.«

»Den Rettungswagen?«, wiederhole ich begriffsstutzig.

»Den Tierrettungswagen«, sagt er.

»Sie sind Tierarzt!«, sage ich.

»Ja!«, grinst er.

»Das erklärt den weißen Kittel«, sage ich. Dann beschließe ich, besser den Mund zu halten. Ich stehe dümmlich herum, während Tom den Toyota »hinten rein fährt«. Seine Fahrweise ähnelt, wie ich beunruhigt feststelle, meiner eigenen. Drei Sekunden später taucht er am Lenkrad eines schmutzig weißen Lieferwagens mit dem Seitenaufdruck MEGAVET wieder auf. Das hat Stil. Er hupt, und ich klettere hinein. Wegen meines eng anliegenden Studentinnen-Rocks gestaltet sich das als spindelbeiniges (wenn auch nicht so dürres) Manöver, das mir einige blaue Flecken an den Knien beschert.

»Warten denn nicht unzählige Tiere auf Sie?«, frage ich und stelle damit wieder einmal meine weitgerühmte Schlagfertigkeit und meinen messerscharfen Witz unter Beweis.

»Nee.« Er schüttelt den Kopf. »Mittwochs ist es immer ruhig. Montags und freitags geht es rund. Gut. Wo fahren wir hin?« Natürlich habe ich das vergessen, deshalb kramt Tom unter seinem Sitz herum und zieht schließlich ein zerfleddertes Straßenregister hervor. Sobald wir aus Golders Green raus sind, gibt Tom Gas. Er hat keinerlei Skrupel, Polizeiautos zu schneiden. Ich weiß, dass wir es eilig haben, doch er fährt, als wollte er gleich abheben.

»Schon gut, Wing Commander«, brummele ich nervös.

Er sieht zu mir herüber. »Ich fahre nicht schnell!«, verteidigt er sich. »Sie wollen doch nicht zu spät kommen!«

»Nein«, bestätige ich. »Aber ich will auch nicht umkommen.«

Er bremst ab. »Das mit Ihrem Dad tut mir Leid«, sagt er.

»Schon okay«, erwidere ich.

Nach diesem fröhlichen Wortwechsel fahren wir stumm weiter. Dann fragt Tom: »Wie ist er denn gestorben?«

Ich zupfe an der Haut auf meiner Lippe. »Herzinfarkt«, keuche ich, während der Lieferwagen quietschend um eine Ecke jagt. Tom stemmt, als wahrer Gentleman, den Handballen gegen die Hupe. Ich möchte das Thema wechseln. Ich muss das Thema wechseln. Ich zermartere mir mein wattewolkiges Gehirn auf der Suche nach einer Information, die für einen gut aussehenden Tierarzt, den ich noch nicht besonders lange kenne, von Interesse sein könnte, und bringe nichts als Schwachsinn zu Stande: »Ich habe ein Kätzchen namens Fatboy.« Jesus, was ist nur mit mir los? Ich scheine jede Gewalt über die englische Sprache verloren zu haben. Plötzlich verfüge ich über das Vokabular und die Grammatik eines Dreijährigen und muss mir fast die Zunge abbeißen, um nicht noch hinzuzufügen: »Und was ist Ihre Lieblingsfarbe?«

Zum Glück antwortet Tom höflich: »Ach ja? Was ist es denn für eins?«

Dies ist die allerletzte Chance zu beweisen, dass ich, allem gegenteiligen Anschein zum Trotz, tatsächlich so etwas wie einen IQ besitze. Und was antworte ich? »Es ist orange.«

Ich trage mich mit dem Gedanken, in einer Notoperation meine Stimmbänder entfernen zu lassen, als Tom ganz freundlich erwidert: »Orange. Das sind nette Katzen.« Das lässt mich endgültig verstummen. Ich starre in meinen Schoß und denke an meinen Vater, der tot in seinem Sarg liegt und langsam zu verrotten beginnt.

Sieben nervenaufreibende Minuten später stoppen wir mit kreischenden Bremsen vor dem Friedhofstor. »Vielen Dank, das war wirklich nett, vielen Dank«, sage ich verlegen, wobei ich versuche, einen Schuss dankbare Fröhlichkeit in meine flache, monotone Stimme zu injizieren. »Was soll ich mit dem Toyota machen?«

Tom schickt mich mit einer Handbewegung los. »Sie müssen sich beeilen. Kommen Sie einfach vorbei, wann es Ihnen passt. Das mit der Versicherung und den übrigen Kram können Sie auch später mit Celine klären. Ihr macht das nichts aus.«

Eine so dreiste Lüge ist mir nicht mehr untergekommen, seit meine Mutter abgestritten hat, für Steve McQueen zu schwärmen. Doch ich lasse sie ihm durchgehen. »Danke«, sage ich noch mal.

»Schon gut«, sagt er. Er macht eine Kopfbewegung zu den Massen von Autos hin, die den Friedhofseingang verstopfen. »Kommen Sie zurecht?«

Ich nicke steif, verabschiede mich mit einem albernen Winke-Winke und drehe ihm den Rücken zu. Mir steht das Wasser in den Augen. Es ist einfach lächerlich. Ich kann es ertragen, dass man mich anbrüllt. Aber *Güte.* Bloß nicht. Schon bei dem Wort zieht sich alles in mir zusammen. Es ist fast so schlimm wie »zärtlich«. Trotz seiner blauen Augen und spitzen Zähne gehe ich immer weiter. Ich entdecke Luke, der gleich hinter dem eisernen Tor in einem viel zu engen marineblauen Anzug neben einer makellosen Tina und einer dürren Lizzy herumsteht, und laufe erleichtert auf sie zu. Tom donnert in seinem schmutzig weißen Lieferwagen davon, ohne dass ich mich auch nur einmal umdrehe.

Kapitel 5

Luke ist ein Nikotin-Junkie. Er braucht nicht nur die Zigarette davor und danach, sondern auch eine zwischendurch. Das ist auch der Grund, erzählt er mir, weshalb ihn seine letzte Freundin verlassen hat. Er hat ihr an einer äußerst empfindlichen Stelle einen Brandfleck gemacht. Er behauptet, er könne jederzeit aufhören, doch er weigert sich, Kaugummi zu kauen, weil man davon »Magengeschwüre kriegt«. Er raucht in der U-Bahn auf dem Bahnsteig (»Das Rauchverbot gilt nur für die Gleise!«), er raucht in der Badewanne (»Für mich als Kerl zählt das praktisch als Duftkerze!«), und er raucht, während er bei *Eine Frage des Sports* seine Pepperoni-Pizza mit extra dickem Rand mampft (»Es ist eine nervenzehrende Sendung, das begreifst du nicht!«). Habe ich schon erwähnt, dass Luke nicht nur seine Lungen asphaltiert, sondern auch sagt, was er denkt, ohne nachzudenken? Es ist also keine große Überraschung, dass er aufgeregt mit der Schuhspitze einen von fünf qualmenden Zigarettenstummeln zermalmt, als ich durch das Friedhofstor platze, und ruft: »Helen! Du bist so gut wie *tot*, Mädel!«

»Ich bin *was*?«, rufe ich zurück.

Er hat immerhin den Anstand zu erröten. »Ich meine«, stottert er, »deine Mum rastet gleich aus. Sie könnte dich umbringen. Alle warten in ihren Autos.«

Ich sehe Tina und Lizzy an. Tina klickt mit den Fingernägeln, schaut betreten auf ihre Jimmy Choos und murmelt: »Verfluchter Mist!« Lizzy setzt eine Trauermiene auf und jammert: »Arme Helen!«

Ich nehme ihre Verlegenheit als Rückendeckung. »Moment noch«, murmle ich und bahne mir einen Weg durch das Gewirr von Autos, das wie ein inszenierter Autobahn-Stau wirkt – wobei ich sorgfältig jeden Augenkontakt mit den glotzenden Fratzen in den Wagen vermeide –, bis hin zu dem riesigen, schwarz glänzenden Jaguar, der direkt hinter dem riesigen, schwarz glänzenden Leichenwagen parkt.

Noch bevor ich ihn erreicht habe, schnurrt das Fenster herunter. »Wo-hast-du-gesteckt?«, spuckt meine Mutter unter einer unförmigen schwarzen Untertasse von Hut hervor.

Ihre damenhafte Zurückhaltung überrascht mich, doch

dann begreife ich, dass der Chauffeur mit Elefantenohren lauscht. Ich beuge mich zum Fenster hinab, winke schuldbewusst Nana Flo zu, die ihr Spitzentaschentuch so fest umkrampft, dass die Knöchel weiß hervorstehen, und erkläre, dass ich aufgehalten wurde. »Was ist denn hier los?«, frage ich, um meine Mutter von ihrem Zorn abzulenken.

»Sie sind im Friedhofsbüro«, antwortet meine Mutter mit hoher, hysterischer Stimme, »sie müssen erst noch den ganzen Papierkram erledigen, und (schnief) wir dürfen erst aussteigen, wenn sie fertig sind, und – ach, mir reicht's! Ich steige aus! Ich kann nicht einfach so dasitzen! Raus hier!« Ich mache einen Satz zur Seite, und im nächsten Moment schießt meine Mutter aus dem Auto. Augenblicklich ist das Klicken unzähliger Autotüren zu hören, und Horden von Menschen mit verschwitzten Gesichtern und aus der Form geratenen Kleidern kommen mit schweren Schritten auf uns zugetrottet. Ich werde ganz steif vor Schreck. Ich will unseren Freunden und Verwandten nicht zu nahe treten, aber es ist wirklich wie in *Nacht der lebenden Toten*.

Während der nächsten zehn Minuten ertrinke ich in einer Flut von pudrigen, nach Lavendel riechenden und nach Lippenstift schmeckenden Küssen, ungeschickten, von Nasenstübern begleiteten Umarmungen, warmen, hingehauchten oder gemurmelten Bekundungen wie: »Herzliches Beileid!« und: »So plötzlich!«, der scharf ausgesprochenen Versicherung: »Sie sind bestimmt froh, dass es so schnell gegangen ist« (na klar, ganz begeistert), dem schrillen Ausruf: »Helen! Du bist ja kaum wiederzuerkennen! Du hast deinen Babyspeck verloren!«, und: »Du kümmerst dich doch um deine arme Mutter, nicht wahr – es ist ein solcher Schock für sie!« Ich schaue kurz zu meiner Mutter hinüber, die all das aufsaugt, als wäre sie Fatboy, der über eine verbotene Schüssel mit Eiskrem gestolpert ist.

»Ja«, erwidere ich grimmig. »Sie braucht unbedingt jemanden, der sich um sie kümmert.«

Ich erblicke Uriah, der – in erlesener Penner-Couture – zusammen mit dem Geistlichen aus dem Friedhofsbüro kommt. Letzterer hat, wie ich mich in einem Anflug von Panik entsinne, zwei zusammenhanglose Nachrichten auf meinem Anrufbeantworter hinterlassen, die ich erst ignoriert und dann vergessen habe. Uriah seinerseits blickt mit deutlich spürbarer Verärgerung auf das anarchische Durcheinander von Trauergästen, doch sobald ich auf ihn zukomme, zucken seine Lippen zu einem vorsichtigen Lächeln nach oben. »Miss Bradshaw«, sagt er. »Wie geht es Ihnen?« Es gehe mir gut, erkläre ich. Er nickt knapp und sagt dann: »Wenn Sie nichts dagegen haben, wären wir bereit, die letzte Reise ihres Vaters anzutreten. Möchten Sie, dass das Arrangement auf dem Sarg bleibt, oder sollen wir es abnehmen?«

Damit hat er mich kalt erwischt. »Wie wird das denn üblicherweise gehandhabt?«, erkundige ich mich.

»Die meisten Menschen ziehen es vor, es abnehmen zu lassen«, sagt er. »Oft möchten die Hinterbliebenen es einer geeigneten Station im Krankenhaus spenden – in diesem Fall wäre das die Herz-Abteilung«, erläutert er hilfsbereit. Da werden sich die Patienten aber freuen.

»Äh, gut, tun Sie das«, platzt es aus mir heraus. Dann registriere ich eine plötzliche Senke im Lärmpegel und eine Frauenstimme, die sich beschwert: »Hoffentlich wird er nicht drüben auf der anderen Seite beerdigt. Ich hasse es, so weit zu gehen.«

Ich drehe mich um, und mein Herz beginnt zu rasen, als ich sehe, dass der dunkle, drakulaeske Sarg aus dem Leichenwagen gerollt wird und vier Männer in düsteren Anzügen ihn langsam auf ihre Schultern hieven. Entsetzt starre ich darauf. Dieses massive, hässliche, klobige Zeugnis des Todes. O Gott! Und *mein Vater* liegt da *drin*. Tot. Kalt. Steif. Und bald verwest. Wie lange dauert es wohl, bis die Leichenstarre von dem Gestank der Verwesung erweicht wird und ... Meine Mutter reißt mich aus diesen abartigen Gedanken, indem sie auf Uriah zustürmt und ihm ins Gesicht trompetet: »Morries Cousin Stephen will den Sarg tragen!«

Hoffentlich nicht allein, denke ich im Stillen. Cousin Stephen ist etwa 93 Jahre alt und athletisch wie ein Gartenzwerg. »Mum«, setze ich mit einem nervösen Blick auf Uriah an, »wir sollten eigentlich –«

Uriah bringt mich zum Schweigen, indem er mir ganz leicht die Hand auf die Schulter legt. »Das ist überhaupt kein Problem«, verkündet er großmütig. Nach kurzem Tohuwabohu – und wenn ich kurz sage, dann meine ich auch kurz –, wird Cousin Stephen zum Sargträger befördert. Irgendwie ordnet Uriah alle Anwesenden zu einer langen, unordentlichen Schlange, bringt Luke mit einem scharfen Blick dazu, die Zigarette auszudrücken, und nimmt dann seinen Platz vor dem Sarg und an der Seite des Geistlichen ein.

Meine Mutter, Nana Flo und ich folgen direkt dahinter. Ich werfe einen Blick auf Nana, um mich zu versichern, dass sie nicht gleich in Ohnmacht fällt, doch sie wirkt eher entschlossen und zornig, so als würde sie in die Schlacht ziehen. Meine Mutter zittert, und ihr Gesicht ist vom Weinen angeschwollen. Ich schließe sie in die Arme und kippe um ein Haar nach hinten weg, weil sie sich prompt mit ihrem gesamten Gewicht in meine Umarmung sacken lässt. Sie klammert sich mit einem Arm an mir fest, während sie mit der anderen Hand ihren Hut daran hindert, von ihrem Kopf abzuheben und über das weiße Meer von Grabsteinen davonzutrudeln. Ich komme mir vor, als würde ich in einem Film mitspielen. Das ist doch ein einziger Witz! Es ist ein kalter, böiger Mittwochmorgen. Eigentlich müsste ich in meinem überhitzten Büro an meinem Schreibtisch sitzen, einen doppelten Espresso schlürfen und unter dem Vorwand, etwas zu recherchieren, in der *Sun* blättern. Stattdessen stehe ich hier, an der Spitze eines Heeres von Trauergästen, mitten im Nichts, und stolpere durch den Matsch einem Ungetüm von Sarg hinterher, in dem mein Vater liegt, und zwar genau auf ein frisch ausgehobenes, tiefes Loch zu, in dem er begraben werden soll – mein Vater, der noch letzte Woche in der Bar des Brookhill Golfklubs mit dicken Zigarren und einer Runde Brandy für seine Golf-Kameraden sein neues, niedrigeres Handicap gefeiert hat. Ich frage mich, wie der Dreck wohl Tinas 195 Pfund teuren Schuhen bekommt.

Während der ersten fünf Schritte des Trauerzuges wackelt und schaukelt der Sarg – dank des zwergenhaften Cousins Stephen – hin und her. Netterweise ziehen ihn Uriahs Männer gleich darauf hoch und von Cousin Stephens schmaler Schulter herunter, bis Cousin Stephen praktisch unter dem Sarg steht. Gezwungenermaßen gibt er sich damit zufrieden, eine symbolische Hand auf die polierte Oberfläche zu legen, sodass unsere Prozession weiterschlurfen kann. Ich gleite wie ein Zombie vorwärts. Alle sind still, nichts ist zu hören außer einem Flugzeug, das über uns hinwegdröhnt, und dem Wind, der die weichen, gefiederten Zweige der alten Weiden peitscht.

Mir ist schlecht. Ich träume das nur, und gleich wird mich jemand aufwecken, mir erklären, dass alles nur ein verrückter, verdrehter Albtraum war, und ich werde die Augen aufschlagen, in meinem warmen weichen Bett liegen, und die ganze surreale Situation wird sich in Luft auflösen. Ganz und gar. Aus. Stopp. Ende. »STOPP!«, brüllt meine Mutter mit einer Stimme, mit der Gott das Tote Meer hätte teilen können. Alle – die Sargträger bedauerlicherweise eingeschlossen – machen einen Satz und bleiben wie angewurzelt stehen. Nana sieht aus wie vom Blitz getroffen.

»Meine Güte«, sage ich ziemlich belämmert, »was ist denn los?« Meine Mutter schluchzt und zittert so sehr, dass sie kaum ein Wort herausbringt. Uriah eilt herbei wie die Fleisch gewordene professionelle Betroffenheit. »Okay «, sage ich beschwichtigend und streichle ihr dabei über den Rücken. »Es ist schon okay, beruhige dich. Weshalb regst du du dich denn auf?«

Meine Mutter keucht und schnappt nach Luft, doch schließlich stößt sie das Wort »Ring« hervor. Ring?

»Ring?«, frage ich. »Was ist mit deinem Ring?«

Dies löst einen frisch gestärkten Anfall von Seelenpein aus: »Neeeiiiinnn!«, heult sie. »Der E-he-ring! Sein Ehering! Er ist immer noch an seinem Fi-fi-finger-er-errr!« Mir klappt das Kinn runter, und ich sehe Uriah fassungslos an. Er schaut fassungslos zurück. Dann drückt er zwei knochige Finger gegen seine blasse Schläfe, als hätte er plötzlich Kopfschmerzen. Die er tatsächlich hat.

Erst versucht Uriah abzuwiegeln. »Aber Mrs. Bradshaw«, intoniert er, »wenn Sie sich entsinnen, wir haben das alles durchgesprochen, wir haben gemeinsam das Formular ausgefüllt –«

Der kraftlos baumelnde Kopf meiner Mutter fährt hoch wie der einer cholerischen Marionette. Ihre Augen blitzen. Sie ist die Königin des Klassenzimmers, und Uriah ist der dumme kleine Esel, der seine Hausaufgaben nicht gemacht hat. »Das ist mir gleich!«, zischt sie. »Ich will keine Ausreden hören! Sie werden von mir bezahlt! Ich will den Ehering meines Mannes! Und zwar sofort!«

Für einen kurzen Moment bin ich vor Schreck und Scham wie vor den Kopf geschlagen. Ich schaue nervös zu Nana hinüber, die kein Wort sagt, aber meiner Mutter einen kurzen Blick unverhohlenen Hasses zuwirft. Ich stottere: »Aber du … du kannst doch nicht –« Hilflos sehe ich Uriah an.

Der Mann weiß, wann er besiegt ist. Er hebt eine schmale, müde Hand. »Wir können«, seufzt er.

Und so breitet sich das Gerücht langsam durch die gesamte ausgekühlte, fassungslose Menge aus, bis alle Anwesenden wissen, dass der Sarg mit meinem toten Vater hinter ein paar zweckmäßig große Grabsteine gerollt wurde, wo der Mahagonideckel abgeschraubt, der goldene Ehering mit Gewalt von seinem rosa Finger gezerrt, an Uriahs schwarzem Jackett blank poliert und schließlich meiner schmollenden, trotzigen Mutter überreicht wird. (Luke schleicht sich von hinten an die Sargträger heran, um einen Blick zu riskieren, und erzählt mir später: »Ganz ehrlich, Helen, er hat total gut ausgesehen! Null leichenmäßig!«)

Nach diesem nicht eingeplanten Zwischenspiel – bei dem ich den Geistlichen dabei ertappe, wie er auf die Uhr sieht –, schaffen wir es bis ans Grab. Ich versuche, die Aufmerksamkeit meiner Mutter auf die knallbunten floralen Tributgaben rund um die Grube zu lenken und von dem frisch aufgeworfenen Erdhaufen daneben sowie von den beiden unfrisierten Männern abzulenken, die ganz eindeutig nicht weit genug vom Grab entfernt stehen und jeweils auf einer großen, dicken, erdigen, dreckverklebten Schaufel lehnen.

Die Sargträger und der erleichterte Cousin Stephen lassen den Sarg zu Boden sinken. Niemand weiß genau, wo er sich hinstellen soll. Eine betagte Dame mit Krepppapier-Haut und Haar wie Zuckerwatte bemerkt laut flüsternd: »Ich hätte mit mehr Blumen gerechnet. Aber wahrscheinlich kommen später noch welche.« Der Geistliche kommt auf uns zu und fragt uns, ob es irgendetwas gibt, was er sagen soll. Meine Mutter wird ganz aufgeregt. Jemand hat ihr eine rote Rose in die Hand gedrückt, die sie auf den Sarg meines Vaters werfen soll, doch sie hat schon alle Blütenblätter abgezupft.

»Was zum Beispiel?«, fragt sie.

»Nun, tja, irgendeine Achtungsbezeugung vor dem Verblichenen«, erwidert er.

»Von Achtungsbezeugungen hat mir niemand etwas erzählt!«, entrüstet sie sich. »Helen, du hättest mir etwas davon sagen sollen! Dann hätte ich etwas aufschreiben können!« Das nenne ich undankbar!

»*Ich*!«, sage ich empört. Ich habe ihre ständigen Extrawürste satt. »Woher hätte ich das wissen sollen? Wieso bin *ich* denn daran schuld?« Doch ein winziger Gewissensbiss bohrt sich wie ein kleiner Wurm durch mein Gehirn, weil ich mich vielleicht womöglich irgendwie ganz entfernt daran erinnere, dass der Geistliche in seiner Nachricht etwas davon gesagt haben könnte, es könne unter Umständen klug sein, ihm ein paar Stichworte aufzuschreiben, auf die er in seiner Ansprache eingehen solle, aber – es tut mir Leid, aber ich kann unmöglich für jedes klitzekleine Detail die Verantwortung tragen!

»Er war ein liebender, aufmerksamer Vater«, lüge ich, nachdem ich es von einem nahen Grabstein abgelesen habe, »und ein wunderbarer, netter, liebevoller Ehemann«, füge ich hastig hinzu, um meine Mutter zu besänftigen. Sie schnieft zustimmend.

»Und er war ein guter Golfspieler«, sagt sie. »Sagen Sie das.« Der Geistliche nickt, tritt zurück und räuspert sich, um dann einen kargen Gottesdienst und die knappste, trostloseste und narkotisierendste Lobesrede seit der Ansprache meiner Rektorin auf unserer Schulabschlussfeier herunterzuleiern.

Dann wird der Sarg in das Grab gesenkt. Ich bemerke, wie Uriah verstohlen dem vierten Sargträger zunickt, der das Seil packt, bevor Cousin Stephen das dünne Mäxchen – Verzeihung, den dicken Max markieren kann und alles durcheinander bringt. Ist das nur Einbildung, oder stehen die Totengräber tatsächlich näher an der Grube als vorhin? Diese Aasgeier. Wir besprenkeln den Sarg mit etwas Dreck – Luke schafft es natürlich, einen riesigen Erdklumpen mit einem Felsbrocken in der Mitte auf den Sargdeckel zu pfeffern, der mit 200 Sachen pro Stunde und einem lauten Peng! auftrifft und eine Delle hinterlässt. Ich habe den Arm um meine Mutter gelegt, vorgeblich, um ihr meine Liebe und Unterstützung zuteil werden zu lassen, in Wahrheit aber, um sie davon abzuhalten, sich ebenfalls ins Grab zu stürzen. Eigentlich glaube ich nicht, dass sie das tun würde, denn ihr Kleid ist von Jaeger und hat – nach Tinas fachkundiger Schätzung – an die 250 Pfund gekostet. Doch seit der Episode mit dem Ring will ich kein Risiko mehr eingehen.

Nana Flo starrt schweigend auf den Sarg hinunter und schüttelt den Kopf. Zu meiner Erleichterung ist Nanas Schwester aus Kanada eingeflogen, allerdings kann sie nur unter großen Schwierigkeiten zu Nana vordringen, da sich ihr bei jedem Schritt irgendein Verwandter in den Weg stellt wie ein Feuer speiender Drache und aufschreit: »Großtante Molly! Wir haben uns ja eine Ewigkeit nicht mehr gesehen!«

Ich gebe meine Mutter für einen Moment frei, um Nana Flo zu trösten, doch kaum habe ich Mum losgelassen, hat sie sich auch schon vor dem Geistlichen aufgebaut und ihm verkündet: »Wir werden Ihre Dienste bestimmt kein zweites Mal in Anspruch nehmen! Und bilden Sie sich bloß nicht ein, Sie würden ein Trinkgeld bekommen!« Selbst Luke ist schockiert. Eine heillose Sekunde lang verstummt sogar das Geschnatter der Molly-Verfolger.

Uriah, der Engel, schwebt zu unserer Rettung heran. »Mrs. Bradshaw«, säuselt er, »Sie sind bestimmt schon halb erfroren, dürfte ich Ihnen eine Decke holen?« Ihr nach Aufmerksamkeit gierendes Haupt fährt herum, und ich fühle mich an einen Cartoon-Helden erinnert, der todesmutig Godzilla daran hindert, ein Baby zu zertrampeln, indem er als Lockvogel vor dem Untier herumhampelt.

»Sie dürfen«, erwidert sie gnädig. Der Geistliche schleicht von dannen. Uriah befiehlt einem Lakaien, eine Decke zu bringen. Luke und mit ihm eine Million Menschen erwachen wieder zum Leben und schnappen nach Luft. Ich könnte fast glauben, dass wir hier einen Fremden beisetzen und mein Vater einfach beschlossen hat, daheim zu bleiben, so wie Homer Simpson, wenn er sich vor dem Kirchgang drücken will.

Dann sehe ich Nana Flo. Sie steht ganz und gar angespannt am Grab und starrt blindlings auf den mit Schlamm bespritzten Sarg. Uriah wartet so lange, wie es der Anstand gebietet, ehe er an meine Seite gleitet und sagt: »Sobald Sie bereit sind, nehmen wir für Sie die Karten von den Blumen.«

»Noch einen Augenblick«, sage ich. Ich laufe zu Nana Flo hinüber, lege ihr vorsichtig die Hand auf die Schulter und sage: »Der Bestattungsunternehmer hat gefragt, ob er jetzt schon die Karten von den Blumen nehmen soll.«

Meine Großmutter scheint widerwillig von einem weit entfernten Ort zu uns zurückzukommen. Langsam wie eine Schildkröte wendet sie den Kopf. Dann sagt sie mit klarer, harter Stimme: »Ja, danke, das wäre ganz reizend.« Ich nicke, ziehe mich zurück und bitte Uriah, die Karten zu entfernen.

Uriahs Männer machen sich an die Arbeit, während ich in die Ferne starre, ohne irgendetwas zu sehen. Reglos wie ein Maibaum stehe ich da, inmitten eines langen Zuges verschwommener Gesichter, die um mich herumtanzen und schnattern und wirbeln. Schließlich zwingt mich eine sanfte Hand auf meinem Arm, meinen Blick wieder klar werden zu lassen. »Helen«, sagt Lizzy leise, »die anderen gehen alle zu deiner Mutter nach Hause. Möchtest du, dass ich noch ein bisschen mit dir hier bleibe?«

Ich blinzle und stelle fest, dass die meisten unserer Gäste bereits mit ihren Autos zurücksetzen, die Karten von den Blumen entfernt wurden und die Totengräber sich Schritt für Schritt dem verlassenen Grab nähern. In der Ferne hilft Uriah Nana Flo in die schwarze Limousine. Ein weiteres Flugzeug dröhnt lärmend über uns hinweg, und ich könnte mich schrecklich über die unverschämte Unterbrechung ärgern. »Gehen wir«, sage ich zu Lizzy. Sie nimmt meinen Arm, und schweigend wandeln wir durch die Unmengen verblichener Leben zurück zum Friedhofstor, wo Luke und Tina auf uns warten. Meine Mutter sitzt behäbig in ihrem weich gepolsterten Autositz und ist vollkommen zufrieden, wenn sie mich zu Hause wieder sieht. Ich quetsche mich hinten in Tinas gelben Ford Escort – von dem ihre Modefuzzi-

Freunde auf gar keinen Fall etwas erfahren dürfen –, und wir brausen los. Mein Vater bleibt allein zurück.

»So ein weiter Weg nur für ein Wurstbrot«, lautet ein indiskretes, aber treffendes Urteil über den Leichenschmaus. Unsere kanadischen Verwandten haben – zum Dank dafür, dass meine Mutter sie mit einem kostenlosen Bett, Frühstück, Mittagessen, Abendessen, Unterhaltung, Strom, flauschigen Handtüchern und heißem Wasser versorgt – ihre trägen Leiber zum Supermarkt geschleppt und etwa drei Pfund springen lassen, und zwar für ein paar Tüten Weißbrot (im Sonderangebot), widerwärtig schmeckende Margarine (im Sonderangebot), Krebspaste in der Dose (die ich, ehe ich den ekelhaften Beweis geschmeckt hatte, für einen von Enid Blyton ersonnenen Mythos hielt, mit dem Kindern der Spaß am Picknick verdorben werden sollte), vier Tüten Chips (Hausmarke) und drei Päckchen Jammie Dodgers – die ich nicht einmal als Zweijährige essen wollte, weil mir schon damals der lächerliche Marmeladenklecks im Vergleich zu dem unermesslich großen, den Mund austrocknenden Keks ausgesprochen mickrig erschienen war.

Meine Mutter rettet die Situation in letzter Sekunde, indem sie das Schloss an der Bar meines Vaters knackt. Alle fallen wie Alkoholiker über die Flaschen her. Meine Mutter – die lange Zeit meinen Vater bei allen Cocktailpartys blamierte, indem sie eine Tasse Tee verlangte – kippt innerhalb von zehn Sekunden vier doppelte Baileys, dann stürzt sie sich auf mich und vertraut mir kichernd an: »Cousin Stephen ist so verkrampft, dass ihm beim Laufen der Hintern quietscht!«

Insgeheim beeindruckt mich diese erstaunliche Transformation von der gramgebeugten Witwe zum Lästermaul, doch mir ist klar, dass sie, sobald ich auch nur das geringste Anzeichen von Heiterkeit oder Zustimmung erkennen lasse, losrennen wird, um alle Anwesenden in den Genuss dieses treffsicheren Bonmots zu bringen, Cousin Stephen eingeschlossen. Darum entringe ich die fünfte Pint Baileys ihrem schraubstockgleichen Griff, ersetze sie durch ein Glas kaltes Wasser und sage todernst: »Gerade jetzt, Mummy, steht es dir wirklich nicht zu, andere Menschen als verkrampft zu bezeichnen.«

Ich kippe den Baileys in den Ausguss und wünsche mir, sie würden alle verschwinden. Ich will mich nicht unterhalten. Nicht einmal mit meinen Freunden. Es strengt mich an. Ich will nicht hören, wie gerne Großtante Molly mit meinem Vater über den kanadischen Grundstücksmarkt plauderte oder wie er als Kind zusammen mit Cousin Stephen zum Zelten ging. All das ist mir völlig schnurz. Sie versuchen doch nur, sich ins Rampenlicht zu drängen und die Trauer für sich zu beanspruchen, obwohl sie kaum mit ihm verwandt waren! Ich will nicht gesellig sein. Ich will, dass mein Vater in die Küche kommt und sagt: »Helen, mach mir doch eine Tasse Kaffee, ja?«

Jemand klingelt an der Tür, ich ziehe einen Flunsch wie ein schlecht gelaunter Teenager und schlurfe missmutig zum Eingang. Im Näherkommen kann ich in der Milchglasscheibe eine vertraute Gestalt erkennen. Er wird doch nicht … Ich fahre aus meinem Schlurfgang hoch und verfluche mich dafür, dass ich nicht sofort nach meiner Rückkehr den Studentinnenrock ausgezogen habe. Marcus. Als hätte er es geahnt, schlendert Luke aus dem Wohnzimmer herbei. »Marcus hat gesagt, er würde später vielleicht vorbeikommen«, berichtet er strahlend.

»Danke, dass du mich vorgewarnt hast.« Ich streiche meine Haare glatt und reiße die Tür auf.

»Hell-*ie*«, begrüßt mich Marcus tröstend. »Du armes Ding. Es tut mir ja *so* Leid, dass ich den Heimgang deines alten Herrn verpasst habe. Ich wäre *zu* gern dabei gewesen, aber ich musste ein Mädel von Second Edition, dieser neuen Girlgroup, im Fitnesscenter herumführen. Ich hab wirklich versucht, mich zu drücken, aber da war nichts zu machen.«

Ich kneife misstrauisch die Augen zusammen und falte meine Lippen zu einem halben Schmollmund. »Ich bin ganz sicher, dass du es kaum erwarten konntest, dem strahlenden Popstar zu entfliehen«, sage ich.

»Ach Hellie, sei doch nicht so.« Er grinst. »Ich würde jederzeit meine Tage lieber mit dir verbringen. Um ehrlich zu sein, sie war grässlich. Beine wie Elefantenfüße.« Ich gebe ein pseudo-feministisches Schnauben von mir, hinter dem ich ein breites Schmunzeln verberge. Nebenbei bemerkt ist Marcus der einzige Mensch auf der Welt, dem ich es je erlauben würde, mich »Hellie« zu nennen.

Seit annähernd neun Jahren bin ich völlig einseitig in Marcus verknallt, und zwar seit dem Augenblick, in dem ich ihn in der Schlange der Schulkantine stehen sah. Lukes Freundschaft verband uns miteinander, doch da Marcus jede wache Minute im Fitnessklub verbringt, hatte ich erst vor drei Jahren Gelegenheit, ihn näher kennen zu lernen – als er sich die Wohnung in Swiss Cottage zulegte und jemanden, möglichst jemand Zuverlässigeren als Luke, als Untermieter brauchte. (Zum Glück war niemand zur Hand, weshalb Luke mich vorschlug.)

Marcus ist unbestreitbar eitel und ein unverbesserlicher Frauenheld, doch trotz alledem äußerst reizvoll. In seinem Job – er ist stellvertretender Geschäftsführer und persönlicher Trainer in einem exklusiven Londoner Fitnessklub, pardon, Health Club – geht er (und oft genug seine Hose) ganz und gar auf. Er weiß, dass ich eine Schwäche für ihn habe, mich demütig mit seiner romantischen Indifferenz abgefunden habe und dass meine Lust brachliegt. Er hat daraus – ganz korrekt – geschlossen, dass ich überglücklich sein müsste, seine Freundin und Mieterin zu werden, selbst wenn er mir ein wenig mehr abknöpft, als ich mir guten Gewissens leisten kann (er verlangt einen Aufpreis für Fatboy). Und es macht *wirklich* Spaß, mit ihm zusammen zu sein. Er ist ein wahnsinniges Lästermaul und bedenkt jeden in seiner Umgebung mit beißender Kritik, doch er kann auch exzellent den liebevollen, fürsorglichen Freund spielen. Marcus besitzt ein unerhörtes Geschick darin, seinen prominenten Klienten möglichst deftigen Tratsch zu entlocken, und ein noch größeres Geschick darin, das Gehörte vor mir und Luke breitzutreten. Falls ich die Möglichkeit je ernsthaft in Erwägung zöge – was ich natürlich nicht tue –, dann würde ich behaupten, dass Marcus mich mag. Uns verbindet eine Art ironischer Zuneigung, die immer dann zur Hochform aufläuft, wenn ich mit jemandem ausgehe. Wenn er mit jemandem ausgeht, erreicht sie ihren Tiefpunkt. Wenn keiner von uns beiden mit jemandem ausgeht, befindet sie sich im freien Fall.

Doch heute ist Marcus ausgesprochen anschmiegsam. Er küsst mich ganz ernsthaft auf beide Wangen und lässt dabei ganz leicht eine warme Hand in meinem Nacken liegen. Ein lustvolles Zing schießt mein Rückgrat hinab, meine Griesgrämigkeit löst sich in Luft auf, und mein sonniges Gemüt erwacht auf magische Weise zu neuem Leben. »Möchtest du etwas trinken?«, schnurre ich.

»Ein G & T würde die Sache auf den Punkt bringen, und zwar mit kalorienarmem Tonic, wenn möglich«, antwortet er wie aus der Pistole geschossen. Ich nicke, lotse ihn dorthin, wo Lizzy, Luke und Tina sitzen, und trotte gehorsam los. »Hübscher Rock, Alison«, ruft er mir nach.

»Ach, nerv nicht«, rufe ich, gerade als ich mit Großtante Molly zusammenstoße. Sie sieht mich mit großen Augen an und bricht in Tränen aus. Ich beiße die Zähne zusammen. »Ich habe nicht dich gemeint, Tante Molly«, versichere ich ihr mit saccharinsüßer Stimme.

»Aber nein, Liebes, mir ist schon klar, dass du nicht mich gemeint hast. Mir ist das nur alles zu viel – *schluchz*! –, ich habe eben mit Florence geredet. Was für eine Tragödie, ihr Baby, ihren kleinen Jungen zu verlieren. Und was für eine Beerdigung! Ihr jungen Leute habt sehr eigenwillige Vorstellungen davon, wie ihr solche Dinge handhaben wollt. Zu meiner Zeit hatten wir noch Respekt vor der Religion! Ich weiß, dass es auch für dich schwer ist, Liebes, aber ein Kind zu verlieren, ein Kind – keine Mutter sollte jemals ihr eigenes Kind begraben müssen –« Großtante Molly nimmt Anlauf zu einer ausufernden, busenwogenden, tränennassen Tirade, bei der sie in genialischer Unschuld darüber hinwegsieht, dass sie mich bis ins Mark gekränkt hat und ich mich nur mit Mühe beherrschen kann, ihr eine zu knallen.

»Mein Vater war 59«, erkläre ich kühl. »Er war nicht gerade ein Kind.« Ich weiß, dass diese Bemerkung hartherzig klingt, doch in meinem Herzen ist kein Platz für das Trauergewinsel anderer Menschen. Ich kann schon meine Mutter kaum ertragen. Ich drücke mich an Tante Molly vorbei, entreiße dem komatösen Cousin Stephen die Gin-Flasche, mixe Marcus' Drink (mit voll fettem Tonic, sorry), und eile zu ihm und den Übrigen zurück.

Luke und Tina sind in ein Gespräch über weiß Gott was vertieft, und Marcus hat seinen Köder ausgeworfen, um der süßen, höflichen, wohlerzogenen Lizzy zu entlocken, warum genau sie ihren letzten Freund vor die Tür gesetzt hat. »War er ein Marshmallow im Bett?«, will er wissen.

»Nein! Nein, ich meine, ich möchte lieber nicht –«

Marcus verdreht die Augen und nickt wissend: »Also ein Streichholz-Träger!« Lizzy verschüttet um ein Haar ihr Glas mit Perrier. »Ehrlich! Ehrlich, ich glaube nicht –«

Doch Marcus ist unerbittlich. »Wie war er dann? Groß? Wie ein Miniriegel? Mittel?«

Lizzy schaut in ihren Schoß und antwortet kleinlaut und widerstrebend: »Mittel.«

Ich drücke Marcus den G & T in die Hand, ohne ihm dabei in die Augen zu sehen, marschiere aus dem Wohnzimmer, die Treppe hinauf und ins Bad. Dort lasse ich mich auf den avocadogrünen Badewannenrand sinken und lache und lache und lache. Ich weigere mich zu heulen.

Kapitel 6

Seit meiner frühesten Kindheit bis zum Alter von etwa 13 Jahren hatte ich beinahe jede Nacht einen von drei Träumen. Wie der Löwenanteil der weiblichen, jugendlichen Bevölkerung besuchte ich ohne Unterhose die Schule – ein Versäumnis, das ich regelmäßig entdeckte, wenn wir uns anstellten, um ins Klassenzimmer zu gehen. Oder ich flog zusammen mit Peter Pan um unser Haus herum, hüpfte sorglos über die Dachgiebel und schwebte leicht und luftig wie Tinkerbell durch den Himmel. Am häufigsten allerdings spazierte ich ganz allein in den Wald bei uns zu Hause, und zwar in dem schrecklichen Wissen, dass sich im Unterholz eine Wolfsfamilie verbarg. Jedes Mal rannte ich um mein Leben, und jedes Mal verfolgten mich die Wölfe. Der Traum blieb immer gleich, bis auf eine bemerkenswerte Ausnahme, bei der ich aus dem Wald raste und über nicht enden wollende Reihen von Autos sprang, um ihnen zu entkommen. In letzter Zeit haben meine Träume jedoch an Brisanz gewonnen. Ich träume, dass ich mich in einem riesigen, leer stehenden Haus vor einer Bande von namenlosen Taugenichtsen verberge. Ich weiß, dass sie mich irgendwann in die Enge treiben werden, und der Traum endet regelmäßig damit, dass sie mich aus dem Schrank auf dem Speicher zerren. Ich will Marcus den Traum schildern, doch der gähnt nur laut, zappt den Fernseher an und erklärt: »Es gibt nichts Langweiligeres als die Träume anderer Menschen.«

Der Dreckskerl hat Recht, darum rufe ich stattdessen Lizzy an und erzähle ihr den Traum. Lizzy zieht sofort ein Buch zu Rate, das den Titel trägt: *Eindeutige Bedeutung der Träume von Menschen, denen wir nie begegnet sind, über dessen Unterbewusstes wir jedoch ausgezeichnet Bescheid wissen.* Oder so ähnlich. »Dein Ehrgeiz verfolgt dich und wird dich antreiben, bis du Erfolg hast«, erklärt sie mir.

»Bist du sicher?«, frage ich zweifelnd. Lizzy empfiehlt, ich solle mir heute Nacht vor dem Einschlafen vorstellen, ich würde die Taugenichtse zur Rede stellen und eine Erklärung verlangen, was sie von mir wollen. »Hm, okay«, antworte ich, wohl wissend, dass ich nichts dergleichen tun werde. Außerdem weiß ich ganz genau, was mein Traum zu bedeuten hat: Dass ich es Leid bin, von Verwandten bedrängt zu werden, denen ich liebend gern aus dem Weg gehen würde, aber nicht entkommen kann.

Gestern Abend las uns – nachdem die ganze Bagage endlich abgezogen war und die Erbberechtigten wieder halbwegs ausgenüchtert waren – der Rechtsanwalt der Familie, Mr. Alex Simpkinson, das Testament meines Vaters vor. Vielleicht hatte ich doch mehr getrunken, als ich geglaubt hatte, denn das Einzige, woran ich mich erinnere, ist das Schluchzen meiner Mutter, das Gejammer von Cousin Stephen und der forsche Ruf von Nana Flo: »Ruhe!« Ich habe sie alle so satt. Zwei Tage habe ich noch frei, und meine Mutter nervt mich damit, doch bei ihr »vorbeizuschauen«. Mit anderen Worten, die Last der familiären Verpflichtungen mit ihr zu teilen. Zu meiner großen Freude habe ich eine Ausrede, die nicht von der Hand zu weisen ist: Mein Auto ist beim Tierarzt.

»Du meinst in der Werkstatt«, sagt sie.

»Ja«, antworte ich, weil ich keine Lust habe, zu einer Erklärung auszuholen.

»Dann nimm ein Taxi«, sagt sie schnell.

Ich erkläre ihr, dass ich pleite bin und außerdem diese Woche nur den halben Lohn kassiere. »Ich zahle es«, knurrt sie. Ich bedanke mich für das Angebot, aber ich habe dringende Geschäfte zu erledigen. Das ist lustigerweise nicht einmal gelogen. Ich muss die Unterlagen von meiner Autoversicherung ausfindig machen, und ich habe keine Ahnung, wo ich suchen soll, wo ich eigentlich versichert bin und, ganz im Vertrauen, ob ich überhaupt versichert bin. Mein Vater hat mich stets angehalten, wichtige Papiere abzuheften, aber ist so was nicht monstermäßig uncool? Da ist es doch viel trendiger, alles in eine Schublade zu stopfen. Nur dass die Unterlagen jetzt wie vom Erdboden verschluckt sind. Zugegeben, mein Geschick im Umgang mit Belegen hält sich sowieso in Grenzen. Doch heute ist es nur noch als grenzdebil zu bezeichnen. Ohnmächtiger Ärger überschwemmt mich, und ehe ich mich versehe, habe ich schon meinen Frühstücksteller gepackt – auf dem immer noch ein Toast mit Marmelade liegt – und ihn gegen die Wand geschleudert. Der Teller (einer aus dem kotzhässlichen Set, den Marcus bei *Habitat* im Ausverkauf erstanden hat) zerspringt mit ohrenbetäubendem Lärm in 1 000 Scherben und hinterlässt eine Macke in der Wand. Natürlich bleibt der Marmeladentoast in einem hässlichen Fladen an der Tapete kleben. Wunderbar.

Eine halbe Stunde später entdeckt mich Luke hyperventilierend auf dem Bett. Ich jammere ihm die Geschichte von den entsetzlichen, fiesen Versicherungsunterlagen vor, woraufhin er sich flüchtig in meinem Schutthaufen von Schlafzimmer umsieht, mit dem großen Zeh eine in Ehren ergraute Unterhose beiseite schiebt, ein paar Papiere darunter hervorzieht und fragt: »Sind sie das?« Ich bin zu erleichtert, um noch verlegen zu sein. Außerdem ist es nur Luke.

»Danke«, erwidere ich steif.

»Kein Problem«, antwortet er. »Was hast du jetzt vor?«

Ich bin nicht ganz sicher, aber ich *glaube*, er fragt weniger aus Interesse als vielmehr, um sicherzustellen, dass ich nicht noch mehr von Marcus' teuren Tellern an die Wand schmettere. »Ich lege erst mal eine Tonne Mascara auf, dann rufe ich ein Taxi und hole mein Auto ab.«

Luke nickt wohlwollend. »Grüß Tom von mir«, sagt er.

Tom hat, wie sich herausstellt, früher gegen Luke Fußball gespielt, als Luke – der damals nur 20 pro Tag rauchte und daher fit war wie ein Turnschuh – Torwart in einer Thekenmannschaft war. Ich weiß das, weil Luke auf der Heimfahrt von der Beerdigung wissen will: »Woher kennst du denn Tom?« Nicht, wie eigentlich nahe liegend wäre: »Wieso erscheinst du im Rettungswagen eines Tierarztes auf der Beerdigung deines Vaters?« Doch so ist Luke eben. Tina hat wahrscheinlich nichts bemerkt, und Lizzy war zu höflich, um zu fragen, nehme ich an.

Eine Stunde später stehe ich in der nach Krankenhaus riechenden Rezeption von Megavet und gebe mir alle Mühe, höflich zu Celine zu sein. Die zu meiner großen Genugtuung vor mir auf den Knien herumrutscht und das gelbe Pfützchen eines Labradors aufwischt. Trotzdem schaffe ich es nicht. Ich entschuldige mich noch mal dafür, dass ich eine Beule in ihr Auto gefahren habe – doch ich weigere mich, es beim Namen zu nennen. Ihre barsche Erwiderung lautet: »Ihre Nachlässigkeit hat mir außerordentliche Unannehmlichkeiten bereitet.«

Mein barsche Erwiderung auf ihre barsche Erwiderung lautet: »So viele lange Worte! Wissen Sie auch, was sie bedeuten?«

Wir tauschen die notwendigen Angaben etwa so aus, wie es Batman und der Joker tun würden, nachdem Letzterer das Batmobil demoliert hat. Ich setze die ganze Zeit über meine hochnäsigste, hämischste Verkäuferinnen-Miene auf, bis mir plötzlich einfällt, dass ich Celine ja um einen Gefallen bitten muss. Ich beschließe, alles auf eine Karte zu setzen. »Ist Tom da?«, frage ich gelangweilt.

Sie sieht mich über ihre Himmelfahrtsnase hinweg an und stößt ein nicht weniger gelangweiltes: »Er hat zu tun« hervor.

Ich bin kurz davor, über die Anmeldetheke zu springen und ihr die Luft abzudrehen, als die Tür zum Behandlungszimmer aufgeht, eine Dame mit teigigem Teint und einem winzigen Yorkshire-Terrier im Arm herausgewatschelt kommt und hinter ihr Tom – das goldene Mittelmaß – erscheint. Augenblicklich setze ich die Miene einer Heiligen auf.

»Hallo«, sagt er, als er mich erblickt. Er macht eine Kopfbewegung zum Behandlungszimmer hin. »Gehen Sie rein – ich komme gleich nach.« Daraufhin widmet sich Tom dem Ausstellen der Rechnung, sodass ich Celines Blick auffangen, ihr ein gehässiges Grinsen zuwerfen und hüftschwenkend ins Behandlungszimmer marschieren kann. Ich setze mich und bekomme plötzlich Bedenken, ich könnte Spinat zwischen den Zähnen haben (höchst unwahrscheinlich, da ich keinen Spinat esse), darum wühle ich in meiner Tasche, zerre einen winzigen Schminkspiegel hervor, blecke die Zähne und untersuche sie. Und so kommt es, dass ich, als Tom ins Zimmer tritt, ein Gesicht mache wie ein Pavian vor dem Angriff. Ich klappe Mund und Spiegel mit Lichtgeschwindigkeit wieder zu. Ich *glaube*, er hat nichts gemerkt.

»Wie war's?«, fragt Tom. »Wenn das keine allzu dämliche Frage ist.«

Ich schaue ihn verständnislos an. »Wie war was?«

»Die Beerdigung«, sagt er.

»Aaacch! Ach die. Ganz schrecklich, um ehrlich zu sein.«

Er will wissen wieso, darum erzähle ich ihm alles, und zwar in aller Ausführlichkeit. Dann bekomme ich plötzlich Zweifel, ob ihn das *wirklich* interessiert oder ob er nur aus Höflichkeit gefragt hat. Ich bin schon früher von Jasper getadelt worden, weil ich seine Chefin in eine lange Diskussion über meine wiederkehrenden Kopfschmerzen und meine Ängste, es könne sich dabei um einen Hirntumor handeln, verwickelt hatte, nachdem sie an seinem Schreibtisch ans Telefon gegangen war und mich gefragt hatte, wie es mir gehe. »Selbst wenn man auf der Intensivstation liegt und am Tropf hängt, *spricht* man nicht darüber!«, hatte er gequakt. »Man sagt: ›Danke, gut, und Ihnen?‹«

Diese Perle der Lebensweisheit fällt mir natürlich erst ein, nachdem ich Tom volle acht Minuten lang mit Geschichten aus der Gruft beglückt habe. »Jedenfalls«, komme ich schnell zum Schluss, »ist es jetzt vorbei. Ich bin wirklich nur vorbeigekommen, um mein Auto abzuholen und mich fürs Mitnehmen zu bedanken.«

Auf Toms Gesicht breitet sich ein Lächeln aus, und er sagt: »Das habe ich doch gern getan«, fast als würde er es ehrlich meinen. Er spielt mit einem Druckbleistift herum. Einen Moment lang ist es still, dann sprechen wir beide gleichzeitig.

»Ich glaube, Sie kennen meinen Mitbew –«, sage ich.

»Ich habe mich gefragt, ob Sie –«, sagt er. Er hält schnell inne.

»Sie zuerst«, fordert er.

Ich kichere nervös und sage: »Ich wollte nur sagen, ich glaube, Sie kennen meinen Mitbewohner Luke Randall. Wenigstens kennt er Sie.«

Tom rümpft die Nase. »Luke, der taktlose Luke?«, fragt er.

»Jaaaaa!«, quietsche ich mit völlig unangebrachter Begeisterung.

Tom lacht. Dann erzählt er mir, wie sie einmal mit ein paar Kumpels in einem verrufenen Nachtklub im Eastend einen draufgemacht hatten und sich eine Schraube an Lukes Brille gelockert hatte. »Und so geht er zum Barkeeper und sagt: ›Haben Sie mal ein Messer für mich?‹!«

Wir kichern fröhlich, als jemand scharf an die Tür klopft und sie im selben Moment aufreißt. Celine verkündet mit Weltuntergangsstimme: »Mrs. Jackson und Natascha Tiddlums III. warten schon seit 20 Minuten auf ihren Termin, und wenn sie noch länger warten muss, kommt sie noch zu spät zu ihrem Wohltätigkeitsempfang.«

Tom murmelt vor sich hin: »Wer, Mrs. Jackson oder Natascha Tiddlums III.?« Dann lächelt er mich an und sagt: »Ich muss jetzt weitermachen.«

Er sieht so aus, als wollte er noch etwas sagen, darum warte ich ab. Doch es kommt nichts, deshalb verabschiede ich mich verlegen: »Also, bis dann. Bye.« Auf meinem Weg zum Ausgang der Tierklinik spüre ich, wie mir Celines Schweinsäuglein wie mit Laserstrahlen ein Loch in den Rücken brennen, darum drehe ich mich noch einmal um und flöte mit sarkastischer Fröhlichkeit: »By-yee!«

Lächelnd fahre ich in meinem verbeulten Toyota nach Hause.

Kapitel 7

Lizzy hat es noch nie getan, weil es »ihr noch nie in den Sinn gekommen ist«. Tina hat es noch nie getan, weil sie »noch nie einem Mann begegnet ist, der es verdient hätte«, und ich habe es erst ein einziges Mal getan, und zwar mit Jasper, diesem undankbaren Kotzbrocken, der mir dafür nicht den geringsten Respekt gezollt hat.

Ich spreche natürlich davon, einem Mann Blumen zu schicken. Laetitia empfahl mir den Floristen, auf den sie zurückgreift, wenn sie aufgebrachte freie Mitarbeiter besänftigen muss, deren Artikel sie im Reißwolf geschreddert hat. »Wie viel möchten Sie denn ausgeben?«, fragte der Florist.

»Ähem, 14 oder 15 Pfund?«, erwiderte ich.

Es folgte ein hoheitsvolles Schweigen und dann die kühle Nachfrage: »14 oder 40?«

Weil Jasper oder der Florist mich auf keinen Fall für knickerig oder einen armen Schlucker halten sollten, fuhr ich ihn an: »40 natürlich!«

40 Pfund. Das ist praktisch ein Wochenendtrip ins Ausland! Ich hielt meine Verstimmung dadurch in Grenzen, dass ich mir ausmalte, wie gerührt Jasper wäre – und wie er vor Lust brennen würde –, wenn er den Strauß erhalten würde. (Schließlich befanden wir uns erst im dritten Monat unserer Beziehung, einem Stadium, in dem die Libido allemal über die Sparsamkeit siegt.) Um 17 Uhr 56 gab ich schließlich auf und rief ihn an. »Hast du ihn gekriegt?«, fragte ich ganz außer Atem.

»Ja«, erwiderte er ungerührt. »Was für eine Überraschung. Ich habe noch nie Blumen geschickt bekommen. Und ganz bestimmt keine rosafarbenen.« So wie er das sagte, war mir sofort klar, dass für Jaspers Kollegen ein Mann, der einen rosa Blumenstrauß geschickt bekommt, ohne den Hauch eines Zweifels schwul sein muss.

Du – dachte ich wütend, du mit deinen nautischen Drucken und grünen Cordhosen – solltest dich glücklich schätzen. Doch ich sagte lediglich: »Na gut. Dann hole ich sie wieder ab.«

Übrigens habe ich Tom gestern einen Strauß geschickt. Nur dass ich diesmal kein Risiko eingegangen bin und dem Floristen genaue Anweisungen gegeben habe. »Es soll ein möglichst männlicher Strauß sein«, meinte ich streng. »Können Sie jede Menge Zweige und stacheliges Zeugs reinstecken?« Ich habe meinen Plan erst mit Tina und Lizzy besprochen, um zu vermeiden, dass ich mit beiden Beinen ins Fettnäpfchen springe. Doch Lizzy fand, dass sich meine Schilderung nach »einem wahren Engel« anhören würde, und bekräftigte, er hätte einen Blumenstrauß dafür verdient, dass er mich zum Friedhof gefahren hatte. Tina fand, meine Darstellung höre sich nach »verdächtig nett und wahrscheinlich verheiratet« an, war aber ebenfalls der Meinung, er hätte Blumen dafür verdient, dass er mir geholfen hatte, Celine zu verärgern. Allerdings hat er bis jetzt noch nicht angerufen, um sich zu bedanken. Na gut. Mir doch egal. Ich bin viel zu sehr damit beschäftigt, auf meinem Bett zu liegen und die Decke anzustarren, als dass ich mir den Kopf über irgendwelche Männer zerbrechen könnte. Und ich habe mir die nächste Woche frei genommen. Aus unerklärlichen Gründen wache ich in letzter Zeit – mit dröhnendem Schädel und blutleerem Hirn – um fünf Uhr früh auf. *Ich*, die ich sonst nur unter größten Anstrengungen um Viertel nach acht aus dem Bett krieche.

Lizzy hat angedeutet, es könnte etwas mit meinem Vater zu tun haben – sie besteht darauf, alles mit meinem Vater in Verbindung zu bringen, sie ist geradezu besessen von dem Gedanken. Schließlich erkläre ich ihr kühl: »Ich denke so gut wie gar nicht an ihn. Gut, am Tag der Beerdigung schon, aber inzwischen nicht mehr. Das hat doch gar keinen Sinn.« Das ist nicht ganz gelogen. Ich bin zu betäubt, um denken zu können, und ich brauche es auch nicht. Der Tod meines Vaters begleitet mich beharrlich, so wie ein Tinnitus. Er ist einfach *da*. Wahrscheinlich bin ich nur so unruhig, weil mir davor graut, wieder arbeiten gehen zu müssen. Ich bin total k.o., und ich fühle mich keinesfalls stark genug, fünf Tage die Woche neun Stunden lang unter Laetitias manikürtem Daumen zu buckeln und zu ackern. Aber vielleicht bin ich auch nur faul. Zu blöd, dass ich mit der schwachbrüstigen Ausrede: »Mein Vater ist gerade gestorben, ich fühle mich wie ausgekotzt« bestimmt keinen Eindruck schinden würde.

Dann rief Tina an und teilte mir mit, dass Laetitia nach Auskunft der Moderedakteurin zum ersten Mal seit 13 Monaten Sex gehabt hätte, noch dazu mit einem Grafen, und sich deshalb im Zustand glückseliger Verzückung befinde. Wenn ich also noch eine Woche frei haben wollte, sei dies der Augenblick, um darum zu bitten. Ich schulde dem Grafen einen Drink. Vor allem, da er – laut Tina, die das wiederum von der Moderedakteurin weiß – in Wahrheit Klempner ist und nur als Hausmeister auf Schloss Gordonstoun angestellt war.

Dank Tinas und des Grafen war es mir möglich, den Freitag, Samstag, Sonntag, Montag und Dienstag im Bett zu verbringen. Ich hatte alles Nötige vorbereitet. Am Freitagmorgen fuhr ich zu Pet World und stockte die Dosenvorräte für Fatboy auf. Allerdings habe ich vergessen, die Dosenvorräte für mich aufzustocken, was möglicherweise der Grund dafür ist, dass mich der Mann im Taste of India, als ich ihm gestern Abend meine Bestellung durchgab, auf einen Drink einladen wollte, weil ich »so einsam« klinge.

Außerdem habe ich alle eingehenden Anrufe vom Anrufbeantworter aufzeichnen lassen. Meine Mutter hat sich circa 50-mal gemeldet; mir ist bewusst, dass ich ihr in dieser schweren Stunde Beistand leisten sollte und dass es gemein von mir ist, sie allein zu lassen, doch allein der larmoyante Klang ihrer Stimme raubt mir den Atem. Er lähmt mich, als würde sie mich in eine kleine, luftdichte Kiste sperren wollen, während ich sie anschreie, sie solle verschwinden, mich in Ruhe lassen, nicht immerzu irgendwas von mir *verlangen*. Ich halte das einfach nicht aus, ich kann nicht noch mehr geben.

Jasper und Tom hingegen haben kein einziges Mal angerufen. Währenddessen hat Marcus – wie Luke mir berichtet – dem Mädel von Second Edition ein paar intensive und ganz persönliche Trainingseinheiten verpasst, die es allem Anschein nach erforderlich machen, dass er fünf Nächte hintereinander bei ihr in Hampstead übernachtet. Ich kann nur sagen, die Muskeln an den Innenseiten ihrer Schenkel müssen wirklich extrem schlaff gewesen sein. Lizzy hat ebenfalls angerufen, doch ich fühle mich nicht im Stande, mich der geballten Wucht ihrer guten Absichten zu stellen.

Am Dienstagabend brach Tina schließlich den lähmenden Bann. Sie kam zu Fuß an (ich habe ihr nur aufgemacht, weil ich glaubte, es sei der Lieferservice von Domino's), stürmte ins Haus und bellte: »Du alte Trantüte! Du siehst ja furchtbar aus! Ich gebe dir einen Tag – und zwar genau einen Tag –, um dich wieder in Form zu bringen! Morgen Abend gehen wir aus und feiern! Und du, Süße, wirst dir *die Kante geben*!«

Sie war derart energisch, dass Fatboy vor Angst den Schwanz aufstellte und durchs Treppenhaus flitzte, als stünde sein Hinterteil in Flammen. »Wenn du meinst«, erwiderte ich lammfromm.

Die Party findet in einer angesagten neuen Bar in der Innenstadt statt, und Tina holt mich um acht ab, und zwar aufgrund der Prämisse, dass wir, wenn wir unverschämt früh auftauchen, den besten Tisch – und die besten Männer – in Beschlag nehmen können. Ich habe den Verdacht, dass sie mich einfach nur aus dem Haus kriegen will. Bevor sie geht, schmeißt sie mir noch eine silberne Plastiktüte an die Brust. Ich klappe die Tüte auf und stelle fest, dass Tina ein ausgesprochen eng anliegendes, superheißes rosa Top aus dem Regal in der Moderedaktion geklaut hat, eben jenes, nach dem ich letzten Monat so gelechzt hatte, als solche Dinge noch wichtig waren.

Es ist Mittwoch gegen Mittag, und ich wandere durch die Wohnung, ziehe meine gesplissten Haare auseinander und pople abblätternden Lack von meinen Fingernägeln, als das Telefon läutet. Ich mache mich auf das Schlimmste gefasst, doch es ist nicht meine Mutter, es ist ein Mann, es ist *Tom.* »Hallo, hier ist Tom, ein Anruf für Helen, vielen Dank für die fantastischen Blumen, ich habe schon am Freitag angerufen und mit deinem Vermieter gesprochen, er hat gesagt, er würde es dir ausrichten, aber –«

Ich reiße den Hörer von der Gabel. »Hallo, Tom?«

»Helen?«

»Warte mal, ich muss erst die Maschine abschalten, ach Mist, okay, hallo!« Ich kann mich kaum bremsen vor Begeisterung und Zorn. »Marcus hat keinen Ton davon gesagt, dass du angerufen hast!«

Tom sagt: »Ja, er hat sich angehört, als hätte er es eilig, deshalb habe ich gedacht, ich rufe lieber noch mal an, nur zur Sicherheit. Die Blumen waren ja irre! Vielen, vielen Dank, aber das wäre echt nicht nötig gewesen! Wie kommt es eigentlich, dass du zu Hause bist?«

Ich bin nicht in der Lage, mir eine geniale Ausrede einfallen zu lassen, deshalb sage ich in dem Versuch, gleichzeitig attraktiv und rebellisch zu klingen: »Ach, du weißt schon, ich hab einfach keinen Bock, jetzt schon wieder zur Arbeit zu gehen.« Da mir aufgeht, dass sich das leicht nach unattraktivem Loser anhören könnte, ergänze ich noch schnell – was Gott mir vergeben möge –: »Außerdem muss ich mich um meine Mutter kümmern.« Hmm, zu altjüngferlich. »Und ich treffe mich mit Freunden. Heute Abend treffe ich mich mit meiner Freundin Tina, wir gehen in diese neue Bar.«

Meine Freundin! Ich verfluche mich insgeheim, doch Tom meint freundlich: »Klingt gut. Wo ist die?«

Eine Woge von Waghalsigkeit spült mich hinweg. »Gleich beim Piccadilly Circus. Ich hab gehört, dort sind alle so cool, dass niemand ein Wort spricht, sondern jeder nur rumsteht. Willst du mitkommen?« Damit er mich nicht für notgeil hält, sage ich schnell: »Du kannst ja jemanden mitbringen, wenn du willst.«

Pause. Tom sagt: »Super! Ich bin dabei. Allerdings komme ich wahrscheinlich allein. Ich habe heute Nacht Bereitschaft, aber das sollte eigentlich kein Problem sein.«

So vereinbare ich mit Tom, dass er mich und Tina um neun Uhr in der Bar trifft. Ich lege den Hörer auf und rufe eine Sekunde später in Panik Tina an. »Gefällt er dir?«, will sie wissen.

»Ich weiß nicht«, sage ich.

»Das heißt ja«, erwidert sie und sagt mir, was ich anziehen soll.

Zehn nach neun. Quietschige rote Ledersofas. Dezentes Licht. Retro-Musik. Schöne Frauen mit lässig hochgesteckten, sexy, Bin-gerade-aus-dem-Bett-gestiegen-wollen-wir-gleich-wieder-rein?-Frisuren, schlanke Männer in eng anliegenden Hemden und dunklen Hosen. Komme mir mondän vor. Sehe gut aus, jedenfalls für meine Verhältnisse. Enges Top. Schwarze Hose. Mörderstiefel. Ganz dezenter Aufputz. Hochgespachtelt, aber so gut wie nicht zu erkennen. Kehliges Gelächter, Mädchentratsch mit Tina. Ein paar Schluck Champagner. Halb zehn. Noch mehr Champagner. Größere Schlucke. Gluck-gluck. Goldener Tequila. Sämiger, goldener Tequila. Aber du magst doch gar keinen Tequila. Zehn nach zehn. Auch egal. Gibmirn Strohhalm. Ich willn scheiß Strohhalm. Gibmirne Kippe. Aber du rauchst doch gar nicht. Miregal willne Kippe. Ein klobiges Glas nach dem anderen, und jedes mit Cuervo Gold Tequila gefüllt. Kreischendes, lallendes verschwommenes Rumgealber mit Tina. Zwanzig vor elf. Taumelnd, kichernd, schwankend ab aufs Klo. Benebelt, verschmierte Wimperntusche, hektischer Blick in den Spiegel, zerknirscht und tappig, traurig herabhängendes Haar in Form schieben. Mit schwerer Schlagseite und Wasser in den Augen zurück zu Tina stolpern. Elf Uhr dreißig. Miris schlecht. Geheul, wo *bleibt* er nur, dieser Penner, Miststück, Dreckskerl … Mist. Noch mehr Tequila schmeckt zum Kotzen von den Kippen wird mir total schwindlig auch egal will noch mehr Tina ist total blau brauche noch mehr Tequila meine Handtasche was wer lass mich in Ruhe müde will mich hinlegen tom tom Tom *Tom*! du verdammter verdammt so spät du mieser fieser Posspitt …

Ich wache auf. Ich bin augenblicklich hellwach. Ich liege in meinem Bett. Ich kann die Decke deutlich erkennen. Aber irgendetwas stimmt nicht. »Helen?«, höre ich eine Männerstimme. Unwillkürlich gebe ich ein leises Wimmern von mir und starre entsetzt auf Tom, der angezogen und mit zerwühltem Haar auf einem Stuhl mitten in dem Trümmerfeld sitzt, das ich Schlafzimmer nenne. Er sieht aus, als müsste er sich ein Grinsen verkneifen. »Wie geht es dir?«, fragt er mit kehliger Stimme.

Mir werden mehrere Dinge gleichzeitig klar: dass ich nur ein T-Shirt und sonst nichts trage. Dass ich mich nicht erinnern kann, was gestern Abend los war. Seltsamerweise habe ich keine Kopfschmerzen. Aber ich habe das Gefühl, dass es übel war. Ziemlich übel. »Wa-was? Wie?«, krächze ich. Sobald ich meine Stimme zum ersten Mal in Gebrauch nehme, wird mir bewusst, dass sich meine Kehle anfühlt wie mit Sandpapier ausgekleidet und dass mein Brustkorb mindestens eine Nummer zu klein ist.

Tom räuspert sich. Ich habe den Verdacht, dass er Zeit schinden will. »Tina hat dich ausgezogen – du hast deine Bluse voll gespuckt. Sie schläft unten im Wohnzimmer.« Er verstummt.

»Was ist passiert?«, flüstere ich.

Tom sieht mich belämmert an. »Ich war schon unterwegs, als ich zu einem Notfall gerufen wurde.« Seine Stimme geht nach oben, als würde er eine Frage stellen. »Eine Notoperation. Miserables Timing. Ich habe bei dir zu Hause angerufen, um dir auszurichten, dass es später wird, doch du warst schon weg. Es tut mir schrecklich Leid. Irgendwie ist es mein Fehler.«

Was ist sein Fehler? Er spricht in Rätseln. Er bemerkt mein verängstigtes Gesicht und grinst wieder. »Ich habe dich nicht nackt gesehen, falls du dir deswegen Sorgen machst. Ich bin mit Luke zusammen draußen geblieben, während Tina dich ausgezogen hat. Du warst echt schwer abgedichtet.« Ich bringe ein Nicken zu Stande. Ich wage nicht zu sprechen.

Tom steht langsam auf. »Ich muss zur Arbeit, ich rufe dich später an.« Er tritt an mein Bett, gibt mir einen Kuss, und zwar auf die Stirn, dann geht er aus dem Zimmer und zieht leise die Tür hinter sich zu. Ich warte, bis ich die Haustür klicken höre, dann schieße ich aus dem Bett, renne in den Flur, wo mir einfällt, dass ich kein Höschen anhabe, renne zurück in mein Zimmer und wühle in den Müllbergen nach meiner Trainingshose, zerre sie über meine Beine, renne ins Wohnzimmer, rüttle Tina wach und pfeife mit – schmerzender, doch ausgesprochen sexy klingender – Raucherstimme: »Mist Mist Mist was war denn los sag schon sag schon sag schon!«

Tina kämpft sich aus der Decke hoch, stöhnt und massiert sich die Nasenwurzel, dann legt sie ihr Gesicht in Falten, knurrt: »Hol das Nurofen aus meiner Tasche«, und schluckt zwei Nurofen ohne jedes Wasser. Und dann erzählt sie es mir.

»Helen, du Riesenrhinozeros. Du hast dich absolut zum Affen gemacht. Er ist zu spät gekommen, aber er konnte wirklich nichts dafür. Er hat versucht, dich auf dem Handy zu erreichen, aber er hat deine Nummer nicht gehabt. Ich glaube, er hat sogar versucht, in der Bar anzurufen, doch diese eingebildeten Arschlöcher geben keine Nachrichten weiter. Er ist direkt nach der Operation losgefahren. Ich glaube, es war ein Deutscher Schäferhund. Der Schäferhund war seinem Herrchen davongelaufen und ist auf die Straße gerannt, und dieses Auto, ich glaube, es war ein BMW, ein grüner, ein Dreier, mit Einspritzung und – was? Schon gut, schon gut. Also, er ist kurz vor zwölf aufgekreuzt, und wir waren beide hackedicht, aber du, du warst mir meilenweit voraus. Du warst auf Tequila, auf Tequila pur, und zwar schon den ganzen Abend! Der blanke Wahnsinn. So schlimm habe ich dich noch nie erlebt. Ich war noch in der Quasselphase, du hattest mich weit abgehängt. Dabei magst du überhaupt keinen Tequila! Aber nein, es musste ja Tequila sein. Du kannst eine echt eigensinnige Kuh sein. Und du hast ständig Zigaretten von mir geschnorrt. Egal. Tom taucht also auf und, Verzeihung, aber der Typ ist absolut fit. Während du quasi im Koma liegst. Um die Wahrheit zu sagen, du warst ganz schön fies zu ihm. Du hast ihn sogar als Pisspott bezeichnet, nur dass du Posspitt gesagt hast, deshalb hat er es vielleicht nicht mitgekriegt. Die ganze Zeit über hast du gekeift, wie satt du diese zickigen Kerle hast und dass du die Nase voll hast und dass dir das ständig passieren würde und dass du endlich mal einen Typen willst, der dich nicht immerzu hängen lässt und so weiter, absolut zickiges Zeug. Ich hab alles versucht, damit du endlich die Klappe hältst, aber du warst einfach nicht zu bremsen. Dann hast du versucht, aufzustehen, ich glaube, um ihm eine runterzuhauen, und dann bist du umgekippt. Er hat dich aufgefangen, und dann wurden die Typen hinter der Bar eklig, deshalb haben wir dich nach draußen geschleift, und dir ging's echt üüüübel, und wir dachten schon, wir sollten dich ins Krankenhaus bringen, um dir den Magen auspumpen zu lassen, aber kein einziger Taxifahrer wollte dich einsteigen lassen. Also hab ich das *Girltime*-Konto angezapft. Dann hast du angefangen zu heulen, weil dir so schlecht war, und dann hast du gekotzt und dann ist endlich das Taxi gekommen, und es musste gleich wieder anhalten, damit du noch mal kotzen konntest, und vielleicht fühlst du dich deshalb heute nicht so elend, aber das kommt schon noch, Süße, weil wir es schließlich bis zu deiner Wohnung geschafft haben, wo wir erst mal deine Schlüssel suchen mussten, und dann hast du dich bepi–, ich meine, dann haben wir geklingelt und Luke aufgeweckt und – was? Nein, nichts. Helen, ich werde es dir nicht erzählen, weil du das bestimmt nicht hören willst. Also gut. Du hast es nicht anders gewollt. Du hast dich bepisst. Immer locker bleiben, Tiger, mir platzt gleich der Schädel. Hör zu, du wolltest es unbedingt hören, also habe ich es dir erzählt. Tut mir Leid. Du hast mich gezwungen. Sonst hätte ich nichts gesagt. Ja, natürlich hat er es gesehen. Was? Er hat dich im Feuerwehrgriff gehabt. Woher soll *ich* denn wissen, ob er was abgekriegt hat! Ich war blau! Herrgott, Mädel, nicht so laut, ich leide! Sieh's doch positiv, der Typ hat den ganzen Tag mit Tieren zu tun, für den ist es ganz normal, dass er angepinkelt wird! Was? Autsch! Jetzt mal langsam, ich hab's doch nur gut gemeint. Also hat er dich auf deinem Bett abgelegt, und ich hab gesagt, ich würde dich ausziehen, und genau das hab ich auch getan, und dafür bist du mir schwer was schuldig, und dann hab ich dich in ein T-Shirt gesteckt, und ich war total hinüber und k.o., mehr hab ich nicht mehr zu Stande gebracht, und er hat so lange mit Luke gequatscht, und ich hab ihm gesagt, mit dir wäre so weit alles okay, aber er hat gemeint, er bleibt trotzdem an deinem Bett sitzen, nur für alle Fälle, deshalb hab ich mich aufs Sofa geknallt, und Luke ist wieder ins Bett gegangen, und das war's dann. Danach war Schluss.«

Soll ich mich gleich oder erst später umbringen?

Kapitel 8

Seit drei Jahren wohne ich nun schon in diesem Backstein-Häuserblock, und jedes Frühjahr tauchen sie wieder auf, sobald die Bäume unter ihren rosa Blüten erröten und die Luft warm und weich wird. Sie sitzen zusammen auf dem Rasen, sie und er. Sie haben einen Lieblingsfleck, ein paar Meter von dem kleinen Bach entfernt, der hinter unserer Grünanlage verläuft. Im Winter vergesse ich sie regelmäßig, bis ich eines schönen Tages aus dem Fenster schaue, die gelben Narzissen blühen sehe und sie wieder dasitzen, vollkommen damit zufrieden, dass sie einander haben. Er sieht erstklassig aus, auffallend und arrogant. Sie ist ein bisschen plumper, schlichter, doch von einer stillen Schönheit. Manchmal bringt mich der Anblick ihrer unerschütterlichen Liebe zum Lächeln. Zu anderen Zeiten schmeiße ich ein paar Brocken altes Brot auf das Gras und denke bei mir: »Helen. Du bist 26, und selbst ein Entenpärchen hat eine erfülltere Beziehung als du!«

Und heute habe ich überhaupt keine Beziehung. Im Gegenteil, einen Vergleich unseres Liebeslebens auch nur in Betracht zu ziehen, wäre eine grobe Beleidigung für alle Wasservögel. Ich mache den Fehler, das Tina zu sagen, die daraufhin bemerkt: »Hör auf, ich kriege gleich eine Gänsehaut.« Tina ist sauer auf mich – und nicht nur, weil sie die wenig beneidenswerte Aufgabe hatte, mir am Mittwoch die Windeln zu wechseln. Tina macht einen irrsinnigen Hokuspokus um ihre zynische Einstellung zu Männern, um über die peinliche Tatsache hinwegzutäuschen, dass sie noch kein einziges Mal beim Pärchen-Spiel verloren hat. Entjungfert wurde sie mit sechzehn von ihrem langjährigen Freund, und sie hat es – es ist nicht zu glauben – genossen. Die beiden sind acht Jahre miteinander gegangen und haben sich dann in aller Freundschaft getrennt. Seither hatte sie noch zwei One-Night-Stands, bei denen sie die Kerle jedes Mal vollkommen hingerissen und mit gebrochenem Herzen zurückgelassen hat, sowie eine längere, sieben Monate dauernde Affäre – sie hat Schluss gemacht, und die beiden sind immer noch befreundet –, seither lebt sie glücklich und allein, ohne einen ihrer zahllosen geifernden Verehrer zu erhören.

Solchermaßen glücklich verschont von den Jaspers dieser Welt, sieht sie alle Mann-Frau-Beziehungen in vorkriegsmäßigem Schwarzweiß. Ihre Einstellung ist – auch wenn sie das zu verbergen sucht –: Wenn er dir gefällt, triff dich mit ihm. Wenn es Probleme gibt, schieß ihn auf den Mond. Darum kann sie nicht begreifen, weshalb ich nicht mit Tom sprechen will, und wird aggressiv, sobald ich es zu erklären versuche. Selbst als ich ihr darlege, dass sich dieser Mann in mein Leben geschlichen und mich total durcheinander gebracht hat (Schäferhund hin oder her) und ich es ganz ehrlich überhaupt nicht leiden kann, wenn ich mich vor Menschen, die ich kaum kenne, zum Riesentrottel mache.

»Du meinst, wenn du dir vor umwerfenden Männern in die Hose pinkelst«, stellt Tina klar.

»Hörst du endlich damit auf!«, fauche ich. Die Urin-Szene ist auch so schon Millionen miserable blamable Male in meinem Kopf abgelaufen, ich muss nicht noch extra daran erinnert werden. »Außerdem«, ergänze ich mürrisch, »irrst du dich.«

Tina kauft mir das nicht ab. »Wo liegt dann das Problem?«, fragt sie grob.

Ich zucke die Achseln. »Es ist nur, dass ... na ja, dass ich ihm all diese Sachen, du weißt schon, an den Kopf geschmissen habe, als ich einen sitzen hatte.«

Tina schnaubt. »*Einen sitzen*!«, johlt sie. »Das ist gut! Dein Alkoholgehalt lag bei 90 Prozent! Obwohl«, gesteht sie mir zu, »du ziemlich schreckliches und peinliches Zeug von dir gegeben hast. Wie war das noch mal, ach ja: ›Männer! Sie sind doch alle gleich! Alle verpissen sich und lassen mich allein! Irgendwann ende ich noch als alte Jungfer mit Katze!‹ Du blöde Kuh! Was für ein Quatsch! Kein Mensch hat dich gezwungen, eine Katze zu kaufen!«

Ich will ihr schon widersprechen, als ich begreife, dass die Große Selbstgefällige mir ungewollt Recht gegeben hat. »Ganz genau!«, rufe ich. »Schrecklich und peinlich! Und genau aus diesem Grund werde ich a) nie wieder Tequila trinken und b) diesen Mann nie oder zumindest für sehr lange Zeit nicht wieder sehen oder sprechen!«

Eigenartigerweise scheint sie dies gnädig zu stimmen. »Ach«, sagt sie in einem irritierenden Ich-weiß-etwas-was-du-nicht-weißt-Tonfall, »na gut, Süße, wenn du es nicht anders willst.« Ich warte darauf, dass sie die Angel einholt. Doch sie sagt nur: »Ruf an, wenn du diese Woche ausgehen willst. Bis dann!«, und legt auf.

Eine Pikosekunde später läutet das Telefon schon wieder. Ich reiße den Hörer hoch und belle: »Und?«

Es gibt eine kurze Pause, dann fragt eine verunsicherte Stimme: »Helen?« Es ist nicht Tina.

»Ja«, antworte ich kurz angebunden. »Wer ist da?« Natürlich weiß ich verdammt gut, wer dran ist, nämlich jemand, gegen den ich einen Groll von der Größe einer Wassermelone hege.

»Ich bin's, Michelle, Liebe!«

Ach, richtig, sage ich mir insgeheim. Etwa dieselbe Michelle, die vorgibt, eine enge Freundin zu sein, und nicht einmal zur Beerdigung meines Vaters erscheint oder sich zumindest für ihr Fernbleiben entschuldigt und mir ihr Beileid ausspricht? Leider bin ich zwar in der Theorie der Terminator, in der Praxis aber Stan Laurel, womit ich sagen will, dass ich mich einer Auseinandersetzung mit einer Freundin genauso ungern stelle wie der mit einer Spinne. Deshalb ist alles, was ich hervorbringe, ein wenig begeistertes: »Hi.«

Michelle scheint meinen Groll nicht zu bemerken. Sie sprudelt hervor: »Ich muss mich kurz fassen. Ich rufe nur an, weil – ich nehme an, das hast du vergessen, aber egal – ich morgen Geburtstag habe und wir alle zum Trinken und Abtanzen in die U-Bar in Soho gehen.«

Mein Gott, die hat vielleicht Nerven. Frostig erwidere ich: »Leider ist vor zwei Wochen mein Vater gestorben, wie du dich möglicherweise entsinnst, deshalb ist mir nicht nach Ausgehen zumute.«

Ich kenne Michelle seit über 20 Jahren, doch ich habe noch nie erlebt, dass sie sich entschuldigt hätte. Auch jetzt bleibt sie ihrer Tradition treu. Aus dem Telefon erreicht mich ein trotziges Schnauben. »Das weiß ich doch! Deshalb habe ich auch nicht angerufen – ich habe mir gedacht, du willst nicht gestört werden. Ich habe gedacht, du willst eine Zeit lang alleine bleiben! Deshalb habe ich nicht davon gesprochen! Ich wollte dich nicht extra daran erinnern!«

Natürlich. »Das werde ich kaum so schnell vergessen, oder?«, frage ich scharf.

»Das ist mir schon klar«, erwidert sie genauso scharf, »aber abgesehen von allem anderen gibt es in meiner Familie einen alten Brauch. Bei uns gehen Frauen nicht zur Beerdigung.« Ach ja, denke ich. Das gibt ein ganz schönes Dilemma, wenn eine von ihnen den Löffel abgibt. Ich breche mit meiner eigenen Tradition und bleibe viel sagend still. Michelle, die Königin aller Gedankenduelle, walzt meinen Versuch, sie zu beschämen, nieder, indem sie anfügt: »Helen, ich denke immerzu an dich. Es würde dir gut tun, mal wieder aus dem Haus zu kommen, statt in deinem Zimmer zu versauern. Das Leben muss weitergehen. Und« – hier ist ein leichtes Jammern zu vernehmen – »ich mache mit Sammy gerade eine ziemlich schwere Phase durch. Ich brauche dich. Bitte komm.«

Was für ein Witz. *Sie* braucht *meine* Hilfe, weil ihre mummlose Memme von Mann, der ohne Mamas Erlaubnis nicht mal eine Weinschorle trinkt oder eine Schnapspraline nascht, in seinem Schmollwinkelchen hockt. Wahrscheinlich hat Michelle ihn gebeten, eine Glühbirne auszuwechseln oder Wasser heiß zu machen. Sie geht inzwischen seit fünf Jahren und zwei Monaten mit Sammy, der sich seit etwa 1886 Tagen wie ein kotzlangweiliger, verhätschelter Milchbubi aufgeführt hat. Michelles liebste Freizeitbeschäftigung ist es, bei jeder Freundin über ihn herzuziehen, der die Courage fehlt, ihren beißenden, zweistündigen Telefon-Monolog abzuschneiden, doch sie regt sich tierisch über meine kostenlosen Therapie-Sitzungen und wohlbedachten Ansätze zu konstruktiver Kritik auf (»Michelle, wieso schmeißt du ihn nicht einfach raus?«).

»Also, kommst du?«, hakt sie nach. Ich kapituliere. Es hat wenig Sinn, auf meinen Prinzipien zu beharren, denn Michelle ist nicht nur dickhäutig wie ein altes Rhinozeros, sondern auch schwer frisiersüchtig und würde mir tatsächlich glauben, wenn ich behauptete, ich würde morgen den ganzen Abend damit verbringen, mir die Haare zu waschen.

»Ja, okay«, seufze ich, »ich komme.«

»Süße, du bist ein Schatz!«, antwortet Michelle, die schätzungsweise fünfmal *Die Frauen von Hollywood* von Jackie Collins gelesen und ihren Wortschatz entsprechend angepasst hat. Ich lege den Hörer wieder auf, sinke ins Sofa zurück und schnaube verärgert durch die Nase. Michelle und ich wurden im Alter von vier Jahren aufeinander losgelassen, weil unsere Mütter fest entschlossen waren, sich den Schulweg zu teilen. Da meine Menschenkenntnis damals noch nicht so ausgeprägt war wie heute, besiegelte ihre eindrucksvolle Sammlung von Disney-Stickern unsere Freundschaft. 21 Jahre danach kann ich Bambi und Klopfer und all ihre zwitschernden Gefährten nur verfluchen.

Ich rufe Tina an, um Rückendeckung anzufordern. Sie

sucht nach einem Vorwand, morgen Abend nicht zu Hause zu bleiben, weil sie gerade einen *Coronation Street*-Entzug versucht, und nimmt deshalb liebend gerne an.

Ich hatte damit gerechnet, dass die U-Bahn – Verzeihung – die U-Bar kitschig sein würde, doch sie übertrifft meine schlimmsten Befürchtungen um Längen. Zum einen hängt das Heck eines lila Cadillac an der Wand. Ich weigere mich, darunter Platz zu nehmen, schließlich könnte es mir auf den Kopf knallen. Michelle brilliert in einem hautengen Top aus falschem Leopardenfell und engen weißen Jeans und scheint ihre Frisur der von Monica Lewinsky nachmodelliert zu haben.

Tina lässt währenddessen wie hypnotisiert den Blick über die hoch konzentriert vertretenen und stolz vorgeführten modischen Todsünden wandern und schnauft in regelmäßigen Abständen: »Was hat *die* denn an?« Ich trage die rituelle schlichte schwarze Hose und eine zerknitterte silberne Bluse, die ich aus den Tiefen meines Wäschekorbs geangelt habe. Dort hat sie seit drei Monaten gelegen, und zwar unter dem Vorwand, dass ich sie bei nächster Gelegenheit in die Reinigung bringen würde, doch so weit ist es nie gekommen und wird es nie kommen, darüber mache ich mir keine Illusionen, wieso sollte ich also den Anschein noch länger aufrechterhalten? Außerdem, ob Seide oder Knitterseide, wer kennt schon den Unterschied? Wie dem auch sei, als Tina meine Bluse sah, fragte sie betont gleichgültig: »Wo hast du die denn her?«

Ich erwiderte mindestens ebenso betont gleichgültig: »Aus dem Wäschekorb.«

Worauf sie mich mit einem strafenden Blick bedachte und murmelte: »Damit wäre wohl alles gesagt«, und ich grimmig ihren Blick erwiderte und sagte: »Gut.«

Meine Laune hellt sich auch nicht auf, als Michelle – nachdem sie uns eine Stunde lang zu Gunsten eines untersetzten Karottenkopfes ignoriert hat, dessen Rücken mindestens so dreieckig ist wie das Dairy-Lea-Zeichen – hüftschwenkend »auf ein paar Worte« zu uns herübergetänzelt kommt. Tina verzieht sich postwendend unter einer fadenscheinigen Ausrede und flitzt aufs Klo. Ich lasse die Eiswürfel in meinem Cola klingeln. Michelle fasst mein Glas scharf ins Auge. »Jack Daniels und Diet Coke?«

»Nein«, erwidere ich gleichmütig, »nur Cola.« Mir ist klar, was jetzt kommen muss.

»Bist du nicht auf Diät?«

Ich knalle das Cola auf den Tisch und sage mit schriller Stimme: »Nein, ich bin *nicht* auf Diät. Du etwa?«

Michelle lacht und tätschelt sich den pfannkuchenflachen Bauch. »Herzchen, du machst wohl Witze! Ich schätze, ich bin unter einem Glücksstern geboren.«

Wohl eher dazu geboren, sieben Tage die Woche ins Fitnessstudio zu rennen und nur einmal am Tag zu essen, genau wie ein Rottweiler. Andererseits hat sie heute Geburtstag. Lassen wir also Gnade walten. »Und wie geht es deiner Schwester?«, frage ich.

Michelle bläht die Nüstern. »Ein Albtraum! Sie redet nur noch über dieses blöde Baby! Man könnte meinen, sie sei die erste Frau auf der Welt, die ein Kind zur Welt bringt, mein Gott! Aber eines muss man ihr lassen, ihre Brüste sehen fantastisch aus! Normalerweise ist sie flach wie ein Bügelbrett! Genau wie du! Und plötzlich sieht sie aus wie Dolly Parton!« Ich bin sprachlos vor Empörung, wodurch ich Michelle Gelegenheit gebe, einen Mann mit öligem Antlitz und eingesunkener Brust herbeizuzitieren, ihn an meine Seite zu drängen und zu sagen: »Helen, Herzchen, das ist mein Cousin Alan, ihr werdet euch bestimmt *fantastisch* verstehen«, dann scharwenzelt sie davon.

Mit klopfendem Herzen suche ich den Raum nach Tina ab und sehe sie zu meinem Verdruss mit dem Rücken an der Bar stehen, praktisch Nase an Nase mit einem gut aussehenden blonden Mann in einem dunklen Anzug. Als er galant ein Streichholz entzündet, um ihr Feuer zu geben, wirft sie sich das Haar aus dem Gesicht und schließt ihre Hände um seine. Mannstolle Schnepfe! Das wird sie mir büßen. Wenn Alan mich nicht zuvor niederstreckt. Noch ein paar herzhafte Schwaden seines Killeratems, und er könnte es geschafft haben.

Ich sitze in der Falle. Er stellt mir eine Frage über *mich* – wie es in allen Ratgebern für die Aussätzigen der Gesellschaft empfohlen wird –, doch sobald ich auch nur einen einzigen Satz hervorgestoßen habe, lenkt er das Gespräch – wie es wohl kaum in seinen Ratgebern empfohlen wird – wieder auf ein viel faszinierenderes Thema: nämlich ihn selbst. Zum Beispiel, wo ich meinen letzten Urlaub verbracht hätte? In Spanien. Was für ein Zufall! Er war als Dreijähriger auch in Spanien, ganz recht, damals war er in Madrid und hatte sich einen Stierkampf angeschaut, und dann hatte er beschlossen, Matador zu werden, aber, haha, schließlich hat er sich doch darauf verlegt, Patentanwalt zu werden, und deshalb kommt er in ganz Europa herum, und erst letzte Woche hat der Seniorchef seiner Kanzlei sich darüber ausgelassen, wie beispielhaft er sich für die Firma einsetzt, und gemeint, wie *langweil, langweil, langweil.*

Ich versinke in eine Trance, aus der ich erst wieder erwache, als sich Alans von einer Wolljacke umhüllter Arm um meine Schulter schmiegt. Ich schüttle ihn ab und knurre: »Ich habe einen Freund.«

Auch wenn das gelogen ist, wirkt er tief getroffen. »Und ich eine Freundin!«, erwidert er spitz, »aber deshalb können wir doch trotzdem Freunde sein.«

Ich schieße einen Killerblick auf ihn ab und hoffe, dass er tot umfällt oder wenigstens abhaut, aber nein. Typen wie Alan doch nicht. Eine halbe Ewigkeit sülzt er über sich selbst. Dann gerät ihm, dem Himmel sei Dank, ein Schluck Bier mit Limone in den falschen Hals, und er unterbricht sein Prahlen einen Augenblick, um zu husten. Ich nutze die

Gunst der Sekunde, springe auf und sage: »Tschüs dann, ich muss jetzt los.«

Aber, *aber*! Er packt mit seiner schweißigen Pfote meine Hand und krächzt: »Kann ich deine Telefonnummer haben?« Dieser aufgeblasene, eingebildete Affe!

»Ich dachte, du hast eine Freundin«, sage ich.

»Schon, aber, verstehst du, wenn es bei einem von uns nicht mehr so läuft in der Beziehung –«

Ich falle ihm ins Wort. »Ich bin sehr glücklich.«

Er kratzt sich an der Ölnase. »Klar, ich natürlich auch, aber weißt du, ich könnte dich ja in vier Wochen mal anrufen, dann könnten wir uns vielleicht treffen.« Lieber falle ich tot um.

»Wozu denn?«, frage ich eisig.

Alan senkt die Stimme und fängt an zu näseln, so wie er wahrscheinlich mit seiner Sekretärin spricht. »Helen«, sagt er, »wie alt bist du eigentlich?«

Wie ein dämliches Schaf blöke ich gehorsam: »26.«

Er lächelt selbstgefällig und lässt – ehe ich begreife, wie mir geschieht –, seine glitschige Pfote über meine linke Hinterbacke gleiten, um unvermittelt zuzukneifen. »Ich wette, du weißt, *wozu* sich zwei Menschen unseres Alters treffen«, feixt er, noch bevor ich erbost seine Hand wegstoßen kann. Ein Grabscher mit Elektroschockfrisur und arrogant dazu!

»Tut mir schrecklich Leid«, antworte ich mit giftig süßem Lächeln, »aber ich werde *Ihnen* meine Telefonnummer bestimmt nicht geben. Trotzdem« – tröstend – »vielen Dank, dass du es versucht hast.« Dann kämpfe ich mich unter Einsatz meiner Ellbogen durch die karnevalsmäßig aufgetakelte Kundschaft der U-Bar – weiß der Geier, wo Tina abgeblieben ist – und eile in langen Schritten zur U-Bahn.

Auf der Heimfahrt wird meine Wut noch weiter angefacht. Mich stören nicht die Horden lärmender, ungehobelter, pöbelnder Trunkenbolde – schließlich gehören Tina und ich an jedem anderen Freitagabend auch dazu. Nein, es ist das Pärchen penetrant poussierender Pensionäre, das mir Händchen haltend und mit glückseligem Lächeln gegenübersitzt und in mir den Wunsch weckt, laut zu schreien, alle beide zu erwürgen und den Zug mit einem Vorschlaghammer zu bearbeiten.

Ich hasse die beiden. In ihrem Alter ist so was einfach abstoßend. Wieso seid ihr nicht tot, denke ich. Ihr müsstet schon längst tot sein. Mein Vater ist tot, wieso lebt ihr noch? Als der Zug endlich in der U-Bahn-Station Finchley Road hält, brennt in mir ein derart verzehrender Hass, dass ich mich körperlich krank fühle. Ich stapfe im Dunkeln nach Hause und warte nur darauf, dass mich ein Räuber, Vergewaltiger oder Mörder überfällt – versuch's nur, Kumpel, du wirst es bereuen, denn wenn ich mit dir fertig bin, dann wirst du dir wünschen, du wärst nie geboren worden.

Zehn Minuten später komme ich unbehelligt zu Hause an. Es ist erst zehn vor elf. Ich ziehe leise die Tür hinter mir zu, atme langsam tief durch, schleiche zum Küchentisch und lasse mich steif wie ein Roboter auf einen Stuhl sinken. Dann stütze ich den Kopf in die Hände und denke: Hilfe, warum hilft mir denn keiner, immer und immer wieder. Ich weiß einfach nicht mehr weiter. Mein Leben wirbelt um mich herum, es schaukelt und schwankt, ohne dass ich etwas dagegen tun könnte. Ich werde noch wahnsinnig. »O Gott, bitte hilf mir.« Ich glaube, das Letzte sage ich laut, denn plötzlich sitzt Marcus neben mir, streichelt mir übers Haar und sagt leise: »He, Hellie, mein Lieblingsmädchen, was ist denn los?«, und ich sage noch einmal: »O Gott, bitte hilf mir, bitte hilf mir doch«, bevor ich in Tränen ausbreche.

Zehn Minuten später knutsche ich mit Marcus rum.

Kapitel 9

Das letzte Mal habe ich mir die Beine gewachst, nachdem ich in der *Vogue* einen Artikel über französische Frauen gelesen hatte. Französische Frauen können sich nicht mal im

Traum vorstellen, dass man während der Periode den Slip versauen kann, lassen sich wöchentlich maniküren *und* pediküren und müssen nicht zwanghaft ihren Teller leer essen. Ich hechtete augenblicklich ans Telefon, um Tina anzurufen und zu fragen, was sie davon hält.

»Der Artikel ist klasse geschrieben«, urteilte sie, »und klingt sehr einleuchtend, aber ich glaube, die Autorin macht sich einen Spaß. Sie ist witzig und ja, Französinnen sind wirklich so, aber sie macht sich *eindeutig* über sie lustig.« In diesem Augenblick traf mich die Erkenntnis, dass Tina sich wie eine geistig leicht verwirrte Französin kleidet, gebärdet und ernährt, auch wenn sie aus Tooting kommt, und deshalb nicht anders antworten *kann.* Ich vereinbarte einen Nottermin beim Friseur und im Schönheitssalon, rannte einmal um den Block und flitzte dann zu Waitrose, wo ich einen Kopfsalat, fünf Karotten, eine Schachtel Tomaten, zwei Packungen Hüttenkäse, einen Laib Vollkornbrot, drei Dosen Tunfisch in Soße, vier Kartoffeln und eine Schachtel Pfefferminztee erstand. Die Einkäufe verrotteten natürlich ausnahmslos in meinem Kühlschrank, doch zumindest hatte ich in dieser Woche glatte Beine, eine gestrüppfreie Bikinizone, keinen Haarspliss, und meine Nägel waren geschmeidig und hart wie Brad Pitt in *Thelma und Louise.*

Leider liegt diese Woche neun Monate zurück, der Pariser Gruppenzwang hat seither deutlich nachgelassen, und ich bin wieder in meine typisch englische, schludrige und Teller leer essende Routine zurückgefallen. Aus diesem Grund herrscht in mir nicht das Gefühl einer alles verzehrenden, dahinschmelzenden Lust vor, als Marcus mein linkes Ohr beleckt, beschnauft und mit gemurmelten Koseworten traktiert, sondern ein nervöses, ängstliches Kribbeln. Wann habe ich mir zum Beispiel wirklich gründlich die Ohren sauber gemacht?

Ganz unauffällig drehe ich den Kopf, bis sich mein Ohr außerhalb seines Schnaufbereichs befindet und sich unsere Lippen zu einem wenig bestechenden Frontalcrash unserer

Schneidezähne vereinen. »Huch, pardon!«, kichere ich. Ich weiß nicht genau, wie es dazu kommen konnte. Noch vor einer Minute habe ich geflennt wie ein rotgesichtiges Baby mit Blähungen, doch jetzt hat Marcus mich aus meinem Stuhl in seine starken (ja!), festen (o Gott) und muskulösen (Bonuspunkt!) Arme gehoben. Ich heulte und schleimte dabei auf sein Leinenhemd, wo ich einen nassen, grünlichen Rotzfleck hinterließ, der ihm zum Glück bis jetzt entgangen ist. Er hat mir weiter übers Haar gestreichelt und geflüstert: »Arme Hellie, mein armes kleines Küken, ganz ruhig, du brauchst nicht mehr zu weinen.« Dann fing er an, mich auf den Kopf zu küssen. Marcus J. Bogush! Hat *mich* geküsst! Nach so vielen Jahren des Darbens!

Ohne noch einen Gedanken an irgendwelche Pensionäre zu verschwenden, presse ich meinen Mund auf seinen. Er zieht meinen Kopf an den Haaren zurück, was ausgesprochen schmerzvoll ist, doch ich wage nicht, den Augenblick zu verderben und »Autsch!« zu sagen. Wir küssen uns lange und innig, aber – Schrecken über Schrecken – seine Knutschkünste reichen nicht ganz an das heran, was sein Ruf bei den Damen erhoffen ließ. In aller beschämenden Offenheit: Ich bin enttäuscht. Seine Zunge wälzt sich schlabberig in meinem Mund herum wie ein toter Lachs in der Waschmaschine. Dann bricht er ab, um frech zu fragen: »Geht's wieder?«, und meine Lust erwacht von neuem. Er zieht mich auf das Sofa, wo ich ihn in der Hitze der Leidenschaft (aber keineswegs unbeabsichtigt) ebenfalls an den Haaren ziehe. Er hört kurzfristig auf, mich zu begrabschen, setzt sich auf und sagt: »Hellie, Schätzchen, ich vergöttere dich, aber du ziehst an meinen Haaren.«

»Tschuldigung«, murmle ich, und wir geben uns den nächsten Schlabberkuss. Dieser Mann hat wirklich eine sagenhafte Speichelproduktion, denke ich undankbar, als plötzlich das Telefon klingelt. Mit einem Klicken schaltet sich der Anrufbeantworter ein.

»Hi, Helen, hier ist Tom! Ich rufe nur an, weil ich fragen wollte, ob du Lust hättest, irgendwann einen Tequila mit mir …«

Ich erstarre. Toms Timing ist echt unter aller Kanone. Marcus schubst mich weg, als sei ich radioaktiv verseucht, und die lustverträumte Miene fällt von seinem markanten Gesicht ab, als hätte man ihm eine Maske heruntergerissen. »Es gibt also noch mehr Anwärter«, bemerkt er zornig.

»Nicht wirklich«, stammle ich.

»Sehr wohl wirklich«, widerspricht Marcus ganz freundlich. »Vielleicht sollte ich ihm den Vortritt lassen.« Er springt auf und kratzt angewidert an einem undefinierbaren, grünlichen Fleck auf seinem Hemd.

Ich sage: »Er war einfach nur –« Ich halte inne und sehe Marcus an, der mir, ohne zu blinzeln, in die Augen schaut.

»Du musst dich entscheiden, Helen«, sagt er.

Ich nehme den Hörer ab. »Hallo, Tom?«

»Ach!«, antwortet er, »Du wartest also erst ab, wer dran ist, bevor du ans Telefon gehst. Und ich hab's geschafft!«

Dies wird – auch wenn ich das Tina gegenüber erst kürzlich vehement abgestritten habe – nicht leicht für mich. Ich sehe hektisch zu Marcus hinüber, der die Arme verschränkt wie ein Gladiator und gähnt. »Tom«, sage ich traurig und zaghaft.

Er fällt mir ins Wort. Seine Stimme ist hörbar abgekühlt. »Jetzt kommt was Unangenehmes, stimmt's?«

Ich beiße mir auf die Lippe. »Tom«, seufze ich, »ich mag dich wirklich und alles, aber ich habe zurzeit total viel zu tun, in der Arbeit und so, aber ich, weißt du was, ich rufe dich einfach irgendwann an.« Ich sehe Marcus an. Er wirkt wenig beeindruckt. Deshalb füge ich hinzu: »Aber, äh, das kann einige Zeit dauern.«

Es bleibt kurz still. Dann sagt Tom kalt und voller Verachtung: »Botschaft erhalten und verstanden.« Im nächsten Moment ist die Leitung tot.

»Ka-bumm!«, sagt Marcus laut, bevor er mir behände den Hörer entwendet und mich umdreht, bis ich ihm wieder ins Gesicht sehe. »Du hast es ihm gesagt!« Dann grinst er und murmelt: »Du bist echt eine Wucht, Hellie, das weißt du doch, oder?« Ich lächle und nicke, obwohl ich nicht weiß warum. »Also«, fährt er fort – Küsschen Küsschen auf meinen Nacken – »was« – Küsschen Küsschen auf meinen Hals – »sollen« – aufknöpf knabber – »wir« – aufknöpf Küsschen – »jetzt« – aufknöpf Schlabberkuss – »tun?«

Ich halte mich an Marcus' breiten Schultern fest und schließe meine Augen in einer Parodie sinnlicher Lust, doch tief im Innern fühle ich mich schwach und schäbig und bin so scharf wie ein totes Karnickel. Ich habe Tom gekränkt, aber ich fühle mich *selbst* gekränkt. Diese vier Worte – Botschaft erhalten und verstanden – kreisen mir ununterbrochen im Kopf herum und beschämen mich bei jeder Umdrehung aufs Neue.

Dann reißt mich die unerfreuliche Erkenntnis, dass Marcus mir eben einen Knutschfleck verpasst, aus meinen nicht im Geringsten lüsternen Gedanken. Offenbar versucht er, mir das Blut durch die Haut aus dem Körper zu saugen. Verzeihung, aber das Stadium der pubertären Besitzmarkierungen habe ich vor *mindestens* drei Monaten hinter mir gelassen. Möglicherweise macht sich mein mangelnder Enthusiasmus bemerkbar, denn Marcus bricht seine Absaugpumpen-Bemühungen ab und verkündet mit tiefem Ernst: »Hellie, wir können aufhören, oder wir können noch weiter gehen.«

Ich reiße mich zusammen. Das hier ist Marcus, nach dem ich mich neun Jahre lang verzehrt habe, um Himmels willen! »Gehen wir aufs Ganze!«, antworte ich mit einem, wie ich hoffe, Sexkätzchen-Schnurren.

Er lässt ein triumphierendes Lächeln aufstrahlen, verkündet: »Das ist mein Mädchen!«, nimmt mich auf die Arme, auch wenn er dabei ein wenig ins Schnaufen kommt, und schleppt mich ab in sein Schlafzimmer.

»Ich bin ziemlich schwer«, murmle ich kokett und erwarte selbstgefällig den obligatorischen Widerspruch.

Unfassbar, aber Marcus schluckt den Köder nicht. Stattdessen lässt er mich wie einen Mehlsack auf sein Bett krachen und grummelt: »Du sagst es, Süße!«

Sechseinhalb unerotische Minuten später liegen Marcus und ich Seite an Seite unter seinem weißen Federbett, und ich suche nach einer passenden Bemerkung. »Das war nett«, lüge ich. Auch wenn das angesichts seiner Billigheimer-Darbietung kaum zu fassen ist, nimmt er mein Wort für bare Münze. Er stützt sich auf einen Ellbogen und fährt gelassen mit einem Finger – dass mir noch nie aufgefallen ist, was für Wurstfinger er hat! – auf meiner rechten Brust spazieren. Ich schaue auf und stelle entsetzt fest, dass man seine Miene nur als *amüsiert* bezeichnen kann. »Was ist?«, frage ich misstrauisch.

Marcus rümpft die Nase. »Nichts«, grinst er. »Sie sind niedlich.«

Was für eine Unverschämtheit! Der Vollständigkeit halber: Meine BH-Größe ist zufällig 70A, und noch einmal der Vollständigkeit halber – da wir ja offenbar keinerlei Hemmungen haben, uns über die körperlichen Merkmale unserer Mitmenschen auszulassen – hat Marcus zufällig einen Schwanz in Größe XXS, also in etwa in der Größe einer Kamerabatterie. Nur längst nicht so ausdauernd. Ich koche noch vor Zorn, als Marcus plötzlich das Federbett beiseite schleudert, verkündet: »Ich gehe duschen«, und aus dem Bett hüpft.

»Meinetwegen«, murmle ich, rolle mich ein und ziehe die Decke bis unters Kinn.

»Und«, fährt er mich beinahe barsch an, »willst du nicht auch duschen?«

Ich stütze mich auf den Ellbogen und schnurre: »Ist das eine Einladung?«

Marcus scheint plötzlich verlegen. Er kratzt sich mit dem

rechten Fuß hinten an der linken Wade und sagt: »Hellie, mit dem Duschen ist das bei mir so eine Sache, weißt du? Es klingt vielleicht dämlich, aber ich dusche am liebsten allein. Du kannst aber gern *deine* Dusche benutzen, mich stört das nicht.«

Im ersten Moment weigere ich mich zu verstehen. Ich platze heraus: »Was, und danach soll ich wieder herkommen?«

Marcus zögert und sagt: »Wenn du gern möchtest, allerdings könnte das peinlich werden, falls Luke dich sieht, das ist der Haken dabei.«

Ich zwinge mich, mir nicht anmerken zu lassen, wie tief er mich getroffen hat. »Du hast vollkommen Recht«, antworte ich langsam. »Würde es dir etwas ausmachen, mir meine Bluse zu reichen?«

Er reicht mir meine Bluse. Ich gebe mir Mühe, ganz locker auszusehen. Marcus lässt mein verschwitztes Höschen um seinen Finger kreisen und schleudert es in meine Richtung. Es landet genau in meinem Gesicht, und er lacht los. »Kopf hoch, Hellie«, grinst er, »der Wind dreht auch wieder.« Er zieht eine übertriebene Grimasse meines mürrischen Gesichtes. Ich versuche, keine Miene zu verziehen, aber das schaffe ich nicht. Also strecke ich ihm die Zunge heraus.

Das ist offensichtlich die korrekte Reaktion, denn Marcus zwinkert und meint allen Ernstes: »Weißt du, Hellie, ich würde wirklich gern die Nacht mit dir verbringen. Aber du brauchst deinen Schönheitsschlaf! Ein andermal, okay?« Er lässt dieses Klischee vom Stapel, als wäre es eine Kabarettpreis-verdächtige Pointe.

»Ha«, sage ich. Kein Problem. Das ist *Marcus*. Und Marcus bleibt Marcus. Mit seinem von Kopf bis Fuß vollkommen sinnlos aufgeblasenen Körper, weil er dabei einen kleinen und doch so wesentlichen Teil übersehen hat. Mein Zorn verraucht. »Geh ruhig duschen«, sage ich freundlich, »wir sehen uns dann morgen.«

Das lässt ein Scheinwerferlächeln aufstrahlen. »Nächtle«, sagt er.

Doch als er sich abwendet (puh, ist der Mann haarig!) und splitternackt auf sein Schlafzimmer-Bad zutrabt, spüre ich einen scharfen Stich. »Marcus!«, platzt es aus mir heraus.

»Ja?«, fragt er, nur ein winziges bisschen gereizt.

Beim Reden zerre ich das schmuddligste Höschen meines Lebens über die Knie. »Wenn du möchtest, kann ich uns morgen Abend ja was kochen.«

Ich kann seine Miene nicht recht deuten, doch er erwidert fröhlich: »Klar, ja, toll, bis dann«, verschwindet in seinem Bad und zieht die Tür zu.

Ich hieve mich aus seinem Bett, sammle Hose, Socken und Stiefel ein, schleppe mich in mein Schlafzimmer, ziehe die Bluse wieder aus, hole eine Schere aus meiner Schublade, zerschnipsle meine verfluchte Oma-Unterhose, schmeiße die Fetzen in den Mülleimer und lasse mich ins Bett fallen. Ich habe mich weder abgeschminkt noch mein Gesicht gewaschen, die Zähne geputzt oder mit Zahnseide gereinigt. »Was soll der Scheiß? «, sage ich sarkastisch zu meiner Zimmerdecke. Dann liege ich bis vier Uhr früh hellwach in der Dunkelheit.

Ich schlage die Augen um 14 Uhr 18 auf, so behauptet wenigstens mein viel zu selten in Anspruch genommener Wecker, und denke zum zweiten Mal in dieser Woche – ohne dass ich wüsste warum –: »O nein.« Mein Gedächtnis gewährt mir eine Gnadensekunde, ehe die Erinnerung tröpfchenweise wieder einsetzt. O nein. Ich hake der Reihe nach die Ereignisse der vergangenen Nacht ab. Die U-Bar. Alan. Die Pensionäre. Marcus. Das Cocktailwürstchen. Die Dusche. Die Einladung zum Abendessen. Die *angenommene* Einladung.

Vielleicht doch nicht ganz »o nein«. Dann gehe ich im Geist durch, was ich alles kochen kann, und lande wieder bei

»o nein«. Ich schiele aus der Zimmertür, doch in der Wohnung ist alles still, und Marcus' Zimmertür steht halb offen. Er ist garantiert im Fitnessstudio. Luke ist garantiert im Pub. Ich rufe Tina zu Hause an, doch niemand geht ran, darum hinterlasse ich eine knappe Nachricht: »Huhu, Schnepfe, wo steckst du? Ruf mich augenblicklich an, sobald du dies hier hörst.« Dann marschiere ich zu der bis heute unberührten Ansammlung von Kochbüchern im obersten Fach von Marcus' Küchenregal und ziehe ein paar davon herunter.

Das italienische fällt schon mit dem ersten Kapitel flach, weil ich nicht weiß, was eine *Trevise* ist. Das englische verwendet 100 Seiten auf schwere Hauptgerichte und 425 Seiten auf voll fette Nachspeisen. Da Marcus lieber selbst in Öl sieden als etwas darin Gesottenes verzehren würde, bleibt mir nur noch das amerikanische, in dem Rezepte für Kartoffelbrei (den bringe ich noch hin!) und Hähncheneintopf stehen. Total easy! Ach, verfluchter Dreck. Dafür wird erwartet, dass man das Gebäck selbst fabriziert. Was für Traumtänzer. Ich pfeife auf die Bücher und beschließe zu improvisieren.

Ich entscheide mich für Kartoffelpüree (Kartoffeln schälen, Kartoffeln kochen, Kartoffeln stampfen, Margarineklotz reinrühren) und das Fischgericht (Lauch klein schneiden, im Wok brutzeln, in eine Auflaufform schichten, einen Block tiefgefrorenen Fisch draufknallen, griechischen Jogurt auf den Fisch klatschen, Cheddar über den Jogurt reiben, Deckel drauf und so lange im Ofen backen, wie man braucht, um den Gast zu verführen). Das Rezept für das Fischgericht habe ich von Lizzy, und es schmeckt köstlich. Und was noch wichtiger ist, man braucht dazu nur vier Zutaten statt 90. Lästig ist nur, dass ich dafür in den Supermarkt muss. Erst werfe ich einen Blick in den Kühlschrank. Mein Fach (Marcus hat den Kühlschrank aufgeteilt, um unseren Raubzügen einen Riegel vorzuschieben) ist leer bis auf einen Karton Trockenmilch, einen brüchigen Klotz Cheddar und einen mit Krumen übersäten Klecks Butter. Die Butter könnte ich immerhin noch zerlassen, doch der Käse ist klinisch tot.

À propos. Ich muss unbedingt mit meiner Mutter telefonieren. Seit Mittwoch hat sie nicht mehr angerufen, was ein Segen, aber höchst verdächtig ist. Morgen rufe ich sie ganz bestimmt an. Ich probiere es ein letztes Mal bei Tina, bevor ich zu Waitrose abdampfe.

Diesmal geht sie ran. »Und wieso hast du nicht zurückgerufen?«, will ich wissen.

Sie lässt meine Frage unbeantwortet und haucht: »O Helen! Verflucht noch mal!« Aus ihrer Stimme trieft postorgastische Verzückung.

Ich vermute vorwurfsvoll: »Es ist der blonde Kerl!«

Sie seufzt selig. »O Helen, er ist es!«

Hier muss ich einwerfen, dass dies ganz außergewöhnlich ist. Nicht normal. Gewöhnlich hört man von Tina, nachdem sie einen Mann kennen gelernt hat – gebaut wie, sagen wir, Matt Dillon, dazu reich wie Bill Gates und witzig wie Jerry Seinfeld –, höchstens ein mürrisches: »Er ist okay.« Ich bin hingerissen. »Erzähl mir alles. Und zwar sofort.«

Sie seufzt in den Hörer: »A-a-also, er heißt Adrian –«

»*Adrian*!«, kreische ich.

»Jawohl, Adrian!«, bestätigt sie scharf. »Was stört dich daran?«

Ich schlucke. »Nichts, nichts, es ist ein ganz reizender Name. Also, erzähl weiter.«

Adrian ist allem Anschein nach schlichtweg perfekt. Angesichts seiner Perfektion verblassen alle anderen Männer auf diesem Planeten zur Bedeutungslosigkeit. Er ist perfekt von den Spitzen seiner perfekten Zehen bis zum perfekten Scheitel auf seinem perfekten Kopf, und im Unterleibsbereich ist er ganz besonders perfekt. Er hat eine perfekt rauchige Stimme, er erzählt perfekt zweideutige Anekdoten, er hat einen perfekten Job als Architekt, er besitzt ein perfektes

Schmuckkästchen von Apartment gleich außerhalb von Maida Vale, und was am allerperfektesten ist: Er findet Tina perfekt.

»Was, jetzt schon?«, wende ich ein. »Aber du kennst ihn doch erst seit acht Minuten.«

Tina kichert aus dem Hörer. »Glaub mir, Mädchen«, sagt sie, »diesmal ist es ernst. Ich spüre es ganz tief im ... Höschen!«

Das richtet mich nicht wirklich auf. Ich vertraue auf Tinas ewiges Pech bei den Männern – auch wenn ich weiß, dass das der blanke Hohn ist –, weil es mir wie ein romantisches Barometer Sicherheit gibt. Diese abrupte Störung des zynischen Status quo lässt bei mir alle Alarmglocken schrillen. Plötzlich spielen wir die »Reise nach Jerusalem«, und für mich ist kein Stuhl mehr frei. Ihre Reaktion auf meine Neuigkeiten betreffend Marcus baut mich auch nicht eben auf.

»Aber er trägt Tangas!«, kreischt sie.

Das bringt mich eine Sekunde lang so aus dem Konzept, dass ich nur frage: »Woher weißt du das?«

»Das kann ich durch seine Hose erkennen!«, ruft sie.

Hastig nehme ich wieder Haltung an. »Na und!«, fahre ich sie an. »Wir können uns nicht alle von der Modepolizei kontrollieren lassen!«

Tina beschließt, diesen Seitenhieb zu überhören. »Helen«, meint sie ernster, »ich will ihn dir nicht madig machen, ich weiß, dass du seit Jahren in ihn verknallt bist, aber wir waren uns alle einig, dass er noch schlimmer ist als Jasper. Er ist ein riesengroßer blöder Kamelschwengel.« Ich wünschte, es wäre so. »Ich meine«, fährt sie ungerührt fort, »was ist mit dieser Aspirinsache?«

Ich fürchte, sie spielt damit auf Marcus' Gepflogenheit an, ständig eine Aspirin-Kautablette in einem silbernen Pillendöschen mit sich herumzuschleppen, nur für den Fall, dass er einen Herzanfall hat. »Er ist wirklich nicht das, was man als hip und heiß bezeichnen würde. Sein Leben ist nicht gerade ein heißer Ritt –« Jetzt zieht sie richtig vom Leder. Und obwohl ein Körnchen – also gut, ein ganzer Redwood-Baum – Wahrheit in ihren Worten liegt, schlägt mir diese vom scheinheiligen Altar ihrer frisch erblühten Liebe erteilte Predigt schwer auf den Magen.

»Ich würde meinen, nach Maida Vale zu pendeln ist auch nicht gerade ein heißer Ritt, oder?«, fahre ich ihr in die Parade.

Ich ernte damit frostiges Schweigen, das Tina schließlich mit der höflichen Nachfrage bricht: »Und wie groß war sein Stamm?« Ich gestehe, dass er Bonsai-Format hat, wir brüllen vor Lachen, und die tiefe Verbundenheit ist wiederhergestellt. »Warum gibst du dich dann mit ihm ab?«, keucht sie schließlich.

Ich zucke die Achseln. »Es ist einfach … ich kann es nicht erklären. Ich *mag* ihn. Ich fühle mich – lach nicht – zu ihm hingezogen. Und er war so süß, als ich so fertig war. Und außerdem war es das erste Mal. Vielleicht war er ja nervös. Vielleicht war es zu kalt im Zimmer –«

»Vielleicht«, fällt Tina mir ins Wort, »hat er einen Schwanz wie eine Nähnadel!«

Wir prusten wieder los – wobei ihr Prusten allerdings mehr von Herzen kommt als meines –, dann entschuldige ich mich und stapfe los zu Waitrose.

Fünf anstrengende Stunden später ist die Falle mit aller Sorgfalt ausgelegt. Ich habe den fassungslosen Luke in den Pub verbannt (wozu es wenig Überredungskunst brauchte) und die Küche aufgeräumt. Das Püree ist püriert, der Fisch kocht, der Tisch ist gedeckt, die Kerzen sind entzündet, der Wein ist gekühlt, die Butter ist zerlassen, ich habe ein großes französisches Baguette dazu gekauft, das ich allerdings in zwei Teile brechen musste, weil es sonst nicht in die Tüte gepasst hätte, und ich selbst – auch bekannt als »das Dessert« –

bin von Kopf bis Fuß gewaschen, gebürstet, ausstaffiert und aufgeputzt. Die einzige noch fehlende Zutat ist Marcus.

Ich warte bis zehn vor zehn, dann esse ich das ganze Fischgericht alleine auf und lasse Fatboy über das Püree herfallen.

Kapitel 10

An Tagen wie diesem wünsche ich mir, ich hätte das Tetra-Pak erfunden. Milliarden kassieren für eine Minute einfachstes Origami. Um meinem Neid noch eins draufzusetzen, habe ich gestern erfolglos versucht, einen Tetra-Pak-Karton mit Pilzsuppe zu öffnen! Ich musste ihn mit den Fingernägeln aufreißen und zerfetzen – und statt eine saubere, Pilzsuppen-kompatible Tülle zu erhalten, endeten meine Bemühungen in einem matschigen Chaos, und die Suppe gluckerte überall auf den Boden.

Luke wollte mir weismachen, ich hätte die falsche Seite aufgerissen, doch ich fauchte ihn an: »Seit wann bist *du* denn der Experte? Du ernährst dich doch ausschließlich aus Tüten und Dosen.«

Er wirkte getroffen und schien mir schon widersprechen zu wollen, als ihm meine rasend wütende Miene auffiel und er lieber den Mund hielt. Seit Marcus desertiert ist, umschleicht mich Luke auf Zehenspitzen. Zugegeben, am Sonntagmorgen hat er mit der Inbrunst eines Offenbarungsengels verkündet: »Bestimmt hat er bei diesem Mädchen von Second Edition übernachtet!« Doch abgesehen davon war er beispielhaft in seinem Einfühlungsvermögen und Takt. Ich hingegen war beispielhaft in meinem Groll und meiner Launenhaftigkeit. Zum Teil wegen Marcus, zum Teil wegen Tom, vor allem aber, weil ich – was meinem mangelnden Erfindungsreichtum zu verdanken ist – ab heute wieder in die Arbeit muss.

Ich schleiche ins Büro, bemüht, keine Aufmerksamkeit auf

mich zu ziehen. Als ich eintrete, sinkt der Geräuschpegel kaum wahrnehmbar, fast so, als hätte ich Turnschuhe vom letzten Jahr an. Was den Tatsachen entspricht. Tina durchbricht das Schweigen mit dem Ausruf: »Bradshaw! Da bist du ja wieder!« Lizzy eilt herbei, um mich fest in die Arme zu schließen und gleich *dreimal* zu küssen (linke Wange, rechte Wange und dann, gerade als ich zurückweichen will – noch ein Überraschungsangriff auf die linke Wange. Ich glaube, es handelt sich dabei um eine kontinentaleuropäische Sitte). »Helen«, befiehlt sie diktatorisch, »du lässt es heute locker angehen. Wenn es dir zu viel wird, dann geh einfach spazieren. Und hier, nimm das. Das hilft dir beim Einschlafen.«

Sie drückt mir etwas Kleines in die Hand, bevor sie an ihren Schreibtisch zurückrennt. Es ist ein Fläschchen Aroma-Öl. »Lavendelgrün Absolut« steht darauf – und darunter in kleineren Buchstaben für die intellektuelleren unter den Kunden: »*Lavandula officinalis*«. Ich bin gerührt, obwohl alle Kräuter, Wurzeln und Blüten nicht einmal einen Hauch von Schläfrigkeit auslösten, als ich das letzte Mal unter Schlaflosigkeit litt (ich hatte Angst, dass ich meine Schulprüfungen nicht schaffen könnte, und zwar mit gutem Grund, wie sich herausstellte). Mein Hausarzt – der aus Gründen, die nur ihm allein bekannt sind, äußerst ungern Medikamente verschreibt – hatte damals die Frechheit, mir vorzuschlagen, ich solle den Fernseher drei Stunden vor dem Schlafengehen ausschalten und eine beruhigende Tasse Kamillentee trinken! Ich hatte innerhalb von zwei Wochen insgesamt drei Stunden geschlafen und war halb wahnsinnig vor Übermüdung, weshalb er mir mit seinem Hokuspokus-Geschwafel absolut auf den Nerv ging.

Dennoch bin ich für Lizzys Geschenk dankbar, weil eine Redaktionsassistentin bei *Girltime* – entgegen allen Mythen – allerhöchstens ein Gratismuster pro Jahr erhält, und zwar ausnahmslos etwas, das sonst absolut niemand will, wie zum Beispiel ein Handy-Etui in Neonorange.

Einige Kolleginnen schlendern – nachdem sie misstrauisch meinen Wortwechsel mit Lizzy verfolgt und daraus auf meine geistige Gesundheit geschlossen haben – herbei und kondolieren mir zum Tod meines Vaters. Andere schicken mir freundliche E-Mails, während wieder andere meinem Blick ausweichen und mich behandeln, als hätte ich Ebola. Laetitia weiß absolut nicht, wie sie sich verhalten soll. Unsere sonst so wunderbar barsche Foltertante hat mir einen gefühlvollen Brief geschrieben (*nie im Leben* würde sie sich zu einer weibischen Kondolenzkarte mit aufgedruckten Lilien herablassen!), in dem sie mir geraten hat, mich von den schwierigen Zeiten nicht unterkriegen zu lassen und den guten Zeiten nicht nachzutrauern, weil mein Vater stets bei mir sein würde. Ich laufe vor Zorn rosa an – die Menschen scheinen es darauf anzulegen, mich mit ihrem sentimentalen Geschwafel aus dem Gleichgewicht zu bringen.

Laetitia interpretiert meine Verärgerung als Heulbojen-Alarm und murmelt: »Tapfer bleiben, tapfer bleiben.« Dann schickt sie mich los, ihr Frühstück zu holen (eine Scheibe Erdnussbutter-Vollkorntoast *ohne* Butter und dazu einen Cappuccino mit Zimt, aber *ohne* Kakao). Mir selbst kaufe ich einen doppelten Espresso und ein Blaubeer-Muffin, das ich mit schlechtem Gewissen verschlinge, als Lizzy mir kurz den Rücken zudreht (»Muffin ist nur ein Euphemismus für Kuchen!«).

Der Tag ist nicht so schlimm. Ich bringe ihn damit zu, Leserbriefe und anderes stinklangweiliges Zeug in den Computer zu tippen (unser 80-jähriger Filmkritiker besteht darauf, seine Kritiken handschriftlich abzufassen!). Ich rufe bei freien Autoren an, um sie an die bevorstehende Redaktionskonferenz zu erinnern (andernfalls schicken diese Tagediebe nie einen Vorschlag ein). Ich rufe einen Arzt aus unserer Zitat-Leasing-Kartei an, um von ihm zu erfahren, welche Symptome bei einer Chlamydien-Infektion auftreten. (Antwort: Kaum welche, weshalb frau, außer frau hat Glück und

Ausfluss, erst davon erfährt, wenn sie unfruchtbar ist.) Und ich hole Laetitias Hosenanzug aus der Reinigung ab. Wieder zu arbeiten hat zumindest den einen Vorteil, dass ich weniger Zeit habe, mir den Kopf über Marcus zu zerbrechen. Und über Jasper, der – wie mir plötzlich aufgeht – seit über zweieinhalb Wochen nicht mehr angerufen hat. Andererseits hat wieder zu arbeiten den einen Nachteil, dass ich volle 60 Minuten Tinas Ergüssen über den wunderbaren Adrian lauschen muss, als Lizzy, Tina und ich zum Mittagessen gehen. Selbst Lizzy unterdrückt ein leises Gähnen. Es sieht nach einer ereignislosen Woche aus.

Mittwochabend. Ich schlurfe heim und knalle die Tür zu. Wie nicht anders zu erwarten, ist die Wohnung leer. Luke ist wahrscheinlich im Pub – bei ihm unterteilt sich die Zeit in Arbeitszeit im Pub und Freizeit im Pub und den Verkauf von Anzeigen für eine Auto-Zeitschrift. Das mit der Arbeit im Pub kann ich verstehen, das mit dem Anzeigenverkaufen begreife ich nicht so recht. Luke versucht es mir zu erklären. Er besucht seine Kunden nicht. Er sitzt in einem schäbigen Bürohaus in einem staubigen Büro voller mürrischer Männer, müder Frauen und alter Telefone. Niemand macht sich die Mühe, die anderen zu begrüßen. Alle kommen einfach, knallen sich an ihren Platz und ackern *andere* Auto-Zeitschriften mit einer Anzeigenrubrik für Gebrauchtwagen durch. Dann rufen sie die Telefonnummern in den anderen Zeitschriften an und versuchen, die Inserenten zu überreden, noch einmal ordentlich Kohle abzudrücken und in *ihrer* Zeitschrift zu inserieren. Da Luke nicht fest angestellt ist, kriegt er ausschließlich Provision.

Vor ein paar Monaten versuchte ich herauszufinden, wie er es mit seinen miserablen diplomatischen Fähigkeiten schafft, auch nur einen Penny zu verdienen. »Ich rufe ausschließlich Leute aus Wales an«, antwortete er. »Ach was!«, sagte ich. Luke zufolge sind die Waliser die freundlichsten und am wenigsten aufbrausenden Menschen im ganzen Vereinigten Königreich. Oft haben sie Mitleid mit ihm und lassen was springen. Ich lächle still vor mich hin, als ich an dieses Gespräch denken muss, dann höre ich ein Geräusch, und mein Lächeln erstirbt.

Das Geräusch ist ein neckisches Kichern und kommt aus dem Wohnzimmer. Ich verfluche mich, weil ich die Haustür zugeschlagen habe, und versuche, mich in mein Zimmer zu schleichen. Zu spät. Marcus – den ich das letzte Mal gesehen habe, als er splitterfasernackt in seinem Bad verschwand – streckt den Kopf durch die Tür und befiehlt mir gut gelaunt: »Hellie, komm her, ich möchte dir Catalina vorstellen!« Eine hübsche Frau mit knallroten Zöpfen und riesigen grünen Augen kommt in den Flur gehüpft. Interessant ist, dass sie einen Bauernkittel und eine Wollmütze mit Ohrenklappen trägt.

»Hi, Helen«, sagt sie.

»Hallo, Catalina«, erwidere ich. Vermutlich sieht sie zwar aus wie ein bosnischer Flüchtling, ist in Wahrheit aber ein Popstar. Sie strahlt eine natürliche Freundlichkeit aus, was die Sache noch schlimmer macht. Bestimmt ist dies Marcus' einzigartige Art, mir deutlich zu machen, dass er keine Beziehung wünscht. Dieser Feigling. Ich fixiere ihn voller Verachtung.

»Hellie!«, schreit er, »sei nicht so streng!« Er dreht sich zu Catalina um. »Als ich Hellie kennen gelernt habe, war sie total witzig! Aber inzwischen ist sie total ernst geworden!«

Catalina stößt ein Maschinengewehr-Lachen hervor und quietscht: »*Äääächt?*«, so als hätte man ihr eben erzählt, dass ihr grottenschlechter Song auf einen sensationellen 94. Platz in den Charts geklettert sei.

»Mein Vater ist vor kurzem gestorben«, antworte ich um des dramatischen Effekts willen und um Marcus dumm aussehen zu lassen. »Da ist einem nicht danach, ›total witzig‹ zu sein.« Ich werfe Marcus einen letzten finsteren Blick zu und verziehe mich in mein Zimmer. Ich bemitleide mich selbst und, zu meiner Verblüffung, Catalina.

Am Donnerstagmorgen fällt mir auf, dass Fatboy – zum ersten Mal in seinem wohlgenährten Leben – nicht fressen will. Er reißt das dreieckige rosa Maul auf und miaut laut, streicht um meine Waden herum – wobei er einen feinen Schleier orangefarbener Haare auf meiner schwarzen Hose zurücklässt –, springt auf die Küchentheke (Marcus würde ausflippen, wenn er nicht noch mit Catalina im Bett liegen würde) und stupst mit seinem Kopf liebevoll gegen meinen Arm. Doch als ich eine Dose aufmache und den Glibber darin in seine blaue Porzellanschüssel leere, streckt er den Schwanz in die Luft wie einen Mast und stolziert davon. Dann beginnt er zu heulen. Es ist ein wahrhaft grauenvolles Geräusch. Es beginnt als tiefes Stöhnen und endet als hohes Jaulen. Ich habe das Gefühl, als Mutter versagt zu haben. »Was ist denn?«, frage ich entnervt.

»*Mi-aaaaaaaaaaauuu-uuu*!«

»Tut mir Leid«, antworte ich sauer. »Ich verstehe kein Wort.«

Daraufhin – und das ist das Schlimmste – springt er auf das Fensterbrett, um dort sitzen zu bleiben wie eine Sphinx. Und so bleibt und bleibt er sitzen, die Nase dem Garten zugewandt, den Hintern mir. Als ich ihn auf den Kopf küsse, steht er irritiert auf und lässt sich am anderen Ende des Fensterbrettes nieder. Um die Wahrheit zu sagen, er hat die ganze Woche nicht viel gefressen, aber ich dachte, das käme daher, dass der Sommer ganz unvermutet sommerlich geworden und es ihm zu heiß war. Möglicherweise schmollt er, weil es ihm missfällt, dass ich ihn im Stich lasse, um zur Arbeit zu gehen. »Ich arbeite doch nur, damit ich dir Whiskas kaufen kann, du Faulpelz«, sage ich, bevor mir blitzartig aufgeht, dass ich zu spät kommen werde, und aus der Tür renne.

Den ganzen Donnerstagmorgen zerbreche ich mir den Kopf über Fatboy und Marcus, und zwar bis zum Nachmittag, als ich meine Mutter anrufe. Niemand nimmt ab. Also fange ich an, mir den Kopf über meine Mutter zu zerbrechen. Seit der Beerdigung habe ich mich kaum um meine Mutter gekümmert. Um genau zu sein, ich habe sie weder gesehen noch gesprochen. Ich hätte es tun sollen. Aber ich hatte keine Lust dazu. Ich habe das Gefühl, so warmherzig und mitfühlend wie ein Eisblock zu sein. Ich war sowieso nicht gut zu ihr. Ich weigere mich, deswegen ein schlechtes Gewissen zu haben. Wieso kann ich nicht einfach für zwei, drei Wochen abtauchen, ohne dass deshalb gleich ein Riesenwirbel veranstaltet wird? Ach, verdammt. Ich rufe sie auf ihrem Handy an. Es ist ausgeschaltet. Bitte versuchen Sie es zu einem anderen Zeitpunkt. Wo *steckt* sie nur? Ich rufe noch mal bei ihr zu Hause an und lasse es klingeln und klingeln und klingeln, bis sich schließlich der Anrufbeantworter einschaltet. Mir fällt fast der Hörer aus der Hand, als eine tiefe Stimme ertönt: »Hier ist der Anschluss von Maurice und Cecelia Bradshaw. Leider können wir Ihren Anruf nicht persönlich entgegennehmen. Sie können jedoch nach dem Pfeifton eine Nachricht hinterlassen.«

Mein Herz hämmert so rasend schnell, dass ich fürchte, es könnte mir im nächsten Augenblick den Brustkorb sprengen – *die Stimme meines Vaters*. Ich lege den Hörer wieder auf und wähle erneut. Dann kauere ich mich über meinem Schreibtisch zusammen, schließe die Augen und labe mich an der tiefen, kraftvollen Stimme. »Leider können wir Ihren Anruf nicht persönlich entgegennehmen …« Wie hypnotisiert male ich mir aus, wie er im Arbeitszimmer in seinem Lieblingsstuhl sitzt und kühl das Läuten ignoriert, weil er es nicht ausstehen kann, ans Telefon zu gehen. Er könnte beinahe noch am Leben sein. Noch einmal höre ich seine Ansage ab.

Schließlich hinterlasse ich eine Nachricht. »Hallo, Mum,

ich bin's. Ich hoffe, es geht dir gut. Tut mir Leid, dass ich nicht angerufen habe. Ich stecke bis zum Hals in Arbeit. Ruf mal an. Okay. Bis dann.« Vielleicht ist sie mit ihrer Freundin Vivienne beim Shopping. Oder beim Schwimmen. Das rede ich mir wenigstens ein. Doch ich glaube mir nicht. Ich sitze wie festgewachsen an meinem Schreibtisch, und als Laetitia mir befiehlt, die Buchrezensentin anzurufen und sie daran zu erinnern, dass ihr Artikel schon vor einer Woche fertig sein sollte, spukt mir nur noch ein einziger Gedanke im Kopf herum: Meine Mutter ist tot, und ich bin schuld. Sie hatte einen Schlaganfall und liegt halb verwest am Fuß der Treppe. Oder sie hatte einen Autounfall und dabei eine tödliche Kopfverletzung erlitten. (Meine Autofahr-Gene habe ich von ihr.)

Meine Vorahnungen schnüren mir den Hals zu; ich *weiß es* einfach. Ich muss an einen Artikel aus dem *Daily Telegraph* denken, den ich vor einiger Zeit überflogen habe und in dem es um einen Mann ging, der auf einer Geschäftsreise in die Schweiz erstochen worden war. Seine Freundin hatte ihn aus Sussex auf dem Handy angerufen, doch er hatte nicht reagiert. »Ich habe gespürt, dass er tot ist«, hatte sie dem Reporter erklärt. »In diesem Augenblick habe ich es ganz deutlich gespürt, es gab nicht den Hauch eines Zweifels.« Als ich den Artikel gelesen habe, waren meine Eltern noch *alle* beide am Leben und gesund und eine einzige Plage, darum beschränkte sich meine Reaktion auf ein: »Na klar! Sie hat es gespürt! Wer's glaubt!« Jetzt bin ich selbst diese Frau. Meine Mutter ist tot. Ich brauche frische Luft.

»Tut mir Leid«, keuche ich eine erstaunte Laetitia an, ehe ich aus dem Büro und auf die Straße stürze. Ich schaue mich gehetzt um, doch ich habe keine Ahnung, was ich jetzt tun oder wohin ich gehen soll, deshalb renne ich über die Straße, lasse mich auf eine Parkbank fallen – *In Erinnerung an Anthony Bayer, der London liebte* –, o Gott, und versuche, Atem zu schöpfen. Mir ist heiß und kalt und schlecht und schwindlig. Fünf Sekunden später steht Laetitia vor mir.

»Helen«, sagt sie zappelig. »Was um Himmels willen ist mit dir los? Hast du vielleicht Zoff mit, wie heißt er noch, Jason?« Mir fällt auf, dass Laetitia in einigem Abstand stehen geblieben ist, um jede Gefahr eines Körperkontakts auszuschließen.

»Meine Mutter ist tot«, flüstere ich.

»Dein Vater, meinst du«, sagt sie.

»Meine Mutter. Ich spüre es.«

Laetitia räuspert sich. »Helen«, sagt sie, »deine Mutter hat eben angerufen. Sie hat mich gebeten, dir etwas auszurichten.«

Mist. Laetitia richtet sonst nie irgendwas aus. Niemals. Wie unbeschreiblich peinlich. Ich atme ganz langsam tief durch und setze mich auf. »Danke, Laetitia, vielen Dank«, sage ich eilig.

Laetitia ergänzt knapp: »Sie sagt, falls du morgen Abend frei bist, könntest du sie ja besuchen.« Falls ich frei bin? Meine Mutter denkt an jemand anderen und nicht ausschließlich an sich selbst? Kaum zu glauben. Ich nicke und folge – nach überstandener Panik – Laetitia belämmert ins Büro zurück.

Als ich zu Hause ankomme, mache ich mich darauf gefasst, Marcus beim Doktorspielen mit Catalina anzutreffen. Doch zu meiner großen Überraschung reißt Marcus, gerade als ich den Schlüssel ins Schloss schieben will, mit zornrotem Gesicht die Tür auf. Ich nehme fest an, dass ihm immer noch der Seitenhieb mit meinem toten Dad zusetzt. »Dein! widerwärtiges! Drecksvieh!«, zischt er, »hat! schon! wieder! auf! MEIN! BETT! *GESCHISSEN*!« Er sieht aus, als wollte er mich am liebsten verdreschen.

»O nein«, hauche ich, gleichermaßen stolz und erfreut über Fatboys bemerkenswert zutreffenden Kommentar zu Marcus' Sozialverhalten. Marcus schreitet mir voran zum Ort des Verbrechens. Offensichtlich hat Fatboy das, was meine Mutter als »Bauchgrummeln und Darmsausen« bezeichnet. »Mach dir keine Gedanken«, sage ich mit breitem Lächeln, »ich mache das wieder weg.« Ich tänzle zur Küche, um Gummihandschuhe und eine Küchenrolle zu holen, wobei ich überlege, welche Belohnung ich Fatboy dafür zukommen lassen soll. Tunfischsoße? Das Mantelspiel? (Das Mantelspiel ist das dämlichste Spiel aller Zeiten weltweit und besteht darin, dass ich einen Schirm oder Stock unter meinen Mantel schiebe und Fatboy sich *ad infinitum* darauf hechtet, bis ich vor Langeweile tot umfalle.) Mühsam würgend wische ich den Durchfall auf, wobei ich tiefbraune Streifen auf den weißen Baumwollbezügen hinterlasse. Ich ertappe meinen Helden dabei, wie er sich außerhalb der Gefahrenzone in meinem Zimmer die Pfoten leckt. Ich bin gerade dabei, die stinkigen Küchentücher in den Mülleimer zu transportieren, als das Telefon läutet. Marcus geht ran und streckt mir dann wortlos den Hörer hin.

Ich zerre die Handschuhe von meinen Fingern. »Hallo?«, frage ich. Marcus stolziert aus dem Zimmer.

»Helen«, sagt eine schleimige Stimme, die ich schweren Herzens als die des öligen Alan erkenne.

»Woher hast du meine Telefonnummer?«, will ich eisig wissen.

»Michelle«, antwortet er fröhlich. Dafür bringe ich sie um.

»Ich nehme an, dies ist kein rein platonischer Anruf«, meine ich gelangweilt. In genau diesem Moment kommt Marcus wieder in die Küche gestampft, seinen stinkenden, zusammengeknüllten Bettbezug auf Armeslänge vor sich her tragend, um ihn wütend in die Waschmaschine zu stopfen. Er hört jedes Wort, das ich sage. Darum antworte ich, als Alan mich fragt, ob ich ihn auf »ein abendliches Häppchen und anschließend in einen Tanzschuppen« – einen *Tanzschuppen*! – begleiten möchte (obwohl ich mir lieber die Augenbrauen abrasieren und ein Sandwich mit Rattenfleisch verspeisen würde), mit inbrünstiger Begeisterung, angesichts derer Alan von meiner Schizophrenie überzeugt sein muss: »Ich würde *wahnsinnig gern* mit dir am Samstagabend ausgehen.«

Sobald Marcus außer Hörweite ist, drücke ich die 1471, um Alans Nummer zu erhalten, und erkläre ihm dann, dass ich es mir anders überlegt hätte und sich unser Treffen auf eine schnelle Tasse Kaffee beschränken wird. Dann rufe ich Michelle an, um ihr den Kopf zu waschen, bis ihr die Ohren qualmen, wie sie es in ihrem privilegierten Nordwest-Londoner Leben noch nicht erlebt hat. Ich beginne mit einem gefauchten: »Michelle, ich würde es vorziehen, wenn du meine Telefonnummer nicht an Männer weitergibst, zu denen ich mich nicht im Geringsten hingezogen fühle«, und ende mit einem gewimmerten: »Nein, du hast ja Recht, vielen Dank. Ja, ein Abend mit Alan wird mich ganz bestimmt von Marcus ablenken. Und von Jasper, ja.«

Ganz ehrlich. Manchmal kann ich mich selbst nicht ausstehen.

Kapitel 11

So wie ich es sehe, hat man als Mann zwischen 20 und 30 seine Freunde einzig und allein dazu, dass sie einem das Leben schwer machen. Sie erzählen einem, dass man hässlich ist. Dass man einen absoluten Scheiß-Job hat. Dass das Auto die letzte Schrottkiste ist. Dass einen die Freundin bestimmt bald verlassen wird. Das ist ihre Art von emotionaler Unterstützung. Aber *ich* bin eine Frau. Und der ganze Sinn des Frauseins wie auch des Freundinnen-Habens besteht darin, dass sie biologisch darauf programmiert sind, dir zu erklären, wie fantastisch du aussiehst, wie super deine Frisur ist und dass du ganz richtig gehandelt hast, ganz gleich wie hässlich, beschränkt oder blöd du auch erscheinen magst. Nur dazu sind sie da!

Aus diesem Grund bin ich vollkommen konsterniert, dass Tina die Frechheit besitzt, keinerlei Mitgefühl zu zeigen, als ich ihr von meinem »Date« mit Alan erzähle. »Wenn du nicht mit ihm ausgehen willst, hättest du nicht zusagen dürfen«, verkündet sie geradeheraus. Ich lege ihr dar, dass es sich um eine List handelte, um Marcus eifersüchtig zu machen. »Aber Helen«, widerspricht sie, »Marcus ist das doch scheißegal.«

Ich koche vor Wut. Sie besitzt nicht einmal den Anstand, mir Recht zu geben? »Tina«, fahre ich sie an, »es ist wissenschaftlich erwiesen, dass Männer immer genau das haben wollen, was sie nicht kriegen können.«

Die Antwort kommt wie aus der Pistole geschossen. »Frauen offenbar auch.«

Ich sehe sie finster an. »Was soll das heißen?«

Tina schnaubt: »Du weißt *genau*, was das heißen soll. Marcus ist schon nach Kindergarten-Maßstab eine Lachnummer. Wenn du auf den Unglaublichen Hulk stehst, dann mag er ja in Betracht kommen. Aber ansonsten ist er ein Großmaul mit einem Schniedel von der Größe einer Kellerassel. Du bist nur deshalb so scharf auf Marcus, weil du ihm schnurzegal bist. Und nur seinetwegen bist du drauf und dran, einen Abend deines Lebens mit einem Ekelbatzen zu verschleudern. Das ist doch der reine Wahnsinn.«

Wahnsinn? Es ist unfassbar. Es ist unfassbar, dass eine meiner engsten Freundinnen – die mir stets zuverlässig bestätigt hat, dass es, jawohl, ganz richtig gewesen war, in einem Anfall von Langeweile meinen Pony mit der Nagelschere nachzuschneiden; ein Gehalt von zwei Wochen für ein Paar Schuhe auszugeben, die so hoch waren, dass ich sie nur ein einziges Mal trug und danach fünf Tage lang unerträgliche Rückenschmerzen hatte; schon am ersten Abend mit Jasper zu schlafen, obwohl er danach fragte: »Schläfst du *immer* gleich am ersten Abend mit einem Mann?«; in der U-Bahn einem Kerl mit Schmackes auf die Zehen zu steigen, nachdem er mir eins mit seinem Aktenkoffer versetzt hatte, nur um gleich darauf festzustellen, dass er blind ist – mir tatsächlich widerspricht!

Ich ignoriere sie und spare mir die Mühe, Lizzy um eine zweite Meinung zu bitten, da ich den bohrenden Verdacht hege, sie könnte genauso männlich reagieren wie Tina. Als Ausdruck meines schweigenden Protests verspeise ich um ein Uhr mittags mein Tunfisch-Sandwich und den Dime-Riegel an meinem Schreibtisch, während ich im *Daily Mirror* blättere. Dann fällt mir ein, dass Tina zu einem Modeaufnahmen-Termin außer Haus ist, während Lizzy der Präsentation eines neuen Parfüms beiwohnt, und ich mich somit selbst um meine Mittagspause betrogen habe. Den Rest des Nachmittags bringe ich damit zu, gegen Laetitias nie versiegenden Strom von »kleinen Aufgaben« anzuschwimmen, und zwar in dem irritierenden Bewusstsein, dass mein Atem nach Tunfisch stinkt. Um Punkt 18 Uhr verlasse ich das Büro und fahre direkt zu meiner Mutter.

Ich läute. Nichts tut sich. Ich läute noch mal. Äußerst ungewöhnlich. Ich läute noch mal. Endlich! Eine Gestalt gleitet die Treppe herab und schwebt auf das Milchglas zu. Kalank! Kalank! Dann wird die Haustür langsam aufgezogen. »Seit wann verriegelst du die –«, setze ich beim Eintreten an. Dann fällt mein Blick auf sie, dann *sehe* ich meine Mutter. Und ich erstarre vor Entsetzen. Sie sieht aus wie der Tod persönlich.

Sie war schon immer leicht gebaut (was das betrifft, schlage ich eher nach meinem Vater), doch in den drei Wochen, seit ich sie das letzte Mal gesehen habe, hat sie mindestens zehn Pfund verloren. Das Haar hängt ihr verfilzt und stumpf in dicken Strähnen herab, ihr bleiches Gesicht ist vollkommen ungeschminkt, und ihre Haut ist trocken und papierdünn. Eine Frau, die Monat für Monat die Schönheitsseiten in der *Cosmopolitan*, der *Marie Claire* und der *Vogue* verschlingt (mit *Girltime* gibt sie sich nicht ab), die auf den ersten Blick zwischen *Berry Kiss* und *Crimson Shimmer* unterscheiden kann! Die mit religiösem Eifer Reinigungslotion, Toner und Moisturizer in ihr Gesicht massiert, die nach jeder Mahlzeit, das Mittagessen eingeschlossen, die Zähne mit Zahnseide reinigt (sie hat neben anderen Utensilien auch eine Zahnbürste im Lehrerzimmer deponiert) und die nicht nur morgens, sondern auch abends vor dem Schlafengehen duscht. Und was hat sie da an? Eine mindestens fünf Nummern zu große Strickjacke und sackartige schwarze Leggings. Sie sieht aus wie eine Studentin.

»Mein Gott!«, sage ich, als ich die Sprache wiedergefunden habe. »Mein Gott, sieh dich nur an! Mum, du siehst ja schrecklich aus, einfach *schrecklich*! Du bist ja nur noch ein Gerippe! Und diese entsetzliche Strickjacke! Es ist Sommer! Du siehst aus wie ein Landstreicher!«

Sie sieht mich mit trüben Augen an. Ihr Blick ist leer. Dann sagt sie: »Sie hat deinem Vater gehört«, und fängt an zu weinen. Mit riesigen, halb verschluckten, hicksenden, beklemmenden Schluchzern. Ich fasse meine Mutter unter und trage sie, einen Arm verlegen halb um sie geschlungen, zu einem Stuhl. Jesus! Sie ist leichter als Fatboy! Zugegeben, das will nicht viel heißen, trotzdem habe ich mich hoffentlich klar ausgedrückt. Sie derart schwach und ausgezehrt zu sehen ist so furchtbar, dass es mir schwer fällt, nicht zu weinen.

»O Mum«, flüstere ich, »was machst du denn? Wann hast du um Himmels willen zum letzten Mal etwas gegessen? Wie siehst du denn aus? Mist! Warum hast du nicht angerufen?«

Sie schluchzt so schwer, dass sie die Worte beim Aussprechen zur Hälfte wieder verschluckt. Doch so undeutlich ihre Worte auch sind, ich kann sie nur zu gut verstehen, und ihre Antwort schneidet mir wie ein Messer ins Herz: »Das habe ich doch.«

Sie fängt wieder an zu weinen. Ich gehe vor ihr in die Hocke, wiege sie und streichle ihr platt gedrücktes graues Haar, während ihre Schluchzer immer tiefer und ungehemmter werden, bis sie jault wie ein verwundetes Tier. »Auuuuu«, heult sie. »Ich kann mich gar nicht mehr err-innn-ern …«

Ich schlucke. »Woran kannst du dich nicht erinnern, Mummy?« Ich bin erschüttert. Eigentlich will ich es gar nicht wissen.

»An – an ihn, nur noch an das Krankenhaus. Ich möchte mich daran erinnern, wie er früher war, aber« – nun schreit sie – »ich kann es nicht! Ich kann es einfach nicht! Wieso kann ich das nicht? Ich kann mich nur noch daran erinnern, wie er gestorben ist!«

Ich schließe die Augen. Ich habe eine Gänsehaut und einen schmerzhaft dicken Klumpen im Hals. »O Mum«, flüstere ich. In meinen Augen brennen Tränen, doch nicht vor Schmerz – es ist mein schlechtes Gewissen. Ich sehe mich Tequilas kippen, in Bars abhängen, mich nackt mit dem Affenmenschen herumwälzen, statt meine Mutter anzurufen. Es ist ein stechender Schmerz – ich schaudere und schrecke vor meinen Gedanken zurück, als wären es Fausthiebe.

Und doch komme ich mir vor wie eine Betrügerin. Losgelöst. Unberührt. Es ist ein Gefühl, als hätte ich meinen Körper verlassen – als würde ich meine Mutter und mich selbst aus weiter Ferne und vollkommen leidenschaftslos beobachten. Das Jaulen scheint kein Ende nehmen zu wollen, doch dann kann meine Mutter nicht mehr, und ihr Weinen ebbt zu einem Wimmern ab. Ich streichle ihr immer weiter übers Haar, das fettig an meinen Händen kleben bleibt. Außerdem fällt mir auf, dass sie riecht. Ungewaschen. Muffig. Meine Mutter stinkt. Ich packe sie an den Schultern – uh, ich kann genau spüren, wie scharf die Knochen durch die Haut hervorstehen – und rüttle sie sanft. »Mummy«, sage ich streng, als wäre sie ein kleines Kind. »Pass auf! Ich lasse dir jetzt ein Bad ein, und wenn du möchtest, helfe ich dir auch beim Haarewaschen. Was hältst du davon?«

Meine Mutter wird vor Schreck ganz steif – fast als hätte ihr die eigene Tochter angeboten, ihr splitternackt eine

Ganzkörpermassage zu verabreichen. »Das kommt gar nicht in Frage!«, quiekt sie so hoch und so laut, dass eine Fledermaus davon taub werden würde. »Wie kannst du nur so etwas vorschlagen! Das ist ja widerwärtig! Ich kann mich ausgezeichnet alleine waschen!«

Ich habe mir schon gedacht, dass ich sie damit wach rütteln würde. Nichtsdestotrotz eskortiere ich sie ins Bad, drehe den Wasserhahn auf, kippe einen Liter Schaumbad ins Wasser und zeige ihr genau, wo das Shampoo steht. »Ich möchte, dass du mindestens eine halbe Stunde hier drin bleibst und dir das Haar blitzsauber wäschst«, sage ich. »Außerdem lege ich dir ein paar frische Sachen zum Anziehen aufs Bett.« Meine Mutter verharrt unentschlossen auf dem Badezimmerteppich. Weil sie so zögerlich ist, umarme ich sie sanft. »Du entspannst dich in der warmen Badewanne«, fahre ich fort, wobei mir unangenehm bewusst ist, dass ich wie Lizzy klinge, und zwar bei ihren schlimmsten Gesundheits- und Schönheitspredigten, »und ich hole dir ein sauberes Handtuch aus dem Schrank. Lass dir ruhig Zeit. Falls du mich brauchst, ich bin unten.«

Ich lasse meine Mutter allein, damit sie sich ausziehen kann, zerre ein Handtuch aus dem Schrank und trete dann an ihren Kleiderschrank. Ich entscheide mich für eine weiße Unterhose, einen dazu passenden BH, eine hellblaue Baumwollbluse, einen beigen Gürtel und ein marineblaues Paar »Beinkleider«, wie alte Menschen wohl sagen. Frohsinnig, geschmackvoll, aber nicht allzu grell im Angesicht des Todes. Als ich ihr diese Ausstattung auf das Bett legen will, schlägt mir aus den Laken ein strenger Geruch entgegen.

Ich will mich damit nicht brüsten, aber ich bin auch nicht ganz ohne. Unter meinem Bett stehen bestimmt nicht weniger mit grünem Schimmel überwucherte Kaffeetassen als bei jeder anderen Frau. Doch wenn die Laken derart nach abgestandenem Schweiß und reifem Brie miefen, dann erkenne selbst ich, dass es höchste (und zwar allerhöchste) Zeit ist für die Waschmaschine. Also ziehe ich den Deckenbezug, den Kissenbezug und das Laken vom Bett – wobei ein altes Nachthemd zu Boden fliegt, das ich mir ebenfalls schnappe –, stopfe alles zusammen in die Waschmaschine, schütte einen großzügig bemessenen Becher Persil hinterher und drehe den Schalter auf Kochwäsche. Dann schlurfe ich müde nach unten in die Küche.

Mein vorrangiges Bestreben ist es, meiner Mutter etwas Essbares aufzuzwingen. Ich öffne den Kühlschrank – jenen Kühlschrank, der bei meinen Besuchen im elterlichen Domizil stets mein erster Anlaufpunkt war, und zwar in der sicheren Gewissheit, dass ich jederzeit Folgendes darin finden würde: a) eine Packung Mousse au Chocolat, b) Räucherlachs, c) exotische Früchte, d) teuren Käse, e) hausgemachte Gemüselasagne, f) ungezuckerten Ananassaft. Mit anderen Worten: lauter Dinge, von denen mein armseliger Dritte-Welt-Kühlschrank nur träumen kann. Heute jedoch finde ich den gemeinschaftlichen Vollfett-Kühlschrank meiner Eltern bar jeder Beute vor. Er enthält: a) einen Becher Pfirsichjogurt (das Verfallsdatum um eine Woche überschritten), b) eine verschrumpelte Tomate, c) eine mikroskopische Portion Edamer, d) einen kleinen Riegel Vollmilchschokolade, e) eine Packung Cornflakes, f) eine Ausgabe von John Grishams *Die Firma*. Jesus. (Ich meine damit nicht, dass auch *Jesus* im Kühlschrank ist, ich meine … meine Güte.)

Ich stelle die Cornflakes in den Küchenschrank und *Die Firma* ins Bücherregal. Danach weiß ich nicht mehr, was ich tun soll. Soll ich schnell zu Tesco rennen, um Nachschub zu holen? Oder sollte ich lieber das Wohnzimmer saugen? Wenn meine Mutter schon so lange gehungert hat, wird sie es bestimmt noch ein paar Stunden länger aushalten, überlege ich mir. Ich räume am besten erst mal den Flur auf und arbeite mich von dort aus durch das ganze Haus vor. Um ehrlich zu sein, ich habe Angst vor dem, was ich finden könnte. Und zwar zu Recht.

Ich wage einen Blick in eine Plastiktüte, die unschuldig neben dem Schirmständer lehnt, und entdecke, dass sie bis zum Rand voll mit Briefumschlägen ist. Braunen Umschlägen, weißen Umschlägen – allesamt ungeöffnet. Resigniert ziehe ich einen heraus. Er ist an Mrs. C. Bradshaw adressiert. Auf der Rückseite steht in kleinen grünen Druckbuchstaben »Falls Empfänger verzogen, bitte zurücksenden an: John Lewis ...« Ich reiße ihn auf. Ein Auszug des Kundenkontos meiner Mutter, Stand vor 14 Tagen. Sie schuldet ihnen noch 43 Pfund für einen Wasserkessel von Philips.

Panisch packe ich die Plastiktüte am unteren Ende und leere den Inhalt auf den Boden. Gasrechnungen, Telefonrechnungen, Kreditkarten-Auszüge, Stromrechnungen. Dazu ein Brief von Alex Simpkinson, unserem Anwalt – abgesandt vor 15 Tagen –, in dem er erklärt, dass die Aktiva, Passiva und laufenden Verbindlichkeiten meines Vaters aufgelistet werden müssten, bevor der Erbschein ausgestellt werden kann, dass meine Mutter alle Rechnungen weiterleiten soll, mit denen sie nicht behelligt werden möchte, dass er sich mit ihr in Verbindung setzen wird, sobald er alle notwendigen Unterlagen erhalten hat, dass sie aber nicht zögern soll, ihn anzurufen, sollte sie in der Zwischenzeit irgendwelche Fragen haben. Ich bebe vor – ich weiß nicht was – Stress? Schock? Trauer? Doch dann öffne ich grimmig und ganz methodisch jeden einzelnen Umschlag und sortiere die Mitteilungen je nach Inhalt auf einen von drei Stapeln. Ich habe nicht die Kraft, meine Mutter zu diesem Zeitpunkt auf diese Sache anzusprechen. Und ich glaube nicht, dass sie zu diesem Zeitpunkt die Kraft hat, darauf angesprochen zu werden.

Die übrigen Zimmer unten sind, Gott sei Dank, einigermaßen sauber. Erst im Wohnzimmer mache ich die nächste schauderhafte Entdeckung: ein jungfräulicher Stapel knisternder rosafarbener Exemplare der *Financial Times*. 24 Ausgaben, um ganz genau zu sein, die heutige eingeschlossen, allesamt fein säuberlich hinter dem Sessel meines Vaters aufgestapelt. Seine Lesebrille und der schwere hölzerne Humidor voller Cohiba-Zigarren stehen auf dem Beistelltischchen bereit, gleich neben seinen roten Samtpantoffeln. Ich komme mir vor wie Hercule Poirot. Und meine Mutter hat sich in Miss Havisham aus *Große Erwartungen* verwandelt. Dieser düstere Verdacht wird durch einen ohrenbetäubenden Schrei von oben erhärtet.

Zwei Stufen auf einmal nehmend, galoppiere ich hinauf ins eheliche Schlafgemach. Was ist jetzt schon wieder los? In ein Handtuch gewickelt und mit tropfnassem Haar kreischt meine Mutter: »Du dummes Ding, was hast du getan?«

Ich verbeiße mir die Antwort, die mir auf der Zunge liegt: »Du undankbare, verrückte alte Hexe«, und sage – wobei ich versuche, ganz ruhig zu sprechen: »Was *habe* ich denn getan?«

Wie sich herausstellt, habe ich den grässlichsten, gedankenlosesten, kriminellsten Akt von Vandalismus in der gesamten Menschheitsgeschichte begangen. Ich habe das Bettzeug meiner Mutter und das Nachthemd meines Vaters mit einer extra großen Dosis Persil bei der extrem hohen Temperatur von 95 Grad in einer Waschmaschine gewaschen, wodurch ich für alle Zeiten den darin verhafteten, unendlich wertvollen Duft von Maurice Bradshaw ausgelöscht habe.

Den Rest des Abends bringe ich damit zu, mich zu entschuldigen, aufzuräumen, meine Mutter aufzumuntern, sie zu trösten und ihr mit Gewalt Essen einzutrichtern. Ich rase wie eine Irre zu Tesco, wo ich Spinatsuppe, Erdbeeren, Avocados, Hüttenkäse, Bananen, Vollkornbrot, Butter, Nudeln, ein Päckchen mit Tomatensoße, fertigen Salat, frischen Lachs und eine Tüte Paranüsse erstehe. Das meiste davon kaufe ich auf Lizzys Rat hin – ich rufe sie auf meinem Handy an, während ich auf der A 1 einen Laster überhole. Offensichtlich braucht meine Mutter Unmengen von Vitamin B6, das sie, wie Lizzy sagt, »wieder aufmuntern« wird – was ich bezweifle – und das man vor allem in »Fleisch, Fisch, Nüssen, Bananen, Avocados und ungeschrotetem Korn« findet.

Ich traue mich nicht zuzugeben, dass ich nicht *hundertprozentig* weiß, was »ungeschrotetes Korn« ist, darum kaufe ich einfach alles andere. Ich beweise außerdem Eigeninitiative und erwerbe zusätzlich Marshmallows und Toilettenpapier. Allerdings bin ich ein wenig enttäuscht, dass meine Mutter lediglich einen halben Karton Spinatsuppe und eine Scheibe Toast mit Butter schafft, bevor sie verkündet, dass sie »pappsatt« sei.

Ich knurre: »Wenigstens hast du überhaupt was gegessen«, und gelobe, meine Bemühungen morgen fortzusetzen. Ich bringe sie dazu, eine Vitamintablette zu schlucken, dann schicke ich sie in ihr frisch bezogenes Bett und erkläre ihr, dass ich gleich morgen früh wieder nach ihr sehen werde.

Als ich endlich in meine Wohnung taumele, ist es fast Mitternacht. Ich erdrücke einen mürrischen, unruhigen Fatboy mit unerwünschter Zuneigung, dann marschiere ich zum Telefon und rufe den öligen Alan an. »Hallo?« Seine Stimme klingt rau, so als hätte ich ihn aufgeweckt.

»Hier ist Michelles Freundin Helen«, sage ich mit klarer, entschlossener Stimme.

»Wieso rufst du mitten in der Na –«, platzt er los.

Ich falle ihm ins Wort. »Ich rufe nur an, um dir zu sagen, dass ich mich weder morgen Abend noch irgendwann sonst mit dir treffen werde. Uns verbindet nicht das Geringste, es hätte also gar keinen Sinn.«

Ich will gerade wieder auflegen, als er, augenblicklich hellwach und vor Zorn Speichel sprühend, loslegt: »Du rufst mich zu dieser *gottlosen Stunde*! an, nur um mir mitzuteilen, dass du mich in deiner unendlichen Weisheit abschreibst! Ich nehme an, als Nächstes wirst du mich davon in Kenntnis setzen, dass es nicht an mir liegt, sondern an dir –«

Ich erwidere seine grätige Weinerlichkeit mit lautstarker Verachtung: »Ich rufe nur aus Höflichkeit an, um dir mitzuteilen, dass du mich nicht noch einmal belästigen sollst. Ich habe dich schon in der U-Bar darum gebeten, doch du in deiner grenzenlosen Arroganz hast meine Bitte ignoriert. Und nein, Alan. Es liegt nicht an mir, sondern an *dir.*« Dann lege ich den Hörer neben die Gabel und lasse mich ins Bett fallen. Mir schwirrt und dröhnt der Schädel, und mir ist schwindlig vor Angst um meine Mutter. Aber trotzdem fühle ich mich, seit ich Alan angerufen habe, ein winzig kleines bisschen besser.

Kapitel 12

Kein Schulfach war mir so verhasst wie Musik. Ich fand es noch schrecklicher als Mathe. Ich war eine musikalische Analphabetin. Ganz gleich, wie lange oder laut man mich anbrüllte oder »Doremifasolatidoo!« krächzen ließ, für mich blieben die Musiknoten eine Ansammlung von rätselhaften schwarzen Krakeln. Dessen ungeachtet wurde ich im Alter von sieben Jahren gezwungen, Akkordeon zu lernen. Und zwar während der Mittagspause! Ich hatte vor diesen Stunden noch mehr Angst als vor dem Kinderfänger in *Chitty Chitty Bang Bang.* Das Einzige, woran ich mich erinnere, ist, dass ich zusammen mit einer Schar von Leidensgefährten im Musikzimmer hockte, die alle »Bruder Jakob« spielten, während ich eine pantomimische Einlage gab.

Doch eines schicksalhaften Tages wurde ich gebeten, allein vorzuspielen, womit das Fiasko perfekt war. Ich wurde vor der gesamten Akkordeon-Klasse als vollkommen unmusikalische Hochstaplerin entlarvt. Vor Scham wäre ich am liebsten im Boden versunken. Trotzdem. Als ich am nächsten Morgen aufwachte, fühlte ich mich irgendwie verändert – erleichtert, froh und auf wundersame Weise befreit. Keine Akkordeon-Stunden mehr. Nie mehr. Und wenn ich auf die großen Traumata in meinem Leben zurückschaue –

Akkordeonunterricht, mir keine Ohrlöcher stechen lassen zu dürfen –, dann haben sie alle eines gemeinsam. So grausam sie mir damals auch erschienen, irgendwann war alles einfach vorbei. Das Vertrackte am Tod ist, dass er nie vorbei ist.

Er geht immer weiter und weiter. Manchmal vergesse ich, was geschehen ist. Oder ich will es einfach nicht mehr wahrhaben. Doch im nächsten Moment fällt mir alles wieder ein. Und ich kann so fest nicht daran glauben, wie ich will, es ändert nichts. Meine Mutter brütet wie besessen über ihren Fotoalben. Als könnte mein Vater – weil sein Abbild in strahlenden Fujicolor-Farben scheinbar das Gegenteil beweist – *unmöglich* tot sein. Wohingegen ich mich absolut überfordert fühle. Ich weiß nicht, ob meine Mutter sich in dieser Verfassung befindet, weil sie meinen Vater so geliebt hat oder weil sie plötzlich auf sich allein gestellt ist.

Jedenfalls horcht sie eindeutig auf, als ich ihr erzähle, dass ich mich von Jasper getrennt habe. Bis ich ihr offenbare, dass ich jetzt Single bin – was für ein lächerlicher Ausdruck! Jeder Mensch auf der Welt ist ein *Single*, sogar Tina, die seit neuestem sensationell als Mein-Mann-und-ich-Typ geoutet worden ist –, scheint meine Mutter mir gram zu sein. Als sei das »Dahinscheiden« meines Vaters, wie sie es bezeichnet, meine Schuld! Ich bitte vielmals um Verzeihung, aber *ich* habe ihm keine Cholesterinbomben zum Mittagessen gekocht. Immer wieder gibt sie mit Widerhaken besetzte Kommentare von sich, etwa: »Er war mein einziger Seelenverwandter. Für dich ist es nicht so schlimm, du hast ein ganzes Netzwerk an Unterstützung.« Und was für ein »Netzwerk an Unterstützung« soll das sein? Etwa Luke, der mir erklärt, nicht den Kopf hängen zu lassen? Michelle, die mich angiftet, ich würde mich Alan gegenüber »zickig« verhalten, und mich fragt, ob ich »endgültig den Verstand verloren« hätte? Laetitia, die, wenn ich ihr erkläre, dass ich zu spät komme, weil ich stundenlang mit meiner Mutter über die Kündigung des *Financial Times*-Abonnements gestritten habe, verkündet: »Eine Schande. Aber du kannst dich *glücklich* schätzen, dass es so schnell gegangen ist. Du hättest bestimmt nicht gewollt, dass er lange leiden muss.«

Trotzdem verkneife ich mir die bissigen Bemerkungen, wenn meine Mutter mir schnippisch kommt. Ich sage zum Beispiel nicht: »Er war mein einziger Vater. Für dich ist es nicht so schlimm, du kannst schließlich wieder heiraten.« Stattdessen verbringe ich die ganze Woche damit, sie zu betütteln und bekritteln und sie dazu zu bringen, ein bisschen mehr zu essen. Ich kaufe das *Kochbuch der guten Hausfrau* – mit beklemmenden 576 Seiten – und beschließe, dass ich von nun an jeden Sonntag- *plus* Montag- und Mittwochabend darauf verwenden werde, meine Mutter zu mästen und sie von ihrem Witwenschicksal abzulenken. Leider macht es dieses Vorhaben erforderlich, dass ich mein gesamtes Sozialleben aufgebe und kochen lerne.

Ich rufe auch den Immobilienmakler zurück, der diesen Mittwoch bei meiner Mutter anrief (am Dienstag konnte ich sie überreden, wieder ans Telefon zu gehen) und ihr eröffnete, er habe gehört, sie »spiele mit dem Gedanken umzuziehen«. Übersetzung: Er hatte gehört, dass ihr Ehemann ins Gras gebissen hat, angenommen, dass sich die Witwe fortan mit einer kleinen Kate bescheiden muss, und beschlossen, einen hübschen Batzen aus der Situation zu schlagen, indem er sie so lange bearbeitet, bis sie ihn mit dem Verkauf ihres Hauses beauftragt.

Normalerweise lasse ich mich etwa genauso gern auf eine Auseinandersetzung ein, wie ich einen Zeugen Jehovas zum Mittagessen einlade. Doch merkwürdigerweise genieße ich diesen Anruf. Offenbar macht das Hochgefühl, Alan den Marsch geblasen zu haben, süchtig. Ich wähle die Nummer von Rodney & Carter, nachdem ich zuvor ein paar giftige Stichpunkte notiert habe. Ich bleibe stehen (Lizzy beschwört, dass dies das Selbstbewusstsein stärkt) und verlange, mit Mr. Rodney persönlich zu sprechen. Dann nehme ich die Stimme von Linda Blair in *Der Exorzist* an und knurre: »Mein Vater ist vor 36 Tagen gestorben, meine verwitwete Mutter ist wie betäubt vor Kummer und Schmerz, und Sie Ambulanzwagenjäger haben die Frechheit, sie anzurufen, weil Sie aus ihrem Leid Profit schlagen wollen! Hoffentlich sind Sie stolz auf sich! Sie ekeln mich an – Sie Grabräuber!« Seiner gewundenen, unterwürfig hervorgeblökten Entschuldigung nach zu schließen haben selbst Immobilienmakler Angst davor, dass ein Dämon Besitz von ihnen ergreifen könnte.

Außerdem rufe ich bei ein paar Freunden meiner Mutter an. Meiner Mutter zufolge haben alle sie »völlig im Stich gelassen«. Soweit ich das beurteilen kann, entspricht das nicht ganz der Wahrheit. Ich spule die zahllosen unbeantworteten Nachrichten auf ihrem Anrufbeantworter zurück und stelle dabei fest, dass ihre alte Freundin Vivienne insgesamt neunmal angerufen hat. Nana Flo hat 14-mal angerufen. Ich winde mich vor Scham, als ich ihre gebrochene, splittrige Stimme höre. Sie hört sich verloren an. »Cecelia, bist du da? Hallo, hallo? Ist vielleicht der Apparat kaputt? Hallo?«

Nana Flo hatte ich ganz vergessen. Also gut, ich hatte sie so vergessen, wie man einen Zahnarzt-Termin vergisst. Zuerst rufe ich Vivienne an. Viviennes erste Nachrichten klingen ungefähr so: »Cessy, hier ist Viv. Ich hoffe wirklich, dass du dich tapfer schlägst, greif doch mal zum Hörer, wenn du einen Augenblick erübrigen kannst. Du weißt, dass ich immer für dich da bin, wenn du dich irgendwo ausweinen musst. Du kannst jederzeit anrufen, Tag und Nacht.« Die späteren Nachrichten klingen ungefähr so: »Cecelia! Hier ist Vivienne. Ich mache mir wirklich große Sorgen. Wieso hast du nicht angerufen? Habe ich dich irgendwie verletzt? Bitte ruf endlich an. Ich sterbe fast vor – ich kann es kaum erwarten, dich wieder zu sehen. Wir sollten unbedingt zusammen zu Mittag essen.«

Als ich meine Mutter verhöre, stellt sich heraus, dass Vivienne sie sehr wohl zweimal besucht hat, und zwar vor drei Wochen. Beim ersten Mal schaute sie vorbei, um meine Mutter auf ein paar »kleine Häppchen am Montagmittag« einzuladen und sie von der Dinnerparty am Samstagabend auszuladen, zu der Vivienne meine beiden Eltern eingeladen hatte, und zwar fünf Tage, bevor mein Vater vollkommen rücksichtslos aus den braunen maßgeschneiderten Edellatschen kippte und damit Viviennes Tischordnung über den Haufen warf.

Bei ihrem zweiten Besuch brachte Vivienne meiner Mutter einen Sandkuchen, ein Hochglanzmagazin namens *OK* und eine Freikarte für ein Off-Theater mit, wo ihr Sohn Jeremy, der Möchtegern-Rupert-Everett, in einer Hamlet-Aufführung eine unbedeutende Nebenrolle ergattert hat (er spielt den Rosenkrantz). Ihre genauen Worte waren: »Du brauchst doch nur eine, oder?« Ich erkläre meiner Mutter, dass Vivienne sich zwar taktlos verhalten hat, aber mit den besten Absichten, und darum eine zweite Chance verdient hätte. Gleichzeitig erkläre ich Vivienne – die ich auf dem Handy zwischen der Harley Street und dem Frisiersalon erwische –, dass meine Mutter nicht die Absicht habe, *schon jetzt* einer anderen Frau den Ehemann wegzuschnappen, und dass es außerdem bei *Sainsbury's* Hühnerbrustfilets im Single-Pack gebe. Eine überzählige alte Schachtel dürfte folglich kein Problem darstellen, weshalb ich fest davon ausginge, dass die Einladung zum Abendessen augenblicklich erneuert wird.

Vivienne ist ganz außer sich und plustert sich auf. »Helen, sie ist mir jederzeit mehr als willkommen, das weißt du«, trällert sie. »Aber glaub mir, ich habe dabei vor allem und ausschließlich *an sie* gedacht. Wir sind fünf Ehepaare! Wir, die Elworthys, die Williamses, die Schnecks und die Struthers! Ich wollte auf gar keinen Fall Salz in ihre Wunden streuen!« Ich sehe über die ins Auge springende Tatsache hinweg, dass mindestens drei der Gäste eine Affäre haben, und erkläre, dass es für meine Mutter gewiss schmerzhaft sein wird, zwischen all diesen strahlenden Prototypen ehelichen Heils zu sitzen, dass sie dies aber dennoch bestimmt lieber tun wird, als mutterseelenallein zu Hause zu bleiben und an einem Stück Edamer zu knabbern, während im Fernsehen *Emergency Room* läuft. Das Fazit? Meine Mutter geht – vom eigensinnigen Scheitel bis zur trotzigen Sohle in Schwarz gekleidet – zur Party.

Während ich zu Hause bleibe und an einem Stück Edamer knabbere, derweil im Fernsehen *Emergency Room* läuft. Ich genieße den angenehmen Abend. Der einzige Wermutstropfen in meiner süßen Erquickung ist Fatboy, der von seinem Essen kostet wie eine Sechstklässlerin auf Diät, um dann mit hoch erhobenem Schwanz in den Gang zu stolzieren, wo er mit wütendem Miau ebenso uneinsichtig wie vergeblich die Krallen in Marcus' beigen Teppichboden schlägt. »Halt den Muuuuund!«, zetere ich von der Couch. Mir fehlt jegliche Energie, mich mit einem weiteren Sorgenkind abzugeben.

Fünf Minuten später schlurfe ich in mein Zimmer, um eine Strickjacke zu holen, und sehe Fatboy in meiner Wäsche-Schublade kauern. Einen Sekundenbruchteil bin ich verwirrt. Wieso? Ein zischendes, spritzendes Geräusch löst das Rätsel auf ebenso schnelle wie unangenehme Weise. »Du kleiner Scheißer!«, murmle ich, während mir zugleich klar wird, dass ich – wenn ich kein hysterisches, abstraktes Pipi-Muster auf dem Schlafzimmerboden haben will – nur warten kann, bis er fertig ist. Ich schleiche auf die Schublade zu und schiebe heimlich die edlere, dünnere, verführerische Wäsche aus dem Zielbereich unter seinem pinkelnden Hintern.

Als verantwortungsvolle Katzenbesitzerin bin ich mir der Tatsache bewusst, dass alle Tier-Ratgeber sich vehement gegen jede Form von »Bestrafungstechnik« aussprechen. Und wenn schon. Sobald Fatboy triumphierend aus der uringetränkten Schublade springt, gebe ich ihm auf der Flucht einen ordentlichen Klaps mit. Er rast davon, verkriecht sich wie eine pelzige Nemesis am anderen Ende des Flurs und harrt den gesamten Sonntag hindurch im Hungerstreik aus. Am Montagmorgen rufe ich in der Arbeit an, erkläre der frostigen Laetitia, dass ich »Zahnschmerzen« habe, und bringe meine Katze zum Tierarzt. Mir wird ganz schlecht, als mir mein jüngster, beschämender Wortwechsel mit Tom wieder einfällt. Vielleicht hat ja ein anderer Tierarzt Dienst. Obwohl …

Tom winkt mich ohne einen Funken Wiedersehensfreude oder Wärme ins Behandlungszimmer. »Was hat er denn?«, fragt er, während ich Fatboy aus seinem Transportkörbchen – wo er sich in panischer Angst an der Seitenwand festklammert wie ein Passagier auf der sinkenden *Titanic* – auf den Behandlungstisch zerre. »Also«, sage ich nervös, »er frisst nicht mehr. Und er meidet mich. Außerdem hatte er Durchfall.«

Toms Miene wird noch frostiger. »Wie lange geht das schon so?«, erkundigt er sich kühl. Das klingt wie aus einem Lied, denke ich, wage es aber nicht zu sagen. Ich möchte Tom so gern um Verzeihung bitten, bin aber überzeugt, dass sie mir nicht gewährt würde.

»Also, ich weiß nicht genau«, sage ich mit rasend schlechtem Gewissen, »aber *(schluck)* vielleicht ein, zwei Wochen.«

Tom zieht eine Braue hoch. »Hast du versucht, einen früheren Termin zu bekommen?«, fragt er fassungslos.

»Nein«, setze ich an, »ich habe mir nichts dabei gedacht –«

Tom fällt mir ins Wort. Plötzlich scheint er sich in eine noch bärbeißigere Kopie meines alten Grundschuldirektors verwandelt zu haben. »Nein, du hast dir nichts dabei gedacht«, fährt er mich an. »Ist dir sonst noch etwas aufgefallen? Hat er sich übergeben? Hat er öfter Durchfall?«

Ich schüttle betreten den Kopf. »Nur dieses eine Mal, glaube ich – nein, ganz bestimmt.«

Tom sieht mich wütend an. Dann will er wissen: »Wie hat es ausgesehen?« Wie romantisch.

»Also«, antworte ich ein wenig herablassend, »braun und dünnflüssig. Eigentlich genau wie Durchfall.« Herrgott, was will er von mir hören? Tom sieht mich angewidert an, und ich bin mir nicht sicher, ob das allein an meiner poetischen Beschreibung von flüssigem Katzenkot liegt.

Er knurrt: »Bei einer jungen Katze können solche Symptome die ersten Anzeichen von Leukämie, Katzen-Aids oder FiP sein – einer schlimmen Katzenkrankheit, die mit Durchfall und Appetitlosigkeit beginnt und schließlich zu Atemproblemen führt. Dagegen gibt es kein Heilmittel.«

Ich bin wie vor den Kopf geschlagen. »Leukämie, Aids oder FiP?«, flüstere ich. Bis vor einer Sekunde wusste ich nicht einmal, dass es FiP gibt, jetzt bin ich überzeugt, dass Fatboy daran erkrankt ist, zusätzlich zu Aids *und* Leukämie – und schuld bin allein ich in meiner Nachlässigkeit und meinem Egoismus.

Tom nickt grimmig. »Deshalb«, sagt er, »würde ich gerne wissen, ob seine Ausscheidungen irgendwelche Spuren von Blut aufweisen, falls dir das nicht allzu viel Mühe macht. Waren sie schleimig? Zähflüssig? Und hat er mehr als sonst getrunken und gepinkelt?«

Ich beantworte seine Fragen mit einem Kopfschütteln und flüstere: »Was das Pinkeln angeht, bin ich mir nicht sicher.«

Tom ist noch nicht fertig. »Ich werde ein paar Bluttests machen müssen. Ein so junger Kater dürfte in diesen Dingen keine Schwierigkeiten haben, er sollte ganz normal essen, trinken, pinkeln und kacken. Wenn eine Katze Durchfall hat, wartet man nicht einfach ab. Bei einer Dehydrierung von zwölf bis 15 Prozent stirbt sie.«

Ich schnappe nach Luft. »Bitte nicht!«, und füge mit kleiner, elender Stimme hinzu: »Fatboy wird doch nicht sterben, oder, nicht wahr?« Ich bin den Tränen nahe und kurz davor, mich selbst wegen Tierquälerei anzuzeigen.

Toms Mundwinkel zuckt hoch, und er sagt: »Morgen haben wir die Ergebnisse aus dem Labor.«

Mir zittern die Knie vor Reue und Scham und Schrecken. Schweigend verfolge ich, wie Tom Fatboys aufgeblähten Bauch abtastet, seinen Kiefer aufzwingt, um in seinen Hals zu schauen, und die Lippen zu einem Grinsen zurückzieht (Fatboys Lippen, meine ich – Toms Lippen sind bereits zu einem Grinsen zurückgezogen). Dann zwingt er meinen Kater mit sanfter Gewalt in die Knie, klemmt ihn unter dem Arm fest und lässt – Fatboys lautem, entrüstetem Fauchen zum Trotz – ein Thermometer in Fatboys Allerwertesten gleiten. »Schon gut, alter Knabe«, murmelt er leise und beruhigend.

Mein Herz setzt einen Schlag aus. Schließlich zieht er das Thermometer wieder heraus und bekundet knapp: »Er hat etwas Temperatur.« Ich nicke traurig. Dann ruft er die niederträchtige, schmollende Celine herein, rasiert an Fatboys Vorderpfoten jeweils ein kleines Fell-Viereck ab, desinfiziert die kahl geschorenen Stellen und entnimmt – während Celine Fatboy im Zaum halten muss, den ich per Gedankenübertragung dazu bringen möchte, sie zu beißen und ihr Aids zu übertragen, falls er es hat – mit einer kleinen Spritze Blut aus beiden Adern. Das spritzt er wiederum in zwei durchsichtige Röhrchen, eines mit rosa Deckel, das andere mit orangefarbenem.

Fatboy bleibt trotz dieser achterbahnähnlichen Qualen relativ gelassen. Er stößt ein tiefes, leises, zorniges Fauchen aus, versucht aber nicht auszureißen. Der Verräter lässt sogar zu, dass Tom ihn wiegt, während ich, die infame Katzenquälerin, die verspäteten Reuetränen hinunterschlucke. Tom beugt sich herab, streichelt Fatboy über den Kopf und lässt ihn schließlich wieder in den Transportkorb plumpsen.

Er sieht mich an, scheint einen Augenblick zu zögern und sagt dann – mit fester, aber gar nicht so *schrecklich* feindseliger Stimme: »Dieser Kater nimmt allmählich die Formen einer Boudoir-Königin an. Aber ansonsten geht es ihm bestimmt gut. Wahrscheinlich hat er einfach irgendwas Schlechtes gefressen. Oder er hatte kürzlich Ärger oder

Stress. Jede Veränderung in ihrer Umgebung, und sei es nur ein umgestelltes Sofa, kann sogar die stabilste Katze völlig aus der Fassung bringen. Worüber sie sich oft mit dem unübersehbaren braunen Beschwerdebrief beklagt. Heute soll er ruhig einmal hungern, außerdem gebe ich dir ein spezielles reizarmes Katzenfutter mit, das drei Tage lang reichen sollte. Anschließend kommt Fatboy, vorausgesetzt, er ist okay, auf Diät. Und ich melde mich, sobald wir die Ergebnisse aus dem Labor haben. Aber falls er noch einmal kotzt und kackt, bringst du ihn augenblicklich wieder her.«

Ich nicke verzagt und flüstere: »Es gibt also noch einen Hoffnungsschimmer für Fatboy?«

Tom wendet sich ab – um zu husten, glaube ich – und antwortet dann ernst: »Nicht nur einen Schimmer. Willst du wissen, was sein eigentliches Problem ist? Er ist total verzogen!« Mit diesen Worten stellt er die (halsabschneiderische) Rechnung aus, übergibt mir das »Notpaket« und bittet mit einem Kopfnicken den nächsten Patienten herein. Er sagt: »Bye«, sieht aber dabei haarscharf an meinem Ohr vorbei. Ich fahre heim, kämme Fatboy und schäme mich.

Zur Belohnung gebe ich mir auch den Rest des Tages frei und verbringe die gesamte Montagnacht mit Beten. Am Dienstagvormittag um 11 Uhr 39 ruft Tom in der Redaktion an, um mich – knapp und barsch – davon in Kenntnis zu setzen, dass mit Fatboy alles in Ordnung ist bis auf eine leicht erhöhte Anzahl von roten Blutkörperchen, die darauf hindeuten könnte, dass er Würmer hat. Gleich nach der Arbeit rase ich zu Megavet. Tom lässt sich kurz blicken, um mir in einem weißblauen Umschlag eineinviertel Wurmtabletten auszuhändigen (weil Fatboy so fett ist). »Wenn er sich innerhalb der nächsten 30 Minuten übergibt, ist die Tablette nicht verdaut«, sagt er und strahlt dabei so viel Wärme aus wie ein tiefgefrosteter Eisbär. »Wenn er sich später übergibt, dann wirkt sie bereits und hat ihm nur den Magen gereizt.«

Ich brauche gute 40 Minuten, ehe ich es schaffe, die Pille in Fatboys Schlund zu stopfen. Dann bringe ich 20 Minuten damit zu, meine Wunden zu desinfizieren. Ich bin wütend und ängstlich. Ich rufe bei Tina an. Sie ist nicht da. Ich rufe bei Lizzy an. Sie ist nicht da. Also rufe ich bei Michelle an. Die mit ihrem Wehklagen über Sammy ihr Konto bis ins Unendliche überzogen hat, weshalb sie mir was schuldig ist.

Erst halte ich sie bei Laune, weil sie immer noch wegen des öligen Alan verstimmt ist – »Michelle, um ganz ehrlich zu sein, ich bin im Augenblick in so angreifbarer Verfassung, dass ich es nicht für fair gehalten hätte, ihn, du weißt schon, damit zu belasten?« Nachdem ich das Gesäusel abgelassen habe, wende ich mich dem wichtigsten Tagesordnungspunkt zu – über Tom abzulästern. Ich weiß nicht genau, wie Michelle im Idealfall reagieren sollte, doch ihre Show stellt mich durchaus zufrieden. Junge, Junge, das hört sich nach einem echten Hammer an! Natürlich bist du ihm nicht das Geringste schuldig! Was für ein Penner! Dir derart zuzusetzen! Aber zerbrich dir bloß nicht den Kopf deswegen! Er wird es schon noch begreifen! Mein Gott, der Mann ist ja unverbesserlich! Und so weiter!

Ich gerate in Fahrt und in Versuchung, sie in einer Angelegenheit um Rat zu fragen, die schon seit einiger Zeit an mir nagt. Ich vermisse Jasper. Immer wieder muss ich an ihn denken. Ich würde ihn gern anrufen. Auch hier kommt mir Michelle entgegen. Er ist ein cooler Typ, und ich sollte es drauf ankommen lassen. Zuspruch und Genehmigung! Also tue ich es.

Zu meiner Verblüffung und großen Freude findet Jasper es »total supi«, dass ich ihn anrufe. Es wäre »echt topp«, wenn wir uns irgendwann treffen würden. »Was hast du denn morgen Abend für Dates?«, sage ich (nach einem einstündigen Telefonat mit Michelle würde selbst Luke sich anhören wie eine Hausfrau aus Hollywood). »Ich bin hier«, antwortet

Jasper viel sagend. »Warum kommst du nicht auf einen Sprung vorbei?«

Ich winde mich in kokettem Wohlbehagen und schnurre in den Hörer: »Das ließe sich einrichten …« Als ich den Hörer wieder auflege, schwirrt mir der Kopf. Jasper Sanderson & Helen Bradshaw. Die Rückkehr! Um mir einen von Jaspers Lieblingssätzen auszuborgen: Michelle – das war ein Ass. Ich stürme an meine (wieder saubere) Wäscheschublade und krame nach einem passenden Höschen.

Kapitel 13

Wenn Tina und ich Lizzy ärgern wollen, was ziemlich oft vorkommt, nennen wir sie »*Mogadon*-Mädchen«. Und zwar, weil Elizabeth die Reine und niemals Betrogene eine Todesangst vorm Fliegen hat, weshalb sie eine dicke, fette Pferdepille Nitrazepam schlucken muss, bevor sie auch nur ihren kleinen Zeh in eine Boeing setzt. Selbstverständlich hat sie es mit Hypnose, Akupunktur und Pfefferminztee probiert, doch – zu unserem klammheimlichen Ergötzen – damit nicht einmal das winzigste Fitzelchen Wirkung erzielt, sodass sie, die Urgesunde, gezwungen war, auf legale Drogen zurückzugreifen. Trotzdem waren wir nie gemein zu ihr. Vor einiger Zeit haben wir im Büro aufreibende 20 Minuten darauf verwandt, ihr zu versichern, dass Gott den Menschen sehr wohl zum Fliegen geschaffen hat.

»Lizzy«, sagte Tina herablassend, »ich fliege so oft, dass ich es gar nicht mehr mitkriege. Für mich ist ein Flugzeug wie ein Bus.«

Weil ich mich ausgeschlossen fühlte, fügte ich beruhigend hinzu: »Alle Statistiken beweisen, dass die Gefahr, bei einem Autounfall zu sterben, viel größer ist.«

Wir demonstrierten ihr sogar – mit einem Behelfsflugzeug, das wir aus einem Rundschreiben über die unzulässige Nutzung von Firmenfahrzeugen zu Privatzwecken gebastelt hatten –, wie der Luftdruck das Flugzeug dazu *zwingt*, in 11 000 Meter Höhe zu bleiben, statt wie ein 360 000 Kilo schwerer Stein vom Himmel zu plumpsen.

»Es sei denn, die Flügel brechen ab«, unterbrach uns Laetitia, die es gar nicht leiden kann, wenn ich vom Arbeiten abgelenkt werde. »Dann knallt es auf den Boden wie eine riesige Wurst.«

Zu unserem Leidwesen entdeckt Lizzy ständig neue Gefahrenquellen. »Was ist mit Luftlöchern?!« »Was ist, wenn irrtümlich das Fahrwerk ausgefahren wird!?« »Und wenn ein Spatz in die Turbinen gerät!?« Jedes Mal, wenn wir all diese Befürchtungen ausgemerzt haben, zückt Lizzy ihre Trumpfkarte: »Trotzdem kann man nie wissen. Es stürzen immer wieder Flugzeuge ab. Und ihr könntet drinnen sitzen. Es gibt keine absolute Sicherheit.«

Ehe vor vier Monaten mein Vater starb, konnte ich Lizzys Ängste einfach nicht nachvollziehen. Bevor mein Vater starb, war ich unbesiegbar. Ich konnte über ein Pärchen auf der Hochzeitsreise lesen, dessen Flugzeug über dem türkisblauen Meer in Flammen aufging, über eine Frau, die auf dem Heimweg von der Arbeit hinterrücks niedergestochen wurde, über ein paar Freunde, die in die Luft gejagt wurden, als sie an einem warmen Sommerabend bei einem Bier im Pub saßen, über einen jungen Mann, der an der Bushaltestelle erschossen wurde, und empfand lediglich Mitleid, um gleich darauf die Seite umzublättern. Mir war bewusst, dass anderen Menschen solche Dinge zustoßen.

Jetzt lese ich über fremde Menschen und fühle mich persönlich angesprochen. Mir stehen Tränen in den Augen, ich bin zornig und betroffen. Ich male mir die letzten sorglosen Minuten vor ihrem Ende aus. Ich frage mich, ob sie tatsächlich begriffen haben, dass sie in diesem Augenblick sterben müssen. Ich leide mit ihren armen, fassungslosen Familien, mit den gramgebeugten Müttern, die fragen: »Warum er?

Warum trifft es immer die Besten?«, mit dem Verlobten, der mit bleichem Gesicht und verweinten Augen flüstert: »Sie war mein Leben. Ich kann immer noch nicht begreifen, dass es wirklich passiert ist.« Ich möchte sie zu gern trösten, doch meine Zärtlichkeit trägt vampirhafte Züge. Die selbstverachtende und monomanische Zwanghaftigkeit, mit der ich an ihrem Kummer teilhabe, gleicht der einer Bulimie-Kranken, die einen Schokoladenkuchen verschlingt.

In den letzten Monaten ist mein Mund ständig vor Angst wie ausgetrocknet. Ich steige morgens aus dem Bett und denke: Dies könnte der Tag sein, an dem ich sterben muss. Ich spüre, wie mein Herz schlägt, und denke: Es könnte jeden Augenblick stehen bleiben. Natürlich weise ich mich zurecht: Reiß dich am Riemen, du blöde Kuh. Doch dann denke ich, auch Prinzessin Diana hat nicht geahnt, dass dies ihr Todestag sein würde, als sie am 31. August 1997 aufstand. Und tatsächlich fallen immer wieder Leute grundlos tot um – Leute, die, wie ich bemerken möchte, weniger Schokoriegel essen als ich und öfter als einmal im Monat zum Sport gehen. Es gibt keine Garantien. Ich bin nervös. Aufbrausend. Angespannt. Wenn ich mich nicht gerade einer eng umrissenen, angenehmen Aufgabe widme – wie zum Beispiel *Xena – die Kriegerprinzessin* anzuschauen, Krimis zu lesen oder zu schlafen –, dann fühle ich mich leer und vom Rest der Welt abgeschnitten. Und da sich nichts Besseres anbietet, ist mein vorherrschendes Gefühl ein ständiges Grauen.

Vor kurzem zum Beispiel war Tina unterwegs in den Lake-Distrikt zu einem romantischen Wochenende mit diesem Prototypen von Mann, Adrian – den ich bislang erfolgreich gemieden habe, weil ich mich nicht im Stande fühle, die erforderliche Ehrerbietung an den Tag zu legen, die sich angesichts unserer ersten Begegnung von selbst gebietet –, als bei einer Geschwindigkeit von etwa 300 Stundenkilometern der Motor ihres Escorts aussetzte. Sie erzählte von ihrer

Begegnung mit ihrem vorzeitigen, gewaltsamen Ende, nichts als ein Märchen! Etwa so: »Wir fahren bei 130 auf der mittleren Spur – und plötzlich spüren wir unter dem Auto einen Schlag. Als wäre irgendwas abgerissen. Während wir in dieser verfluchten Blechkiste über die Autobahn schießen! Gaspedal, Motor, Schaltung – nichts funktioniert mehr. Adrian hat sofort angefangen rumzubrüllen, aber ich habe den Wagen einfach auf dem Seitenstreifen ausrollen lassen. Die Karre hat keinen Mucks mehr getan. Einfach so: ›Wooom!, verfluchter Mist, den Wagen kannst du vergessen.‹ Zum Glück haben die Bremsen noch funktioniert. Später hat sich rausgestellt, dass der Antriebsriemen gerissen war. Die Werkstatt hat mich höllisch dafür bluten lassen.«

Und das war ihr letztes sorgloses Wort über dieses Thema! Ich sagte: »Tina, versprich mir, dass du aufpasst«, aber sie sah mich nur komisch an und meinte: »Ich nehme die Pille.« *Ich* hingegen liege sechs Tage später mit ausgedörrtem Mund und zitternd wie eine Parkinsonkranke im Bett, während die Szene immer und immer wieder in meinem Kopf abläuft wie ein nervtötender Ohrwurm aus dem Grand Prix d'Eurovision. Mein Puls rast, und ich denke: Tina, du hättest leicht dabei sterben können. Es gibt so viele Gründe, warum du ganz leicht sterben könntest. Ich hätte am Montagmorgen ins Büro spazieren können, und Laetitia hätte zu mir gesagt: Hast du das von Tina gehört? Tina ist tot. Sie ist am Wochenende bei einem Autounfall gestorben. Der Tod kann jeden treffen. *Zitter, schwitz, keuch* … und wenn?

Während ich gegen meine neurotisch-psychotische Phase ankämpfe, lässt meine Mutter allmählich ihre Und-wenn-Phase hinter sich. Möglicherweise sind die Und-wenns ansteckend und ich habe mich bei ihr infiziert. Denn in den Wochen nach meiner Entdeckung des rosa Papierberges und des literarischen Kühlschranks war sie geradezu besessen davon. Und wenn sie meinen Vater dazu gezwungen hätte, seinen Eierkonsum einzuschränken? Und wenn sie ihm befohlen hätte, nach jedem Abendessen einen forschen Spaziergang zu machen? Und wenn sie ihm Allen Carrs *Endlich Nichtraucher* gekauft hätte?

Worauf ich, im Stillen, immer nur antworten kann: Und wenn mein Vater ein anderer Mensch gewesen wäre – um genau zu sein, einer, in dessen Familie es nicht ganz so viele Herzkranke gab? Laut hingegen sage ich: »Mum, bitte quäl dich nicht so. Du hast getan, was du konntest. Und wenn es so kommen sollte, dann musste es eben so kommen. Außerdem weißt du genau, dass Dad sowieso nicht auf dich gehört hätte.« Da diese hölzernen Plattitüden etwa so umwerfend neu und faszinierend waren wie ein Supermodel, das mit einem Popstar geht – kann ich überhaupt irgendetwas sagen, das kein Klischee ist? –, fuhr meine Mutter unbeeindruckt mit ihrer verbalen Selbstgeißelung fort.

Und wenn sie ihre Brauen erst später gezupft und stattdessen meinem Vater beim Lunch Gesellschaft geleistet hätte? Und wenn sie ihm einen Salat gemacht hätte (natürlich ohne Dressing)? Und wenn seine Verdauungsstörungen am Donnerstag nach dem Abend bei den Harrises gar nicht von Leilas mächtigem Brotpudding hergerührt hatten? Und wenn es die ersten Anzeichen für einen bevorstehenden Herzinfarkt waren? »Mum!«, schrie ich. »Hör endlich auf! Wenn du ihm einen Salat gemacht hättest, hätte er ihn in den Mülleimer geschmissen und einen Tisch im Dorchester bestellt. Und wenn du eine auf Herzinfarkt spezialisierte Krankenschwester gewesen wärst, Herrgott noch mal?«

Eigentlich war diese Bemerkung ironisch gemeint, doch – ich hätte es wissen müssen – sie nahm mich beim Wort und erging sich in einem neuen, unerschöpflichen Erguss von Selbstbezichtigungen. Und wenn sie *wirklich* eine Laufbahn im Gesundheitswesen eingeschlagen hätte, statt Lehrerin zu werden? Worauf man ehrlicherweise antworten müsste: Dann gäbe es wahrscheinlich mindestens zehn Tote mehr auf der Welt. Deshalb sagte ich nur: »Mum. Du warst ihm eine fantastische Ehefrau. Du hast ihn sehr glücklich gemacht. Du brauchst überhaupt kein schlechtes Gewissen zu haben.« Daraufhin fing sie an zu weinen, und ich begriff zu meinem Unmut, dass ich meine Mutter praktisch mit denselben hohlen Floskeln abgespeist hatte, mit denen mich vor gar nicht so langer Zeit Lizzy abgespeist hatte.

Doch nach drei Monaten umhätschelter Fürsorge im trauten Heim (die unerfreulichen Details möchte ich mir ersparen) schöpft meine Mutter allmählich neue Kraft. Ich fürchte zwar, dass ihr Kühlschrank nie wieder zu seiner früheren Pracht zurückfinden wird, doch sie scheint – wie Leila Harris es ausdrückt – »allmählich besser zu Rande zu kommen«. Und Vivienne merkt an: »Deine Mutter kann sich glücklich schätzen. Sie ist noch jung. Sie kann jemand anderen finden. Wenn sie 50 Jahre verheiratet gewesen wären, wäre das etwas anderes.«

Zum Glück für meine Mutter, die oben ein Mittagsschläfchen hält, macht Vivienne diese drakonische Bemerkung *mir* gegenüber. Zu ihrem eigenen Pech macht sie diese Bemerkung, als ich mich gerade – tja, welche Stimmung aus dem unbeständigen Stimmungsbarometer nehmen wir denn am besten? – »bissig« fühle. »Das ist nicht dein Ernst!«, knurre ich, knalle die Kaffeetasse auf den Tisch und verenge die Augen zu schmalen Schlitzen. »Wie kannst du verflucht noch mal so etwas sagen! *Glücklich*! Man trauert doch nicht nach einer … einer mathematischen Formel! Man trauert doch nicht weniger, weil man erst 50 und keine 90 ist! Wie kannst du dir anmaßen, wissen zu wollen, wie groß ihr Verlust ist! Ihr Leben wird nie wieder so sein wie früher. Und lass dir eines gesagt sein. Wenn sie« – an diesem Punkt zerknittert mein Gesicht zu meiner Beschämung wie ein rosarotes Papiertaschentuch – »falls sie jemals, wie du es ausdrückst, ›einen anderen finden‹ sollte, dann wird das nur ein schwacher *Ersatz* sein. Denn für sie war mein Vater *der eine*. Und wenn sie wüsste, dass er in 30 Jahren zurückkommt« – jetzt heule ich hemmungslos, fast wie ein Fußballspieler –, »dann würde sie auf ihn warten.«

Die Wucht meines Zornausbruchs wühlt mich auf und erschüttert mich gleichermaßen. Ich fühle mich wie ein Molotowcocktail. Vivienne zuckt – nicht weniger aufgewühlt und erschüttert – zurück wie eine aufgescheuchte Katze und flüstert: »Helen, Helen. Beruhige dich, es tut mir Leid, ich wollte doch nicht, ach, wie grässlich von mir, dich so aufzuregen, ich komme mir schreck –«

Hier unterbreche ich mein eigenes Geflenne und brülle sie an: »Du hast mich nicht aufgeregt! Es geht nicht um mich! Es geht um *sie*!«

Vivienne ist klug genug, die Lippen zusammenzukneifen, zu nicken und nichts mehr zu sagen. Ich fühle mich ein klitzekleines bisschen schuldig, weil Vivienne, trotz aller Einschränkungen, sich *wirklich* um meine Mutter gekümmert hat. Auch nachdem die Mitleidswelle wieder abflaute (während des dritten Monats, wenn ich mich recht erinnere), hat Vivienne sie regelmäßig besucht, Einladungen zum Tee ausgesprochen, sie mit Klatsch versorgt und Kuchen herbeigeschleppt. Man könnte sogar sagen, Vivvy hat mit mir darum konkurriert, meine Mutter über Wasser zu halten.

Trotzdem bleibe ich Siegerin. Ich habe mich zu einer derartigen Sozialarbeiterin entwickelt, dass es mich immer wieder überrascht, dass ich noch keine Schwesterntracht trage.

Angefangen hat es damit, dass ich für meine Mutter kochte. Ich machte ihr ein Gemüse-Risotto nach dem Rezept auf der Rückseite der Risotto-Packung (beim fünften Versuch war ich endlich so weit, dass ich keine weiteren Töpfe ruinierte und der Reis nicht mehr anbrannte), Tinas Koriander-Hühnchen (Zwiebeln und Knoblauch würfeln und anbraten, Hähnchen würfeln und reinschmeißen, dann Koriander, Weißwein und halbfette Crème Fraîche hinterherwerfen – meinem Vater zum Trotz) und – weil ich die immer noch zu Stande bringe – gebackene Kartoffelschnitze. Nachdem es viermal hintereinander Kartoffelschnitze zum Abendessen gegeben hatte, kreischte meine Mutter: »Ich kann keine Kartoffelschnitze mehr *sehen*! So ein Junk-Food!«, und schleuderte ihren Teller durch das Zimmer. Zu diesem Zeitpunkt hätte ich sie liebend gern dem Hungertod überlassen.

Stattdessen zischte ich: »Also gut, Frau Neunmalklug. Wenn du sowieso alles besser weißt, dann zeig du mir doch, wie man kocht!«

Dieser unbedacht hingeworfene Fehdehandschuh markierte den Beginn von Phase zwei – einer unerfreulichen Periode, während der ich jeden Montag- und Mittwochabend in der Küche meiner Mutter verbrachte, wo ich ihr die Suppe versalzte und mich anbrüllen ließ. Sie hingegen schien das zu genießen. Unsere montag- und mittwochabendlichen Begegnungen finden immer noch statt – sie abzubrechen, lohnt den Ärger nicht –, doch immerhin ist es mir im Lauf der Wochen gelungen, sie daran zu gewöhnen, dass sie sich hin und wieder einfach was ins Haus bringen lässt. Und Lizzy war total süß.

Während einer ausgiebigen Diskussion über Soufflés (von denen ich sie abzubringen versuchte) vertraute mir meine Mutter an, mit das Schlimmste am Witwen-Dasein sei der »fehlende menschliche Kontakt«. Ich wollte schon sagen: »Dann versetz dich erst mal in meine Lage«, konnte mich aber gerade noch beherrschen und bemerkte stattdessen: »Oh.« Doch als ich Lizzy den Wortwechsel schilderte, wäre sie um ein Haar an ihrem Adzukibohnen-Eintopf erstickt. »Ich hatte gerade meine erste Einstimmungs-Sitzung!«, trällerte sie. »Ich weiß genau, was da zu tun ist!«

Drei Tage später begann Lizzy, meine Mutter mit Reiki zu behandeln. »Was ist denn dieses Reiski?«, wollte Mum wissen, als Lizzy, prallvoll mit positivem Chi, eintraf.

»Es ist eine uralte Kunst, eine Methode, die universelle Liebe und Energie einzufangen und damit die Menschen zu heilen«, antwortete Lizzy.

»Muss ich mich dafür ausziehen?«, erkundigte sich meine Mutter misstrauisch.

»Aber nein!« Lizzy ließ ein glöckchenhelles Lachen hören. »Sie legen sich einfach hin, während ich die Lebensenergie kanalisieren und auf Sie lenken werde, bis alle Blockaden in Ihren Auren und Chakren gelöst und die linke und rechte Hemisphäre Ihres Gehirns wieder im Einklang sind, wodurch ein emotionales Loslassen ermöglicht wird.«

Meine Mutter schien das nicht recht zu verstehen, deshalb erklärte ich: »Du legst dich ganz angezogen hin, und Lizzy erledigt den Rest.«

Nach der ersten Sitzung sprang meine Mutter auf und rief: »Sind meine Blockaden jetzt gelöst?«

Lizzys Gesicht fiel in sich zusammen, darum erklärte ich eilig: »Mum, das ist nicht wie bei einem Klempner, der den Abfluss freimacht.«

Lizzy erkundigte sich mit einem steifen Lächeln: »Haben Sie sich denn nicht leicht oder kribbelig gefühlt, Mrs. Bradshaw?«

Meine Mutter schüttelte den Kopf und sagte: »Ich habe überhaupt nichts gefühlt!«

Lizzy erwiderte: »Nun, unter Umständen könnten Sie Diarrhöe oder einen Ausschlag bekommen –«

Woraufhin ich ihr ins Wort fiel: »Lizzy, es hat meiner Mutter ganz *ausgezeichnet* gefallen, sie ist wirklich überwältigt, nein, das kriegst du ganz bestimmt nicht, Mum, Lizzy hat nur einen Witz gemacht, doch, das hast du, jetzt bedank dich, schon gut, Liz, vielen, vielen Dank, bis morgen dann ...«

Die letzten vier Monate waren nicht einfach. Vielleicht hätte ich Vivienne nicht anbrüllen sollen. Ich kehre in meine Wohnung zurück und genehmige mir ein paar Stunden auf dem Bett.

Gestärkt durch die Weisheit des Rückblicks, zwei Valium und eine beinahe kalte Dusche schreibe ich meinen giftigen

Ausfall der Tatsache zu, dass Jasper gestern – drei Monate nachdem ich ihn im biblischen Sinne wieder erkannt hatte – vorgeschlagen hat, wir sollten unser Verhältnis eine Weile »abkühlen« lassen.

Ich war bis ins Mark getroffen. »Wieso?« Dabei knabberte ich an meiner Unterlippe. »Ich finde, wir sind wirklich gut miteinander klargekommen.« Das Verrückte daran ist, dass das nicht einmal gelogen ist. Wir haben uns nur ab und zu getroffen. Und dann haben wir richtige Gespräche miteinander geführt. Jasper erzählte mir von seiner Zeit im Internat und wie er ständig mit seinem mustergültigen älteren Bruder verglichen wurde. Ich erzählte Jasper, wie gern ich aufs Internat *gegangen wäre*. Jasper erzählte mir, wie seine Eltern nach Singapur zogen, weshalb er sie nur noch einmal im Jahr sah. Ich erzählte Jasper, dass meine Eltern mich höchstens einmal im Vierteljahr sahen, obwohl sie in Muswell Hill wohnten. Ich war der Auffassung, wir beide hätten eine schöne Zeit miteinander. Zugegeben, der Sex war nicht mehr ganz so fabelhaft wie früher, doch das rührte hauptsächlich daher, dass ich mir Sorgen machte, mein Vater könnte mich dabei beobachten.

»Wir *sind* wirklich gut miteinander klargekommen«, sagte Jasper. »Wir tun es *immer noch*. Du bist ein echt tolles Mädel. Und eines Tages wirst du eine tolle Ehefrau abgeben. Aber ich glaube, und bitte fass das nicht falsch auf, du brauchst ein bisschen Abstand.«

Ach, daher weht also der Wind, dachte ich – der Ehefrauen-Seitenhieb gepaart mit der »Ich-mag-dich-wirklich«-Alarmglocke –, er schiebt mich nicht ab, weil er mich satt hat, er schiebt mich ab, um mir etwas *Gutes* zu tun. »Jass«, erwiderte ich säuerlich, »spar dir diesen Scheiß! Ich brauche keinen Abstand! Wenn *du* Abstand brauchst, dann sag es auch.« Ich zog provokativ die Brauen hoch. »Hat es mit meiner Mutter zu tun?«, knurrte ich. Jasper zögerte. Ich erklärte kühl: »Du weißt, dass sie niemanden außer mir hat. Und du kannst gern mit uns zusammen sonntags in den Zoo oder nach Kew Gardens oder in das verfluchte Leeds Castle gehen. Die Einladung steht.«

Schweigen. »Also?«, wollte ich wissen.

»Also«, antwortete er, »zum Teil ist es schon diese Sache mit deiner Mutter, aber, äh, du erinnerst dich doch an Louisa, meine Ex ...« Dies ist keine Frage.

»Jaaaa«, sagte ich, »wenn es dieselbe Louisa ist, über die du die letzten zwölf Wochen abgelästert hast. Was ist mit ihr?« Dann plumpste der Groschen wie ein flügelloses Flugzeug. »O mein Gott!«, rief ich. »Nicht schon wieder!«

Jasper versuchte mich mit einem Fingerwedeln zum Schweigen zu bringen. »Helen, pssst, es ist nicht so, wie du denkst.«

Ich wirbelte in einer dieser total uncoolen Ich-fasse-das-einfach-nicht-Drehungen herum. »Sondern wie?«

Jasper hustete. »Ich bin pleite, man hat mir die Miete erhöht, und Louisa hat gerade eine Dreizimmerwohnung gekauft und sucht einen Untermieter.«

Worauf meine geistreiche Erwiderung lautete: »Scheißdreck.«

Doch Jasper riss die paradiesblauen Augen auf und blieb beharrlich. »Sie hat einen anderen, zwischen uns läuft nichts, Babe, Hand aufs Herz.«

Du hast doch gar keins, dachte ich. Dann kam mir ein anderer Gedanke: »Wenn du gar nicht mit Louisa schläfst«, hakte ich hintergründig nach, »wieso sollten wir dann unsere Beziehung abkühlen lassen?«

Seine lächerliche Ausrede? »Es ist ein Einzelzimmer.« Er wollte schon loslabern von wegen »ein bisschen Zeit zum Nachdenken«, doch ich streckte ihm protestierend die Hand entgegen, woraufhin er verstummte.

Mein Gnadenschuss: »Nun, Jasper, wenn du dir die Mühe gemacht hättest, mich zu fragen, dann wüsstest du, dass ich ebenfalls dabei bin, eine Wohnung zu kaufen. Und bei mir sind *beide* Schlafzimmer Doppelzimmer.« Na gut, es war nicht gerade ein Blattschuss, doch es war auch kein totaler Schwachsinn. Wenigstens nicht, bis ich mit hoch erhobenem Kinn aus der Tür stolzierte und über die Stufe stolperte.

Heute Morgen schildere ich Luke den unerhörten Vorfall in den schillerndsten Farben. Meine Enttäuschung über seine Reaktion erinnert mich daran, wie ich mich mit fünf Jahren fühlte, als meine Eiskugel aus der Waffel auf den Gehsteig purzelte und im nächsten Augenblick von einem riesigen Köter aufgeschleckt wurde. Lukes erster geistloser Kommentar: »Aber ihr hattet doch absolut nichts gemeinsam.« Lukes zweiter geistloser Kommentar: »Du kaufst dir *echt* eine Wohnung?«

Ich verdrehe verzweifelt die Augen. Manche Männer haben wirklich keine Ahnung, wie man mit einer Frau spricht. »Luke«, lege ich ihm geduldig dar, »du sollst keine unbrauchbaren Kommentare abgeben und dämlichen Fragen stellen. Du sollst sagen: ›O Gott‹ oder ›Dieser Drecksack‹ und mich ordentlich bemitleiden.« Er sieht mich verletzt an, darum schränke ich schnell ein: »Tut mir Leid. Ich wollte dich nicht anschnauzen. Aber die Antwort lautet nein. Ich kaufe keine Wohnung. Ich und Fatboy bleiben hier wohnen.«

Dabei verschweige ich Luke allerdings, dass ich seit zwei Tagen durchaus *in der Lage wäre*, eine Wohnung zu kaufen. Besser gesagt, ich könnte eine Anzahlung für eine einigermaßen anständige Bude in einer halbwegs ungefährlichen Gegend leisten. Der Grund dafür ist, dass ich, um es ganz profan auszudrücken, aus Dads Tod Profit geschlagen habe. Um eine langweilige Geschichte abzukürzen: Vor einem Monat hat unser Anwalt Alex Simpkinson meine Mutter – gemäß dem Testament meines Vaters Verwalterin und Haupterbin seines Vermögens – davon in Kenntnis gesetzt, dass die Erbscheine bereitlägen und beurkundet werden könnten.

Meine Mutter zeigte sich dieser Anforderung durchaus gewachsen. Sie macht Fortschritte. Nachdem sie während des ersten Monats den Kopf in den Sand gesteckt hatte, eröffnete ihr Mr. Simpkinson – in einem Akt der Verzweiflung – die Möglichkeit, ihre gesetzlichen Rechte als Erbin an eine andere nahe Verwandte abzutreten, z. B. an mich oder an Nana Flo. Meine Mutter dachte darüber nach. Dann aber sagte sie sich, wie sie mir über einem TV-Dinner mit nachdrücklich erhobener, leerer Gabel verkündete: »Cecelia, wenn Morrie es so gewollt hat, dann machst du es.« Ich glaube, sie brauchte einen Vorwand, um das *Financial Times*-Abo zu erneuern. Und die freundlichen Aufmerksamkeiten großer Männer in Maßanzügen trugen das ihrige dazu bei. Ein weiterer Punkt ist der, dass sie in finanzielle Panik geriet, nachdem seine Guthaben eingefroren wurden (meine Mutter kann sich ihren Lebensstil nur leisten, weil mein Vater ihr Konto regelmäßig aufstockte).

Doch vor allem anderen hat meine Mutter begriffen, dass Maurice Bradshaw die Früchte seines Arbeitslebens seiner Herzensprinzessin anvertraut hat, und wie jede gute Königin nimmt sie ihre Pflichten sehr ernst. Ausnahmslos jeden Morgen unterzieht sie die Aktienkurse einer genauen Prüfung. Sie hat sich auch zu einem treuen Fan des Geldratgeber-Teils in der *Sunday Times* entwickelt und sekkiert jeden Montagmorgen den Broker meines Vaters, um sicherzugehen, dass er auch in den neuesten Aktientipp investiert hat. Ich möchte nicht behaupten, dass sich Cecelia Bradshaw in Gordon Gekko verwandelt hätte. Aber sie hat sich eindeutig verändert. Dazu hat auch beigetragen, dass sie seit vergangener Woche wieder in die Schule geht – die erste Hälfte des Herbstsemesters war sie mit vollem Gehalt zu Hause geblieben.

Ich glaube, sogar sie war beeindruckt, mit welcher Freude die Direktorin Mrs. Armstrong sie wieder aufgenommen hat. Selbst wenn die Erleichterung ihrer Arbeitgeberin *auch* finanzielle Gründe hatte. Und so kam es, dass sich meine Mutter vor 14 Tagen ein Taxi mit Nana Flo teilte, um in die tiefgekühlten Räumlichkeiten der Kanzlei Pomp, Simpkinson & Circumstance zu fahren, wo die Rechtswirksamkeit von Vaters Testament beurkundet werden sollte, und – wie sie mir danach stolz eröffnete – »jedes einzelne Wort verstand, als Alex alles noch einmal durchging«.

Sie hatte vorgeschlagen, dass wir uns danach zum Tee treffen könnten, doch leider überschnitt sich ihr Angebot mit einer Redaktionssitzung. Jedenfalls hatte ich mich nicht getraut, Laetitia zu fragen, ob ich früher gehen dürfe, weil ich das starke Gefühl habe, dass meine unendliche Trauersaga sie bis zum Tod und darüber hinaus langweilt und sie nur noch einen Millimeter davon entfernt ist, mich zu feuern.

»Aber es ging um Leben und Tod!«, quiekte Lizzy.

Ich zuckte die Achseln und zitierte, wenn auch nicht ganz korrekt, irgendeinen Toten, über den Luke sich liebend gern auslässt: »Redaktionssitzungen sind wichtiger als das.«

Außerdem musste ich gar nicht dabei sein. Ich bekam einen Scheck per Post. Als ich den Umschlag aufriss, traten mir nach Monaten in schwammiger Vergessenheit die wichtigsten Abschnitte des nach der Beerdigung vorgelesenen Testamentes wieder drastisch und deutlich wie am ersten Tag vor Augen. Vor allem der kurze, von Mr. Simpkinson mit dröhnender Stimme vorgetragene Absatz, der mit den Worten begann: »Meiner Tochter Helen Gayle« – (Dad weiß *genau*, dass ich meinen zweiten Vornamen verabscheue!) – »hinterlasse ich 20 000 Pfund, die sie hoffentlich klug anlegen wird, zum Beispiel in einer Eigentumswohnung ...«

Ich hielt den Scheck in der Hand und verzog das Gesicht: »Posthume elterliche Ratschläge!« Früher hätte ich mich augenblicklich auf einen Streifzug durch die Geschäfte gemacht, doch zurzeit fehlt mir jeder Trieb, mein Geld auf den Kopf zu hauen. Genauso wie die Kraft, mich mit Immobilienmaklern herumzuschlagen. Darum sage ich, trotz meiner vollmundigen Behauptungen Jasper gegenüber, die Wahrheit, als ich Luke erkläre, dass ich in meinem Zimmer bleibe. Außerdem fühle ich mich wie gelähmt durch Nana Flos knappes Urteil über die letzten Hinterlassenschaften meines Vaters: »Mein Sohn, reduziert auf ein paar Blatt Papier.« Ich wünschte, sie hätte das nicht in meiner Gegenwart gesagt. Ich handle jeder besseren Einsicht zuwider und erzähle Luke davon.

Er sagt: »O Gott!«, und schnalzt mit der Zunge. Dann meint er plötzlich: »Ich schätze, das ist der letzte Nagel zu ihrem Sarg.«

Kapitel 14

Der Schlüssel zu einer fortwährend fabelhaften Beziehung mit einem geliebten Menschen liegt darin, so behauptet wenigstens die Briefkastentante von *Girltime*, jeden Tag etwas Neues über den anderen zu erfahren. Man stelle sich also meine Freude vor, als ich eine Fähigkeit an mir entdeckte, von der ich bislang nichts geahnt hatte. Heute Morgen kurz nach dem Frühstück ist sie mir zum ersten Mal aufgefallen.

Ich hatte gerade Fatboy einen Abschiedskuss gegeben und wollte aus der Tür stürzen, als Marcus mir ein lautes, gereiztes »Hoi!« hinterherrief.

Eine coole Sekunde lang blieb ich stehen, dann drehte ich mich auf dem Absatz um und antwortete mit der aufgesetzten Fröhlichkeit einer wiedergeborenen Christin: »Ich wünsche dir ebenfalls einen guten Morgen, Marcus.« Geduldig lächelnd wartete ich ab, während er sich – vergeblich – abmühte, seinen Zorn zu zügeln.

»Du gibst mir noch den letzten Rest –«, setzte er an.

»Nimm's nicht so schwer«, rief ich aus, »mehr hast du mir auch nicht gegeben!«

Sobald Marcus die Beleidigung begriffen hatte, lief sein Gesicht puterrot an. Er baute sich vor mir auf und zischte: »Treib es nicht zu weit, Helen.«

Ich stellte mich dumm: »Was habe ich denn getan?«

Er sah mich mit Messerstecherblick an. »Es geht um das, was du nicht getan hast. Du hast deine Miete nicht gezahlt, du hast nicht abgewaschen, dein Scheiß-Nudeltopf steht seit zwei Wochen auf der Küchentheke, du hast nicht –«

Ich schnitt ihm das Wort ab: »Ganz locker, Marcus, verlier deswegen keine Haare« – Marcus hat eine absolute Paranoia davor, kahl zu werden –, »heute Abend zahle ich die Miete und räume auf. Aber komm um Gottes willen wieder runter. Scharlachrot steht dir überhaupt nicht.« Ich grinse frech und verschwinde dann fröhlich über den Gartenweg auf die Straße.

Erst dann lasse ich meine Miene in die gewohnte Ausdruckslosigkeit zurückgleiten. Doch im Weitergehen muss ich an Marcus denken und spüre plötzlich, wie mich von innen der Hass zerschneidet wie mit scharfen Scherben. Es ist mir ein Rätsel, dass ich jemals irgendwas für ihn empfinden konnte. Wenn ich mir vorstelle, dass ich geglaubt habe, er sei *komisch*! Etwa so komisch wie von einem Lkw überfahren zu werden. Nicht nur das, er ist flach wie eine Straßenpfütze und mindestens genauso pampig. Ständig gibt er schlaue Kommentare von sich, und dann hat er nicht mal den Witz, mich auf elegante Weise in die Wüste zu schicken. Dabei leben wir beide in derselben Wohnung! Und ihm fallen *sehr wohl* die Haare aus, ich war ihm schließlich nahe genug, um das feststellen zu können. Er sollte sich ein Büschel vom Rücken auf den Kopf transplantieren lassen. Mein Abscheu brodelt und schäumt, und plötzlich geht mir ein Licht auf. Ich habe eine Gabe. Ich bin ein Genie! Ich bin unschlagbar darin, Marcus zu piesacken. Der verbleibende Teil meines Arbeitswegs ist wesentlich vergnüglicher.

Lizzy, die eben erst zur Moderedakteurin befördert worden ist, zeigt sich wenig beeindruckt, als ich ihr davon erzähle. »Es ist keine besonders positive Lebensweise«, sagt sie.

»Aber ich fühle mich von Marcus hintergangen«, schimpfe ich.

»Inwiefern?«, will Lizzy wissen.

Ich seufze. »Seine ständigen Frauengeschichten zum Beispiel«, sage ich. »Ich hatte angenommen, sie würden für seine Fähigkeiten sprechen, dabei beweisen sie in Wahrheit das Gegenteil.«

Lizzy kichert und meint beruhigend: »Na, das hast du schließlich nicht riechen können.«

Ich füge hinzu: »Und er ist ein solches Klatschmaul – natürlich ist das ausgesprochen unterhaltsam, wenn er über andere herzieht, aber es ist längst nicht so unterhaltsam, wenn er über dich herzieht. Ich wette, mein winziger Busen wird bald in aller Munde sein. Wenn er es nicht schon ist. Bildlich gesprochen.« Ich fixiere Lizzy wütend, damit sie nicht auf den Gedanken kommt zu lachen.

Lizzy setzt eine Mitleidsmiene auf, darum ergänze ich mürrisch: »Und das ist noch nicht alles.«

»Ach?«, erkundigt sich Lizzy höflich.

»Seine Ordentlichkeit zum Beispiel«, platze ich heraus. »Früher fand ich das niedlich. Ich dachte, das beweist, dass er keine Frau braucht, die ihm hinterherräumt. Jetzt finde ich es grotesk.«

Lizzy bleibt stumm. Dann sagt sie: »Aber Helen, ist das nicht egal?«

»Ach Lizzy«, sage ich, durch ihre alles verzeihende Art ausgebremst und in dem Versuch, fröhlich statt gehässig zu klingen: »Du bist so eine« – mir liegt »unverbesserliche Optimistin« auf der Zunge, doch mir ist bewusst, dass das verbittert klingen würde – »so vernünftig«, beende ich den Satz kraftlos.

Sie schießt mir einen Blick zu. Sie weiß Bescheid. »Ich hoffe, du ärgerst dich nicht darüber, dass ich einen neuen Job habe«, meint sie milde, »ich habe schwer dafür geschuftet.«

Ich komme mir schäbig vor. »Und du hast die Beförderung verdient«, bestätige ich mit aufrichtiger Wärme. »Ich freue mich wirklich für dich. Ganz im Ernst. Tut mir Leid, dass ich so ein Griesgram bin. Um ganz ehrlich zu sein, ich schätze, ich bin ein bisschen neidisch. Aber ich habe kein Recht dazu.«

Lizzy tätschelt mir den Arm. »Du hast es in letzter Zeit nicht leicht gehabt, Helen«, tröstet sie mich. »Du hattest zu viel im Kopf, um, um dich auf deinen Beruf zu konzentrieren. Du bist praktisch Vollzeit-Tochter! Und äh, ich bin schließlich ein Jahr älter als du. Es war an der Zeit, dass ich zur stellvertretenden Redakteurin ernannt wurde!«

Dies ist, wie wir beide wissen, absolut irrelevant. Lizzy wurde befördert, weil sich unter dem weichen, milden Glanz ihres Äußeren eine willensstarke, ehrgeizige Frau verbirgt, die ausgezeichnete Arbeit leistet. Ich nehme mir fest vor, ihr eine Glückwunschkarte zu schicken. Als Lizzy vor 14 Monaten zu *Girltime* gestoßen ist, war mein erster Eindruck, sie sei schwach und kindisch. Sie ist keines von beidem, auch wenn ich sie immer noch für naiv halte, weil sie nicht begreift, wie Menschen Spaß daran finden können, gemein zu sein, so wie Marcus. Sie rechnet nicht damit, dass jemand hinterhältig sein könnte, weil sie selbst niemals so grausam handeln würde. Früher habe ich sie deswegen belächelt.

Doch dann kam sie eines Abends vorbei, um mir zu helfen, die Haare rot zu färben, und wir plauderten danach noch mit Luke. Am nächsten Morgen meinte Luke: »Sie ist cool. Ich mag sie.«

Ich stürzte mich auf diese Bemerkung wie Fatboy auf einen Schnürsenkel. »O ho!«, krähte ich. »Luke schwärmt für Lizzy! Du darfst dich hinten anstellen!«

Er schüttelte den Kopf. »Nein«, widersprach er – und so wie er das sagte, glaubte ich ihm –, »sie sieht fantastisch aus, aber sie ist mir zu selbstbewusst.« Er grinste und erklärte: »Ich mag Frauen, die einen leichten Schaden haben.«

Ich strahlte ihn an. »Du meinst«, neckte ich ihn, »du brauchst es, gebraucht zu werden. Du hoffnungsloser Romantiker!« Erst dann ging mir auf, was er über Lizzy gesagt hatte. »Du findest sie selbstbewusst?«, kreischte ich überrascht. »Aber sie ist so still!«

Er zuckte die Achseln. »Wenn du mit dir im Reinen bist, hast du es nicht nötig, alle Welt davon zu überzeugen.« Von diesem Tag an erblühte meine Hochachtung vor Lizzy *und* vor Luke. Denn als ich mit aller Gewalt ein Kompliment über meinen neuen flammend roten Look aus ihm herauszupressen versuchte, wand er sich nur eine Pikosekunde lang und stieß dann hervor: »Du siehst aus wie eine räudige alte Katze.«

Ich habe also einen tief sitzenden Respekt vor Lizzys Meinung, dennoch gelobe ich, meinen Anti-Marcus-Kreuzzug fortzusetzen. Denn seit Jaspers Abgang fehlt mir das rechte Zielobjekt. Abgesehen davon, dass ich meiner Mutter jeden noch so kleinen Wunsch von den Augen ablese – allmählich geht mir auf, was mein Vater auszuhalten hatte –, habe ich nichts, was einem eigenen Leben ähnelt. Gelegentlich gehe ich mit Lizzy auf Wohnungsjagd, weil sie fest entschlossen ist, noch vor Weihnachten etwas zu kaufen. Das war's dann.

Und außerdem macht es mir Vergnügen, jemanden zu ärgern, der so entsetzlich selbstverliebt und katzenhaft ist, ohne tatsächlich eine Katze zu sein. Dabei fällt mir etwas ein. Fatboy hat diese Woche noch einen Wurmtermin bei Megavet. Eigentlich fällt es mir nicht wirklich dabei ein. In Wahrheit denke ich schon den ganzen Tag an nichts anderes und versuche erfolglos, mich dabei an Toms Gesicht zu erinnern. (Natürlich kann ich mich an den öligen Alan sehr wohl bis ins kleinste Detail erinnern, und zwar makellos – Verzeihung – mit sämtlichen Makeln.)

Toms rüde Reaktion bei unserer letzten Begegnung hat mich schwer getroffen, doch im Rückblick muss ich widerwillig eingestehen, dass ich es nicht anders verdient hatte. Auch wenn ich zum Teil Marcus die Schuld daran gebe. Allerdings kann ich Marcus schlecht die Schuld daran geben, dass Fatboy sich hartnäckig weigert, auch nur ein Pfund zu verlieren, seit er auf Toms Diät ist. Als ich die Wurmpillen abholte, wollte Tom wissen, wie oft am Tag ich Fatboy füttern würde. »Ähem, fünfmal«, antwortete ich und zog schon in Erwartung der nächsten Schelte den Kopf ein. Er verabschiedete mich mit einer scharfen Ermahnung und ein paar Dosen puritanisch freudlosen Katzenfutters.

Mittlerweile frisst Fatboy nur noch zweieinhalb-, vielleicht dreimal am Tag, dafür aber größere Portionen. Außerdem habe ich den Verdacht, dass er bei fremden Leuten durch die Katzenklappe schleicht und auf Diebeszüge geht. »Mein armer Engel«, säusle ich später, während ich einen großen Brocken Lammfleisch- und Hasenpastete in seine blaue Schüssel gable. »Es ist schließlich nicht *deine* Schuld, dass du so schwere Knochen hast.« Er putzt die Schale in 20 Sekunden leer und streckt sich danach, wobei er seinen Torso verlängert und die Hinterbeine nachzieht. Er sieht aus wie in einem Jahrmarkts-Zerrspiegel. Ich strahle vor Stolz. Fatboy ist, auch wenn sich das gefährlich nach großem, traurigem Verlierer anhört, der einzige Lichtblick in meinem Dasein. Und wenn einem der einzige Lichtblick im Dasein einen großen See von braunem Püree auf den Teppich kotzt, und zwar *just* wenn man ins Bett steigen will, dann ist das Dasein kein ausgesprochen strahlendes.

Fatboys Tierarzt-Termin ist für den Samstag angesetzt, und zwar zu der wahrhaft gottlosen Stunde von 9 Uhr 45. Da ich nicht wünsche, mich auch nur eine Sekunde früher als 8 Uhr 45 zu erheben – und selbst das ist hart an der Grenze –, lege ich meine Klamotten im Voraus bereit. Turmhohe schwarze Stiefel, schwarze Hose, ein schlichtes weißes T-Shirt mit weitem Rundkragen und eine schwarze Strickjacke. Minimalistisch, klassisch, elegant. Vor allem da ich plane, eine zentimeterdicke Lage äußerst subtilen Make-ups aufzuspachteln. Tina wäre stolz auf mich. Das heißt, wenn sie lang genug aufhören könnte, nach Adrian zu schmachten, um mich anzusehen. Es ist eine Schande! Sie ist ein abschreckendes Beispiel für uns alle. Na gut, wenigstens für mich. Ich bete nur, dass ich nie so war. Nicht einmal mit Jasper. Sie trifft sich kaum noch nach der Arbeit mit uns, und wenn Lizzy einen Weiberabend vorschlägt, windet sie sich verlegen und drückt sich mit irgendeiner schwachbrüstigen Ausrede wie: »Ich habe Adrian versprochen, an dem Abend für ihn zu kochen.«

Wenn ich mir vorstelle, dass ich sie früher einmal für ihren unbezähmbaren Freigeist bewundert habe. Dass ich sie um ihre nüchterne Beurteilung sich bietender Romanzen beneidet habe. Dass ich mir gewünscht habe, auch nur einen Hauch ihrer Resistenz gegenüber jeder Art von Schwärmerei zu besitzen. Anfänglich habe ich ihre Unempfindlichkeit damit erklärt, dass sie mit drei Brüdern aufgewachsen ist. *Sie* hat sie damit erklärt, dass sie mit drei Brüdern aufgewachsen ist. Natürlich hat sie das nie ausdrücklich gesagt, sie war viel zu sehr damit beschäftigt, Mae West zu spielen. Doch ab und an – meist nach einer gehörigen Alkoholinfusion – entschlüpfte ihr ein unbedachter Kommentar. Wie zum Beispiel: »Es sind doch keine Außerirdischen, verflucht noch mal!« Was ich damals höchst beeindruckend fand.

Im reuigen Rückblick muss ich jedoch den Schluss ziehen, dass ihre Brüder nicht einen Pups mit ihrer kühnen Unverwundbarkeit zu tun hatten. Nicht dass sie ihr nicht geholfen hätten, die Männer zu verstehen, mit Männern klarzukommen und mit sich selber. Das haben sie ganz gewiss. Dennoch glaube ich, in Wahrheit war Tina, bis sie Adrian begegnet ist, schlicht und ergreifend noch nie wirklich verliebt. Nicht eine einzige kopflose Minute, glückselige Stunde oder Wirbelsturm-Woche lang. Daher ist ab sofort jede Bewunderung gestrichen.

Ich erwache am Samstagmorgen um 8 Uhr 45 und fühle mich wie durch den Fleischwolf gedreht. Gibt es denn gar keine Gerechtigkeit? Ich bin gestern schon um zehn ins Bett!

Ich stürze an den Spiegel, und meine schlimmsten Befürchtungen werden wahr. Ich habe Schweinsäuglein. Meine Augen sind so aufgeblasen und geschwollen, als hätten sich die fünf Schokoriegel, die ich letzte Woche gegessen habe – winzig kleine Dinger, die unmöglich dick machen können – allesamt in meinen Lidern festgesetzt. Ich stürze zum Telefon, um Lizzy anzurufen, doch dann fällt mir ein, dass es praktisch noch mitten in der Nacht ist. Ich bin überzeugt, dass sie schon auf ist und mit glänzendem Haar und glühendem Gesicht über irgendeine Wiese joggt oder so, aber falls sie ausnahmsweise *doch* ein Gesundheitsrisiko eingegangen ist und bis um halb zehn im Bett liegt, würde ich sie nur äußerst ungern stören.

Also schleiche ich stattdessen zum Kühlschrank und klaue zwei Scheiben von Marcus' Gurke, die ich danach senkrecht zurückstelle, um ihn zu beschämen. An seiner Stelle würde ich mich ausschließlich auf Babymais beschränken. Dann lege ich mich fünf äußerst zähe Minuten lang mit Gurkenaugen aufs Bett. Als ich es nicht mehr aushalte, springe ich auf und flitze an den Spiegel. Aufgequollen wie eine quabbelige Qualle. Und meine Haut ist schuppig wie die eines alten Rochens. Verfluchter Mist. Ich klatsche mir für gut 20 Pfund Feuchtigkeitscreme ins Gesicht, bearbeite die Wimpern mit der Wimpernzange, um die Quallenlider zu verstecken, und verwende dann volle 15 Minuten darauf, mein Haar in Form zu zupfen und zu toupieren. Das Resultat ist, dass ich aussehe wie David Bowie im Jahre 1972. Ich kann nur hoffen, dass Tom ein Fan von Space Oddity ist.

Schlecht gelaunt – und mit einem jaulenden und kratzenden Fatboy im Transportkörbchen – erreiche ich die Megavet-Klinik. Meine Laune bessert sich auch nicht, als ich Celine begegne. Sie sieht mich absolut ausdruckslos an. Ich gebe ihr das Kompliment auf gleiche Weise zurück und setze die Miene eines Menschen auf, dem eben der Gestank einer verrottenden Leiche in die Nase gestiegen ist. Ich gebe vor, vollkommen in *Dogs Today* vertieft zu sein, und kämpfe mich gerade durch einen dreiseitigen Artikel über Räude, als die Tür zum Behandlungszimmer aufschwingt und eine tiefe, volle Stimme ruft: »Der Nächste bitte!« Ich falle vor nervöser Anspannung beinahe in Ohnmacht und blicke zaghaft in diese blauen Augen. »Hi!«, sagt Tom, fast ohne zu lächeln. »Willst du nicht in mein Sprechzimmer kommen?«

»Liebend gerne«, hauche ich und taumle ins Behandlungszimmer. Ich brauche eine ganze Minute, während der ich Fatboy aus seiner Reisetasche locke, ehe ich mich wieder gefangen habe. Dann hebe ich meine zappelnde Katze auf den Tisch und murmle – in einem Präventivschlag –: »Er hat nicht viel abgenommen, doch es scheint ihm gut zu gehen. Wahrscheinlich ist es einfach sein Stoffwechsel. Ich will nicht, dass er Komplexe kriegt.«

Tom sieht mich skeptisch an und erklärt: »Damit kann ich Sie leider nicht durchkommen lassen, Madam!« Doch er klingt freundlich.

»Tom«, platze ich unversehens heraus. »Ich wollte nur sagen, ich meine, ich wollte dir schon ewig sagen, ich« – Fatboy wählt just diesen heiklen Augenblick, um einen leisen, aber mörderischen Furz fahren zu lassen – »ich, das war übrigens nicht ich, Ehrenwort, das macht er immer, wenn er nervös ist, aber was ich eigentlich sagen wollte, also, ich wollte nur sagen, dass es mir Leid tut. Du weißt schon, oder? Es tut mir Leid, dass ich am Telefon so fies zu dir war; das ist mir immer noch entsetzlich peinlich.« Noch während die Worte aus meinem Mund purzeln, geht mir auf, dass sich das ziemlich arrogant anhören muss. Als würde ich annehmen, dass Tom sich nach meinem kindischen Anpfiff via Telefon drei Monate lang nicht aus seinem Zimmer gewagt hat.

Darum rede ich weiter: »Nicht dass dir das besonders viel ausgemacht hätte, ganz bestimmt nicht, oder dass du viel darüber nachgedacht hättest oder so, aber« – ich will ihm schon erklären, dass mir Marcus, meine Mutter, mein Vater, der schmierige Alan, der Toyota Stress gemacht haben, doch dann merke ich, dass all das nur monströse Ausreden sind, darum schließe ich mit den Worten – »aber ich habe darüber nachgedacht, und« – Jesus, ich mache alles nur noch schlimmer – »ich möchte nicht, dass du schlecht von mir denkst.« Ich verstumme. O Gott, klingt das monomanisch! Überstürzt füge ich hinzu: »Ich wollte dich nicht verletzen.« Wie anmaßend! »Ich meine, natürlich warst du nicht *wirklich* verletzt, aber es war nicht nett von mir, und es tut mir *ehrlich* Leid, dass ich mich so aufgeführt habe. Ich komme mir immer noch schrecklich gemein vor.« Ich bohre mit aller Kraft die Fingernägel in die Handfläche, um zu verhindern, dass ich noch eine einzige hirntote Silbe von mir gebe. Wieso sagt Tom nichts, statt mich so anzuschauen? Schließlich beginnt er zu grinsen.

»Entschuldigung akzeptiert. Und ich denke nicht schlecht von dir. Wenigstens nicht *so* schlecht.« Er grinst noch mal, um zu zeigen, dass das ein Witz sein soll. Fatboy lässt einen weiteren Killerfurz ab. Dafür bringe ich ihn um, diese hinterhältige, orangefarbene Mistkreatur.

Tom überfliegt seine Aufzeichnungen und meint ganz nebenbei: »Und *mir* tut es Leid, dass ich dir wegen Fatboys Gesundheit Angst eingejagt habe. Ich habe ein bisschen übertrieben.«

Ich schüttle den Kopf und nutze die günstige Gelegenheit, Großmut zu beweisen. »Ich habe es verdient«, sage ich.

Wenn Fatboy es übers Herz und über seinen Darm bringen könnte, sich alle weiteren Fürze zu verkneifen, dann spiele ich eine Woche lang jeden Tag das Mantelspiel mit ihm, gelobe ich im Stillen.

»Er hat eine gesunde Farbe« – ich brauche eine Sekunde, um zu begreifen, dass Tom von Fatboys Zahnfleisch und Augäpfeln und nicht von seinem Fell spricht – »und ein schön glänzendes Fell. Ein Pummelchen ist er immer noch, aber ansonsten ganz gesund. Ich werde ihm nur seine

Wurmpille geben. Wenn du ihn fest halten könntest, während ich ihm den Kiefer aufzwinge. Gut. Gleich vorbei, mein Dickerchen« – *grooaaauuu* – »so! War doch gar nicht so schlimm, oder?« Während Tom den zornfunkelnden Fatboy streichelt, denke ich bei mir: Nein, so schlimm war es wirklich nicht. Schließlich standen wir so dicht nebeneinander, dass ich den sauberen Duft deines Haares einatmen konnte, was sich wahrhaft wundersam auf meine Knie ausgewirkt hat. Und, wenn das nicht zu derb ist, weiter oben auch. Ich zwinge meinem Gesicht eine nicht allzu lüsterne Miene auf.

»Danke«, sage ich und schiebe Fatboy in die Transporttasche zurück. Ich möchte eigentlich noch nicht gehen, aber auch nicht blöd um ihn herumscharwenzeln wie ein verknalltes Schulmädchen. Meine Gedanken umgehen mein Gehirn und verwandeln sich unerlaubt in gesprochene Worte. »Wahrscheinlich hast du keine Lust, aber –«, setze ich an.

»Wenn du nicht –«, sagt Tom im gleichen Augenblick.

Wir verstummen alle beide. Ich kichere. »Du zuerst«, sage ich.

Er fährt mit der Hand durch sein volles, weiches Haar. »Hättest du vielleicht Lust, irgendwann was trinken zu gehen? Selbst wenn es nur Orangensaft ist?«

Ich strahle ihn an, wie man nur strahlen kann, ohne sich einen Gesichtsmuskel zu zerren. Dann quietsche ich beschwingt: »Aber klar, gerne.« Fatboy lässt augenblicklich den nächsten Furz fahren, doch ich bin so freudetrunken, dass mir das, ganz ehrlich, meine Lieben, einfach schnurzpiepegal ist.

Kapitel 15

Wenn Menschen andere Menschen zitieren, dann weil sie zu dumm sind, um sich selbst schlaue Bemerkungen auszudenken. Jedenfalls habe ich das früher immer geglaubt. Doch seit etwa fünf Minuten habe ich meine Überzeugungen über den Haufen geworfen, denn ich möchte W. C. Fields zitieren, der einmal gesagt hat: »Wenn du etwas nicht auf Anhieb schaffst, dann versuch es noch mal und dann noch einmal. Und dann lass es bleiben. Es hat keinen Sinn, sich zum Narren zu machen.« Ein vernünftiger Mensch! Ich werde seinen Ratschlag bei nächster Gelegenheit auf meine Mutter anwenden.

Vier eherne Monate lang habe ich mich nach Kräften um sie bemüht, doch jetzt ist es – auch wenn sich das feige anhört – genug. Ich gebe auf. Warum? Weil ich müde bin. Ich verstehe sie nicht. Ich weiß nicht, was sie will oder was sie denkt, und nichts, was ich tue, macht sie glücklich. Ich wünschte, Dad wäre da, *er* würde bestimmt wissen, was zu tun ist. Er hatte, glaube ich, schreckliche Angst davor, Vater zu sein, doch er war ein exzellenter Ehemann. Er verstand es auf wunderbare Weise, mit meiner Mutter umzugehen, die im zarten Licht seiner brummigen Bewunderung erblühte. Sie genoss es, von ihm herumkommandiert zu werden, das gab ihr das Gefühl, im Mittelpunkt zu stehen. Ohne ihn wirkt sie uninteressant und unvollständig wie ein Buch, dem die wichtigsten Seiten fehlen. Ich kann seinen Verlust nicht wettmachen, ich kann es nicht mit meinem Vater aufnehmen. Das konnte ich noch nie. Nicht dass mir das viel ausmachen würde, ich liebe meine Mutter, ich *mag* sie nur nicht besonders. Und meine neue Rolle als Mary Poppins gefällt mir noch weniger.

Ich möchte keine Missverständnisse aufkommen lassen. Ich werde weiterhin ihr Freizeitmanager sein, Reiki-Sitzungen organisieren, meine Freunde zwingen, bei ihr zu essen, und Mum für einen Zoobesuch aus dem Haus locken (obwohl sie sich bei unserem letzten Ausgang schrecklich aufgeregt hat, weil so viele Tiere in Paaren leben). Es ist nur so, dass ich in meinem Kopf immer noch 18 und es gewöhnt bin, mich um mich selbst, und zwar ausschließlich um mich selbst zu kümmern. Ich bin es *nicht* gewöhnt, andere, hilflose Menschen zu bemuttern und beschützen. Zudem war mir meine Mutter diesbezüglich nicht gerade ein leuchtendes Vorbild. Sie ist eine Ausgeburt an Egoismus. Dennoch erwartet sie, dass ich genau dort weitermache, wo mein Vater aufgehört hat – und zwar einfach so! Woher zum Teufel soll *ausgerechnet ich* wissen, was ich tun soll? Kein Wunder, dass sie frustriert ist. Und je mehr ich ihr abnehme, desto weniger tut sie selbst.

Sie zetert und regt sich über ihre Arbeit auf, dabei habe ich praktisch meinen Job geopfert, um ihren zu retten. Während meine Mutter schimpfte und klagte wie eine Moorhexe mit Blasen an den Füßen, rief *ich* bei Mrs. Armstrong, der Direktorin, an, um sie von Vaters Tod in Kenntnis zu setzen, damit sie für die letzten paar Wochen des Halbjahres einen Ersatz für Mutter organisieren konnte. Als meine Mutter sich den Luxus gönnte, in die innere Emigration zu gehen, rief ich Mrs. Armstrong erneut an – und zwar während ihres Sommerurlaubs in Umbrien –, um sie zu warnen, dass das wertvollste Mitglied ihres Kollegiums ausgeflippt sei und ich ein ärztliches Gutachten hatte, das dies bestätigte.

Während sich meine Mutter, zu einem festen Ball zusammengekauert, auf ihrem Bett hin und her wiegte, erklärte ich Mrs. Armstrong, dass sie von ihrem Hausarzt krank geschrieben sei, und zwar, tja, also bis zu ihrer Gesundung. Ja, natürlich war mir bewusst, dass Mrs. Armstrong meiner Mutter mit ihrer Frage, *wie lange* es bis zu ihrer Gesundung dauern würde, keinesfalls zu nahe treten wollte. Ganz bestimmt. Ich würde sie auf dem Laufenden halten. Und das tat ich auch. Meine Mutter ließ sich währenddessen willenlos treiben, und zwar ohne ein einziges Wort des Dankes. Sie nahm ihre Medizin, weigerte sich aber, zu einem Psychologen zu gehen. Dann, Mitte Oktober, 40 Minuten nach einem unterhaltsamen Lunch mit Alex Simpkinson, verkündet sie ganz unvermittelt, sie fühle sich durchaus im Stande, nein, sie platze vor Ungeduld, wieder zur Arbeit zu gehen. Auf diese Weise endet, zack, nach den Herbstferien das Interregnum der Vertretungslehrerin, und die verlorene Mutter kehrt zurück.

Und gestern – läppische vier Wochen später – ruft sie an, um mir mitzuteilen, sie glaube, sie habe nicht mehr die Kraft, »das durchzustehen«. Mir rutscht das Herz in die Hose, und ich frage sie, ob sie schon mit Mrs. Armstrong darüber gesprochen habe. Meine Mutter erwidert: »Mrs. Armstrong macht kein Geheimnis daraus, dass sie nichts davon hören will.« Ich erwidere, dass Mrs. Armstrongs Einstellung durchaus verständlich sei – schließlich war sie gezwungen, ihr mageres Budget überzustrapazieren, um ihren Bedürfnissen entgegenzukommen, kann man denn mehr verlangen? Kaum habe ich diesen vernünftigen und absolut harmlosen Kommentar abgegeben, da reißt mir meine Mutter fast den Kopf ab. Ob ich etwa glaube, das sei ihr nicht bewusst? Ob ich etwa glaube, sie finde es nicht schrecklich, ihre Klasse so hängen zu lassen? Ob ich etwa glaube, sie spüre den Missmut ihrer Kolleginnen nicht? Ob ich etwa glaube, sie wolle sich vor ihrer Verantwortung drücken? Ob ich etwa glaube, es breche ihr nicht das Herz, die Kinder so durcheinander zu bringen? Ob ich etwa glaube, sie würde sich beklagen, wenn sie nicht absolut mit ihrem Latein am Ende wäre?

Ähem, ja. Dennoch lasse ich das verbale Sperrfeuer über mich ergehen und sage: »Mum, ich kann dir da nur schwer einen Rat geben, weil ich nicht weiß, wie euer Schulsystem funktioniert. Du musst doch *eine* Kollegin haben, der du dich anvertrauen kannst.« Ich weiß, dass ich damit den Schwarzen Peter weiterzugeben versuche, doch ich bin ebenfalls mit meinem Latein am Ende. Ich dachte, sie sei allmählich über den Berg!

Meine Mutter antwortet mit flacher Grabesstimme: »Wahrscheinlich schon«, und legt auf. Ich kann das nicht!

Das ist nicht meine Aufgabe! Sondern die meines Vaters. Ich bin stinksauer auf ihn, weil er uns so im Stich gelassen hat. Wie kann er es wagen, einfach abzuhauen! Wie kann er nur? Meine Mutter braucht ihn. Ich kann einfach nicht glauben, dass er seinen Tod nicht wenigstens ansatzweise unter Kontrolle hatte, und ich habe das Gefühl, dass tot zu sein keine Rechtfertigung dafür ist, uns im Stich zu lassen. Wenn er noch am Leben wäre, fände er sein Verhalten schockierend. Wie kann man nur so verantwortungslos sein? Ich spüre leise Angst an mir nagen und rufe – weil ich niemanden sonst damit behelligen kann – Vivienne an. Was sie davon hält?

Vivienne äußert seit der Molotowcocktail-Episode ihre Ansichten nur unter großen Vorbehalten und meint unsicher, meine Mutter wirke *tatsächlich* bedrückt, doch rühre das wahrscheinlich daher, dass sie begriffen habe, dass »das Leben weitergeht«. Ich kämpfe die aufsteigenden Wogen von Verärgerung nieder (werde ich denn niemals gescheiter?) und versichere Vivienne, wie dankbar ich für alles sei, was sie für meine Mutter getan habe. Ich sage das, um sie durch meine Schmeichelei dazu zu bringen, noch mehr zu tun. Weil ich fest vorhabe, fortan erheblich weniger zu tun. Mir egal, ob man das als Selbstsüchtigkeit oder Selbsterhaltungstrieb bezeichnet – ich bin zu k.o., um mir noch darüber den Kopf zu zerbrechen. Ich fühle mich schrecklich dabei, doch ich kann meiner Mutter einfach nicht noch mehr geben. Die Anstrengung, sie ständig über Wasser zu halten, lässt mich allmählich absaufen. Und natürlich habe ich meinen Vater schon wieder enttäuscht. Darum suche ich in den Worten eines toten Schauspielers Zuflucht. Oder war er Kricketspieler? Ich bin nicht sicher. Ganz egal, ich habe immer wieder mein Bestes versucht und immer wieder versagt, darum gebe ich jetzt auf. Es hat keinen Sinn, sich deswegen zum Narren zu machen.

Ich male mir gerade aus, in einen nicht allzu schweren Autounfall verwickelt zu werden, sodass ich eine Woche lang im Krankenhaus liegen kann, wo ich Talkshows im Fernsehen anschaue und mich verwöhnen lasse, als das Telefon klingelt. Jedes Mal, wenn Laetitia jemandem aus dem Weg gehen möchte, befiehlt sie *mir,* ihre Anrufe entgegenzunehmen. Leider gilt das umgekehrt nicht. Ich versuche zu klingen wie eine BBC-Fernsehansagerin aus den Fünfzigerjahren, in der Hoffnung, dass meine Mutter, falls sie dran ist, mich nicht erkennt.

»Helen?«, sagt der Mensch am anderen Ende. »Ist was mit dir? Du klingst so komisch.«

Ich räuspere mich hastig und rufe: »Mir geht es gut! Ausgezeichnet! Es geht, äh, heute nur ein bisschen chaotisch zu. Wie geht's dir so?« Und wer hätte das gedacht? Seit einer Minute geht es ganz hervorragend. Tom hat mich gefragt, ob ich mit ihm ausgehen will. Kein vages, hoffnungsloses und halbseidenes »Lass-uns-nächste-Woche-telefonieren-um-was-auszumachen«-Versprechen, sondern ein echtes, festes, »Schreib-dir-das-in-deinen-Terminkalender«-Date. Und zwar in 13 Tagen, da er morgen nach Manchester fährt, um an irgendeinem Tierärzte-Kongress teilzunehmen – oder wie er es ausdrückt, an »einem zehntägigen Besäufnis mit abschließendem Galaball.« Aber er freut sich schon auf unsere Verabredung. Ich kann mir nur mit Mühe verkneifen, verräterische Fragen zu stellen wie: »Fährt Celine mit?« Und ich weigere mich, die Möglichkeit in Betracht zu ziehen, dass Tom in Manchester einer wunderschönen, intelligenten Tierärztin begegnet, die einen BMW Z3 fährt und sich darauf spezialisiert hat, kleinen Knuddelhäschen das Leben zu retten, sondern konzentriere mich stattdessen auf die Fakten. Fatboys süßer Tierarzt will mit mir ausgehen – mit mir, Helen Gayle Bradshaw, einer stämmigen, mürrischen Lohnsklavin, die einen Toyota fährt und ohne die geringsten Gewissensbisse Spinnen zerquetscht. Endlich ist meine Chance gekommen, alles richtig zu machen!

Lächelnd lege ich den Hörer auf, und mein Lächeln verblasst erst, als Laetitia zuckersüß, aber mit einer Stimme, die keinen Widerspruch duldet, sagt: »Helen, die Journalistin, die sich ins Bordell eingeschlichen hat, will sich auf gar keinen Fall fotografieren lassen, also musst du wohl zu dem Fototermin – sie haben das Kostüm, es ist schon alles vorbereitet –, wenn du gleich losfährst, bist du um zwei Uhr dort.« Ich unterdrücke ein Seufzen und hole meinen Mantel. Wie bemerkte Marcus doch so treffend an jenem Tag, als ich, verkleidet als riesiger Tampon, vor dem Parlamentsgebäude auftreten und gegen eine Steuer auf Sanitärartikel protestieren musste: »Helen, du kannst dich wirklich glücklich schätzen. Du hast einen so *abwechslungsreichen* Job.«

Die zweite willkommene Überraschung in dieser Woche ist, dass Lizzy Tina endlich auf einen Weiberabend festnageln konnte. »Ach was, kein Adrian?«, meine ich fröhlich zu Tina.

»Er hat einen Männerabend«, antwortet sie knapp.

»Na prima«, sage ich. In Wahrheit bin ich ein wenig gekränkt. Als wären Lizzy und ich nur Lückenbüßer. Doch ich zwinge mich, das nicht persönlich zu nehmen. (Michelle meint, ich würde »alles persönlich nehmen«.) Tina gehört mir nicht. Es ist *ihr* Leben. Sie ist nicht verpflichtet, mit mir auszugehen. Schließlich sind wir nicht verwandt. Nach dieser winzig kleinen Zurechtweisung bin ich wieder in der Lage, meinen verletzten Stolz zu vergessen und zu sagen: »Also, ich freue mich wirklich, mal wieder richtig mit dir zu reden, nicht nur in der Arbeit, alte Schnepfe.«

Angesichts der jüngsten Abkühlung in unserer Beziehung klingt das Kosewort falsch und aufgesetzt. Eine Sekunde lang fürchte ich schon, sie beleidigt zu haben. Doch Tina reißt sich erkennbar zusammen und erwidert fröhlich: »Du auch, alte Schabracke.« Der fragliche Abend ist der Donnerstag. Am Mittwoch informiert uns Lizzy: »Bringt morgen Abend ein paar lockere Klamotten mit.«

Excusez-moi? Zu meinem und Tinas beiderseitigem Horror hat Lizzy beschlossen, dass morgen Abend weder Bier, Bars noch betörende Blicke auf der Tagesordnung stehen. In ihrer herzensguten Art hat sie es übernommen, uns aus dem alkoholgetränkten Trott des Fast-Food-Verschlingens, In-verräucherten-Bars-Abhockens und Morgens-voller-Reue-Erwachens zu reißen. Zu mir sagt sie mit fester Stimme: »Ich beobachte dich schon seit Wochen, du nimmst nichts als Junk-Food zu dir. Allmählich siehst du aus wie ein Waschbär. Du musst unbedingt etwas für dich tun.« Zu Tina spricht sie die mysteriösen Worte: »Das wird dir Frieden bringen.«

Wir mustern sie misstrauisch. »Hä?«, antworten wir im Chor. (Wobei ich immer noch überlege, ob Waschbären nicht im Grunde grazile Kreaturen sind. Ich meine, sie hätte auch *Panda* sagen können.)

»Wir werden«, sagt Lizzy – und ihre Stimme klingt dabei so glöckchenrein und großmütig und gebieterisch wie die von Glinda, der weißen Hexe aus dem Zauberer von Oz – »an einer T'ai-Chi-Stunde in meinem Fitnessklub teilnehmen. Ich habe uns schon angemeldet und gezahlt. Anschließend essen wir etwas in der Saft-Bar. Ach du meine Güte! Ich komme zu spät zu meiner Verabredung zum Lunch! Bis morgen dann!« Dies ist wohl der primitivste von allen miesen, billigen Betrügertricks.

»Verkaufen sie in der Saft-Bar auch fermentierten Traubensaft?«, rufe ich Lizzy hinterher, die mit Affenzahn durch die Türe schießt. So ein Feigling.

Tina und ich sehen uns voller Bestürzung an. Ich brumme mürrisch: »Hast du eine Ahnung, was T'ai Chi ist?«

Tina schneidet eine Grimasse. »Eine Kampfsportart.«

Ich lebe augenblicklich auf. »Kein Aerobic?«

Tina schüttelt den Kopf. »Nö.«

Ich halte einen Moment inne und rufe mir jeden James-Bond-Film ins Gedächtnis, den ich je gesehen habe, *und* dazu einen sabbertriefenden Artikel in einem Männer-Magazin, in dem es um eine blonde, atemberaubende Fernsehansagerin ging, die in ihrer Freizeit zum Kickboxen geht. Ich komme zu dem Schluss, dass Frauen, die eine Kampfsportart beherrschen, tiefen Eindruck auf Männer machen, weshalb es an der Zeit ist, dass ich zu ihnen zähle. »Ich freue mich schon auf morgen«, sage ich zu Tina.

»Ich mich auch«, antwortet sie mit leerem Blick.

Ich bin von den Socken. Ich fühle mich wie Rotkäppchen, das von einem als Oma in rosa Spitzen verkleideten Wolf hinters Licht geführt wurde. Lizzy hat es verdient, im Polizeigriff zu McDonalds abgeführt zu werden und zwangsweise fünf Big Macs reingestopft zu bekommen. Ich hätte auf meinen Instinkt vertrauen und die Kurve kratzen sollen, sobald mir Brian, unser T'ai-Chi-Lehrer, vor die Linse geriet. Er hatte lange Haare, trug eine lila Trainingshose, und sein erstes Wort war »total«. Ich lungerte zusammen mit Tina möglichst weit hinten im Studio herum und sah sie viel sagend an. Für die »Neuen« – mit einem angedeuteten Lächeln für Lizzy und einem bedeutungsschwangeren Blick auf Tina und mich – begann er mit einer kurzen Einführung in T'ai Chi. T'ai Chi ist eine uralte chinesische Kunst, eine Abfolge langsamer Bewegungen, die vor tausenden von Jahren ersonnen wurde, um die Vitalität und innere Harmonie zu fördern.

Ich nickte knapp, denn ich hoffte, dass er ein bisschen an Tempo zulegen und endlich ein paar Karategriffe zeigen würde. Es war nicht zu glauben, doch er laberte noch volle acht Minuten weiter und saugte mir jeden Lebenswillen aus den Knochen, um dann zu verkünden: »Als Erstes zeige ich euch, wie man geht.« Da ich vor etwa einem Vierteljahrhundert Gehen gelernt habe, nahm ich an, er machte Witze. Leider Gottes nicht. Wir verschwendeten 85 Minuten darauf, in Zeitlupe zu gehen. Das hintere Knie beugen, den anderen Fuß anheben – eben einfach *Gehen*. Zu meiner großen Freude sah Tina aus wie eine Beamtenanwärterin aus dem Ministerium für alberne Gangarten, doch das war nur ein schwacher Trost. Ich hätte schreien können vor Langeweile. Alles dauerte uuuuuneeeeendliiiiich laaaaaaangeeeeeeee. Es war wie in Einzelhaft.

Ich verkniff mir ungefähr 40-mal das Gähnen und wagte kein einziges Mal, Tina in die Augen zu sehen, weil mir klar war, dass wir uns vor Lachen am Boden wälzen würden. Hinterher in der Saft-Bar mutierten Tina und ich – halb hysterisch vor Erleichterung, diesen Albtraum überstanden zu haben – zu zwei 14-jährigen Teenagern, die alles nur noch »total krass« und/oder »absolut verschärft« fanden. Als Lizzy den bleichsüchtigen Teenager hinter der Bar ganz höflich fragte, ob sein »Entsafter funktioniert«, johlten und grölten wir in schweinischer Freude. Und als Tina drohte: »Pass auf, ich verdresche dich gleich – wart nur ein paar Jahre ab«, machten wir uns fast in die »lockeren Klamotten«. Und als ich über Brians »Zeigefuß« herzog – »Und wie er mit dem Fuß auf alles Mögliche gezeigt hat! Und immer gaaaaanz laaaaangsaaam, eine halbe Eeeeewigkeit laaaaang …« –, da schnaubten und schnieften wir vor Lachen, bis uns der Bauch wehtat.

Dann tat Lizzy etwas ausgesprochen Unlizzyhaftes. Sie fluchte. Sie fuhr uns an: »Könnt ihr beide verflucht noch mal den Mund halten!« Vor Überraschung klappten unsere beiden Münder zu. *»Verflucht«,* und das aus dem Mund jener Frau, deren bevorzugtes Schimpfwort lautet: »Herrjemine!« Herrjemine, also wirklich!

»Wieso?«, fragte Tina erschrocken.

»Wir haben doch nur Spaß gemacht«, pflichtete ich ihr bei und verkniff mir ein Kichern. Lizzy durchbohrte uns mit Blicken. »Es war trotzdem wirklich wahnsinnig nett von dir, uns hierher zu bringen«, sprudelte ich schnell hervor. »Aber es ist einfach nicht unser Ding.«

Lizzy sah mich mit Mörderblick an. »Ich wäre euch wirklich dankbar, wenn ihr aufhören würdet, euch über Brian zu bepinkeln.« – »Bepinkeln«? Gute Güte, das gab es noch nie!

Erbost, weil Lizzy meine rosa Lachblase angestochen hatte, wollte ich schon losplärren: »Aber der Typ ist doch ein durchgeknallter Hippie aus dem Altersheim«, doch eine winzige, aber äußerst hilfreiche Hirnzelle voll gesundem Menschenverstand hielt mich zurück.

Leider Gottes konnte sie nicht auch Tina zurückhalten, die losquäkte: »Ach komm schon, Lizzy, hör doch auf! Brian ist ein absoluter Idiot!«

Lizzys Gesicht wurde schmal. Sie platzierte ihre Gabel exakt neben ihrer Schale mit Walnuss-, Avocado- und grünem Salat und erwiderte scharf: »Und er ist seit genau einer Woche mit mir zusammen. Darum« – und ihre nächsten Worte klangen wieder wesentlich mehr nach Jane Austen und auf beruhigende Weise nach unserer alten Lizzy – »wäre ich dankbar, wenn ihr eure grässlichen Kommentare für euch behalten könntet.«

O Mann.

Kapitel 16

Die zwei Worte, die mir am meisten verhasst sind, lauten »regnerisch« und »Zwickel«. Und gleich darauf folgt »solltest«. So wie in Helen, du solltest öfter lächeln. Helen, du solltest eigentlich wissen, wie viel acht mal sechs ist. Helen, die *Cosmopolitan* ist konfisziert, du solltest doch Korrektur lesen. Helen, du solltest die Bauchmuskeln trainieren. Helen, du solltest um eine Gehaltserhöhung bitten. Helen, du solltest dir einen vernünftigen Job suchen. Helen, du solltest deine Mutter an den wichtigen Wochentagen besuchen, also zum Beispiel freitags. Helen, du solltest heute Abend ausgehen, selbst wenn du dir lieber den Kopf abhacken würdest, denn schließlich könntest du deinem zukünftigen Ehemann oder zumindest dem Fick des Monats begegnen.

Diese ständigen nagenden »Solltest«, die mir von meinen

Eltern, meinen Partnern und mir selbst aufgeladen werden. Ich blockiere sie nach Kräften, doch sie zerren an meinem Gewissen, sie beschämen mich, sie drücken mich zu Boden. Das neueste Solltest: Helen, du solltest drei Stunden opfern und in der Saft-Bar mit Lizzy und Brian einen auf fröhlich machen, um zu demonstrieren, wie sehr du bereust, auch nur angedeutet zu haben, dass T'ai Chi weniger als ein wahres Wunder ist und dass Brian einen albernen Zeigefuß hat, mit dem er scheinbar tagelang irgendwo hinzeigt. Offensichtlich wird Tina weniger von irgendwelchen »Solltest« geplagt und gepeinigt als ich, denn sie verabschiedet sich kurz nach unserem Monster-Bruhaha unter dem Vorwand, sie hätte Adrian versprochen, um zehn zu Hause zu sein. Wer so frech lügt, der will gleich rennen, als tät ihm seine Hose brennen. (Mir hat dieser Vers immer ausgesprochen gut gefallen, seit ich einen Film gesehen habe, in dem eine Frau das zu ihrem untreuen Mann sagt, ehe sie seine im Vorgarten aufgehäuften Kleider in Brand setzt.) Und so blieb *mir* die Titanenarbeit überlassen, Lizzys Vergebung zu erschmeicheln und ihr weiszumachen, dass ich Brian für einen wirklich tollen Kerl hielt.

Da Lizzy außer Stande ist, länger als 15 Sekunden einen Groll gegen jemanden zu hegen, ist der erste Teil leicht zu bewältigen. Doch was das Überzeugen betrifft, dass ich Brian *mochte* – hier passt wohl eher: unbeschreiblich schwierig, nein, unmöglich. Er war so abstoßend, neu-männerhaft ernst. Und wie er mich anstarrte, wenn ich etwas sagte! Wie Fatboy, wenn er einer Taube auflauert. Zugegeben, all das sind lässliche Sünden. Doch trotz seiner freundlichen Art mir gegenüber und seiner glühenden Bewunderung für Lizzy wurde ich einfach nicht warm mit ihm. Ich dachte immerzu, urgh, du bist so *alt*. Alt genug, um ihr Vater zu sein. Mir schauderte bei dem Gedanken.

»Er ist 45, und das ist noch gnädig geschätzt!«, kreische ich in den Hörer. Ich telefoniere mit Michelle, die Sammy in den

Wind geschossen hat und sich einen feuchten Kehricht für die Liebhaber anderer Frauen interessiert.

»Manche Frauen mögen ältere Männer«, meint sie tonlos, um diesen Gesprächsfaden ab- und ein wesentlich interessanteres Thema anzuschneiden: nämlich ihre Wenigkeit. »Sammy und ich waren fast gleich alt«, fügt sie sehnsüchtig hinzu. (Sie ist 16 Monate älter als er.)

Ich gebe irgendwelchen mitfühlenden Unsinn von mir und wünsche, jemand würde an der Tür klingeln und mir einen Vorwand liefern, den Hörer aufzulegen. Es ist Freitagabend, und Luke hat das Video von *Stirb langsam* geholt. Marcus und ich wechseln kaum ein Wort miteinander, doch da keiner dem anderen einen Triumph vergönnt, indem er sich auf sein Zimmer verzieht, werden wir wohl gemeinsam verfolgen, wie Bruce Willis den wilden Mann markiert. Luke zufolge hat Catalina Marcus vor einigen Wochen verlassen, nachdem sie »ihr Herz an einen Schallplattenproduzenten verloren« hat. Echt, wow, das muss wohl Schicksal sein.

»Und was steht bei dir heute Abend auf der Agenda?«, fragt Michelle unvermittelt.

»Ich schaue mit Luke und Marcus ein Video an«, sage ich und versuche, meine Gesellschaft so unattraktiv wie möglich klingen zu lassen. Auf gar keinen Fall werde ich nach Crouch End fahren, um Michelle zu unterhalten. Ich bin k.o. und habe fest vor, mich in watteweiche Selbstvergessenheit zu trinken.

»Klingt ja irre! In 30 Minuten bin ich da!« Peng! Wie vom Blitz getroffen warte ich darauf, dass das Telefon wieder klingelt, was es Sekunden später auch tut. »Äh, Schneckchen, gib mir schnell noch mal deine Adresse ...«

Ich bin beeindruckt. Es sieht so aus, als würde Sammys Rausschmiss den Beginn einer neuen Ära kennzeichnen. Denn ich muss zu meiner Schande gestehen, dass mir Michelle in all den Jahren, die ich hier wohne, nicht ein einziges Mal ihre huldvolle Aufwartung gemacht hat. Zugegeben, bis vor acht Monaten haben Sammy und sie in New York residiert. (Sammys Vater, der nach seiner Scheidung ausgewandert war, ist inzwischen ein dicker Fisch in der Bagel-Branche und wollte, dass sein Sohn in den Familienbetrieb einsteigt.) Michelle – die sich durch den Umzug schon mit einem Bein in Hollywood sah – setzte Sammy zu, bis er das Angebot annahm, eskortierte ihn nach Amerika und fand Arbeit in einem Schönheitssalon.

Sie harrten glorreiche 26 Monate in der Lower East Side aus, bevor Sammy unter dem Vorwand, äußerst wichtige Untersuchungen auf dem britischen Bagel-Markt anstellen zu müssen, die Flucht nach Hause antrat. (Übersetzung: Er wollte heim zu Mama.) Ich habe den Verdacht, dass Sammy, indem er Michelles Rückkehr ins malerische Nord-London erzwang, nichts ahnend das Todesurteil über ihre Beziehung gefällt hat. Hurra! Doch eigentlich will ich darauf hinaus, dass Michelle volle zwei Drittel eines Jahres Zeit gehabt hätte, meine elende Behausung zu besichtigen, und es nicht getan hat. Ich würde ja sagen, sie entschuldigt das damit, dass sie zu sehr damit beschäftigt gewesen sei, sich einen Namen als freischaffende Schönheitsberaterin zu machen, und/oder dass sie sich lieber in der Stadt mit mir trifft, doch sie denkt gar nicht daran, sich für irgendwas zu *entschuldigen.* Wenn ich tatsächlich einmal vorschlage, sie könnte ja vorbeischauen, dann ist sie plötzlich »absolut k.o.« oder »muss zu Hause irgendwelchen Mist erledigen«. Nur ein einziges Mal raffte ich meinen ganzen Mut zusammen und sagte: »Aber du hast noch nie gesehen, wo ich wohne«, woraufhin sie näselte: »Schneckchen, ich kann es mir vorstellen.«

Also stelle ich mir ebenfalls so dies und das vor. Und ich brauche etwa zwölf Sekunden, um darauf zu kommen, dass Michelle die Reise nach Swiss Cottage antritt, weil ganz überraschend die überstundenträchtige, miserabel vergütete Position eines Gefährten an Michelles Seite frei geworden ist und sie die Stelle neu zu besetzen wünscht. Ich stampfe ins Bad und starre finster in den Spiegel. Wird Luke oder Marcus ihr Opfer? Sie hat noch keinen von beiden gehabt, darum überlege ich, wer ihr wohl mehr zusagen wird.

Luke? *Mein* Fall ist er nicht – zu freundlich und zu leicht einzuschüchtern –, doch Michelle blüht ungemein auf, wenn sie jemanden schikanieren kann. Und so lange man Lukes widerwärtige, übel riechende Badezimmer-Gewohnheiten nicht mitbekommen hat, ist er *wirklich* bezaubernd. Strubbeliges Blondhaar, grüne Augen, gewinnendes Lächeln, unbeholfenes Benehmen. Ein menschlicher Labrador. Das einzige vorhersehbare Problem dabei ist Lukes Neigung, die nackte Wahrheit auszusprechen. Gebe Gott, dass Michelle ihn niemals nach seinem Urteil über ihre jüngste Heimwerker-Verwandlung zur Peroxidblondine fragen möge. Ich verdränge den Gedanken, dass ich mich ausschließlich auf Lukes Potenzial konzentriere, weil ich den Verdacht habe, dass Michelle und Marcus wunderbar miteinander klarkommen – und miteinander *kommen* werden.

Das soll auf gar keinen Fall geschehen – ich weiß, dass Marcus das als Triumph über mich ansehen würde –, doch ich habe das böse Gefühl, dass das einfach unvermeidlich ist. Die Angst liegt mir wie ein kleiner, Übelkeit erregender Stein in der Magengrube. Und selbst wenn ich damit das Risiko eingehe, illoyal zu klingen, Michelle war schon immer darauf scharf, mir eins auszuwischen, seit ich sie vor 21 Jahren beim Eierlaufen geschlagen habe. Außerdem ist sie nicht blöd. Sie weiß, dass meine jüngste Hasskampagne gegen Marcus nicht auf Gleichgültigkeit beruht. Und Marcus? Man kann ihm vieles vorhalten, aber nicht, dass er wählerisch ist.

Darum bin ich auf alles gefasst, als Michelle mit den Wimpern klimpernd eintrifft, die sie derart mit Mascara beladen hat, dass es mich Wunder nimmt, wie sie die Augen offen halten kann. Ich marschiere ihr voran ins Wohnzimmer, wo Luke und Marcus auf dem Sofa lungern. »Ihr zwei, das ist

Michelle«, murmle ich und hoffe, dass ihr Kommen unbemerkt bleibt. Sie verrenken die Hälse wie die Handpuppen eines Bauchredners. Michelle wackelt in einem Barbiepuppen-Winkewinke mit den Fingern und unterzieht Luke einer wohlgefälligen Musterung, bis er einen lauten, unfreiwilligen Rülpser ablässt. »Verzeihung«, entschuldigt er sich höflich, aber er hat seine Chance verpatzt. Ich verfluche ihn, denn schon bleibt ihr Raubtierblick an Marcus hängen. Er sieht ihr fest in die »Komm-doch-her (und überall, wo du willst)«-suggerierenden Augen, schnellt aus dem Sofa hoch und fliegt quer durch das Zimmer.

»Wie angenehm«, sagt er, nimmt ihre Hand und zieht Michelle sanft näher, um ihr einen Kuss auf die Wange zu geben.

»Mir auch«, erwidert sie seidenweich. Ich blähe angewidert die Nase auf. Sie ist noch nicht mal eine Millisekunde im Haus, und schon präsentieren die beiden ihre Hinterteile wie zwei Paviane. Nur wesentlich weniger dezent. Ich kann es kaum ertragen hinzusehen.

Der Rest des Films ist ruiniert, denn Michelle zeigt sich auf das Kleinmädchenhafteste hingerissen von der Handlung – wir sehen *Stirb langsam*, Herrgott noch mal! – und bittet Marcus immer wieder flüsternd um Erläuterungen. Es erübrigt sich zu sagen, dass dieser Ekelbatzen ihrer Bitte liebend gern nachkommt. »Stört es jemanden, wenn ich das Licht anmache?«, entfährt es mir, als ich bemerke, wie Marcus Michelles Unterarm tätschelt, um einer Bemerkung Nachdruck zu verleihen. »Ich kriege Kopfschmerzen, wenn ich im Dunklen fernsehe.«

Luke sieht mich betroffen an. »Ich hab noch irgendwo Aspirin, wenn du welches brauchst.«

»Vergiss es«, sage ich mit Elendsstimme. »Wahrscheinlich ist es ein Tumor.« Ich gehe in die Küche und schenke mir einen Becher Rotwein ein. Mir war von Anfang an klar, dass es so kommen würde. Doch ich hatte keine Ahnung, dass es so schlimm für mich sein würde. Ich gebe mir alle Mühe, mich gut zu fühlen, denn schließlich habe ich Ken und Barbie zusammengebracht. Michelle braucht einen Ersatz, nachdem sie Sammy verstoßen hat. Und sie mag zwar absolut unsensibel sein, aber es ist nicht so, als würde sie mein derzeitiges Knuddelhäschen ausspannen. Außerdem hasst mich Marcus derart, dass es knauserig – und witzlos – wäre, ihn für mich behalten zu wollen. Und schließlich ist er Ware zweiter Wahl. Doch aller Zuspruch ist vergebens. Ich würde immer noch am liebsten losheulen.

Die Tränen brennen schon hinter meinen Lidern, als Michelle trällert: »Becherst du da draußen etwa Wein, du Gierschlund? Willst du die ganze Flasche in dich reinschütten, oder können wir auch was abhaben?«

Mein Selbstmitleid wird von mörderischem Zorn hinweggefegt. Ich schiebe unauffällig eine Hand hinter den Rücken und spanne sie zu einer Klaue an. Auf diese Weise lockert sich meine Anspannung, und ich bin in der Lage, ganz freundlich zu antworten: »Ach ja, Michelle! Ich habe ganz vergessen – ein Mann allein könnte dich nie vom Alkohol abhalten! Bedient euch!«

Sie schießt einen Blick auf mich ab, der mich an Schwester Ratched aus *Einer flog über das Kuckucksnest* erinnert. Ich erbebe innerlich, lasse das Lächeln auf meinem Gesicht kleben und nehme mir fest vor, bis an mein Lebensende darauf zu achten, dass ich niemals allein mit Michelle in einem Raum bin.

Der Rest des Abends ist eine einzige Qual. Ich gebe mein Bestes, um die süß erblühende Blume der jungen Liebe zu zerquetschen, aber vergeblich. Mein erster Vorstoß in psychologischer Kriegsführung besteht darin, vier große Pepperonipizzen zu bestellen, »auf meine Rechnung!« Luke kann sein Glück kaum fassen. Marcus und Michelle kochen vor Wut – wie geplant. Michelle sieht sich vor ein Dilemma gestellt. Es ist ihr zuwider, vor Männern zu essen – »Es sieht einfach widerlich aus!« –, gleichzeitig möchte sie aber um jeden Preis die Mär aufrechterhalten, sie würde tagtäglich Schokolade und Pizza in sich reinstopfen, so wie alle Supermodels mit einem Funken Selbstachtung. Ha ha ha.

Marcus ist nicht weniger zerrissen. Pizza und all ihre fetttriefenden Mitstreiter – Curry, Kebab und Hamburger – sind für Marcus das reinste Fegefeuer. Er stammt aus einer Familie, die genetisch zur Fettleibigkeit neigt, und hat solche Angst davor, der Natur ihren wabbeligen Lauf zu lassen, dass er die Essgewohnheiten eines magersüchtigen Spatzen angenommen hat. Seine Mutter und seine beiden älteren Schwestern wiegen, vorsichtig geschätzt, an die 100 Kilo pro Nase. Marcus hat dem Schicksal bislang ein Schnippchen geschlagen, indem er wie ein Besessener trainiert und sich gesund ernährt, doch er lebt in ständiger Angst vor dem großen Knall. (Wenn ich ihn zur Raserei treiben will, sage ich zu ihm: »Ach, Marcus, blas dich nicht so auf.«)

Ihm ist schmerzhaft bewusst, dass diese Besessenheit äußerst unmännlich wirkt, und so gehört es – wie ich wiederholte Male mitbekommen habe – zu seiner Verführungsroutine, zwei Tage lang zu hungern, damit er dann vor seiner Zielperson eine inszenierte »Ich-bin-ein-ganz-nomaler-Bursche«-Völlerei durchziehen kann. Leider ist er schrecklich unvorbereitet, da Michelle als Überraschungsbonus kommt. Er wird seine Pizza essen, um nicht weibisch zu wirken, doch jeder Bissen wird ihm wie Gift im Halse stecken bleiben (und einem Schuldschein für fünf Minuten Laufband gleichkommen). Ich mampfe glücklich vor mich hin und sehe den Turteltäubchen bei ihrem Kampf zu.

»Das war echt nett von dir, Helen«, sagt Luke mit vollem Mund.

»Es ist mir ein Vergnügen«, antworte ich zufrieden und wuschle ihm durchs Haar.

Michelle stößt ein kleines »Uff!« aus, das uns sagen soll, dass sie schon nach zwei Stückchen zum Platzen voll ist.

»Vielleicht hätte ich mir auf dem Weg hierher den Hamburger mit Pommes verkneifen sollen«, seufzt sie. Aber sicher. Eher würde sie ihren Mund zunähen lassen.

Marcus' Augen fallen fast in ihren Ausschnitt. »Du bist also gar nicht hungrig?«, murmelt er neckisch. Mir kommt beinahe die Pizza hoch. Alle weiteren Sabotageversuche schlagen fehl.

Michelle trägt Goldglitzersandalen, was mir Gelegenheit gibt, laut zu rufen: »Mir ist ja noch nie aufgefallen, dass du so lange, elegante Zehen hast!«

Luke reckt dankbarerweise den Hals und kräht: »Herzeigen, herzeigen!«

Marcus schaut ebenfalls hin, doch sein Urteil lautet (verflixt, verflixt, verflixt!): »Wirklich, ganz erstaunliche Zehen!«

Michelle windet sich in siegesgewissem Wohlbehagen. Gegen Ende von *Stirb langsam 2* schmiegt sie sich immer enger an Marcus, bis sie praktisch auf seinem Schoß sitzt. Ihre Unterhaltung wird immer leiser und verstohlener. Um Mitternacht verkündet Luke, dass er k.o. sei, und verzieht sich in sein Zimmer. Dieser Deserteur. Ich wünsche ihm kühl eine gute Nacht und harre eisern und störrisch in meinem Sessel aus. Notfalls bleibe ich bis zum Morgengrauen auf, um den beiden einen Strich durch die lüsterne Rechnung zu machen!

Um zehn nach zwölf fangen Marcus und Michelle vor meinen Augen zu knutschen an. Ich gebe mich geschlagen und gehe zu Bett.

Kapitel 17

Hattest du als Kind einen Spitznamen? Als ich meinen Freunden diese Frage stellte, antworteten fast alle mit Ja. Marcus stritt es anfänglich ab, gestand später aber, dass seine Mutter ihn voller Bewunderung »mein lüttes Pummelchen« gerufen hatte. Lukes Eltern nannten ihn in ihrer Verzweiflung »Störenfried«. Lizzys inoffizieller Name lautete »Kleckschen«. Michelles Eltern bezeichneten ihre Tochter treffsicher als »Madam«. Tinas Mutter taufte ihr Kind auf »Quieks« um. Laetitias Eltern – das versteht sich von selbst – beharrten standhaft auf »Laetitia«. Und mein Vater? Sein Spitzname für mich war »Grinch«.

Da ich nie viel für Bücher übrig hatte, in denen niemand stirbt, vergaß ich, woher der Name kam, und quäkte, während ich zum Kindergarten hüpfte, oft ein anspruchsvolles, selbst gedichtetes Liedchen vor mich hin: »Ich bin der Grinch! Ich bin der kleine Grinch!« Im Lauf der Jahre hörte mein Vater auf, mich mit Grinch anzusprechen, und ging dazu über, »Helen« zu mir zu sagen. Nur auf der alljährlich hastig hingekritzelten Geburtstagskarte verwies er regelmäßig auf den vertrauten neckischen Namen: »Lieber Grinch.« Da in unserem Haus nur selten Zuneigung gezeigt wurde, ließ ich dem »lieben Grinch« das gleiche Maß an symbolträchtiger Verehrung zukommen wie die meisten Patrioten ihrer Landesflagge. Bis ich die Wahrheit erfuhr.

Es war eines Freitags mit Tina im Pub, nur wenige Monate vor dem Tod meines Vaters, als ich mich in einem seligen Klagelied über Jasper erging. Er hatte The Divine Comedy (meine Lieblingsband) als »Ludenscheiße« abgetan und mich gezwungen – auf *meinem* Auto-Recorder wohlgemerkt –, Daryl Hall und John Oates anzuhören. Insgeheim musste ich ihn bewundern – zwar nicht für seinen Musikgeschmack, aber doch für seine Dreistigkeit. Da rief Tina gehässig aus: »Der Kerl ist ein echter Grinch!«

Ich verstummte augenblicklich und fragte: »Ein Grinch? Wie meinst du das?«

Sie sah mich komisch an. »Du weißt schon! Fies. Poplig! Ein Spielverderber!«

Ich rang mir ein mageres Lächeln ab und sagte: »Und so jemanden nennt man Grinch«?

Tina johlte. »Du willst mich wohl verarschen! Habt ihr in Nord-London nie Dr. Seuss gelesen? *Die Katze im Hut? Wie der Grinch das Weihnachtsfest stahl?* Nein?«

Ich schüttelte den Kopf, murmelte: »Nein, nein«, und stürzte an die Bar, um die nächste Runde zu bestellen. Am nächsten Tag flitzte ich in die Bücherei und fragte die Bibliothekarin, ob sie mir helfen könne, ein Kinderbuch zu finden. Sie lächelte verschwörerisch.

Und ich entdeckte, dass ein Grinch nicht – wie ich mir immer ausgemalt hatte – ein süßes, pelziges kleines Kuschelding war, sondern eine gehässige, rotäugige, in einer Höhle hausende Kreatur mit einem Herzen, das »zwei Nummern zu klein geraten« ist. Sicher, zu guter Letzt verwandelt er sich in ein echtes Herzchen. Aber bis zur vorletzten Seite bleibt der Grinch ein widerwärtiger, hässlicher Ekelbatzen, der keinen einzigen Freund hat.

Ich wollte vermeiden, ein zweites Mal von Tina ausgelacht zu werden, darum beschloss ich, diese erschütternden Erkenntnisse mit Lizzy zu teilen. *Sie* würde die Sache mit der gebotenen Nüchternheit betrachten. Nach der zehnten Flasche Becks heulte ich ihr die grässliche Geschichte in einem feuchten, unverständlichen Schwall vor. Doch sie lachte mir ins Gesicht! »Helen«, erklärte sie mit glöckchenreinem Lachen, »es ist doch nur ein Kosename! Ganz bestimmt hat er überhaupt nichts dabei gedacht! Es ist einfach ein hübsches Wort, so wie … Möpschen! Mein Vater nennt meine Schwester immer noch Möpschen – dabei ist sie 31 und dünn wie ein Windhund!«

Ich fiel mit tränenfleckigem Gesicht ins Bett und erwachte mit dem Gefühl, mich wie ein Idiot aufgeführt zu haben. Lizzy, die Stimme der Vernunft, hatte gesprochen. Mein Vater hatte mir den Namen Grinch verliehen, weil er das Wort so nett fand. Im Grunde konnte ich mich glücklich schätzen – nach einem bedauerlichen Zwischenfall während der morgendlichen Ansprache bekam Michelle für den Rest ihrer Kindergartenzeit den Spitznamen »Stinkehöschen«. Und so nannten sie nur die Erzieher!

Ich hatte schon verdrängt, wie tief getroffen ich gewesen war, als Lizzy mich ein paar Tage später noch einmal auf das Thema ansprach. Sie hoffte, ich würde es ihr nicht übel nehmen, doch sie hatte mit einem befreundeten Psychologen über Grinche und Möpschen gesprochen, und *der* habe gemeint: »Was die Namen bedeuten, ist weniger wichtig als das Gefühl, das sie einem vermitteln.« Ob ich mich mit dem Gedanken getragen hätte, meinen Vater zur Rede zu stellen? Ganz bestimmt. Genauso wie ich mich mit dem Gedanken trage, mich grün anzustreichen und splitternackt über die Oxford Street zu rennen. Ich hasse diese Psycho-Clowns. Ständig graben sie Probleme aus, wo gar keine sind. Ich verbannte diesen stichelnden Wortwechsel in meinen Hinterkopf, wo er verblieb. Nur ganz selten wird er wieder nach vorn in mein Bewusstsein gespült.

Wie zum Beispiel an diesem Morgen, als ich aus unruhigem Schlaf erwache und meine Haare raufen möchte, weil ich mich diese Woche so zum Narren gemacht habe, indem ich Marcus davon abzuhalten versucht habe, mit Michelle ins Bett zu gehen. Bei solchen Gelegenheiten bin ich wieder der Grinch. Gemein. Popelig. Ein Spielverderber. Mein Vater hatte Recht. Zu blöd, dass ich ihn nicht mehr zur Rede stellen kann! Andererseits habe ich weder die Bronzehaut noch das toupierte Haar von Michelle oder Marcus gesehen. Ich gehe davon aus, dass er bei ihr ist. Er taucht jedes Mal ab, nachdem er zum Zug gekommen ist. Ich schwöre, er tut das nur, um seine Eroberung davon zu überzeugen, dass er bis über beide Ohren verknallt ist. Eines ist mir über Marcus klar geworden – ihm fehlt jeder Funken von Spontaneität. Selbst der selige Jasper hatte seine lichten Momente. Doch bei Marcus ist jeder einzelne Zug kalkuliert.

Ich wünsche den beiden alles Gute. Ich sage das nicht, weil ich plötzlich barmherzig geworden wäre, sondern weil ich heute Abend Tom treffe. Meinetwegen kann Michelle Marcus mit dem Mikrowilli haben. Ich will fair sein, sie passen wunderbar zueinander. Lange Tage ohne einen einzigen Bissen auf dem Laufband, hitzige, leidenschaftliche Lästersitzungen, stundenlanges gegenseitiges Kämmen, glühend heiße Nächte auf zwei Sonnenbänken ... Es ist mitten am Nachmittag, und ich überlege gerade, ob ich wohl zu ihrer Hochzeit eingeladen werde, da läutet das Telefon. Michelle!

Ich sage nicht: »Komisch, ich habe eben an dich gedacht«, denn das würde ihr runterlaufen wie Honig. »Wie *geht's* dir so?«, quietscht sie, als hätten wir uns Jahrzehnte lang nicht gesehen.

»Gut, und dir?«, frage ich vorsichtig zurück.

»Super, einfach super. Herzchen, ich muss dich um einen Gefallen bitten.« Ach ja?

»Ach ja?«

Michelle zögert. »Es ist gleichzeitig eine gute Neuigkeit und eine schlechte Neuigkeit. Marcus will mit mir ausgehen. Aber ich gehe nicht, wenn du nicht möchtest. Ich will dir nicht wehtun.«

Sie ist durch und durch Profi. Meine Stimme klingt heiter. »Michelle, das sind ja super Neuigkeiten! Ich freue mich wahnsinnig für dich. Und ich kann mir gar nicht vorstellen, wie du auf den Gedanken kommst, mich könnte das stören. Marcus ist« – ich suche nach einer wirklich ätzenden Beschreibung – »ein winziger dunkler Fleck in meiner Vergangenheit. Wobei die Betonung auf winzig liegt!«

Ich kann meine eigene Vermessenheit kaum fassen, genauso wenig wie Michelle. Sie faucht: »Mein Gott, bist du verbittert«, und knallt den Hörer auf. Ich atme tief durch und setze Laetitia davon in Kenntnis, dass ich kurz auf einen doppelten Espresso verschwinde, aber in fünf Minuten wieder da bin.

»Bring mir eine Mandelschnitte und ein stilles Mineralwasser mit«, ruft sie mir nach. »Ich gebe dir das Geld, sobald ich auf der Bank gewesen bin.« Wohl eher, sobald *ich* für dich auf der Bank gewesen bin. Ich spule den letzten Gedanken zurück und brüte darüber nach.

Bin ich verbittert? Natürlich! Wer würde angesichts Laetitias nie endender Liste erniedrigender Aufgaben nicht verbittern? Ich bin Journalistin, kein Butler! Theoretisch wenigstens. Und warum bin ich überhaupt mit Michelle befreundet? Weil wir uns vor 17 Jahren beide für japanische Stiftkästchen und für *The Sound of Music* interessierten? Zornsprühend und mit nachtschwarzer Miene marschiere ich im Sturmschritt den Bürgersteig entlang. Ich muss aussehen wie ein Bull-Mastiff. Ich versuche, durch die Nase zu atmen und die Falten auf meiner Stirn zu glätten. Die Passanten beobachten mich argwöhnisch und huschen hastig beiseite. Ich sehe mich so, wie sie mich sehen müssen, und fühle mich ins Herz getroffen. Ich will nicht so sein ... so verbittert.

Ich zwinge meinen rastlosen Geist zur Ruhe und lenke ihn gewaltsam auf erfreulichere Themen, so wie auf Tom. Diese Augen. Dieser Mund. Mein Herz fängt wieder an zu rasen, und ich lächle innerlich. Erbärmlich! Doch es hat funktioniert. Wir treffen uns heute Abend um acht vor der U-Bahn-Station Covent Garden. (Meine Mutter hat – mühsam besänftigt durch den in Aussicht gestellten Besuch einer Gesundheitsfarm – einen Montagabend abgetreten. Ein Tausch, der mich teuer zu stehen kommt, weil mich jede Einschränkung meines Zugangs zu Lebensmitteln in Panik versetzt und ich es hasse, wenn man mich zu irgendwas drängen will.) Ich trage eine schwarze Hose, schwarze Stiefel und ein graues Top mit V-Ausschnitt. Zur Abwechslung.

Ich erstehe die Mandelschnitte, das Mineralwasser und – in meiner neu entdeckten Zen-Gesinnung – einen doppelten entkoffeinierten Espresso. Ich halte einem eleganten, älteren Herrn die Tür auf. Jene Art von Herr, bei dessen Anblick sich alle meine Eingeweide vor Schmerz zusammenkrampfen, weil er nicht mit 59 an einem Herzinfarkt gestorben ist.

Es ist nicht persönlich gemeint. Es ist ja nicht seine Schuld. Es ist wirklich nicht persönlich gemeint. Ich schlucke den hochschießenden Ekel hinunter und ringe mir ein Lächeln ab. Der Mann zwinkert und sagt mit diamantscharfer Stimme: »Sie sind *zu* freundlich!« Ich strahle und wende sofort den Blick ab, weil mir alberne Tränen in die Augen steigen. Ich bin freundlich. Noch während ich die Treppen zur *Girltime*-Redaktion hinaufschnaufe, suhle ich mich im Lob eines Fremden. Vielleicht würde ich Tom, wenn er mich jetzt sehen könnte, nicht enttäuschen.

Ich marschiere wieder im Büro ein und höre sofort, dass mein Telefon klingelt. Natürlich liest Laetitia gerade die *Daily Mail* und geht deshalb nicht ran. Bitte mach, dass es nicht Tom ist, der absagen will. »Hallo?«, frage ich ängstlich, nachdem ich den Hörer hochgerissen habe.

»Helen!«, antwortet mir eine bebende Stimme, »hier ist Vivienne! Und ich fürchte, es tut mir so Leid, ach, es ist ganz entsetzlich –«

Meine Stimme ist vor Schreck ganz heiser: »Jetztsagschon!«

Vivienne würgt sieben Worte hervor und bricht dann in Tränen aus: »Deine Mutter hat sich die Pulsadern aufgeschnitten!«

Kapitel 18

Als ich sechs Jahre alt war, handelte ich mir eine Tracht Prügel ein und wurde um halb sechs ins Bett gesteckt, weil ich in Anwesenheit von Michelles Mutter gefragt hatte: »Daddy, stimmt es, dass wir unsere Hypotheken nicht mehr zahlen können?« Zugegeben, ich wusste nicht, was Hypotheken sind, aber es war ein eindrucksvoller Satz, den ich irgendwo aufgeschnappt hatte und unbedingt anbringen wollte. Außerdem war ich gewohnt, dass meine Mutter – die noch nie eine gute Zuhörerin war – gedankenverloren allem zustimmte, was ich von mir gab, selbst wenn es sich um die abstrusesten Ammenmärchen handelte.

Bedauerlicherweise leuchteten Mrs. Arnolds Augen auf wie die eines Beelzebubs, und mein Vater gab mir die Schuld an dem von ihm prophezeiten Ruin seines finanziellen Rufes. Während ich schniefend auf den Schlaf wartete, betete ich, dass mein Vater *und* meine Mutter – die nicht einmal den Mut gehabt hatte, auf Zehenspitzen nach oben zu schleichen und mich zu trösten – in einem Tornado sterben würden. In diesem Augenblick hielt ich Annie, das Waisenkind, für das beneidenswerteste Wesen auf Gottes weiter Erde und wünschte mir flehentlich, an ihrer Stelle zu sein. Verglichen mit meinen abgrundtief bösen Eltern, war Miss Hanigan die reinste Erholung! Die Fußböden zu schrubben wäre ein Privileg! Es wäre die reinste Freude, auf einem harten Lager schlafen zu müssen! Und obendrein würde ich mit amerikanischem Akzent »It's a Hard Knock Life!« singen dürfen!

20 Jahre später hingegen sagt mir die Aussicht, ein Waisenkind zu sein, weitaus weniger zu, denn als Vivienne mir mitteilt, dass meine Mutter sich die Pulsadern aufgeschnitten hat, werden meine Beine taub, sodass ich zu Boden sinke, und zwar mit einem Stöhnen, das Lizzy später – mit ehrfürchtig gedämpfter Stimme – so umschreiben wird: »Ungezähmt, urzeitlich, bis ins Mark gehend, wie ein wildes, sich in Schmerzen windendes Tier.«

Da bis dato in den Büros von *Girltime* kein primitiverer Laut zu hören war als Laetitias Keifen über die Bedienung bei Dunkin' Donuts, die ihr zu viel Milch in den Tee gegossen hat, erregt meine Darbietung natürlich Aufsehen. Lizzy und Laetitia kommen auf mich zugeschossen und schreien: »Was ist denn los?« Ihre Gesichter sind verschwommen, so als wären wir alle unter Wasser, außerdem bekomme ich kaum Luft und hechle mich durch das Halbdunkel: o bitte nicht meine Mutter nicht Mum o bitte nimm mir nicht auch noch Mummy o Gott nicht auch noch sie, und mein Kopf dreht sich, und ich keuche immer wieder: »O bitte nicht meine Mummy« vor mich hin, bis die Worte zu einem dichten Schleier verweben, der mich von der Außenwelt abschirmt.

Währenddessen baumelt neben mir der Hörer, aus dem ein schwaches, hysterisches Quieken dringt. Lizzy schnappt das Telefon, während Laetitia die – perfekte – Gelegenheit nutzt, um mir eine scharfe Ohrfeige zu versetzen. Bis ich »Autsch« gesagt und sie wütend angesehen habe, kniet Lizzy bereits neben mir und hat meine bebenden, klammen Hände gepackt.

»Helen«, sagt sie mit klarer, fester Stimme und sieht mir dabei in die glasigen Augen, »deiner Mutter ist nichts passiert. Sie ist nicht tot. Okay? Kannst du mich hören, es ist nichts weiter passiert.«

Ich starre Lizzy hilflos an. Ich verstehe kein Wort. Ich komme mir vor wie eine Fünfjährige. »Sie hat sich die Pulsadern aufgeschlitzt«, wende ich zweifelnd ein.

»Es sind nur oberflächliche Schnitte«, betont Lizzy mit jener lauten, nachdrücklichen Stimme, die mein Vater immer angenommen hat, wenn er mit Ausländern sprach. »Nur ein paar Kratzer. Vivienne hat vom Krankenhaus aus angerufen, sie sind in der Notaufnahme, aber es ist nichts Ernstes. Deiner Mutter ist nichts passiert, ihr ist nichts passiert, okay?«

Ich nicke und sage: »Okay.«

Ich zittere wie ein alter Pudel in einer Wanne mit kaltem Wasser. Ich weiß nicht, was ich tun soll. Zum Glück fällt Lizzy die notwendigen Entscheidungen für mich. »Ich rufe sofort ein Taxi, das dich zum Krankenhaus bringt. Oder, Laetitia?«, fügt sie noch an.

Laetitia – die mit ihrer Ohrfeige zweifellos eine lange angestaute Anspannung gelöst hat – nickt nur knapp und sagt: »Unbedingt.«

Lizzy hilft mir zu einem Stuhl und setzt mich hin. Sie eilt in die Küche, kommt mit einer Tüte braunem Zucker zurück und kippt mindestens die Hälfte davon in meinen doppelten entkoffeinierten Espresso. »Trink das«, befiehlt sie.

»Du würdest so was nicht anrühren«, knurre ich und nehme gehorsam einen Schluck.

Zum Glück trifft das Taxi schon nach ein paar Minuten ein und rettet mich aus dieser mit türkischem Kaffee getränkten Hölle. Lizzy hat meinen Terminkalender und andere Hinterlassenschaften in meine Tasche gepackt und hilft mir beim Einsteigen. Aber zuvor erdrückt sie mich um ein Haar in einer warmen, festen Umarmung und sagt: »Es wird alles wieder gut, ich weiß es. Und ...« sie schiebt mich ein Stück zurück, um mir in die Augen zu sehen – »ach Helen, ich war eine miserable Freundin. Ich –«

Ich sehe sie verwirrt an. »Lizzy, red keinen Quatsch! Du bist eine fantastische Freundin! Dieses ganze vergebliche Reiki! *Ich* bin die schlechte Freundin.«

Ich muss an T'ai Chi und Zeigefüße denken, doch Lizzy schüttelt den Kopf. »Nein, Helen. Ich hätte mich mehr um dich kümmern sollen. Ich habe gesehen, wie du innerlich zerfressen wirst, und ich hätte etwas sagen sollen, aber ich wollte nicht –«

Zerfressen? Sag wieder »Waschbär«, und alles ist vergessen! »Lizzy«, sage ich, »es geht ehrlich schon wieder, ich hatte eben einen Schock wegen meiner Mutter, aber du hast selbst gesagt, dass ihr nichts Schlimmes passiert ist, sie hat keine schlimmen Verletzungen. Und ich sollte mich lieber beeilen.«

Lizzy scheint mich nur ungern gehen lassen zu wollen. »Soll ich vielleicht mitkommen?«, fragt sie. Ich schüttle den Kopf. »Sei nett zu dir selbst«, sagt sie und rüttelt mich dabei kurz.

Ich lasse mich in das Taxi fallen. Schon wieder dieses Wort. Ich wäre gern nett. Aber wenn mir meine Mutter vor die Augen kommt, bringe ich sie um. Wie kann sie es wagen, so eine Show abzuziehen, diese selbstsüchtige Ziege! Mein

Herz hämmert wie wild vor Entsetzen, deshalb sinke ich zurück in den Sitz und kralle die Finger in die Polster. Herrgott, welcher Teufel hat sie nur geritten?

Als ich in die Unfallstation renne, habe ich ein Déjà-vu, so als würde *Und täglich grüßt das Murmeltier* auf *Amityville* treffen, es ist genau der gleiche Übelkeit erregende, surreale Strudel drohenden Unheils wie damals. Das Gefühl wird nicht eben dadurch gelindert, dass es in der Notaufnahme nach Urin stinkt. Stinkt! Ich schaue mich hektisch um und entdecke – Gott sei Dank – Vivienne und meine Mutter, die in einer Ecke kauern, umgeben von lauter Menschen, die aussehen, als würden sie schon jahrelang hier sitzen. Viviennes knallorangefarbener falscher Pelzmantel (sie hat ihn gekauft, nachdem sie in Islington attackiert worden war, weil sie ihren Nerz trug) strahlt aus all der freudlosen Trostlosigkeit heraus wie ein Leuchtturm des schlechten Geschmacks.

Ich marschiere auf meine Mutter zu, und mein Zorn verraucht schlagartig, als ich ihr erschöpftes, kalkweißes Gesicht sehe. Man hat sie in eine graue Decke gewickelt. Grau, befinde ich, mag sich ganz gut auf dem Laufsteg machen, wo sich darunter dürre Beine, unanständiger Reichtum und dezente Eleganz verbergen lassen, doch in Krankenhäusern und Beerdigungsinstituten ist es einfach Mist, weil es dort echt ist – schäbig, ärmlich und von glanzloser Hoffnungslosigkeit.

»Helen!«, wimmert meine Mutter. Ihre spindeldürren Handgelenke sind notdürftig mit Verbänden umwickelt. Ich beuge mich herab und schließe sie in die Arme. Vivienne macht augenblicklich ihren Sitz für mich frei. Meine Mutter schluchzt mir in die Arme, und ich wiege sie wie ein Baby.

»Ach Mummy, versprich, dass du nie nie wieder, schrecklich, Daddy würde toben, du weißt, dass ich hier bin, was sollte ich denn anderes tun? Okay, mich um dich kümmern.« Das ist nicht wirklich ein zusammenhängender Satz, doch meine Mutter versteht ihn einwandfrei, weshalb sie nickt und schnieft und sich enger an meine Brust kuschelt. Ich schaue über meine Mutter hinweg zu Vivienne hin, die nach einer Marlboro Light lechzt, das sehe ich ihr an. Ich weise mit einem Blick auf den Ausgang. »Ich komme gleich nach«, sagen meine Lippen lautlos. Sie zieht ihren orangefarbenen Mantel fester, lächelt gepresst und stöckelt von dannen.

Es schnürt mir das Herz zusammen, meine Mutter so lautlos heulen zu sehen, während ihre Finger kraftlos in meinem Schoß wühlen. Ich warte eine Ewigkeit, umarme sie eine Ewigkeit, bis das Weinen schließlich nachlässt, und versuche die ganze Zeit über nicht daran zu denken, dass ich all das hätte vermeiden können, wenn ich mich an einem Donnerstag mit Tom getroffen hätte. Dann sage ich vernünftige Dinge wie: »Wie lange seid ihr schon hier?«, und: »Möchtest du etwas Warmes zum Trinken?«, und »Tut es sehr weh?« Sie antwortet: »Eine Ewigkeit«, und »Hatte ich schon«, und »Nicht allzu sehr.« Als ich den Verdacht habe, dass sie alle Tränen geweint hat, frage ich, ob es ihr etwas ausmacht, wenn ich kurz nach Vivienne sehe. »Bestimmt war es auch für sie ein Schock«, sage ich voller Ernst.

Meine Mutter nickt dumpf und starrt auf den Boden. »Ich komme wirklich *gleich* wieder«, betone ich. »Du bleibst hier und rührst dich nicht von der Stelle. Versprochen ist versprochen?«

Meine Mutter erkennt den Satz wieder, den ich regelmäßig von mir gab, wenn ich was Süßes wollte, damals, als ich fünf Jahre alt war und wir noch eine Familie waren. Sie bringt ein trauriges Lächeln zu Stande und erwidert: »Versprochen ist versprochen.« Ich küsse sie auf die Stirn und laufe los, um Vivienne zu suchen.

Vivienne sitzt auf einer Holzbank und zündet die wahrscheinlich vierzigste Kippe an diesem Tag an. Sie lässt den Rauch bedächtig und genüsslich aus ihren Nasenlöchern quellen, bevor sie anfängt zu sprechen. »Sie hat gewusst, dass ich um halb fünf vorbeikommen wollte, gleich nach der Schule und nach meinem Italienischunterricht. Wir wollten Kaffee trinken gehen. O Gott, es war schrecklich. Ich glaube, sie hatte es gerade erst getan.« Viviennes scharlachroter Mund beginnt zu beben.

»Ich habe bei ihr geklingelt, aber sie hat nicht aufgemacht. Also habe ich noch einmal geklingelt. Immer noch nichts. Ich habe gedacht, sie ist in der Schule aufgehalten worden. Ich wollte gerade umdrehen und im Auto auf sie warten, als sie aufgemacht hat. Sie sah so schwach aus wie eine Wassersuppe und furchtbar bleich – wie jemand aus Schottland!« Vivienne ereifert sich derart, dass ihr entgeht, wie ich bei ihrem gedankenlosen Vorurteil zusammenzucke. »Sie hat mir die Handgelenke hingestreckt, gesagt: ›Sieh nur, was ich getan habe‹, und ist in Tränen ausgebrochen. Es war ganz furchtbar. Sie hat eine ziemlich stumpfe Rasierklinge genommen – sie hat sie hin und her geschoben, aber Gott sei Dank nicht allzu fest.

Sie hatte Unmengen von Kratzern und blutige Schwielen. Ich war so schockiert, Helen, dass ich fast auf der Stelle in Ohnmacht gefallen wäre. Oberflächlich schien sie wieder ganz gut beisammen zu sein – sie war still, aber ganz gut beisammen. Sie hat wieder gearbeitet, die Kinder haben sie wieder auf Trab gehalten, dazu das Geld deines Vaters – also wirklich! Ausgerechnet Cecelia! Ich hätte nie gedacht, nicht in einer Million Jahren, dass sie so etwas tun könnte. Ich meine, wie lange ist es jetzt her, fünf, sechs Monate, ich habe gedacht, bestimmt ist sie inzwischen über das Gröbste hinweg … äh, sollte sie das nicht sein oder vielleicht doch noch nicht?«

Vivienne, die eher zu sich selbst als zu mir gesprochen hat, sieht mir ins Gesicht, und ihr Sprachfluss versiegt. Ich brülle sie nicht an, obwohl ich nichts lieber tun würde. Obwohl ich in genau diesem Augenblick fast platze, so sehr wünsche ich mir einen Vorwand, jemanden anzubrüllen. Wenn Johnny Depp jetzt vorbeischlendern und mir versehentlich auf den Zeh steigen würde, würde ich ihn zur Schnecke machen – düsterer Designer-Bartschatten hin oder her, der Typ wäre geliefert!

Doch Vivienne gegenüber bleibt meine Stimme ganz ruhig: »Vivienne, ich, ich, du weißt schon, ich, Gott sei Dank hast du sie gefunden, du, ich, nein, fünf Monate, das kommt dir, wahrscheinlich, unendlich lang vor, aber für sie und, also, auch für mich ist das gar nichts. Überhaupt nichts. Ich, wie blöd, ich habe auch gedacht, sie hätte sich, also, irgendwie erholt, aber das ist, das stimmt nicht. Sie hat es noch längst nicht überwunden. Ich habe keine Ahnung, wie lange das dauert. Länger. Vielleicht wird sie irgendwann lernen, damit zu leben. Das hoffe ich wenigstens. Aber, tut mir Leid, ich quatsche dich voll, erzähl weiter.«

Vivienne zieht wieder an ihrer Zigarette. Sie saugt so fest am Filter, dass es mich nicht überrascht hätte, wenn die Kippe ihr in die Kehle geschossen wäre. »Ich habe sie in die Küche gebracht und nasse Geschirrtücher um ihre Handgelenke gewickelt, dann habe ich sie sofort hierher gefahren. Sie hat gesagt, sie hätte es im Bad getan und sie hätte ›ziemlich viel Blut‹ verloren, darum bin ich schnell nach oben gelaufen, um nachzusehen, doch es sah gar nicht *so* schlimm aus – ich konnte *überhaupt kein* Blut entdecken –, aber ich bin in solchen Sachen keine Expertin, und sie hatte Handtücher ausgelegt, um, so sehe ich es, den Teppich zu schonen, aber auch auf denen war kein Blut, darum bin ich wieder nach unten gelaufen und habe einen Krankenwagen gerufen, und diese Leute haben – was für eine Unverschämtheit! – gesagt, *ich* solle sie herfahren! Ich hätte gute Lust, meinem Abgeordneten zu schreiben! Wer auch immer das ist.

Also habe ich sie hergebracht, und sie wurde auf ihre (schnief) Selbstmordabsichten hin untersucht, und aus ihren Antworten haben sie geschlossen, dass es wohl eher ein Hilferuf als ein wirklicher Selbstmordversuch war, verstehst du, darum haben sie Cecelia ›vorläufig‹ zusammengeflickt und, aber, was mir so zusetzt, ist, dass sie gesagt hat, als man sie gefragt hat, warum sie es getan hat …«

Vivienne – von der ich nie geglaubt hätte, sie einmal weinen zu sehen, es sei denn, die riesige Gucci-Filiale in der Sloane Street würde von einem irregeleiteten Tornado verwüstet – schnieft und tupft mit dem Daumen beide Augenwinkel aus.

»Was?«, flüstere ich.

Vivienne schluckt schwer und ergänzt: »Da hat deine Mutter gesagt: ›Es hat doch alles keinen Sinn. Nicht ohne meinen Morrie.‹ Sie hat gesagt: ›Die Welt dreht sich immer weiter, aber ich kann einfach keinen Sinn darin sehen.‹ O Helen. Bis zu diesem Moment war mir gar nicht klar, wie sehr sie ihn geliebt hat.«

Ich tätschele ihre bebende Hand und hege insgeheim den infamen Verdacht, dass Vivienne so aufgewühlt ist, weil sie, falls *ihr* Gemahl einmal das Zeitliche segnen sollte, wahrscheinlich erst eine Flasche Bollinger köpfen würde, um dann zu behaupten, er würde bestimmt nicht wollen, dass sie um ihn trauert, ehe sie sich aufmachen würde, leicht zu beeindruckenden jungen Männern nachzustellen, und zwar mit noch mehr Gusto, als sie es jetzt schon tut. Doch ich schüttle nur den Kopf und seufze: »Ich auch nicht.« Insgeheim frage ich mich, inwieweit das heutige Drama die Gefühle meiner Mutter für meinen Vater offenbart und inwieweit es ihre Gefühle für sie selbst offenbart.

Wir gehen wieder hinein. Meine Mutter ist in ihrem unbequemen, orangefarbenen Plastiksessel eingeschlafen. Sie sieht aus wie eine Zehnjährige.

Wir sitzen da und warten darauf, aufgerufen zu werden, als es mir wie Schuppen von den Augen fällt. Tom! Meine Verabredung mit Tom! Verdammt. Auf einem riesigen Schild wird jeder Gebrauch von Mobiltelefonen innerhalb des Krankenhauses untersagt, darum schnappe ich mein Handy und rase wieder nach draußen. Es ist 18 Uhr 37. Ich rufe bei Megavet an, und – liegt eigentlich ein Fluch auf meiner Sippe oder was? – Celine geht an den Apparat. Bestimmt wird gerade irgendwo die Abendmesse gelesen, darum beschließe ich, zu Kreuze zu kriechen. »Celine«, sage ich so liebenswürdig, wie ich nur kann, »hier ist Helen Bradshaw, ich bin die, die –«

»Ich weiß, wer Sie sind«, fällt sie mir scharf ins Wort. Mist.

»Ist Tom da?«, erkundige ich mich.

»Er hat zu tun«, blafft sie. Ich hüte mich auszuflippen, weil mir klar ist, dass sie genau das erreichen möchte. Ich beschließe, mit offenen Karten zu spielen.

»Celine«, sage ich, »ich wollte mich heute Abend mit Tom treffen, aber ich kann nicht kommen, weil meine Mutter plötzlich ins Krankenhaus musste, es ist ein Notfall, etwas Ernstes, darum muss ich bei ihr bleiben. Ich wäre Ihnen wirklich dankbar, wenn Sie Tom das ausrichten könnten«, du krätzige Schlampe, ergänze ich im Stillen.

Zu meiner großen Verwunderung und Dankbarkeit zaubert Celine aus dem Nichts ein Fitzelchen Menschlichkeit hervor und sagt ganz ernst: »Das tut mir wirklich Leid. Natürlich werde ich Tom das ausrichten. Kümmern Sie sich nur um Ihre Mutter, und machen Sie sich keine Gedanken.«

Ich bin fassungslos. »Das ist wirklich nett von Ihnen, Celine«, sage ich.

»Gern geschehen«, erwidert sie.

Ich schalte das Handy aus. Wow. Womit habe ich das nur verdient? Womöglich hat sie einen Nachfolger für Nancy gefunden – einen Mercedes namens Charles aus gutem Hause mit Zierradkappen und Lederausstattung. Aber wahrscheinlich freut sie sich nur diebisch, dass eine familiäre Tragödie meine Verabredung mit ihrem verehrten Boss vereitelt hat. Ich eile auf die Unfallstation zurück. Meine Mutter ist aufgewacht und klagt, dass ihre »Handgelenke schmerzen«. Was sie nicht sagt. Ich beiße mir fast die Zunge ab, um keine flapsige Bemerkung zu machen.

Schätzungsweise drei Jahre später wird meine Mutter aufgerufen, und sie, Vivienne und ich werden aus dem gottverlassenen Wartezimmer in eine Art Korridor geführt, an dem sich winzige Kämmerchen aneinander reihen. »Hast du deinen Badeanzug dabei?« Es ist ein schwacher Scherz, und meine Mutter lacht nicht. Der Dienst habende Psychologe – der mit seinen tieflila Augenringen aussieht, als hätte er einen Boxkampf hinter sich – sieht mich an, als wollte er sagen: »Göre«. Ich setze eine Demutsmiene auf und halte den Mund. Wir passen nicht alle in sein Schuhschachtel-Kabuff, darum erklärt sich Vivienne bereit, draußen zu warten.

Ich kann es ihr nicht verübeln. In der Schuhschachtel links von uns brüllt ein Mann herum, in der rechts von uns weint eine Frau. Wie entspannend. Ich werfe meiner Mutter einen nervösen Blick zu, ob sie schon Anzeichen geistiger Umnachtung zeigt, doch sie sitzt ganz ruhig auf dem Stuhl in unserem Kabuff und lässt von einer Schwester die Wunden mit einer klaren Flüssigkeit abtupfen. Vielleicht brauche ich ja eine neue Brille, ich muss nämlich die Augen zusammenkneifen, um die Schnitte zu erkennen. »Das ist eine Salzlösung, es wird also brennen – aber nur ein bisschen«, sagt die Krankenschwester freundlich. Meine Mutter nickt. Sie bleibt ungewöhnlich sanftmütig, als ihre Handgelenke mit großen, klebrigen Stoffstreifen verpflastert und mit einem dünnen Verband umwickelt werden, und sogar als sie eine Tetanusspritze bekommt. »Nur um ganz sicherzugehen«, erklärt die Krankenschwester fröhlich. Ich lächle sie dankbar an. Sobald sie verschwunden ist, beginnt der böse Bulle – alias Dr. Nathan Collins, wie sein Namensschild verkündet – mit dem Verhör.

Wie sie in letzter Zeit geschlafen habe? Ob sie Appetit habe? Ob es ihr schwer gefallen sei, sich zu konzentrieren? Ob sie sich danach gesehnt habe, ihrem Mann nachzufolgen? Ob sie am liebsten eingeschlafen und nie wieder aufgewacht wäre? Wieso sie das getan habe? Ob sie schon einmal etwas Ähnliches versucht habe? Ob es eine plötzliche Eingebung gewesen sei? Ob sie einen Abschiedsbrief geschrieben habe? Ob sie sich wünsche, sie wäre tot? Ob sie gefunden werden wollte? Was sie geglaubt habe, damit zu bewirken? Was sie wirklich wolle? Ob sie schon früher Selbstmordgedanken gehabt habe? Ob sie jemals eine Überdosis genommen habe? Ob sie jemals versucht habe, sich selbst zu verletzen? Ob sie Dinge gesehen habe, die gar nicht da seien? Oder gehört? Ob es Menschen gebe, die sie unterstützten?

Entgeistert lausche ich diesen frechen, neugierigen Fragen. Ich krächze in Erwartung jeder Antwort und rechne halb damit, dass meine Mutter zusammenbricht und aus der Schuhschachtel rennt. Aber das tut sie nicht. Heiße Tränen fließen über ihre Wangen, doch sie steht Rede und Antwort. Ich halte ihre Hand und starre wie gebannt auf meine Füße. Und sie erzählt Dr. Collins, dass sie viel geschlafen und ein wenig gegessen habe – *Ein wenig!*, denke ich, wir haben uns zweimal durch Prue Leiths sämtliche Kochbücher gefuttert! – und sich überhaupt nicht konzentrieren konnte und nie daran gedacht habe, ihrem Mann nachzufolgen, aber durchaus daran gedacht habe, einfach immer weiterzuschlafen, und sie habe es getan, weil Morrie gestorben sei, und sie vermisse ihn so, dass sie kaum Luft bekäme, und niemand würde sie verstehen, und alle würden glauben, sie hätte sich inzwischen wieder erholen müssen, aber das hat sie nicht, und sie kann es auch nicht, und ihr sei alles zu viel, und sie habe angenommen, es würde im Lauf der Zeit besser, doch es werde immer schlimmer, und sie habe das Gefühl, langsam verrückt zu werden. Nein, sie habe noch nie so etwas versucht. Ja, es sei eine plötzliche Eingebung gewesen, sie wollte nur, dass alle mal »aufmerken und begreifen«. Nein, sie habe keinen Abschiedsbrief geschrieben. Sie wünsche sich nicht wirklich, tot zu sein – sie wünsche sich nur, dass Maurice noch am Leben wäre. Ja, sie wollte gefunden werden. Damit die Menschen verstehen. Damit die Menschen sie verstehen. Nein. Nein. Nein. Nicht wirklich, auch wenn sie es sich zur Regel gemacht hat, jeden Abend vor dem Einschlafen mit Maurice zu sprechen, aber das ist nur ein kleiner Plausch, so wie gestern, als der neue Tom Clancy rauskam, und es hätte Morrie bestimmt gewurmt, dass er das verpasst hat, deshalb hätte sie ihm versprochen, das Buch für ihn zu lesen. Sie könne ihn nicht *sehen,* doch sie spüre, dass er da sei. Es sei wirklich nur belangloses Geplauder. Gelegentlich meine sie ihn auf der Straße zu sehen, doch jedes Mal würde sich herausstellen, dass es ein Fremder sei.

(Nebenbei bemerkt ist dies eine überarbeitete Wiedergabe, da die Worte in einem nicht versiegenden Schwall aus ihr heraussprudeln und jede einzelne Antwort die Bibel um Längen schlägt, bis Dr. Collins sie anfährt: »Ich will ein einfaches Ja oder Nein hören!«)

Er mustert sie eindringlich und sagt schließlich: »Mrs. Bradshaw. Sie haben einen schrecklichen Verlust erlitten. Die Schmerzen, die uns durch einen Todesfall zugefügt werden, sind immer weitaus schlimmer, als wir uns ausmalen können. Und Sie haben Recht – die Menschen verstehen Sie nicht. Es bereitet ihnen Unbehagen, Sie so leiden zu sehen. Was sie nicht verstehen, ist, dass die Schmerzen ein Teil des Trauerprozesses sind und dass Sie diese Schmerzen aushalten müssen, wenn Sie irgendwann über den Tod Ihres Mannes hinwegkommen wollen. Und fünf Monate sind nichts!

Es kann 20 Jahre dauern, bis man sich mit dem Tod eines geliebten Menschen halbwegs abgefunden hat. Ihre Reaktion ist keineswegs verrückt, sie ist ganz normal. Den meisten Menschen setzt der Schmerz erst zu diesem Zeitpunkt richtig zu. Anfänglich steht man noch unter Schock. Auf diese Weise sorgt Ihr eigener Körper für Sie. Sie könnten unmöglich mit der ganzen Trauer auf einmal fertig werden. Und anfangs hat Sie das vertraute Gefühl über Wasser gehalten, Ihr Mann sei irgendwie noch bei Ihnen. Doch jetzt ist der Groschen gefallen, und Sie begreifen, dass er nicht zurückkommen wird. Und das, Mrs. Bradshaw, ist der allerheftigste Tiefschlag.«

Meine Mutter starrt Dr. Collins ehrfürchtig an, als wäre er die Pythia persönlich, dann schlingt sie ihre dürren Ärmchen um meine Taille und schluchzt zum Gotterbarmen in meine Jacke. Dr. Collins nickt mir zu, als wollte er sagen: »Sie wird drüber hinwegkommen.« Ich bin wie vor den Kopf geschlagen. Ich weiß nicht, ob ich ihm an die Gurgel gehen oder um den Hals fallen soll.

Kapitel 19

Ich habe noch nie auf Zurechtweisungen reagiert. Einmal tadelte mich Jasper nach einem unverschämt langen Dinner, weil ich vorgeschlagen hatte, er solle doch seinen Gürtel »entengen«. (Anscheinend hätte ich »lockern« sagen sollen – es gibt kein Wort wie »entengen«.) Ich war bis ins Mark getroffen und schmollte mindestens eine Stunde. Nach fünf brummigen Wortwechseln à la »Was ist denn?« »Nichts«, offenbarte ich ihm, was mir solches Bauchgrimmen bereitete. Jasper erklärte, er wolle mich nur davor »bewahren, beschränkt zu klingen«, darum vergab ich ihm widerwillig. Doch insgeheim brodelte mein Ärger weiter. So wie ich es sehe, bleibt konstruktive Kritik immer noch Kritik, so konstruktiv sie auch sein mag. Es ist eine kaum verhohlene Zurechtweisung.

Aus diesem Grund fiel es mir ausgesprochen schwer, nicht beleidigt zu sein, als Dr. Collins mich beiseite nahm, um mir mitzuteilen, meine Mutter sei »in letzter Zeit ein bisschen vernachlässigt« worden, und höflich, aber fest vorschlug, es könne vielleicht »ganz klug sein, ein Auge und Ohr auf Mum zu werfen, bis wir Unterstützung für sie organisiert haben.« Ich *habe* ein Auge und Ohr auf meine Mutter geworfen, protestierte ich im Stillen. Soweit das überhaupt machbar war. Wie genau kann ich sie denn überhaupt im Auge behalten, ohne meinen Job und mein Heim aufzugeben – mein soziales Umfeld habe ich bereits abgeschrieben – und ihr wie ein Jäger auf der Pirsch nachzuschleichen?

Doch ich gab mir alle Mühe, nicht zu zeigen, wie sehr mich seine Bemerkung getroffen hatte. Tief im Herzen war mir klar, dass ich ihre jüngsten Versuche, mir ihre Verzweiflung mitzuteilen, abgewiesen hatte – wofür es einfach keine Entschuldigung gab –, darum konnte ich zumindest das Versprechen abgeben, ihr fortan wie ein Schatten auf Schritt und Tritt zu folgen. Und was das Ohr betraf, nehme ich an, Dr. Collins meinte damit, ich sollte ihr genauer zuhören. Igitt. Verglichen mit dem Zuhören würde es das reinste Vergnügen werden, Messer und Schlaftabletten zu verstecken und meiner Mutter wie ein Perversling nachzuspionieren. Ich habe das Dr. Collins nicht verraten, aber es ist mir zutiefst zuwider, meiner Mutter zuzuhören.

Es ist grausig anzuhören, wie sie ihre Emotionen ausspeit, so als wäre sie eine beste Freundin oder eine Amerikanerin oder jemand meines Alters. Wenn sie sich darüber auslässt, welche Nettigkeiten mein Vater ihr erwiesen hat, sie zum Beispiel morgens zu küssen oder ihr abends ein heißes Bad einzulassen, dann fühle ich mich wie ein Voyeur. Allerdings wie ein hundsmiserabler Voyeur, weil ich nämlich gar nicht weiß, wo ich hinschauen soll. Man mag mich prüde schimpfen, aber ich finde, so was gehört sich nicht. Es ist, als würde ich – nicht dass mir das je widerfahren wäre, Gott sei Dank – meine Eltern beim Sex erwischen. Und falls jemand es genau wissen will, ich bin neidisch auf sie. Ihrem Gerede zuzuhören ist, wie Dr. Collins ebenfalls bemerkt hat, hart. Ja, weil mir davor graut, Zeugin ihrer Qualen zu sein. Aber auch, weil ich mich jedes Mal frage, was nicht mit mir stimmt, was für eine Tochter ich eigentlich bin, weshalb *meine* Qualen so wischiwaschi und sporadisch sind, dass sie nie im Leben an ihre heranreichen?

Ja, antworte ich Dr. Collins, natürlich werde ich ein Auge und Ohr auf meine Mutter werfen. Solange sie das möchte.

Vivienne setzt uns zu Hause ab. Ich danke ihr, versichere ihr, dass sie sich fantastisch verhalten hat, und winke ihr zum Abschied nach. Sie zischt mit 100 Sachen ab, was ich ihr kaum verübeln kann. Meine Mutter ist bedrückt, deshalb rede ich ohne Punkt und Komma auf sie ein. Dr. Collins hat ihr zwei Antidepressiva verabreicht, weitere verschrieben, einen Termin in 14 Tagen bei einem anderen Arzt für sie vereinbart und arrangiert, dass sie morgen von einer »ASD-Kraft« angerufen wird. Als Dr. Collins sagte, dass es sich bei den Pillen um Prozac handele, zuckte meine Mutter sichtlich zurück. Daraufhin musste er sie erst überzeugen, dass die Pillen sie nicht in den Selbstmord treiben würden. Außerdem regte sie sich auf, als er erwähnte, sie solle zu einem weiteren Arzt gehen.

»Wozu?«, wollte sie wissen.

Er antwortete: »Sie haben eine schrecklich schwere Zeit durchgemacht, Mrs. Bradshaw. Sie brauchen Hilfe, und der Arzt wird Ihnen die richtigen Medikamente verschreiben und Sie darauf einstellen.« Meine Mutter war derart hypnotisiert von den blauen und weißen Kapseln in der kleinen Flasche, dass sie vollkommen zu fragen vergaß, was eine »ASD-Kraft« sei. Darum erkundigte *ich* mich, als sie abzog, um Vivienne ihre Beute vorzuführen. »Jemand vom Ambulanten Sozialpsychiatrischen Dienst«, antwortete Dr. Collins.

Ich starrte ihn entsetzt an und keifte: »Aber sie ist nicht übergeschnappt!«

Dr. Collins rieb die blutunterlaufenen Augen und sagte mit gefährlich leiser Stimme: »Mir kommt es vor allem darauf an, eine Katastrophe abzuwenden.« Wohl eher, seine Entlassung abzuwenden.

»Dr. Collins scheint sehr nett zu sein«, verkünde ich fröhlich, während ich ziellos in der Küche herumwerke. »Du wirst also voraussichtlich in ein paar Wochen noch mal ins

Krankenhaus müssen. Soll ich mitkommen?«, füge ich, immer noch fröhlich, hinzu, in der hoffnungslosen Hoffnung, sie möge ablehnen.

»Nein«, sagt meine Mutter überraschenderweise.

»Bist du sicher?«, hake ich misstrauisch nach und frage mich insgeheim, ob sie vielleicht heimlich die Biege machen will.

»Wenn ich es wollen würde, hätte ich Ja gesagt«, schnauzt meine Mutter mich an.

Ich sehe in ihr müdes Gesicht und wechsle das Thema. Plötzlich beginne ich zu zittern und verspüre den Drang, meine Mutter mit beiden Händen zu packen und ihr ein unverbrüchliches Versprechen abzupressen. Ich möchte eine schriftliche Garantie, dass sie noch mindestens 60 Jahre am Leben und wohlauf bleibt. Das will ich, bitte. Denn sonst, sonst … Ich will nicht das Leben einer Ameise führen und mich abhetzen, um mich in witzlosen Arbeiten aufzureiben, bis ich an irgendeinem beliebigen Tag vollkommen sinnlos und ziellos unter dem schwarz gestiefelten Fuß des Schicksals zermalmt werde. Mir ist schlecht vor Ekel, weil das Leben so wahllos zuschlägt. Es ist etwa so wohl geordnet wie meine Unterwäscheschublade.

»Mum«, stoß ich hervor und packe sie dabei am Handgelenk.

»Ja?«, fragt sie.

Ich möchte sagen, dass ich solche Angst habe, eine so schreckliche Angst, dass sie mich fast umbringt, doch das schaffe ich nicht. Und so sage ich stattdessen: »Ich wünschte, du hättest angerufen.«

Meine Mutter erwidert knapp: »Du warst beschäftigt.«

Ich habe nicht die leiseste Ahnung, was ich tun soll. Am liebsten würde ich laut schreien. Ich will meinen Dad wiederhaben. Er würde sie schon packen und zur Vernunft bringen. Ich möchte die Dinge unter Kontrolle haben, ich halte es nicht aus, dass sie mir so entgleiten. Vielleicht sollte ich eine Aufgabenliste machen? Ich werde eine Aufgabenliste machen. Ich mache eine Aufgabenliste.

Aufgabenliste

1. mich um Mummy kümmern – jederzeit – vielleicht auch donnerstags?
2. heimfahren und Kleidung und Zahnbürste holen
3. Laetitia anrufen
4. Mrs. Armstrong anrufen
5. Luke bitten, Fatboy zu füttern
6. Tom anrufen und mich noch mal entschuldigen
7. Lizzy anrufen und moralische Unterstützung holen
8. Mum beim Reden zuhören

Ich wage es nicht, meine Mutter allein zu lassen, während ich meine Sachen aus der Wohnung hole, deshalb bitte ich sie mitzukommen. Ich habe ein wenig Angst davor, ihren silbernen Peugeot 206 zu fahren – ich habe noch nie einen Wagen gefahren, für den ich mich nicht geschämt hätte –, doch ich weigere mich, auch nur einen weiteren Penny für ein Taxi auszugeben.

»Es wäre bestimmt ganz nett, Luke wiederzusehen, Mummy, nicht wahr?«, versuche ich sie zu ködern. Von Fatboy sage ich lieber nichts, da sich die beiden – als zwei lautstark um Aufmerksamkeit buhlende Egoisten – nicht ausstehen können.

Vor der Abfahrt schlage ich meiner Mutter vor, sich »frisch zu machen« – der Code für »einen langärmligen Pullover anziehen, damit nicht gleich jeder sieht, dass du gerade versucht hast, über die Klinge zu springen«. Ich suche einen minzgrünen Sweater aus, sie zieht ihn gehorsam an, und wir flitzen los. Das erste Geräusch, das wir vernehmen, als wir in der Wohnung einfallen, ist weder Fatboy, der sein Abendessen einfordert, noch Luke, der in seinem Zimmer The Verve – und hundertprozentig Luftgitarre dazu – spielt. Das erste Geräusch, das ich höre, dringt aus Marcus' Schlafzimmer und klingt nach: »Uuuh! uuuh! uuuh!«, und: »Oh! oh! oh! o *Gott!*« O Gott, ganz genau. Zum ersten Mal seit etwa einem Jahr lade ich meine Mutter in meine Wohnung ein – ich hatte immer befürchtet, der Besuch würde sie deprimieren –, und sie entdeckt, dass ich in einem Bordell lebe.

Wodurch ihr aufs Neue mit barbarischer Brutalität vor Augen geführt wird, dass ihr geliebter Mann tot ist und alle anderen auf seinem Grab tanzen und bumsen (sozusagen). Ich verfluche Marcus und Michelle dafür, dass sie sich genau *diesen* Moment ausgesucht haben, um übereinander herzufallen wie Büffel in der Brunft. Jede Wette, sonst haben sie so gut wie nie Sex! Marcus fehlt die nötige Ausstattung, und Michelle hasst jede Art von Reibung. Wieso wäre sie sonst fünf Jahre lang mit Sammy zusammengeblieben?

Ich fange an, laut und ohne Unterlass zu palavern, um Michelles Gekreische zu übertönen, die gerade jetzt ihren vorgetäuschten Orgasmus herausschreien muss. »Mum, komm und setz dich ins Wohnzimmer und schalt den Fernseher ein vielleicht kommt was Nettes und möchtest du vielleicht einen Tee ich setze sowieso Wasser auf oder würdest du lieber in der Küche Radio hören ja komm doch mit in die Küche dann stellen wir es an ach da kommt ja Luke Luke du kannst dich doch an meine Mutter erinnern er war mir eine so große Hilfe das letzte Mal im Krankenhaus und er hat bei der Supper-Party Lizzy den Streich mit dem Käsekuchen in der Handtasche gespielt, ach Luke würde es dir viel ausmachen morgen früh Fatboy sein Futter zu geben weil ich heute Abend und vielleicht bis zum Wochenende bei meiner Mutter bleibe?«

Ich halte inne, um Luft zu holen. Luke und meine Mutter sehen mich an, als wäre ich ein Fall für die Klapsmühle. »Ist alles okay?«, fragt Luke.

»Alles in Ordnung«, sage ich und winke hektisch mit dem Daumen in Richtung von Marcus' Zimmer, wobei ich eine Ekelgrimasse schneide.

»O ja«, nickt Luke augenblicklich. »Marcus und deine Freundin beim Vögeln. Seit, weiß nicht, zehn Minuten rammeln sie schon wie die Karnickel. Ich kann keinen klaren Gedanken fassen.«

Hurra. Luke der Hohlkopf hat wieder zugeschlagen. Ich sehe ihn zornig an, sage: »Tut mir Leid, Mum, Luke macht bloß Witze«, und warte auf den Wolkenbruch.

Stattdessen fängt sie an zu kichern. »Helen! Sei nicht so eine Zimperliese! Ich weiß, was Sex ist! Ich hatte früher selbst welchen!« Dies vorgebracht in gönnerhaftem Singsang und mit einem neckischen Seitenblick auf Luke, um anzudeuten, dass sie und er die wahren Erwachsenen hier sind und ich das dumme kleine Mädchen, das man sogar mit einem Wort wie »Hintern« in Verlegenheit bringen kann. Ich hatte vergessen, wie schnell sie in Gegenwart eines männlichen Wesens von über zwölf Jahren zu einem kokettierenden Judas mutiert.

»Also, wenn es euch nicht stört, mich stört es auch nicht«, meine ich mürrisch, wofür ich von Luke und meiner Mutter ausgelacht werde. Diese Verräter.

»Und *fütterst* du Fatboy?«, sage ich zu Luke, in dem Versuch, meine Würde wieder zu finden.

»Aber gern«, erwidert er. »Fatboy ist mein Kumpel.«

Ich lächle und necke ihn: »Das passt, schließlich habt ihr das gleiche Reinlichkeitsempfinden!« Im Unterschied zu anderen Katzen legt Fatboy keinen ausgesprochenen Wert aufs Waschen. Er riecht immer – wie Tina es ausdrückt – »ein bisschen eigenartig« hinter den Ohren. Und Luke? Der hat zur Badewanne ein ähnlich inniges Verhältnis wie ein Vampir zum Knoblauch.

Ich erwarte, dass Luke lacht, doch das tut er nicht. »Vielen Dank«, erwidert er kühl.

»Das war ein Witz!«, stammle ich.

»Nun, es war kein besonders netter Witz«, fährt meine Mutter dazwischen, die ich erwürgen werde, falls sie noch ein einziges Mal unverlangt ihre Meinung zum Besten gibt. Ich gebe auf.

»Tut mir Leid, ich hab's nicht so gemeint«, sage ich verdrossen. »Ich muss ein paar Anrufe machen«, füge ich noch schnell hinzu und flüchte ins Wohnzimmer. Luke und meine Mutter sind bereits am Schnattern und ignorieren mich vollkommen. Es ist verflucht noch mal nicht zu glauben!

Der Anrufbeantworter blinkt. Vielleicht ist es Tom? Ich drücke auf »Wiedergabe«. »Helen, hier ist Laetitia. Ich rufe nur an, um zu fragen, ob alles in Ordnung ist, und um dich daran zu erinnern, dass morgen um Punkt halb zehn die Konferenz für die ›Schneller reich werden‹-Beilage stattfindet. Ich brauche tonnenweise Ideen, und ich zähle auf dich!« Das ist Laetitiasprache für: »Es ist mir scheißegal, ob jedes einzelne Mitglied deiner Familie ins Gras gebissen hat, weil ich dich (ausschließlich) dafür bezahle, mir stets zu Diensten zu sein, darum wirst du morgen früh im Büro oder arbeitslos sein!« Es erübrigt sich zu sagen, dass ich keine einzige Idee für die Beilage habe – ich bin die Ärmste im ganzen Büro. Selbst die Praktikantin verdient mehr als ich. Was soll ausgerechnet ich übers Schneller-reich-werden wissen?

Nein, *eine* gute Idee habe ich: »Abwarten, bis der Papa abkratzt – bei mir hat's funktioniert!« Oje, das würde Michelle aber eindeutig als verbittert bezeichnen. Ganz ruhig, Helen. Ich atme tief durch und widme mich meiner Liste. Tom anrufen. Ich blättere hektisch auf der Suche nach seiner Privatnummer in meinem Adressbuch. Dann wähle ich und halte den Atem an.

»Hallo?«

»Tom?«, flöte ich, »ich bin's, Helen! Es tut mir wirklich *schrecklich* Leid!« Es bleibt still.

»Welche Ausrede hast du diesmal?«, fragt er eisig. *Wie bitte?* Ich bin entsetzt.

»Du meinst, du meinst« – ich bin de facto sprachlos vor Zorn, diese verschlagene Hexe mit ihrem Lip-Liner-Maul! –

»heißt das, Celine hat meine Nachricht nicht weitergegeben?« Pause.

»Du warst also so liebenswürdig, eine zu hinterlassen.«

Werde ich allmählich paranoid, oder hasst mich wirklich jeder? »Ja, war ich. Sie sollte dir ausrichten, dass meine Mutter sich heute die Pulsadern aufgeschnitten hat und dass sie auf schnellstem Wege ins Krankenhaus gefahren werden musste.« Nimm das, Iceboy! Zu meinem Wohlgefallen hat meine ausgekochte Strategie den gewünschten Effekt.

»Scheiße! Herrgott, Helen, das ist ja furchtbar! Mein Gott, es tut mir so Leid! Ist sie, äh, wie geht es ihr? Und wie geht es *dir*?«

Ich sage in versöhnlichem Tonfall und meines moralischen Sieges gewiss: »Sie ist über den Berg.« Ich würde am liebsten noch hinzufügen: »Aber es stand auf Messers Schneide.« (a) habe ich das bei *Emergency Room* aufgeschnappt und (b) möchte ich ihn für seine Unfreundlichkeit bestrafen. Doch ich halte mich zurück. Erstens wäre das gelogen, und zweitens würde ich damit in Celines übertrieben manikürte Hände spielen.

»Und wie geht es dir?«, erkundigt sich Tom noch mal.

Ich nicke durchs Telefon und würge dann ein ersticktes »Ganz gut« hervor. Ich kann ihm unmöglich die Wahrheit sagen – dass ich wie erstarrt vor Angst bin und ernsthaft den Gedanken hege, meine Mutter ab sofort am Fußende meines Bettes in einer gepolsterten Schachtel aufzubewahren, um weitere Schicksalsschläge auszuschließen. Stattdessen beglücke ich Tom mit der gekürzten Version der Gruselgeschichte und einer ausgiebigen Version meines Telefonats mit Megavet. »Sie ist eine gemeine Lügnerin!«, kreische ich und posaune dann, ehe ich mir die Zunge abbeißen kann: »Sie ist in dich verknallt, weißt du das?« Sowie die Worte meinen Mund verlassen haben, bereue ich sie. Warum brülle ich nicht gleich: »Ich bin in dich verknallt, weißt du das?« Im Grunde läuft beides auf das Gleiche hinaus.

»Ach ja?«, meint Tom fröhlich. »Wieso sagst du das?«

Dieser Stinkstiefel! »Ich sage das«, erwidere ich in niedlichem, flirtendem Singsang, »weil sie dich abschirmt wie eine Hyäne einen Antilopenkadaver.«

Hm. Das kam nicht so rüber, wie ich es gemeint hatte. Doch Toms gute Laune scheint auf das Wunderbarste wiederhergestellt, denn er antwortet trocken: »Du schmeichelst mir.«

Ich lache. »Das mit heute Abend tut mir Leid«, sage ich. Und das ist mein Ernst. Es tut mir Leid. Und ich habe Bedenken, dass kein drittes Angebot erfolgen könnte, nachdem ich ihn schon zweimal versetzt habe. Ob ich es wagen kann, ihn einfach zu fragen? Es ist schließlich nicht so, als würde ich ihn anpumpen wollen. Lizzy würde einen Mann fragen, ob er mit ihr ausgehen will. Wieso muss ausgerechnet ich mit der Benimmfibel unterm Arm herumlaufen?

»Würdest du, hättest du vielleicht irgendwann diese Woche Zeit oder auch nächste Woche?«, platze ich heraus und schaffe es, mich anzuhören, als sei mein ganzes Leben ein dunkles Loch ohne einen einzigen Freund.

»Ganz bestimmt«, sagt Tom, »aber vielleicht ist die nächste Woche besser? Bis dahin könnte sich alles ein wenig beruhigt haben.« Wir halten den Dienstag fest.

Ich lege den Hörer auf und mache mich augenblicklich wie ein windiger Psychotherapeut an die Analyse unseres Gespräches. Hat er vielleicht die nächste Woche vorgeschlagen statt der laufenden, um anzudeuten, dass ich selbstsüchtig bin? Dass ich meine Mutter vernachlässige (die ich, während ich über diese Möglichkeit nachsinne, in der Küche gackern höre)? Bedeutet das, dass er mich nicht mehr mag? Nicht dass er etwas in der Art gesagt hätte, also wenigstens nicht *bewusst*. Und ausgerechnet Dienstag – der Tag klingt so nach Arbeit, Tretmühle, muss morgen früh raus, gute Ausrede, um sich schon um zehn wieder zu verdrücken. Heißt das, er …

Es reicht. Es reicht schon wieder, du Knalltüte. Sobald ich

anfange, mein Herz an diese Sache zu hängen, wird er *sein* Herz nicht mehr daran hängen. Ich schüttle schnell den Kopf, um meine Abkehr von jeglichem Herzanhängen zu unterstreichen, und rufe Lizzy an. Sie geht an den Apparat, und ich höre im Hintergrund etwas, das verdächtig nach Mönchsgesängen klingt. Also spreche ich ein wesentlich wichtigeres Thema an, bevor ich sie davon in Kenntnis setze, dass mein letztes noch überlebendes Elternteil der unmittelbaren Todesgefahr entrissen wurde: »Was hörst du da, verflucht noch mal?«

Sie ignoriert meine Frage und will wissen: »Wie geht es deiner Mum?« Ich erzähle es. Und schließlich gesteht sie, dass die CD *Gregorian Moods* heißt, und sie kann mir eine Kassette aufnehmen, wenn ich möchte.

»Auf keinen Fall«, sage ich.

»Und für deine Mutter?«

Ich halte inne. Es ist eine Sache des Prinzips, dass ich Lizzys esoterische leiergesangsunterlegte, gesundheitsapostelnde, bohnenmampfende, binsenweise Bemühungen samt und sonders als Megaquatsch abkanzle. Doch dessen ungeachtet möchte ich meiner Mutter auf jede nur erdenkliche Weise helfen und kann mir nicht vorstellen, dass sie irgendeinem Psychofritzen was vorjammert. Ich kann es mir beim besten Willen nicht vorstellen. Sie hat *mich* zu ihrer Psychologin auserkoren. Sie wird wohl ein einziges Mal mit der Krankenschwester sprechen, um Dr. Collins bei Laune zu halten, aber ich schätze, das war's dann. Sie will mit keinem Fremden sprechen. Meine Mutter will nicht, dass ihr jemand zuhört, weil er dafür bezahlt wird. Sie will, dass ihr jemand zuhört, weil er etwas für sie empfindet. Das ist ausgesprochen unpraktisch für mich, deshalb brauche ich jede Hilfe, die ich kriegen kann.

»Ich zahle das Band«, verspreche ich Lizzy. Ich bringe es nicht fertig, laut die Worte auszusprechen: »O ja, ich möchte um alles in der Welt eine Kassette mit *Gregorian Moods*.«

»Ich kann es kaum erwarten, das Tina zu erzählen«, sagt Lizzy glücklich.

»Ein Wort, und ich werfe das Band der Feng-Shui-Pflanze zum Fraß vor«, erwidere ich zuckersüß.

Ich habe Luke aus den Fängen meiner Mutter errettet, und wir beide trotten gerade durch den Flur zur Haustür, da tritt Marcus aus seinem Zimmer, ein winziges weißes Handtuch um die straffe Taille geschnürt. Sein Gesicht fällt in sich zusammen, als er eine *echte* Erwachsene erblickt. »Hallo«, stammelt er. »Ich, äh, war gerade unter der Dusche.« Zu meiner Schande muss ich gestehen, dass meine Mutter ihn beäugt wie ein Vogel einen fetten Wurm.

»Das haben wir gehört«, zwitschere ich, während ich meine sprachlose Mutter aus der Wohnung bugsiere. »Und zwar 15 Minuten lang – bestimmt ein neuer Rekord für dich!« Die Erinnerung an seinen sprachlosen Zorn lässt mich den gesamten Weg bis zu unserem Peugeot lächeln.

Kapitel 20

Als ich bei *Girltime* zu arbeiten begann, litt ich an Symptomen, die sich unter dem Begriff Telefonphobie zusammenfassen lassen. (Gut, die Krankheit steht nicht im medizinischen Wörterbuch, trotzdem handelt es sich um ein echtes Syndrom.) Jedenfalls verschob ich jeden Anruf, den ich zu erledigen hatte, immer und immer wieder, bis es nach 18 Uhr war und mein prospektiver Gesprächspartner das Büro verlassen hatte. Meine Krankheit währte volle drei Tage, bevor Laetitia mich mit Hilfe einer beißend scharfen Rüge davon kurierte. Leider wurde das Virus dadurch zwar eingedämmt, aber nicht ausgerottet. Denn heute Morgen rief ich die Chefin meiner Mutter zu frostklarer Stunde, will heißen um sieben Uhr morgens, an, um ihr von dem kleinen Rückfall meiner Mutter zu erzählen, nachdem ich von 3 Uhr 13 bis 4 Uhr 36 meinen Text eingeübt sowie weitere 45 Minuten gebraucht hatte, bis ich den Mut gesammelt hatte, die Nummer zu wählen (um 6 Uhr 17 fing ich damit an, den Hörer in die Hand zu nehmen und wieder aufzulegen).

Mrs. Armstrongs erste *offenkundige* Sorge galt der Gesundheit meiner Mutter. »Eine schreckliche Nachricht ... Ruhe und Erholung ... beste Wünsche für eine baldige Genesung ... möglichst schnell wieder ganz die Alte werden.« Doch die unterschwellige Strömung von überstrapazierter Geduld und ärgerlichen Schuldgefühlen brach sich bald – nach Genugtuung schnappend – Bahn.

Erst vergangene Woche, kristallisierte sich heraus, hatte Mrs. Armstrong wegen »einiger organisatorischer Fragen« ein »ruhiges Gespräch« mit Cecelia geführt. Sie hätte sie ganz bestimmt nicht kritisieren wollen, du liebe Güte, nein, nur leise daran erinnern, dass das Weihnachtskonzert bald über uns hereinbrechen wird und die Programme, Proben, Kostüme, Stücke und Terminplanungen schnellstens angegangen werden sollten. Sie hoffe, dass Cecelia diesen Hinweis nicht als Tadel aufgefasst hatte. Cecelia sei eine ausgezeichnete Lehrerin, sie sei wahrhaft professionell. Nur dass es eine Belastung darstelle – nein, das sei falsch ausgedrückt –, dass es sich auf alle anderen Mitglieder des Kollegiums auswirke, wenn ein Mitglied der Mannschaft nicht aus allen Rohren feuere.

Ich versicherte Mrs. Armstrong, dass ihr »ruhiges Gespräch« meine Mutter keinesfalls dazu getrieben habe, sich die Handgelenke aufzuschlitzen, obwohl ich im Stillen dachte, dass es genau so gewesen war. Ich versprach Mrs. Armstrong, dass ich ihr das ungefähre Datum von Cecelias (wiederholter) Rückkehr an den Arbeitsplatz mitteilen würde, sobald ich mit dem Krankenhaus Rücksprache genommen hätte. Auf Mrs. Armstrongs kunstvoll gedrechselte Erwiderung hin – »es erleichtert uns die Planungen enorm, wenn wir wissen, dass jemand für längere Zeit fehlen wird, statt denjenigen bei uns zu erwarten, und er dann fernbleibt« – ließ ich mich jedoch zu der Mutmaßung hinreißen, dass Mrs. Armstrong möglicherweise besser daran täte, auf eine Ersatzkraft zurückzugreifen, und zwar mindestens bis Weihnachten. Und sei es, um ihre geistige Gesundheit zu schonen, wenn sie schon nicht ihr Budget schonen konnte.

Um 8 Uhr 30 – nach einer langen heißen Dusche, die ich liebend gern bis an mein Lebensende ausgedehnt hätte – wecke ich meine Mutter mit einer Tasse Tee. Und zwar nicht, indem ich ihr die Tasse an den Kopf knalle. Sie reibt die Augen, erschrickt kurz, als sie ihre bandagierten Handgelenke sieht, und zieht sich langsam und behutsam hoch. »Wie geht es dir?«, frage ich.

»Ich weiß nicht«, antwortet sie tonlos. Verdammt.

»Mum«, sage ich, »ich muss in drei Minuten zur Arbeit, sonst bin ich meinen Job los. Aber ich habe mit Mrs. Armstrong gesprochen, sie wünscht dir gute Besserung und meint, du solltest nicht in der Schule erscheinen, bevor du wieder ›ganz und gar auf dem Damm‹ bist. Was willst du also heute unternehmen? Soll ich Vivienne anrufen und fragen, ob sie herkommen möchte? Willst du mit mir Mittag essen? Was wäre dir lieber?«

Meine Mutter rümpft die Nase und sagt: »Vivienne hat dienstags immer ihre Batik-Stunden.« Insgeheim gerate ich in Panik. Ich kann sie noch nicht allein lassen – sonst treibt sie gleich wieder ziellos umher wie eine Steppenhexe in einem amerikanischen Western. Der Tag, der sich vor ihr erstreckt, gleicht einem riesigen, grottenhaften Gähnen. Am Ende rastet sie noch einmal aus. Ein unangenehmer Gedanke beginnt sich in meinem Kopf einzunisten. Eigentlich möchte ich ihn nicht aussprechen. Ich sollte ihn lieber ignorieren, bis er sich verzogen hat. Bedauerlicherweise ist es inzwischen genau 8 Uhr 33, und ich habe noch exakt eine Minute Zeit, um mir einen Alternativplan zurechtzulegen.

»Mum«, platze ich heraus, »ich weiß, dass ihr zwei euch

nicht oft seht, aber wie wär's, wenn ich Nana Flo anrufen würde?« Allein der schnattrige Klang ihres Namens bewirkt, dass sich Schuldgefühle in meine Magengrube bohren wie ein mit Widerhaken besetzter Pfeil.

Die Wahrheit ist, dass ich seit dem Tag der Beerdigung genau zweimal mit ihr gesprochen habe. Einmal als ich entdeckte, dass sich meine Mutter in Miss Havisham verwandelt hatte. Plötzlich ging mir auf, dass sich meine Großmutter in Darth Vader verwandelt haben könnte, ohne dass ich etwas davon mitbekommen hatte, und dass es meine verdammte Pflicht war, das herauszufinden. Der Strom watteweicher Nachrichten auf dem Anrufbeantworter verstärkte meine schlimmsten Befürchtungen. Ich brauchte vier Tage, ehe ich mich in die Nähe des Telefons wagte. Als ich Nana Flo erklärte, dass meine Mutter nicht auf ihre Anrufe reagiert hätte, weil sie – ihrem Hausarzt zufolge – »unter ihrer Trauer litt, die zu einer krankhaften Depression geführt« habe, blieb sie stumm. Dann sagte sie: »Ach was, man muss sich dem Leben stellen!« Ich wollte ihr schon widersprechen, und zwar mit dem Argument, dass man sich dem Leben eben nicht stellen *kann,* wenn man unter einer krankhaften Depression leidet, doch dann begriff ich, dass dies bedeutet hätte, mit dem Kopf durch eine 78-jährige Wand zu wollen. Und dann ging mir ein Licht auf – wenn Nana Flo tatsächlich so drakonisch dafür war, sich dem Leben zu stellen, warum rief sie dann einen ganzen Monat lang täglich bei meiner Mutter an und blökte ihr was vor wie ein verirrtes Lamm?

Also fragte ich gewitzt: »Wo wir gerade dabei sind, wie geht es *dir* eigentlich, Nana?«

Sie erwiderte: »Ich komme zurecht.«

Im ersten Augenblick wollte ich es dabei belassen. Doch dann stocherte ich – angespornt durch das live erlebte Schreckensszenario, dass meine gesamte nähere Verwandtschaft nacheinander dahingerafft wurde oder sich in Zombies verwandelte – noch einmal mit der Stange im Nebel: »Du hast

Mum in letzter Zeit, äh, recht oft angerufen. Bist du vielleicht einsam?«

Nana Flo reagierte mit einem freudlosen Bellen und gab missbilligend zurück: »›Einsam‹, sagt sie! ›Einsam‹« – und dann in einem Zornesausbruch: »Deine Mutter hat schon immer gern die Hilflose gespielt.«

Was sollte ich darauf noch sagen? Nach einer verblüfften Pause bot ich an: »Ich sage Mum, sie soll dich anrufen, sobald der Arzt meint, dass sie das verkraftet.«

Das zweite Mal sprach ich mit Nana Flo, als ich ihr von Angesicht zu Angesicht begegnete – an jenem Tag, als das Testament für rechtskräftig erklärt wurde. Ich fuhr nach der Arbeit zu meiner Mutter, wo in der Küche meine Großmutter saß und mit dem Vergrößerungsglas in der Fernsehzeitung las, sodass ein Auge verzerrt wurde und sie aussah wie der Glöckner von Notre Dame. Wir hatten eine kurze, kultivierte Konversation über ihren Blutdruck (»kann nicht klagen«), und das war's. Seither haben wir kein Wort miteinander gewechselt. Und ich will nicht über die Maßen dramatisieren, was ich in der augenblicklichen Situation empfinde, doch ich würde lieber vom Empire State Building springen, als gerade jetzt mit ihr zu sprechen.

Allerdings wird meine Mutter, wenn ich sie richtig einschätze, genau das Gleiche empfinden, und mir bleibt der Anruf erspart. Ich traue meinen Ohren nicht, als meine Mutter sagt: »Geh du nur in die Arbeit, ich rufe sie schon an.« Im ersten Moment glaube ich ihr nicht.

»Ehrlich?«, frage ich schrill. »Aber du rufst sie doch nie an!«

Meine Mutter wirft mir einen galligen Blick zu: »Was weißt *du* denn schon?«, fährt sie mich an.

»Ich weiß«, antworte ich empört, »dass du Nana Flo etwa genauso oft anrufst, wie *ich* sie anrufe.«

Meine Mutter mustert mich von oben herab und antwortet: »Dann rufst du sie offenbar mindestens zweimal pro Woche an.« Ist das zu glauben?

»Mummy, du machst Witze«, sage ich.

Meine Mutter sieht mich so keck an, wie man überhaupt jemanden ansehen kann, nachdem man gerade versucht hat, sich mit einer Rasierklinge beide Hände abzusäbeln. Sie sagt: »Ich treffe mich jeden Donnerstag mit ihr. Sie ist gar nicht so schlimm, wenn man sie näher kennt. Eigentlich ist sie ein ganz angenehmer Zeitgenosse – für eine griesgrämige alte Krähe!«

Ich bin so erfreut, dass ich meine Mutter neckisch durch die Bettdecke aufs Bein schlage. Und erst als ich durch Long Acre in Richtung Büro schnaufe, durchzuckt mich ein Gedanke: Ich habe während der letzten fünf Monate mindestens 16 Stunden pro Woche mit meiner Mutter vergeudet. Warum zum Teufel hat sie nie einen Ton davon erwähnt? Es erübrigt sich zu sagen, dass ich zehn Minuten nach Beginn der Beilagen-Konferenz ins Büro rausche.

Als ich erschöpft, aber erleichtert aus der Beilagen-Konferenz schlappe (ich hätte nie geglaubt, dass ich sie lebend überstehe – oder heißt es überstünde?), liegt eine unerlaubt duplizierte Kassette der *Gregorian Moods* auf meinem Schreibtisch, versehen mit einer Nachricht von Lizzy: »Mittagessen?« Sie ist echt süß, doch mir ist klar, dass sie einen detaillierten Bericht über die Genesung meiner Mutter erwartet, und heute ist mir einfach nicht danach, ein Referat zu halten. Mir schwirrt der Kopf. Warum hat meine Mutter nichts von ihren Treffen mit Nana Flo erzählt? Ich empfinde ihre Heimlichtuerei als genauso beleidigend wie Tinas plötzliche scheinheilige Weigerung, uns mit saftigen Einzelheiten aus ihrem Sexualleben mit Adrian zu versorgen. Schließlich sind Lizzy und ich ihre beiden engsten Freundinnen!

Ich drücke mich mit einer Ausrede vor dem Mittagessen, dann stürze ich zum Telefon und rufe meine Mutter an. Sie hebt den Hörer ab, und ich gehe sofort aufs Ganze: »Wie geht es dir? Wie fühlst du dich? Ist Nana bei dir? Was hast du unternommen?«

Zu meiner unendlichen Erleichterung klingt meine Mutter vollkommen ruhig. Sie ist »müde, aber es geht schon viel besser als gestern«. Jesus, das will ich auch hoffen, bei all den Glückspillen, die du geschluckt hast. Meine Mutter berichtet mir außerdem, dass Nana Flo vorbeigekommen sei, allerdings sei sie erst um 11 Uhr 30 aufgetaucht, weil sie den Bus genommen habe. Nana Flo habe ihr Bilder von Morrie als kleinem Jungen gezeigt. Auf keinem einzigen lacht er.

Einerseits beeindruckt es mich, dass sich Nana Flo – zum ersten Mal in ihrem Leben – wie eine wirkliche Oma benimmt und alte vergilbte Fotos hervorzaubert, andererseits habe ich den Verdacht, dass meine Mutter mir irgendwas verheimlicht. Ich höre es ihr an. Darum frage ich etwas sehr Dummes: »Mum, geht es dir gut?«

Sie zwitschert: »Ausgezeichnet! Nana Flo zieht vorübergehend bei mir ein.«

Im ersten Moment glaube ich ihr nicht. Ich würde eher glauben, dass der Nikolaus ein Techtelmechtel mit der Zahnfee hat. »Du nimmst mich auf den Arm!«, krächze ich. Doch dem ist nicht so. »Aber warum?«, frage ich.

»Weil Dr. Collins gesagt hat, ich bräuchte mehr Unterstützung«, gibt sie zurück.

»Also, das ist ja toll«, erkläre ich langsam. »Dann brauche ich ja nicht mehr bei dir zu übernachten.«

Meine Mutter antwortet gut gelaunt: »Nein.«

Eigentlich sollte mich diese Nachricht fröhlich stimmen, doch das tut sie nicht. Den ganzen Nachmittag über grolle ich vor mich hin.

Als ich nach Hause in meine Wohnung komme, bin ich bissig wie ein Haifisch mit Zahnfleischentzündung. Ich knalle die Tür hinter mir zu, und prompt schlägt mir eine kehlige Kakofonie entgegen: »Uuuh! Uuuh! Uuuuuh!«, und: »Oh! Oh! Oh!« *Bitte* nicht schon wieder! Es ist obszön. Ich schleudere eine wilde Salve von Stinkefingern gegen Marcus' Zimmertür, bevor ich ihm zum Schluss die Zunge rausstrecke und Furzgeräusche von mir gebe. Mistkerl, Mistkerl, Mistkerl. Der Zorn pulsiert. Jedes Grunzen, jedes Stöhnen ist ein persönlicher Affront gegen mich. Ich stampfe in die Küche und bohre unterwegs so fest ich kann die Absätze in den Teppichboden. (Ein für Marcus typischer Refrain: »Könnt ihr bitte im Haus die Schuhe ausziehen? Dieser Teppichboden kostet 24 Pfund 96 pro Quadratmeter.«)

Ich rupfe ein französisches Baguette aus dem Tiefkühlfach und wünsche mir, ich wäre ein ausgewiesener Psychopath, sodass ich in Marcus' Zimmer platzen und ihm das Weißbrot über den Schädel ziehen könnte, ohne dafür ins Gefängnis zu müssen. He, vielleicht könnte ich meine Mutter bestechen, das für mich zu erledigen. Ich schiebe das Baguette in den Ofen, donnere zurück in mein Zimmer und lasse mich aufs Bett fallen. Normalerweise würde ich jetzt die Beastie Boys auflegen, um meinem Groll zusätzliche Nahrung zu geben, doch meine Stimmung ist zu finster und zu böswillig, als dass sie noch Musik vertrüge. Sie verlangt nach Stille. Ganz unvermutet werde ich von einem derart glühenden Hass gepackt, dass ich seine ätzende Gewalt schmecken kann. Plötzlich haue und prügle ich auf mein Kissen ein – Bamm! Bamm! Bamm! –, meine Fäuste zermalmen Marcus' Gesicht zu Brei, und ich schreie und schreie und schreie. Keine Worte, nur ein langes, schrilles Kreischen.

Ich höre erst zu schreien auf, als Luke, Marcus und Michelle in mein Zimmer platzen, weil sie annehmen, dass ich gerade umgebracht werde. Luke zwinkert ängstlich, während Marcus und Michelle genauso außer Atem und rotgesichtig sind wie ich. Michelle hat sich in Marcus' rotsamtenen Morgenmantel gehüllt, und Marcus trägt schwarzseidene Boxershorts. »Ärger in der Arbeit«, erkläre ich mit einem erzwungenen Lächeln.

Marcus sieht mich wutentbrannt an.

Michelle heuchelt Besorgnis und säuselt: »Dir ist ein Äderchen geplatzt – du hast tonnenweise komische rote Pünktchen unter dem Auge! Soll ich dir Eis holen?«

Ich setze mich auf meine Hände, damit ich ihr nicht das Gesicht zerkratze. »Es geht schon wieder, danke«, sage ich, allerdings klinge ich jetzt heiser wie ein Hengst, »ihr könnt alle wieder gehen.«

Marcus lässt mir einen letzten abfälligen Blick zukommen und geht. Michelle kräuselt die Finger zu einem königinnenhaften Winken und folgt ihm, wobei sie die Tür hinter sich zuzieht. Luke bleibt bei mir, mit verlegen baumelnden Armen. Er kratzt sich am Kopf und sagt: »Soll ich dich in den Arm nehmen?«

Eigentlich nicht, doch es wäre grob, ihn jetzt zurückzuweisen, darum sage ich: »Ja, bitte.«

Luke quetscht mich unbeholfen an seine Brust. Meine Nase wird in seine Achselhöhle gezwängt, weshalb es sehr schwierig – und wahrscheinlich wenig empfehlenswert – ist einzuatmen. Irgendwann bleibt mir nichts anderes übrig, als laut nach Luft zu schnappen. Luke hält mein Schnaufen offenkundig für ein Schniefen, denn er küsst mich auf den Kopf, tätschelt mir den Rücken (wobei er mir fast die Rippen bricht) und ruft aus: »Nicht weinen!«

Ich befreie mich aus seiner Umarmung und krächze: »Tue ich gar nicht!« Dann füge ich schroff hinzu: »Aber danke, dass, äh, du mir helfen wolltest.«

Luke strahlt und fragt: »Also, was war denn in der Arbeit los?«

Ich spiele mit dem Gedanken, ihm die Wahrheit zu sagen, tue es aber nicht. Bestimmt würde er es irgendwann Marcus gegenüber ausplaudern. »Ich habe heute Morgen eins auf den Deckel gekriegt, weil ich zu spät gekommen bin«, flüstere ich.

»Vielleicht solltest du deinen Wecker früher stellen«, antwortet Luke wie aus der Pistole geschossen.

»Mm.« Ich versuche mir die Verärgerung nicht anmerken

zu lassen. Ich habe ihn schon öfter ermahnt, nicht immerzu Problemlösungen anzubieten, die niemand hören will. Es entsteht eine kurze Stille, die durch ein fernes Brüllen beendet wird. Erwartungsvoll sehen wir einander an.

»Vielleicht hatte Marcus heute auch Ärger in der Arbeit«, sagt Luke. Das hoffe ich unbedingt.

Wir springen auf und rennen in die Küche, wo Marcus auf den Zehenspitzen herumtanzt wie ein Klabautermann und hektisch mit einem Geschirrtuch vor dem Ofen herumwedelt. Dichter grauer Qualm hängt in der Luft. Ich blinzle durch den Nebel und erblicke ein französisches Weißbrot frisch vom Scheiterhaufen. »Scheiße! Das habe ich total vergessen«, sage ich, wobei ich sorgsam vermeide, das Wort »Entschuldigung« in den Mund zu nehmen. Marcus schießt durch die Küche, das Stangenbrot – einen schwarzen Leichnam mit rot glühenden Innereien – auf Armeslänge vor sich her tragend. Er lässt es in die Spüle fallen, dreht das Wasser auf, und die verkohlten Überreste meines Abendessens zischen brutzelnd auf.

Michelle hustet viel sagend. Luke steht mit Glotzaugen und offenem Mund da, ganz gebannt von dem Schauspiel des vom Veitstanz gepackten Marcus. Ich sauge die Luft aus den Wangen, um nicht laut loszuprusten, doch das gelingt mir nicht ganz. Marcus schleudert das Geschirrtuch wie einen Fehdehandschuh vor meine Füße und kreischt: »Mein Poggenpohl ist *ruiniert!* Ich habe dich und deine Schlamperei so satt, du, du, du *Schlampe*!«

Noch nie hat mich irgendjemand dermaßen beleidigt, nicht einmal Jasper. »Was man sagt, das ist man selber«, gebe ich zurück und stakse aus der Küche. Bevor ich in mein Zimmer zurückrenne, brülle ich noch aus dem Gang: »Und wenn ich ein Typ mit einem Poggenpohl wie deinem wäre, dann würde ich verdammt noch mal die Klappe halten!« Kindisch, zugegeben, aber etwas Besseres fällt mir auf die Schnelle nicht ein.

Kapitel 21

Das britische Wetter ist berüchtigt für seine Launenhaftigkeit, doch dieses Jahr im August konnte man schon fast von Heimtücke sprechen. Den gesamten Monat hindurch zog ich um 8 Uhr 15 die Vorhänge auf und erfreute mich an dem schläfrig stimmenden Anblick eines babyblauen Himmels. In T-Shirt, hauchdünnen Hosen und offenen Sandalen eilte ich zur U-Bahn und spürte dabei, wie die Sonne verführerisch warm auf meine Haut schien. Bevor ich mich in die Arbeit stürzte, fächelte ich mir Luft zu und rief zu den Kolleginnen hinüber: »Ist das *heiß* heute!« Doch wenn ich um 12 Uhr 45 einen Blick aus dem Fenster warf, um zu überlegen, ob ich mir zum Mittag eine Lasagne oder eine Ofenkartoffel genehmigen sollte (Antwort: Immer das, was im Laden größer aussah), blickte ich regelmäßig einem Monsun ins Auge!

Der Himmel hing düster und dräuend wie am Jüngsten Tag über uns, und man konnte darauf wetten, dass jemand ins Büro gestürzt kam, die kalten Tröpfchen aus dem Haar schüttelte, das hauchdünne Baumwollkleidchen abstreifte und die Außentemperaturen als »sibirisch« bezeichnete. Diese klimatischen Trotzphasen hielten immer genau bis zu dem Tag an, an dem ich mühsam einen Regenmantel sowie eine Extrahose ins Büro schleppte. Woraufhin zuverlässig eine 24-stündige Hitzewelle eintrat. Der einzige Trost war, dass es allen anderen genauso erging. Allen außer Lizzy.

»Hast du telepathische Fähigkeiten?«, knurrte ich sie eines Tages in der Mittagspause an, dicht unter ihren Regenschirm gekauert, um meine Frisur vor einem Wasserschaden zu bewahren.

»Nein«, antwortete sie, »ich schaue den Wetterbericht an, bevor ich zu Bett gehe.«

Trotz des Regens blieb ich mitten auf der Straße stehen. »Bei Gott, du bist ein Genie!«, rief ich aus. »Was für eine brillante, brillante, geniale Idee!« Doch sosehr ich sie auch für ihre Gerissenheit bewunderte, mir war klar, dass ich nie und nimmer die Geduld aufbringen würde, ihrem Beispiel zu folgen.

Also ließ ich mich einregnen. So wie immer. Ich bin in dieser Beziehung wie Fatboy – ich halte Planung für etwas total Verschnarchtes. (Fatboys liebster Zeitvertreib besteht darin, in Marcus' frisch gewaschenes Bettzeug zu klettern, wenn es zum Trocknen über einem Stuhl hängt, obwohl er sich unweigerlich darin verheddert und dann in der Falle sitzt. Trotzdem zieht er es vor, sich augenblicklich in das Bettzeug-Abenteuer zu stürzen und später erbärmlich um Hilfe zu maunzen.) Auch ich denke nur selten voraus, sondern erdulde lieber die Konsequenzen.

Aus diesem Grund wäre ich nicht in einer Milliarde Jahren auf den Gedanken gekommen, dass meine Mutter und Nana Flo sich dazu getrieben sehen könnten, ein Gespann zu bilden, und dass ich mir daraufhin ausgestoßen und dumm und eifersüchtig vorkommen würde. Lizzy hingegen ist weitblickender als ich und hat – im Rückblick – augenblicklich begriffen, dass ihre Freundschaft logisch zwingend war.

Ich breite die Angelegenheit am Freitag in der Mittagspause vor ihr aus, denn erst da bin ich wieder im Stande, unbefangen darüber zu sprechen. Sie nickt weise und nimmt einen Schluck Evian. »Ich nehme an, dein Vater verbindet sie, selbst wenn sie sonst nichts verbindet«, sagt sie.

»Ja, aber mein Vater hat sie schon immer verbunden«, widerspreche ich, den Mund voll mit Tunfisch-Mayonnaise, »und das hat sie einen Dreck gekümmert.«

Ich halte inne und beobachte fasziniert, wie Lizzy püppchenhaft die Kapern aus ihrer Oliven-Nudelsoße sortiert und fein säuberlich am Tellerrand aufreiht. »Wieso sind sie eigentlich nicht miteinander ausgekommen?«, fragt sie. Ich runzle die Stirn. »Nicht die Stirn runzeln, das gibt Falten!«, schreit sie.

»Tut mir Leid.« Ich versuche nachzudenken, ohne die Stirn zu runzeln. »Ich habe den Eindruck, dass Nana Flo nicht viel von meiner Mutter gehalten hat.«

Lizzy schnappt nach Luft: »Aber warum? Deine Mutter ist doch ganz bezaubernd!«

Ich zucke die Achseln. »Na ja, auch wenn Nana Flo selbst gearbeitet hat, findet sie es unpassend, wenn Frauen arbeiten gehen. Verheiratete Frauen jedenfalls.« Lizzy verdreht die Augen. Ich führe aus: »Weniger Zeit, die sie meinem Vater widmen könnte. Und sie war nie eine besonders gute Hausfrau.«

Lizzy lacht. »Daher hast du das also«, sagt sie.

»Ich habe andere Talente.« Ich grinse. »Und wo wir gerade von Sex sprechen, wie *ist* Brian eigentlich?« (Ich halte den Typen immer noch für einen Knallkopf, aber Lizzy zuliebe heuchle ich Interesse. Außerdem interessiert es mich tatsächlich. Auf Ekel erregende Weise.)

Lizzy errötet. »Wirklich gut. Wir kommen fantastisch miteinander klar.«

Ich reiße die Augen auf und beuge mich über den Tisch: »Genauer.«

Lizzy strahlt. »Vor kurzem haben wir miteinander geplaudert, und ich habe dabei ganz nebenbei erwähnt, dass ich frische Feigen liebe, aber dass sie unverschämt teuer sind. Und gestern Abend kam er auf einen Sprung vorbei, und er hatte mir eine Riesentüte voll gekauft! Im November!« Da ich kein ausgesprochener Obstfanatiker bin, vermag ich nicht abzuschätzen, wie viele Mühen man auf sich nehmen muss, um im November frische Feigen zu besorgen. Kann man nicht einfach in den nächsten Laden spazieren und welche kaufen?

Lizzy missinterpretiert meine verständnislose Miene und führt demütig aus: »Er ist kein traditioneller Romantiker, so wie Adrian gegenüber Tina – so viele Blumensträuße –, aber mir lag noch nie besonders viel an Blumen. Nicht dass es für

Tina nicht ganz toll wäre, natürlich. Aber Feigen! Ich war so gerührt! Es war ein so einfühlsames Geschenk.«

Ich beeile mich, ihren falschen Eindruck zurechtzurücken: »O nein, ich habe nichts Schlechtes gedacht, es war wirklich ganz reizend von ihm … man muss es halt mögen, wenn die Freundin die ganze Nacht wie ein Nebelhorn pupst.«

Lizzy läuft wieder rot an und lacht. Plötzlich hört sie zu lachen auf und klopft mit dem Finger auf den Tisch, als wollte sie wieder zum Thema des Tages zurückkehren. Sie sagt: »Und wie kommt es, dass Nana Flo jetzt besser auf deine Mutter zu sprechen ist als früher?«

Ich habe keine Ahnung. »Ich habe keine Ahnung«, sage ich. »Ich weiß nicht einmal, ob sie *wirklich* besser auf sie zu sprechen ist.«

Lizzy wendet ein: »Aber das muss sie doch, wenn sie sich plötzlich regelmäßig treffen!«

Weiß der Geier. »Sie ist komisch«, sage ich. »Ich glaube, sie hat nie besonders viel von meiner Mutter gehalten, aber sie war immer bemüht, freundlich zu ihr zu sein.«

Lizzy nickt. »Wegen deinem Vater?«

Ich nicke ebenfalls. »Ja, das nehme ich an.«

Lizzy hält inne. »Also ist sie vielleicht, nachdem dein Vater … verschieden ist, immer noch um seinetwillen freundlich zu ihr.«

Das bleibt offen. »Ja, vielleicht«, sage ich. »Vielleicht kommt es daher, dass sie sich nicht länger seinetwegen streiten müssen. Aber ich glaube, auch Mum hat etwas damit zu tun. Sie hat Nana Flo nie gebraucht. Und jetzt braucht sie Nana vielleicht.«

Lizzy sieht mich begeistert an: »Und vielleicht«, frohlockt sie in einem Ich-finde-es-irre-wenn-sich-alles-so-zusammenfügt-Flüstern, »braucht Nana Flo jetzt, wo sie einen Sohn verloren hat, eine Tochter! Wenn ich es recht bedenke, ist das nur logisch!«

Verflucht, *so* weit würde ich nicht gehen. »Nana Flo«, sage ich, »ist, abgesehen von meiner Mutter, die am wenigsten mütterliche Frau, die mir je begegnet ist. Sie ist nicht gerade das, was man mitfühlend nennt. Schließlich hat sie meine Mutter nicht davon abgehalten, sich die Handgelenke aufzuschlitzen, oder?«

Lizzy kneift die Lippen zusammen. »Nein, aber das behaupte ich auch nicht. Wie hätte sie deine Mutter aufhalten sollen? Niemand hätte das können.«

Ich sage: »Außer meinem Vater; er hätte nur gesund und munter und nicht als Geist aus dem Grab hüpfen und rufen müssen: ›Reingelegt!‹«

Empört über meine Respektlosigkeit zieht Lizzy die Mundwinkel nach unten. »O Helen«, sagt sie, »niemand kann deinen Vater ersetzen. Aber auch wenn deine Großmutter kein ausgesprochen mitfühlender Mensch ist – sie sorgt sich bestimmt um deine Mutter.«

Das ist das Problem mit Lizzy. Sie glaubt, dass jeder so gütig ist wie sie selbst. Sogar ich. Ich seufze und sage: »Schon. Ich nehme an, Nana ist besser als nichts.« Ich muss an meine Bemühungen denken, mich um meine Mutter zu kümmern, und eine leise Stimme der Rechtfertigung in meinem Herzen sagt: »Aber *du* warst doch nicht nichts! Du warst für sie da. Deine Kochkünste waren unter aller Kanone, aber trotzdem warst du nicht *nichts*.« Laut sage ich vorsichtig: »Komisch, dass meine Mutter mir nie erzählt hat, wie oft sie meine Großmutter trifft, findest du nicht auch?«

Lizzy neigt ihren Hochglanzkopf zur Seite und bedenkt meine Frage. Dann sagt sie: »Vielleicht hat sie es vergessen.« Und vielleicht ist die Erde flach und der Mond aus Schweizer Käse. Zeit für einen Themenwechsel. Das Gespräch rutscht allmählich in die Rührseligkeit ab, und seit Montag steht mir, ehrlich gesagt, die Rührseligkeit bis Oberkante Unterlippe.

»Du weißt doch, wenn du diese Sache mit der Bürstenmassage machst?«, frage ich listig.

»Ja?« Lizzy spitzt augenblicklich die Ohren.

»Was ich immer vergesse: Man bürstet doch vom Körper zu den Händen und Füßen hin, richtig?«

Lizzy sieht mich an, als wäre ich von allen guten Geistern verlassen: »Um Himmels willen, nein! Du bürstest immer in Richtung Herz! Das ist ganz entscheidend!« Sie hebt zu einem zehnminütigen Vortrag über abschuppende Haut und Reibung und Massage und tiefenwirksame Mikrozirkulation und Giftabsonderung und überschüssige Flüssigkeit an – Nana Flo ist vergessen. Auftrag erfolgreich ausgeführt. Zu meiner großen Erleichterung lässt sich bei unserer nächsten mittäglichen Zusammenkunft Tina dazu herab, uns Gesellschaft zu leisten, wodurch sich jedes ernsthafte Gespräch verbietet. Um genau zu sein, es verbietet sich *jedes* Gespräch. Ich eröffne die Unterhaltung mit einem, wie ich annehme, gefahrlosen Thema: Adrian.

Ich *(scherzhaft):* »Also, Tina, wie ist dein Lover denn so?«

Tina *(kühl):* »Was meinst du damit?«

Lizzy *(diplomatisch):* »Sie, Helen, meint Adrian – er scheint verrückt nach dir zu sein. Wir haben uns gefragt, wie er so ist.«

Tina *(ausweichend):* »Danke, sehr nett.«

Ich *(beleidigt):* »Was bist du denn so empfindlich, das war eine ganz normale Frage. Ich habe dich schließlich nicht gefragt, wie groß sein Schwanz ist.« Ich *(denke):* Außerdem hast du mir das schon erzählt, als die Beziehung noch keine so heilige Reliquie für dich war, deshalb weiß ich das sowieso.

Tina *(schnippisch):* »Manche Dinge sind einfach Privatsache. Wir sind doch keine Teenager mehr.«

Ich *(provozierend):* »Was ist mit dir, kriegst du deine Tage?«

Lizzy *(hastig):* »Bestimmt nicht, aber falls ja, hätte ich etwas Nachtkerzenöl da. Es ist ganz hervorragend und äußerst wirksam. Das kann ich beschwören.«

Tina *(tobt):* »Ich habe kein PMS! Verfluchter Mistkerl! Einen Mann würdet ihr so was nicht fragen! Und hör mir auf mit diesem Duftöl-Quatsch! Ich kann dir auch was schwören – dass es einen Dreck wirkt!«

Lizzy *(schockiert):* »Tina, es tut mir Leid, ich wollte dich nicht kränken.«

Ich *(verstimmt):* »Ich auch nicht.«

Wir verstummen. Lizzy spielt nervös mit ihren gedämpften Nudeln, ich stochere muffelig in meiner Ofenkartoffel, und Tina starrt finster auf ihre gebackenen Bohnen auf Toast. Ich fange zu singen an: »Jedes Böhnchen gibt ein Tönchen –«

Tina knallt die Gabel auf den Teller und giftet: »Halt die Klappe!« Meiner Meinung hat sie zu viele Wiederholungen von *Die Füchse* gesehen.

Und es mag niederträchtig klingen, doch je knurriger Tina wird, desto schärfer bin ich darauf, sie zu ärgern. Also verlasse ich das Gebiet der Flatulenz-Witze und gehe über zu persönlichen Sticheleien. Tina hat eine schorfige Herpesstelle in ihrem Mundwinkel. Ich reiße ein Stück brauner Kartoffelschale ab und klebe sie an die Unterlippe. »Wer bin ich?« Lizzy unterdrückt ein Kichern. Ich fange Tinas verletzten Blick auf und breche vor Lachen zusammen. Ich liege fast unter dem Tisch, so muss ich über meinen eigenen Witz lachen, da springt Tina auf, schabt mit dem Stuhl über den Boden und rast nach draußen.

Ich erstarre. »Glaubst du, sie ist okay?«, frage ich Lizzy.

Lizzy sieht mich verstört an. »Ich weiß nicht«, antwortet sie.

Ich seufze und werfe meine Serviette auf den Tisch. Meine Kartoffel ist hart wie Granit und schmeckt etwa genauso. »Du wartest hier«, sage ich. »Das war meine Schuld. Iss du nur deine Nudeln auf.«

Wir rennen beide aus dem Café und Tina hinterher. »Tina! Bleib stehen! Es tut mir Leid!«, rufe ich ihr nach. Doch sie läuft immer weiter. Zum Glück wird ihr Tempo durch ihre Prada-Schuhe und ihren Bleistiftrock gedrosselt, sodass wir sie bald eingeholt haben. Vier Minuten erstklassiger Zerknirschungsbekundungen sind nötig, ehe sie sich herablässt, unsere Einladung auf einen Kaffee anzunehmen. Diesmal beschränken Lizzy und ich die Konversation auf *unser* Liebesleben. Oder, in meinem Fall, auf den Mangel eines solchen.

Lizzy *(schüchtern):* »Ich möchte so gern, dass ihr beide Brian besser kennen lernt. Hätte eine von euch beiden morgen Abend Zeit?«

Tina *(steif):* »Danke für das Angebot, aber ich habe leider schon was vor.«

Ich *(stolz):* »Ich auch.«

Lizzy *(nach kurzem Nachdenken):* »Ach. Was machst du denn, Helen?«

Ich *(keck):* »Ich treffe mich mit Tom. Du weißt schon, dem Tierarzt. Du erinnerst dich doch an Tom, Tina?«

Tina *(entspannter):* »Aber ganz bestimmt, Tequila Girl!«

Ich *(plötzlich ganz versessen darauf, das Thema zu wechseln):* »Trotzdem sollten wir irgendwas ausmachen, damit wir Brian ein andermal kennen lernen, Lizzy.«

Tina *(rächt sich):* »Aha! Tom ist also wieder angesagt? Ich hätte nicht gedacht, dass er auf Wasserspiele steht.«

Ich *(auffahrend):* »Halt den Mund! Du bist widerwärtig!«

Lizzy *(ahnungslos):* »Was? Ich komme nicht mit.«

Ich *(schnell):* »Ach, egal. Wo gehst du denn morgen Abend mit Brian hin?«

Tina *(fällt mir ins Wort):* »Komm schon, Helen, erzähl uns mehr über Tom. Wie weit seid ihr denn schon gekommen?«

Ich *(mit wütendem Blick auf Tina):* »So ist es nicht. Außerdem sind ›manche Dinge einfach Privatsache‹.«

Tina *(gehässig):* »Mit anderen Worten, ihr seid kein Stück weiter gekommen.«

Ich *(abwehrend):* »Wer sagt denn, dass ich irgendwohin kommen will?«

Tina *(sarkastisch):* »Es ist also rein platonisch? Das glaube ich dir sofort.«

Ich *(ärgerlich):* »Ich habe mich praktisch erst vor fünf Minuten von Jasper getrennt! Wieso muss ich ständig mit irgendwem ins Bett gehen?«

Tina *(gemein):* »Das musst *du* mir verraten.«

Ich *(verletzt):* »Vielen Dank.«

Tina *(nur wenig zerknirscht):* »Es tut mir Leid, Helen, aber du trennst dich doch ständig von Jasper.«

Lizzy *(die endlich auch mal zu Wort kommt)* »Wir wollen nur dein Bestes. Sonst nichts. Und Jasper, also, Jasper ist nicht immer wirklich aufmerksam.«

Ich *(verlegen):* »Bla bla bla. Lasst Jasper da raus.«

Tina *(triumphierend):* »Das haben wir, bis du ihn ins Spiel gebracht hast!«

Lizzy *(verzweifelt):* »Warum gehen wir nicht alle zusammen am Wochenende aus? Ich bringe Brian mit, und ihr beide könnt mitbringen, wen ihr wollt, oder wir bleiben einfach zu viert? Wie wär's mit Freitag?«

Ich *(betrübt):* »Okay. Aber wahrscheinlich komme ich alleine.«

Tina *(reibt es mir noch mal richtig rein):* »Ich werde Adrian fragen, ob er schon was vorhat.«

Nach dieser Mittagspause bin ich froh, wieder ins Büro zu kommen. Was eine absolute Premiere ist. Laetitia schickt mich prompt wieder los, unparfümiertes Deo kaufen. »Wie du wünschst«, zirpe ich und eile los. Gleich nach meiner Rückkehr werde ich von Laetitia gebeten, einen Experten wegen eines Zitates zum Thema »häusliche Gewalt« anzurufen, und setze mich sofort ans Telefon. Normalerweise werkel ich mindestens eine halbe Stunde herum und drehe Papierfetzen auf meinem Schreibtisch zu kleinen Kügelchen, um mich vorzubereiten. Ich weiß, dass Laetitia dieser uncharakteristische nachmittägliche Enthusiasmus beeindruckt, denn als ich zehn Minuten später rufe: »Erledigt!«, erwidert sie: »Gut.«

Sie hat überhaupt erst zweimal »gut« zu mir gesagt (das erste Mal, als ich ihr ausrichtete, dass der *Girltime*-Astrologe gedroht hat, seinen Vertrag zu kündigen, und das zweite

Mal, als ich ihr mitteilte, dass jemand namens Oliver Braithwaite ›in Betreff Jagdausflug‹ angerufen habe.) Ich strahle sie an und sage: »Es war mir ein Vergnügen.« Ich kann jeden Schleimerbonus brauchen, den ich zusammenkratzen kann. Außerdem möchte ich mich von meinen Grübeleien darüber ablenken, dass meine Mutter am Donnerstagvormittag ihren ersten Termin mit der Psychoschwester hat. (Die Schwester kommt zu ihr nach Hause, weil meine Mutter auf gar keinen Fall in die Klinik fahren wollte.)

Ich beschließe, von heute an ultrafleißig zu sein, bis Laetitia gar nicht anders kann, als mich zur stellvertretenden Redakteurin zu befördern. Das wird ihr natürlich nicht gefallen, aber ihr wird gar nichts anderes übrig bleiben. Der Gedanke an meinen unmittelbar bevorstehenden Aufstieg zu wahrer Grandeur und an den Wohlstand und Ruhm, der dadurch über mich hereinbrechen wird, baut mich wieder auf.

Vielleicht wird es in mein Ressort fallen, die »Leute«-Seite zu verfassen und Interviews mit unbedeutenden Seifenopern-Stars zu führen, während irgendeine arme, eifrige unschuldige Maid mich unwissentlich als Deodorantbotin ersetzt. Natürlich werde ich bis dahin einen Hosenanzug brauchen.

Als es endlich 17 Uhr ist, bin ich (in meiner Fantasie) bereits leitende Redakteurin. Ich beschließe, meine Mutter zur Feier des Tages zum Essen auszuführen. Brring Brrring! »Villa Bradshaw!«, krächzt die Königin. Oder genauer Nana Flo mit ihrer Telefonstimme.

Ich erhole mich rasch genug, um ganz freundlich zu sagen: »Hallo, Nana, hier ist Helen. Wie geht es dir?«

Sie antwortet: »Kann nicht klagen, Helen. Was kann ich für dich tun?« Helen? Sie spricht mich sonst nie mit Namen an! Das könnte ein erstes Anzeichen von Senilität sein. Entweder das, oder sie hat *Ist das Leben nicht schön?* angeschaut, und die Euphorie hat sich noch nicht völlig abgenutzt. Als Nächstes nennt sie mich noch »Süßerchen«.

Benebelt bitte ich sie, meine Mutter ans Telefon zu holen. »Wie geht es ihr?«, frage ich noch schnell (eine Vorwarnung kann nicht schaden).

»Nicht so schlecht«, antwortet Nana Flo forsch. »Wir beschäftigen uns.« Ach?

»Womit denn?« Meine Neugier ist geweckt.

»Wir räumen die Schränke aus«, erwidert sie streng. Ich presse mit Daumen und Zeigefinger die Nase zusammen, um mein Lachen zu ersticken. Der Gerechtigkeit wurde Genüge getan!

»Eigentlich«, sage ich, sobald ich die Fassung wieder gefunden habe, »äh, muss ich gar nicht mit Mutter sprechen, Nana, ich kann auch dich fragen.«

Es bleibt kurz still. »Ja?«, bellt sie.

Ich räuspere mich und sage: »Ich möchte dich und Mum diesen Donnerstag zum Essen ausführen, falls ihr nicht schon etwas vorhabt.« (Das Letzte ist eine reine Höflichkeitsfloskel.)

Als Nana Flo antwortet, klingt ihre Stimme so ernst wie immer: »Bist du sicher, dass du genug Geld hast?« Was für eine unverschämte Undankbarkeit!

»Ja«, antworte ich. (Und das ist nicht ganz gelogen, denn sobald die Bank mir etwas leiht, werde ich Geld haben.)

»Dann«, intoniert meine Großmutter gönnerhaft, »sehe ich keinen Grund, nicht zu kommen.«

Ich grinse in den Hörer und frohlocke: »Geritzt!«

»Wie bitte?«, erwidert Nana Flo.

Kapitel 22

Ich gerate öfter in peinliche Situationen als die meisten anderen Menschen. In einer meiner frühesten Erinnerungen bin ich vier Jahre alt – meine Eltern hatten mich eines Samstagmorgens zu einem abhärtenden Spaziergang durch den

Regent's Park geschleift und waren so in ihr Gespräch vertieft, dass sie gar nicht gemerkt hatten, wie weit ich, gebannt von dem riesigen orangefarbenen Fisch im Zierteich, zurückgefallen war. Als ich aufsah, waren meine Eltern verschwunden, und der ganze Park war voller riesiger fremder Menschen. Ich lief zwischen ihnen herum, vor Panik stolpernd und meine schwarzen Lackschuhe zerkratzend. Endlich erblickte ich meinen Vater von hinten und schob meine Hand in seine. Er sah zu mir nach unten, und ich sah nach oben – in das verwunderte Gesicht eines Fremden. Zum Glück war ich damals erst vier und niedlich, sodass der Fremde das lustig fand und mir half, meinen wahren Vater ausfindig zu machen.

Leider ereignete sich meine jüngste peinliche Situation erst heute Morgen, und weil ich nicht mehr vier und niedlich bin, ließen die Zeugen meines Missgeschicks diesmal keine Gnade walten. Ich hatte gefrühstückt und brachte vor dem Spiegel im Bad meine Rolle für den heutigen Abend zur Perfektion. Ich war noch unentschlossen, wie ich mich Tom präsentieren sollte, also experimentierte ich ein wenig. Das aufgeräumte: »Hiii!«, und ein hingehauchter Begrüßungskuss auf eine Wange (»Mwa!«)? Oder das mondäne: »Und wie *geht's* so?«, begleitet von einem Lächeln mit geschlossenen Lippen? Oder ein heißes, sexy: »Hallo, Tom«, plus einem viel sagenden Zucken der Mundwinkel?

Ich war gerade damit beschäftigt, all diese Möglichkeiten einzuüben, als ich etwas bemerkte, das Krimiautoren, glaube ich, als »ein unbestimmbares Etwas in meinem Rücken« bezeichnen. Ich wirbelte herum zur Badezimmertür – die ich in meinem Enthusiasmus zu verriegeln vergessen hatte –, wo Luke und Marcus standen und sich die Faust in den Mund stopften, um ihr hämisches Lachen zu ersticken. »Verpisst euch!«, schrie ich sie an, und sie bogen sich vor Lachen und lispelten zum Brüllen komische Kommentare wie: »Wie wär's mit ›Möchtest du mir nicht den Lippenstift verschmieren?« Ich knallte die Tür zu und kreischte: »Das habe ich nicht gesagt!«, dann ließ ich mich aufs Klo sinken, wiegte mich, den Kopf in die Hände gestützt, vor und zurück und stöhnte nur noch: »O neiiiin!«

Meine Beschämung wirkt den ganzen Vormittag lang nach und überschattet meinen frisch gefassten Beschluss zur Strebsamkeit. Ich kann mich nicht auf die Arbeit konzentrieren, denn immer wieder sehe ich ihre verzückten Mienen vor mir, woraufhin ich mich unwillkürlich schütteln muss und »Nein!« stöhne. Schließlich halte ich es nicht länger aus und bin gezwungen, mich vor Lizzy zu erleichtern. »Und jetzt leide ich an einem posttraumatischen Stress-Syndrom«, erkläre ich brummig, während Lizzy nach besten Kräften versucht, sich das Lachen zu verkneifen.

»Helen«, antwortet sie mit Glöckchenstimme, »zerbrich dir wegen heute Abend nicht den Kopf. Sei einfach du selbst!«

Ich verdrehe die Augen und trolle mich zu meinem Schreibtisch. Das Telefon läutet. Ich will nicht drangehen, schließlich könnte es Tom sein, der absagen will, doch da Laetitia zu schnaufen und zu zischen beginnt, wenn ich es auch nur dreimal läuten lasse, reiße ich den Hörer von der Gabel. »Hallo?«, flöte ich. »Reportageredaktion!« (dies in dem Versuch, wie eine flotte, ambitionierte Karrierefrau zu klingen und nicht wie ein lachhafter wandelnder Fußabstreifer). Leider sind all meine Anstrengungen vergeblich, denn meine Mutter ist am Apparat. Was plagt sie nun schon wieder?

»Hi, Mum«, sage ich vorsichtig. »Was ist denn?« Ich bin auf alles gefasst. Könnte es sein, dass Nana Flo den Schrank meines Vaters leer geräumt und all seine Kleider in die Altkleidersammlung gegeben hat? Oder treibt sie meine Mutter mit ihrem ständigen »Und wenn?« noch weiter in den Wahnsinn? Zwingt sie ihre Schwiegertochter vielleicht, im Fernsehen die *Antiquitätenshow* anzuschauen? Oder hält Nana Flo meine Mutter für verschwendungssüchtig, weil sie ihre Würstchen nicht in der Dose kauft?

»Ich bin erschöpft«, beklagt sie sich weinerlich.

Wie sich herausstellt, war meiner Mutter in der vergangenen Nacht ein wenig übel, weshalb sie um zwei Uhr morgens die Treppe hinuntertappte, um ein paar Pillen gegen Übelkeit zu suchen. Sie kramte gerade im Medizinschrank herum, als die Küchentür aufflog – »Ich wäre vor Schreck beinahe gestorben!« – und ihr von einer triumphierenden Nana Flo die Pillendose aus der Hand geschlagen wurde. Allem Anschein nach zeterte meine Großmutter: »Solange ich in diesem Hause bin, dulde ich diesen Unfug nicht!« Ich vermute, meine Mutter ist gleichermaßen gereizt und gerührt. Sie beendet das Gespräch mit den steifen Worten: »Ich bin seit unserem letzten Hochzeitstag nicht mehr ausgeführt worden. Wohin gehen wir?«

Ich habe nicht die leiseste Ahnung, doch ich antworte wie aus der Pistole geschossen: »In der Nähe von Islington gibt es ein thailändisches Restaurant, das ich ganz nett finde. Sie haben dort auch Jasmintee.«

Meine Mutter bleibt einen Moment lang stumm. »Das klingt nett«, sagt sie dann. »Ich glaube, ich war noch nie thailändisch essen.«

Ich flüstere: »Ich hole dich und Nana um acht Uhr ab«, und lege wieder auf. Dann starre ich auf meinen Schreibtisch, wo die Titelseite des *Mirror* vor meinen Augen verschwimmt. Ich blinzle, und die Buchstaben kehren fett und schwarz zurück. Ich bin nicht sicher, doch ich glaube, in all den Monaten, die wir zusammen Lauch geschnipselt haben, hat meine Mutter sich niemals wohlwollend – *erfreut* wäre ein zu starkes Wort – über meine Besuche gezeigt. Allerdings habe ich sie auch noch nie zum Essen ausgeführt.

Der Nachmittag schleppt sich dahin. Laetitia versetzt ihm den Todesstoß, indem sie mir befiehlt, die Rechnungsablage zu sortieren. Obwohl mir die Langeweile aus den Poren trieft, gebe ich mir redlich Mühe, den Anschein von Eifer zu erwecken. Schließlich linst Laetitia über ihren Computer, mustert mich misstrauisch und fragt: »Helen, haben sie deine Medikamente neu eingestellt?« Dann fällt sie vor Lachen fast unter den Tisch.

»Ha ha«, erwidere ich ohne jede Heiterkeit. Laetitias Scherze sind selten wie eine Steuerrückzahlung und komisch wie Lungenkrebs. Ich grüble, wie ich die Arbeitsethos-Scharade aufrechterhalten soll, wenn ich zugleich die feste Absicht habe, um Punkt sechs Uhr zu verschwinden. (Es ist unabdingbar, dass ich um 20 vor sieben zu Hause bin, falls ich mir wenigstens knapp bemessene achtzig Minuten zur Verschönerung einräumen will.)

Um halb sechs erlöst mich Laetitia vorzeitig aus dem Dilemma, indem sie ihren Mantel schnappt und verschwindet. Ohne jeden »Tschüs, bis morgen«-Unfug. Laetitia ist zu beneiden – obwohl ich sie persönlich nicht ausstehen kann –, weil es ihr absolut schnurz ist, ob ihre Mitmenschen sie mögen. Ich kann das nicht mit derselben Überzeugung ausstrahlen. Laetitia ist eine befreite Frau. Ich kämpfe immer noch mit meinen Ketten. Zum Beispiel hasse und verachte ich Marcus, doch es macht mir schwer zu schaffen, dass er mich ebenfalls hasst und verachtet. Ganz zu schweigen von Jasper. Ich habe eine Mordswut, und zur gleichen Zeit ist er mir *sympathisch.* Irgendwie erinnert er mich an Prinz Philip. Er mag ein Lackaffe sein, aber er kann einfach nicht anders. Auch wenn ich nichts mehr von ihm gehört habe (von Jasper, nicht von Prinz Philip), seit er zu *Louisah* gezogen ist, fehlt mir seine Bewunderung. Derlei jungmädchenhaftes Konfetti wirbelt in meinem Kopf herum, bis ich die Wohnungstür aufschließe. Dann verbiete ich mir alle Gedanken an Jasper und Marcus und widme meine ganze Aufmerksamkeit der herkuleischen Aufgabe, mein Haar in gesellschaftlich akzeptable Fasson zu waschen und zu stylen.

Tom läutet um genau zehn nach acht. Sein Timing ist verdächtig perfekt, sodass ich mich frage, ob er vielleicht zu früh gekommen ist und in seinem Wagen gewartet hat. Ich spüre einen irritierten Stich – nicht zu früh, nicht zu spät, sondern genau richtig. Wie bei Goldlöckchen und den drei Bären. Und die war ein kleines Biest. Ich wette, Tom ist einer von den Männern, die mit einer Hand in der Luft krakeln, wenn sie die Rechnung bestellen wollen. So wie Marcus. Hoppla! Marcus ist gestrichen. Jasper hingegen, wie ich mich entsinne, hebt nur eine schlaffe Hand, und die Bedienung kommt angerannt.

Ich gehe zur Tür und kneife mich in den Arm, um meine dummen, dämlichen Spaßverderbergedanken zu exorzieren. Was ist eigentlich mit mir los? Hoffentlich hat Tom heute Abend nichts allzu Einschüchterndes an wie zum Beispiel einen Smoking. Ich stelle mich meinem Verderben und reiße die Tür auf. Tom grinst mich an, ich seufze erleichtert und lächle zurück. Er trägt Jeans, ein khakigrünes Hemd, darunter ein weißes T-Shirt und braune Mokassins. Früher einmal habe ich jedes Kleidungsstück im Geist notiert und die Liste dann an Tina weitergemeldet, damit sie prüfen konnte, ob der Typ cool ist oder ich augenblicklich das Weite suchen soll. Doch da Tina einseitig ihre Stellung als meine persönliche Modeberaterin gekündigt hat und Tom einfach umwerfend aussieht, spare ich mir die Mühe.

»Du siehst hübsch aus.« Tom gibt mir einen Kuss auf die Wange. Ich denke zwei Gedanken gleichzeitig. a) Hat er seine Begrüßung auch vor dem Spiegel eingeübt?, und b) Das will ich auch schwer hoffen, nachdem ich anderthalb Stunden mit Schmieren, Schminken und Brauenzupfen zugebracht habe. Was ich Lizzy zu verdanken habe. Sie hat mir heute Morgen erklärt – unmittelbar nachdem sie mir mitgeteilt hatte: »Sei einfach du selbst« –, dass es vielleicht angebracht sein könnte, meine Brauen zu zupfen. Ihre genauen Worte waren: »Die Brauen sind ja *so* wichtig – das sind die Kleiderbügel, an denen dein Gesicht hängt. Wenn du die Augenbrauen vergisst, kannst du so viel Make-up auftragen wie du willst, du siehst immer noch zerzaust aus. Es ist eine der grundlegenden Wahrheiten in der Schönheitspflege …«

Ich nahm ihren Hinweis zu Herzen, blätterte in einer Ausgabe von *Glamour* herum, bis ich auf ein Paar beneidenswerte Brauen stieß, und gab mir dann alle Mühe, sie zu kopieren. Ich bin nicht sicher, ob das ganz gelungen ist, doch Tom sagt, dass ich hübsch aussehe. Es hat funktioniert! »Danke«, antworte ich, »du auch.« (Lizzy hat mir zusätzlich eine kurze Unterweisung zukommen lassen, wie wichtig es ist, ein Kompliment richtig anzunehmen: »Andernfalls beleidigst du den Menschen, der es gemacht hat.«)

Tom hingegen hat offenbar keine Unterweisung bekommen, denn er sieht mich verschämt an, zieht an seinem Hemd und meint scherzhaft: »Was, in diesem alten Fetzen?«

Ich muss lachen. Plötzlich fehlen mir die Worte. Ich sage: »Also, äh, dann komm rein, öh, willst du einen Kaffee oder« – um ein Haar hätte ich die unsterbliche Sexpüppchen-Phrase »lieber was Stärkeres« angebracht, kann mich aber eben noch zusammenreißen – »oder ein Bier oder irgendwas?«

Tom schwenkt die Plastiktüte in seiner Hand und sagt: »Einer meiner Patienten hat mir heute Morgen eine Flasche Roten geschenkt. Die könnten wir aufmachen, wenn du willst.«

Ich platze heraus: »Echt wahr, ein Hamster ist losgezogen und hat dir ein Fläschchen Pinot gekauft?«

Tom meint mit hoheitsvoller Ironie: »Nein, um genau zu sein, war es die Hamstermutti.«

Ich merke, dass ich den Eingang versperre, darum winke ich Tom in die Küche. Ein Klappern zeigt an, dass Fatboy die Flucht durch die Katzenklappe angetreten hat. Gehorsam trottet Tom hinter mir her. »Und wie geht es deiner Mum?«, erkundigt er sich pflichtbewusst.

»Schon wieder ganz gut, danke«, antworte ich und schwöre insgeheim, dass meine Mutter diesen Abend *nicht* torpedieren wird.

»Ja?«, fragt Tom aufmunternd.

»Meine Oma kümmert sich um sie«, erkläre ich knapp, während ich den Wein entkorke und mindestens die halbe Flasche in zwei riesige grüne Kelche gluckern lasse. (Ich habe sie mir extra gekauft, denn Marcus' Weingläser sind wirklich winzig. Genau wie alles andere an ihm, traraa!) Dann breche ich, wie für mich typisch, augenblicklich meinen Schwur und erzähle Tom die sonderbare Geschichte von den geheimen Großmutter-Konferenzen.

»Ich habe dreimal pro Woche meine Mutter besucht. Wieso hat sie mir nie davon erzählt?«, quäke ich und verachte mich dafür, dass mir das so wichtig ist.

Tom sieht mich mit großen Augen an. »Das ist wirklich verzwickt«, sagt er. »Ich mag mich irren, aber mir kommt es vor, als wollte sie dich manipulieren. Als ginge es um eine Machtfrage.«

Ich verstumme. Ich nehme einen tiefen Schluck von meinem Wein. Man mag mich naiv nennen, aber bis zu dieser Sekunde habe ich mir immer eingebildet, dass ich meiner Mutter stets getrotzt und getan habe, was mir gefällt. Doch jetzt, wo Tom das sagt, dämmert mir die Möglichkeit, dass ich immer genau das getan habe, was *ihr* gefällt – und wenn nicht, dann hat sie mich sofort zur Räson gebracht, indem sie, ach, ich weiß nicht, zum Beispiel ihre Pulsadern aufgeschnitten hat.

Ich sage gedehnt: »Glaubst du wirklich?«

Tom mustert mich aufmerksam und erwidert schnell: »Ich kenne deine Mutter nicht, es ist nur eine Vermutung.«

Ich bleibe still. Dann sage ich mit wackeliger Stimme: »Sie steht ausgesprochen gern im Mittelpunkt. Aber vielleicht war es auch nur gedankenlos von ihr. Oder sie hat gedacht, es würde mich nicht interessieren.« Dann geht mir auf, dass Tom und ich seit vollen 28 Minuten am Küchentisch sitzen und über meine Mutter diskutieren. Schon wieder reingelegt! »Auch egal, reden wir über was anderes«, verkünde ich strahlend. »Erzähl mir von deinen Eltern.«

Tom rutscht auf seinem Stuhl herum und zieht mich auf: »Ich weiß nicht, ob dich das wirklich interessiert.«

Bis zu diesem Augenblick nicht, doch jetzt hat er mich am Haken. »Raus mit der Sprache!«, befehle ich.

Und er rückt damit raus. Innerhalb von circa drei Sekunden. Toms Eltern ließen sich scheiden, als er fünf Jahre alt war. Seine Mutter heiratete drei Jahre später wieder, und er betrachtet seinen Stiefvater als seinen wahren Vater. Seine Mutter ist »ein echter Schatz«, und sein Stiefvater ist »ein toller Typ«. »Mums ersten Mann« sieht er nie. So wie er das sagt, begreife ich, dass er nicht weiter darüber sprechen will.

»Warum nicht?«, hake ich nach.

Er zuckt die Achseln und erklärt mir, dass sie nie miteinander ausgekommen sind.

»Ach was!«, rufe ich. »Auch nicht, als du vier Jahre alt warst? Was kann man da an seinem Vater nicht mögen?« Ich spüre, wie Tom verlegen wird, und füge hastig an: »Du musst es nicht erzählen.«

Tom lacht und sagt: »Es ist nichts Schlimmes! Er konnte einfach nicht viel mit Kindern anfangen. Es ging nicht nur mir so. Zu meinem Bruder und meiner Schwester war er genauso. Mum war liberal, und zwar schon immer, nehme ich an. Du weißt schon, Mädchen dürfen Traktor spielen und Jungs weinen, aber ihr Mann war das genaue Gegenteil. Mädchen sollten Rosa tragen und mit Puppen spielen, und Jungs sollten Blau tragen und sich als Cowboys verkleiden.«

Ich schenke mir den nächsten Kelch mit Wein voll. Tom hat sein Glas kaum angerührt, doch ich schenke ihm trotzdem nach, damit ich nicht ganz so versoffen wirke. »Und«, sage ich – versessen darauf, die Wahrheit zu erfahren, auch wenn mir sehr wohl bewusst ist, dass ich mich anhöre wie Jerry Springer in seiner Talkshow –, »hast du dich gerne« – noch während ich die Worte zurechtlege, ermahne ich mich, dass hier taktvolle Zurückhaltung angebracht ist – »rosa angezogen?«

Ich zucke zusammen, weil ich so derb klinge. Tom lacht. »Und wenn?« Er zieht eine Braue hoch.

»Nichts, nichts. Gar nichts«, plappere ich und denke bei mir: Ich hätte es wissen müssen. Er ist schwul. Die Netten sind immer schwul. Wenn sie nicht verheiratet sind. Oder beides. Ich habe gewusst, dass da irgendwo ein Haken ist. Und jetzt habe ich ihn vor den Kopf gestoßen. Ich bin so in meinen engstirnigen, alkoholnebligen Gedankengang versunken, dass ich Toms nächsten Satz nicht mitbekomme und ihn bitten muss, ihn zu wiederholen. Und dabei stellt sich heraus, dass der vierjährige Tom für sein Leben gern gemalt hat, bis eines Tages der erste Mann seiner Mutter seinen Pinsel zerbrach und ihm die Hälften um die Ohren haute, weshalb Tom vom Malen abgekommen ist und seither nicht mehr gemalt hat.

»Das ist ja schrecklich!« Die tragische Schauderhaftigkeit der Situation verstärkt sich direkt proportional zu meinem Alkoholkonsum.

»Nicht wirklich«, grinst Tom. »Zwei Tage später hat meine Mutter ihn rausgeschmissen, und seither leben wir alle glücklich und zufrieden. Wie wär's, wenn wir losziehen und eine Pizza essen?«

Ich nicke und sage demütig: »Wir können auch losziehen und zwei essen.«

Wir nehmen ein Taxi zum Pizza-Express, weil Tom davon ausgeht, dass ich in diesen Schuhen unmöglich laufen kann, und die Konversation wendet sich dem Thema zu, dass Scooby Doo ohne diesen Emporkömmling Scrappy viel besser dran war und dass man, selbst wenn man keine gelungene Imitation von Scooby Doo – oder jeder beliebigen anderen Cartoonfigur oder Gestalt aus dem Fernsehen – zu Stande bringt, allein dafür Hochachtung verdient, dass man seine wertvolle Zeit und eine derartige Mühe auf den Versuch verwandt hat. Tom gibt einen vorzüglichen Scooby Doo ab, und er muss ihn mindestens neunmal wiederholen. Er gesteht mir zu, dass meine Marge-Simpson-Imitation unvergleichlich ist. Durch mein Talent habe ich mir das letzte Stück Pizza verdient.

Mir fällt auf, dass Tom nicht mit vollem Mund spricht und dass er nicht in der Luft herumkrakelt, als es Zeit zum Zahlen ist (die Kellner stellen schon die Stühle auf die Tische). Wir kehren lärmend in die Wohnung zurück, und ich weiß, dass dies eine wunderschöne Nacht wird.

Kapitel 23

Ich habe nie an das Sprichwort geglaubt, dass unrecht Gut nicht gedeiht. Meiner persönlichen Erfahrung nach hat das Rad des Schicksals oft einen Platten. Darum überlasse ich die Vergeltung nicht irgendeiner launischen, vorsintflutlichen Instanz. Ich übe sie selbst aus. Aus diesem Grunde riss ich vor kurzem eine Telefonnummer aus der Ratgeberseite in *News of the World* und pinnte sie an Marcus' Korkwand. Sobald er am vergangenen Sonntagmorgen aus seinem Zimmer auftauchte, schlenderte ich in die Küche, zog mir einen Stuhl an den Tisch und täuschte vor, ganz und gar in den *Spectator* versunken zu sein. Marcus brauchte nur einen Blick auf meine Lektüre zu werfen, um Verdacht zu schöpfen. 50 Sekunden später erspähte er den Ausschnitt mit der Überschrift »Penis zu klein?«, fetzte ihn von der Wand und stopfte ihn in den Mülleimer.

Ich hatte auf ein schauspielerisches Drama gehofft, doch stattdessen lehnte er sich mit dem Rücken an die Spüle, verschränkte die sehnigen Arme und musterte mich in bedrohlichem Schweigen. Auch wenn mir klar war, dass er diese Einschüchterungstaktik aus einem Film mit Robert de Niro geklaut hatte, verfehlte sie ihre Wirkung nicht. Verlegen wand ich mich auf meinem Stuhl, als Michelle, nach einem schwarzen Kaffee lechzend, hereinmarschiert kam, mit verquollenem Gesicht und turmhohem Haar. Erleichtert atmete ich auf und kratzte die Kurve. Doch ich hatte zu früh aufgeatmet. Denn auch Marcus' Motto lautet: Leben und sterben lassen. Und ausgerechnet den Dienstagabend hatte er ausgesucht, um finstere Rache zu üben.

Tom und ich waren in die Wohnung gestolpert, in eine Kabbelei über die Vorzüge von Cadbury's gegenüber Galaxy Schokolade verstrickt, als sich meinem Auge der unerfreulichste Anblick seit Fatboys letzter Magenverstimmung (von einem Regal, nebenbei bemerkt) bot.

Marcus, an seinem Eichenfurniertisch sitzend, in der neuesten Ausgabe von *Musclebound* blätternd und an einem Bananen-Milchshake nippend. Ich blieb vor Schock wie angewurzelt stehen, und mein Hochgefühl löste sich in Luft auf. Tom kam knapp hinter mir zum Stehen. Marcus lächelte ein Haifischlächeln. »So, so, so«, setzte er unheilverkündend an, »*das* ist also Tom.« Es hätte mich nicht gewundert, wenn er gehässig zu kichern begonnen und gesagt hätte: »Aber hallo, mein Hübscher!« Ich war wie versteinert.

»Tom«, sagte ich so ruhig wie möglich, »das ist Marcus, mein Vermieter.«

Tom, das Unschuldslamm, grinste und sagte: »Hi!«

Ich – die Schuldige – rang die Hände und sagte: »Wieso bist du so spät noch auf, Marcus?«

Marcus zeigte mir das nächste Hammerhailächeln. »Konnte nicht schlafen. Aber he« – dabei breitete er hilflos die Hände aus –, »es hat doch alles sein Gutes! Jetzt kann ich mit euch beiden plauschen.« *Plauschen*. Ist er eine 80-jährige Oma? Und dann kam: »Ich habe schon so viel von dir gehört, Tom.«

Was? Nein, hat er nicht! Ich sah Marcus entsetzt an. »Ich glaube nicht, dass ich dir schon von Tom erzählt habe«, widersprach ich. Meine Stimme bebte so, dass Tom mich kurz ansah.

Marcus lachte. »Jetzt spielt sie wieder die Schüchterne«,

schnaubte er mit einem Kopfnicken zu Tom hin. »So wie bei all ihren Männern! Jede Woche!«

Das war kein Spaß mehr. Ich platzte heraus: »Marcus, hör auf mit dem Quatsch. Bitte!«

Das »bitte« tat weh, und Marcus war das durchaus bewusst. Er sah mich eine Sekunde lang an, bevor er weitersprach. »Erst heute Morgen war sie im Bad und hat geübt –«

Tom und ich fielen ihm im selben Moment ins Wort. Tom setzte an: »Eigentlich will ich das gar nicht –«, doch ich übertönte ihn: »Marcus, ich würde zwar liebend gern noch aufbleiben und mit dir über dein Bauch- und Busenheftchen plaudern, aber ich bin total k.o. und muss in, oje, fünfeinhalb Stunden schon wieder aufstehen, deshalb, Tom will sowieso gerade gehen, also, verabschiede dich von Tom.«

Ich bugsierte Tom aus der Küche. Was blieb mir anderes übrig? Hätte ich ihn im Polizeigriff in mein Schlafzimmer abführen sollen? Obwohl ich zugeben muss, dass ich genau das vorgehabt hatte, bis Marcus mich als Schlampe hinstellte. »Meine Männer«, das gibt´s doch nicht! Während ich Tom in den Korridor lotste, flüsterte ich: »Das mit Marcus tut mir Leid, offenbar haben ihm die vielen Anabolika das Hirn rausgeblasen. Er schluckt sie, als wären es Smarties.« Das war – soweit ich weiß – gelogen, aber ich war am Ende mit meinem Latein.

Tom erwiderte tiefernst: »Ganz bestimmt.« Er zögerte kurz und sagte dann: »Er ist total überdreht, stimmt's?«

Ich nickte heftig. »Bei Gott, ja.« Es folgte eine weitere verlegene Pause, während der ich Marcus zur Hölle wünschte. Offenbar hatte er bei Michelle Nachhilfe genommen. (Nicht dass er welche gebraucht hätte.)

Ich lächelte Tom verkniffen an und sagte: »Also, vielen Dank noch mal. Es war wirklich sehr nett.«

Tom lächelte zurück. »Mit dir auch. Ich habe es sehr genossen.« Pause Nummer drei. »Ich sollte jetzt gehen. Ich rufe dich irgendwann mal an.«

Irgendwann? Das heißt nie. »Auf jeden Fall«, sagte ich mutlos.

Tom beugte sich herab und hauchte mir einen Kuss auf die Wange. Meilen von meinem Mund entfernt – praktisch auf das Ohr. Ich gab den Kuss zurück, wobei ich wie eine Süchtige den Duft seines Aftershaves inhalierte, und verabschiedete ihn dann mit einem Winken. Danach ging ich geradewegs ins Bett und zog mir die Bettdecke über den Kopf, um Marcus nicht mehr hören zu müssen, der in der Küche den Titelsong von *Pretty Woman* pfiff.

Lizzy weigert sich zu glauben, dass der Fall damit erledigt ist. »Bestimmt hat Tom gemerkt, dass Marcus nur einen Witz machen wollte«, sagt sie, wofür ich sie am liebsten erwürgen würde.

»Er hat behauptet, ich würde jede Woche einen anderen Mann anschleppen!«, keife ich. »Das ist kein Witz! Das ist Verleumdung!«

Laetitia, die uns belauscht hat, fährt dazwischen: »Üble Nachrede! Es sei denn, es ist wahr. Bruha ha ha!«

Ich schenke ihr ein süßliches Lächeln und spanne unter dem Schreibtisch die Hände zu Klauen an. Eines Tages, wenn ich erst einmal reich und erfolgreich bin, werde ich dem Londoner Zoo eine Tarantel stiften und sie Laetitia Stokes taufen. Ich vertraue meine Ambitionen Tina an, deren Stimmung sonnig ist wie selten und die mir fröhlich erklärt: »Ich wette, das kostet höchstens einen Zehner, und du könntest das gleich morgen haben.«

Das baut mich wieder auf, darum rufe ich, als Laetitia auf eine Zigarette verschwindet, den Londoner Zoo an und lasse mich zur Abteilung für lebenslange Mitgliedschaft und Tieradoptionen weiterverbinden. Zu meinem großen Verdruss kostet »eine ganze Tarantel« 70 Pfund, allerdings kann ich für 35 Pfund auch einen Anteil daran erwerben. Ich werde sofort anfangen zu sparen.

»Darf ich sie taufen?«, frage ich listig.

»Das ist leider nicht möglich«, lautet die höfliche Antwort, »weil man bei uns kein individuelles Tier, sondern die gesamte Tierart adoptiert. Es würde also kein Name auf der Tafel erscheinen. Für sich könnten Sie dem Tier allerdings gern einen Namen geben.«

Wozu soll das gut sein? Ich danke dem Zoo-Menschen für seine Mühe und lege wieder auf.

Der Mittwochnachmittag kommt und geht, ohne dass Tom anruft. Am Donnerstag bin ich schwer versucht, ihn anzurufen, finde aber keine Gelegenheit dazu, weil ich fast den ganzen Tag damit beschäftigt bin, auf der Straße Frauen anzusprechen, und zwar für eine achtseitige Reportage mit dem Titel »Die gemeinste Art, einen Mann loszuwerden«, mit der Laetitia mich beauftragt hat. Ich weiß genau, warum sie die Reportage in Auftrag gegeben hat. Der Nachschub an Grafen ist ins Stocken geraten, darum hat Laetitia gegen alle Regeln zu einem Bankier gegriffen. Seine Familie hat sich die Möbel selbst gekauft, und das wurmt Laetitia – auch wenn ihre Möbel ebenfalls Würmer haben –, deshalb will sie ihn bestrafen. Der arme Mann. Mit den erforderlichen Recherchen hält sie mich auf Trab. Um halb sechs schlurfe ich auf dem Zahnfleisch zurück ins Büro. »Hat jemand angerufen?«, erkundige ich mich hoffnungsvoll.

»Deine Mutter«, erwidert Laetitia knapp. »Wie war's?«

Ich nicke. »Ganz gut, ich habe ein paar tolle Zitate.« Laetitia ignoriert mich. Müde schleppe ich mich zu meinem Schreibtisch und rufe meine Mutter an.

»Heute hat mich meine *männliche* Krankenschwester aus der Klinik besucht«, sind ihre ersten Worte. Der Himmel möge ihm beistehen, genauso hat sie sich ausgedrückt.

»Und wie war's?«, frage ich argwöhnisch, um gleich darauf zu erklären: »Nein, erzähl es mir noch nicht, erzähl es mir später – ich habe für 20 nach acht einen Tisch reserviert. Steht das noch mit Nana und dir?«

Meine Mutter belehrt mich in bestem Lehrerinnen-Ton: »Gut, danke, und wenn du mit ›stehen‹ meinst, ob wir immer noch vorhaben, dir beim Abendessen Gesellschaft zu leisten, so lautet die Antwort ja.«

Ich lache und sage: »Pluster dich nicht so auf, Mummy. Ich bin nicht dein Schulkind. Bis später.«

Ich will gerade den Hörer auflegen, als sie quiekt: »Ist es elegant? Was soll ich anziehen?« Ich halte kurz inne und entsinne mich, dass ich ihr erzählt habe, das Restaurant sei in der Nähe von »Islington«, während es genau gesagt im längst nicht so reichen »Holloway« liegt.

»Elegant-lässig«, erkläre ich ausweichend. »Bis nachher!« Ich seufze erleichtert und wühle meinen Kassettenrecorder aus der Tasche.

Gerade suche ich nach einem Vorwand, um das Abschreiben zu verschieben, als – Halleluja! – das Telefon klingelt. »Hallo!«, melde ich mich fröhlich und bete gleichzeitig, dass es nicht noch mal meine Mutter ist.

»Helen?«, fragt Tom.

»*Hiiiiii!*«, antworte ich. Als er fragt, wie es mir geht, kann ich an seiner Stimme hören, dass er grinst. Wolfszähne. Rrrrr! »Ausgezeichnet«, sage ich und überlege zugleich, ob man einen Mann, der eine Frau zwei Tage nach dem Date anruft, als scharf wie ein Sack Chilischoten einstufen kann. »Und dir?«

Er antwortet, dass es ihm gut gehe und dass er sich gefragt habe, ob ich wohl irgendwann am Wochenende Zeit hätte. Wie ärgerlich. Kann er sich nicht genauer ausdrücken? Ich meine, wenn ich sage, am Samstagabend hätte ich Zeit und er dann sagt, er hätte eigentlich den Sonntag gemeint, dann stehe ich doch als totaler Loser da! Aber andererseits zeigt er einen so ausgesprochenen Eifer. Das lenkt von seiner strahlenden Erscheinung ab. Das muss ich einfach abtörnend finden. Dann blitzt eine brillante Idee in meinem Kopf auf.

»Hättest du morgen Abend Zeit?«, frage ich. »Ich gehe mit

ein paar Leuten aus. Tina kommt auch. Du erinnerst dich doch an Tina, oder?«

Wieder kann ich das Lächeln in Toms Antwort hören: »Die Tequila-Nacht. Wie könnte ich die vergessen?«

Zum zweiten Mal innerhalb von fünf Minuten lege ich erleichtert den Hörer auf die Gabel. Doppelt genäht hält besser. Aber zugleich bin ich enttäuscht. Wieso hat er nicht den Anstand besessen, ein paar Tage zu warten und mich schwitzen zu lassen? Das ist ausgesprochen irritierend, weshalb ich über dieser Frage brüte, bis ich plötzlich merke, dass es halb sieben und schon lange nach Arbeitsschluss ist. Ich schließe meinen Kassettenrecorder in der Schublade ein. »Gleich morgen früh fange ich mit dem Abschreiben an!«, rufe ich im Rausgehen Laetitia zu. Sie ignoriert mich.

Um Punkt acht Uhr bleibe ich mit dem Auto vor dem Haus meiner Mutter stehen und sehe Nana Flo hinter dem Vorhang hervorlinsen. Ich hupe und winke. Gute zehn Minuten später kommen sie und meine Mutter herausgelaufen. Nana Flo trägt einen ausgebleichten lila Mantel, der aussieht, als wäre er aus Disteln gewebt. Ihre grauen Haare stehen brüchig unter dem Kopftuch nach oben. Meine Mutter ist gepudert und lippengestiftet und umklammert eine glänzende schwarze Handtasche. Ich frage mich, wann meine Großmutter wohl das letzte Mal in einem Restaurant gegessen hat. »Ihr seht beide toll aus!« Damit hoffe ich den Ton für den Abend vorgegeben zu haben.

Nana grunzt. Meine Mutter fragt: »Wirklich?«

Ich erkläre ihnen, dass das Restaurant Nid Ting heißt. »Was ist das denn für ein Name?«, meldet sich Nana Flo zu Wort.

»Ein thailändischer Name«, antworte ich, auch wenn ich mich frage, ob ich mir die Antwort nicht hätte sparen können. Ich finde einen Parkplatz um die Ecke.

»Ziemlich heruntergekommene Gegend, findest du nicht?«, verkündet meine Mutter laut.

»Es wäre auch langweilig, wenn es überall wie in Muswell Hill aussehen würde!«, antworte ich fröhlich und mit zusammengebissenen Zähnen.

Wir marschieren ein und werden – zu meiner Erleichterung – an einen gemütlichen Tisch in der Ecke geführt. Nana Flo inspiziert den rot gemusterten Teppich und die kleinen Buddhas auf dem Fensterbrett und kneift die Lippen zusammen. Als die Bedienung fragt, ob sie ihr den Mantel abnehmen kann, packt Nana ihn umso fester und faucht: »Nein, danke!« Misstrauisch beschnuppert sie die Gratisschale mit Krabbenbrot. »Das sind thailändische Chips, Nana«, sage ich. »Sie schmecken nach Krabbencocktail.«

Meine Mutter mampft glücklich vor sich hin und sagt: »Wisst ihr was, ich glaube, ich trinke ein Glas Wein!«

Nana lässt ihren Blick über die anderen Gäste wandern und schüttelt den Kopf, vor allem über einen dürren Mann mit gepierctem Kinn und Baggyhose. »Was für ein ungehobelter Klotz!«, zischt sie. »Es ist eine Schande! Und seht euch erst seine Hose an. Es geht mich ja nichts an, aber so eine Stoff-Verschwendung habe ich noch nie gesehen! Da fällt mir gleich wieder dieser Strolch ein, der heute Morgen vor unserer Tür stand, Cecelia.«

Auch wenn es stets erfrischend ist, Nana Flos radikale Ansichten zu hören, nutze ich die Gunst des Augenblicks, um sie zum Schweigen zu bringen. »Was für ein Strolch?«, frage ich, an meine Mutter gewandt.

»Meine Krankenschwester!«, antwortet Mum.

»Ohhhh!«, sage ich, und das reicht als Aufmunterung, um sie zu einem Monolog anheben zu lassen, der so lang ist wie die Weltgeschichte. Der Betreuer meiner Mutter ist *ganz und gar nicht so*, wie man es erwarten würde. Um die Wahrheit zu sagen, als er klingelte, nahm sie zuerst an, er sei »ein Ganove«. Erst nachdem sie seinen Ausweis kontrolliert und in der Klinik angerufen hatte, um dort eine Bestätigung einzuholen, ließ sie ihn ins Haus. (Er konnte sich glücklich schätzen, dass Nana gerade im Supermarkt war, als er kam.) Aber man konnte ihr kaum einen Vorwurf machen. Ein Ziegenbärtchen und lange Koteletten! Und ein Ohrring! Woher hätte sie das wissen sollen! Sie hatte eine Dame in weißer Uniform erwartet! Und obendrein hieß er Cliff!

Zu ihrer Überraschung war Cliff »durchaus charmant«. Ausgesprochen gesprächig, sehr fürsorglich, sehr betrübt über den Zwischenfall mit den Rasierklingen und sehr daran interessiert zu erfahren, was vorgefallen war und wie sich meine Mutter jetzt fühlte, und die Wunden zu untersuchen und die Spezialdose zu sehen, die sie gekauft hatte, um ihre Pillen aufzubewahren. Er wollte sich zu gern Fotos von Morrie anschauen und hörte gespannt zu, wie sie sich kennen gelernt hatten (Cliff kennt auch Paare, die sich beim Tanz kennen gelernt haben – in einem Tanzpalast namens The Ministry), und er hatte größtes Verständnis für die Grauen einer Auto-Inspektion (Cliff kennt sich ebenfalls überhaupt nicht mit Autos aus, er fährt lieber mit dem Rad und überlässt solche Sachen seinem Partner, wie soll man sich denn zurecht finden, wenn dieser Mensch plötzlich stirbt?).

Cliff kann sich gar nicht vorstellen, wie schwer es für meine Mutter sein muss, so ganz allein zurechtzukommen, ihn würde wirklich interessieren, wie sie eigentlich zurechtkam, bevor sie Morrie kennen lernte? Er war ganz Ohr, als sie ihm von dem winzigen Zimmer erzählte, das sie nach ihrem Auszug von zu Hause gemietet und das sie ganz allein gestrichen hatte – geradezu unerhört in der damaligen Zeit, wohingegen in der heutigen Zeit ja praktisch alles erlaubt ist. Er hatte den Verdacht, dass sie ihr Licht unter den Scheffel stellt – sie höre sich ausgesprochen selbstständig an! Absolut beeindruckt hat ihn die Schilderung von ihren neu angeeigneten finanziellen Fähigkeiten – was für eine Leistung! Aber trotzdem müsse es doch schwer sein, es jemandem nicht zu verübeln, dass er gestorben ist – wie sie sich eigentlich *fühle?* Dann wollte er sich herumführen lassen.

Als meine Mutter erzählt, dass Cliff durch das Haus geführt werden wollte, zischt Nana Flo – die wortlos ihren gedämpften Fisch mit weißem Reis verschlungen hat, wobei sie eine Miene gereizter Abneigung zur Schau stellt –: »Um die Bude auszubaldowern!«

Mir bleibt der Mund offen stehen. »Pardon?«, frage ich nach.

»Florence hat heute Nachmittag auf Satellit *Starsky und Hutch* geschaut«, erklärt meine Mutter. »Es hat dir gefallen, nicht wahr, Florence?«

Nana Flo zieht die Schultern hoch und bestätigt widerwillig: »Nicht schlecht, verglichen mit manchem von diesem modernen Quatsch.«

Den du dir aber wie auf dem Sofa festgeklebt reinziehst, denke ich bei mir. Laut sage ich: »Er kommt mir tatsächlich ein bisschen neugierig vor, Mum. Bist du sicher, dass er in Ordnung ist?«

Meine Mutter geht in Abwehrstellung. Cliff ist ein ganz reizender Junge.

»Er raucht Drogen in unserem Haus!«, heult Nana Flo.

Ich sehe streng meine Mutter an, die mitleidig erklärt: »Florence, das sind *Selbstgedrehte*. Es sind ganz normale Zigaretten, nur selbst gemacht. Und er hat mich um Erlaubnis gefragt.« Meine Mutter blickt flehend meine Großmutter an, doch – um meine alte Grundschullehrerin zu zitieren – keine Antwort ist auch eine Antwort.

Also erfahren wir noch mehr über Cliff. Wenn sie es sich recht überlegt, ist er ziemlich dickköpfig. Wie er sie gleich wieder vom Thema abbrachte, als sie davon zu reden anfing, dass es heutzutage doch viel schwerer für eine junge Frau sei, bei einer Tanzveranstaltung einen jungen Mann kennen zu lernen, schließlich gebe es ja nur noch diese Raves und Table-Dance-Bars, nicht wahr? – dieses Thema schien ihm ganz und gar nicht zu liegen –, doch ansonsten sei er ein sehr ordentlicher junger Mann. Er wollte auch alles über *dich* erfahren, Helen. Er sagte, es wäre nett, einmal mit dir zu plaudern, deshalb habe ich ihm deine Nummer gegeben. Als Freund wäre er wohl eher ungeeignet, obwohl, wenn er sich rasieren und den Ohrring ablegen und sein Hemd bügeln würde, dann –

»Was!«, rufe ich so laut, dass das Pärchen am Nebentisch die Ohren spitzt. »Wieso sollte dieser Gutmensch und Trendaffe *mich* anrufen wollen?«

Meine Mutter sieht mich verlegen an. Sie zwirbelt die Nudeln um ihre Gabel und sagt: »Wahrscheinlich, um über *mich* zu sprechen.«

Ich seufze und sage: »Also gut«, obwohl ich insgeheim Zweifel hege.

Wir bleiben stumm, während meine Mutter ihren Teller leer putzt. Dann sagt sie: »Er hat gesagt, er könne sich vorstellen, dass ich unter anderem wohlauf bleiben wolle, weil du abhängig von mir bist.«

Ich spucke um ein Haar einen Shrimp aus. »Das ist doch lächerlich – er kennt mich überhaupt nicht!«, sage ich entrüstet.

Meine Mutter erwidert aufgeregt: »Ganz genau! Das habe ich auch gesagt! Ich habe ihm erklärt, dass du ausgesprochen unabhängig bist.«

Ich nicke zufrieden. Meine Mutter nimmt einen Schluck Wasser und räuspert sich. Sorgfältig wischt sie sich mit ihrer rosa Serviette den Mund ab. Dann sagt sie schüchtern: »Helen, falls du Geld brauchen solltest, kannst du jederzeit fragen, das weißt du doch.«

Zwei Stunden später setze ich die beiden wieder ab und schicke einen Stoßseufzer zum Himmel, als Nanas lila Mantel endlich im Haus verschwindet. Wie meine Großmutter so treffend sagte, war der Abend »gar nicht so schlecht, in Anbetracht der Umstände«. Ein einziges Mal forderte ich mein Glück heraus, indem ich bemerkte: »Du hast ja deinen ganzen Fisch und Reis aufgegessen, Nana.« Worauf sie gereizt erwiderte: »Ich kann es nicht ausstehen, wenn Essen verdirbt.« Daraufhin warf sie mir einen Blick zu, der sagte: Selbst wenn es irgendein ausländischer Fraß ist, aber ich musste ihr zubilligen, dass sie die Kraft aufgebracht hatte, die Worte nicht auszusprechen. Von meinem Vater wurde nur ein einziges Mal gesprochen. Plötzlich rief meine Mutter aus: »Wäre es nicht schön, wenn Morrie auch hier wäre – dann wären wir eine richtige Familie!« Ich wollte nicht darauf hinweisen, dass wir, falls mein Vater dabei gewesen wäre, in null Komma nichts aus der Tür und auf dem Weg zum Savoy Grill gewesen wären. Oder wahrscheinlich gar nicht erst zusammen ausgegangen wären. Darum schwieg ich.

Nana Flo sagte knapp: »Gebe Gott, dass er jetzt zu uns herabsieht« – ein eigenartig sentimentaler Kommentar. Danach wurde er nicht mehr erwähnt. Ich bin derart überrascht, wie sehr ich den Abend genossen habe – selbst wenn es ein eher masochistischer Genuss war –, dass ich bei meiner Heimkehr die Wohnungstür zuknalle und Marcus aufwecke. Ich weiß das, weil er aus seinem Schlafzimmer stürmt und über den Flur stampft, um sich ein Glas Wasser zu holen (ich höre das wütende Zischen des Wasserhahns), während ich im Bad stehe und die Make-up-Schichten abwische. Der perfekte Abschluss eines in Anbetracht der Umstände gar nicht so schlechten Abends.

Kapitel 24

An manchen Tagen weiß ich nicht, ob ich nicht schon 50 bin. Ich bin ständig müde. Ich war seit 20 Jahren in keinem Klub mehr. Und ich hatte so lange keinen Sex, dass ich nicht überrascht wäre, wenn man ihn in der Zwischenzeit abgeschafft hätte. Der Freitagabend bietet mir die Möglichkeit, bei wenigstens zwei dieser Beschwerden Abhilfe zu schaffen.

Der Anpfiff für den Abend erfolgt um 18 Uhr 01, als Tina, Lizzy und ich aus dem Büro und ins Klo drängeln, um uns aufzubrezeln. »Genau genommen«, sage ich zu Lizzy, der es zu schaffen macht, dass wir so pünktlich aufgehört haben, »haben wir eine halbe Überstunde gemacht, darum wäre ich stolz an deiner Stelle.«

Tina wirft mir einen altklugen Blick zu: »Der rasende Eifer hat sich also gelegt.«

Ich gebe zurück: »Es kommt nicht darauf an, was man tut, sondern wobei man gesehen wird. Und als Laetitia um Viertel vor sechs das Büro verlassen hat, habe ich an meinem Schreibtisch geknechtet.«

Schmunzelnd wühle ich die Wimpernzange aus meinem Müllbeutel von Schminktäschchen (meine Wimpern sind unnatürlich schwunglos, und wenn ich sie nicht forme, sehen sie aus wie abgeschoren). Lizzy klappt einen Metallkoffer auf, der aussieht, als würde sie eine Waffe darin transportieren, nimmt aus einem der Fächer darin einen dicken Pinsel und verteilt fluff-wuff eine Puderwolke über ihr Gesicht. Tina legt erst einmal die Fundamente frei – indem sie mit Wattebäuschchen und Reinigungs- Fluid sorgsam den Glanz des Tages abwischt. Eine schnelle Auffrischung genügt nicht für unsern Herrn und Meister Adrian, denke ich gallig. Ich weiß, dass das gemein von mir ist, aber sie macht einen solchen *Zirkus* um ihn.

»Ich bin schon gespannt auf Adrian«, sage ich in dem Versuch, meine eigene Gehässigkeit niederzukämpfen.

»Gut«, sagt Tina. Dann meint sie heiter: »Kannst du dir Mühe geben, nicht ausfallend zu werden?«

Ich reiße die Augen auf, so weit ich sie aufreißen kann, und erwidere: »Du freches Biest! Wie wär's, wenn *du* versuchst, Tom gegenüber nicht ausfallend zu werden. Keine Pipi-Witze, okay?«

Tina lächelt, sagt: »Abgemacht!«, und wendet sich wieder dem Spiegel zu.

»Du wirst Tom mögen«, sage ich zu Lizzy, »100-prozentig.«

Lizzy strahlt in den Spiegel und verkündet ganz ernst: »Ich kann es kaum erwarten, ihn kennen zu lernen, du klingst, als wäre er ganz bezaubernd.«

Ich lächle sie dankbar an, schließe meine Ausbesserungsarbeiten ab und beginne mich augenblicklich zu langweilen. »Wie ist die neue Wohnung?«, frage ich Lizzy, die sich gerade ein luftiges Loft in Limehouse zugelegt hat.

»Oh«, jauchzt sie, »einfach fantastisch! Dieser Blick auf die Themse! Ich könnte ununterbrochen aus dem Fenster schauen. Sie ist so irrsinnig schön.«

Ich hatte immer den Eindruck, die Themse sei eine stinkende braune Brühe, doch ich seufze einfältig: »Wirklich bezaubernd.« Vielleicht sieht sie aus der Ferne ja ganz pittoresk aus. Und außerdem, was habe ich schon zu kritteln? Aus *meinem* Schlafzimmer blickt man auf die Einfahrt und auf Marcus' metallicblauen RAV 4. Ich frage mich, ob in ihrem Block noch Wohnungen zu verkaufen sind. »Macht es dich nicht nervös, dass du jetzt Hypotheken zahlen musst?«, hake ich nach.

Lizzy legt den Kopf schief und antwortet: »Eigentlich nicht. Mum ist Finanzberaterin. Sie hat mir geholfen, alles auszutüfteln.« Natürlich.

»Und hast du viele Möbel?«

Nein, noch nicht. Lizzy will es langsam angehen. Sie möchte lieber ein paar ausgewählte »Einzelstücke« (was immer sie damit meint) kaufen, als einen Berg von Gerümpel anzusammeln. Letztes Wochenende, berichtet sie, hätte sie im Conran Shop eine ganz unglaubliche »Line Chaise« (was soll das nun wieder sein?) für 650 Pfund gesehen.

»650 Mäuse!«, kreischt Tina. »Bist du total plemplem?«

Lizzy weiß durchaus, dass der Betrag ein klein bisschen üppig ist, aber das Ding ist ja »*so* geschmeidig.« Und es würde sich sensationell auf dem Ahornparkett machen.

Ich erkläre ihr, wenn sie eine »Line Chaise« will, sollte sie eine anschaffen und dafür auf den anderen überflüssigen Kram verzichten – wie zum Beispiel ein Bett. »Und wie sind die Nachbarn?«, erkundige ich mich.

Lizzy macht ein komisches Gesicht. *Manche* von den Nachbarn sind ganz nett, erzählt sie. Erst gestern hat sie lange mit Nummer 28 gesprochen. Nummer 28 hat ihr erzählt, dass Nummer 26 »mit Stoff handelt«. »Ach!«, hätte sie geträllert, »er ist in der Modebranche?« Nein, erwiderte Nummer 28 ganz freundlich, »in der Drogenbranche.« Bis Tina und ich zu kichern aufhören, sind wir schon im Pub angekommen.

Als erster Mann (soweit man ihn als solchen bezeichnen kann) trifft Brian ein. Er gibt Tina und mir pflichtbewusst einen Schmatz auf die Wange und wendet sich dann Lizzy zu. Er schaut sie an, wie ein Kunstliebhaber ein bedeutendes Gemälde betrachtet, dann hebt er ihre Hand an seine Lippen und küsst sie. Ich muss unwillkürlich lächeln, auch wenn der galante Gentleman einen gemusterten Pulli und graue Schuhe trägt. Tina kriegt ebenfalls große Augen. Offenbar bereut sie ihre »Brian ist ein absoluter Idiot!«-Bemerkung, denn sie springt auf und fragt ihn: »Was kann ich dir holen?« Doch Brian besteht darauf, die erste Runde zu zahlen. Er geht an die Bar, um ein stilles Mineralwasser, ein Becks und einen Orangensaft (»Tina, fühlst du dich nicht wohl?«) zu erstehen.

Ich sehe Lizzy an, die vor Stolz sichtbar anschwillt. »Ah!«, sagt Tina – die eben die fünfte Zigarette innerhalb von zehn Minuten anzündet, »junges Glück!« Ich werfe ihr einen strafenden Blick zu – Brian ist praktisch 80! –, aber weder sie noch Lizzy bemerken ihren Tritt ins Fettnäpfchen. Brian kehrt von der Bar zurück, und meine Abneigung gegen ihn als eingeschworenen Antialkoholiker bekommt die erste Macke, als ich sehe, dass er für sich selbst ein Bier mitgebracht hat. Ich beobachte, ob Lizzy irgendwelche Anzeichen von Missbilligung zeigt, kann aber keine erkennen. Liebevoll streichelt sie seinen Arm. »Ihr beiden!«, fährt Tina sie an, »sucht euch ein Bett!«

Brian lacht. Zu meiner Überraschung hat er ein dunkles, schmutziges Lausbubenlachen. Er lässt sich an Lizzys Seite nieder und wendet sich an uns alle zugleich: »Und wie war die Arbeit?«

Zum Glück werden wir im selben Moment aus der Small-Talk-Hölle erlöst, und zwar durch den Messias persönlich, auch bekannt unter dem Namen Adrian. Tina springt so schnell auf, um ihn zu begrüßen, dass sie dabei ihr Glas umstößt. »Das gab's noch nie«, bemerke ich stichelnd. Doch sie würdigt mich keiner Antwort.

»Darf ich vorstellen«, verkündet sie förmlich, als wären wir auf einer Sitzung der Anonymen Alkoholiker, »das ist mein Freund Adrian. Er ist Architekt.« Adrian lässt ein strahlend weißes Lächeln aufleuchten und gibt jedem die Hand. Meine ist plötzlich ganz schwitzig, deshalb wische ich sie schnell an der Hose ab, bevor ich an der Reihe bin.

»Hallo«, sage ich und denke: Wow. Ich nehme alles zurück. Er *ist* der Messias!

Adrian bietet der Betrachterin ein außerordentlich gefälliges Bild. Außerordentlich! Er trägt einen maßgeschneiderten marineblauen Anzug, ein gestärktes fliederfarbenes Hemd und eine altrosa Krawatte. Sein goldblondes Haar ist lockig wie das eines Cherubim, und wo man blaue Augen erwarten würde, sind seine braun und hinter langen, mädchenhaften Wimpern verborgen. Sein breites Lächeln hebt sich weiß von seiner dezent gebräunten Haut ab. »O Tina!«, gebe ich wohlgefällig kund, »ab sofort glaube ich deine Prahlerei!« Adrian lacht und Tina auch. Dann flitzt sie los, um ihm ein Glas Rotwein zu holen.

Lizzy kuschelt sich enger an Brian und tschirpt: »Wir haben schon *so viel* von dir gehört!«

Adrian lächelt sie an und forscht nach: »Nur Gutes, hoffe ich?«

Lizzy lacht und sagt: »Aha!«

Tina rauscht mit Adrians Rotwein heran, den sie liebevoll vor ihm abstellt. Jesus – das ist ja wie in *Der König und ich*.

»Also«, schäkert Adrian, wobei er mit der Hand Tinas in Miu Miu gehüllten Schenkel tätschelt und ihn liebevoll drückt, »was hast du über mich erzählt?«

Tina sieht verdutzt auf und sagt: »Nichts! Warum?«

Adrian erwidert neckisch: »Offenbar hast du deinen Freunden alle möglichen Geheimnisse erzählt – und mich würde doch sehr interessieren, welche.« Er nimmt die Hand aus ihrem Schoß und beginnt ganz sanft ihren Nacken zu massieren, bis sie ein wohliger Schauer überläuft. Ich möchte ja nicht gouvernantenhaft klingen, aber es ist einfach obszön. Wie sich die beiden produzieren! Können sie nicht warten? Ich beschließe, das öffentliche Vorspiel zu beenden.

Mit fester, lauter Stimme verkünde ich: »Sie hat erzählt, dass du gut aussiehst, erfolgreich und witzig und so weiter bist, aber ansonsten hat sie uns tief enttäuscht und nicht das Geringste über euer Privatleben offenbart. Du hast also nichts zu befürchten!«

Ich erwarte, dass Tina giftig wird, weil ich mich wie ein Grinch aufführe, doch stattdessen strahlt sie mich an. Genau wie Adrian. Er belohnt Tina mit einem Kuss und murmelt: »Die Wahrheit muss ans Licht!« Kultiviert ist er auch noch, es ist einfach widerwärtig.

»Schon gut«, sage ich, »es reicht!«

Bis Tom schließlich auftaucht – um kurz nach halb acht, wie versprochen –, dreht sich das Gespräch um Lizzys bizarre Keksesserei. Lizzy isst nicht gerne »leere Kalorien« (trotz meines äußerst vernünftigen Einwandes, dass man den Verzehr leerer Kalorien durchaus rechtfertigen kann, wenn man sie als Ersatz für »langweilige Kalorien« nimmt – indem man etwa den grünen Salat durch einen Schokoriegel und einen großen Multivitaminsaft ersetzt). O nein, so etwas würde Lizzy nie tun. Obwohl sie von Zeit zu Zeit ihren Gelüsten erliegt. In welchem Fall sie die bemerkenswerte Mühe auf sich nimmt, »einen Vollkornkeks in acht Stücke zu brechen und jede Stunde ein Stückchen davon zu essen«. Wir trauen unseren Ohren nicht. »Im Ernst, pünktlich zur vollen Stunde?«, fragt Tina fasziniert.

»Aber auf diese Weise denkst du den ganzen Tag lang nur an diesen einen miesen Keks!«, quäke ich. »Das grenzt ja an Besessenheit! Wäre es nicht gescheiter, ihn einfach wegzuputzen, und die Sache ist damit abgehakt?«

Wir ereifern uns lautstark über unsere eigenen Keks-Essgewohnheiten. Tina kann im wahrsten Sinn des Wortes wochenlang eine Schachtel Kekse auf dem Nachttisch stehen haben und nicht das kleinste bisschen Appetit darauf verspüren, weil Kekse ihr »nichts geben«. Wenn sie eine Schwäche hat, dann für Räucherschinken-Chips, weil die (was vollkommen unerklärlich ist) »gut für dich sind«. *Ich* kann 15 Kekse in einem einzigen Atemzug verschlingen und habe danach immer noch Platz für einen Pudding, obwohl man fair sein muss: Es hängt natürlich von der Größe des einzelnen Kekses ab. Und ich habe kein schlechtes Gewissen dabei. »Ein schlechtes Gewissen hätte ich, wenn ich jemanden umbringen würde«, sage ich ernst zu Lizzy, die nach Luft schnappend herumzappelt wie ein Heilbutt auf dem Trockenen und es offenbar für wichtig hält, die Verhältnismäßigkeit meines Verbrechens zurechtzurücken.

Adrian lacht und sagt: »Wir sprechen hier also über Keks-Essgewohnheiten als Moralfrage!«

Brian – der humorlose alte Bock – meckert dazwischen: »Du magst das komisch finden, aber tatsächlich gibt es viele Frauen, und durchaus auch Männer, die bekennen würden, sich ›schlecht‹ oder sogar ›schrecklich‹ zu fühlen, nur weil sie einen Keks essen – und findest du nicht auch, dass der Gebrauch derart emotional befrachteter Ausdrücke enorm signifikant ist in Bezug auf ihre Selbsteinschätzung und konsequenterweise ihre Selbstach –« Bestimmt hätte er bis zur

Sperrstunde weitergelabert, hätte Tom nicht diesen perfekten Augenblick gewählt, um den Pub zu betreten. Ich begrüße ihn begeistert (zu allem anderen sieht er auch noch irre gut aus), und Brian sieht sich gezwungen, seine Bußpredigt abzubrechen. Adrian wirkt ausnahmsweise aufrichtig erleichtert.

Ich stelle Tom der Runde vor – »An Tina erinnerst du dich bestimmt, und dabei wollen wir es belassen, okay?« –, er lächelt, küsst, schüttelt Hände und besteht darauf, die nächste Runde auszugeben.

»Wie ich sehe, kennst du Tom bereits«, sagt Adrian zu Tina, und zwar ehe Brian seine Vorlesung wieder aufnehmen kann.

»Ich bin ihm nur ein einziges Mal begegnet«, sagt Tina nervös – sie weiß haargenau, dass ich jedes ihrer Worte einer genauen Prüfung unterziehe und gewillt bin, sie in Bier zu baden, sollte sie es auch nur wagen, irgendeine Bemerkung über Urin anzudeuten –, »wir waren mit Helen zusammen kurz was trinken.«

Adrians Neugier ist geweckt. Er kneift die fantastischen Augen zusammen und sagt: »Und warum wollen wir es ›dabei belassen‹?«

Ich habe nicht die Absicht, Tina eine Gelegenheit zu lassen, die zwerchfellerschütternde Anekdote meiner alkoholbedingten Inkontinenz zum Besten zu geben, darum falle ich ihr ins Wort: »Weil ich zu viel getrunken habe und ein bisschen beschwipst war.«

Ich banne Tina mit einem Blick, der auf alle anderen freundschaftlich und nur auf sie bedrohlich wirken soll. Es klappt. Statt mich als betrunkene Lügnerin zu diffamieren, lenkt sie lammfromm ein: »Helen war die Sache peinlich. Sie wird nicht gern daran erinnert.« Ich strahle sie an.

Adrian wendet ein: »Dann kann die Begegnung nicht *so* kurz gewesen sein«, doch Tina bleibt fest, mit einer Pokermiene wie ein Wachposten vor dem Buckingham Palace sagt sie: »Helen ist wie ich, sie trinkt nicht viel, darum verträgt sie auch nur wenig.« Ehrlich gesagt bin ich überrascht, dass ihre Nase nicht augenblicklich auf Concorde-Größe anwächst und das Fenster durchschlägt. Ich spüre einen Lachkrampf hochsteigen, deshalb lächle ich Tina dankbar an und sprudle heraus, dass ich aufs Klo muss.

Als ich zurückkomme, sind Tina und Adrian in ein tiefes, hautnahes Gespräch verwickelt, und Tom plaudert mit Lizzy und Brian. Mein Herz setzt vor Schreck einen Schlag aus, *bitte* lass Lizzy nicht über Jurtenabende und Jungsche Psychoanalyse dozieren. Bitte mach, dass Tom sie mag, und bitte mach, dass sie Tom mag. (Brian ist mir schnurz.) Glücklicherweise stellt sich heraus, dass sich das Gespräch um Cornwall dreht. Brian ist in Morwenstow geboren – direkt am Meer –, und obwohl er schon seit 20 Jahren in London lebt, fehlt ihm die ländliche Ruhe immer noch.

»Und T'ai Chi ist kein Ersatz?«, frage ich boshaft.

Er lächelt und antwortet: »Ein bisschen schon. Aber vor allem anderen ist T'ai Chi extrem hilfreich, wenn man am Zeigefuß-Syndrom leidet.« Er platzt fast vor Lachen, während dieses Klatschmaul Lizzy, diese feige Ratte, aufs Klo flüchtet und ich in mein Glas huste und pruste.

Äußerst kleinlaut sage ich: »Es tut mir *wirklich* wirklich Leid.«

Brian tut meine Entschuldigung mit einem Winken ab und sagt: »Vergeben, vergessen, ich wollte dich nur necken.«

Ich weiß, dass Tom gleich fragen wird: »Wieso?«, darum sage ich schnell: »Treibst du, äh, eigentlich Sport, Tom?« Es ist eine absolut geistlose Frage, aber hier handelt es sich um einen Notfall.

»Ich laufe. Und boxe«, antwortet er ergeben, »allerdings bin ich nicht besonders gut.«

Ich rufe dazwischen: »Quatsch, ich wette, du bist genial!«, wenn auch hauptsächlich, um das Gespräch von allen Zeigefüßen weg und in weite Ferne zu lenken.

»Ach?« Tom bedenkt mich mit einem Sonnenstrahllächeln, »wieso bist du da so sicher?« Mit seinem Blick könnte er Schokolade zum Schmelzen bringen.

Ich wackle mit dem Fuß, um nicht rot anzulaufen. Dann erwidere ich seinen Blick, drücke spielerisch seinen Oberarm und schnurre: »Du siehst so hart aus – mein Gott, bist du hart!« Um ehrlich zu sein, ich bin als Vamp absolut hoffnungslos. Ich werde unweigerlich von lockeren Pflastersteinen, Hunden in Hitze oder eigensinnigen Drehtüren aus der Bahn geworfen. Doch heute Abend kenne ich keine Scham. Ich beiße mir viel sagend (hoffe ich) auf die Lippe, hauche: »Mm, wirklich *sehr* hart« und bete zu Gott, dass Tom nicht in Lachen ausbricht.

Tom schiebt seinen Mund an mein Ohr und murmelt beiläufig: »Probier's halt aus.«

Mein Herz macht einen Donnerschlag – entweder hat sich eine Hasenpfote in meiner Brust verkeilt, oder ich habe Herzrhythmusstörungen und sollte unbedingt zum Arzt gehen. Ich stelle mich seinem eisblauen Blick, und meine Wangen fangen an zu brennen, und ich murmle: »Versuch doch, mich daran zu hindern.« Lizzy und Brian sind taktvoll genug, das Gespräch einstweilen allein zu bestreiten.

Ich schiebe mich näher an Tom heran, bis sich unsere Schenkel berühren und mein Herz wie blöd hämmert. Es *ist* Lust, aber nicht nur Lust, es ist noch was anderes dabei. Ich weiß nicht genau was. Wir sitzen im Pub und flirten in peinlicher Offenheit bis zur Sperrstunde, dann gehen wir in einen überfüllten kleinen Klub in Soho und brüllen uns über die Musik hinweg an und halten uns an der Hand, und ich weiß es immer noch nicht. Tina und Adrian gehen heim, weil sie k.o. sind und Adrian morgen arbeiten muss, Lizzy verkündet, dass sie morgen ganz früh aufstehen muss, um ihre Weihnachtseinkäufe zu erledigen (es sind nur noch drei Wochen!), und ich weiß es immer noch nicht.

Tom und ich purzeln auf die Straße und halten Händchen

und essen eklige Kebabs, und mein Herz hämmert immer noch, und ich weiß immer noch nicht, warum. Und dann spucke ich mein Kebab in eine Mülltonne, und er zieht mich an seine Brust, und wir küssen und küssen uns und halten uns fest, und die Hasenpfote hämmert mit hundertfünfzig Sachen dahin, und wir küssen uns und küssen uns und küssen uns immer weiter und weiter, und plötzlich geht mir ein Licht auf, und ich stoße ihn von mir, um nach Luft zu schnappen. Es ist Angst. Ich weiß nicht, warum, und ich weiß auch nicht, ob Tom es weiß, aber er sagt kein Wort. Er küsst mich ganz behutsam und streichelt mir übers Haar. Dann hält er ein Taxi an.

Und danach hält er ein zweites für sich selbst an.

Kapitel 25

Als ich im College und noch vollkommen unvertraut mit der grimmigen Wirklichkeit war, litt ich kurzfristig an überzogenem Selbstbewusstsein. Das hatte eine Menge damit zu tun, dass ich meinen Eltern entkommen war. Außerdem wollte die Mehrheit der Studenten am College vor allem ihre sexuelle Reifung beschleunigen, wenn man also Action wollte, konnte man welche kriegen. Selbst Jabba the Hutt hätte hier landen können. Ehrlich gesagt habe ich selbst bei mehreren Gelegenheiten mit ihm geknutscht.

Darum war es ein absoluter Schock für mich, als ich mit einem Mädchen namens Beatrice auf die Pirsch ging, das so schlicht war wie eine gekalkte Wand, und der Kerl, den ich mir ausgespäht hatte, uns beiden einen Drink spendierte, aber *sie* zum Tanzen aufforderte. Am nächsten Morgen kam Luke zu Besuch und brachte Marcus mit – womit er den Samen zu meiner abwegigen Passion pflanzte. Ich beschloss, das Rätsel in ihrer Gegenwart aufzudröseln. Ganz offensichtlich hoffte ich, dass Geilheit ansteckend wirkt. »Glaubst du«, begann ich, während ich Erdnussbutter aus dem Glas löffelte, »dass er mir den Unnahbaren vorspielen wollte? Dass er Beatrice benutzt hat, um mich eifersüchtig zu machen?«

Marcus folgte dem Weg des Löffels zu meinem Mund mit fasziniertem Ekel und urteilte (es waren die ersten und letzten Worte, die er fünf Jahre lang zu mir sprechen sollte): »Herzchen, da gibt es nichts zu rätseln – er war scharf auf Beatrice! Wenn ein Typ scharf auf dich ist, dann macht er mit *dir* rum!«

Diese poetischen Worte gehen mir am Samstagmorgen um drei wieder durch den Kopf, als ich den Taxifahrer bezahle und allein vor meiner Haustür stehe. Ja, ich habe mich zuerst aus Toms Umarmung gelöst. Aber warum musste er meinem Beispiel gleich folgen wie ein tollpatschiger Welpe? Kann er nicht selbstständig denken? Ich stürze in die Wohnung und will gerade mit einem Karatekick die Tür zu meinem Zimmer auftreten, als ich die Nachricht lese, die darauf klebt: »Wohnungsversammlung, Wohnzimmer, Sa. 10 Uhr morgens. Teilnahme verpflichtend.« Und ich denke bei mir, mit Marcus zusammenzuwohnen ist wie unter Kriegsrecht zu leben. Ich zerknülle den Zettel und stelle den Wecker auf 2 Uhr nachmittags.

Ich schlafe ein und träume den Traum vom leeren Haus. Wie immer werde ich von Gangstern verfolgt, und wie immer muss ich mich im Schrank verstecken, doch nachdem ich die ganze Geschichte inzwischen 40 Mal durchgemacht habe, habe ich mich daran gewöhnt. Ich kauere gerade in einem Kleiderschrank, und jemand kommt rums! rums! die Treppe heraufgepoltert, und jetzt schlagen sie poch! poch! gegen die Schranktür, immer lauter. Ich schrecke schweißnass aus dem Schlaf hoch und höre poch! poch!, wie Marcus an meine Tür hämmert und dabei singt: »9 Uhr 45! Sie wollten geweckt werden!« Ich schleudere einen Stiefel gegen die Tür und ziehe das Kissen über den Kopf. Marcus pocht immer weiter, poch! poch!

»Schon *gut*!«, kreische ich »Ich komme gleich zu deiner Kack-Versammlung, lass mich in Ruhe!«

Brummelnd schleppe ich mich aus dem Bett. Ich werfe den Bademantel über, schlurfe in die Küche und mache einen Kaffee. In meinem Kühlschrankfach ist keine Milch (in meinem Kühlschrankfach ist überhaupt nichts), darum klaue ich welche von Marcus. In seinem Fach stehen *zwei* Milchkartons, und an einem davon lehnt ein kleines Schild: »In einem der Kartons ist Bleichmittel, und nur ich weiß, in welchem.« Ich bin versucht, es durch das Schild zu ersetzen: »Fatboy hat in beide Kartons gepinkelt …«, doch dann sehe ich, dass einer der Kartons noch verschlossen ist. Dreck.

Luke ist ebenfalls aus der Falle gezerrt worden. Er sieht zerknautscht und müde aus. »Kaffee?«, frage ich.

»Bitte!«, antwortet er.

»Okay«, sage ich. »Die Tassen stehen im Regal, Kaffee ist in der Dose, und die Milch im Kühlschrank.«

Er sieht mich mit hängendem Kopf an und sagt: »Oh!«, darum kneife ich ihn freundschaftlich in die Wange, flöte: »War nur Spaß!«, und mache ihm einen Kaffee. Fatboy ist ebenfalls schon auf, dehnt sich und gähnt und grrrrt! nach seinem Frühstück. Wir sind an Marcus' Wohnungsversammlungen gewöhnt. Immer wenn sich unsere Schlampigkeit zum Crescendo gesteigert hat, lässt er uns zu einer Kopfwäsche antanzen, nach der wir regelmäßig erklären, dass es uns Leid tut und dass wir uns ändern werden, um dann genauso weiterzumachen wie zuvor.

Darum trifft es mich wie ein Schock, als Marcus mir erklärt, dass er mich bis Ende der Woche aus der Wohnung haben will.

»Aber wo soll ich denn hin?«, frage ich.

»Nicht mein Problem«, sagt Marcus kühl. Ich starre mit versteinerter Miene auf ein schwarzes Haar, das sich aus Marcus' Nase ringelt – ich weigere mich zu weinen oder mit ihm zu streiten, denn genau das möchte er erreichen. Luke versucht, für mich Partei zu ergreifen, doch ich möchte nicht, dass er gemeinsam mit mir an die Luft gesetzt wird, darum bringe ich ihn zum Schweigen.

»Marcus«, lüge ich, »damit tust du mir einen großen Gefallen. Und dir kommt ein schwarzes Haar aus der Nase. Es wächst immer wieder nach.« Dann stolziere ich aus dem Wohnzimmer, verschwinde in mein Zimmer und lasse mich aufs Bett fallen.

Ich glaube es einfach nicht. Ich glaube es einfach nicht, aber ich sollte es glauben. Natürlich musste es so kommen. Wie hätte es *anders* kommen sollen? Marcus mag ein engstirniger Geizkragen sein, aber er ist auch stolz wie, nun ja, so stolz, wie ein Mann mit Gorillarücken überhaupt sein kann. Das weiß ich doch. Und trotzdem habe ich ihn, seit er mir eine Abfuhr verpasst hat, regelmäßig in die Weichteile getreten. Obwohl man dazu verdammt gut zielen muss. Habe ich mich verständlich ausgedrückt? Habe ich wirklich erwartet, dass er mir das *nicht* heimzahlen würde? Ich nehme an, ich war so damit beschäftigt, persönlich für die Vollstreckung seiner endlosen Bestrafung zu sorgen, dass ich keinen Gedanken an mögliche Konsequenzen verschwendet habe.

Doch wenn ich es recht überlege, glaube ich nicht, dass ich hätte aufhören können, ihn zu triezen, selbst wenn ich gewollt hätte. In mir brodelt der Hass wie ein morastiger Tümpel und erstickt jeden rationalen Gedanken, ohne dass ich wüsste warum. Wenn ich ehrlich bin – worin ich nicht besonders gut bin –, hat Marcus eigentlich nichts Schlimmeres verbrochen, als mich auszuprobieren und festzustellen, dass ich nicht zu ihm passe. (Und umgekehrt.) Marcus' morsches Ego musste eines Tages brechen, und nun ist es gebrochen. Eigentlich hätte ich darauf gefasst sein müssen, doch ich bin es nicht. Ich habe Angst. Schon wieder. Ein verhuschtes kleines Mäusemädchen. Eigentlich sollte ich über meine erzwungene Freiheit jubeln, doch das kann ich nicht. Das Zusammenleben mit Marcus gleicht vielleicht einem Ferienaufenthalt im Fegefeuer, doch es ist sicherer, als allein sein Glück zu versuchen. Mit Marcus zusammenzuleben ist, wie in einem verhassten Job festzustecken. Du weißt, dass du eigentlich mit dem Jammern aufhören und kündigen und eine bessere Stelle suchen solltest, aber das Grauen vor dem, was dich draußen erwartet, kettet dich fest. Doch nun hat Marcus mir die Entscheidung abgenommen und mich ausgemustert.

Ich rufe Tom an.

Eigentlich hatte ich das nicht vor. Nach der Versammlung denke ich an den gestrigen Abend zurück und komme zu dem Schluss, dass meine Angst auf einem Instinkt beruht. Sie ist eine Warnung. Klar, ich mag Tom. Ich fühle mich zu ihm hingezogen wie ein Matrose zu einer Meerjungfrau auf einem Fels. Tom ist für mich ganz Verführerblick und silbriger Fischschwanz, und sein Sirenengesang lockt mich unwiderstehlich an. Er wartet so unübersehbar auf mich, wie könnte ich ihm da widerstehen? Die Sache ist, ich weiß nicht genau, was ich schrecklicher fände: Wenn sein Eifer aufrichtig oder gespielt wäre. Bei Typen wie Jasper weiß ich wenigstens, woran ich bin. Sie machen einem nichts vor. Männer, die sich willig und ungekünstelt zeigen und bis in alle Ewigkeit mit dir zusammen sein wollen, sind ein Mythos. Vielleicht möchte ich ja geblendet werden. Doch ich habe zu lange gezögert, und Tom ist mir entwischt. Ist von seinem Fels in die See von Soho abgetaucht und verschwunden. Was für eine Art von Ewigkeit soll das denn sein?

Nachdem ich all das gedacht habe, denke ich: »Scheiß drauf!«, und rufe ihn trotzdem an.

Und dieser Schuft ist nicht zu Hause!

Stattdessen rufe ich meine Mutter an. »Nana Flo hat dir etwas zu sagen!«, überfällt sie mich, ehe ich auch nur eine Silbe herausbringe. Ich will erst fragen warum, doch schon beim »W« ist meine Großmutter am Apparat.

»Hallo?«, gellt es mir entgegen.

»Hallo Nana, wie geht's dir?«, antworte ich.

»Danke gut. Ich habe gestern Abend eine ganz interessante Sendung im Fernsehen gesehen.« Hm. Wo führt das wohl hin?

»Ach ja?«, erkundige ich mich höflich.

»Über eingefrorene Eier«, sagt Nana. Merkwürdig. Sie hat keine Ahnung, was ich gern esse, und sie hat nie erkennen lassen, dass sie das auch nur im Entferntesten interessieren könnte.

»Aber ich kann doch einfach welche kaufen, wenn ich welche brauche –«, setze ich an, doch meine Großmutter fällt mir ins Wort:

»Es geht um *deine* Eier! Du kannst deine Eier auf Eis legen! Du lässt dir von niemandem den Hof machen! Du bist noch nicht mal verlobt! Du wirst auch nicht jünger! Deine Eier sterben in deinem Leib! Im Fernsehen hat die Operation ganz problemlos ausgesehen!«

Ich danke Nana für ihre Fürsorge, versichere ihr, dass ich mir darüber Gedanken machen werde, und bitte sie, mir wieder meine Mutter zu geben. Die ersten Worte meiner Mutter sind: »Ich habe nichts damit zu tun!« Aber alles mit klammheimlicher Freude gebilligt, wette ich. Doch ich lasse ihr das durchgehen, da es Dringenderes zu besprechen gibt.

Meine drohende Obdachlosigkeit. »Du kannst gern bei uns wohnen!«, ruft sie. Ich kann es mir bildhaft ausmalen. Drei Hexen und eine orangefarbene Katze. Es wäre, wie in einer Blechtrommel zu leben. Ich danke ihr für das liebe Angebot, aber nein, danke. Die Zeit von Mittag bis fünf Uhr nachmittags bringe ich damit zu, zu schmollen und zu grollen und Fatboy zu frisieren – der mir verzweifelt zu entkommen versucht und an der Tür kratzt –, während ich darauf hoffe, dass eine vorbeifliegende gute Fee mich davor bewahrt, auf der Straße zu landen oder (noch schlimmer) in eine Wohngemeinschaft mit Psycho-Mum und der Eierfrau gezwungen zu werden.

Um fünf nach fünf höre ich ein lautes Tut-tut aus der Einfahrt. Ich wage einen Blick aus dem Fenster und sehe Ivana Trump aus einem roten Golf klettern. Das Haar hat sie zu einem immensen Heuhaufen aufgetürmt. Bestimmt gehen sie und Marcus heute Abend in was irre Duftes wie das Hard Rock Café. Wie *konnte* er nur? Sie mir vorziehen? Obwohl ich ihn mittlerweile hasse und nicht mal zum Üben mit ihm ins Bett gehen würde, schwärt die Wunde noch. Daneben verblasst sogar Michelles Verrat. Ich zerquetsche eine Träne und stelle mich, weil ich nichts Besseres zu tun habe, seitlich vor den Spiegel. Ich strecke meinen Bauch raus, so weit ich kann – im achten Monat schwanger und kurz vor der jungfräulichen Geburt!

Ich streichle fasziniert darüber und muss daran denken, wie ich einst, als ich noch dumm und unerfahren war, Marcus erzählte, dass ich mir nicht sicher sei, aber glaube, an den *Füßen* zugenommen zu haben. Ich trug meine Befürchtung vor wie eine Meldung aus *Welt der Wunder*, doch er fuhr mich an: »Wenn man Scheiße frisst, sieht man auch Scheiße aus!« Ich ziehe meinen Bademantel wieder zu und lasse mich aufs Bett sinken. Danach bin ich offenbar eingeschlafen, denn das Nächste, was ich weiß, ist, dass Luke mich wachrüttelt und das Telefon vor meiner Nase herumschwenkt. »Telefon!«, brüllt er unnötigerweise.

»Wer?«, frage ich lautlos.

»Tom!«, brüllt er.

Ich reiße es aus seiner Hand. »Danke, Luke!«

Tom ist freundlich, äußert sich aber nicht über den vergangenen Abend, sondern sagt nur, dass er sich gut unterhalten habe. Also, was soll *das* denn heißen? Dass ihm das Kebab geschmeckt hat? Er fragt mich, wie es mir geht. Ich beginne luftig und trotzig, doch bald vermengen sich Verwirrung und Neid und Selbstmitleid, und meine Stimme beginnt zu meiner absoluten Beschämung zu zittern. »Alles in allem«, schniefe ich – eine Wendung, gegen die ich ansonsten prinzipiell Veto einlege – »können Fatboy und ich nirgendwo hin!«

Tom bleibt stumm. Dann fragt er: »Was haben du und Fatboy heute Abend denn vor?« Ich spiele mit dem Gedanken, ihm eine glamouröse Lüge vorzuspinnen.

»Nichts!«, stoße ich hervor.

»Soll ich vorbeikommen?«, bietet er mir an.

Ich weiß, dass ich Nein sagen sollte, und sei es nur, um ein Fitzelchen Würde zu behalten. Doch wie erwähnt, hasse ich das Wort »sollte«. »Ja!«, rufe ich.

»Rühr dich nicht vom Fleck«, sagt er. »In ein paar Stunden bin ich bei dir.«

Eine Pikosekunde lang bleibe ich wie betäubt stehen, dann trete ich in Aktion. Mein erster Anlaufpunkt ist der Kühlschrank, wo mich eine getreue Gurke – mit dem Aufkleber »diese Gurke gehört Marcus« – erwartet. Ich schneide zwei dicke Scheiben ab, die ich auf meine geschwollenen roten Lider lege, und stopfe in einer symbolischen Geste den Rest in den Mülleimer.

Kapitel 26

Ich habe mir immer gewünscht, hellsehen zu können – wenn man mal die Kristallkugel und die Troddeln am Rock beiseite lässt, ist es eine düstere, aparte Gabe. Außerdem könnte ich Fatboy in den Schrank sperren und mir eine schlanke Siamkatze mit goldenen Augen und warmem, schokoladenbraunem Fell zulegen, um die mystische Ausstrahlung komplett zu machen. Doch nachdem ich mit meinen Wettervorhersagen genauso regelmäßig daneben gelegen habe wie mit meinen Prophezeiungen, welche Schuhe Michelle an welchem Tag tragen wird, musste ich meine Fantasie von großen Goldreifen als Ohrringen abschreiben und mich mit meiner mentalen Banalität abfinden. Außerdem würde ich lieber auf dem Scheiterhaufen verbrennen, als meinen orangefarbenen Staubwedel gegen eine Rassekatze einzutauschen. Doch die Hoffnung stirbt nie, darum tippe ich, als das Telefon klingelt, während ich in meinem Zimmer herumsause und mir alle Mühe geben, diese Flohkiste in ein Boudoir zu verwandeln: *Tina.* Es ist Lizzy.

Ich frage sie nach ihren Weihnachtseinkäufen. »Alle erledigt!«, meldet sie.

»Du bist unglaublich«, versichere ich ihr. »Wirklich unglaublich. Was hast du gekauft?« Lizzy spult eine genieverdächtige Liste perfekter Geschenke ab. Ich zolle die gebührende Bewunderung. »Ich weiß nie, was ich schenken soll! Wenigstens« – hier mache ich »huh«, um anzudeuten, dass ich es im Scherz meine – »brauche ich mir dieses Jahr nicht den Kopf zu zerbrechen, was ich Dad kaufen könnte. Ein Albtraum! Einmal habe ich ihm sogar ein Golfbuch gekauft, und nicht mal das hat er gelesen!«

Lizzy schnalzt mit der Zunge. »Bestimmt hat er es gelesen! Aber du hast Recht, Weihnachten und Geburtstage sind *wirklich* grässlich! Was empfindest du eigentlich bei alldem, Helen?«, fragt sie. »Du sprichst nie darüber.«

Ich bin gerührt, doch ich fühle mich verpflichtet, sie zu korrigieren. »Lizzy!«, sage ich. »Du bist wirklich süß, aber hör auf, ständig danach zu fragen. Mum ist begeistert von der Kassette mit den *Gregorian Moods*. Und Vivienne hat überall die dramatische Mär verbreitet, wie sie meine Mutter eigenhändig vor einem blutigen und gewaltsamen Tod bewahrt hat, und wird seitdem von all ihren blutsaugerischen Freundinnen umflattert. Und was Nana Flo angeht, die ist absolut aus dem Häuschen, weil ein solcher Wirbel um sie gemacht wird. Es ist einfach toll.«

Lizzy zögert kurz. »Ja, aber was ist mit dir?«, beharrt sie.

Ich ziehe die Stirn in Falten. »Hast du wieder mit deinem Psychologenfreund geplaudert?«, meine ich misstrauisch.

»Nein!« Sie reagiert so schnell, dass ich weiß, sie lügt.

»Liz«, sage ich, »mir ist klar, dass du das nur schwer verstehen kannst, doch ich und mein Dad, wir standen uns nie besonders nahe. Ich weiß, dass du es gut meinst, und bitte fass das nicht falsch auf, aber um ehrlich zu sein, empfinde ich kaum mehr etwas, deshalb ist es mir unangenehm, wenn du ständig danach fragst. Verstehst du?« Am anderen Ende bleibt es still, daraus schließe ich, dass sie nickt.

»Okay«, sagt sie schließlich widerstrebend. »Aber versprich mir, dass du mit mir redest, wenn dir danach ist!«

Ich sage: »Okay, okay«, und dann: »Ich würde Adrian auch nicht von der Bettkante stoßen!«

Lizzy lacht und sagt: »Ich persönlich würde Tom vorziehen.«

Hoch erfreut erwidere ich: »Ach wirklich!«

Lizzy sagt: »Ja, ganz ehrlich. Und ich kann ihm ansehen, dass er ziemlich in dich verliebt ist!« Die Gute. Nur Lizzy würde es wagen, den Ausdruck »verliebt« ohne jede Ironie in den Mund zu nehmen. Ich bewundere Lizzy wirklich, aber manchmal kann ich einfach nicht begreifen, wie sie so vollkommen über den Wolken schweben und gleichzeitig an allen Ecken und Enden Erfolg haben kann. Sie ist wahrhaftig eine Wiedergeburt aus Jane Austens Romanen, ganz ehrlich.

Ich erzähle Lizzy, was vorgefallen ist. Zum Teil, weil es innerlich so reinigend wirkt, ihrer rosa getönten Weltsicht zu lauschen und meine hässliche schlammfarbene kurzfristig zu vergessen. Ihre Theorie lautet, dass Tom vielleicht warten wollte, bis er sicher war, dass *ich* sicher war. Vergiss es. »Aber er ist ein Mann!«, wiederspreche ich. »Wenn ein Mann scharf auf dich ist, dann macht er mit dir rum!«

Lizzy sagt laut: »Wie bitte?« Sie scheint sich wirklich zu ereifern. »Glaubst du allen Ernstes«, fährt sie mich an, »dass du als Frau dabei nichts zu entscheiden hast? Dass du nur ein Objekt bist? Dass alle Männer Rüpel sind? Oder welche sein sollten?«

Rüpel! Moment mal, sie ist von uns beiden das Unschuldslamm. *Ich* habe nicht bei *Schlaflos in Seattle* geweint. »Nein«, rechtfertige ich mich, »du drehst mir das Wort im Mund herum. Du willst dich nur rechtfertigen.« (Ein exzellenter Schachzug, um als Siegerin aus einer Auseinandersetzung hervorzugehen; ich habe ihn aus einem E-Mail, das mir jemand in der Werbeabteilung geschickt hat. Weitere Tipps: Zitate erfinden. So wie: »Du widersprichst dir selbst.« Oder: »Adolf Hitler hat was ganz Ähnliches gesagt.«)

Zu meinem großen Verdruss fällt Lizzy nicht darauf rein. Sie sagt ganz gelassen: »Du bist allergisch dagegen, dass dich jemand mit dem Respekt behandelt, der dir zukommt.« Um ihr das Gegenteil zu beweisen, setze ich sie davon in Kenntnis, dass Tom mich in etwa 20 Minuten besuchen kommt, na bitte. »Dann solltest du schleunigst aufhören, Unfug zu reden, und auflegen«, erwidert sie süß und verabschiedet sich. Ich lege den Hörer auf und denke dann: Moment mal, schließlich hat sie *mich* angerufen. Ich lächle in mich hinein. Sie lernt dazu.

Die Klingel läutet, und ich erstarre. Er kann unmöglich so früh kommen. Das ist gemein! Ich beiße mir auf die Lippe, in der Hoffnung, dadurch einen einnehmenden Schmollmund zu bekommen, dann reiße ich mit Kamikaze-Mut die Tür auf. »Überraschung!«, ruft meine Mutter, die Arme weit ausgebreitet wie die junge Shirley Temple. Nana Flo schielt miesepetrig hinter ihrem Rücken hervor. »Willst du uns nicht hereinbitten?«, ruft meine Mutter, vollkommen blind gegenüber der Tatsache, dass mir die Klappe um gut zehn Meter runtergefallen ist.

»Natürlich.« Mir fällt wieder ein, was ich Dr. Collins versprochen habe, und ich zwinge mir ein Lächeln auf. »Kommt in die Küche. Nana, möchtest du vielleicht eine Tasse Tee?«

(Wenn ich nicht weiß, was ich tun soll, greife ich gern auf Klischees zurück. Dadurch verschaffe ich mir Zeit zum

Nachdenken. Obwohl mein Hirn natürlich, wenn ich es nach einer zündenden Idee durchforste, regelmäßig ein tiefes Nickerchen hält.) Ich habe eben eine Tasse schwarzen Tee für Nana sowie einen Kamillentee für meine Mutter aufgegossen und eine angebrochene Schachtel Kekse aus meinem Zimmer geholt, als die Türklingel erneut anschlägt. »Wer mag das wohl sein?«, zirpt meine Mutter, die ganz offenkundig immer noch ihre Pillen nimmt.

»Ich glaube, ein Freund von mir, Tom«, murmle ich.

Kaum bin ich im Flur, kann ich meine Mutter quäken hören: »Tom! Tom? Kenne ich einen Tom?«, worauf meine Großmutter knurrt: »Tim, Tom, wer will diese jungen Leute noch auseinander halten?«

Ich kneife mich in die Nasenwurzel, klebe ein Lächeln auf mein Gesicht und öffne die Tür. Tom streckt mir einen halb verwelkten Strauß von knallblau gefärbten Ringelblumen entgegen, die in eine Papierserviette gewickelt zu sein scheinen. »Tankstellenblumen!«, verkündet er. »Und zwar vom Feinsten und Besten!«

Ich schnappe nach Luft, dann reiße ich die Blumen an mich und rufe aus: »Die seltenen, unbezahlbaren blauen Ringelblumen! Das wäre doch nicht nötig gewesen!«

Er grinst und sagt: »Ich habe den Ferrari dafür verpfändet.«

Ich erwidere zuckersüß: »Doch hoffentlich nicht das Ferrari-*Poster?*«

Er nickt und tröstet mich: »Nicht traurig sein, der 911er hängt noch an der Wand!«

Getragen von einer unerklärlichen Woge der Erleichterung trete ich – bevor ich Gelegenheit habe, es mir anders zu überlegen – vor ihn hin und gebe ihm einen Kuss auf den Mund. Ich will mich gerade wieder losreißen, da schlingt er seine Arme um mich und erwidert meinen Kuss, und ich schließe die Augen und küsse ihn ebenfalls, und mein Herz beginnt im Delirium zu tanzen, und ich spüre seinen festen, warmen Körper an meinem, und »Halloo-ooo! Ist wer dahaa?«

Die forsche Lehrerinnen-Stimme meiner Mutter tötet die Magie des Moments schlagartig ab, und Tom und ich springen schuldbewusst auseinander. »Meine Mum und Grandma haben mich ganz spontan besucht«, erläutere ich hastig. Tom beugt sich vor und lutscht ganz sanft und ganz kurz an meiner Oberlippe, womit er einen Blitzschlag in meinem Unterleib auslöst. Ich halte mich an seinen Schultern fest, um nicht umzukippen, und denke: Ich flehe dich an! Hör bloß nicht auf!

»Worauf wartest du?«, murmelt er. »Stell mich ihnen vor!«

Benebelt und wie ein Dorftrottel grinsend führe ich Tom in die Küche und stelle ihn vor. »Man sieht Ihnen Ihr Alter aber sehr an!«, befindet Nana nörgelig. »Was für entzückende blaue Blumen!«, sagt meine Mutter. Ich zwinge sie per Gedankenübertragung, nicht zu fragen: »Ist das dein neuer Freund?«

»Ist das dein neuer Freund?«, fragt sie mit großen Augen.

»Tom und ich sind einfach nur befreundet.« Ich gebe mir Mühe, dabei nicht allzu panisch zu klingen.

Tom kommt mir zu Hilfe: »Ich bin Fatboys Tierarzt.«

Meine Mutter beäugt ihn und sagt: »Ich verstehe.«

Nana Flo meint schnippisch: »Wer braucht denn so etwas! Zu meiner Zeit war ein Hund noch ein Hund und damit Schluss!«

Tom sagt höflich: »Ich verstehe Sie vollkommen.«

Ich flüstere leise: »Da bist du aber der Einzige«, und frage dann lauter: »Tom, möchtest du vielleicht einen Kaffee und ein paar Kekse?«

Meine Mutter, die Tom immer noch anstarrt, belehrt mich laut und großspurig: »Helen, kannst du ihm nicht was Herzhafteres anbieten?« Ich bin geneigt zu fragen: »Meinen Körper vielleicht?«, um sie zum Schweigen zu bringen, doch es ist eine rhetorische Frage. Sie fügt an: »Du kannst nicht erwarten, dass ein junger Mann von *Keksen* überleben kann«, – woraufhin Nana Flo in den Chor einstimmt und kräht: »Ein Mann braucht was Richtiges zum Essen!«

Wohingegen eine Frau, nehme ich an, von Licht und Liebe leben kann. Ganz langsam schält sich in meinem Hirn eine nahe liegende Hypothese heraus. Und obwohl ich nichts sehnlicher wünsche, als dass die beiden in einer Wolke von Schwefeldampf verschwinden (wenigstens bis morgen früh), frage ich ganz unverfänglich: »Mum, Nana. Wenn ich kurz in den Laden laufen würde, um Tom eine Kleinigkeit zum Essen zu kaufen, möchtet ihr dann mit ihm, uns, zu Abend essen?«

Nana Flo antwortet so schnell, dass ihr fast die falschen Zähne aus dem Mund fliegen: »Wenn du darauf bestehst, aber nur, falls es dir keine Umstände macht!«

Meine Mutter sagt: »Ich wüsste nicht, was dagegen spräche. Aber keine Zwiebeln und kein Chili. Von Zwiebeln und Chili bekomme ich Migräne.«

Eher bekommst du von dem ununterbrochenen Kläffen deiner eigenen Stimme Migräne, denke ich, ohne es auszusprechen. Ich sehe Tom an, der, das muss man ihm zugute halten, noch nicht schreiend davongelaufen ist. »Tom.« Ich wage kaum, in seine Augen zu sehen. »Möchtest du vielleicht mit mir einkaufen gehen?« Auf gar keinen Fall werde ich ihn den Klauen der Monstermütter ausliefern.

Tom – und ich kann ihm die Schadenfreude anhören – sagt: »Nein, nein, nein, *ich* gehe einkaufen, *du* bleibst hier und leistest deiner Mutter und Großmutter Gesellschaft. Es wäre unhöflich, sie alleine warten zu lassen.«

Nana Flo nickt dazu und brummelt: »Ganz genau.«

»Ich bringe dich zur Tür«, biete ich giftig an. Sobald wir im Flur sind, will ich ihm eine reinhauen, doch er duckt sich unter meinem Schlag weg und grinst mich herausfordernd und mit breitem Gebiss wie ein Affe an, bevor er die Haustür hinter sich zuzieht.

»Sehr wohlerzogen!«, bemerkt Nana Flo bei meiner Rückkehr, wobei sie mich tadelnd ansieht, als wollte sie ausdrücken: »Im Gegensatz zu dir.« »Bitte«, gebe ich im Stillen zurück, »mach ihn mir nicht madig.«

»Wo ist eigentlich dieser nette Luke?«, trällert meine Mutter. Sie ist wirklich unersättlich!

»Ich glaube, er muss arbeiten«, melde ich.

»Was, am Samstagabend!«, entfährt es ihr.

»Er arbeitet in einem Pub«, belehre ich sie. Nana Flos Mund schnurrt missbilligend zusammen. »Luke arbeitet wirklich viel«, versichere ich gereizt.

»Wer's glaubt«, zischt Nana.

»Also, *ich* mag Luke«, gurrt meine Mutter, »er ist ja *so* charmant.« In ihrem hormonell aufgeladenen Zustand würde sie wahrscheinlich sogar Frankensteins Monster charmant finden. Ich überlege gerade, ob ich Luke bestechen könnte, sein Gesicht grau zu schminken und sich einen Bolzen durch den Hals zu stecken, um diese Theorie unter Beweis zu stellen, als Marcus in die Küche geschwebt kommt.

Er trägt elegante cremefarbene Chinos, ein dottergelbes Hemd, und sein Haar ist fedrig und schaumig wie ein exzellent gebackenes Soufflé. (Und damit kenne ich mich aus, das darf man mir glauben!) Seine Selbstgefälligkeit wandelt sich angesichts meiner versammelten Verwandtschaft in Enttäuschung. »Hallo«, sagt er verlegen.

Nana Flo kneift die Augen zusammen. »Ist er das?«, fragt sie laut. Die Pein, die ich empfinde, sehe ich in Marcus' Gesicht gespiegelt.

»Nein, Luke ist blond«, sage ich verzweifelt.

Aber Nana lässt sich nicht beirren. »Nein!«, bellt sie. »Ob das der Kerl ist, der dich rausschmeißen will!«

Ich sage schnell: »Er schmeißt mich nicht raus! Ich bin froh, dass ich hier wegkomme!«

Das scheint meine Mutter durcheinander zu bringen. »Ach«, sagt sie, »ich dachte, du –«

Ich falle ihr mit der erstbesten trivialen Information ins Wort, die mir in den Sinn kommt. »Marcus ist jetzt mit Michelle zusammen, Mummy. Du kennst doch Michelle.«

Meine Mutter zuckt die Achseln und bekennt tonlos: »Entfernt.« (Sie kennt Michelle seit fast zwei Jahrzehnten, folglich ist das als Seitenhieb gedacht. Da ich meiner Mutter nichts von der Perfidie des Paares Michelle & Marcus erzählt habe, weiß ich, dass dies nichts mit persönlicher Abneigung zu tun hat. Es ist einfach so, dass Cecelias Begeisterung für junge Frauen bei weitem nicht an die für junge Männer heranreicht.) Sie mustert Marcus flüchtig, stutzt und starrt ihn dann an. Sie starrt ihn an wie ein Bettler einen Topf voll Gold.

Marcus rückt nervös das Haar zurecht und kratzt mit der Spitze seines Mokassins an seinem Schienbein. »Also, ich muss dann wohl –«, fängt er an, doch meine Mutter schneidet ihm das Wort ab.

»Setzen Sie sich!«, befiehlt sie. Ich starre sie zornig an, doch sie beachtet mich nicht. Marcus setzt sich mit steinerner Miene. Sie rutscht mit ihrem Stuhl vor ihn hin und plärrt ganz unvermittelt: »Florence, erinnert er dich nicht an Maurice?«

»Überhaupt nicht!«, schnarrt Nana. Ihr Blick bohrt sich in Marcus' Augen, dann schaut sie woandershin und dann wieder auf ihn und bekräftigt leiser: »Unfug.« Aber sie wendet den Blick nicht noch mal ab.

»Red keinen Quatsch!«, brüllt eine Stimme – meine, wie sich herausstellt. Die Klingel läutet, und ich rase zur Tür.

Tom streckt mir eine schwere Plastiktüte entgegen. »Ich habe Eier gekauft. Für deine Großmutter, wegen ihrer Zähne, dachte ich.«

Ich lächle leer und sage: »Fantastisch.«

Er runzelt die Stirn und fragt lautlos: »Was ist?«

Ich greife an meine Stirn, verdrehe die Augen und antworte: »Frag nicht.« Wir marschieren in die Küche, wo Marcus und seine Frisur immer noch gefangen gehalten werden.

Meine Mutter hält sein Handgelenk umklammert und ruft aus: »Der Mund und die Augen – wie aus dem Gesicht geschnitten, wie aus dem Gesicht geschnitten! Helen! Das ist ja geradezu unheimlich!«

Ich zügle mühsam meinen Zorn. »Nein, es ist *nicht* unheimlich«, sage ich. »Bitte.« Meine Stimme klingt schrill, schon beinahe panisch. Sie ist verrückt geworden. Alles und jeder erinnert sie an meinen Vater. Als Nächstes kommt wahrscheinlich Fatboy dran. (»Sie haben genau den gleichen Appetit, allerdings« – ein mädchenhaftes Glöckchenlachen – »hatte dein Vater keinen so buschigen Schwanz!«)

Ich will ihr gerade befehlen, Marcus freizulassen, als Ivana hereingeflattert kommt. »Markee! Wo – ach, hallo, Mrs. Bradshaw! Und Mrs. Bradshaw senior!«, ruft sie aus.

»Hallo«, erwidert meine Mutter säuerlich.

Nana zuckt allen Ernstes zurück. »Wer sind Sie?«, fragt sie unwirsch.

»Ich bin Michelle!«, sagt Michelle. »Sie erinnern sich bestimmt an mich!«

Nana sieht sie finster an und sagt: »Für mich sehen alle jungen Frauen gleich aus.«

Michelle richtet ihr automatisiertes Kokettier-Gehabe mit voller Kraft auf Tom: »Ich glaube, wir sind uns noch nicht begegnet«, haucht sie, die Wimpern auf Halbmast gesenkt.

»Tom«, erwidert er fröhlich und mit ausgestreckter Hand. »Ich bin mit Helen zusammen.«

Das Lächeln erstirbt auf ihren Lippen, wird aber kurzfristig wieder zum Leben erweckt, als sie die blauen Ringelblumen erspäht. »Wie süß«, gurrt sie, »dann sind die Blumen bestimmt von dir! Ich sage Markee auch immer, dass es ganz und gar ausreicht, wenn er mir einen Strauß von der Tankstelle mitbringt, aber dieser Engel *besteht* auf Blumen von Paula Pryke!«, und beim nächsten Atemzug: »Markee, Liebling, noch eine Tasse Tee, bevor wir losgehen.« Tom wirft mir einen ironischen Blick zu. Marcus springt dankbar auf.

»In Ordnung«, sage ich, »Mum, Nana, ich mache Rühreier. Das oder gar nichts.«

Meine Mutter schmollt. »Ich kann keine Rühreier mehr essen!«, zetert sie. »Das solltest du wissen! Es ist zu schmerzhaft!«

Eilig verbessere ich: »Tut mir Leid, Mum, ich mache stattdessen Omelette, ist das besser?« Meine Mutter gewährt mir ein königliches Nicken.

Michelle fallen vor Neugier fast die Augen aus dem Kopf. »Warum?«, fragt sie atemlos.

»Rühreier haben meinen Vater umgebracht«, antworte ich tonlos.

»Boh!«, entfährt es Michelle. Ihr Hirn versucht, einen Sinn in meine Worte zu bringen, doch ohne Erfolg. »Wie denn?«, schnauft sie.

Bei meiner Mutter siegt die Eitelkeit über ihre Abneigung gegen Michelle, und sie hebt an mit ihrer tragischen Geschichte. Ich fange an, Pfannen aus der Schublade zu reißen, und Tom sagt: »Warum setzt du dich nicht einfach hin, und ich mache die Omelettes?«

Marcus meint kühl: »Für uns nicht, wir essen in dem neuen Restaurant in Conran.« Tom schlägt Eier in eine Schüssel. Tom hat schon in dem neuen Restaurant in Conran gegessen, was Marcus wurmt. Er fährt ihn an: »Aber du bist ein Tierarzt!« Mir klappt der Kiefer runter.

Tom verschluckt ein Lachen und sagt: »Ich weiß! Ist das zu glauben! Ich hatte den abgetragensten Anzug im ganzen Restaurant an!« Marcus beäugt ihn böse.

Ich sacke auf meinem Stuhl zusammen. »Für wann habt ihr denn reserviert? Müsst ihr nicht aufbrechen?«, sage ich zu Michelle.

Sie wirft einen Blick auf ihre flache, goldene Armbanduhr. »Wir haben es nicht eilig«, sagt sie zu mir und dann: »Erzählen Sie doch weiter!«, zu meiner Mutter. Ich unterdrücke ein Seufzen. Mein Nacken ist so verkrampft, dass ich kaum den Kopf drehen kann. Bis Tom endlich die Omelettes vor meiner Mutter und Nana abstellt, haben die Verspannungen bereits meine Schultern und meinen Kiefer erreicht.

Marcus bleibt unschlüssig am Küchentisch stehen. »Michelle«, beginnt er gepresst, »wir sollten uns allmählich auf den Weg machen.«

Michelle schiebt die Unterlippe vor und sagt: »Nur noch ein Sekündchen, Schnuckel! Mrs. Bradshaw ist gerade an einer total aufregenden Stelle!«

Marcus plumpst auf den Stuhl neben Tom. Mir fällt auf, dass Nana ihn beobachtet. »Dieselbe Größe«, urteilt sie. »Das muss ich ihr lassen.« Marcus lächelt unglücklich. Ich beiße die Zähne zusammen.

Tom zwinkert mir zu. »Möchte jemand Ketchup?«, fragt er.

»Igitt!«, sagt meine Mutter.

Nana schüttelt den Kopf. »Nein, danke, mein Lieber.«

Pardon? Ich möchte ja nicht heikel sein, aber mir, ihrer Enkelin, wird nur äußerst selten die Höflichkeit zuteil, mit Namen angesprochen zu werden, wohingegen Tom, ein Mann, von dessen Existenz sie bis vor einer Stunde nichts geahnt hat, schon ihr *Lieber* ist?

»Helen«, sagt Tom, »Ketchup?« Ich schüttle den Kopf.

»Dann eben nur ich«, verkündet er gut gelaunt. Er dreht die Flasche auf den Kopf, versetzt ihr einen herzhaften Schlag auf den Boden, und ein fetter roter Klecks schießt durch die Luft und landet – platsch! – auf Marcus' gelbem Hemd. »Tut mir schrecklich Leid«, bekennt Tom fröhlich – während Marcus mit einem entrüsteten Bellen aus seinem Stuhl schießt –, »mit mir kann man wirklich nirgendwohin gehen.«

Ich schlage die Hand vor den Mund und schlucke schneller als beabsichtigt einen Bissen Omelette hinunter. Michelles Mund formt ein makelloses, entrüstetes O. Meine Mutter und Großmutter starren wie hypnotisiert auf Marcus, der Tom anbrüllt: »Du *Idiot*!«

Michelle begleitet ihn zum Umziehen ins Schlafzimmer. »Wir kommen *bestimmt* zu spät!«, speit sie Tom noch in der Tür entgegen.

Nana Flo tätschelt Tom die Hand – sag bloß, sie macht sich ebenfalls Hoffnungen! »Mein Wort, so viel Aufregung um überhaupt nichts!«, schimpft sie. Ich grinse Tom kraftlos an. Zwar würde ich ihn für den Streich mit dem Ketchup am liebsten umarmen, doch ich fühle mich nicht in der Lage, aus dem Stuhl aufzustehen. Denn genau in jenem Augenblick, als Marcus' Mund und Augen sich zu einem zornigen Strich zusammenzogen, traf mich wie ein Schlag die Erkenntnis. Warum, wie hat mir das nur entgehen können? Es ist nicht zu leugnen. Weniger das Aussehen als vielmehr die Haltung, das Temperament, die aufbrausende Art. Das Abziehbild meines Vaters.

Ich renne auf die Toilette und kotze das Omelette wieder aus. Ich habe nur zwei Bissen gegessen, trotzdem will das Würgen kein Ende nehmen.

Kapitel 27

Lizzy ist mir aus den verschiedensten Gründen lieb und teuer, doch das Süßeste, was sie (meiner Meinung nach) je getan hat, war, während eines romantischen Abends mit ihrem damaligen Freund – bums! – einzuschlafen, bevor die beiden zum Bumsen kommen konnten. Damals war sie frisch von einem Familienurlaub in Frankreich heimgekehrt, und der arme Mann konnte es kaum erwarten, sie auf, wie er es ausdrückte, »traditionelle Art« willkommen zu heißen.

(»Ich fand das ganz entsetzlich«, vertraute Lizzy mir später an.) Er hatte ihr ein vegetarisches Mahl gekocht, Duftkerzen angezündet, eine Flasche alkoholfreien Wein gekauft, das Bett frisch bezogen und es – man höre und staune! – mit Rosenblüten bestreut! Er trug Lizzy auf den Armen nach oben, verschwand auf einen Sprung ins Bad, um die Zähne zu putzen, und fand, als er ins Schlafzimmer zurückeilte, seine Süße im Tiefschlaf vor. »Ich war so müde, dass ich mich nicht einmal abgeschminkt hatte!«, bekannte sie aufgeregt – und in der Erwartung, dass ich sagen würde: »O mein Gott, *so* müde!«

Sie erzählte weiter: »Er war schrecklich beleidigt deswegen. Das war der Tropfen, der für mich das Fass zum Überlaufen gebracht hat. Außerdem mag ich es nicht, wenn man Blumen zerrupft.« Wie gesagt, der arme Mann. Ich hingegen konnte gar nicht begreifen, wie Lizzy so gelassen auf die Aussicht auf Sex reagieren konnte, dass sie einschlief, bevor ihr Süßer auch nur die Hosen runtergelassen hatte. Wenn mich jemand in Betracht zieht, bin ich normalerweise so gebauchpinselt, dass man mich als menschlichen Martini bezeichnen könnte – jederzeit und überall zu genießen. Oder ist das der Werbespruch von Bounty?

Jedenfalls brausen, kurz nachdem ich mein Omelette von mir gegeben habe, Michelle und Marcus im RAV 4 zu ihrem Schaubuden-Abendessen ab, und meine Mutter und Nana Flo verschwinden im Peugeot, um nicht den Film mit Clint Eastwood auf Channel 5 zu verpassen. Vor dem Aufbruch erklärt meine Mutter noch: »Du brauchst morgen nicht vorbeizukommen, ich bin mit Vivvy beim Einkaufen!«, während meine Großmutter mit dem Finger droht und sagt: »Du bist einfach zu nervös! Du solltest früher ins Bett gehen.«

Ich nicke und sage: »Okay, Mum« und: »Ja, Nana.«

Sobald sie weg sind, lasse ich mich gegen die Tür sinken und wende mich zitternd Tom zu. Und dieser Deserteur sagt: »Ich finde, Nana Flo hat Recht!« Was ist das, eine Verschwörung?

»Mit mir ist alles in Ordnung«, lüge ich. Mit mir muss alles in Ordnung sein. Heute Nacht, das sehe ich ganz klar, auch wenn der Rest umso verschwommener erscheint, wird es passieren! Ich sollte unbedingt die Zähne putzen und auch die Zahnseide nicht vergessen. Tom schlägt vor, ich soll mich für ein paar Minuten aufs Sofa legen, während er die Spülmaschine einräumt. »Also gut«, sage ich, »aber nur, um dir einen Gefallen zu tun.«

Stunden später wache ich auf, weil er mich ins Bett trägt.

Nie im Leben hätte ich mir vorstellen können, dass meine Erschöpfung eines Tages die Oberhand über meine Libido gewinnen könnte. Ich fühle mich wie unter Drogen. Ich kann nicht mal mehr die Beine heben. »Bleib hier«, murmle ich schläfrig, als Tom mich auf das Bett sinken lässt.

»Hier?«, flüstert er.

»Mhm«, hauche ich.

Ich liege wenig verführerisch und vollkommen erschlafft da, während Tom die Schuhe von meinen Füßen zerrt. Ein Anflug von Angst spült über mich hinweg – hoffentlich riecht er nicht daran! –, aber ich bin zu komatös, um mir darüber den Kopf zu zerbrechen. Er beugt sich über mich und flüstert: »Darf ich dich ausziehen?«

Ich antworte – und ich schwöre, dass ich das keinesfalls gesagt hätte, wenn ich bei Besinnung gewesen wäre –: »Ja.« Und so kommt es, dass ich am Sonntagmorgen um 10 Uhr 22 splitternackt und an Toms nackte – ich wiederhole – n-a-c-k-t-e Brust gepresst erwache.

Meine Lider fliegen hoch, und ich betrachte ihn bewundernd im Schlaf. Sein Haar ist noch zerzauster als sonst, seine Wangen sind leicht gerötet, und er atmet tief und gleichmäßig. Breite Schultern. Ich hebe vorsichtig die Decke an, um seine Brust zu inspizieren, und wow, ich habe schon Schlechteres gesehen. Nicht allzu muskulös, aber gut ausgebildet und *fest*. Nette Brustwarzen. Und nicht so grausig behaart wie Marcus. Ich frage mich, ob er weiter unten auch nackt ist. Und ich frage mich auch, ob es wohl möglich wäre, ins Bad zu schleichen – wozu ich in Höschen, doch ansonsten nackt über ihn hinwegklettern müsste –, um die Zähne zu putzen. Ich fahre mit der Zunge darüber. Sie fühlen sich an wie aus Frottee. Soll ich mein Glück versuchen?

Ich werfe einen Blick auf Tom, um sicherzugehen, dass er immer noch schläft – er schnauft leise durch die Nase, deshalb schätze ich, dass keine Gefahr droht, und ich hebe gerade die Decke ein wenig höher, um einen tieferen Einblick zu wagen, da schießt eine Hand hervor und packt meine, und er brüllt: »Erwischt!«, und ich kreische erschrocken auf. Dann hat er auch meine zweite Hand gepackt und sich über mich gewälzt – nun wird mir klar, dass er Boxershorts trägt – und drückt mich zurück ins Bett. »Aha!« Seine blauen Augen bohren sich in meine. »Ich hab doch gewusst, dass du dir einen kleinen Blick vorab genehmigen würdest!«

Ich winde mich quietschend – teils erschrocken, teils entsetzt –, nicht zuletzt, weil nun mein Busen blank und bloß vor ihm liegt und wir noch nicht einmal miteinander *geschlafen* haben. Im übertragenen Sinne, meine ich. Das darf doch nicht wahr sein! Ich hatte mir ausgemalt, dass ich ihn mit einem langsamen Striptease auf die Folter spannen würde, bei dem mein kostbarer Wonderbra sich auf das Verführerischste von meiner Brust schälen sollte, seine bebende Hand meine Haut liebkost, ich sein Hemd aufknöpfe, um seinen wunderbar trainierten Torso und seinen straffen, sehnigen Bizeps freizulegen, bis ich dann ganz langsam seine Gürtelschnalle öffne und fühle, wie sich seine, ah, Vorfreude unter den Calvin Kleins (bevorzugt aus grauer Baumwolle ohne irgendwelchen Schnickschnack) wölbt. Verflucht noch mal, verflucht.

»Ich bitte um Verzeihung!«, fahre ich ihn zickig an, wobei ich versuche, die Schultern über meine Brüste zu schieben (den Versuch kann man sich schenken – es ist physikalisch unmöglich). »Ich muss mir die Zähne putzen. Sie sind pelzig!«

Tom lacht und murmelt: »Aber ich mag es pelzig«, und dann senkt er den Kopf und streicht mit den Lippen über meine linke Brustwarze, und die Lust peitscht mit einem fetten Schlag durch meinen Körper, und ich dränge mich ihm entgegen, und wir küssen uns, und ich hauche: »Wuff«, um meinen Hundeatem zu entschuldigen, und er sagt: »Helen, du siehst so verflucht fantastisch aus, mein Gott, bist du sexy«, und ich denke: *Ich?* Redest du von mir? Ich sehe sonst niemanden …

Und es ist kaum zu glauben, ich fühle mich tatsächlich sexy, supersexy, keine Frau im ganzen Raum ist so sexy wie ich, und plötzlich packe ich ihn und küsse und lutsche und lecke ihn, und er küsst und lutscht und leckt mich – ich war nicht mehr so überglücklich, seit ich entdeckt habe, dass es Dimes auch als Miniriegel gibt –, und ich attackiere Tom auf dieselbe gierige, geile Weise, und er wird ganz grabschig und immer geiler und ist überall zugleich, und als ich an seinen Haaren zupfe und an seinem Hals nuckle, fängt er an zu stöhnen und fährt mit den Fingern über meinen Rücken und meinen Bauch und immer tiefer, und, o Gott, das fühlt sich wirklich viel versprechend an – »Zieh sie aus!«, höre ich mich sagen –, und dann zerrt er mir das schwarze Höschen runter, und ich ziehe an seinen Shorts – sie sind dunkelblau, aber ich hätte nicht mal gestutzt, wenn er einen orangefarbenen Feinrippschlüpfer getragen hätte, na ja, vielleicht ganz kurz, aber nicht – wuhu!

Und ich werde mich nicht für unseren schmählichen Mangel an Originalität entschuldigen, ich sage tatsächlich: »O Gott, ist der groß!«, und er schnappt nach Luft und sagt: »O Helen, du fühlst dich so *gut* an!«, und es ist einfach wundervoll, und ich hoffe nur, dass mein Vater uns nicht belauscht, und Tom und ich haben es so eilig, ihn – wie ich glaube, dass ich sage – »reinzustecken!«, dass sein Penis gegen die Innenseite meines Schenkels rammt, und wir kichern, und er sagt: »Autsch!«, und ich kichere: »Um ein Haar wär er abgebrochen!«, und dann, o mein Gott! Es ist, es fühlt sich so unglaublich unbeschreiblich an, und ich stöhne: »Oh!«, und »Ah!«, bis ich fast platze, und wir küssen uns und bewegen uns im Takt, und wir sind so eng zusammen, dass ich mir wünsche, es würde nie aufhören, und selbst als mir ein lautes Schmatzen entfährt und ich mich verlegen winde, grinst er und sagt: »Oha!«, und küsst mich noch inniger, und ich denke, bei all meinen schlampigen Verhältnissen und meinen einsamen Übungsstunden (und ich muss sagen, bevor mein Vater starb, war ich ziemlich strebsam) – ich hätte mir nie vorstellen können, dass es einmal so sein würde.

Darum muss ich natürlich alles kaputtmachen.

Ich komme als Erste (»Ladies first!«, scherzt Tom), bevor er fünf Sekunden darauf kommt, und im nächsten Moment ertrinkt meine himmelhoch jauchzende Verzückung unter einer unerklärlichen Flutwelle von Trauer. Ich beiße mir auf die Lippe, um nicht laut zu schluchzen. Tom liegt ausgebreitet wie ein Seestern auf dem Rücken, einen Arm liebevoll auf meinen Bauch gebettet, und sagt klagend: »Können wir das wiederholen?« – und ich lache und sage: »Ich komme mir vor, als hätte ich keinen einzigen Knochen mehr im Leib!«, und er grinst und wälzt sich auf die Seite und küsst jenen Körperteil, der ihm am nächsten ist – mein Kinn –, und flüstert: »Meine unglaubliche Helen.«

Er sieht mir in die Augen, und es ist weniger die mich überspülende Begierde, die mir das Herz zerreißt, es ist die – urgh, ich hasse dieses Wort – die *Zärtlichkeit* unserer Verbindung – sie ist etwas ganz Neues, sie betäubt mich, mich ekelt davor, ich fühle mich blutig und nackt wie eine offene Wunde. Dann droht der Kloß plötzlich meine Kehle zu sprengen, und die Tränen beginnen zu fließen, bis ich überhaupt keine Kontrolle mehr darüber habe und ich dummes, dummes Mädchen wie ein riesengroßes Baby jammere und flenne und schluchze, und Tom sieht mich entsetzt an und sagt: »So schlimm war es doch gar nicht, oder?«, und ich lache, aber ich muss trotzdem weinen. Ich muss so stark weinen, dass meine Zähne klappern. Er nimmt mich in den Arm und wiegt mich hin und her und sagt: »Erzähl es mir, Helen, *bitte* erzähl mir, weshalb du weinst.«

Tom hätte nicht fragen sollen, wirklich nicht. Es hat nichts mit ihm zu tun. Aber er fragt, und ein Schwall ergießt sich aus meinem Mund. Zeug, von dem ich selbst nichts geahnt habe. Es spritzt in einem dicken Strahl heraus wie Abwasser aus einem geplatzten Rohr. Und er unternimmt nichts dagegen. Er hört mir einfach zu, während ich vom Leder ziehe.

»Er ist weg und er wird nie wiederkommen o Gott ich kann es immer noch nicht glauben und niemand versteht mich ich bin so allein ich weiß überhaupt nicht mehr wer ich bin und wo ich hingehöre und warum es mir so an die Nieren geht wir haben uns überhaupt nicht nahe gestanden ich hab ihn nie verstanden er hatte keine Ahnung wer ich bin und und jetzt ist es zu spät um irgendwas wieder gutzumachen und wir haben nie wirklich miteinander gesprochen und ich habe ihn nie gefragt warum er sich nicht für mich interessiert hat ich konnte das einfach nicht und ich weiß nicht warum es mir so dreckig geht und kein Mensch versteht mich es ist ganz allein ihre Sache immer geht es nur um sie und wie es ihr geht und sie denkt überhaupt nicht an mich und ich hab gedacht jetzt ist alles überstanden bei der Beerdigung hab ich kein einziges Mal geweint ich war wie betäubt ich hab überhaupt nichts empfunden vollkommen fehl am Platz und sogar Lizzy hat geweint aber ich konnte nicht weinen ich hab es nicht verdient zu weinen und ich war eine Enttäuschung für ihn und ich war ihm nicht gut genug und er ist gestorben und ich hab ihm nie gesagt dass ich ihn liebe und er hat nie gesagt dass er mich liebt er hat gesagt ich bin ein Grinch o Gott ich halte das nicht mehr aus ich will dass er zurückkommt und warum kommt er nicht mehr ich will ihn noch mal sehen ich hasse ihn ich finde es so schrecklich wie ich mich seinetwegen fühle ich fühle mich wie allein auf hoher See es ist ganz schrecklich schlimmer als ich je gedacht hätte ich hab das Gefühl dass ich ihn ständig betrüge ich bin so wütend und die Wut will gar kein Ende nehmen wie kann ich nur so was empfinden ich weiß nicht mal was ich eigentlich empfinden soll und ich hab solche Angst ganz furchtbare Angst was ist wenn Mummy auch noch stirbt und Nana die steht ja schon mit einem Bein im Grab und Tina und Lizzy und Luke und Fatboy und jetzt du und ich hab solche Angst dass sie alle sterben aber ich kann nichts sagen weil sie das bestimmt nicht verstehen und o Gott ich kann es einfach nicht glauben er ist doch mein Dad es ist so gemein ich bin so müde ich kann nicht mal von ihm träumen andere Menschen träumen von den Toten und dann kommen sie zurück und umarmen sie und lächeln und sagen dass alles okay ist und sie sollen glücklich sein und sie lieben sie und sie sind in einem weißen Raum und ich bringe nicht mal das fertig er taucht in keinem einzigen Traum auf er will mir nicht mal verraten wie es ihm geht es ist einfach zu spät das ist so verdammt typisch nie ist er für mich da er ist nie für mich da gewesen warum vermisse ich ihn dann so o Gott hilf mir es ist alles meine Schuld …«

Wenn das nicht peinlich ist.

Kapitel 28

Ich bin so wütend und durcheinander, dass mir erst später hammerhart aufgeht, was ich da angerichtet habe. Auch als mir die Worte ausgehen, wiegt und hält mich Tom. Er sagt nicht, ich soll wieder runterkommen, er massiert mir den Rücken und hört mir zu. Und danach sagt er nur: »Helen, glaubst du nicht, dass du eine Menge, äh, aufzuarbeiten hast?«

Ich schüttle den Kopf, weil ich nicht weiß, was ich antworten soll. Ich schäme mich. »Bitte gib mir meine Sachen«, sage ich steif. Tom beugt sich nach unten, pflückt ein zerknautschtes Hemd vom Boden und hilft mir hinein. Ich bin total erledigt. »Tut mir Leid«, mümmle ich, »ich weiß nicht, was in mich gefahren ist.«

Er erwidert: »Keine Ursache. Aber, Helen, ich wollte nur, also vielleicht, Lizzy, Tina, ich, wir gehen nirgendwohin. Und du darfst nicht glauben, dass du nicht gut genug bist. Ich weiß nicht, was ich sagen soll – du bist wirklich toll und« – plötzlich wird Toms Stimme kräftig – »und das hätte dir dein Dad ruhig mal sagen können.«

Das ist nett von ihm. Auch wenn ich nicht sicher bin, ob ich es gutheiße, wenn er über meinen Vater herzieht. Ich bin erschöpft und schon wieder den Tränen nahe, und ich sage: »Stört es dich, wenn ich ein kleines Nickerchen mache?« Tom küsst mich, und ich kuschle mich zusammen. Jedes Mal, wenn ich daran denke, was ich gesagt habe, fängt mein Herz in der Brust an zu hüpfen wie eine Möwe auf rauer See. Ich war für meinen Vater ein Nichts, und ich bin nichts ohne ihn. Wozu bin ich überhaupt da? Ich bin keine positive Kraft. Wozu ist überhaupt irgendwas da? Am liebsten würde ich immer weiter einschrumpeln, bis ich schließlich zu existieren aufhöre. Ich könnte schon wieder heulen, doch es gibt auf dieser Welt nicht genug Tränen, um diesen Schmerz zu lindern. Ich rolle mich zu einem winzig kleinen Ball zusammen und sinke in einen todesähnlichen Schlaf.

Als ich aufwache, ist es 20 nach zwei, und ich bin am Verhungern. Außerdem platzt mir fast der Schädel. Ganz langsam sickert mir ins Bewusstsein, was an diesem Tag schon Verrücktes passiert ist, und ich ziehe eine Grimasse. Ich kann nicht anfangen, an den Sex zu denken, weil ich nicht aufhören kann, an mein Geschwafel zu denken. Normalerweise ziehe ich es vor, meine niedersten Instinkte für mich zu behalten. Düstere, dunkle Daddy-Gedanken inklusive. Sie sind zu persönlich, zu intim, zu infernalisch, um sie mit jemandem zu teilen. Wie *konnte* ich sie mir nur von Tom entlocken lassen? Ich fühle mich, als hätte ich meine Seele ausgekotzt.

Lange bleibe ich still liegen. Das Zimmer ist leer, nur Fatboy hockt auf dem Fensterbrett. Er hört mich rascheln, sagt »Prrrt!«, und kommt angetrottet. Bestimmt will er irgendwas.

Ich liege flach auf dem Rücken und streichle Fatboy und denke: O Gott, was habe ich eigentlich *erzählt*? Mir brummt der Schädel, als hätte ich zu viel getrunken, und ich fühle mich eigenartig leer. Ich frage mich, ob Tom heimgefahren ist, und hoffe halb, dass es so ist. Aber nein. Aus dem Wohnzimmer höre ich dröhnendes Gelächter. Ich schleiche auf Zehenspitzen zur Tür, ziehe sie einen Spalt auf und begreife, dass er sich mit Luke unterhält. Das Gespräch scheint sich darum zu drehen, wie lange sie schon einmal mit geschlossenen Augen Auto gefahren sind.

Tom hat es auf drei Sekunden gebracht, bevor er »sich total in die Hose gemacht« hat. Luke übertrumpft ihn mit sieben Sekunden. Soweit ich aus ihrem Gespräch schließen kann, waren sie beide noch Teenager, aber trotzdem! Ich schlüpfe in eine Jogginghose, schleiche ins Zimmer und sage: »Wie *konntet* ihr nur!« Beide schrecken hoch und fangen an sich zu rechtfertigen: »Es war mitten in der Nacht«, »Es war niemand auf der Straße«, und: »Ich bin höchstens 20 gefahren«, bis ich die Hand hebe und verstimmt sage: »Ich will es überhaupt nicht wissen. Ihr hättet jemanden umbringen können!«

Ich kann es nicht ertragen, Tom in die Augen zu sehen. Nicht wegen seiner verantwortungslosen Jugendsünden, sondern weil ich mich an diesem Morgen auf jede nur denkbare Weise vor ihm entblößt habe und der Gedanke daran zu grässlich ist, um ihn auch nur in Betracht zu ziehen. Darum konzentriere ich mich stattdessen auf Luke. Das ist ein Fehler, denn er mustert mich misstrauisch und fragt: »Wieso hast du so rote Augen?«

Ich fahre ihn an: »Einfach so!« Um jedes weitere Verhör zu unterbinden, frage ich: »Gibt es irgendwas zu essen?«

Tom springt auf und sagt: »Los, wir gehen was essen!«

Ich bestrafe ihn mit einem vernichtenden Blick: »Was, so wie ich bin?«

Er hebt die Hand, schmiegt sie um mein Kinn und sagt:

»Aber Miss Bradshaw – Sie sind so schööööön!« Und gleich darauf, ernster: »Bist du wirklich.«

Ich rümpfe die Nase. »Du bleibst hier, ich hole nur schnell Schuhe und eine Sonnenbrille.« Zehn Minuten später (nach einem Abstecher ins Bad, wo ich meine ganze Kunst darauf verwende, weniger wie ein gotischer Wasserspeier auszusehen) bin ich bereit.

»Kann ich mitkommen?«, fragt Luke.

»Nein«, erwidert Tom schadenfroh, »das hier ist eine Junge-Mädchen-Kiste.«

Lukes Augen verwandeln sich in Untertassen. »Was!«, haucht er. »Du und Helen!«

Ich weiß nicht genau, ob ich beeindruckt oder beleidigt sein soll, weil Tom Luke nicht erzählt hat, dass er mit mir geschlafen hat. Darum frage ich schnippisch: »Warum überrascht dich das, Luke? Meinst du, Tom ist ein paar Nummern zu groß für mich?«

Luke schüttelt hektisch den Kopf und versichert: »Ganz im Gegenteil, Kumpel – du bist ein paar Nummern zu groß für ihn.«

Sein höchst erfreuliches Kompliment wird nur durch die Anrede »Kumpel« abgeschwächt. Ich bin absolut für Gleichberechtigung, aber es ist mir lieber, wenn jemand »Süße« zu mir sagt. Trotzdem sage ich galant: »Luke, das ist wirklich lieb von dir«, obwohl ich müde und hungrig bin und die Frotzeleien satt habe.

Tom wiederholt fröhlich: »Luke, das ist wirklich lieb von dir.« Luke zeigt ihm den Stinkefinger. Zu meiner Erleichterung erkundigt sich Tom: »Fertig?«

Es ist ein klirrend kalter Wintertag, trotzdem rasen wir nach Golders Green, wo wir vier Bagels mit Sahnekäse und Räucherlachs kaufen, und fahren damit zur Heath Extension. Das erste Bagel verspeise ich in Toms rostigem altem Honda Civic EX. »Du hast ihm doch keinen Namen gegeben, oder?«, frage ich misstrauisch.

»Nein, habe ich verflucht noch mal nicht«, antwortet er. »Das wäre ja so, als würde man seinen Willi taufen!«

Ich muss lachen. Wir reden über Traumautos. »Eigentlich sind mir Autos schnuppe«, bekenne ich. »Aber wenn ich das Geld hätte, würde ich mir einen Jaguar S-Klasse kaufen. Ein Auto mit Wangenknochen. Das Einzige ist, sie sehen ein bisschen klaustrophobisch aus.«

Tom meint: »Du bist gar nicht schwer zufrieden zu stellen, wie?« Tom hat ebenfalls eine Schwäche für Jags, aber er ist davon abgekommen, seit sich sein 32-jähriger Cousin einen XJ8 zugelegt hat.

»Was ist das für einer?«, frage ich.

Er sagt: »Du weißt schon, so ein großer Luxusschlitten mit Holzfurnier-Innenausstattung. Er hat die ganze Zeit mit seiner 'Superfederung' angegeben, bis meine Schwester plötzlich verträumt zu singen begonnen hat: *'Faa-ther drives a Jaaaguaar!'* Sie ist einfach unglaublich! Was sie für Sachen bringt! Einfach super! Mein Cousin wurde ganz still. Ich glaube, sie hat ihm den Tag versaut.«

Ich muss lachen. »Also, die großen Jags sind sowieso nur was für 50-Jährige, oder?«

Tom m-hmt. »Trotzdem haben sie Klasse.« Wir verstummen kurz, versunken in unsere Betrachtungen über das Unerreichbare.

»Was findest du schlimmer«, frage ich, »einen Honda Civic oder einen Toyota Corolla?«

Tom zuckt die Achseln und sagt: »Für mich sind das zwei Ratten, die aus derselben Chipstüte futtern.« Wir schnauben vor Lachen (wobei ich allerdings dem Honda aufs Armaturenbrett klopfe und ihn tröste: »Armes Auto!«), und dann hält Tom an.

Die Heath Extension ist eine Ansammlung von Grünflächen mitten im eleganten Londoner Nordwesten. Ich liebe sie, weil sie größtenteils ungepflegt und überwuchert ist und mir weniger kommerziell erscheint als Hampstead Heath.

Wir spazieren zu einer Holzbank, die Bagels fest umklammert und in ein Gespräch über unsere Traumautos vertieft. Der Himmel ist blassblau und mit Schleierwolken behangen, und unser Atem dampft in der trockenen Luft. Der Weg ist von zugefrorenen Pfützen gesäumt, in die ich den Absatz bohre, um das Eis zu sprengen. Dann sitzen wir auf der Bank, essen unsere Bagels und schauen den Leuten zu, die ihre Hunde ausführen – ein brauner Hund bringt uns zum Lachen, weil er mit dem Hintern über das Gras schleift, während sein Herrchen »Brandy!« ruft und so tut, als würde er ihn nicht kennen.

»Es ist so friedlich«, seufze ich.

»M-hm«, sagt Tom, den Mund voller Bagel. »Küsschen, Küsschen.« Ich gebe ihm ein keusches Bussi auf die Wange.

»Deine Nase ist ganz rosa«, sage ich.

»Sie ist so kalt, dass ich sie nicht mehr spüre«, antwortet er.

Ich esse mein Bagel auf, und er zieht mich an seine Brust. Wir betrachten die Aussicht. Blasser Himmel, blattlose Bäume, gefrorener Boden, Stille. Ruhe. Ich seufze. Ein Moment des Glücks wie aus dem Bilderbuch. Ich fange langsam an zu glauben, dass ich möglicherweise tatsächlich jemandem von meinem Dad erzählen musste, und ich kann kaum fassen, wie leicht es ist, mit Tom zusammen zu sein, wie wenig anstrengend, wie mühelos, und was für ein verfluchter Zauberer er im Bett ist, da muss er alles verderben, indem er sagt: »Helen, wegen dem, was du mir über deinen Vater erzählt hast. Ich weiß, dass es schwer für dich ist, über deinen Schmerz zu sprechen, aber du warst, du bist, du warst so traurig, dass ich gedacht habe, vielleicht wolltest du dich selbst bestrafen – für etwas, das bestimmt nicht deine Schuld war, und vielleicht würde es dir ja helfen, wenn du –«

Nein nein nein nein nein nein. »Nein, hör auf«, fahre ich ihn an, schärfer als beabsichtigt. Tom verstummt. Ich zögere. Dann sage ich: »Das ist nett gemeint, aber –«

Diesmal fällt Tom mir ins Wort. Er klingt ärgerlich: »Helen, ich bin kein verfluchter *Wohltäter*, das hier sind für mich keine heiligen, kasteienden Exerzitien, damit ich mich hinterher besser fühle – es klingt vielleicht blöd und unglaubwürdig für dich, aber ich mag dich, und ich möchte, dass es dir gut geht, aber ich glaube, du wirst dich immer nur mies fühlen, wenn du weiter leugnest, was du deinem Vater und seiner Haltung dir gegenüber empfindest, und sich weiter an Vollidioten wie Marcus festzuhalten bringt doch überhaupt nichts, wieso willst du die Märtyrerin spielen, wie –«

Ich springe von der Bank auf und schreie: »Hör auf! Hör auf! Du hast doch keine Ahnung!«

Und woher zum Teufel weiß er das von Marcus? Tom verstummt. Er sieht aus, als würde er kurz vorm Explodieren stehen. Ich atme tief durch, setze mich wieder und tätschle sein Bein. »Tut mir Leid«, sage ich. Dann frage ich mürrisch: »Woher weißt du das mit Marcus?«

Tom schnauzt mich an: »Das sieht doch ein Blinder.« Ich kaue auf meiner Unterlippe herum.

Dann sage ich: »Das war vor ewiger Zeit und ein einziges Mal. Ein Fehler. Tut mir Leid, dass ich dich angebrüllt habe. Entschuldigung. Mir geht es gut, ich weiß gar nicht, was in mich gefahren ist – hah! –, ich meine, ich weiß gar nicht, wieso ich mich heute Morgen so aufgeregt habe, oder genauer gesagt, ich weiß es schon« – und ich fasse mir noch einmal das Herz und schütte es vor ihm aus, um ihm zu zeigen, wie ernst es mir ist –, »ich habe mich so aufgeregt, weil mein Vater gestorben ist und, es ist komisch, aber vor allem weil, also ehrlich, es war ganz bestimmt deswegen, weil Marcus mich rausgeschmissen hat und ich keine Ahnung habe, wohin ich soll. Als hätte ich nicht schon genug Stress.«

Das ist, wie ich zugeben muss, eine schlechte Angewohnheit von mir. Ich verkünde nicht geradeheraus, was ich will, so wie Laetitia. Ich mache Andeutungen. Andeutungen zu machen ist, ich weiß, nicht die tapferste Art, um etwas zu bitten. Aber wenigstens empfindet man die Zurückweisung, wenn man etwas nur angedeutet hat, eher als dumpfen Druck und nicht als schneidenden Schmerz. Wohingegen einem die Demütigung, falls man direkt fragt, ins Auge springt wie ein Nackter auf dem Fußballplatz. Jedenfalls wird Tom, wenn er nicht total verblödet ist, die Andeutung verstehen, und wenn er mich tatsächlich so gern hat, wie er behauptet, wird er wie ein Schutzengel herbeifliegen und mich und Fatboy bitten, bei ihm zu wohnen. Ich warte. Tom schweigt. Ist er wirklich so dumm? Dann sagt er – und höre ich da nicht einen Hauch von eisiger Kälte? –: »Hat deine Mum dir nicht angeboten, du könntest bei ihr wohnen, bis du was gefunden hast?«

Ich erwidere sauer: »Ja, aber du hast sie ja kennen gelernt – sie ist ein einziger Albtraum! Und ich bin 26! Ich kann unmöglich mit meiner Mutter und meiner Oma zusammenwohnen, Herrgott noch mal!«

Ich erwarte, dass Tom mich versteht, doch er stellt sich verstockt. Er fährt mich an: »Immer noch besser, als obdachlos zu werden. Kannst du dir nicht eine eigene Wohnung suchen?«

Da brennt mir der Geduldsfaden durch. »Ich will heim, und zwar sofort!«, brülle ich.

»Gut, wenn du es so haben willst«, knurrt er. Schweigend stampfen wir zum Auto zurück. Dieses ganze Gesülze, und dann kann er mir nicht mal aus der Patsche helfen, wenn ich ihn brauche. Er weiß genau, was ich will. Wir sprechen nicht miteinander, nur einmal platzt Tom heraus: »Wenn du mich fragst, würde es dir ganz gut tun, ein bisschen mit deiner Mutter zusammen zu sein – du könntest ihr was von dem erzählen, was du mir erzählt hast.«

Ich schnauze: »Ich frage dich aber nicht!« Er bremst quietschend vor Marcus' Wohnung. Ich springe aus dem Wagen, gifte: »Tschüs!«, und knalle die Tür zu. Tom beißt die Zähne zusammen und rauscht so hochnäsig und rasant davon, wie das in einem Honda Civic EX eben möglich ist. Was, wie ich gehässig registriere, nicht besonders hochnäsig und rasant ist.

Ich gehe ins Haus, mache die Tür zu, fluche: »Scheißdreck!«, und sehe Marcus auf mich zustürmen. Er donnert: »Jetzt *reicht's*! Jetzt reicht's, jetzt reicht's, jetzt reicht's!«

Innerlich vollkommen losgelöst beobachte ich seine stürmische Attacke. Heute, denke ich bei mir, ist wirklich ein bemerkenswerter Tag. Ich empfinde überhaupt nichts. Ich schreie aus vollem Hals (und in dieser Beziehung bin ich wahrhaft die Tochter meiner Mutter): »Was *ist denn*, du verklemmtes geiferndes Riesenarschloch?«

Marcus läuft lila an. Er bellt: »Du *wagst* es, so mit mir zu sprechen, du fiese kleine Schlampe! Deine beschissene Katze hat mir eine Taube ins Haus geschleift! Eine große fette Dreckstaube, die in meiner Küche rumflattert und mir auf die Arbeitsfläche scheißt!«

Obwohl mir Fatboys Vogelfängerei zutiefst zuwider ist, brülle ich: »Du hast echt null Ahnung, du fetter Riesentrottel, wenn dir eine Katze eine Taube bringt, ist das ein Geschenk! Er hat dir etwas schenken wollen!«

Marcus kreischt so laut, dass sich seine Stimme überschlägt: »Ich habe zwei Stunden gebraucht, bis ich sie eingefangen hatte! Zwei Stunden! Und eigentlich sollte ich im Studio sein!«

Ich kläffe: »Wozu denn? Damit deine Brust noch breiter und dein Willi noch winziger wird?« Ich finde das komisch und fange an zu lachen.

Marcus schüttelt eine fleischige Faust vor meinem Gesicht und faucht: »Bis heute Abend bist du draußen! Hast du verstanden, heute Abend! Und zwar mitsamt diesem Fettsack von einem Kater – denn wenn ich ihn erwische, weißt du, was ich dann mit ihm mache? Dann steige ich ihm auf den fetten orangen Kopf und zermalme ihn zu Brei!«

Aus meiner Stimme trieft Sarkasmus. »Oh, du großer böser Mann!« Und dann sage ich ganz normal: »Marcus. Weißt du was? Du machst mir keine Angst. Du und deine Drohungen. Du kannst brüllen, so viel du willst. Du bist machtlos. Impotent.«

Das stimmt, und er weiß es. Er kann mir nichts mehr anhaben. Ich gehe an ihm vorbei. Dann hole ich Fatboy aus Lukes Schrank – sein Lieblingsversteck, weil es dort so viele warme, weiche, ungewaschene Klamotten gibt – und nehme ihn mit in mein Zimmer. »Mein Engel«, sage ich zu ihm, »pack deine Sachen, wir ziehen aus!« Fatboy erblickt sich im Spiegel und faucht sich an. Ich sage es nicht gern, aber er ist doof wie ein Stück Brot. Vermutlich soll er mir eine Warnung sein, nie Kinder zu kriegen.

Ich rufe meine Mutter an und frage, ob es ihr etwas ausmacht, wenn ich heute Abend bei ihr einziehe. Sie antwortet: »Oh, okay. Aber ich weiß nicht, wo du schlafen wirst. Im Arbeitszimmer steht kein Bett, und im Gästezimmer schläft schon Florence.«

Ich erwidere: »Ich kann auf dem Wohnzimmersofa schlafen.«

Sie stutzt. Dann sagt sie: »Aber ich und Florence schauen heute den *Pferdeflüsterer* an.«

Ich seufze. »Dann gehe ich eben erst zu Bett, wenn ihr fertig seid, in Ordnung?«

Befriedigt stellt sie fest: »Gut.«

Ich lege den Hörer auf. Dann lasse ich den Kopf in die Hände sinken und denke, wenn meine Mutter eine Katze gehabt hätte, wäre uns allen eine Menge Ärger erspart geblieben.

Kapitel 29

Was ist, wenn eines Tages in meinem Nachruf steht, ich hätte die Neigung gehabt, so gut wie alles in den Sand zu setzen, was ich anpacke? Darüber zerbreche ich mir den Kopf, seit ich im *Daily Express* über Mr. Cane gelesen habe. »Der

Staatsanwalt erklärte, Mr. Cane, den niemand vermisst gemeldet hatte, sei ein schüchterner, introvertierter Einzelgänger gewesen, der die Neigung gehabt habe, so gut wie alles in den Sand zu setzen, was er anpackte ...« Ich sitze in der U-Bahn und kriege den Satz nicht aus dem Kopf. Die Neigung, fast alles in den Sand zu setzen. Was für ein grauenvolles Urteil. Die Worte brodeln in mir, weil ich ahne, dass mich das gleiche Schicksal erwartet.

Ich wohne inzwischen mit meiner Mutter und Großmutter zusammen, die beide Robert Redford den Vorzug vor mir geben. Ich habe nicht den Mumm, allein zu leben. Ich bin immer noch die Deodorantbotin. Und Tom hasst mich. Ich habe keine Designer-Klamotten. Wir haben die Ozonschicht zerstört. Ich habe eine juckende Stelle auf dem Bauch, wo mich möglicherweise ein Floh gebissen hat. Ein Waldbrand irgendwo hat gerade erst Millionen Bäume dahingerafft. Sinnlos, dass ich letzte Woche meine ausgelesenen Zeitungen zum Altpapier gebracht habe. Wahrscheinlich kracht in Kürze ein Meteorit auf die Erde. Und ich finde ganz schrecklich, was ich angezogen habe. Jemand vergiftet Delfine. Ich habe eine Paranoia vor Immobilienmaklern und bin infolgedessen dazu verdammt, bis an mein Lebensende mit meiner Mutter zusammenzuleben. Mein Haar ist so platt, als hätte ich es auf dem Kopf festgebügelt. Und niemandem ist auch nur aufgefallen, dass Mr. Cane verschwunden war. Als ich endlich im Büro bin, fühle ich mich ein klein bisschen niedergeschlagen.

Es hebt meine Laune nicht gerade, dass Laetitia bei meiner Rückkehr von der Toilette brüllt wie eine Concorde kurz vor dem Abheben: »Helen – Privatgespräch für dich – dein Psychiatrie-Pfleger!« Ich erstarre und starre sie an, so wie das gesamte Büro mich anstarrt. Laetitia trällert süßlich: »Soll ich ihn gleich durchstellen?«

Entgeistert sage ich: »Wenn du meinst.« Sie schmunzelt. Ich nehme mir vor, ihre Einladung zum Weihnachtsball der ehemaligen Debütantinnen abzufangen und die Kleiderordnung von »förmlich« in »Imker-Kostüm« abzuändern.

Ich reiße den Hörer hoch. »Ja?«, zische ich hinter vorgehaltener Hand.

»Helen Bradshaw?«, begrüßt mich eine warme Stimme. »Tut mir Leid, dass ich Sie in der Arbeit belästigen muss. Cliff Meacham – der Betreuer vom Sozialpsychiatrischen Dienst für Ihre Mutter. Hoffentlich hat sie Sie vorgewarnt, dass ich anrufen werde!« Ich schlucke. Ich koche vor Zorn über seine Indiskretion, doch da erklärt er: »Ihre Kollegin wollte mich nicht weiterverbinden, ohne dass ich ihr den Grund meines Anrufs verrate. Aber wir können das Gespräch auf ein andermal verschieben, wenn es Ihnen lieber ist.«

Ich verzeihe ihm und vermerke insgeheim, auf die Einladung zu schreiben: »Bitte eigenen Bienenstock mitbringen.« Ich seufze und sage: »Könnten Sie gegen Mittag noch einmal anrufen?« Zu meinem großen Verdruss kann er. Und er tut es auch.

Gott sei Dank speist Laetitia an diesem Tag mit einem »Kontakt« im Ivy, und niemand ist im Büro. Ich erwarte, dass Cliff alle Höflichkeiten überspringt und sofort auf den Punkt kommt, doch er scheint wild entschlossen, mit mir zu plaudern.

»Sie sind also Journalistin!«, fängt er an. »Wie aufregend! Treffen Sie viele berühmte Menschen?«

»Unmengen«, antworte ich und gebe mir Mühe, nicht laut zu lachen.

Cliff ist von seiner strahlenden Vision meines Berufes derart hingerissen, dass ich drei Exklusiv-Interviews mit irgendwelchen Prominenten erfinde, nur um ihn nicht zu enttäuschen. Sein Interesse schmeichelt mir so, dass ich gerade dabei bin, ihm zu erklären, warum Demi es für angebracht hielt, *mir* all ihre Eheprobleme anzuvertrauen, bevor sie, äh, Bruce davon erzählte, als mir aufgeht, dass ich weit draußen auf offener See treibe und mich schleunigst ans Ufer retten sollte.

»Ich glaube, das reicht jetzt. Sie legt großen Wert auf ihre Privatsphäre. Also, was kann ich für Sie tun?«, frage ich höflich.

Widerwillig kehrt Cliff zurück in die profane Wirklichkeit und erzählt mir, dass es für ihn wichtig sei, meine Mutter und ihre Beziehung zu meinem Vater zu verstehen, weshalb er gerne wissen würde, inwiefern sie sich seit dem Tod meines Vaters verändert habe.

»Ich dachte, das hätten Sie meine Mutter schon selbst gefragt«, antworte ich. Er erklärt, es würde ihm weiterhelfen, wenn er nicht nur von ihr, sondern auch von mir erfahren würde, welchen Eindruck die Ereignisse hinterlassen hätten. »Sie hatte so ihre Höhen und Tiefen.« Das ist die Untertreibung des Jahres. Er reagiert nicht, darum ergänze ich: »Ich habe mich so gut wie möglich um sie gekümmert, aber sie vermisst meinen Dad.« Ich verstumme. Nichts.

Dann sagt Cliff ganz unverfänglich: »Und auf welche Weise kümmern Sie sich um sie?«

Ich erzähle ihm von den Kochabenden und den Ausflügen in die Galerien und dem Reiki und der Supper-Party und wie oft ich ihr zugehört und wie ich Vivienne gezwungen habe, sie wieder einzuladen.

Cliff sagt: »Wow!«

Ich bin ganz außer Atem vom Reden, doch Cliff merkt nichts davon. Er stellt ungefähr 90 weitere Fragen. Er will wissen, wer meiner Meinung nach in unserer Beziehung die Stärkere sei. Er will wissen, wessen Bedürfnisse meiner Meinung nach wichtiger genommen werden. Er will alles wissen, was ich ihm eigentlich nicht verraten möchte.

Und dann fragt er: »Und was ist, wenn Sie mal jemanden brauchen, der sich um Sie kümmert?« Mir bleibt die Spucke weg.

»Ich kann Ihnen nicht folgen«, sage ich.

»Also, wenn *Sie* mal bemuttert werden müssen, was geschieht dann?«

Eine Frage, die man mir besser gestellt hätte, als ich vier Jahre alt war. Unwirsch sage ich: »So ist es wirklich nicht.«

Ich kann hören, wie Cliff einen tiefen Zug von seiner selbst gedrehten Zigarette nimmt. »Ich verstehe.« Sein Tonfall ist undefinierbar. Er hustet, entschuldigt sich und kündigt dann an, dass meine Mutter vom morgigen Tag an einen wöchentlichen Termin in der Klinik habe und dass er es ideal fände, wenn ich zu mindestens einer Sitzung mitkäme!

»Das würde ich ja liebend gern«, lüge ich, »aber leider kann ich nicht.« Cliff bleibt stumm. »Die Arbeit«, erkläre ich. Er meint, ich solle mir die Sache noch einmal durch den Kopf gehen lassen. »Ja, natürlich«, antworte ich knapp. »Könnte ich sonst noch etwas für Sie tun?« Damit will ich ihn verscheuchen, doch er ignoriert das. Er lässt sich darüber aus, dass es ihm helfen würde, wenn er die Familie »als Ganzes« verstehen würde.

Nickend sage ich »Mhm« und überlege, wie Cliff wohl seine Freizeit verbringt, als er mich fragt, inwiefern sich *mein* Leben seit dem Tod meines Vaters verändert habe. Plötzlich habe ich nur noch Spaghetti im Kopf. Ich muss an meinen postorgastischen Ausbruch denken, und meine Innereien beginnen vor Panik zu flattern. Es juckt mich in den Fingern, den Hörer auf die Gabel zu knallen und die Flucht zu ergreifen. Nach frühestens einer Minute sagt Cliff: »Ich spüre, dass es Ihnen schwer fällt, über Ihre Gefühle zu sprechen.« Bestimmt hat er den *Kleinen Ratgeber Psychologie* auf Seite sieben aufgeschlagen vor sich liegen.

Ich gebe schroff zurück: »Ich habe überhaupt keine Gefühle.« Das entspricht fast der Wahrheit. Cliff verfällt in ungläubiges Schweigen. Ich platze heraus: »Ich war viel zu sehr damit beschäftigt, Geld zu verdienen und mich um meine Mutter zu kümmern.« Cliff bleibt immer noch stumm. Genauso gut könnte ich auf einen Stein einreden. He, vielleicht ist er ja *wirklich* ein Kliff. »Sie ist seither ziemlich durcheinander, verstehen Sie?«, sage ich.

»Seit wann?«

»Seit dem Tod meines Vaters!«, blaffe ich ihn an. Wovon zum Teufel spreche ich wohl? Dem Abstieg ihres Fußballteams?

»Sie hat sich die Pulsadern aufgeschnitten!«, fahre ich ihn an. Cliff scheint zu erwarten, dass ich das genauer ausführe, darum erzähle ich ihm, was vorgefallen ist, obwohl meine Mutter das bestimmt haarklein und in endlosen Schnörkeln geschildert hat. Ich mache Cliff deutlich, dass sie ihre Pulsadern nach genau jenem Montagabend aufgeschnitten hat, in der ich unsere Verabredung ausfallen ließ, und dass ich seither natürlich nie wieder absagen werde. Ich will mir schließlich kein zweites Mal vorwerfen lassen, ich hätte meine Mutter vernachlässigt.

Doch als ich fertig bin, sagt Cliff: »Sie haben Ihrer Mutter viel Zeit geopfert.«

Ich nicke, dann geht mir auf, dass er mein Nicken nicht sehen kann. »Na ja, sie braucht mich jetzt«, sage ich. Cliff verstummt erneut. Mein Gott, bin ich froh, dass ich nicht seine Freundin bin. Ich meine scherzhaft: »Ich brauche ihr nur einmal den Rücken zuzudrehen, und zack! Schon schlitzt sie an ihren Handgelenken rum!« Nicht gerade einer meiner besten Scherze, und Cliff lacht nicht. Er sagt, für ihn klinge das so, als wolle meine Mutter mich dazu zwingen, mich um sie zu kümmern. »Aber ich *habe* mich um sie gekümmert!«, begehre ich auf. Mir war von Anfang an klar, dass wir an diesen Punkt kommen würden.

Dann sagt er, für ihn klinge das, als wolle sie mich dafür bestrafen, dass ich nicht da gewesen bin. »Da haben Sie verdammt Recht«, bestätige ich säuerlich.

»Aber Helen«, meint er, »was ist mit *Ihrem* Leben?«

Unser Gespräch ermüdet mich mit jeder Sekunde mehr. Es kommt mir vor wie eine unendlich nervtötende Quizsendung, nur dass am Schluss keine Kohle auf den Gewinner wartet. »Was soll damit sein?«, frage ich scharf zurück.

»Sie können Ihr Leben nicht ganz und gar Ihrer Mutter widmen«, erwidert er.

»Nein, aber –«, setze ich an und verstumme. »Das tue ich nicht. Sie braucht mich. Außerdem habe ich nichts Besseres zu tun. Sie hat niemanden sonst«, meine ich verärgert.

»Sie hat sich selbst«, schlägt er vor.

Ich will ihn gerade auf die Einfältigkeit dieser Bemerkung hinweisen, als Cliff anmerkt, es sei weder gesund noch normal für eine Mutter, so abhängig von ihrem Kind zu sein – *Kind*! Ich bin älter als er, dieser kleine Hosenscheißer! Cliff prophezeit, dass ich die Sache nur schlimmer mache, wenn ich jedes Mal springe, sobald sie mir das Stöckchen hinhält. »Das hilft einfach nicht«, schließt er.

Ach so, es ist also meine Schuld. »Nein, es ist *nicht* Ihre Schuld«, widerspricht Cliff ruhig. »Sie sind nicht für das Verhalten Ihrer Mutter verantwortlich. Nur für Ihr eigenes. Das Beste, was Sie für sich selbst und Ihre Mutter tun können – und zwar in dieser Reihenfolge –, ist, dass Sie sie lernen lassen, mit ihrem eigenen Kummer umzugehen.« Er hat leicht reden, er sitzt in seiner Klinik, raucht seine Stinkezigaretten und hat noch nie den Zorn einer Cecelia-Bradshaw-die-ihren-Kopf-nicht-durchsetzen-kann zu spüren bekommen.

»Ich soll sie also einfach ignorieren, meinen Sie, bis sie irgendwann aus dem Fenster springt?«, schlage ich sarkastisch vor.

Cliff – der sich als so charmant wie Pestilenzatem erweist – gibt zu, dass es riskant ist, den Anforderungen meiner Mutter Widerstand zu leisten. Aber er sagt auch, so lange ich ständig da bin, um ihr aus der Patsche zu helfen, wird keiner von uns beiden je »weiterkommen«. Ich bin nicht sicher, ob es mir gefällt, wie er mich mit dieser Bemerkung einschließt.

»Was soll das heißen?«, frage ich abfällig.

Cliff hustet und sagt: »Wenn man mit seinem Schmerz

nicht umgehen kann, ist es am einfachsten, ihn wieder in die Schachtel zurückzupacken. Wenn jemand seine ganze Zeit damit zubringt, sich den Kopf über die Schmerzen eines anderen Menschen zu zerbrechen, dann lenkt er sich damit meist von seinen eigenen ab.«

Das höre ich gar nicht gern, deshalb winde ich mich: »Ich weiß nicht, was Sie damit meinen.«

Cliff zögert und wechselt dann das Thema. »Oky-doky«, sagt er. Jede Wette, so was würde er nie im Leben vor seinen abgefahrenen Freunden bringen. »Helen, erzählen Sie mir etwas über Ihre Beziehung zu Ihrem Vater«, bittet er mit honigweicher Stimme.

Ich weise ihn mürrisch ab. »Was gibt es da schon zu erzählen?«

Cliff wartet. Vielleicht ließe sich die Situation ja am besten als »Cliffhanger« umschreiben? »Nun, zum Beispiel, was haben Sie Schönes zusammen gemacht?«, hakt er nach.

»Nicht viel«, antworte ich. Schieb dir deine Analyse doch in den Analkanal. Ich habe die Schultern so weit hochgezogen, dass sie auf einer Höhe mit meinen Ohren sind. Ich schaue auf die Uhr. Herrgott, jetzt telefoniere ich schon 30 Minuten mit diesem Menschen! Hat dieser Mann sonst nichts zu tun? Ich pople an einer mysteriösen grünen Kruste unter meinem linken Daumennagel herum und sage: »Hören Sie, ich muss Schluss machen. Ich muss mir noch ein Sandwich holen. Außerdem dachte ich, Sie rufen wegen meiner Mutter an.«

Cliff lässt sich Zeit. Ich höre, wie er sein Feuerzeug anknipst. Ich nehme an, er wird gleich irgendwas Bombastisches von sich geben. Ich werde nicht enttäuscht. »Helen«, sagt er. »Wenn ein Mensch stirbt, öffnet sich eine Tür zu einem Raum voller Schmerz. Doch hinter diesem Raum können sich weitere Räume verbergen. Wenn man den Mut dazu hat, kann man sich weiter vorwagen. Manche Menschen ziehen es vor, die Tür gleich wieder zu schließen.«

Dann fängt er an, über das »Schließen« zu labern, bevor er

fragt, ob ich noch irgendwas sagen möchte, doch da ist nichts mehr.

Ich starre zehn Minuten lang Löcher in die Luft und rufe dann den ersten Immobilienmakler an.

Kapitel 30

Heute Morgen habe ich meine schönsten Erinnerungen an mir vorbeiziehen lassen. Sie haben alle eines gemeinsam. Das Essen. Zu einer Party mit lauter Erwachsenen mitgenommen zu werden und die Gastgeberin um einen Obstsalat zu bitten, »aber nur die Kirschen«, und sie tatsächlich zu bekommen. Auf einer Fähre ein gekochtes Ei zu essen und es nicht aufessen zu können – ein magisches, bodenloses Ei, das niemals aufhört. Michelles Oma, die uns beiden Comics und ein Curly Wurly kauft. Ein Pfirsich in Spanien, groß wie ein Ball, und der Toffee-Geruch meiner sonnenwarmen Haut. Auf der Frischkäse-Packung meiner Mutter »Halbfettstufe« zu lesen, zu fragen: »Mummy, machen die den Käse auf einer Treppe?«, und sie damit zum Lachen zu bringen. Alle sind köstlich.

Aber meine liebsten Essenserinnerungen ranken sich um Weihnachten. Meiner Mutter zu helfen, für ihre Schule einen Kuchen mit Johannisbeerfüllung zu machen, und die Schüssel auszulecken. In der Schule Lebkuchenmännchen zu backen, und zwar ohne Ausstechformen. Mich mit Quality-Street-Bonbons voll zu stopfen (aber ohne die in der lila Verpackung), bis mir schlecht ist. Mir sechs Röstkartoffeln auf den Teller geben zu lassen und nur drei davon zu essen, wohl wissend, dass mein Vater zu gut gelaunt ist, um zu donnern: »Da waren die Augen wohl wieder größer als der Magen!«

Mit meinem Vater Weihnachten zu feiern war wirklich lustig. Am Heiligabend schlich er tief in der Nacht in mein Zimmer und ließ eine Zartbitter-Schokolade in Orangenform von Terry's in meinen Socken fallen. (Eigentlich mag ich

Milchschokolade lieber, aber das hätte ich ihm um nichts in der Welt verraten.) Jedes Jahr fuhren wir ins Gartencenter und suchten einen Baum aus, und ich schnupperte den Duft frisch gefällter Kiefern, während er sich ereiferte: »Das ist ja Raubrittertum!«, oder: »Eigenwillige Form!« Und danach kaufte er eine Zigarre für sich und ein Päckchen Zuckerzigaretten für mich, die wir während der Heimfahrt im Auto rauchten. Natürlich war mit dieser Tradition Schluss, als ich sieben Jahre alt war, doch heute muss ich daran denken und würde ihn am liebsten aus dem Grab zerren.

Ich fürchte ein Weihnachten ohne ihn, genau wie meine Mutter.

Verständlicherweise reicht Viviennes Wohlwollen nicht so weit, dass sie Cecelia zum Weihnachtsessen einlädt. Vor allem da meine Mutter mittlerweile als wenig weihnachtliche Gabe Nana Flo mitbringt (die für jede Party das ist, was Myxomatose für einen Hasen ist). Ich weiß, dass meine Mutter das als Kränkung empfindet, weil sie beim Frühstück verkündet: »Dieses Jahr feiere ich kein Weihnachten, ich bleibe im Bett. Rechnet also nicht mit irgendwelchen Geschenken!«

Ich bin gerade dabei, Fatboy seine Pastete mit Truthahn und Gänseklein zu füttern, doch ich halte inne und rufe aus: »Aber Mummy, wir können unmöglich *nicht* Weihnachten feiern! Selbst Michelle feiert Weihnachten!«

Meine Mutter bellt: »Michelles Vater ist auch noch am Leben!«

Ich will schon sagen: »Hör zu, ich weiß, dass es schwer für dich ist«, als ich an Cliff und sein anspringendes Feuerzeug denke. Ganz ruhig sage ich: »Aber ich bin noch am Leben. Und Nana ist noch am Leben. Noch. Was ist mit dem Kuchen, den wir zusammen gebacken haben?«

Meine Mutter knallt die Teetasse auf die Untertasse. »Ich pfeife auf den dämlichen Kuchen!«, heult sie. »Ohne einen Mann im Haus ist es einfach nicht dasselbe!« Das ist es wirklich nicht. Nirgendwo wartet ein Lümmel in einer Hose.

»Ach, Mum«, sage ich traurig, »das weiß ich doch. Aber warum können wir nicht in aller Stille Weihnachten feiern, nur wir drei?« Sie streckt die Unterlippe vor. Das muss sie einem ihrer Schüler abgeschaut haben. Es wirkt so komisch – die Miene einer Vierjährigen im Gesicht einer 50-Jährigen –, dass ich mir auf die Zunge beißen muss, um nicht loszuprusten.

»Ich will aber nicht«, trotzt sie.

»Mum«, frage ich, »hat das was damit zu tun, dass du heute in die Klinik musst?«

Meine Mutter schnaubt und sagt: »Nein. Es hat was damit zu tun, dass ich nichts mit Weihnachten am Hut habe und mich weigere, Weihnachtseinkäufe zu machen. Mir graut davor!« Na prima.

»Also gut, Geizkragen«, sage ich streng, »dann feiern Nana Flo und ich eben allein. Oder, Nana?«

Nana Flo, die eben mit ihrer Thermosflasche voll heißem Wasser hereingeschlurft kommt, zuckt die Achseln und brummelt: »Gibt nichts zu feiern.«

Ich komme mir dumm vor, weil ich geglaubt habe, Nana Flo würde mir beistehen. Es ist nicht gerade ihre Stärke, anderen zu helfen. Nicht mal sich selbst. Ich muss an Weihnachten im letzten Jahr denken, als ich uns beiden in einem Anfall von Wohltätigkeit Karten für *Les Misérables* besorgt hatte. (Ich wusste nicht genau, worum es in dem Stück ging, aber es klang einfach perfekt. Außerdem hatte ich ein schlechtes Gewissen, weil ich sie sechs Monate lang nicht besucht hatte.) Da ich an jenem Tag arbeiten musste, schlug ich vor, wir sollten uns im Foyer treffen. Um Viertel vor sechs rief sie an, um mir zu verkünden, dass sie es nicht schaffen werde, denn »wenn du keine Zeit hast, mich hier abzuholen, was soll das Ganze dann?« Und das von der Frau, die schon Bus fährt, seit das Auto erfunden wurde!

Ich betrachte Nana Flo in ihren hässlichen schwarzen Schuhen, ihren beigen Leggings, der trostlosen Jacke und der Opalbrosche am Hals, die das Ganze zusammenhält, und frage mich, ob sie wohl jemals glücklich war. Und das ist nicht nur so dahingesagt. Ich frage mich wirklich. »Nana«, sage ich, »wann warst du eigentlich, also, was war eigentlich die glücklichste Zeit deines Lebens?«

Nana Flos verkniffenes Gesicht kommt mir noch farbloser vor als üblich. »Mein Hochzeitstag«, antwortet sie.

»Natürlich«, murmle ich. »Also, ich muss jetzt in die Arbeit, bis später dann.« Kaum bin ich aus der Tür gehuscht, könnte ich mich für meine unglaubliche Blödheit ohrfeigen. An ihrem 18. Geburtstag heiratete Nana Flo Opa Gerald, genau 14 Tage vor Hitlers Einmarsch in Polen. Eine Woche, nachdem der Krieg erklärt war, wurde Opa Gerald eingezogen. Zwei Monate darauf wurde Opa Gerald während einer Übung von einer Granate in Fetzen geschossen.

Ich glaube, Nana Flo hat die Tür zu ihrer Trauer ganz schnell wieder zugeschlagen.

Ich brüte immer noch darüber nach, dass meiner Großmutter die Liebe ihres Lebens geraubt wurde, *bevor* Opa Gelegenheit hatte, seine unglaubliche Tapferkeit zu beweisen und sich wie ein Löwe dem Feind entgegenzustellen, da ruft Michelle an, um mir mitzuteilen, dass sie und Marcus sich verlobt haben. Ihre genauen Worte: »Ich schätze, du warst sein letztes schlampiges Verhältnis!« Und ich schätze, dass mir immer noch die auf der Salisbury-Ebene verstreuten Fetzen meines Großvaters im Kopf herumgeistern, denn nachdem ich die Sprache wiedergefunden habe, sage ich nicht: »Soll ich euch einen Quacksalber empfehlen, der sich auf Penisverlängerung spezialisiert hat?«, sondern behaupte, ich würde mich für sie freuen und hoffen, dass sie glücklich werden. Meine Stimme klingt hoch und dünn, aber hoffentlich nicht hysterisch. Michelle hat sich offensichtlich auf ein stürmisches Wortgefecht eingestimmt und klingt enttäuscht. Sie sagt: »Oh!«

Dann meint sie mit plattem Tonfall: »Ach natürlich! Danke. Und ich, äh, ich hoffe, du wirst mit diesem Typen da glücklich, auch wenn er ein Volltrottel ist. Er hat meinem Verlobten das Hemd ruiniert. Und es war von Armani!«

Bevor ich mich bremsen kann, erwidere ich: »Michelle, ich kenne das Hemd, es war ein Geschenk von Marcus' Mutter, und die hat es bei C & A gekauft. Und Tom ist kein Trottel, und außerdem sind wir nicht zusammen.«

Ka-tsching! Michelle stellt die Ohren auf wie ein Dingo. »Ach?«, fragt sie. »Wieso das denn?«

Ich und mein Plappermaul. Ich antworte knapp: »Wir passen nicht zusammen.« Auf keinen Fall werde ich zulassen, dass der Kadaver meiner unglückseligen Romanze unter den spillerigen Fingern von Ivana der Schrecklichen zerpflückt wird.

»Nicht möglich! Wieso?«, will sie wissen.

»Michelle!«, krächze ich, »ich will nicht darüber sprechen.«

Sie schnaubt durchs Telefon: »Okay, bleib cool!« Es bleibt kurz still, bevor sie flüsternd fragt: »Hat er dich geschlagen?«

Ich brülle: »Mich geschlagen! Bist du wahnsinnig? Er ist Tierarzt!«

Michelle ist indigniert. »Was ist dann passiert?«, bohrt sie nach. Diese Frau ist vielleicht zäh! Schlimmer als ein Bluthund, der einem die Schnauze zwischen die Beine zwängt.

»Ich habe gesagt«, wiederhole ich fest, »dass ich nicht darüber sprechen will.«

Michelle blafft: »Offenbar willst du mir etwas verheimlichen!«

Ich verziehe das Gesicht und erkundige mich raffiniert: »Hat Marcus dir einen Verlobungsring geschenkt?«

Sie antwortet überglücklich: »Heute Nachmittag führe ich ihn, ich meine, führt er mich zu Tiffany's aus.« Lächelnd male ich mir aus, wie sich der Rüssel einer Absaugpumpe in Marcus' Portemonnaie schiebt.

»Ooh«, säusele ich, »du Glückliche!« Das Szenario erinnert

mich an den Lieblingswitz meines Vaters: den, wo Mrs. Goldblatt in ein Flugzeug steigt und der Mann auf dem Nachbarsitz ihren riesigen Diamantring bewundert. Ja, er ist *wirklich* schön, antwortet Mrs. Goldblatt, doch traurigerweise ist dieser wunderschöne Diamantring mit einem Fluch behaftet: Mr. Goldblatt. Ich persönlich fand diesen Witz nie besonders komisch, doch hier scheint er zu passen. Ich weiß, dass Michelle die Frage völlig falsch auffassen wird, doch ich frage trotzdem: »Michelle, liebst du Marcus eigentlich?«

Schweigen. Dann ein glöckchenhelles, fröhliches Lachen und die schadenfrohen Worte: »Du bist eifersüchtig!«

Ich antworte gelassen: »Eigentlich nicht«, doch Michelle lässt sich nicht abbringen, und mir bedeutet die Sache zu wenig, um mich deswegen zu streiten, darum lasse ich sie auf sich beruhen.

»Du könntest jederzeit zu Jason zurückkehren«, schlägt sie hämisch vor.

»Jasper!«, kläffe ich – endlich hat sie es geschafft, mich auf die Palme zu bringen. »Michelle, ich werde mich nicht noch mal in diese Schlammpfütze setzen. Halt mich nicht für völlig verblödet! Außerdem fühle ich mich wohl allein.«

Michelle verhöhnt mich als Lügnerin und erklärt dann, dass die Hochzeit »im kleinen Kreise« stattfinden werde, ich solle also nicht beleidigt sein, wenn ich keine Einladung bekäme.

»Michelle«, sage ich – bevor ich dieses Krebsgeschwür einfür allemal aus meinem Leben herausschneide –, »lassen wir es dabei bewenden.« Ich beschließe die Reinigungskur mit einem doppelten Espresso.

Keiner der vier Immobilienmakler, mit denen ich telefoniert habe, hat mich zurückgerufen. Das überrascht mich wenig. Als ich bei JI & Sons in Kentish Town anrief, fragte der Schnösel am anderen Ende: »Und was stellen Sie sich so vor?« Nachdem er meine Antwort gehört hatte, meinte er:

»Haben Sie es schon bei unserem Büro in den Surrey Quays probiert?« Die Antwort von Wideboy Estates lautete: »Das Billigste, was wir im Augenblick anzubieten haben, beläuft sich auf 200 000«, und Gitfinger Properties wollte wissen: »Soll das die Monatsmiete sein? Ach so! Der Kaufpreis!« Bei weitem am höflichsten war man bei Snatchit & Co., wo man mir erklärte: »Am besten stelle ich Sie zu meinem Kollegen durch, der die Wohnungsangebote bearbeitet – ich habe nur Grundstücke über 300 Mille«, und mich dann in der Warteschleife versauern ließ, bis die Leitung tot war.

Darum verschiebe ich die Wohnungsjagd nur zu gern, als Lizzy – die gestern den ganzen Tag auf einem Fototermin war und vor Neugier auf meine »Neuigkeiten« fast »platzt« – fragt, ob wir zusammen Mittag essen sollen. Erst nachdem ich die Einladung angenommen habe, geht mir auf, dass mir überhaupt nicht nach Reden zumute ist.

»Du musst mir alles erzählen!«, verlangt Lizzy. »Und nichts auslassen!«

Ich zupfe an meiner Lippe herum. »Du wirst enttäuscht sein«, warne ich.

Ihr Kinn klappt herunter. »Warum?«, fragt sie, vor aufrichtigem Mitgefühl bebend.

Ich rümpfe die Nase und sage: »Ich habe mich mit Tom gestritten und ihn angebrüllt. Wirklich angebrüllt.« Sobald ich an meinen hysterischen Wutausbruch zurückdenke, sinke ich in mich zusammen.

Lizzy platzt heraus: »O nein! Warum? Weswegen denn?«

Ich erzähle es ihr. Oder genauer gesagt, ich erzähle ihr so viel, wie ich sie wissen lassen will. Ich verschweige den vor Selbstmitleid triefenden Schleim, der aus mir rausspritzte wie Blut aus einer aufgeschlitzten Arterie. Ich ziehe es vor, diese Erinnerung so lange zu verdrängen, bis sie verschwunden ist. Also entbeine und seziere ich die Wahrheit und präsentiere Lizzy nur die kläglichen Reste. Lizzy ist innerlich zerrissen. Zum Teil, weil sie es nicht erträgt, schlecht über jemanden zu sprechen. Aber auch, weil ich Tom ein miserables Zeugnis ausstelle.

Schließlich meint sie sorgenvoll: »Das ist wirklich jammerschade. Er schien so nett zu sein. Vielleicht wollte er sich gar nicht einmischen. Obwohl ich finde, es ist nicht nett, die Eltern von anderen Menschen zu kritisieren. Vor allem, wo dein Vater ein *so reizender* Mensch war.«

In diesem Augenblick sticht mich mein Gewissen – das die meiste Zeit meines Lebens im Tiefschlaf verbringt –, und ich brummle: »Es war nicht allein Toms Schuld. Ich habe mich über Dad beschwert. Das ist auch nicht besonders loyal von mir, oder?«

Lizzy wischt meine düstere Bemerkung beiseite und meint leichthin: »Sei nicht so streng zu dir selbst! Jeder beklagt sich manchmal über seine Eltern – ich für meinen Teil tue das ständig!« (Lizzy spricht von ihrer Mutter und ihrem Vater ausschließlich in glanzvollen, glühenden Hyperbeln.)

Ich seufze. »Du hast Recht«, sage ich. »Man sollte anderen Leuten keine Vorschriften machen. Dadurch drängt man sich in ihr Leben.«

Lizzy, die mit aller Gewalt ein Happy-End erzwingen will, meint: »Bist du *sicher*, dass er absolut nicht interessiert war?«

Ich muss an Toms Abfuhr bei meinem Wohnungsproblem denken und schäme mich zu sehr, als dass ich das meiner besten Freundin anvertrauen würde.

»100 Prozent!«, knurre ich.

Lizzy bleibt stumm. »Bist du sicher, dass da nichts mehr zu machen ist?«, fragt sie.

Ich antworte: »Das war keine kleine Reiberei, Lizzy, es war eine richtige, ernste Auseinandersetzung.«

Sie meint abweisend: »Vielleicht ist es am besten, die Sache erst mal abkühlen zu lassen.«

Ich nicke und suche angestrengt nach einem Themenwechsel, ehe Lizzy mich mit weiteren Fragen bombardieren kann. Doch vor jedem Thema, das ich in Betracht ziehe, steht ein großes Schild: »Betreten verboten!« Ich will auf keinen Fall über mein neues Domizil in Muswell Hill sprechen, weil das zu dahingeschiedenen Großvätern oder Sozialpsychiatriepflegern führen könnte. Ich fürchte mich davor, nach Brian zu fragen, weil wir dabei über Umwege auf Tom zurückkommen könnten. Michelle möchte ich auf keinen Fall erwähnen, weil ich eine Gänsehaut kriege, wenn ich an Marcus und das Phantomvater-Syndrom denke. Mein Kopf ist eine einzige riesige Straßensperre. Ich platze heraus: »Liz, glaubst du, dass ich meine Mutter erdrücke?«

Statt zu antworten packt Lizzy mich am Arm – ich nehme an, um mir zu zeigen, dass sie später auf diese Frage zurückkommen wird – und ruft: »Tina! Tina!« Ich folge ihrem Blick und sehe, wie Tina in ein Schuhgeschäft huscht. »Komm, wir fragen sie, ob sie mit uns essen will!« Schon eilt Lizzy ihr hinterher.

Wenn es den Märchenbaum nur wirklich geben würde, denke ich. Unsere Zuckerwatte-Lizzy würde wirklich *prima* dorthin passen. »Ich warte draußen«, sage ich. Sekunden später wird Tina von Lizzy im Polizeigriff herausgeführt.

»Um Gottes willen! Was ist mit deiner Nase passiert?«, entfährt es mir.

Lizzy antwortet für Tina. »Sie wollte eine Dose mit gebackenen Bohnen aus dem Regal holen, und sie ist ihr ins Gesicht gefallen. Die Ärmste!«

Ich frage: »Tut es weh?«

Tina schüttelt den Kopf. Ich spüre, dass sie nicht gerade vor Freude platzt, mit uns zu essen. Lizzy fühlt sich ebenfalls unwohl, denn sie versucht, die Stimmung mit einem Scherz aufzuhellen: »Das beweist mal wieder, wie ungesund es ist, sich aus Dosen zu ernähren!«

Niemand lacht. Und von diesem Tiefpunkt aus stürzt die Stimmung in freiem Fall ins Bodenlose. Tina scheint ein Schweigegelübde abgelegt zu haben, und ich habe Bammel davor, Lizzy nach ihrem Wochenende zu fragen, denn sie könnte den Ball zurückwerfen und mich nach meinem fragen. Also schnappe ich mir – idiotischerweise – ein Fitzelchen Rote Bete von Lizzys Teller, lege es quer über meine Nase und frage: »Wer ist das?« Lizzy bleibt stumm. Tina sieht mich an. Ich stelle mich ihrem Blick und bin entsetzt über den Abscheu in ihren Augen. Ich ziehe die Rote Bete von meiner Nase und brumme: »Schlechter Scherz, tut mir Leid.«

Tina bemerkt eiskalt: »Das sagst du ständig, aber trotzdem änderst du dich nie, oder? Du bist wie eine blödsinnige Schallplatte mit Sprung.«

Mir bleibt der Mund offen stehen. »Verdammt!«, japse ich. »Ich habe es nicht so gemeint, okay? Was ist eigentlich mit dir los? Du bist so aggressiv. Ich kann keinen Satz mehr sagen, ohne dass du mir an die Gurgel springst.« Tinas Miene zeigt glühend heißen Zorn, doch ich zetere weiter: »Seit dein Schatzi Adrian aufgetaucht ist – Adrian! Adrian! –, sind wir wohl nicht mehr gut genug für dich?«

Tina knallt die Faust auf den Metalltisch und bringt damit Lizzy und die Teller zum Hüpfen. »Du gehst eindeutig zu weit, Mädchen!«, knurrt sie. »Das ist wirklich unter aller Kanone. Wer ist es diesmal? Tom? Jasper? Marcus? O Verzeihung, ich habe die Übersicht verloren.«

Mir wird vor Wut ganz heiß, und ich speie ihr entgegen: »Nein, um genau zu sein, geht es nicht um einen Mann. Sondern um meinen Vater.« Ausnahmsweise sage ich die absolute Wahrheit.

Ich hatte erwartet, dass sie das zum Schweigen bringt, doch sie faucht: »Und alles andere!« Dann springt sie auf und zischt: »Hör auf, deinen Vater als emotionalen Totschläger gegen mich einzusetzen, Helen! Du hast ihn nicht mal leiden können! Du hast meine Geduld lang genug strapaziert! Erweise dem armen Mann endlich ein bisschen Respekt und lass ihn in Frieden ruhen!«

Das ist zweifellos das Gemeinste, was mir in meinem ganzen Leben an den Kopf geworfen wurde. Michelle hätte dem nicht einmal in ihren wildesten Träumen nahe kommen können. Dass Marcus mich eine Schlampe genannt hat – Peanuts. Der Zorn brennt so stark, dass ich Tina ins Gesicht schlagen möchte. Zu ihrem Glück ist sie schon aus dem Café geflohen, bevor ich die Finger zur Faust geballt habe. Ich bin so fassungslos, dass ich Lizzy nicht ansehen kann. Bebend sitze ich da. Ich knülle meine Serviette zu einem festen Ball zusammen und frage mich, wie es dazu kommen konnte. Ich schlucke die Luft in großen Zügen, doch ich schaffe es nicht, zu Atem zu kommen. Schließlich spüre ich eine weiche Hand auf meinem Rücken und höre Lizzy leise fragen: »Ist alles in Ordnung?« Ich nicke und schüttle ihre Hand ab. Sie flüstert: »Tina hat es nicht so gemeint.«

Das weckt mich aus meiner Versteinerung auf, und ich fahre sie an: »Und ob. Und sie braucht gar nicht zu glauben, dass ich ihr diesmal nachlaufe, denn das werde ich verflucht noch mal nicht tun. Wir beide sind fertig miteinander.« Mir drängt sich der unwillkommene Gedanke auf, dass ich meine Freunde und Bekannten in einer Rate von vier pro Woche abstoße – und Mittwoch, Donnerstag, Freitag und Samstag stehen mir noch bevor.

Lizzy atmet tief durch. Dann sagt sie: »Ich glaube, Tina ist nicht glücklich. Trotz Adrian. Sonst hätte sie bestimmt nicht so was gesagt.«

Ich zucke mit den Achseln. »Auch egal.«

Lizzy lässt sich nicht abbringen. »Also, was sie da eben über deinen Dad gesagt hat, also erstens – es ist dein Recht zu empfinden, was du willst. Selbst wenn ihr euch nicht so nahe gestanden habt, was ich gar nicht glauben kann. Und äh, zweitens, vielleicht könnte ja Reiki helfen?«

Ich muss kichern. Und ich frage mich, ob Lizzy wohl vorschlagen würde, mit einem Heilesegenküsschen alles wieder gutzumachen, wenn ein Irrer mit einem Beil mein Bein abhacken würde. »Lizzy, du weißt genau, dass ich es nicht leiden kann, wenn jemand an mir herumfummelt.«

Lizzy antwortet: »Also, ich weiß nicht …«

Sie erinnert mich an mich selbst, wie ich einmal Fatboy mit einer Schale Tunfischsaft aus dem Durchlauferhitzer gelockt habe. Und ich muss ihr zugestehen, dass sie ihre Sache gut macht. Ich fühle mich schon ein bisschen ruhiger. Ich brumme: »Das mit Dad habe ich nur gesagt, um Tina ein schlechtes Gewissen zu machen. Sie hat Recht. Ich bin wirklich schlecht drauf.«

Lizzy seufzt und sagt: »Aber warum? Wenn es nicht dein Dad ist, ist es dann vielleicht *doch* Tom?«

Ich habe gewusst, dass es keine gute Idee war, mit ihr zum Mittagessen zu gehen. Ich werfe meine Serviette auf den Tisch und sage: »Tom steckt fremden Hunden die Hand in den Hintern, und sein Auto ist noch rostiger als meins. Es hat nichts mit Tom zu tun.«

Lizzy meint sauer: »Helen, Autos gehen dir doch wirklich am Allerwertesten vorbei! Und er wird dafür *bezahlt*, seine Hand in Hundehintern zu stecken!«

Ich grummle: »Und das soll ein Trost sein?«

Lizzy kneift die Lippen zusammen und sagt: »Vielleicht ist es gar nicht so schlecht, wenn du mal eine Weile allein bleibst.«

Ich schnalze mit der Zunge und frage gelangweilt: »Und warum?«

Lizzy tupft sich mit der Serviette den Mund ab (wobei ihr makelloser Lippenstift makellos bleibt) und verkündet wie ein Fernsehprediger, der zur Pointe seiner gesamten Predigt kommt: »Man muss erst fähig sein, alleine glücklich zu sein, ehe man mit einem anderen Menschen glücklich werden kann.«

Ich lehne mich zurück, verschränke die Arme und gebe mir alle Mühe, agnostisch auszusehen. »Liz«, sage ich, »hast du das in *Girltime* gelesen?«

»Schon möglich«, meint Lizzy luftig. »Und wenn?«
Ich erwidere todernst: »Das habe ich geschrieben.«

Kapitel 31

Man muss 200 000 Mal die Brauen zusammenziehen, um eine Falte in die Stirn zu gravieren. Ich betrachte die tiefen Furchen über den Augen meiner Mutter und frage mich, wie viele dieser 200 000 Sorgen und Fragen wohl auf mein Konto gehen. Ich tue mein Bestes, um dabei ganz leidenschaftslos zu bleiben, ich bemitleide sie also nicht – ich bin einfach nur neugierig. Ich kann mir nichts Stressigeres vorstellen, als Mutter zu sein. Es muss noch schlimmer sein, als wenn man Laetitia zur Chefin hat.

Für die Gesundheit und das Glück eines anderen Menschen verantwortlich zu sein. Beängstigend. Ich habe 45 Pfund für Katzenbücher und noch mal 50 für anderen Katzenkram ausgegeben, ehe ich den Mut aufgebracht habe, das orange Waisenkind bei Battersea zu erstehen, und ich betrachte sein fettreiches Überleben immer noch als reines Wunder. Alle Pflanzen, die ich je gekauft habe, sind innerhalb von zwei Wochen eingegangen, sogar der Kaktus. Meine Mutter ist da nicht anders. In ihrem Haus gibt es und gab es nie Grünzeug. Sie kauft sich Blumen, aber das ist was anderes – da *erwartet* man, dass sie innerhalb einer Woche verwelken. Wie sie mit einem in die Windeln machenden, eigensinnigen Baby zu Rande gekommen ist, weiß ich also nicht. Das heißt, ich weiß es doch – sie hat ein Aupairmädchen eingestellt.

Isabella hatte Angst vor unserem Staubsauger und trug fabelhafte weiße Schuhe mit Stiletto-Absätzen, mit denen sie unzählige Macken in das Parkett meiner Mutter stanzte. Ich hatte sie ausgesprochen gern. Einmal stöhnte ich als spindeldürre Fünfjährige Isabella vor, dass ich zu fett sei, nachdem ich Vivienne dabei belauscht hatte, wie sie das meiner Mutter vorstöhnte. Isabella rollte das orange T-Shirt hoch, legte dabei dicht gepackte Rollen von braunem Speck frei und verkündete fröhlich: »Du nicht fett! *Das* ist fett!« Ich war wie hypnotisiert und brauchte fortan Fett nicht mehr zu fürchten. Dafür bin ich Isabella ewig dankbar. Sie hat mich gerettet. Ohne Isabella und ihre überschwängliche Tollpatschigkeit – »Ich schaue Helen, Meeeseez Bradshaw, Sie gehen kaufen!« – hätte meine Mutter wohl einen Nervenzusammenbruch bekommen. Und ich möglicherweise auch.

So hingegen kaufte sich meine Mutter für 30 Pfund pro Woche plus freie Mahlzeiten (was sich wahrscheinlich auf 130 Pfund summierte) aus der Sklaverei des Mutterseins frei und ergriff die Flucht. Ihre Bemühungen, das Versäumte 26 Jahre später nachzuholen, sind daher amüsant. Gott segne sie, sie ist in dieser Beziehung eine absolute Flasche. Sobald ich von der Arbeit heimgeschlichen komme, überfällt sie mich im Flur. Das Erste, was sie sagt, ist: »Florence will ausziehen!«, danach kommt: »Ich verliere meine ganze Familie!«, und als Drittes: »Ich habe dir Tee gemacht!« Ich lasse meine Tasche auf den Boden fallen und versuche, nicht allzu erschrocken auszusehen. Außerdem versuche ich, allen drei Aussagen gleichermaßen gerecht zu werden.

Ich frage: »Zieht Nana Flo *meinetwegen* aus?«

Meine Mutter wedelt mit den Händen, als wollte sie den Gedanken verscheuchen. »Irgendwie schon«, antwortet sie.

Ich habe es gewusst. Ich stöhne: »Ich habe es nicht so gemeint! Herrgott, wo ist sie, ich rede mit ihr und erkläre alles!«

Meine Mutter sieht mich verwirrt an. Sie sagt: »Ich weiß nicht, wovon du sprichst. Es war der Raub der Sardinen!«

Ich fragte verwirrt: »Was für ein Raub der Sardinen?«

Wie sich herausstellt, hat Nana Flo heute Morgen ihr Lieblings-Lunch – drei Sardinen und eine Scheibe weißen Toast – zum »Lüften« beiseite gestellt. Zehn Minuten später entdeckte sie Fatboy, der sich nie ein gefundenes Fressen entgehen lässt, wie er neben dem Teller hockte und eben die dritte Sardine verschlang. Dadurch fand Nana Flo sämtliche Vorurteile bestätigt, mit »Ungeziefer« unter einem Dach zu leben, und infolgedessen wird Nana in direkter Konsequenz gleich morgen früh zu ihren Stangenbohnen zurückkehren.

»Tut mir Leid«, flüstere ich. »Wenn du willst, versuche ich sie zum Dableiben zu überreden.«

Meine Mutter schüttelt den Kopf und erklärt gut gelaunt: »Sie ist schon in ihrem Zimmer und packt! Mach dir keine Umstände! Jetzt bist du ja da! Und ich habe dir Tee gemacht!«

»Aber ich trinke keinen T –«, setze ich an und schlage dann den Weg in die Küche ein. Zu meiner Überraschung und meinem Entsetzen ist der Tisch überhäuft, *überhäuft* mit Sandwiches und kleinen Kuchen – wunderliche Mixturen, die ich längst ausgestorben glaubte, wie schokoladenüberzogene Wagenräder und rosagelbe Fondant-Pastetchen. Sogar ein Battenburg Cake wartet auf mich.

»Das ist alles für dich!«, wiederholt meine Mutter wie eine Sechsjährige, die in der Schule aus Pappe und Wolle einen riesigen Pompon gebastelt hat und jetzt erwartet, dass die Mutter ihn an ihrem elegantesten Hut befestigt.

»Das ist, äh, wirklich nett von dir.« Ich lasse mich auf den Stuhl sinken, den sie mir unter den Hintern schiebt.

Sie setzt sich aufgeregt mir gegenüber und beobachtet mit Adleraugen, wie ich ein Sandwich mit Hefepaste nehme. Ich hasse Hefepaste. Ich beiße ein Eckchen ab und frage mich, was zum Teufel hier eigentlich gespielt wird. »Wie geht es dir?«, fragt meine Mutter.

»Gut.« Ich versuche, den Bissen hinunterzuschlucken, ohne ihn gleich wieder hochzuwürgen.

Sie seufzt viel sagend, als wäre das die falsche Antwort, und fährt mich an: »Nein, ich will wissen, wie du dich *fühlst*!«

Sobald ich diesen Satz höre, wird mir alles klar. Dieser verflixte Cliff!

»Mummy«, grolle ich, »was hat Cliff dir erzählt?«

Sie sieht mich schuldbewusst an und meint verdrossen: »Nichts! Überhaupt nichts!«

Ich zeige mit dem Finger auf sie. »Du fragst nie, wie ich mich fühle! Er hat irgendwas zu dir gesagt! Worüber habt ihr heute Morgen gesprochen?«

Sie windet sich schmollend auf ihrem Stuhl und sagt: »Dass ich nicht gern in die Klinik komme, weil im Wartezimmer lauter Verrückte sitzen!«

Ich lasse mich kurzfristig ablenken. »Ach! Wieso denn?«

Meine Mutter beugt sich vor und kreischt: »Es war absolut kafkaesk, ich habe so etwas noch nie gesehen! Psychotiker, einer wie der andere! Nicht zu glauben, dass ich dorthin musste! So trist! Und schmutzig! Es war Ekel erregend! Schlimmer als in der Schule! Da war so eine Frau, eine Frau mit einer Plastiktüte auf dem Kopf, die hat die ganze Zeit vor sich hin gebrabbelt und die Decke angebrüllt, und die Tüte war voller Karotten, und dann hat sie, hat sie, hat sie mich angebettelt!«

Die Arme. Geistig so verwirrt zu sein, dass sie glaubt, meine Mutter – mit ihrem adretten Dutt und der fest umkrampften Handtasche – würde ohne ein vorheriges, Steine erweichendes »Bitte« auch nur 50 Pence herausrücken. Ich sage: »Wahrscheinlich war sie verzweifelt, Mummy. Du hast ihr doch hoffentlich was gegeben?«

Meine Mutter schüttelt den Kopf. »Ich habe ihr gesagt, sie soll mich in Ruhe lassen. Sie hat komisch gerochen.« Ich seufze. Wenn man bedenkt, dass die moralische Erziehung von 30 leicht zu beeindruckenden Kindern in den zarten und doch so brutalen Händen dieser Frau liegt. Und sie halten sie für ihre beste Lehrerin!

»Worüber hast du mit Cliff noch gesprochen?«, verlange ich zu wissen.

»Diesmal war er längst nicht so nett«, gesteht sie. »Ich konnte ihn nicht mehr so gut leiden.«

Ich lege das Sandwich auf meinen Teller. »Mum«, sage ich, »die Klinik ist keine Partnervermittlung. Du musst ihn nicht mögen. Was hat er denn gesagt?«

Doch meine Mutter ist fest entschlossen, nichts zu verraten, und wird immer aufgeregter. »Das ist doch egal!«, meint sie starrsinnig. »Erzähl mir einfach, wie du dich fühlst! Und iss weiter!«

Ich schnappe mir eine Fondant-Pastete, schäle den rosa Zuckerguss ab und lecke den Sahneklecks von der Spitze. Wenn meine Mutter mich unbedingt wie ein Kleinkind behandeln will, kann ich genauso gut das Beste daraus machen. »Wie soll ich mich wobei fühlen?«, keuche ich, denn die Nerven in meinen Zähnen rebellieren gegen den Zucker.

»Was weiß ich!«, zetert sie. »Bei allem!«

Ich nehme einen Schluck Limonade (auch die hat sie gekauft) und versuche nachzudenken. Was kann ich überhaupt sagen, ohne sie auf die Palme zu bringen? Dass mir die Sache mit Weihnachten nichts ausmacht? Dass die Farbstoffe einfach himmlisch schmecken? Dass sie sich wegen Nana Flo keine Sorgen machen soll? Dass ich erst ausziehe, wenn sie es möchte? Dass ich mich über ihren Entschluss, ab Januar wieder zu unterrichten, freue? All diese Gedanken sind schmerzstillend, nicht kränkend und harmlos. Bei den Gefühlen ist das schon vertrackter. Aber sie will etwas über meine Gefühle hören. Und wenn ich ihr nicht antworte, wird sie nie etwas davon erfahren. Ihr fehlt die nötige Vorstellungskraft und, falls man von diesem dämlichen Tee-Büffet auf irgendwas schließen kann, auch jeder gesunde Menschenverstand. Also gut. Sie hat gefragt. Zwei Dinge merke ich im gleichen Moment: Dass meine Mutter mich anstarrt und dass ich nickend auf meinem Stuhl vor und zurück schaukle wie ein altes Weib mit Alzheimer. Doch das Sprechen fällt mir schwer. Ich habe schreckliche Angst davor, dass sich der

Schmerz, den ich mir lieber als leichte Prellung einbilde, als Wundbrand herausstellt.

Schließlich platzt es aus mir heraus: »Was ich fühle ist, dass ich Dad vermisse.«

Meine Mutter klatscht in die Hände und ruft triumphierend aus: »Genau das empfinde ich *auch*!«

Ich verkneife mir ein Lächeln. Meine Mutter ist 55 und wird sich bestimmt nicht mehr ändern. Cliff kommt 50 Jahre zu spät. Ich *wollte* noch anfügen: »Ja, aber du hast auch das Recht dazu. Ihr habt euch geliebt«, weil ich sehen wollte, wie sie – getragen von der Woge ihrer neuen Empathie-Begeisterung – darauf reagieren würde. Doch dann komme ich zu dem Schluss, dass ich diese Frage lieber selbst beantworte.

Als das Telefon klingelt und ich am anderen Ende Lukes Stimme höre, quatsche ich ihm praktisch das Ohr ab, so froh bin ich, aus dem Fondant- und Gefühlskerker befreit zu werden. »Du scheinst dich ja echt über meinen Anruf zu freuen«, stellt er beglückt fest.

»Aber *sicher* doch!«, quietsche ich. »Wie *geht's* dir denn? Du fehlst mir!«

Luke bestätigt verschämt: »Du fehlst mir auch. Ohne dich ist es nicht mehr wie früher.«

Ich schlage vor: »Es ist ordentlicher?«

Er lacht. »Wesentlich.«

Ich strahle. »Also, was liegt an?«

Luke zögert. »Das mit Michelle und Marcus hast du gehört?«

»Allerdings! Und ich weiß nicht, wer von beiden mir mehr Leid tun soll!«

Luke klingt überrascht. »Du ärgerst dich also nicht?«

Meine Stimme überschlägt sich beinahe. »O Gott, nein!« Ich presse den Finger auf die Nasenspitze, damit sie nicht allzu lang wird.

Ich höre das Lächeln in Lukes Stimme. »Super! Und, äh, wie geht's Tom?«

Jetzt bin ich an der Reihe zu zögern. »Ich habe ihn seit Sonntag nicht mehr gesehen«, antworte ich knapp.

»Aber wir haben erst Dienstag!«, protestiert Luke. »Gib dem Mann doch eine Chance!«

Ich fühle mich verpflichtet, ihn aufzuklären. »Wir sehen uns nicht mehr«, sage ich. »Wir haben uns getrennt.«

Luke erwidert: »Oh. Na ja, kannst du mir trotzdem seine Telefonnummer geben? Ich will am Freitag mit den Jungs ausgehen, und da hab ich mir gedacht, ich frage ihn, ob er mitkommen will.« Ich bin hin und her gerissen zwischen Faszination (wie ist es möglich, dass man sich so sehr für Fußball und so wenig für zwischenmenschliche Beziehungen interessiert?) und Bewunderung (so gutmütig und doch so unglaublich dickfellig – gewiss der absolute Gipfel an Selbsterhaltungstrieb?).

»Moment.« Ich stapfe in den Flur, kippe den Inhalt meiner Handtasche auf den Boden und durchwühle den Haufen. Schließlich finde ich mein Adressbuch. Ich lese Luke Toms Nummer vor und gebe mir Mühe, nicht allzu unglücklich dabei zu klingen.

»Und was machst du an Weihnachten?«, erkundigt sich Luke. Er hat eine geradezu unheimliche Gabe, einen unter Migräne leidenden Nagel auf den Kopf zu treffen.

»Ich weiß nicht genau«, weiche ich aus. »Und du?«

»Das Gleiche wie immer. Ich gehe zu meinen Eltern, wo es zu viel zu trinken und einen wahnsinnigen Familienkrach geben wird.«

Ich sage: »Klingt toll«, und meine es ernst.

Dann trotte ich zurück in die Küche, wo meine Mutter verloren auf den Battenburg Cake starrt. »Lass alles stehen, Mummy«, sage ich. »Ich räume schon auf.«

Sie erwidert verärgert: »Du hast kaum was angerührt! Ich gehe mir jetzt die Haare waschen!«

Ich rufe ihr hinterher: »Ich bringe Nana was davon hoch! Es wird schon nichts verkommen!« Ich lausche meinen Worten nach. Ich klinge wie eine 90-Jährige. Je eher Nana auszieht, desto besser.

Verzagt klopfe ich an ihre Tür. »Wer ist da?«, schnauzt sie.

»Fatboy!«, würde ich am liebsten zurückschreien, tue es aber nicht. »Helen!«, belle ich.

Sie schlurft an die Tür und öffnet sie. »Ja?«, fragt sie abweisend.

Ich schwenke den Kuchenteller auf Nasenhöhe vor ihrem Gesicht. »Ich habe dir Kuchen hochgebracht.«

Sie streckt die Hand aus und nimmt ihn entgegen. »Danke«, sagt sie und versucht allen Ernstes, die Tür wieder zuzudrücken!

Ich klemme den Fuß in den Türspalt. »Nana«, sage ich deutlich, »ich weiß, dass du beschäftigt bist, aber könnte ich ganz kurz reinkommen?«

Sie zuckt die Achseln und sagt: »Wenn's sein muss«, aber ohne die Tür wieder aufzumachen.

Ich ziehe den Bauch ein und quetsche mich durch den Spalt. Ihre wenigen Kleider liegen ordentlich zusammengefaltet auf einem Stapel in einem steifen, abgewetzten Koffer, der offen auf dem Bett liegt. Ihr lila Distelmantel hängt säuberlich zusammengelegt über einem Stuhl. Nana selbst setzt sich auf den Stuhl und fängt an, den Kuchen zu verschlingen. Mir fällt auf, dass ihre geschwollenen Finger spröde und an den Gelenken aufgesprungen sind, und plötzlich könnte ich heulen. »Nana«, sage ich eilig, »es tut mir Leid, dass meine Katze dein Mittagessen geraubt hat und –«

Sie fällt mir ins Wort: »Ich habe deiner Mutter gesagt, dass es unhygienisch ist, dieses schmutzige Tier im Haus zu dulden, aber wollte sie auf mich hören?«

Insgeheim denke ich, dass Sardinen zu »lüften« auch nicht viel hygienischer ist als Fatboy, doch diese Meinung behalte ich für mich – schließlich kann ich nachvollziehen, dass es unangenehm ist, wenn ein fremdes Tier das eigene Mittagessen verdrückt. Ich entschuldige mich noch einmal. Dann sage ich: »Und bitte verzeih mir, dass ich dich an Grandpa erinnert habe, Nana, das wollte ich nicht. Ich hoffe, du verlässt uns nicht deswegen.«

Nana gibt ein kehliges Geräusch von sich, und eine grauenvolle Sekunde lang glaube ich, sie erstickt an einem Stück Kuchen. Als ich begreife, dass der Laut in Wirklichkeit ein missbilligendes Gurgeln darstellen soll, bin ich erleichtert. Es wäre einfach zu grausam, wenn gleich zwei Familienmitglieder an ihrem Mittagessen zu Grunde gingen. Meine Großmutter sagt: »Es vergeht kein einziger Tag, an dem ich nicht an meinen Gerald denke.«

Ich bin erleichtert – ich habe sie also nicht erst daran erinnert! –, weiß aber nicht, wie ich darauf reagieren soll. Ich würde gern mehr über ihn erfahren, aber ich fürchte mich davor, sie aufzuregen. Darum sage ich (getreu meiner Programmierung): »Es tut mir Leid.«

Nana erwidert gar nicht unfreundlich: »So ist das Leben eben, da kann man nichts ändern. Ich mache das Beste daraus.« Sie weist mit einem Kopfnicken zur Tür. Ich nehme das als Zeichen, dass ich entlassen bin, und gehe hinaus. Ich habe nicht den Mut, ihr zu widersprechen, doch ihre Worte lassen mich nicht los. Tust du das wirklich?, frage ich mich im Stillen.

Meine Art, das Beste aus meinem Leben zu machen, ist es, vor allen Problemen davonzulaufen. Und es ist mir egal, was andere Menschen davon halten – ich betrachte das als menschliches Grundrecht. Am Mittwochmorgen wache ich auf, spüre ein ekliges Gefühl von Mutlosigkeit in mir und entsinne mich, dass ich nicht mehr mit Tom schlafe und mir nichts sehnlicher wünsche, als genau das zu tun. Ich fahre in die Arbeit und schütte mein Herz vor Lizzy aus, die mir empfiehlt: »Dann ruf ihn an.«

Ich habe eine bessere Idee. »Wir besaufen uns!« Lizzy schmollt. »Mit Orangensaft!«, bessere ich nach, denn ich weiß, dass die Chancen, Lizzys Lippen in Kontakt mit Alkohol zu bringen, rein hypothetischer Art sind. »Wir besaufen uns an einer Überdosis Vitamin C! Hurra!«, rufe ich aus, um sie in Versuchung zu bringen und meinen Trübsinn aufzuhellen. Lizzy scheint nicht überzeugt, darum sage ich: »Brian ist in Hongkong auf dem T'ai-Chi-Kongress, im Fitnessstudio warst du gestern, vorgestern und wahrscheinlich auch vorvorgestern. Zu viel Training schadet nur! Du wirst dir noch die Hüftknochen abwetzen! Uh! Denk nur an die Arthritis!«

Ich verschränke die Arme und warte ab. »Hab ich dir schon erzählt, dass Marcus und Michelle sich verlobt haben?« Ein geschickter Schachzug, um meiner Sache zum Sieg zu verhelfen.

»Was? Nein! Wann? O Gott!«, sagt Lizzy. »Also gut«, gibt sie sich widerstrebend geschlagen, »aber glaub nicht, dass ich nicht weiß, dass das Erpressung ist.«

»Nicht besonders elegant formuliert, aber gut«, sage ich und fange sofort mit dem Pläneschmieden an.

Die Aussicht, Lizzy zum Trinken zu verführen, ist so aufbauend, dass ich mich inspiriert fühle, einen Immobilienmakler anzurufen. Zu meiner Überraschung hat Adam zwei Angebote, die er mir zeigen könnte. Beide liegen in Kentish Town und meiner Preislage. Eine Wohnung beschreibt er als »in idealer Lage für alle örtlichen Einkaufsmöglichkeiten«. Die andere als »geräumig und gut gelegen«. Ich antworte ihm, dass ich heute Abend zu tun habe, aber morgen Zeit hätte, worauf er einen Anfall bekommt. »Ich habe Unmengen von Interessenten!«, krakeelt er. »Ist es Ihnen ernst oder nicht? Es gibt nichts anderes! Diese Objekte werden mir nur so aus den Händen gerissen!« Ich höre ein Fingerschnippen und hege den Verdacht, dass Adam das ist, was Michelles Oma als »meschugge« bezeichnen würde. Dennoch erkläre ich mich einverstanden, die Wohnungen noch heute Abend zu besichtigen.

Um sechs Uhr setze ich Lizzy von meinem Vorhaben in Kenntnis, doch sie stört das nicht im Geringsten. »Das wird ein Spaß!«, meint sie. Wir fahren mit der U-Bahn zu Adams Büro und melden uns an. Adam telefoniert gerade und bedeutet uns mit einem Winken, wir sollen uns setzen. Vier Minuten später schießt er aus dem Stuhl hoch, lässt einen männlich schweren Schlüsselbund vor unseren Gesichtern baumeln und zieht Lizzy mit Blicken aus. Ich kann sehen, dass sie ihn beeindruckt, und auch wir sind von ihm wie erschlagen – genauer gesagt, von seinem stinkenden, kübelweise aufgetragenen Aftershave. »Es ist Joop!«, flüstert Lizzy, während Adam loszieht, um seinen Ford Mondeo zu holen, »aber eigentlich nimmt man nur ein paar Tropfen davon.«

Ich reibe die tränenden Augen und brumme: »Was du nicht sagst.«

Eine Sekunde später bremst quietschend eine weiße Kiste mit eingebeulter Beifahrertür vor uns. Wir machen einen Satz zurück, um unsere Zehen in Sicherheit zu bringen. »Du kannst vorn einsteigen, Lizzy«, biete ich ihr selbstlos an, doch sie lehnt ab. Also sitze *ich* neben Adam, der – mit seinem gegelten Pagenschnitt und dem goldenen Siegelring und seinem XXL-Ego – von Minute zu Minute unwiderstehlicher wird. Ein Scherz. Ich platziere vorsichtig meine Füße und versuche dabei das empfindsame Ökosystem von Dosen, Kartons und zahllosen Männermagazinen nicht zu stören. Weil mir nichts einfällt, was ich sagen könnte, plappere ich: »Oje! Man hat Ihnen das Autoradio gestohlen.«

Er erwidert: »Ja, Mist, was?«, und zündet sich eine Kippe an.

Obwohl es mitten im Winter ist, kurbelt er das Fenster bis zum Anschlag runter und legt eine Hand aufs Dach – ich nehme an, um zu verhindern, dass es davonfliegt. Zum Glück für alle Beteiligten dudelt Adams Handy. Die folgenden zehn Minuten bringt Adam damit zu, Sachen zu brüllen wie: »Ach was! Sauber! Gut gegeben! Klaro! Astrein hingebogen! Im Harvester! Gebongt!«, während ich in meinem Mantel bibbere und zu Lizzy sage: »Ich kann einfach nicht glauben, dass ich das tue.«

Sie säuselt: »Wieso denn nicht? Allein zu wohnen ist einfach super! Ich bin ganz begeistert! Stell dir nur vor! Eine Toilette ganz für dich allein!«

Ich nicke und sage: »Wahrscheinlich«, da bleibt der Wagen mit einem Ruck stehen, und Adam springt hinaus.

59 Sekunden später hocken wir verdrossen wieder im Auto. Ich starre finster auf Adams schwarze Lederschuhe (die auf das Eleganteste mit einem Metallbügel verziert sind) und krächze: »In idealer Lage für alle örtlichen Einkaufsmöglichkeiten! Die Wohnung liegt über einer Imbissbude!«

Adam kann daran nichts Schlechtes finden. »Süße«, sagt er, »das ist das, was Sie in dieser Gegend für Ihr Geld kriegen. Und Sie brauchen nie zu hungern!«

Ich frage misstrauisch: »Heißt das, die andere Wohnung liegt neben einer Tag-und-Nacht-Tankstelle?«

Adam ist beeindruckt. »Woher haben Sie das gewusst?«, fragt er.

»East Finchley ist doch auch ganz nett«, meint Lizzy tröstend, während Adam abzischt. »Vielleicht solltest du dort was suchen?«

Ich rümpfe die Nase. »Zu nah bei meiner Mutter«, sage ich. »Komm, wir setzen uns irgendwo rein.«

Fünf Minuten später hocken wir beide dicht an dicht vor einer Flasche Roten. Ich gluckere das Zeug weg, während Lizzy – die ich »nur dieses eine Mal« überreden konnte – an ihrem Glas nippt. Sie kann es kaum erwarten, die unvermeidliche Mär von Marcus und Michelle zu hören, und kreischt jedes Mal: »*Nein!*«, wenn ich etwas auszulassen versuche. Wir leeren die Weinflasche im Affenzahn. Oder wie Lizzy – nach zwei kleinen Gläschen – sagt: »Im Affentschahn.« Sie ist billig auszuhalten, das muss man ihr lassen. Ich bestelle eine zweite Flasche, und Lizzy hickst. »Schonscht trinke ich nie während der Woche!«, kichert sie.

»Und genauso wenig am Wochenende!«, sage ich.

Das Gespräch schwenkt um auf das Thema Weihnachten. Ich kündige an, dass ich »einen Scheiß« tun werde, und Lizzy sagt, sie wird »in einer Kuppensüche aushelfen«. Wir machen uns vor Lachen fast in die Hosen. »Wow. Das ist ja toll. Aber macht dich das nicht traurig?«, frage ich, als wir uns wieder eingekriegt haben.

»Nein«, sagt Lizzy. »Isch toll. Und erbaulisch! Esch ischt genau dasch, worum esch bei Weihnachten geht!«

Ich schenke uns beiden nach. »Ach was – dass man Obdachlose belästigt, um sich gut zu fühlen *und* der eigenen Familie zu entgehen?« Lizzy sieht mich sprachlos an, darum erläutere ich hastig: »Das war ein Witz, aber wieso feierst du nicht mit Brian?«

Das ist das Stichwort zu einem stundenlangen Erguss über Brian, in dessen Verlauf *Lizzy* eine dritte Flasche Roten bestellt und ich immer nur: Aber Brian ist so alt!, denke. »Aber Brian ist so alt!«, verkünde ich und schlage sofort die Hand vor den Mund.

Lizzy haut mich spielerisch auf den Arm und kreischt: »Ich hab's gehört! Er ist nicht alt! Also gut, er ist *älter*, aber was soll's!«

Ich schreie: »Aber das ist, als würdest du mit deinem Vater ausgehen!«

Zum Glück findet Lizzy diese Vorstellung komisch und erspart mir eine Ohrfeige. Sie knallt die Hand auf den Tisch, biegt sich vor Lachen und quietscht: »Er ist kein bisschen wie mein Vater! Du bist ja schräg drauf! Er ist *älter*, aber wasch scholl'sch!«

Möglicherweise haben die Unmengen von Alkohol, die in meinen Eingeweiden herumschwappen, mein Gehirn verätzt, denn ich fühle mich nicht mehr in der Lage, dieser

Behauptung etwas entgegenzusetzen. »Genau! Wasch scholl'sch!«, wiederhole ich.

Lizzy nimmt einen Schluck Wein, wirft sich das Haar aus dem Gesicht und kichert: »Du bist komisch! Du versuchst alles zu verdrängen! Das sagt jedenfallsch mein Pschych-, Pschych-, mein Freund!«

Lizzy ist derart damit beschäftigt, ihr glänzendes Haar zurückzuwerfen und gleichzeitig das Wort »Psychologe« auszusprechen, dass sie meine verdutzte Miene gar nicht bemerkt.

»Was verdrängen?« Das Lachen bleibt mir im Hals stecken.

»Wasch weisch isch!«, prustet sie und krümmt sich auf ihrem Sitz, »dasch mit Tom wahrscheinlich!«

Ich pruste ebenfalls und krähe: »Ach, Kack!« Dann lachen wir über das Wort »Kack!« Ich will nicht aufhören zu lachen, darum keuche ich atemlos: »Aber er, aber er –« Lizzy hihihit und schnauft: »Steckt Hunden die –« Und wir vollenden den Satz im Chor: »Hand in den Hintern!«

Und dann sage ich etwas, das mir in dem Augenblick, in dem ich es sage, wie eine gute Idee vorkommt. Ich schlage vor, in Toms Lieblingsbar zu gehen. »Er wohnt hier ganz in der Nähe! Nur ein Stück die Straße runter!«, sage ich.

»Wennsch nur die Schdrasche runter isch«, sagt Lizzy, »dann gehen wir!« Wir zahlen und stolpern ins Freie. »Meine Beine schind wie Gummi!«, singt Lizzy, während wir eng untergehakt über den Gehsteig taumeln.

»Du brauchst nicht zu brüllen«, schreie ich, »ich bin ja da!« Wenn man sich selbst dabei erwischt, dass man denkt: »Ich bin echt beschränkt, wenn ich besoffen bin«, *wenn* man besoffen ist, dann besteht kein Zweifel daran, dass man *absolut* beschränkt ist, wenn man besoffen ist. »Hier ist es!«, rufe ich aus. »Komm, wir schauen durchs Fenster.«

Lizzy hüpft bereits von einem Bein aufs andere. Sie sieht aus wie ein Pumuckl mit Perücke. »Ich kann niksch schehn!«, beschwert sie sich. »Wir gehn rein!«, und schon hat sie die Tür aufgekickt und mich in die Bar gezerrt.

Innerhalb einer Sekunde stürzt mein Leben von einer Klippe herab und zerschellt. Wir sehen Tom. Tom hält die Hand einer eleganten Frau. Lizzy kräht: »Da *ischt* er!«, und kippt um. Alle im Pub, Tom und die Frau eingeschlossen, starren uns an. Ich werde schlagartig nüchtern und hieve Lizzy wieder auf die Beine. Sie nimmt eine Hand, um das Gleichgewicht zu halten, und die andere zum Deuten, und dann grölt sie: »Helen mag dich nicht mehr, Tom, weil du Hunden die Hand in den Hintern schtecksch!«

Es ist ein schwacher Trost, dass alle in Toms Bar Tom anstarren, als ich mit Lizzy im Schlepptau die Flucht ergreife.

Kapitel 32

Zu meinen nützlichsten Angewohnheiten gehört es, anderen Leuten die Schuld in die Schuhe zu schieben. Sich selbst den Marsch zu blasen ist ja *so* nervtötend und schädigt 100-prozentig das Immunsystem. Doch als ich um sieben Uhr morgens auf Lizzys knochenhartem Designersofa erwache und mir unter Qualen die Tragödie der vergangenen Nacht ins Gedächtnis rufe, kann ich einfach nicht leugnen, dass das Hundehintern-Desaster ganz allein auf mein Konto geht. Vom alkoholisierten Wahnsinn mal abgesehen, was hat mich eigentlich geritten? Kann es mir nicht vollkommen schnurz sein, wenn Lizzy nur Johannisbeersaft trinkt? Bin ich nicht groß und böse und gemein genug, um mich allein zu betrinken? Und wie *kam* ich dazu, vorzuschlagen, wir sollten in Toms Pub rumschnüffeln? Was wird er jetzt von mir denken? Wieso habe ich mich nur dazu hinreißen lassen? Bin ich von allen guten Geistern verlassen? Habe ich keinerlei Schamgefühl? Ich bin eine absolute Niete. Und ich kriege einen Schnupfen.

Ich starre aus Lizzys Panoramafenster, sehe die bleiche Wintersonne auf der Themse glitzern und frage mich, seit wann Tom sich wohl mit dieser Frau trifft. Mich tröstet nicht einmal die Erkenntnis, dass meine Ängste und mein Zynismus absolut gerechtfertigt waren. An Toms Stelle würde ich mich auch mit ihr treffen. Sie sah klug, elegant und vernünftig aus. Im Gegensatz zu blöd, primitiv und durchgeknallt. Der Kummer liegt wie ein schwerer Klumpen in meinem Magen, doch ich bin zu erschöpft, um dagegen anzukämpfen. Angst spült über mich hinweg, ohne dass ich mich dagegen wehre. Ich gebe mich geschlagen. Ich spiele mit dem Gedanken, nach Neuseeland zu emigrieren, doch dann beiße ich die Zähne zusammen und zische trotzig: »Und wenn schon!« Ich kann mich genauso gut mannhaft zeigen. Als Lizzy in einem weißen Frottee-Morgenmantel und mit reuiger Miene die luftige Lounge betritt, bohre ich gerade in der Nase.

Ich sehe ihr an, dass sie zu einer wortreichen Entschuldigung ausholen will. Ich hebe die Hand. »Nicht!«, sage ich. »Es war meine Schuld. Und du warst wirklich komisch.«

Lizzy lächelt nicht. Sie ist den Tränen nahe. Sie schnieft: »Ich kann ihn in der Praxis besuchen und alles erklären! Ich *werde* ihn besuchen! Ich –«

Ich falle ihr ins Wort: »Das wirst du nicht! Herrgott, das würde alles nur schlimmer machen!«

Lizzy nimmt eine Madonna-Pose ein (und damit meine ich nicht das Material Girl, ich meine die Gottesmutter) und legt den Handrücken auf ihre faltenlose Stirn. Sie ist unglaublich. Selbst ein schicker Kater steht ihr. »Ich kann gar nicht fassen, was ich da gemacht habe«, jammert sie. »Ich trinke sonst nie! So bin ich eigentlich nicht! Ich fühle mich ganz entsetzlich! Ich muss eine Entgiftungskur machen!«

Ich kichere nervös – ich habe die Jungfrau Maria vom rechten Pfad abgebracht – und säusle: »Aber Lizzy, du hast nur vier Gläser getrunken – in deinem ganzen Leben! Entgiftungskuren sind für Leute, die Wodka zum Frühstück trinken!«

Lizzy lässt ihren winzigen Allerwertesten auf einem ausladenden Glastisch nieder und legt mir geduldig den Unterschied zwischen einer Entgiftungskur in einer Entzugsklinik und der Entgiftungskur in Form einer dreitägigen Saftdiät dar. Die Entzugsklinik klingt wesentlich angenehmer, darum schwöre ich insgeheim, dass ich, sollte ich wider Erwarten jemals zum Mittagessen rohen Blumenkohl mümmeln und mir zum »Naschen« sechs getrocknete Aprikosen genehmigen, augenblicklich einen Drink hinterherkippen werde, um mein Selbstwertgefühl wieder aufzupäppeln.

Lizzy trottet bekümmert in die Küche, wo sie sich einen Pfefferminztee und mir einen doppelten Espresso macht. Es macht ihr schwer zu schaffen, dass sie das Frühstück (»die wichtigste Mahlzeit des Tages«) ausfallen lassen muss, weil ihr so schlecht ist, doch sie gibt sich alle Mühe, tapfer zu sein. Ich schlage die angebotene Dusche und/oder das zuckerfreie Müsli aus und falle wieder auf das hinternbläuende Sofa, bis Lizzy meint, es sei an der Zeit, zur Arbeit zu gehen. »Ich finde, du solltest heute blau machen«, sage ich mit einem prüfenden Blick auf ihr modisch fahles Antlitz.

»Das könnte ich nicht!«, flüstert sie, als wäre in ihrer Chromhalogenlampe eine Wanze versteckt.

Ich zucke die Achseln, zücke mein Handy und rufe meine Mutter an.

»Ja?«, meldet sie sich verschlafen.

»Mum? Ich bin's, Helen!«, sage ich. »Ich habe heute bei Lizzy übernachtet.«

Sie klingt verwirrt. »Und?«

Ich stutze und sage dann: »Ich wollte nur nicht, dass du dir Sorgen machst, ich habe mir gedacht, vielleicht würdest du gern wissen, wo ich war.«

Sie antwortet: »Oh! Ach so. Das ist mir gar nicht aufgefallen. Ich habe gestern Florence daheim abgeliefert. Ich war sehr müde und bin früh zu Bett. Ich habe noch geschlafen. Du hast mich aufgeweckt.«

In diesem Moment verliere ich jeden Willen, das Gespräch weiterzuführen. Ich sage: »Mum, es ist praktisch Mittag. Kannst du Fatboy füttern, wenn du aufstehst?« Sie bejaht und legt auf.

»Ist sie okay?«, will Lizzy wissen.

»Faul ist sie, sonst nichts«, erwidere ich.

Lizzy weiß nicht, wie sie darauf reagieren soll, darum wechselt sie das Thema. »Ich bin gespannt, ob Tina heute kommt«, zwitschert sie. Ich bleibe stumm, woraufhin sie anfügt: »Glaubst du, dass mit ihr alles okay ist?«

Ich blaffe: »Keine Ahnung, ist mir auch egal.«

Lizzy seufzt und sagt: »Ich weiß, dass sie schrecklich gemein zu dir war, aber bestimmt hat sie irgendeine Krankheit ausgebrütet – sie war gestern nicht da. Wenn sie heute auch nicht kommt, rufe ich bei ihr an.«

Ich nicke. Ich weiß nicht genau, was ich von Tina halten soll. Nur so viel weiß ich: Sie ist keine Sadistin wie Michelle. Ich beschließe, dass ich ihr verzeihe, falls sie aufrichtige Reue zeigt. Sie geht zwar bei der kleinsten Kleinigkeit auf wie ein Soufflé, aber sie ist letztendlich eine wahre Freundin, und ich will sie nicht verlieren. Obwohl sie mich mit ihrer Bemerkung bis ins Mark getroffen hat, versuche ich, diese rein vernunftmäßig zu analysieren. Möglicherweise bin ich tatsächlich eine geifernde Heuchlerin. Doch ich kann gegen meine Gefühle nicht an. Selbst wenn sie absolut idiotisch zu sein scheinen und mich selbst mehr überraschen als jeden anderen. Wenigstens war Tina voll in Fahrt – ich hätte mich noch mehr aufgeregt, wenn sie das ganz nüchtern gesagt hätte. Vielleicht rufe ich sie später an.

»Wann kommt Brian denn aus Hongkong zurück?«, sage ich zu Lizzy, die es kaum erwarten kann (das erkenne ich an ihrer Miene untröstlicher Reinheit), sich von den Sünden der vergangenen Nacht rein zu waschen, indem sie Tom belästigt.

»Bald«, gibt sie bedrückt Auskunft, und dann: »*Bitte* lass es mich Tom erklären!«

Ich greife mir an die Stirn und sage: »Es ist egal! Außerdem hat es keinen Sinn. Du hast selbst gesehen, dass er mit einer Frau zusammen war.«

Lizzy heult: »Aber es könnte eine Freundin gewesen sein! Oder seine Schwester! Das weißt du doch nicht!«

Ich verziehe das Gesicht und sage, als würde ich mit einem sehr, sehr dummen Kind sprechen: »Liz, er hat ihre *Hand* gehalten.«

Lizzy will schon ansetzen: »Ja, aber Hände halten kann auch bedeu –«, als sie mein gewittergrollendes Gesicht bemerkt und verstummt. Mit ihrem Heile-Welt-Gemüt ist sie von mir enttäuscht. Schmollend wühlt sie eine kleine braune Flasche aus ihrer Tasche. Sie schraubt den Deckel ab, drückt die Pipette am oberen Ende zusammen und träufelt sich zwei Tropfen in den Mund.

»Was ist das?« Ich schnüffle.

»Bachblüten-Notfalltropfen«, gibt sie kurz angebunden zurück.

»Riecht wie Whisky«, knurre ich.

»Es sind aber Kräutertropfen«, knurrt sie zurück.

»Wohl eher ein Katerkiller«, brumme ich vor mich hin.

»Was?«, fragt Lizzy.

»Nichts«, antworte ich lieblich, »lass mich nur nicht vergessen, dass ich dich nie wieder zum Trinken verführe.«

»Keine Sorge, das vergesse ich schon nicht«, fährt sie mich an.

Ich blicke in ihr zorniges Gesicht. Sie trägt einen roten Mantel, dazu braune Wildlederhandschuhe und sieht von Kopf bis Fuß aus wie eine schmollende Porzellanpuppe. Es fehlen nur noch die Rüschen. »Ach!«, sage ich. »Weißt du eigentlich, was am allerbesten gegen einen Kater hilft?«

Lizzy sieht mich hoffnungsvoll an. »Was?«, haucht sie.

»Ein ordentliches englisches Frühstück mit Eiern und Speck«, antworte ich zuckersüß. Sie schweigt, kneift mich aber kurz – doch bemerkenswert schmerzhaft – in den

Handrücken. »Auietsch!«, quieke ich, und wir müssen beide lachen. Und dann verfallen wir in schwerfälliges Schweigen, bis wir das Büro erreicht haben.

Ich breche hinter meinem Schreibtisch zusammen und beschließe, Tina erst morgen anzurufen. Heute habe ich entschieden zu viel zu tun. Ich muss mich mit Immobilienmaklern, Müttern und Tierärzten herumschlagen. Laetitia ist in einer Konferenz, darum bringe ich 30 Minuten damit zu, jungen Männern mit Namen wie Richard oder Costas, die sich durch die lächerliche Summe beleidigt fühlen, die ich auszugeben bereit bin, und keine Lust haben, ihre wertvolle Zeit für ein Taschengeld zu vergeuden, Details über die Größe der diversen Besenkammern zu entlocken.

Dann rufe ich meine Mutter an. Diesmal ist sie wach. »Hallo?«, trällert sie.

»Mum«, sage ich, »könntest du mir einen Gefallen tun?«

Es folgt eine kurze Schreckenspause, ehe sie widerstrebend fragt: »Worum geht es denn?«

Ich suche mühsam nach einer Phrase, die mütterliche Gefühle auslösen müsste, und stoße schließlich auf: »Ich brauche deine Unterstützung.« Ich warte, ob ein Neuron darauf anspringt. Stille. Ich spreche weiter: »Kannst du Fatboy für mich zum Tierarzt bringen?«

Meine Mutter fragt nach: »Zu Tim, dem Tierarzt?«

»Ja, zu Tom.«

Sie begeistert sich augenblicklich: »So ein charmanter Junge! Ein bisschen ungeschickt, aber ausgesprochen charmant!« Ich überlege, wie ich mein Blatt ausspielen soll.

»Mum«, sage ich schließlich, »Fatboy geht es nicht gut. Er schläft zu viel, und ich habe Angst, dass er, äh, die Schlafkrankheit haben könnte. Deshalb möchte ich, dass Tom ihn untersucht, und zwar möglichst bald, am besten noch heute.«

Meine Mutter ist nicht überzeugt. Sie verkündet: »Aber Katzen schlafen 16 bis 18 Stunden am Tag! 66 bis 75 Prozent von 24 Stunden! Sie haben Leichtschlafphasen, die etwa 30 Minuten andauern, auf die – falls sie nicht am Schwanz gezogen werden – eine Tiefschlafphase folgt, die eine äußerst wichtige biologische Funktion hat! Sie –«

Ich kürze ihre Vorlesung ab, indem ich kreische: »Mutter!«

Sie verstummt mitten im Wort und sagt dann beleidigt: »Wir hatten im letzten Jahr eine Projektwoche über Katzen.« Typisch.

»Du hast bestimmt Recht.« Ich biete meine gesamte Kraft auf, um nicht ausfallend zu werden: »Trotzdem möchte ich, dass Tom ihn untersucht.«

Meine Mutter meint schnell: »Warum willst du ihn nicht *selbst* hinbringen?«

Ich frage schrill: »Wie meinst du das?«

Sie erwidert: »Ich bin nicht auf den Kopf gefallen, Helen! Ich mach dir den Vermittler, wenn du das möchtest, aber ich bin nicht auf den Kopf gefallen!« Eine gemeine und äußerst unangenehme Äußerung. Ausgerechnet jetzt sattelt die Frau, die mein ganzes Leben lang Inspektor Clouseau gespielt hat, auf Sherlock Holmes um! Dieser Charakterzug – den man als IQ-Umschwung bezeichnen könnte – gehört zu den vielen Eigenschaften, die meine Mutter so außergewöhnlich lästig machen.

»Also gut«, gestehe ich widerwillig, »aber versprich mir, dass du nichts Peinliches über mich sagst!«

»Natürlich nicht!«, tönt sie. »Und jetzt verrate mir, warum du deine Katze nicht selbst hinbringst!« Mir bleibt nichts anderes übrig, als ihr die Wahrheit zu sagen.

»Tom und ich hatten eine Auseinandersetzung«, deute ich behutsam an. »Tom hat *mir* ein schlechtes Gewissen gemacht, obwohl ich überhaupt nichts getan habe! Jedenfalls sind Lizzy und ich gestern Abend aus gewesen und ihm dabei zufällig über den Weg gelaufen, und, äh, also, Mum, das bleibt bitte unter uns, aber Lizzy hat ihn beleidigt, weil er mit einer anderen Frau zusammen war.«

Meine Mutter schnappt nach Luft, und ich rechne schon mit einer langen Schimpftirade über die verkommene Moral unter den jüngeren Menschen, doch sie ruft aus: »Und was ist daran so schlimm?«

Ich kreische: »Was daran *schlimm* ist? Mum! Erst macht er mir die Hölle heiß, und dann stellt sich heraus, dass er mich betrügt!«

Sie erwidert schnippisch: »Schläft er mit dir?«

Ihre Unverblümtheit haut mich um, und in dem hoffnungslosen Versuch, sie vor der schmutzigen Wahrheit zu beschützen, stammle ich: »Äh, nein!«

Meine Mutter schnaubt mir laut ins Ohr und bellt: »Nein! Warum nicht? Was ist mit ihm? Ist er schwul?«

Ich verschlucke um ein Haar meine Zunge (Charakterzug Nummer zwei – der ständige Perversionsverdacht) und wimmere: »Nein!«

Meine Mutter ist durcheinander. Sie meint fröhlich: »Wenn er nicht mit dir schläft, wo liegt dann das Problem? Als *ich* in deinem Alter war, habe ich mich mit drei Männern gleichzeitig getroffen, und wem das nicht gefiel, der konnte bleiben, wo der Pfeffer wächst! In der Liebe und im Krieg sind alle Mittel erlaubt, und zwar bis jemand einen Antrag macht!«

Interessant. Ich widerspreche ihr nicht. Ich sage nur: »Ich will bloß, dass du dir einen Eindruck machst, was Tom jetzt von mir hält, und dass du vielleicht in Erfahrung bringst, wer die Frau ist.« Ganz ernst füge ich hinzu – und ich wünschte, ich hätte irgendeine Geheimwaffe, die ich ihr dabei in die Hand drücken könnte –: »Ich verlasse mich voll und ganz auf dich.«

Meine Mutter schnappt wieder nach Luft und sagt stolz: »Alles hängt ganz allein von *mir* ab! Gib mir die Adresse! Ich komme mir vor wie eine Detektivin!«

Ich verdrehe die Augen und meine im Spaß: »Super, vergiss nur nicht, Fatboy mitzunehmen.«

Es wird kurz still, und ich warte auf ihr Lachen. Doch sie sagt: »Fatb-? Ach ja, natürlich!«

Ich lege den Hörer auf und frage mich, was im allerschlimmsten Fall passieren könnte.

Ich werde zwei Minuten lang abgelenkt, weil Richard anruft und mir ein »fantastisches Juwel von einer Wohnung« zur Besichtigung vorschlägt. »Was ist daran faul?«, frage ich.

»Nichts!«, erwidert er gekränkt.

»Irgendwas muss daran faul sein«, beharre ich.

Er gesteht, dass sie »ein bisschen Auffrischung gebrauchen könnte«. Aber sie liegt nicht über einer Imbissbude, darum erkläre ich mich einverstanden, sie noch an diesem Abend zu besichtigen. Als ich den Hörer auflege, höre ich ihn: »*Ja!*« zischen. Dann zupfe ich an meiner Lippe herum und bete, dass meine Mutter beim Tierarzt keine Torheiten begeht. Ich meine, habe ich möglicherweise eben einem Schimpansen einen Revolver in die Hand gedrückt? Ich warte eine Ewigkeit, wobei ich eine Stunde damit vertrödle, in Supermärkten herumzuirren und nach einem Gemüse namens »Portulak« für Laetitias Dinnerparty zu forschen (als ich verzagt und mit leeren Händen zurückkehre, fährt sie mich an: »Bist du denn zu gar nichts zu gebrauchen? Es ist ein Ethno-Gemüse!«), warte und warte, tippe einen Artikel über Zellulitis bei Prominenten (»Es sind ein paar Tipps drin, die für dich interessant sein könnten!«, singt Laetitia, als sie mir den 3 000-Worte-Brocken auf den Schreibtisch knallt), warte und warte, und als ich nicht mehr warten kann, rufe ich meine Mutter an.

Sie geht an den Apparat. »Mum!«, quietsche ich. »Warum hast du nicht angerufen?«

Sie schnauft hoheitsvoll. »Ich bin gerade erst zur Tür hereingekommen. *Und* ich musste stundenlang im Wartezimmer sitzen! Wie unangenehm! Ich habe eine Ewigkeit gebraucht, bis ich die Katze gefunden hatte! Sie war draußen beim Jagen. 20 Minuten lang habe ich vor der Tür gestanden und nach diesem Vieh geschrien! Der Postbote hat mich schon ganz komisch angeschaut.« Ich vermute, weil sie sich weigert, Fatboy beim Namen zu nennen, und ihn stattdessen beharrlich »Pussy« ruft. Doch das sage ich nicht, denn ich kann es kaum erwarten, von Tom zu hören.

»Und du hast Tom gesehen?«

»Puff!«, antwortet meine Mutter – die ihre Macht in einem Ausmaß genießt, dass sie einen fabelhaften James-Bond-Schurken abgeben würde – »diese Katze ist ja tonnenschwer! Lass mich erst mal zu Atem kommen! Nein, er war nicht da. Jemand anders hat die Katze angeschaut. Und er hat keine Schlafkrankheit, sondern Flöhe. Und Tom ist mit seiner Freundin in Urlaub gefahren.«

Kapitel 33

Wie Menschen, denen noch nie etwas Unangenehmes widerfahren ist, gerne behaupten, hat alles auch eine gute Seite. Darum muss ich grinsen, als ich am Samstagabend zum Videoshop fahre und einen jungen Mann mit einer Ausgabe der *Sun* und einem Viererpack Klopapier über die Straße schlendern sehe, denn er erinnert mich an Luke und daran, wie viel näher wir uns in den sechs Tagen gekommen sind, seit Marcus mich rausgeschmissen hat. *Sechs* Tage sind schon vergangen, seit ich Tom das letzte Mal gesehen habe! Mir kommen sie wie Jahre vor. Jedenfalls ist Luke jetzt, wo wir nicht mehr zusammenwohnen, viel lustiger. Zum ersten Mal seit Jahren verbringen wir drei Stunden miteinander, ohne uns in die Haare zu geraten.

Vivienne hatte meine Mutter am Samstag zum Tee eingeladen – »Nur aus Mitleid! Um gutzumachen, dass sie mich nicht an Weihnachten einlädt. Aber damit macht sie überhaupt nichts gut!« –, deshalb habe ich Luke angerufen und ihm vorgeschlagen, mich zu besuchen. Mein Vorwand war, Fatboy würde darauf dringen, dass Luke sein Besuchsrecht wahrnimmt (was gelogen ist, denn Fatboys Zuneigung zu jedem Menschen erlischt in jenem Augenblick, in dem er den letzten Happen Katzenfutter aufgeschleckt hat).

In Wahrheit wollte ich zwar durchaus Luke sehen, aber vor allem wollte ich erfahren, ob Luke am Abend zuvor bei seinem Männerabend Tom gesehen hatte. Nur um sicher zu sein. Doch Luke klingt so glücklich über die Einladung – »Soll ich ihm Tunfisch in Saft oder Sardinen in Tomatensoße mitbringen?« –, dass ich mich augenblicklich für meine Falschheit schäme. »Bring einfach gute Laune mit!«, rufe ich schuldbewusst aus und flitze los, um zwei Packungen Pringles Cheese & Onions zu kaufen. (Lukes Motto: »Chips! Chips! Nahrung der Götter!«)

Als Luke mit Tunfisch *und* Sardinen beladen auftaucht, presse ich ihn an meine Brust und fühle mich zum ersten Mal seit Tagen aufgeräumter. Ich mache Kaffee, stelle die Chips auf den Tisch und hole Fatboy von seinem neuen Lieblingsschlafplatz ab (die metallicblaue Kühlerhaube des Volvos von nebenan). Ich beobachte Luke, wie er Fatboy beobachtet, der den Sardinensaft wegschlabbert, ein rosa Gähnen zeigt und dann davonstolziert, um sich auf einem sonnigen Fleckchen niederzulassen. Dann frage ich ganz nebenbei: »Und wie war's gestern Abend?«

Luke kratzt sich innig im Ohr und wischt den Finger an seinem verknautschten blauen Hemd ab, wo er einen gelben, talgigen Schmierer hinterlässt. Auf seinem Gesicht erstrahlt ein breites Grinsen. »O ja! Super! Wir haben uns halb totgelacht.« Er holt zu einer langen Geschichte aus, die bei zehn Pints pro Nase in einem schlichten, schmucklosen Pub beginnt, dann zu einem lärmenden Mahl in einem indischen Restaurant fortschreitet, wo Lukes Kumpel Gobbo (der sich nach einem echten Goldschatz anhört, obwohl ich noch nie das Vergnügen hatte) sich auf seinem Stuhl zurücklehnt und zu dem Typen am Nebentisch sagt: »Halt dein Maul, du Arschgesicht, sonst schieb ich dir diesen Scheiß-Tisch in deinen verdammten Hintern«, und im weiteren Verlauf schildert, wie Gobbo Luke eins in die Nieren haut und Luke die Sache eigentlich auf sich beruhen lassen will, bis Lukes Kumpel Parky sagt: »Damit lässt du ihn doch nicht durchkommen, oder?«, und Luke seinen Griff anwendet, den er aus einem Film mit Jackie Chan abgeschaut hat, und Gobbo über seinen Kopf schleudert, sodass Gobbo wie eine Schildkröte auf dem Rücken landet und Parky sich fast in die Hose macht vor Lachen und Gobbo ganz rot im Gesicht wird und meint, das ist doch nur purer Dusel gewesen und dass Luke »NABS – Nichts als blöde Scheiße!« im Kopf hat und Parky total lachen muss und Gobbo denkt, dass Parky lacht, weil Gobbo eben was total Schlaues gesagt hat, wo Parky in Wirklichkeit doch nur lacht, weil Gobbo *meint*, er hätte was Schlaues gesagt und –«

»War Tom auch da?«, frage ich nach 20 Minuten.

Luke bricht mitten im Satz ab. »Nein.« Die Frage scheint ihn zu überraschen.

Ich versuche, völlig entspannt zu bleiben, doch mein Kopf ruckt unwillkürlich vor, und die Worte purzeln wie Scherben aus meinem Mund: »Aber ich hab gedacht, du wolltest ihn einladen.«

Lukes Reaktion besteht darin, sieben Pringles in seinen Mund zu stopfen, woraufhin ein kurzer Kampf zwischen seinen Kiefergelenken und der Chipsmasse entbrennt und ich warten muss, bis Lukes Kaumuskeln gesiegt und seine Wangen wieder einigermaßen normale Form angenommen haben. Luke schluckt und erwidert: »Ich hab ihn angerufen, aber er wollte verreisen.« Er sieht mich nervös an.

»Ach, wirklich?«, frage ich. »Hat er auch gesagt wie lang?«

Luke schüttelt den Kopf. »Oder mit wem?« Luke schüttelt wieder den Kopf und bohrt seine Hand mit solcher Gewalt in die Pringles-Röhre, dass sie ein paar verklemmte Momente lang stecken bleibt. Als er sie wieder herausgezerrt hat, lasse ich meine gesamte aufgesetzte Würde fahren und frage: »Hat Tom eine Freundin? Außer mir«, schränke ich hastig ein, als ich seine verwirrte Miene bemerke, »und wir sind nicht mehr zusammen, das weißt du doch?«

Luke platzt heraus: »Steht er nicht mehr auf dich?«

Mit letzter Kraft bringe ich hervor: »Nein.«

Luke mampft drauflos, bemerkt dann, wie ohrenbetäubend laut das Mampfen in der Küche hallt, und gibt sich alle Mühe, leiser zu kauen. Dann muss er husten und sprüht einen feinen Pringles-Nebel über den Tisch. »Kann ich ein Wasser haben?«, krächzt er. Luke kippt das Wasser in einem Zug weg und sagt dann langsam: »Schon möglich, dass er mit einer geht, ich weiß das nicht.« Ich quietsche: »Schon *möglich*! Was soll *das* denn heißen?« Luke schüttet eine Chips-Raupe auf die Tischplatte und beginnt sie mit Feuereifer zu verspeisen, Chip um Chip. »Luke«, sage ich verlegen. »Weißt du, ich mag ihn einfach, deshalb habe ich mich einfach nur gefragt. Ich glaub, ich hab's total verbockt.« Ich erzähle ihm von der Nacht der Hundehintern, in der Hoffnung, dass die Hintergrundinformation ein winziges Lichtlein in seinem zappendusteren Kopf entzündet.

Luke will schon in der Nase bohren, kann sich gerade noch beherrschen, setzt sich stattdessen auf die Hände und sagt traurig: »Davon hat er nichts gesagt. Wir haben über Fußball geredet.«

Ich komme mir vor wie ein Spatz, der mit dem Schnabel auf den Beton hackt und hofft, einen Wurm zu Tage zu fördern. Ich reibe an einem imaginären Fleck auf dem Tisch herum und sage: »Er hat wohl nicht über mich gesprochen, oder?«

Luke möchte mir nur zu gern widersprechen, schließlich ist sein Herz weicher als Erdbeerkrem. Als er mit Nein antworten muss, mildert er darum den Schlag ab, indem er mir ein Pringle hinhält.

Ich grinse und sage: »Auch egal.« Dann meine ich fröhlich: »Wie alle Mütter außer meiner sagen würden: Es gibt noch tonnenweise andere Fische im Meer!«

Luke lächelt und sagt: »Logo, aber wer will schon mit einem Fisch ins Bett?«

Nach diesem philosophischen Austausch beschließe ich, Tom nie wieder zu erwähnen, und wir lassen uns auf dem Wohnzimmerteppich nieder, wo Luke »Schlangenstil gegen Katzenklaue« mit Fatboy spielt – der vielleicht wie ein Sumo-Ringer aussieht, aber Lukes zerkratzter Hand nach zu schließen eine natürliche Begabung für Kung-Fu besitzt. Ich zwinge Luke, seine Wunden unter dem Wasserhahn auszuwaschen, erkläre, dass Fatboy es nicht böse meint, er ist einfach nur ehrgeizig – ein Gobbo unter den Katzen, ergänze ich in einem plötzlichen Anfall von Inspiration –, und das hebt Lukes Laune wieder, und wir reden über Weihnachten.

Luke hatte keine Ahnung, was er seinen Eltern schenken soll, darum hat er seinen Dad angerufen, um zu fragen, ob der vielleicht weiß, was Mum sich als Geschenk wünscht, und Dad hat ihm offenbart, dass Mum Andeutungen über ein Kiefernholzbad gemacht hätte, und er hätte ihr schon eine Klobrille aus Holz gekauft, und wenn Luke den dazu passenden Türgriff kaufen wolle, könne er das gerne tun. Dad tippt, dass er damit ganz bestimmt bei ihr »einen Stein im Brett« haben würde!

Ich schnaube und kichere, bis mir Lukes verdutzter Blick auffällt.

»Was?« Er lächelt mich halb und absolut begriffsstutzig an.

»Was soll das heißen, was?«, quake ich. »Er macht doch Witze, oder?«

Luke schüttelt den Kopf, stopft sich in Panik vier Pringles in den Mund und zündet gleichzeitig eine Zigarette an, um dann (wenn auch kaum verständlich) zu fragen: »Glaubst du nicht, dass sie sich freut?« Ich klatsche mit der flachen Hand auf den Tisch und kreische: »Luuuuuke! Ich schwöre dir bei meinem Leben, dass sie sich nicht freut! Mein Gott, jetzt weiß ich, woher du das hast!« Ich bin gerade dabei, Luke die goldenen Regeln des Frauen-Beschenkens zu erläutern (in aller Kürze: billiges, praktisches, lustiges kleines Geschenk = hau ab, du mieser Geizkragen; ausgewähltes, außergewöhnliches, großes frivoles Geschenk = exzellent, du toller Typ!), als das Telefon klingelt.

Lizzy ist dran, ob sie vorbeischauen kann? »Aber klar!«, hallt meine Antwort wie Kanonendonner. »Luke ist auch da!«

Lizzy strahlt durch das Telefon: »Wie reizend! Ich bin in einem Sekündchen bei euch!«

Lächelnd lege ich den Hörer auf. »Lizzy hat schon vor Monaten alle Geschenke gekauft«, sage ich zu Luke – dessen Gedanken nach der Bombe mit der Kiefernholz-Klobrille immer noch vollkommen aus dem Gleis sind –, »sie wird dir erklären, wie man so was richtig macht.«

Wie sich herausstellt, braucht Lizzy Luke nicht zu erklären, wie man Geschenke macht. Sie führt es ihm vor. Sie übt immer noch ihre selbst auferlegte Buße für die Nacht der Hundehintern – ungeachtet der Tatsache, dass ich ihr ungefähr 30-mal die Absolution erteilt habe – und besteht darauf, alles »wieder gutzumachen«, wie sie es ausdrückt. »Es gibt nichts wieder gutzumachen, du dumme Kuh!«, sage ich, als sie mir das Riesenpaket überreicht. »Das wäre wirklich nicht nötig gewesen«, ergänze ich noch – man muss das sagen, wenn man über 25 ist und was geschenkt bekommt –, »aber trotzdem ist es echt süß von dir.«

Lizzy faltet die Hände und flüstert: »*Hoffentlich* gefällt es dir! Ich hab Brian gebeten, es aus Hongkong mitzubringen! Er hat es in der Staunton Street gefunden, im alten Teil vom Central District.« Atemlos verfolgen Lizzy und Luke, wie ich das hauchdünne Geschenkpapier abziehe und eine zu Kopf steigende Schwade von Räucherwerk in die schale, nach Karotte schmeckende Luft in der Küche meiner Mutter aufsteigt.

Lizzy packt mich am Arm und sagt: »Es ist, also, ich – ich dachte, es wäre, also, eigentlich ist es eher ein Geschenk für deinen Vater als für dich! Aber ich dachte, es könnte für euch beide ganz gut sein.« Sie zuckt die Achseln.

Ich höre mit dem Auspacken auf. »Wie meinst du das?«, stammle ich.

Lizzy quetscht mir den Arm noch kräftiger zusammen und sagt: »Hoffentlich hab ich nichts Falsches gemacht! Mach es auf, dann erklär ich dir alles.« Ich lege das Geschenkpapier beiseite und hebe das größte Stück heraus.

Es ist ein von Zellophan umhülltes Päckchen mit Süßigkeiten – »Hichiload Milchschokolade-Riegel mit ausgewähltem Geschmack« steht auf der Seite. Das Päckchen ist leicht wie Luft und fühlt sich an, als befänden sich außerdem noch mehrere kleine Schachteln mit Kaugummi und Keksen darin. Ich lächle mühsam und weiß nicht, was ich sagen soll. Ist Lizzy total durchgeknallt? Normalerweise beweisen ihre Geschenke makellosen Geschmack. Was erwartet sie von mir – soll ich den kalten Grabstein meines Vaters mit Krümeln bestreuen?

Luke grabscht nach einem Papierbündel, das wie Spielgeld aussieht und ebenfalls in Zellophan gehüllt ist. »Eine Million Dollar in Scheinen!«, jubelt er. »Die Hell Bank Corporation garantiert, dem Überbringer der Scheine *eine Million Dollar* in ihren Geschäftsräumen auszuzahlen!« Ich schaue auf, woraufhin er das Bündel in der Luft schwenkt und entschuldigend meint: »Das steht hier drauf!«

Ich sehe Lizzy an, die lossprudelt: »Es ist ein buddhistischer Brauch aus China!« Sie schnappt sich das nächste Plastiksäckchen und schiebt es mir unter die Nase. Der Inhalt sieht aus wie lauter Kinderspielzeug – eine goldene Brille, eine Bicolor-Uhr, auf der »Rolex« steht, ein silbernes Armband, ein goldenes Zigarettenetui, ein Stift, ein goldener Ring und eine goldene Kette, beide mit grünen Fitzelchen versehen –, alles aus Pappe und auf knallrotes Papier aufgeklebt.

»Du musst es verbrennen!«, ereifert sich Lizzy. »Das ist das Geschenke-Set für einen Mann! Und das Geld, schau mal! Und da, eine Schachtel Papier-Zigaretten mit einem Papier-Feuerzeug, und hier! Ein Papier-Mercedes! Ich weiß nicht, was für ein Auto dein Vater gefahren hat, deshalb hab ich Brian gesagt, er soll was Elegantes nehmen! – du steckst alles in einen Sack und adressierst es an deinen Vater, schau mal, da ist der Sack« – sie wühlt in dem Haufen und schwenkt schließlich einen grauen Papierbeutel, auf dem chinesische Schriftzeichen und brennende Räucherstäbchen aufgedruckt sind – »du steckst alles in den Sack und bindest ihn mit dem gelben Band zu – das gilt praktisch als himmlische Briefmarke – sein Geist wird wissen, dass es für ihn bestimmt ist, sobald er es einsammelt, und« – hier sieht sie mich kurz an und stockt – »du kannst das Band auch mit Pritt festkleben, das ist schon okay, und dann schreibst du das Datum, an dem du alles verbrennst, auf einen Zettel, den du mit in den Sack steckst, und, also, ich hab mir gedacht, es könnte dir vielleicht helfen, das zu machen. Vor allem an Weihnachten. Du bist mir doch nicht böse, oder?«

Sie deutet auf die Banknoten aus der Höllenbank und meint eilig: »Ich weiß, dass da Hölle draufsteht, aber du darfst nicht glauben, dass das bedeutet, dass er in der Hölle ist, das steht immer drauf, auf dem ganzen Geld, das verbrannt wird, das ist einfach so, ich nehme an, also, die Menschen landen im Jenseits an den verschiedensten Orten, und sie wollen einfach alle Möglichkeiten abdecken.« Sie starrt mir ins Gesicht. »Ist alles okay?«

Ich nicke, lasse den Kopf in die Hände sinken und heule: »Es ist so ein fantastisches, so ein buhuu, schönes Geschenk, Liz, das ist wirklich wahnsinnig lieb von dir! O Gott, so was

Wunderbares!« In diesem Moment haut mir jemand so fest auf den Rücken, dass ich nach vorne fliege und mir um ein Haar einen Kerzenständer ins Auge ramme. »Danke, Luke«, murmle ich, »du brauchst mir nicht mehr auf den Rücken zu klopfen, es geht schon wieder.«

Liz läuft los, reißt ein Kleenex von der Rolle und reicht es mir. Ich tupfe mir die Augen trocken und versuche, nicht daran zu denken, wie gerührt ich bin, weil ich nicht gleich wieder losflennen will. Ich schnäuze mich, zerknülle das Küchenpapier und stelle schniefend fest: »Eine Kerze auf einem hölzernen Ständer.«

Lizzy schnappt nach Luft und erklärt: »Ach ja! Die roten Kerzen stehen für das Essen!«

Luke piekt den Finger in einen länglichen Plastikbeutel und triumphiert: »Räucherstäbchen! Das erinnert mich an meine Zeit als Student!«

Finster wie die Nacht antworte ich: »Wahrscheinlich eher an letzte Woche«, und er grinst erleichtert, weil ich aufgehört habe zu winseln.

Lizzy lächelt und sagt: »Die Räucherstäbchen verbrennst du ganz am Anfang, drei Stück, um deinen Vater auf dich aufmerksam zu machen.«

Ich sage: »Kann ich nicht einfach so tun, als würde ich mich tätowieren lassen?«

Lizzy lacht und meint: »Na ja, wenn du ganz sichergehen willst.«

Ich schwenke die Hand vor meinem Gesicht, um ihr zu zeigen, dass ich von jetzt an den Mund halten werde, und bedeute ihr fortzufahren. Dann bemerke ich noch etwas in dem Päckchen. »Was ist das denn? Das ist ja super. Schau mal, Luke, kleine silberne und goldene Blätter auf ganz komisch dünnem Papier!«

Ich sehe Lizzy fragend an, die mildtätig seufzt und sagt: »Das ist traditionelles chinesisches Geld – das musst du auch verbrennen. Erst faltest du es, in der Form eines Taels – dem chinesischen Gewichtsdingens für einen Goldbarren. Schau, ungefähr so, wie einen Glückskeks. Schon fertig! Obwohl ich eigentlich finde, dass es viel zu niedlich aussieht, um es zu verbrennen, aber mir gefällt die Vorstellung, dass du deinem Vater so hübsche Sachen schickst!«

Ich nicke. Es käme mir kleinlich vor, darauf hinzuweisen, dass mein Vater zu seinen Lebzeiten nie ein Auge für schöne Dinge hatte – dass er kein Gelb mochte, machte ihn immun gegen Sonnenblumen und Kornfelder und Narzissen –, deshalb schweige ich lieber. Vielleicht ist er im Tod ja sanfter geworden.

»Und wo verbrennt man das alles?«, frage ich.

Lizzy denkt nach. »Also, das ist eigentlich egal. In Hongkong kann man es im Treppenhaus verbrennen, wenn man will. Du musst nicht extra zu seinem Grab gehen. Du kannst es am Straßenrand machen, allerdings wäre es in England wahrscheinlich besser, es im eigenen Garten zu tun. Ich dachte, dein Vater würde sich über ein paar Zigaretten freuen – du hast erzählt, dass er stark geraucht hat.«

Ich sage: »Aber du hasst Zigaretten!«

Lizzy zuckt die Achseln und meint verlegen: »Schon, aber nachdem er tot ist, ist das wahrscheinlich okay.«

Ich sehe zu Luke hin, der weise zustimmend nickt, und knurre: »Du lebst noch! Deshalb trifft das auf dich nicht zu!«

Luke streckt mir die Zunge raus und steckt sich eine an. Lizzy erklärt weiter: »Du kannst auch das Lieblingsessen oder einen kleinen Snack für deinen Vater bereitlegen – das brauchst du aber nicht zu verbrennen, du kannst es später noch essen. Möchtest du vielleicht, dass ich dir alles aufschreibe?«

Ich sage: »Ja, bitte«, und fahre mit dem Finger über das glänzende Goldpapier. Dann starre ich ungefähr drei Minuten darauf, während Lizzy hektisch auf ein Blatt kritzelt. Schließlich reicht sie es mir, und ich lese lächelnd ihre Gebrauchsanweisung:

Ritual

1. Drei Räucherstäbchen anzünden, um Dad zu rufen. Auf seinen Namen konzentrieren. Stäbchen fünf Minuten lang brennen lassen. (Z. B. am chinesischen Neujahrstag, ist aber nicht entscheidend.)
2. Rote Kerzen anzünden. Ein paar Worte sprechen – um dem Geist zu erklären, was jetzt kommt.
3. Alles in Sack stecken, Datum auf Sack schreiben und in einem Metallbehälter verbrennen, oder alles nacheinander verbrennen, falls das leichter ist. *Nicht* mit Wasser löschen. Feuer muss von selbst ausgehen. (Wasser verhindert, dass Güter ankommen.)
4. Evtl. Essen auslegen (z. B. Erdnüsse), falls gewünscht (später essen).

Ich seufze und sage: »Das ist wirklich nett, Lizzy.« Lizzy nickt. Sie sieht aus, als wollte sie noch etwas sagen. »Was ist?«, frage ich.

Sie legt die Stirn in Falten und trällert: »Sei vorsichtig beim Verbrennen. Es ist die häufigste Ursache für Waldbrände in Hongkong!«

Ich lache, dann sehe ich sie misstrauisch an und hake nach: »Wolltest du nicht noch was sagen?«

Lizzy beißt sich auf die Lippe. Dann sagt sie: »Ich weiß nicht, ob ich dir das wirklich sagen soll, aber –« Ich ziehe die Brauen hoch. »Also gut«, gibt sie sich geschlagen. »Also, man macht das *hauptsächlich*, weil man dem Toten was Gutes tun will, aber es hat auch ein bisschen was Egoistisches – auf diese Weise will man um die Gunst des Geistes werben. Damit er sich um einen kümmert und einem Glück bringt. Man verbrennt auch Sachen, um böse Geister zu vertreiben, was wohl so was wie Bestechung ist, aber das trifft in deinem Fall ja nicht zu. Ich dachte nur, ich sollte dir das lieber sagen, damit du dir deiner Handlungen bewusst bist. Man sollte sich immer seiner Handlungen bewusst sein.«

Ich quetsche Lizzys Hand. Ich will ihr nicht antworten, weil mir wahrscheinlich die Stimme dabei versagen würde. Ich nehme das Päckchen mit den Räucherstäbchen, atme ihren würzigen Duft ein und springe dann auf, um Lizzy einen entkoffeinierten Kaffee zu machen. Und das sage ich Lizzy nicht, doch ich bin mir durchaus der Tatsache bewusst, dass es für mich ein *eindeutig* egoistischer Akt ist, wenn ich Geld aus der Höllenbank verbrenne, um es meinem Vater zu schicken. Es ist egoistisch, weil es dabei überhaupt nicht um meinen Vater geht. Ihm ist das egal. Er ist tot. Es geht um mich. Darum, dass ich nicht will, dass er tot ist. Und dass ich ihm eine Rolex aus Papier schicke, weil ich nicht glauben will, dass mit dem Tod alles aus ist. Ich will, dass er immer noch ein Bewusstsein besitzt, genau wie ich, ich will, dass er sich, genau wie ich, freut, wenn ihm der Postbote ein Geschenk bringt.

Wobei ich an etwas denken muss – erst heute Morgen habe ich den Postboten dabei erwischt, wie er keuchend und schwitzend ein mittelgroßes Päckchen durch den winzig kleinen Briefschlitz meiner Mutter zu stopfen versuchte, bis ich die Tür aufriss und sagte: »Sie hätten auch klingeln können!« Ich hoffe für meinen Vater, dass die Postboten im Jenseits ein klein bisschen geduldiger sind. Man könnte ziemlichen Schaden anrichten, wenn man versuchen würde, einen Mercedes durch einen Briefschlitz zu pressen.

Nachdem Luke und Lizzy gegangen sind, sammle ich mein Todes-Set wieder ein und empfinde, wahrscheinlich zum ersten Mal in meinem Leben, einen mädchenhaften Anfall von Dankbarkeit – gegenüber *wem*, kann ich nicht genau sagen –, solche Freunde zu haben. Ich marschiere zum Telefon und rufe Tina an. Sie geht sofort dran und meldet sich kleinlaut. »Tina!« Ich atme tief durch und senke meine Stimme auf ihre Lautstärke. »Wie *geht* es dir?« Ich bin so beglückt, mit ihr zu sprechen, dass ich ganz vergesse zu schmollen. »Was hast du heute Abend vor?«, frage ich.

»Nichts«, sagt sie.

»Ich komm vorbei!«, rufe ich.

»O nein, bitte nicht!«, flüstert sie schnell.

Etwas in ihrer Stimme rührt mir ans Herz, und ich sage: »Tina, was ich über Adrian gesagt habe, tut mir Leid, das war blöd von mir, und ich bin *wirklich* manchmal wie eine Schallplatte mit Sprung – aber ich bin, ha, bald wieder repariert.«

Darf ich mich hier unterbrechen, um einzuwerfen, dass dies möglicherweise die nobelste Lüge ist, die je über meine Lippen gekommen ist – aber Lizzys und Lukes Güte haben mich so gerührt, dass ich etwas Heiliges tun und jemandem verzeihen möchte. Tina sagt etwas, das ganz entfernt an »Pöh!« erinnert. Dann meint sie schnell: »Dir braucht nichts Leid zu tun, Helen.«

Ich warte ab, ob noch mehr kommt, doch es kommt nichts mehr, darum sage ich: »Wie wär's, wenn ich ein paar Videos und Räucherschinken-Chips vorbeibringe?«

Mit Überlichtgeschwindigkeit hat Tina abgelehnt. »O nein, heute Abend nicht, ich glaube nicht, vielleicht ein andermal, ich –«

Doch mein Wunsch, ihr zu verzeihen, ist stärker als Tinas Wunsch, in Ruhe gelassen zu werden, was wahrscheinlich auch wieder egoistisch ist, aber was ist eigentlich nicht egoistisch? Die Schmerzen anderer Menschen kann man nicht spüren, nur seine eigenen. Ich plappere: »IchbininvierzigMinutenbeidirbisdannokay!« und lege auf. Sie ruft sofort zurück, doch ich gehe nicht ans Telefon. Ich hinterlasse meiner Mutter eine Nachricht und flitze los zum Videoverleih.

48 Minuten später – der Verkehr ist einfach nicht einzuschätzen – läute ich an Tinas Tür. Ich weiß, dass sie daheim ist, darum läute ich und läute ich und setze mich, als sie nicht aufmacht, auf ihre Schwelle, um zu warten. Nach zwölf Minuten zieht sie ganz langsam die Tür auf. »Was ist eigentlich los mit dir, du verrück –«, setze ich an, doch dann ver-

stumme ich, weil sich die Frage von selbst beantwortet. Was mit Tina los ist, ist so offensichtlich wie die geplatzte Lippe und der hässliche blaue Bluterguss auf ihrem Kinn. Meine Augen beginnen zu brennen, und ich erkenne die Wahrheit, sosehr ich die Realität auch zu verleugnen versuche. Ich sage: »Mein Gott, nein. Sag, dass du einen Unfall hattest. Warum hast du mir nichts davon erzählt? Tina, Tina, meine arme Tina, ich brech diesem Scheißkerl das Genick, diesem … o mein Gott.«

Hass explodiert in mir, und ich habe Angst, sie zu berühren, diese brüchige, zerborstene Hülle meiner so fröhlichen, lebenslustigen Freundin. Ich breite die Arme aus, sie lässt sich hineinsinken und weint auf meine Schulter, und ich höre mich vor Mitleid und Zorn schnaufen, als sie schluchzt: »Aber er liebt mich wirklich.«

Kapitel 34

Vor einigen Jahren musste ich mit Lizzy – der die widerwärtige Angewohnheit zu Eigen ist, andere Menschen zum Spazierengehen zu nötigen –, über die Heath Extension marschieren, als uns eine Frau mit drei Windhunden entgegenkam. Einer der Hunde erspähte uns aus weiter Ferne, schoss quer über das Feld auf uns zu und schmiegte sich an meine Beine. Geschmeichelt durch diesen unerklärlichen Vertrauensbeweis, bückte ich mich, um ihn zu streicheln. Lizzy war wie verzaubert. »Als würde er wissen, dass du ihn beschützen würdest!«, rief sie aus. Obwohl ich Katzen ganz eindeutig den Vorzug gebe, rührte diese bittersüße, kurzfristige Romanze doch an mein Ego. Fortan war ich überzeugt, dass Tiere einen Instinkt für *irgendwie gute* Menschen haben.

Dann erwarb ich Fatboy, dessen schreiende Abneigung gegen alle netten Menschen meine romantische Hypothese auf den dummen Kopf stellte. Trotzdem hatte ich meine

Theorie lieb gewonnen und wollte sie nur äußerst ungern aufgeben. Ich bestand darauf, dass der Vorfall mit dem Windhund eine tiefere Bedeutung hatte. Und zwar vorzugsweise, dass ich jemand Besonderes war. Vielleicht zeichnete ich mich durch eine dicht unter der Haut liegende Einfühlsamkeit aus, mit der sich Tiere verbunden fühlten? (»Ich hab's! Du riechst!«, rief Marcus damals aus.) Ich stürzte mich auf diese für mich so schmeichelhafte Hypothese. Und wenn ich nun spirituell auf besonders verletzliche Seelen eingestimmt war und der Windhund das gespürt hatte? Schließlich hatte ich bereits im Alter von sechs Jahren begriffen, dass meine Mutter ihre Mitmenschen dringender brauchte als irgendwer sonst auf diesem Planeten. Genau! Ich war mit einer einzigartigen Einfühlsamkeit gesegnet! Ganz eindeutig.

Ab und zu badete ich in dieser idiotischen Fantasie, doch nur bis zu dem Tag, als ich Tina ins Gesicht sah und erkennen musste, dass ihr rosa-blonder Cherubim von einem Freund – von dem ich ganz selbstverständlich angenommen hatte, er sei ein himmlisches Sahneschnittchen, nur weil er gut aussah und einen schnieken Job hatte – sie zu Brei prügelte. Die Erkenntnis wischte mir das Lächeln vom Gesicht, das darf man mir glauben. Die lachhaften Worte: »Aber Adrian ist doch gar nicht der *Typ* für so was«, sprangen und tanzten und schossen mir im Kopf herum. »Du musst mir schwören, dass du das keinem Menschen verrätst«, bettelte Tina. Erst als ich das beim »Leben deiner Mutter – nein, von Fatboy« geschworen hatte, fing sie an zu reden.

Wie festgefroren saß sie auf der Kante ihres gelben Sofas, nur ihre Augen zuckten. Sie erinnerte mich an eine Eidechse, die man in ein Einmachglas gesperrt hat. Schweigend hörte ich ihr zu. Ich hatte schon Schwierigkeiten, meinen strahlenden Eindruck von Adrian mit jenem Mann in Übereinstimmung zu bringen, den sie mir beschrieb. Und ich fand es fast unmöglich, meine kesse, erfolgreiche Freundin in diesem Wrack wiederzuerkennen, das da vor mir kauerte. Sie sprach nur flüsternd und mit hängendem Kopf, sodass ich mich anstrengen musste, sie zu verstehen.

»Ich weiß nicht, ob das hier zählt, schließlich war es nur ein Streit. Alle streiten sich ab und zu. Und es hat ihm so Leid getan, dass er geweint hat. Und wenn ich richtig loslege, kann ich eine echte Harpye sein. Er hat wirklich keine Schuld. Es war das Auto. Ich hätte den Wagen in die Werkstatt bringen sollen, aber ich war zu geizig. Ich wollte das Geld sparen. Wir waren bei Adrians Chef zum Essen eingeladen, und ich hatte, also ich hatte eine verschmorte Erbse von meinem Teller genascht. Mit den Fingern und bevor alle ihr Essen hatten. Das war Adrian peinlich. Als wäre er mit einer totalen Proletin zusammen.

Jedenfalls sind wir später nach draußen, und er war absolut abweisend. Und kühl. Ich wusste überhaupt nicht, was ich angestellt hatte. Vielleicht wäre alles okay gewesen, aber dann sprang der Wagen nicht an. Ich hab gedacht, die Batterie ist leer. Und wir hatten unsere Handys nicht dabei. Adrian wollte auf keinen Fall zurück und bei seinem Chef klingeln, um ein Taxi zu rufen. Ich hatte alles kaputtgemacht. Er fing an, mich anzubrüllen und gegen das Auto zu treten. Ich habe ihn auch angebrüllt, darum hat er mich an den Haaren gezogen, um mich zu beruhigen. Ich weiß, dass er es nicht so gemeint hat, aber es hat so wehgetan – er hat mir ein ganzes Büschel ausgerissen –, und mir sind die Tränen in die Augen geschossen. Er meint, er hätte nur mal kurz zum Spaß gezogen.

Trotzdem hat es ihm Leid getan, und er hat auch geweint. Er war nur so sauer, weil er es nicht ausstehen kann, wenn ich mich vor allen Leuten daneben benehme. Er hat sich wirklich aufgeregt. Er donnerte mit der Faust auf das Armaturenbrett, und dann sprang der Motor an, und er hat mir verziehen. Am nächsten Tag hat er mir Blumen und das Frühstück ans Bett gebracht. Er ist ein echter Schatz! Er kümmert sich rührend um mich! Er war so traurig über unseren Streit, darum hab ich versucht, ihn zu trösten, damit er sich nicht ganz so elend fühlt. Es kommt nur ganz selten vor, dass er mich schlägt. Es ist keine Gewohnheit. Bestimmt nicht öfter als alle, hmm, vielleicht sechs Wochen. Die meiste Zeit ist es einfach super, weißt du – er ist echt witzig. Er lockert mich auf. Und er ist so klug.

Ich hab noch nie jemanden wie ihn getroffen. Er hat in der Arbeit eine Menge Stress. Es ist nicht einfach für ihn. Es ist extrem wichtig, dass er einen guten Eindruck macht, und ich hatte genau das torpediert. Du kannst das bestimmt verstehen. Danach war alles wieder gut. Gut. Bis, bis zu dieser Dummheit. Ich hätte es wissen müssen. Wir waren im Dog & Duck weiter oben an der Straße. Wir kamen total blau wieder heim, und ich hatte vergessen, wo ich den Schlüssel hingesteckt hatte. Adrian hat getobt. Er hatte am nächsten Tag einen Termin mit einem Kunden, deshalb war es unheimlich wichtig für ihn, dass er rechtzeitig ins Bett kam. Ich hatte Mist gebaut. Er hat mich ›dreckige Tussi‹ genannt und mich getreten und meinen Kopf gegen die Tür geschlagen. Ich bin in Ohnmacht gefallen und erst im Bett wieder aufgewacht. Er hatte den Schlüssel in seiner Tasche gefunden. Es hat ihm unwahrscheinlich Leid getan. Er war so gut zu mir. Hat mich gepflegt und Eis und einen Verband auf die Wunde gelegt. Und mir gesagt, dass sie nicht genäht zu werden braucht, es war nur ein Kratzer. Und dann hat er mir eine Kopfschmerztablette und einen neuen Verband aus der Nachtapotheke geholt. Er hat für mich sogar auf seinen Schlaf verzichtet. Die ganze Woche lang hat er mir Blumen und Pralinen gebracht. Er hat ein Vermögen für mich ausgegeben. Und die Tür hat er auch repariert. Er ist unglaublich großzügig.

Ich hab immer noch ab und zu Kopfschmerzen, aber das war ein einmaliger Vorfall. Und schließlich war es nicht so, dass ich es nicht verdient hatte. Er tut das nur, weil ich ihn provoziere. Sonst ist er unwahrscheinlich liebevoll. Das ist schwer zu verstehen, wenn man ihn nicht kennt. Ich kann es nicht erklären. Ich weiß, dass es bald besser wird. Es gibt bestimmt keine Probleme, solange ich mich nur mit dem Trinken einschränke. Und ich muss lernen, mich in der Öffentlichkeit zu benehmen. Deshalb tut es mir Leid, wenn ich dich und Liz in letzter Zeit so wenig gesehen habe. Aber ich versuche einfach, das mit Adrian hinzukriegen, ich versuche es wirklich, und ich weiß, dass ich ziemlich gemein war. Ich will, dass es endlich besser wird. Deshalb darfst du niemandem was davon erzählen. Es ist ganz allein meine Sache, und es ist kein großes Problem. Ich frustriere ihn, und plötzlich gerät alles außer Kontrolle. Nur er tut mir Leid, der arme Kerl. An einer absoluten Versagerin zu kleben …«

Sie hat noch mehr erzählt, doch der Tenor ist klar. Die neuesten Verletzungen hat sie sich zugezogen, als Adrian ihr das Telefon um die Ohren geschlagen hat. Sie hatte Milch in seinen Jasmintee geschüttet (erst hatte er mit der Tasse nach ihr geworfen, sie aber verfehlt). Das muss echt schlimm für ihn gewesen sein, denn normalerweise würde er sie *nicht im Traum* ins Gesicht schlagen. Wie süß von ihm, denke ich bei mir, denn es ist wirklich schrecklich vulgär, wenn die Freundin mit einer gebrochenen Nase herumspaziert und alle sie sehen und sich das Maul über sie zerreißen können – da ist es doch viel raffinierter, die Blutergüsse auf Arme und die Beine und den Rumpf zu beschränken, wo die verräterischen Schwielen unter einer schicken Kaschmir-Bluse und eleganten Wollhosen versteckt werden können.

Ich sehe Tina in das unbeirrt begriffsstutzige Gesicht und deute behutsam an, dass Adrian ein gemeiner, brutaler Schläger ist, der ordentlich verdroschen gehört, weil Tina überhaupt nichts falsch gemacht hat und weil es überhaupt nichts *gibt*, was sie falsch machen könnte, das Schläge verdient hätte. Nichts. Dafür gibt es keine Entschuldigung. Überhaupt keine. Um Verzeihung betteln und Blumen machen das nicht besser. Und es wird ganz bestimmt nicht besser werden. Solange sie es zulässt, wird er damit weitermachen. Ob sie das nicht begreifen kann? Ich sage das ganz ruhig und gelassen, weil ich Todesangst habe, dass sie ihre Ohren verschließen und mich rausschmeißen könnte. Tina ist eine Gefangene des Adrian-Kultes, und meine Worte sind Blasphemie. Sie hat ein schlechtes Gewissen, weil sie mit mir spricht, sagt sie. Sie ist nicht loyal. Dann verschränkt sie sperrig die Arme und brummelt, dass sie nicht mehr denken kann, sie ist verwirrt, sie weiß nicht, was sie empfindet. Stattdessen wiederholt sie ständig: »Es wird bestimmt besser«, wie ein Gebet.

Als ich versuche, ihr ganz klar und vernünftig die Fakten darzulegen, damit sie die Augen nicht länger verschließen kann, streitet sie alles ab. Als würde sie kein Englisch verstehen. Schockiert erkenne ich, dass sie in ihrer Selbsttäuschung gefangen ist. Es ist, als sähe sie die Welt durch *seine* Augen. Ihre Realität befindet sich in einem veränderten Zustand. Ich kann kaum glauben, dass ich mit Tina spreche. Sie ist wie eine verlorene Seele aus einem Zeichentrickfilm. Ich fühle mich zutiefst betrogen.

Die Frau, die drei Monate allein durch Afrika gereist ist, die in der U-Bahn einen Hell's Angel so lange bearbeitet hat, bis er seinen Platz für eine alte Dame frei machte, die einen Räuber bis in eine Sackgasse verfolgt und ihn gezwungen hat, ihre Brieftasche wieder rauszurücken, die eine 30-köpfige Gruppe amerikanischer Touristen durch Rom geführt hat, obwohl sie nie zuvor einen Fuß in die Stadt gesetzt hatte (sie hatte in der Woche davor drei Reiseführer gelesen), glaubt, dass sie zu nichts nutze ist. Doch wenn man andererseits in Betracht zieht, dass sie auch glaubt, ein Mann könnte »nur zum Spaß« den Kopf seiner Freundin zwei Minuten lang im Bad unter Wasser halten, während sie sich abstrampelt und beinahe erstickt – dann nehme ich an, dass ihr Glaubenssystem absolut im Eimer ist.

Und sie lässt sich nicht von mir helfen. Ich frage sie, ob sie nach allem, was Adrian ihr angetan hat, nicht sauer auf ihn ist, und sie antwortet zaghaft vielleicht, anfangs, aber inzwischen ist sie im Grunde nur noch sauer auf sich selbst. Mein Puls rast, und ich fahre sie an, ob Adrian eigentlich weiß, dass sie drei Brüder hat, oder, um es auf den Punkt zu bringen, ob ihre drei Brüder eigentlich von Adrian wissen? Gleich darauf kriege ich grässliche Gewissensbisse, weil sie solche Angst bekommt, dass sie zu wimmern beginnt, bis mir eine Gänsehaut über den Rücken läuft, und sie fleht mich an, ich müsse ihr noch mal versprechen, niemandem ein Wort zu verraten, weil, weil ... Dann bricht sie ab, und mir schnürt es den Hals zu, weil ich einfach nicht begreife, wie sie sich so verändern konnte, auch wenn das, was ich höre, keinen Zweifel daran lässt.

Tina erklärt mir, dass sie bis Neujahr frei hat, aber ich soll sie nicht anrufen. Es geht ihr gut, wirklich, sie fühlt sich ein bisschen abgespannt, sie will sich einfach nur in aller Stille ausruhen. Sobald das Gesicht wieder einigermaßen verheilt ist, wird sie heimfahren zu ihren Eltern. Adrian ist mit ein paar Freunden zum Skifahren in Val d'Isère. Er hätte Tina mitgenommen, aber er hat sie immer wieder gewarnt, dass es nicht ihre Szene sei, darum hat sie die Einladung ausgeschlagen. Meine diplomatische Seifenblase platzt, und ich fahre sie an: »Tina! Du solltest dich mal hören! Ich kann einfach nicht fassen, dass du dich so von ihm behandeln lässt!«

Ich bereue meinen Ausbruch augenblicklich, nicht zuletzt, weil Tina mich angiftet: »Verzeihung? Jasper? Marcus? Hallo! Ich finde nicht, dass ausgerechnet du mir Vorträge halten solltest, Helen, oder?«

Ich habe keine Ahnung, was sie damit meint, doch um drei Uhr morgens rase ich heim und denke Scheiße, Scheiße, Scheiße. Mein Hirn ist wie leer gefegt. So als wäre Adrian mein Freund und würde *mich* schlagen. Ich setze mich sofort vor den Computer meiner Mutter, gehe ins Internet und scrolle durch eine lange Liste von Büchern über Misshandlung, unter denen sich auch der eher misslungene Titel *Häusliche Gewalt für Anfänger* findet.

Ich bestelle vier Titel. Es wird Tina nicht gefallen, aber ich habe eben ihr Weihnachtsgeschenk gekauft. Mein Herz rast, als ich in die dunkle Stille hinein verspreche: »Tina. Du weißt es noch nicht, aber du wirst diesem fiesen Arschloch einen Arschtritt geben, und wenn es das Letzte ist, wofür ich sorge.«

Am Sonntagmorgen rufe ich bei der Polizei an und erkundige mich, was man unternehmen kann, wenn eine Frau von ihrem Lebensgefährten geschlagen wird. Mir wird kühl beschieden, dass man überhaupt nichts unternehmen kann, solange das Opfer keine Anzeige erstattet. Ich rufe Tina am Sonntag und Montag und Dienstag an, weil ich wild entschlossen bin, dass sie noch in dieser Woche zur Vernunft kommen und Adrian rausschmeißen soll, aber sie geht nicht ans Telefon, und ich will nicht auf den Anrufbeantworter sprechen, und dann ist es Weihnachten.

Am Morgen des 24. Dezember erhalten meine Mutter und ich in letzter Minute eine Einladung zum Weihnachtsessen bei Vivienne. Ich schlage sie aus, weil mir nicht danach ist, im Kreise einer heilen Familie zu feiern. Ich würde mir überflüssig vorkommen. Was ich – nun, da ich vaterlos bin – möglicherweise auch bin. Meine Mutter lehnt ebenfalls ab, entscheidet sich dann aber um, weil sie andernfalls »nur zu Hause sitzen und Trübsal blasen« würde. Dies ist eine krasse Untertreibung, denn bei uns würde sich sogar der Grinch ein paar Wunderkerzen wünschen, wenn er versehentlich zur Tür hereinmarschiert käme. Meine Mutter will Gott etwas beweisen. Sie hat nicht einmal ihre Weihnachtskarten aufgestellt – sie liegen in einem unsortierten Haufen auf dem Küchentisch. Bevor ich zur Arbeit gehe, arrangiere ich sie zu einer ordentlichen Parade, dann schlage ich vor, wir könnten ja Hanukka-Kerzen, ach, Quatsch, *irgendwelche* Kerzen anzünden – ehrlich, ich würde mich selbst anzünden, wenn ich glauben würde, dass das die Stimmung zu Hause aufhellt –, doch sie will nichts davon hören. Sie findet den Gutschein für die Schönheitsfarm, den ich für sie gekauft habe, in der Serviettenschublade, und behauptet schmollend, ich hätte ihn nur gekauft, damit sie sich schlecht fühlt. Das ist der Moment, in dem mein Geduldsfaden reißt und ich scharf erwidere, nur ein einziger Mensch wolle, dass Cecelia sich schlecht fühlt, und das sei Cecelia selbst. Und damit habe ich Recht. Sie sperrt sich gegen jede Freude. Darum habe ich gestern einen kleinen Truthahn, einen Beutel Kartoffeln und ein Glas Preiselbeersoße gekauft (ich hatte schon eine Tüte mit Tiefkühlerbsen in der Hand, als eine Woge von Apathie über mich hinwegschwappte, und ich dachte: Pfeif auf die Erbsen) und alles trotzig in den Kühlschrank gestopft.

Am Heiligabend um zwei Uhr nachmittags sehe ich meine Kolleginnen in einem Schneegestöber von Flitter, Glühwein und guter Laune durch das Büro wirbeln, doch ich fühle mich wie auf einem anderen Stern. Ich frage mich, was Tom wohl gerade macht und ob ich ihn je wieder sehe. Ich denke an die Zeit mit ihm zurück, doch die Erinnerung kommt mir vor wie bloße Einbildung. Mir war klar, dass es nicht von Dauer sein würde. Ich starre ins Leere, als etwas durch die Luft zischt und mit einem lauten Plumps landet. Ich springe auf und sehe, dass Mr. Grouch, unser Mann am Empfang, einen fetten Rosenstrauß auf meinen Schreibtisch geklatscht hat. *Blumen!* Ich kriege sonst nie Blumen! Ich bin eine blumenfreie Zone. »Für Laetitia?«, krächze ich ungläubig.

Mr. Grouch sieht mich finster an und knurrt: »Sie sind doch Helen, oder?« Dann trottet er ab.

Das Blut zischt mir in den Kopf, und ich denke: Tom? Tom! Blumen von Tom, um mir mitzuteilen, dass er mich wieder mag! Ich wage einen verstohlenen Blick in Richtung Feuertreppe, nur für den Fall, dass er à la Richard Gere das Gebäude erklommen hat und nun draußen wartet, um mich zu entführen. Hat er nicht. Aber Rosen. Das Symbol romantischer Liebe! Es tut ihm Leid, dass er mich so angebrüllt hat. Er ist vollkommen zerknirscht, denn ich habe Recht gehabt! Ich fummele an der Karte herum und reiße den Umschlag auf. Mit klammen, zitternden Händen lese ich die Nachricht:

Helen, Liebling. Es ist schon so lang her. In Liebe Jasper.

Meine Hoffnungen schrumpeln dahin; ich fühle mich wie James in *Der Riesenpfirsich*, nachdem er den Zauberbeutel mit den lebensverlängernden Maden fallen lässt, woraufhin sie sich sofort in den Boden wühlen und verschwinden. Mir hätte so viel Wunderbares geschehen können, doch ich habe alles in den Sand gesetzt, und nun stehe ich mit leeren Händen da. Ich starre die Karte an und frage mich, was Jasper wohl von mir will. Ich stoße eine kleine zornige Luftsäule durch die Nase aus. Der hat vielleicht Nerven. Aber trotzdem. Hübsche Blumen. Ich lächle schüchtern. Der Frechdachs. Wahrscheinlich ist er gar nicht *so* übel. Nicht zu vergleichen mit Adrian. Er ist lediglich ein bisschen ungehobelt. Wenigstens setzt er mir nicht wegen meiner Wohnungsarrangements zu. Ich rieche an den Rosen. Wahrscheinlich würde es nicht allzu viel schaden, wenn ich mich auf einen Drink mit ihm treffe. Ich berühre ein rosa Blütenblatt. Rosa Rosen. Heißt das, dass ich schwul bin?

Ich inhaliere den Duft meiner rosa Rosen wie andere Menschen Sauerstoff, als meine Mutter anruft, um mir griesgrämig mitzuteilen, es tue ihr Leid, dass sie so griesgrämig gewesen sei, und wenn ich nicht wolle, dass sie morgen zu Vivienne geht, dann würde sie zu Hause bleiben. Sie möchte nicht, dass ich Weihnachten mutterseelenallein in einem leeren Haus verbringe, sie weiß ganz sicher, dass Morrie das nicht gefallen würde. (Für einen Atheisten hatte er eine erstaunliche Schwäche für Weihnachten.) Als sie das sagt, empfinde ich dasselbe, was die meisten normalen Mütter empfinden, wenn ihr Kind die ersten Gehversuche macht. »Mum«, sage ich mild, »das ist sehr nett von dir, aber ich will dich auf gar keinen Fall davon abhalten, zu Vivienne zu gehen. Ich *möchte*, dass du hingehst.« Worauf sie erwidert: »Oh, gut!«, und auflegt. Ich frage mich gerade, ob es wohl möglich ist, dass man sich kneift und in einer anderen Dimension aufwacht, da kommt Lizzy angehüpft und fragt mich, ob ich ihr und Brian heute Abend helfen möchte, den Weihnachtsbaum zu schmücken. Sie beabsichtigen, erst ein paar Vollkornpasteten mit biologischem Hackfleisch zu essen, dann die Christbaumkugeln aufzuhängen und anschließend in die Mitternachtsmette zu gehen. Ich wäre zwar rasend gern dabei, doch ich habe das Gefühl, dass sie aus Mitleid gefragt hat, und ich will ganz bestimmt kein Mitleid, darum tue ich so, als hätte ich schon was vor.

»Aber ich komme gern morgen mit dir in die Suppenküche«, platzt es unversehens aus mir heraus.

Lizzys Hand flattert an ihren Hals, und sie ruft aus: »O Helen! Das geht leider nicht! Ich habe angerufen, sie haben schon jetzt mehr Freiwillige, als sie überhaupt brauchen können!«

Ich laufe scharlachrot an und murmle: »Macht nichts. Ich hätte die Obdachlosen sowieso nur deprimiert.«

Lizzy zögert kurz, dann tritt sie den Rückzug an, und ich sehe in meinem Kopf einen Cartoon von mir als menschlicher Gans, die ganz allein ihren Truthahn verspeist. Schweren Herzens rufe ich meine Großmutter an, um mich zu erkundigen, ob sie mir bei dem, wie ich zuversichtlich prophezeie, trostlosesten Weihnachtsmahl meines Lebens Gesellschaft leisten möchte.

Zu meiner großen Erleichterung verbringt Nana den morgigen Tag bei ihrer Freundin Nora, vielen Dank, sie haben schon den Fernsehfahrplan ausgearbeitet, und abends spielen sie mit ein paar Leuten aus dem Altenklub Bingo. Wie gesagt, es gibt nichts zu feiern, sie wird ganz bestimmt keine Weihnachtslieder anstimmen, nicht dieses Jahr. Falls ich sie besuchen möchte, am zweiten Weihnachtsfeiertag ist sie daheim, aber ich soll möglichst nicht zwischen zwei und halb vier kommen, weil sie sich da einen Film mit Cary Grant anschaut. Und falls ich ihr – wie Cecelia angedeutet hat – ein Porzellanmodell des Kopfes von Prinzessin Diana gekauft habe, kann ich das behalten, weil sie schon fünf Stück davon hat und ihr Kaminsims gesteckt voll ist.

Als der Heiligabend dämmert, fühle ich mich grinchig und spiele mit dem Gedanken, den Truthahn zu braten, ihn in den Toyota zu schmeißen, zum Friedhof zu rasen und meinem Vater das Vieh um den Grabstein zu pfeffern.

Ich meine, wenn einer Schuld an diesem ganzen Mist hat, dann doch er, oder nicht?

Kapitel 35

Da ich mit einer großen Klappe und einer kurzen Konzentrationsspanne gesegnet bin, kann ich mich an kaum etwas von dem erinnern, was ich in der Schule gelernt habe, weil so gut wie nichts hängen geblieben ist. Aber ich erinnere mich *ausgezeichnet* an eine Geschichte, die wir im Französischunterricht übersetzten, weil sie mir, wie es im Märchen so schön heißt, schier das Herze brach. Sie handelte von einem Fabrikarbeiter, der so arm war, dass er seiner kleinen Tochter nicht einmal einen Weihnachtsbaum kaufen konnte. Darum verlegte er Weihnachten um ein paar Tage nach hinten. Und als all die reichen Familien am Neujahrstag ihren Weihnachtsbaum auf den Müll warfen, schlich er zur

Mülldeponie und klaute einen. Auf diese Weise bekam sein kleines Mädchen doch noch einen Weihnachtsbaum und feierte das schönste Weihnachtsfest überhaupt.

Ich habe mit diesem kleinen Mädchen so gut wie nichts gemein, abgesehen von der Tatsache, dass auch bei mir dieses Jahr das Weihnachtsfest verspätet kommt. Wobei der erste Weihnachtsfeiertag selbst auch nicht schlecht ist. Überraschend friedlich. Ich spiele die Modeberaterin für meine Mutter, die es kaum erwarten kann, Vivienne endlich einmal zu überstrahlen. »Und du willst ganz bestimmt nicht mitkommen?«, fragt sie in freudiger Aufregung. »Es kommen auch Leute in deinem Alter – ein paar Cousins, glaube ich, und Jeremy mit seinem Freund Simon.«

Ich seufze und sage: »Simon ist sein Lebensgefährte. Vivienne will das nur nicht wahrhaben.«

Ich spiele kurz mit dem Gedanken mitzukommen – Jeremy ist warmherzig, kuschelig und unwiderstehlich fröhlich, Prozac in menschlicher Form –, komme dann aber zu dem Schluss, dass Vivienne Schwefelsäure in menschlicher Form ist und ich lieber allein bleiben möchte. Ich überreiche meiner Mutter den Gutschein für den Tag im Beauty-Salon, und sie überreicht mir dafür einen statisch knisternden blutroten Seidenpyjama. »Du solltest nicht in einem schmuddeligen alten T-Shirt schlafen«, erläutert sie freundlich, »Männer mögen so was nicht.« Keine von uns erwähnt meinen Vater auch nur mit einem Wort. Auf Zehenspitzen umschleichen wir seine Abwesenheit, die wie dicker Smog die Luft verpestet. Das kostet Kraft, darum schiebe ich meine übertrieben aufgedonnerte Mutter erleichtert zur Tür hinaus. Danach wickle ich mich in meine Decke und lese vor dem stumm geschalteten Fernseher in dem Geschenk, das ich mir selbst gemacht habe – *Die Schwarze Dahlie* von James Ellroy.

Ich habe absolut keinen Bock, den Truthahn zu braten, darum mache ich Kartoffelschnitze, die ich in die Preiselbeersoße tunke. Das Lesen und Essen lockere ich mit mehreren kleinen Nickerchen auf. Ich frage mich, was Tina heute wohl macht. Ich bete zu Gott, dass Adrian auf seinen Skiern gegen einen Baum knallt. Und ich schaffe es trotz aller Anstrengung nicht, Fatboy für seine neue Aufziehmaus zu begeistern (er lässt sich daneben nieder, spreizt wie eine Ballerina das linke Bein ab und beginnt sich an jenem Körperteil zu lecken, den Luke als »Pimmeletui« bezeichnet).

Auch der zweite Feiertag verläuft friedlich. Nana Flo ruft an, um unsere Verabredung abzusagen, weil sie einen nervösen Magen hat. Das überrascht mich nicht besonders, denn sie hat regelmäßig am zweiten Weihnachtsfeiertag einen nervösen Magen, weil sie das Weihnachtsessen hinunterschlingt, als wäre es das letzte Abendmahl. Darum fordere ich meine Mutter zu einer Runde Monopoly heraus, was ein Fehler ist, weil sie aus dem Gefängnis abhaut, mir nicht verzeiht, dass ich die Parkstraße kaufe, und die Bank betrügt. Der Friede wird erst wiederhergestellt, als ich verliere. Dann lese ich in meinem Buch, während meine Mutter die Tür öffnet, weil sie nachsehen will, ob es vielleicht schneit, und entdeckt, dass Fatboy uns ein Weihnachtsgeschenk gebracht hat, ein süßes kleines totes Rotkehlchen. Der Friede liegt in Scherben, bis ich feststelle, dass auf BBC 1 gleich die Wiederholung von *Only Fools and Horses* anfängt. Und dann hören die Weihnachtsglocken auch schon wieder auf zu läuten.

Wirklich aufregend wird es erst zehn Tage später.

Meine Mutter geht wieder arbeiten. Ich finde eine Wohnung. Michelle zwingt Marcus dazu, seinen Rücken enthaaren zu lassen. Es ist einfach nicht zu fassen – wo soll ich nur anfangen? Im Grunde ist das eine rein rhetorische Frage, denn wenn ich Marcus' »Erkenntnis der wahrhaftigen Bedeutung von Schmerz« noch eine Sekunde länger für mich behalten muss, explodiert mir der Kopf vor unterdrückter Schadenfreude. Ich erfahre die Geschichte von Lizzy, die sie von Brian hat, der sie von Sara hat, einer Schönheitstherapeutin in ihrem gemeinsamen Fitnessklub. Und ich denke bei mir: Ehre sei ihm in der Höhe, es gibt doch einen Gott!

Marcus wurde von seiner Verlobten losgeschickt, sich den Rücken mit Wachs enthaaren zu lassen, und Sara hat geschlagene 45 Minuten dazu gebraucht! Und sie wäre am liebsten in den Boden versunken, weil er so geschrien hat! Wie am Spieß! Die wüstesten Flüche und aus *vollem Hals*, obwohl in den Kabinen rund um sie herum andere Leute Massagen bekamen. Schon als sie ihm das Wachs auf den Rücken gegossen hat, brüllte er los, sie würde ihn *versengen*! Dabei war es nicht mal richtig heiß! Sara sagte zu ihm: »Jetzt wissen Sie, was Frauen durchmachen müssen!«, doch er meinte, ganz bestimmt würde sich eine Enthaarung in der Bikinizone nicht mit dem hier vergleichen lassen, denn dabei ginge es ja »nur um zwei kleine Streifen«! Und er war dermaßen behaart, dass er danach aussah, als trüge er ein rosa Unterhemd! Sie war nicht sicher, ob sie seine Arme nicht auch noch machen sollte! Und dann stellte sich raus, dass er in einem anderen Fitnessklub arbeitet, aber dass es ihm peinlich gewesen wäre, sich dort enthaaren zu lassen! Außerdem sei er nur gekommen, weil ihn seine Verlobte dazu gezwungen hat!

Lizzy zieht nie über andere Leute her, doch diesmal sieht sie über alle moralischen Bedenken hinweg, weil es sich hierbei nicht um Klatsch, sondern um eine Reportage handelt. Insgeheim habe ich den Verdacht, dass sie Marcus nie verziehen hat, der ihr einst das Eingeständnis abgerungen hat, dass der Penis ihres ehemaligen Freundes nur Größe »M« war. Dieser Einblick in Marcus' neues Leben im Straflager erregt beinahe mein Mitleid. Doch ich bin durchaus in der Lage, es sofort wieder abzuwürgen, und so schaudere ich gerade bei dem Gedanken an meinen kurzen Kampf mit dem Gorillarücken und bei der Frage, was mich – außer purer Verzweiflung – in Marcus' Arme getrieben hatte, als das Telefon läutet.

Es ist meine Mutter. Sie ruft aus dem Lehrerzimmer an. Alle waren *ganz* reizend. Sie haben sie so vermisst. Ihre Kinder haben aus buntem Krepppapier ein »Willkommen«-Banner gebastelt. Und sie benehmen sich wirklich tipptopp. Wahrscheinlich hat Mrs. Armstrong ihnen ins Gewissen geredet. Sie ist ja *so* froh, wieder zu arbeiten. Und Mrs. Armstrong hat ihr das Versprechen abgenommen, dass sie es *augenblicklich* sagt, wenn sie das Gefühl bekommt, der Arbeit nicht mehr gewachsen zu sein, und dann wird Mrs. Armstrong alles in ihrer Macht Stehende tun, um zu helfen. Sie hat *bergeweise* Arbeit, ihr Terminkalender ist proppenvoll, aber das ist ihr gleich. Sie muss jetzt sowieso Schluss machen, sie muss jetzt eine Mathestunde geben.

Kaum hat meine Mutter den Hörer auf die Gabel geknallt, beginne ich zu staunen. Entweder Prozac oder Cliff bekommen ihr ganz ausgezeichnet. Oder heute ist einfach ein Glückstag. Marcus bekommt seine gerechte Strafe, und ich erfahre sogar davon. Kein einziges unter den 30 vierjährigen Kindern in Cecelia Bradshaws Klasse speit sich voll, macht sich nass oder drückt einen Stinker in die Hose. Das muss Schicksal sein. Ich konsultiere mein Horoskop, um festzustellen, ob es mit mir übereinstimmt. (Solange es mir schmeichelt, glaube ich an mein Horoskop – sobald es anfängt, mich zu tadeln, tue ich es als absurdes Hirngespinst ab.) Offenbar macht sich gerade Jupiter, »der Planet des Wachstums und der Möglichkeiten«, in meinem Sternzeichen wichtig, darum erwarten mich »aufregende Entwicklungen«.

Nickend beuge ich mich über die Seite. Mal ehrlich, wenn man noch bei seiner Mutter wohnt, einen Popeljob hat und weder mit einem Liebes- noch einem gesellschaftlichen Leben gesegnet ist, lösen die Folterung eines früheren Fehltritts und die vorübergehende Ruhigstellung einer Problem-Mutter wirklich berauschende Glücksgefühle aus. Ich nage an meiner Unterlippe und überlege, ob ich mir heute Nachmittag noch einmal Tina vornehmen sollte. Sie ist mir und meinen Ratgebern in den vergangenen 14 Tagen erfolgreich aus dem Weg gegangen, doch unter *ihrem* Sternzeichen steht, dass Jupiter sich eben in jenen Bereich ihres Horoskops drängt, der »die Strukturen ihrer Existenz akzentuiert« und darum »wahrscheinlich Veränderungen mit sich bringen wird«. Perfekt. Ich werde sie gleich nach der Mittagspause anrufen.

Als ich um 12 Uhr 02 gerade anfangen will zu arbeiten, ruft der Joop!-getränkte Adam an, um mir mitzuteilen, dass er das ideale Angebot für mich hat, es ist wie für mich geschaffen, ich muss es augenblicklich besichtigen, es ist ausgesprochen günstig, sofort frei, ein geradezu genialer Grundriss, in fantastischer Lage, in einer sehr gefragten Gegend, exzellente Bus- und Bahnanbindung, könnte ein wenig Auffrischung vertragen, hunderte von Interessenten, wenn ich nicht sofort zuschlage, ist es weg, und ansonsten ist der Markt absolut leer gefegt, und ich schaue in den Mond. Mittlerweile bin ich mit Adams eigenwilliger Auslegung des Begriffs »irreführende Werbung« vertraut und glaube kein Wort. Doch wo Jupiter mir schon im Nacken sitzt, beschließe ich, dieses (falls ich Adam richtig interpretiere) besenkammergroße, baufällige, prähistorische und unter einer Eisenbahnbrücke gelegene Rattenloch zu besichtigen.

»Okay«, sage ich. »Wie wär's mit Viertel vor sieben heute Abend?«

»Ja?« Adam hat eindeutig erwartet, dass ich einen Streit vom Zaun breche. »Ist ja irre! Dann haben wir ein Rendezvous!«

»Haben wir nicht«, widerspreche ich.

Lizzy und ich betreten um 18 Uhr 32 sein Büro. Adam ignoriert mich und beglotzt Lizzy in ihrem Minirock. Mich stört das nicht – zum einen, weil schon Männer vor mir zurückgescheut haben, die in der Nahrungskette wesentlich weiter oben standen als Adam, zum anderen, weil ich, wenn ich ein Kerl wäre, Lizzys großer, sanft gebräunter Eleganz ebenfalls den Vorzug vor einem bleichgesichtigen Stummelhintern geben würde. Doch hauptsächlich rührt meine Indifferenz daher, dass ich mit mir hadere, ob ich Lizzy von Tina erzählen soll. Ich weiß, dass ich versprochen habe, den Mund zu halten und dass Fatboys korpulentes Leben davon abhängt. Aber ich bin überzeugt, dass ich, sollte ich Lizzy *wirklich* von Tina erzählen, ausnahmsweise aus gutem Grund geheime Informationen ausplaudern würde. Denn als ich heute Nachmittag bei Tina anrief, erklärte sie sich widerstrebend einverstanden, mich morgen zu Hause zu besuchen, allerdings unter der Bedingung, dass ich ihr »nicht zusetze«. Seither überlege ich krampfhaft, wie ich Tina wohl zusetzen könnte, ohne dass sie es merkt, und da Lizzy die Königin der Diplomatie ist und ich der Hofnarr, brauche ich ihren Rat. Doch welche Rechtfertigung ich mir auch zurechtlege, stets pochen in meinem Hinterkopf die scharfen, klaren Worte: »Aber du hast es versprochen.« Schließlich ringe ich mich – gerade als Adam einen Parkplatz erspäht und mit Wucht den Bordstein rammt – zu einem Kompromiss durch.

Ich sage leise: »Lizzy. Du kennst doch Adrian, Tinas Typen? Also, was würdest du sagen, wenn ich dir erzählen würde, dass ich mich mit einer Frau unterhalten habe, die vor einiger Zeit mit ihm gegangen ist und die gemeint hat, er hätte sie, äh, ab und zu verdroschen?« Zugegeben, dies ist eine absolut schwache, durchsichtige Abwandlung der Wahrheit, die jeder andere in einer Pikosekunde durchschauen würde. Doch Lizzys Intoleranz gegen alles Böse (sie ist in dieser Beziehung das genaue Gegenteil von Fatboy) weist wie ein Schutzengel alle unliebsamen Gedanken zurück. Nie im Leben würde ihr in den Sinn kommen, dass ich von Tina spreche.

Tatsächlich sieht sie mich verdutzt an und verkündet knapp: »Das glaube ich einfach nicht! Adrian ist doch so nett! Das ist bestimmt nicht wahr!«

Überrascht von ihrer Vehemenz, widerspreche ich nachsichtig: »Sie hat es mir aber erzählt.«

Worauf Lizzy mit der ungläubigen Stimme eines Kindes, dem man gerade versichert hat, dass die kleinen Kinder nicht vom Storch gebracht werden, entgegnet: »Ist sie sicher?«

Um ehrlich zu sein, ich bin fassungslos. Ich habe mit Entsetzen, Schauder und gespitzten Ohren gerechnet. Nicht mit Engstirnigkeit. Ich sage: »Ich glaube nicht, dass sie sich das ausgedacht hat, Lizzy, ehrlich nicht.«

Doch Lizzy meint fest: »Adrian ist so nett! Und höflich! Bestimmt hat sie sich das nur eingebildet. Und ehrlich gesagt finde ich es nicht nett von dieser Person, dir so gemeine Sachen zu erzählen.« Mit diesen Worten drückt sie die Verriegelung auf, schwebt aus dem Wagen und knallt die Tür zu. Ich komme mir vor, als hätte ich eben versucht, ihr eine Lebensversicherung anzudrehen.

Niedergeschlagen sehe ich mich um. Wir stehen vor einer Reihe adretter Reihenhäuschen mit Zuckerbäckerfassade. Alle sind weiß, haben wunderschöne Erkerfenster und bunt bemalte Haustüren. Adam öffnet das Tor zu der mit Kiesbeton verkleideten Ausnahme. Ganz eindeutig die Bleikristallvase unter den Hochzeitsgeschenken. »Vielleicht solltest du dir jemanden suchen, der die Platten wieder abnimmt«, flüstert Lizzy, »und den verrosteten Kühlschrank aus dem Vorgarten holt.«

Ich nicke lächelnd. Ich schaffe es nicht, sie anzusprechen, noch nicht. Darum sage ich zuckersüß zu Adam: »Ich weiß nicht genau, weshalb Sie uns hierher gebracht haben, es sei denn, Sie wollten uns einen Streich spielen, aber würden Sie diesmal bitte vorher läuten, damit der Besitzer nicht wieder in Unterhose die Treppe raufsausen muss?«

Adam räuspert sich und erklärt: »Der Besitzer lebt nicht mehr hier.«

Er drückt die schäbige Haustür auf, und mir wird klar warum. Wahrscheinlich hat sich der Vorbesitzer eines Tages das Dekor angesehen und ist vor Angst gestorben. Die Treppenstufen sind schief, knarzen und liegen frei. Die Wände sind mit etwas überzogen, das man höchstens als grelle Parodie auf eine Tapete bezeichnen könnte, und zwar unerklärlicherweise mitsamt der Decke. Trotz der atemberaubenden Dissonanz von Wirbeln in Orange und Braun ist der Effekt ausgesprochen trübsinnig. Lizzy murmelt: »Wie, äh, ungewöhnlich!« Ich atme tief durch, weil ich Angst habe zu ersticken.

»Es bietet alle Möglichkeiten«, verspricht Adam fröhlich. Ich seufze und folge ihm in einen Raum, der sich als Küche ausgibt.

»Der Besitzer hatte offenbar eine Schwäche für Braun«, meine ich mit einem angeekelten Blick auf das fleckige, schlammbraune Linoleum. »Und eine Allergie gegen das Putzen«, ergänze ich nach einem weiteren Blick auf die verkrustete Arbeitsplatte.

»Aber das Schöne an dieser Wohnung ist, dass sie geradezu nach jemandem schreit, der ihr seine Persönlichkeit aufprägt!«, erwidert Adam. »Unter diesem Linoleum liegt ein echt antiker Holzboden!«

Ich sehe ihn an und hake hoffnungsfroh nach: »Wirklich?«

Er nickt. »Klar, schließlich hat jedes Haus Dielenbretter, oder?«

Im selben Moment schreit Lizzy auf: »Helen! Wenn mich nicht alles täuscht, könnte das ein originaler New-World-Allgasherd sein? Ja, schau nur, er hat zwei Klappen! O mein Gott! Für einen solchen Herd könnte ich *sterben*! Er ist bestimmt mindestens 50 Jahre alt! Adam, gehört dieses Gerät mit zur Wohnung?«

Adam sieht Lizzy sehnsüchtig an und sagt: »Ja. Fürstlich, wie?«

Ich pruste und antworte: »Das Ding ist doch nur Schrott«, doch Lizzy besteht darauf, dass es sich um »eine Antiquität« handelt. Dann entdeckt sie, dass das Resopal – unter der dicken Schmierschicht – mit Gold eingefasst ist.

»Das ist unglaublich!«, quietscht sie. »Es ist ein Schatz! Hier wurde seit dem Krieg nichts verändert!«

Ich knurre: »Und zwar seit dem Hundertjährigen Krieg.«

Adam zeigt uns das Bad, das so klein ist, dass immer nur zwei von uns gleichzeitig hineinpassen. Lizzy wartet draußen. »Das sind noch die Originalfliesen!«, flüstert sie. »Helen, diese Wohnung *musst* du nehmen!«

Ich sehe sie zornig an und fauche: »Das hier ist eine Müllgrube!« Doch dann werfe ich einen Blick ins Schlafzimmer, und obwohl der Verputz abbröckelt und der Teppichboden durchgewetzt ist und die Fenster schmierig und gesprungen sind, spüre ich einen Stich im Herzen.

Ich male mir aus, wie ich den Teppich herausreiße und die Dielenbretter einlasse, wie ich die Wände gelb streiche und das große Fenster putze, bis die Sonne ins Zimmer scheint. »Schauen wir uns das Wohnzimmer an«, sage ich.

»Der Originalkamin«, verkündet Adam, als wir in das kleine, von Spinnweben verhangene Zimmer treten. »Und das Haus wäre sofort frei. Sobald Sie die nötigsten Arbeiten erledigt haben, könnten Sie innerhalb weniger Wochen einziehen!«

Ich sage: »Machen Sie sich nicht lächerlich, dieses Haus ist unbewohnbar!« Aber ich sage das ohne große Überzeugung. Mein Herz pocht laut, und mir ist heiß vor Spannung. Ich weiß nicht warum, aber ich will diese Wohnung.

Am nächsten Morgen mache ich ein Angebot. Adam reagiert kühl: »Ich melde mich wieder bei Ihnen.« Lizzy meint beschwichtigend, er würde nur den Preis hochtreiben wollen, und gibt mir die Nummer ihrer Anwältin. Und Tina ruft von einem Fototermin aus an und sagt, es tue ihr Leid, aber ihr sei »was dazwischen gekommen«, und sie werde mich heute Abend nicht besuchen. Ich will sie noch fragen, wie es ihr geht, doch sie legt einfach auf. Sofort danach klingelt das Telefon ein zweites Mal, und ich reiße den Hörer hoch. »Tina?«, keuche ich.

»Ist dort die liebreizende Helen?«, fragt eine Stimme gedehnt.

Ich bekomme eine Gänsehaut. »Jasper?«, flüstere ich.

»He, Baby«, beschwert er sich, »du hast dich noch nicht für die Blumen bedankt. Heißt das, dass alles vorbei ist?«

Ich lache. »*Was* vorbei ist?«, frage ich. »Da war nichts, was vorbei sein könnte.«

Jasper atmet scharf ein, als hätte ihn diese Bemerkung tief getroffen. »Autsch«, meint er dann.

»Jasper, du bist dickhäutiger als ein Nilpferd am Knie, also tu nicht so sensibel«, weise ich ihn streng zurecht.

Er lacht. »Helen, mein süßester Engel, ich vermisse dich! Wie geht es dir? Wie ist deine neue Heimstatt? Was hältst du davon, wenn wir einander mal wieder sehen? Was hieltest du von einem Abendessen?«

Ich denke bei mir: Ich würde mich ja breitschlagen lassen, aber du musst versprechen, wie ein normaler Mensch zu sprechen und nicht wie ein fahrender Ritter aus dem Mittelalter. »Aaaalso«, setze ich an, aber er unterbricht mich: »Heute Abend! Ich hole dich um sieben mit dem Taxi von der Arbeit ab und entführe dich!«

Ich will schüchternen Protest erheben, doch die Leitung ist bereits tot. Und so denke ich, was ist eigentlich dagegen einzuwenden, wenn ich einen Abend mit einem Pasta-Fertiggericht und einem pupsenden orangefarbenen Mob vor dem Fernseher gegen ein luxuriöses Diner bei Kerzenschein vor Jasper Sanderson eintausche, dessen schlanker Fuß sich liebevoll an meinen liebeshungrigen Knöchel schmiegt?

Schließlich will ich ja nicht mit ihm ins Bett springen oder so.

Kapitel 36

Gelegentlich vergisst sich Fatboy und zeigt mir, dass er mich mag. Diese Aussetzer hat er ganz nach Belieben und ausschließlich dann, wenn ich beschäftigt bin. Vor allem, wenn ich Zeitung lese. Dann springt er auf den Tisch und breitet sich genüsslich auf der Schlagzeile aus, bis er jedes einzelne Wort verdeckt hat. Falls ich ihn auf den Boden hebe, springt er wieder hoch auf genau denselben Artikel und lässt sich erneut darauf nieder.

Der einzige Kompromiss, den er in so einem Fall eingeht, besteht darin, auf meinem Schoß zu sitzen. Dort bleibt er kerzengerade hocken, bohrt die Klauen in meine Schenkel, schnurrt wie ein Propeller und fängt an zu kneten. Das Gefühl ist ziemlich genau so, als würde man zehn scharfe Nadeln in die Haut gestochen bekommen, und zwar immer an derselben Stelle. Zugleich zupft er damit winzige Fäden aus meiner Hose und ruiniert sie dadurch. Dennoch ertrage ich den Schmerz und gebe meine Hose als Unterpfand hin, denn Fatboys Liebesbekundungen sind sehr selten – was ihren Marktwert enorm steigert.

Wahrscheinlich erkläre ich mich aus ganz ähnlichen Gründen einverstanden, mit Jasper auszugehen. Und ungeachtet aller Umstände freue ich mich, ihn zu sehen. Er hat – nicht lachen! – Egoïste aufgelegt, wofür ich ihn am liebsten beißen würde. »Du riechst gut«, sage ich, ohne es zu meinen.

»Ich weiß.« Er grinst.

Ich bemerke ein Fitzelchen einer klebrig weißen Masse, das sich zwischen seinen Zähnen verfangen hat. Augenblicklich fahre ich mit der Zunge zutzelnd über meine Zähne, obwohl ich sie frisch geputzt habe. Plötzlich fühle ich mich plump, und die krasse Arroganz seines »Ich weiß« hallt mir im Ohr nach wie ein Donnerschlag. Jasper ist so schön wie eh und je, aber er ist auch mächtig von sich eingenommen.

Ich beschließe, es Jasper möglichst schwer zu machen. Oder wenigstens schwerer, als er erwartet. Während wir über Long Acre spazieren, legt er mir die Hand auf die Schulter. Ich spiele mit dem Gedanken, sie abzuschütteln, aber ich will auch nicht *zu* abweisend wirken. Folglich lastet sie schwer und klobig auf mir, bis wir ein Taxi anhalten.

»Und wohin bringst du mich?«, frage ich, während wir uns durch den Londoner Verkehr quälen.

»Das ist eine Überraschung!«, antwortet er. »Also, wie geht es dir? Lang, lang ist's her!«

Ich nicke, sage: »Ausgezeichnet, danke«, und gebe mir Mühe, mich durch den Satz: »Lang, lang ist's her!« nicht aus der Fassung bringen zu lassen.

»Und wie geht es *dir*?«, gebe ich die Frage zurück. »Wie geht es Louisa?«

Jasper rümpft die Nase und meint mit Hingabe: »Mir geht es gut, und sie ist eine blöde Tussi!« Eigenartigerweise – oder auch nicht – überrascht mich das kaum.

»Ach ja? Und warum?« Ich bleibe kühl. Auf unerklärliche Weise fühle ich mich stellvertretend für Louisa gekränkt.

Jasper bläht die Nasenflügel, schnaubt laut und verdreht die Augen. Das Sinnbild eines in Panik geratenen Pferdes. »Ach, sie richtet mich noch zu Grunde! Ich kann diese Frau nicht ertragen! Sie« – von seinem Tonfall her erwarte ich ein langes Klagelied, doch er hält inne und bricht dann abrupt ab – »sie, ach, sie ist schon in Ordnung. Sie ist ein nettes Mädchen. Sie ist, äh, sehr nett, ich, äh, ich verabscheue ihren Musikgeschmack.«

Ich ziehe die Brauen hoch. »Jasper, du verabscheust den Musikgeschmack aller deiner Mitmenschen. Was gefällt ihr denn, das dir so gegen den Strich geht?«

Er schaudert und spuckt den Namen aus wie saure Milch: »Madonna.«

Ich quietsche: »Madonna! Was hast du gegen Madonna? Madonna ist *super*! Ich liebe sie!«

Jasper blafft: »Sie ist eine Männerfresserin!«

Ich kneife die Lippen zusammen und sage spröde: »Ich verstehe. Und das wirkt sich natürlich auf ihre Musik aus, nicht wahr?«

Jasper ignoriert – wie jeder gute Politiker – meine Bemerkung und erwidert: »Ihre Musik ist bodenlos schlecht!« Ich glaube, Jasper rechnet mit meinem Widerspruch, doch ich bleibe still. Schließlich brummelt er: »Ich kann solche Mädchen nicht ausstehen.«

Ich habe es gewusst. Ein Zornbeben durchläuft meinen Körper, und ich platze heraus: »Und ich kann *Jungs* mit einer solchen Einstellung nicht ausstehen.« Danach sitzen wir volle fünf Minuten in frostigem Schweigen nebeneinander, bis Jasper kapituliert.

»He, Babe«, sagt er leise, »tut mir Leid. Habe ich dir eigentlich schon gesagt, wie toll du aussiehst? Wirklich gut.«

In meinem Vokabular ist: »Du siehst wirklich gut aus« eine höfliche Umschreibung für: »Du siehst wirklich fett aus.« Darum schnaube ich nur: »Pah!«

Jasper lässt sich nicht beirren. »Nein, ganz im Ernst. Hast du abgenommen oder so?«

Ich würde lieber eingeschnappt bleiben, doch ich muss unwillkürlich schmunzeln. »Weiß ich nicht, ist mir auch egal«, murmle ich. »Ich bin seit zehn Jahren auf keine Waage mehr gestiegen.«

Jasper ahnt das heraufziehende Tauwetter und meint fröhlich: »Wenn du möchtest, kannst du dich in der Wohnung wiegen.«

Ich reiße die Augen auf wie ein Disney-Backenhörnchen. »In welcher Wohnung?«, frage ich schrill. »Ich dachte, du willst mich zum Essen ausführen?«

»Ich dachte, ich koche dir was Leckeres bei mir zu Hause«, erwidert er.

Ich knurre: »Bei Louisa zu Hause, meinst du wohl. Ist *sie* auch da?«

Jasper bleibt absolut ungerührt: »Louisa ist auf Geschäftsreise in Chicago. Wir haben die, äh, Küche ganz für uns allein.« Ich beschließe, ihn auf die Probe zu stellen. »Und was wirst du kochen?«

Jasper hustet in die vorgehaltene Hand. »Frittata di cheddar e erbe d'estiva«, antwortet er lächelnd.

»Wow!« Ich fühle mich geschmeichelt, dass er sich solche Mühe gibt. »Das klingt ja toll! Bist du extra in einen Feinkostladen gegangen?«

Jasper lacht. »Kann man so sagen«, antwortet er. Jasper hat sich für mich verausgabt. Ich fühle mich vor Freude ganz blöd. Den Rest der Fahrt plaudern wir über Jaspers Job und über seine unmittelbar bevorstehende Beförderung. Ich erzähle ihm von meiner unmittelbar bevorstehenden Hinausbeförderung, woraufhin er erklärt, dass ich lernen müsse, »das Spiel zu spielen«. Was immer das auch bedeuten mag. Das Taxi biegt in eine protzige Puppenstuben-Straße in Kensington ein.

»Uff!«, sage ich. »Louisa hat es ganz schön weit gebracht!«

»Ja«, bestätigt Jasper. »Wie schön für sie.«

Wie schön für *dich*, denke ich. Meine Meinung ändert sich auch nicht, als ich die Wohnung sehe. Louisa ist ganz wild auf Rot. Die Wände sind in einem tiefen Karmesinrot tapeziert, riesige scharlachrote Teppiche bedecken den Boden, und die Fenster sind mit bordeauxroten Samtvorhängen geschmückt. Das Wohnzimmer hat sie mit dekorativen Kerzenständern, alten Holztischen und -stühlen, einem abgewetzten fliederfarbenen Sofa und einem überladenen Bücherregal voll gestopft – ich würde liebend gern lästern, doch der Raum wirkt warm, gemütlich und auf nicht zu leugnende Weise anziehend. »Das ist ja irre!«, entfährt es mir.

»Als würde man in einer Gebärmutter wohnen!«, ruft Jasper aus der Küche. »Wie wär's mit einem Sherry?«

Ich rufe zurück: »Sag mal, sehe ich vielleicht aus wie eine 100-jährige Erbtante?«

Es bleibt kurz still, dann höre ich Jasper fröhlich antworten: »Wie du willst, ich trinke jedenfalls einen.«

Ich stecke die Nase in die Küche. »Hast du kein Bier?« Jasper schüttelt den Kopf. »Oder Wein?« Jasper schüttelt den Kopf.

»Dann nehme ich ein Glas Wasser«, sage ich.

»Es gibt aber nur Leitungswasser«, erwidert er. »Prost! Also, erzähl schon, wie sieht deine neue Bude aus?«

Ich nehme einen Schluck Wasser und frage: »Welche neue Bude?«

Jasper sieht mich verdutzt an. »Ich dachte, du wolltest eine Wohnung kaufen.«

Ich erwidere schnell: »Das tue ich auch. Ich ziehe in, puh, etwa fünf Wochen um.« Das ist nicht direkt gelogen, denn bevor ich heute aus dem Büro ging, rief Adam bei mir an, um mir mitzuteilen, dass mein Angebot leider zu niedrig sei, aber, mal ganz unter uns, wenn ich noch sechs Mille drauflegen würde, hätte ich die Wohnung im Sack. »Klar, und so versifft, wie sie ist, gehört sie da auch hin«, hatte ich gebrummelt, allerdings erst nachdem ich den Hörer auf die Gabel geknallt hatte.

Jasper bekundet durch eine hochgezogene Braue sein Interesse an meinem Ausflug auf den Immobilienmarkt, darum erzähle ich ihm alles über die Wohnung (abgesehen von der Tatsache, dass ich sie noch nicht gekauft habe), während er etwas zubereitet, das wie ein Käseomelette aussieht. Wie kommt es, dass selbst in der Postmoderne alle Männer in meinem Bekanntenkreis ausschließlich Omelettes machen können? »Ich dachte, du machst mir was Kompliziertes«, meine ich säuerlich.

»Das hier *ist* kompliziert, Babe«, erwidert er augenzwinkernd.

Wir essen unsere Omelettes auf dem Sofa, und Jasper ist ausgesprochen aufmerksam. Er versucht, mich mit seiner Gabel zu füttern – ich lasse ihn gewähren, obwohl ich seit beinahe 25 Jahren perfekt allein essen kann, dann wühlt er in Louisas Zeitschriftenständer nach einer neueren Ausgabe von *Homes & Interiors*. Wir blättern sie gemeinsam durch, und obwohl ich nicht ein einziges Stück darin finde, das mir gefallen würde oder das ich mir leisten könnte, rührt mich sein Interesse. Es gibt keine Probleme, bis die Uhr zehn schlägt und Jasper versucht, mich zu küssen. »Ich vermisse dich, Babe«, murmelt er in meinen Hals. »Babe, ich vermisse dich.«

Er drückt mich sanft, aber bestimmt tiefer in das fliederfarbene Sofa und macht sich daran, mein Oberteil auszuziehen. Ich bleibe reglos liegen und lasse mich küssen, doch ich hebe seine fummelnden Finger von meiner Bluse weg. Jasper küsst mich laut schmatzend überall auf das Gesicht. Mir dreht sich vor Ekel der Magen um, und ich drehe den Kopf zur Seite. Ich sollte mich eigentlich schmatzig und küsswillig fühlen, doch bei mir tut sich rein gar nichts. Vielleicht ist mir das Omelette nicht bekommen. »So schamhaft«, haucht Jasper und zwingt mein Gesicht zurück in seinen Küssradius. »So kenne ich dich gar nicht.«

Ich schieße hoch und schubse ihn weg. »Was soll das heißen?« Meine Stimme ist eisig.

Jasper fährt sich mit der Hand durch das Haar und sagt: »Locker bleiben, Engelchen, das war ein Witz.«

Ich sehe ihn zornig an. »Und weißt du was? Ich kapiere ihn nicht.«

Jasper zwickt mich in die Nase und springt auf. »Wie geht's, äh, Fatty?«

»Fatboy!« Meine Stimme ist schrill vor Ärger. »Er heißt Fatboy, und es geht ihm ganz ausgezeichnet, vielen Dank!«

Jasper lacht auf und raunt mir zu: »Du bist sexy, wenn du wütend bist.«

Ich schüttle den Kopf und erwidere: »Und du bist unmöglich. Und spar dir diese Sprüche. Die sind mindestens 50 000 Jahre alt. Mit denen haben schon die Dinosaurier gebaggert.« Jasper reibt sich die Stirn und lässt mir sein Scheinwerferstrahlen zukommen, bis ich kichernd sage: »Hör schon auf. Unter normalen Umständen würde ich dich augenblicklich anspringen, aber ich habe irgendwie Kopfschmerzen.«

Jasper sieht mich an und meint dann ohne großes Bedauern: »Aaach.« Dann sagt er: »He, Babe, ich hab dir ein Geschenk gekauft.« Er wühlt in seinem Aktenkoffer und wirft mir dann ein grellbuntes Taschenbuch in den Schoß. *Katzenplaudereien*. Mir ist augenblicklich klar, dass er es aus seinem Büro geklaut hat. »Ich habe andere Interessen«, reagiere ich schroff. Er schnappt sich die *Katzenplaudereien*, lässt sich aufs Sofa plumpsen, legt sich hin und fängt an, Auszüge daraus vorzulesen. Da Jaspers Katzenliebe etwa so groß ist wie die von Nana Flo, weiß ich sein Opfer zu würdigen.

»Jedes Leben sollte neun Katzen haben«, verkündet er, als wäre es ihm ernst, und augenblicklich weicht meine verhärtete Miene auf, und ich spüre den Anfang eines innerlichen Schnurrens. Ich schließe die Augen, lausche seiner Stimme und streichle ihm übers Haar. Ich bade gerade in der Wärme unserer wieder gefundenen Nähe, da lässt er das Buch fallen, packt meine Hand und jammert: »Helen. Ich vermisse das mit *uns*. Bitte, komm zu mir zurück.«

Ich weiß nicht, was ich sagen soll, deshalb sage ich: »Oh!«, und verspreche, dass ich darüber nachdenken werde. Dann haue ich ab.

Ich glaube schon fast, dass der Planet Jupiter total falsch liegt und mein verspätetes Weihnachtsfest doch ausfällt, weil mir von irgendwelchen Idioten ein irreführender Silberstreif auf den Horizont geklebt wurde, als mein Angebot auf die Wohnung Nummer 55b angenommen wird. Adam teilt mir die frohe Kunde mit wie ein Müllmann, der einen Müllsack auf das Müllauto schleudert. Dann fragt er, ob ich mit ihm was trinken gehen will und die Edeltussi mitbringen kann, mit der ich sonst rumhänge? Ich antworte ihm, dass Lizzy ausschließlich mit Immobilienmaklern ausgeht, die mit

Grundstücken über 300 Mille handeln. Dann teile ich Lizzy meine Immobilienneuigkeiten mit, die augenblicklich darauf anspringt und vorschlägt, einen Feng-Shui-Experten zu Rate zu ziehen.

»Ich hasse das«, sage ich, als ich nach einem Gespräch mit dem gerissensten Hypothekenmakler weit und breit den Hörer auflege. »Ich werde über den Tisch gezogen.«

Lizzy versucht nach besten Kräften, mitleidig auszusehen, und zirpt: »Ja, aber glaub mir, es wird sich letzten Endes lohnen!«

Ich seufze. »Na klar. Ich werde stolze Besitzerin eines Schuldenberges sein.« Ich nage an meiner Lippe und brumme vor mich hin: »Na ja, wenigstens wird Tom zufrieden sein, dieser scheinheilige Heuchler.«

Tom ist wie ein Radio-Jingle – er treibt mich zum Wahnsinn und will mir einfach nicht aus dem Kopf. Seit ich Jasper wiedergesehen habe – und wahrscheinlich schon davor –, muss ich ständig an Tom denken. Wie besessen vergleiche ich die beiden miteinander. Augen, Witze, Brustkorb, Stimme, Humor, Geist, Omelettekochkünste, Penis, Temperament, Vorlieben, Intelligenz, Kellnerwinkstil, Job ... ich vergleiche fast alles, und das Ergebnis ist, dass ich Jasper nicht anrufe.

Aber mich danach sehne, Tom wiederzusehen.

Zugegeben, ich würde alles tun, um mich aus der Hölle der Wohnungsüberschreibungen und der damit verbundenen Blutsaugerei zu befreien. Doch viel wichtiger ist, dass Tom und ich noch nicht miteinander fertig sind. Und ich spreche nicht vom Sex, auch wenn das ein äußerst willkommener Bonus wäre. Wenn ich weiterkommen will in meinem Leben – eine Phrase, die ich zum *Kotzen* finde, so als wäre das Leben ein Nachtflug in der Touristenklasse, den man irgendwie überstehen muss, doch diesmal will ich eine Ausnahme machen –, muss ich mit Tom sprechen.

Ich will es nicht, aber ich muss. Immer wieder blitzt vor

meinen Augen sein fassungsloses Gesicht in der Nacht der Hundehintern auf. In meinen schwächsten Augenblicken möchte ich mich ihm zu Füßen werfen und alles erklären, doch gleich darauf will mein rebellisches Herz ihn am liebsten so lange zur Schnecke machen, bis er sich *mir* zu Füßen wirft. Wie kann er es wagen, mir meine Fehltritte vorzuhalten, während er selbst hinter meinem Rücken rummacht? Wie konnte er all das sagen, was er gesagt hat, ohne es zu meinen?

Wie konnte ich so naiv sein zu glauben, er würde es wirklich meinen, nur weil er es gesagt hat? Was hat er sich eigentlich dabei gedacht, so nett zu mir zu sein? Warum war er nicht ehrlich? Ist ihm nicht klar, dass ich mit Betrug ausgezeichnet umgehen kann, solange er sich nicht als Aufrichtigkeit maskiert? Diese hinterhältigen Fragen wühlen und winden sich wie Maden durch mein Hirn und verhindern, dass ich mich auf das chaotische Gewirr in Laetitias Rechnungsschublade konzentrieren kann. Darum schnappe ich das Telefon, rufe bei Megavet an, erkläre, dass Fatboy nicht mehr frisst, und mache einen Nottermin für 18 Uhr 45 aus.

Meine Mutter schmollt, weil ich ihr die Wohnung noch nicht gezeigt habe – der Grund: ich traue mich nicht –, darum gelingt es mir, Fatboy vom Volvo zu pflücken, ihn in sein Transportkörbchen zu stopfen und zum Tierarzt zu rasen, ohne aufgehalten zu werden. Als der Toyota keuchend und schaudernd in der Golders Green Road zum Stehen kommt, bete ich, dass Tom immer noch im Urlaub ist. Ich atme tief ein, überprüfe im Rückspiegel meine Frisur (platt gedrückt, genau wie ich gedacht habe), hebe Fatboy vom Rücksitz und stiefele auf die Tür von Megavet zu. Ich lehne mich mit dem gesamten Gewicht dagegen, drücke sie mit dem Hintern auf und taumle rückwärts in die Rezeption. Es ist kein besonders würdevoller Auftritt, deshalb bin ich froh, dass keine Tiere und Menschen auf ihren Termin warten und dass Celine nicht hinter der Empfangstheke steht. Dummerweise steht dort Tom.

Er schreibt etwas in ein Buch, das wohl der Terminkalender ist, und sieht müde und mitgenommen aus. Er starrt mich an, als könnte er nicht recht glauben, was meine Katze da schon wieder anschleppt, und nickt dann knapp. Mein Nacken verkrampft sich, ich starre zurück und nicke ebenfalls. Fatboy jault und kratzt. »So«, sage ich säuerlich, »treffen wir uns also wieder.«

Tom knallt den Stift auf die Theke, klatscht den Terminkalender zu und meint tonlos: »Du bist die Nächste. Du kannst genauso gut gleich reinkommen.«

Ich hieve Fatboy ins Behandlungszimmer, Tom macht die Tür hinter uns zu, und ich bekomme Angst. Ich fürchte mich vor dem, was er sagen könnte, darum komme ich ihm schnell zuvor. »Hast du einen schönen Urlaub gehabt?«, frage ich schleimig.

Tom scheint meine Höflichkeit zu überraschen. »Ja, dank –«

Ich falle ihm brüllend ins Wort: »Mit deiner Freundin!«

Zorn und Entsetzen ringen auf seinem abgezehrten Gesicht um die Vorherrschaft, und er zischt: »*Was?!*«

Genau wie Fatboy kann ich es gar nicht leiden, wenn ich angezischt werde, deshalb flammen Zorn und Wut in mir auf wie ein Streichholzkopf. »›Was!‹«, imitiere ich fauchend seine Überraschung. »›*Was!*‹ Spar dir dein ›Was‹, du weißt genau, wovon ich spreche! Von deiner Freundin! Du weißt doch, die, mit der du in Urlaub gefahren bist? Die Freundin, mit der du im Bett warst, während du mit mir geschlafen hast! Praktisch gleichzeitig!«

Tom beißt die Zähne zusammen und knurrt: »Ich habe keine Ahnung, wovon du redest! Was für eine Freundin?«

Inzwischen muss ich mich selbst an den Haaren packen, um ihn nicht mit aller Gewalt durchzuschütteln. Ich kreische: »Lüg mich nicht an, ich habe es satt, angelogen zu werden! Die Freundin, mit der wir dich im Pub gesehen haben, du Armleuchter!« Tom bleibt der Mund offen stehen. »Was?«, frage ich wütend.

Tom durchbohrt mich mit seinem Blick und brüllt: »Du blöde Kuh, das war meine *Schwester*!«

Das ist absolut unmöglich, und ich will das schon sagen. Doch dann fällt mir der beschwichtigende Kommentar ein, den Lizzy kurz nach dem Zwischenfall im Pub machte, etwas wie: »Vielleicht war es ja seine Schwester.« Außerdem fällt mir ein, dass Tom von seiner Schwester erzählt hat. Und plötzlich finde ich den Gedanken, dass die Frau im Pub Toms Schwester sein könnte, längst nicht mehr so abwegig wie im ersten Moment. Wenn das stimmt, dann ist meine Position absolut unhaltbar. Doch kampflos gebe ich bestimmt nicht auf.

»Meiner Mutter ist gesagt worden, dass du mit deiner Freundin in Urlaub gefahren bist!«, fahre ich ihn an.

Tom schüttelt ungläubig den Kopf. »Das begreife ich nicht«, sagt er. »Wieso bespricht *deine* Mutter *meine* Urlaubspläne?«

Ich sage schnell: »Weil ich in der Arbeit war und Fatboy krank geworden ist, darum hat sie ihn zum Tierarzt gebracht.«

Tom bleibt kühl. »Ach, wirklich? Und?«

Ich zucke die Achseln. »Und weil sie dich kennt, hat sie sich eben erkundigt, wo du steckst! Wahrscheinlich hat ... Celine es ihr gesagt.«

Sobald ich das schleimige Wort »Celine« ausspreche, kristallisiert sich in meinem Kopf eine Theorie heraus, bei der sich meine Zehennägel aufrollen, die aber unangenehm plausibel erscheint. Auch in Toms Kopf scheint sie sich herauszukristallisieren. »O-o-oh!«, erwidert er wütend. »*Celine* hat deiner Mutter also erzählt, dass ich mit meiner Freundin im Urlaub bin.« Er lässt eine Sekunde verstreichen, dann bellt er: »Wieso denkst du eigentlich immer nur an dich selbst? Warum hackst du dauernd auf allen anderen herum? Dir kann man es einfach nicht recht machen, wie? Du kannst mich nicht selbst fragen wie ein erwachsener Mensch! O nein! Das wäre viel zu einfach! Du –«

Ich stampfe so fest mit dem Fuß auf, dass ich mir beinahe den Knöchel breche. »Brüll mich bloß nicht an, du eingebildeter Affe, das lass ich mir nicht bieten!« Insgeheim bin ich bis ins Mark getroffen über meine falsche Freundinnen-Hypothese, doch der Teufel soll mich holen, wenn ich Tom das wissen lasse. Ich kreische: »Es ist doch nicht zu fassen, dass ich mich so von dir behandeln lasse! Du hältst dich wohl für was Besseres?«

Tom spuckt: »Wovon redest du eigentlich?«

Ich stampfe wieder mit dem Fuß auf – diesmal nicht ganz so fest – und keife: »Tu nicht so, als wüsstest du das nicht! Mir Vorträge zu halten, was ich tun soll, was ich zu meiner Mum sagen soll, was ich für meinen Dad empfinden soll! Wo ich wohnen soll! Du –«

Jetzt klatscht Tom die Hand auf den Tisch, dass ich einen Satz mache. Er brüllt: »Ich habe dir überhaupt keine Vorträge gehalten, du Idiotin! Ich habe dir einen Vorschlag gemacht, weil du niemals von selbst darauf gekommen wärst! Ich habe versucht, dir zu helfen, aber du wolltest dir ja auf keinen Fall helfen lassen! Du bist vor mir davongelaufen! Ich bin nirgendwohin gegangen! Also gib nicht mir die Schuld! Du bist wie ein verfluchtes Jojo! Und ich muss ständig raten, was ich jetzt schon wieder falsch gemacht habe! Obwohl ich überhaupt nichts falsch gemacht habe! Vielleicht wirst du endlich mal erwachsen, Kleine!«

Ich bin so fassungslos über die Wucht seines Zornes, dass ich kaum mitbekomme, was er sagt. Nicht zum ersten Mal verspüre ich den Drang, ihn zu ohrfeigen. Darum stürze ich mich auf ihn: »Ich habe versucht, dir zu helfen«, und kreische schrill: »Das hast du nicht! Du hast genau gewusst, dass ich irgendwo wohnen muss! Aber du hast mir kein einziges

Mal angeboten, bei dir zu wohnen! Dir war das vollkommen egal!«

Tom klatscht sich mit der flachen Hand gegen die Stirn. Das bringt mich aus dem Konzept, darum quäke ich: »Wa-was soll das denn?«

Er seufzt und sagt: »Du bringst mich noch zum Heulen.«

Verdrossen frage ich: »Warum?«

Er antwortet mir mit schwerer Stimme, langsam und müde: »Ich habe dir meine Wohnung nicht angeboten, Helen, weil du mir *nicht* egal bist. Oder warst. Ich bin keine verdammte Notaufnahme. So, kann ich jetzt irgendwas für deinen unverantwortlich überfütterten Kater tun, oder hast du ihn in seinem Transportkorb quer durch die Stadt geschleift, nur weil du einen Vorwand gebraucht hast, um mich anzubrüllen?«

Ich funkle ihn schweigend an wie eine Kleinkriminelle, deren Tarnung aufgeflogen ist.

»Habe ich mir fast gedacht.« Toms blaue Augen sind eisig. Er reißt die Tür auf. Ich ziehe mit hoch erhobener Nase ab. »Deine Ka-hatze!«, ruft er mir in gehässigem Singsang hinterher. Ich kehre mit hoch erhobener Nase zurück, schnappe mir das Körbchen und ziehe ein zweites Mal mit hoch erhobener Nase ab. Dann drehe ich mich mit noch immer hoch erhobener Nase um, um ihm eine unerhörte Gehässigkeit um die Ohren zu hauen, doch Tom knallt mir die Tür vor der Nase zu. Ich sehe zur Empfangstheke hinüber und entdecke einen Jack Russell mit Besitzerin, die mich beide fasziniert mit finsterem Blick beobachten, darum presse ich meinen Hintern gegen die Eingangstür und dampfe ab auf die Straße.

Die Giftkirsche auf dem ungenießbaren Zuckerguss über meinem verfaulten Kuchen wird mir von Tina serviert, und zwar durch einen Anruf auf meinem Handy. Jedes Mal, wenn ich im Büro in ihre Nähe gekommen bin, hat sie geträllert: »Jetzt nicht, Püppi, ich hab zu tun!«, und mich weggescheucht. Alle meine sorgsam formulierten E-Mails wurden ignoriert. Und ausgerechnet heute Abend beliebt es ihr, in Kontakt mit mir zu treten. Mein Anrufmelder bimmelt, gerade als ich Fatboy durch die Haustür schleppe. Ich rufe meine Mailbox an und verziehe das Gesicht, als ich Tinas gellend hohe Frohsinnsstimme höre: »Hi, Helen! Ich wollte dich nur kurz anrufen! Aide hat fest versprochen, sich zu ändern, jetzt ist alles geklärt und okay! Du kannst ganz locker sein! Und du brauchst nicht zurückzurufen! Tschüssie!« Ich trete die Tür zu, entlasse Fatboy aus seinem tragbaren Knast und sage bitter: »Herrgott, du bist noch blöder als ich!«

Und ich kann nicht einmal lächeln, als meine Mutter aus der Küche ruft: »Sprichst du mit mir, Liebling?«

Kapitel 37

Nana meint, wenn einem etwas Schlechtes widerfährt, dann zeigt sich, wer ein wahrer Freund ist. Lizzy meint, wenn einem etwas Schönes widerfährt, dann zeigt sich, wer ein wahrer Freund ist. Fakt ist, dass ich keine Ahnung habe, wer meine wahren Freunde sind. Jasper geifert mir immer noch hinterher wie ein Fuchs der Henne, Tina schaltet abrupt von vernünftig auf Fernsteuerung um, und ich kann nicht mal genau sagen, *was* mir eigentlich widerfahren ist.

Die einzige Neuigkeit ist, dass nach vier Wochen des Fellabziehens, Korinthenkackens und Haareraufens die Anwältin anruft, um mir mitzuteilen, dass der Vertrag über den Verkauf von Wohnung Nummer 55b fertig sei. Ich erzähle Lizzy, dass ich in nicht einmal einem Monat Wohnungsbesitzerin sein werde, und breche an meinem Schreibtisch zusammen. Sie versteht mich nicht. »Findest du das nicht toll? Was ist denn? O Gott, das ist ja so aufregend! Wir müssen unbedingt Farbe kaufen gehen!«

Ich weiß nicht genau, was mich mehr mitnimmt – die Tatsache, dass es für mich mittlerweile ein freudiges Ereignis darstellt, Farbe kaufen zu gehen, oder dass ich fortan dazu verdammt bin, mutterseelenallein in einer klitzekleinen baufälligen Reihenhaus-Schuhschachtel in einem schäbigen Viertel von Kentish Town zu leben. Wenigstens wird sich der Toyota dort zu Hause fühlen. Und das Fegefeuer des Gefeilsches mit Banken und Maklern und des Geldverschwendens für Untersuchungen und Tabellen und Gutachter und des Ausgenommenwerdens von Leuten, die viel reicher sind als ich, und des Herumgestoßen- und Bemuttertwerdens hat endlich ein Ende.

Doch sobald ich an die Bruchbude namens Wohnung Nummer 55b denke, dreht sich mein Magen um wie ein Eierkuchen in der Pfanne. Als ich meine Mutter hinführte, brach sie beinahe in Tränen aus. »Warum kannst du nicht weiter bei mir wohnen?«, rief sie aus. »Das ist ja schrecklich! Hier sieht es ja aus wie in einem besetzten Haus!« Ich war versucht zu entgegnen: »Komisch, dass ausgerechnet du das sagst«, verkniff es mir aber. Adam wurde kalkweiß und meinte, das Objekt hätte ein Wahnsinnspotenzial, hielt aber den Mund, nachdem meine Mutter gekreischt hatte: *»Wie bitte?«* Ich habe das ungewohnte Gefühl, dass meine Mutter Recht hat. Was um alles in der Welt tue ich da? »Ja, gut«, höre ich mich antworten. »Morgen früh um elf Uhr in Ihrem Büro, genau, bis dann, auf Wiederhören.«

Den letzten Monat habe ich geschuftet wie ein ägyptischer Sklave, um mir Tom und die Grausamkeiten, die er mir an den Kopf geworfen hat, aus demselben zu schlagen, darum zeigt sich Laetitia gnädig und gewährt mir einen freien Vormittag. Ihr einziger Kommentar lautet: »Kentish Town? Wurde da nicht vor kurzem jemand niedergestochen?« Ich lache nervös.

Lizzy ist währenddessen süß wie ein Honigkuchenpferdchen – sie hat mir bereits die Telefonnummer ihrer »sensationellen« Renovierungsfirma und ihres »exzellenten« Elektrikers und ihres »Engels von einem Klempner« gegeben –, deshalb vergesse ich nur zu gern, dass ich eigentlich sauer auf sie bin. Ich kann nicht anders. Ich kann es einfach nicht verknusen, dass Lizzy ein solches Gottvertrauen hat – in ihre eigene Güte und die der anderen. Ihre Denkweise ist für sie die einzig mögliche. Sie mag sehr nett sein, aber sie ist auch erschreckend kurzsichtig. Lizzy hat Recht, wenn sie meint, dass Ingwer das Blut reinigt, und sie hat möglicherweise Recht, wenn sie meint, dass Pfefferminz ausgezeichnet gegen einen Bandwurm hilft, aber sie irrt sich ganz schrecklich in Bezug auf Adrian, und ihre streberinnenhafte Selbstzufriedenheit geht mir mächtig auf die Nerven.

Darum schleiche ich aus dem Büro, ohne mich von ihr zu verabschieden, und als sie mich abends zu Hause anruft, flüstere ich meiner Mutter zu, sie soll antworten, ich sei nicht da. »Sie sagt, sie ist nicht da«, wiederholt meine Mutter und zwingt mich auf diese Weise, ihr den Hörer aus der Hand und mich endlich zusammenzureißen.

»Tut mir wirklich Leid«, flöte ich mit falscher Fröhlichkeit. »Sie hat den ganzen Tag lang Kinder anschreien müssen. Jetzt ist sie taub.« So leicht lässt Lizzy sich nicht übertölpeln. »Ist irgendwas mit dir?«, erkundigt sie sich vorsichtig. »Du klingst so verändert.«

Da ich mich lieber unter einen Lastwagen schmeißen als mich Lizzys gekränkter Pietät aussetzen würde, sage ich leichthin: »Überhaupt nichts. Ich mache mir ein wenig Sorgen wegen morgen, du weißt schon, ein bedeutender Schritt und so weiter.«

Wie nicht anders zu erwarten, tut Lizzy das als Schwachsinn ab und trällert: »Mach dir keine Sorgen! Das ist alles kein Problem! Du kriegst das ganz locker hin!« Wie sich herausstellt, liegt sie damit falsch. Wieder mal.

Der Tag des Vertragsabschlusses fängt schon schlecht an, denn meine Mutter stürmt in die Arbeit, ohne sich zu verabschieden. Ich gebe mir redlich Mühe, mich nicht zu ärgern, doch vergeblich. Ich weiß, im Grunde möchte sie nur, dass wir beide bis an unser Lebensende als schräges Pärchen zusammenbleiben – die Prinzessin und ihre verdammte Erbse. »Madam«, brummele ich, »vielleicht möchten Sie allmählich aufhören, sich wie ein verzogenes Balg aufzuführen, und endlich erwachsen werden?« Sobald ich die Worte ausgesprochen habe, wird mir bewusst, dass sie mir vertraut vorkommen und dass Tom genau das Gleiche zu mir gesagt hat. »Arr!«, sage ich, schalte den Fernseher ein und lasse mich rückwärts aufs Sofa fallen. »Der soll sich doch verpissen. *Verpissen!* Mich so anzubrüllen!« Ich sage das laut und in dem Bemühen, seinen Verlust weniger schmerzhaft zu spüren, doch das klappt nicht. Immer wieder wühlt mein masochistischer Geist süße Memoiren aus den Tiefen hervor. He, Helen! Denk doch an dieses Wolfszähnelächeln! Den Notstrauß mit den blauen Ringelblumen! Die Vivisektion von Stephen King beim Pizzaessen! Den Elefantenwitz! Seinen Einstand als Babysitter in der Tequilanacht! Die Fönfrisur für Fatboy, damit er wie ein Punk aussieht! Den Kuss, mit dem er den Sahnekäsekrümel aus deinem Mundwinkel geholt hat! Umwerfend, nicht wahr?

Dennoch sind es weniger die vielen Kleinigkeiten als die Summe aller Einzelheiten. Ich kann es nicht leugnen. Ich versuche, mich in einen Groll gegen Tom zu steigern, doch es gelingt mir nicht. Ich möchte ihn dafür verabscheuen, dass er mich mag, doch das kann ich nicht. Ich möchte mir weismachen, dass all das, was er zu mir gesagt hat, aus Bosheit gesagt wurde, doch das schaffe ich nicht mehr. Man verbringt keine Ewigkeit damit, eine Orange zu schälen, wenn man sie nicht essen möchte. Seine Verzweiflung bei unserer letzten Begegnung kommt mir in den Sinn, und die Erinnerung bereitet mir Pein. Ich habe ihn verletzt. Was beweist, dass ich Recht habe. Wer etwas für einen anderen empfindet, kann nur verlieren. Und ich bin ein schlechter Verlierer.

Es ist, als hätte ich mir das Herz aus der Brust gerissen und wäre darauf herumgetrampelt. Zur Strafe schaue ich 90 Minuten lang Dauerwerbung, um mir ins Gedächtnis zu rufen, dass es da draußen Menschen gibt, die noch viel schlechter dran sind als ich. Dann springe ich in den Toyota und fahre zu meiner Anwältin.

Das Büro der Anwältin befindet sich im finstersten Teil Nordlondons, und die Hausfront ist ganz und gar verglast. Augenblicklich bekomme ich Panik. Polarforscher und Menschen, die in Colorado wohnen, werden schneeblind. *Ich* bin Glastür-blind. Es gibt nicht weniger als sechs verschiedene Türen, und noch während ich die Treppen hochsteige, fange ich an zu schwitzen, weil ich genau weiß, dass die, für die ich mich entscheiden werde, verschlossen sein wird und ich dann wie eine Krabbe die Treppe entlangkrabbeln muss, um der Reihe nach an allen Türen zu rütteln, während der Portier und der Laufbursche an der Empfangstheke lehnen, sich halb tot lachen und mich für völlig verblödet halten.

Natürlich bewahrheitet sich meine Prophezeiung; erst nach einem Wirbel demütigender Gesten von Mr. Superjob – der meinen Kampf interessiert und mit zusammengekniffenen Augen verfolgt, sich aber keineswegs erhebt, um mir zu Hilfe zu kommen – bekomme ich die vierte Tür auf und stampfe rotgesichtig und aufgeregt herein. Dann warte ich geschlagene 17 Minuten auf dem schwarzen Ledersofa, während ich ihm beim Schniefen zuhöre. Nach dem 29sten Schniefen möchte ich ihn anschnauzen: »Putzen Sie sich die Nase!«, doch ich werde gerade noch rechtzeitig zu meinem Termin in den zweiten Stock gebeten.

Lizzys Anwältin heißt Dorothy Spence, und Lizzy lobt Dorothy ständig in den höchsten Tönen als »übergründlich«. Und sie ist wirklich übergründlich. Und zwar locker eine Stunde lang, während der sie diese Klausel und jene Klausel vorliest, und ob ich verstehe, was diese Verpflichtung bedeute, und ob ich mir über den Belang dieses Paragraphen im Klaren sei, und sie habe dies nachgefragt und jenes nachgefragt, doch inzwischen seien all ihre Nachfragen zu ihrer Zufriedenheit beantwortet, und ob ich noch irgendwelche Fragen hätte, und falls nicht, möchte sie jetzt um die Hinterlegung von 9 000 Pfund bitten.

Ich falle um ein Haar von meinem Freischwinger-Sessel. »Was, jetzt gleich?«, stottere ich.

»Ja, bitte«, erwidert Dorothy kühl.

»Aber, aber, das habe ich nicht gewusst«, stammle ich, »ich dachte, das ... das wäre erst nach dem Abschluss fällig ... ich habe das falsch verstanden, ich habe so was noch nie gemacht, deshalb habe ich gedacht ...« Dorothy wirft mir einen Blick zu – dieselbe Art von Blick, die mir vorhin der Pförtner zugeworfen hat –, und ich verstumme verzagt. Bisweilen habe ich so wenig Vertrauen in meine Fähigkeiten, dass ich mich selbst zum Scheitern verdamme.

Und dies ist eine solche Gelegenheit. Ich habe einen dummen Fehler gemacht. In meiner hektischen Ignoranz habe ich angenommen, die Anzahlung von zehn Prozent sei nach Abschluss des Vertrages fällig. Zugegeben, Dorothy hat mir vor einer Woche einen Brief geschickt, in dem sie haarklein aufgeführt hat, was von mir verlangt wird, aber ich habe – wie ich mich in diesem Moment entsinne – nur einen Blick darauf geworfen, ihn dann in meine Tasche gestopft, um ihn später durchzulesen, und prompt vergessen. (Ich ignoriere unangenehme Post aus Prinzip, allein die Kreditkartengesellschaften ermutigen mich, meinen Ängsten ins Auge zu sehen, indem sie gerissen am Samstagmorgen in aller Frühe anrufen.) Dorothy hat mir nicht einmal eine zweite Aufforderung geschickt. Und so brütet das Geld auf einem Hochzinskonto vor sich hin, wo ich keinen Penny davon abheben kann, ohne vorher Bescheid zu geben. Ich bin eine ahnungslose Hochstaplerin, die eine vernünftige Erwachsene spielt, und nun ist der schlimmste aller Fälle eingetreten.

Ich bin entlarvt.

»Kann ich mal telefonieren?«, frage ich Dorothy kleinlaut. Sie wirft einen Blick auf ihre Chromuhr, nickt knapp und sinkt in ihren aufgepolsterten Ledersessel zurück. Ich rufe meine Mutter auf dem Handy an und flehe, dass sie abnehmen möge. Sie tut es nicht. Darum rufe ich in ihrer Schule an und lasse mich ins Lehrerzimmer weiterverbinden. »Ist Cecelia Bradshaw da?«, frage ich außer Atem. »Ich bin ihre Tochter.«

Aus weiter Ferne antwortet eine Stimme: »Einen Augenblick.« 40 Augenblicke später warte ich immer noch, während Dorothy Spence mit ihrem Fuß klopft.

Dann ist die Leitung tot. Ich beiße mir auf die Lippe, lächle Dorothy verzagt an und wähle noch einmal. »Ich habe eben angerufen und bin aus der Leitung geschmissen worden.« Ich bemühe mich, meine Stimme laut und fest klingen zu lassen, damit sie nicht bricht. »Ich muss mit Cecelia Bradshaw sprechen. Es ist dringend.« 30 Sekunden später ist meine Mutter am Apparat. Mir zittern vor Erleichterung die Beine. Ich kneife mich in die Nase, um nicht loszuheulen, und erkläre ihr die Lage. Die Verlegenheit pulsiert in Schockwellen durch meinen Körper. Als ich meiner Mutter die Lage dargelegt habe, schweigt sie.

Dann antwortet sie, und ein »Ich-verstehe-dich-einfach-nicht« spricht aus ihrer Stimme: »Das ist doch gar kein *Problem*, Schätzchen. Ich rufe sofort bei der Bank an und lasse eine elektronische Überweisung auf das betreffende Konto vornehmen. Lass mich mal mit dieser Anwaltsfrau sprechen.« Ich versinke in dankbare Trance und reiche den Hörer an Dorothy weiter.

Nach 15 qualvollen Minuten fahre ich in meinem Toyota nach Hause. Da jede Form des Nachdenkens mit Pein verbunden ist, bringe ich die gesamte Fahrt damit zu, laut und monoton »Lalala« vor mich hin zu singen, um nur ja keinen Gedanken zu fassen. Um halb drei schleiche ich ins Büro und mache mich unverzüglich daran, Laetitias Ablehnungsschreiben auf alle eingesandten Reportagevorschläge abzutippen, und zwar ohne erst zwei Stunden lang sinnlos Zeit zu schinden. Zu meiner Erleichterung ist Lizzy nicht im Büro – und da es Laetitia genauso wenig einfallen würde, mich zu fragen, wie es mir heute Morgen ergangen ist, wie es ihr einfallen würde, sich Schuhe bei C & A zu kaufen, arbeite ich ungestört bis 18 Uhr 36 durch.

Dann verschwinde ich, ohne mich mit irgendwem zu unterhalten. In der U-Bahn komme ich mir nackt vor. Ich bin überzeugt, dass alle mich anstarren, sich den Mund über mich zerreißen, hinter meinem Rücken feixen. Ich habe klaustrophobische Anwandlungen und würde am liebsten laut schreien.

Als ich endlich zu Hause ankomme, fühle ich mich wie ein wackeliges, zittriges Wrack. Ich bin fest entschlossen, mich ins Bett zu kuscheln und augenblicklich einzuschlafen, doch gerade als ich auf Zehenspitzen nach oben schleichen will, erscheint meine Mutter wie ein fluoreszierender Flaschengeist im Flur und ruft: »Helen! Komm runter und unterhalte dich mit mir!« Wortlos mache ich kehrt und trotte die Stufen wieder hinab. Ich fühle mich giftig und böse wie eine Tarantel. Meine Mutter hingegen glüht und ist aufgekratzt und begeistert wie eine 16-jährige Schönheitskönigin. Der einzige Unterschied ist, dass sie keine Schärpe trägt. Strahlend rückt sie die Frisur zurecht, hebt dann die Hand und setzt freudestrahlend an: »Na?«

Ich bleibe vor ihr stehen, und meine Unterlippe beginnt zu beben. Finster fasse ich den gemusterten Perser ins Auge und krampfe die Arme hinter dem Rücken zusammen. Und dann sage ich zornig: »Dad hätte bestimmt gewusst, was zu tun ist.«

Ich grabe meine Nägel in die Handflächen und warte ab. Ich weiß nicht, was ich erwarte. Schnauben. Kopfschütteln. Bestimmt kein Lachen. Doch meine Mutter prustet los und sagt: »Schon, aber ich war auch nicht schlecht, oder?«

Ich nicke und flüstere: »Dad fehlt mir so.«

Meine Mutter verstummt, und ich fühle mich so fehl am Platz wie ein Pups auf einer Hochzeit. Dann sieht sie mir ins Gesicht, als sähe sie mich zum ersten Mal, und sagt leise: »Das weiß ich doch, Schätzchen, und bestimmt fehlst du ihm auch.«

Und ganz unvermittelt macht sie einen Schritt auf mich zu und nimmt mich fest in den Arm, und ich verliere mich und finde mich in einer Wolke Chanel wieder. Plötzlich finde ich das Spektrum an Lauten, die uns Menschen gegeben sind, viel zu schmal, ich wünschte, ich wäre ein Wolf, damit ich den Kopf in den Nacken legen und heulen könnte, ahuuuu aahuuuhuuu, Geist und Körper vollkommen dem Widerhall meiner Trauer hingegeben.

Stattdessen schließe ich die Augen und weine still in mich hinein, atme die Wärme des lila Pullovers meiner Mutter ein und spüre ihre dünnen Arme um meinen Leib.

Kapitel 38

Ich klammere mich an meiner Mutter fest wie ein geretteter Bergsteiger an einem Bernhardiner. O Gott, heule ich in mich hinein, warum ist es nur so schlimm, *warum?* Niemand hat mir gesagt, dass es *so* schlimm sein würde. Ich fühle mich wie ein leerer Sack voller Rasierklingen, die meinen Körper von innen aufschlitzen, bis ich an meinem eigenen Blut ersticke. Ich stütze mich so schwer auf meine Mutter, dass ihre Knie nachgeben und wir ganz langsam auf den Boden niederbrechen, wo sie mir übers Haar streicht und tröstende Laute von sich gibt. »Ich weiß nicht, was ich machen soll«, schluchze ich. »Ich weiß nicht, was ich machen so-ho-holl!« Schon als ich die Worte herauspresse, bin ich entsetzt über diesen erbärmlichen Kollaps vor genau jenem Menschen, der auf meine Unbesiegbarkeit angewiesen ist.

Doch meine Mutter wiegt mich in den Armen und sagt: »Es ist schlimm, Schätzchen. Und ich weiß, dass ich dir keine große Hilfe war. Aber du warst so tapfer«, und schlagartig bin ich wieder fünf Jahre alt und lasse mich trösten, nachdem ich hingefallen bin und mir das Knie aufgeschlagen habe. Ich lächle unsicher und wische mir die Augen trocken. »Du kannst ruhig weinen«, befiehlt meine Mutter knapp. »Die Kinder in meiner Klasse heulen ständig, und ich sage immer, lieber rauslassen als reinfressen!« Heiß und schnell fließen meine Tränen, und ich schüttle wortlos den Kopf. Diese unerwartete innere Stärke ist, als wenn man in einem halb verfaulten Haufen von Herbstlaub eine glänzende braune Kastanie findet.

Meine Mutter lächelt angesichts meiner Sprachlosigkeit und sagt leise: »Komm schon, Schätzchen. Ich mach dir eine heiße Schokolade.« Willenlos lasse ich mich hochziehen, da platzt es unvermittelt zornig aus ihr heraus: »Diese blödsinnige heiße Schokolade! Dein Vater ist tot, und uns bleibt nichts als eine verdammte heiße Schokolade!«

Ich schniefe und kichere gleichzeitig. »Mist, was?«

Meine Mutter verzieht das Gesicht und füllt den Kessel. Dann sitzen wir in der Küche, trinken heiße Schokolade und sinnen darüber nach, dass der Tod eine bodenlose Frechheit gegenüber den Lebenden ist und darum verboten gehört. Nach langem Schweigen tätschelt meine Mutter meine Hand und sagt leise: »Vergiss nicht, Schätzchen, Daddy hat uns vielleicht verlassen, aber er wird immer bei dir sein.«

Ich schaue auf, mit zuckenden Mundwinkeln, und bemerke, dass sie ebenfalls weint. Und mir wird klar, dass wir inmitten des riesigen Scherbenhaufens etwas bewahrt haben.

Ich glaube, meine Mutter begreift das ebenfalls, denn in den Wochen nach meinem Ausbruch wandelt sich unsere Beziehung unmerklich von neurotisch hin zu friedfertig, vergleichbar der fassungslosen Stille nach einem überraschenden Wolkenguss. Als sie mir von einem Erfolg in der Arbeit erzählt und ich sie mit einem: »Gut gemacht« lobe, bemerke ich überrascht, dass sie *rot* wird. Es ist, als hätten wir uns nach einer stürmischen Romanze endlich in die Flitterwochen gerettet – wo der rosafarbene Wirbelwind der Leidenschaft plötzlich in liebevolle Vertrautheit umschlägt – und sie plötzlich schüchtern wird, weil ihr etwas daran liegt, was ich von ihr denke. Vor mich hin grinsend steige ich nach oben und denke das Undenkbare: dass ich sie vermissen werde, wenn ich morgen in meine eigene Wohnung ziehe.

Komisch. Nachdem ich den Vertrag für die Wohnung unterschrieben hatte, rechnete ich fest damit, dass meine Mutter mich mindestens 14 Tage lang mit Nichtachtung strafen würde, doch stattdessen bot sie mir ihre Hilfe an, Angebote von verschiedenen Baufirmen einzuholen. Ich nahm an, sie wollte nur ein paar Bizepse beäugen, doch zu meiner Überraschung erwies sie sich als gewitzte, hilfreiche Verbündete. Ihr Enthusiasmus verpuffte nicht wie sonst üblich. Sie verwarf Lizzys Empfehlung (er wollte Bargeld) und rief bei der Firma an, die bei Vivienne die Küche neu gemacht und einen Wintergarten angelegt hatte. »Nicht mal Vivvy konnte ihnen Pfusch nachweisen!«, erklärte meine Mutter. Folglich mussten sie exzellent sein – denn die meisten von Vivienne beauftragten Menschen werden von ihr bis auf die nackte Haut mit Schadensersatzklagen verfolgt –, und zu meiner Erleichterung *waren* sie es auch.

Laetitia ist vergangenes Jahr nach Barnes gezogen, und *ihre* Bauarbeiter haben einen Auftrag für zwei Monate auf fünf Monate ausgewalzt, tauchten nur auf, wann und falls es ihnen gefiel, tranken ihr Lebendgewicht in süßem Tee (Laetitia musste extra für sie einen Sack Zucker kaufen), den sie danach auf ihren türkisen Mosaikboden im Bad pinkelten, machten einen Sprung in ihre sündteure neue schmiedeeiserne Wanne mit Passform-Abdeckung, schlugen eine Macke in den antiken, vergoldeten Wandspiegel, bekleckerten das Trompe-l'oeil-Wandgemälde im schwedischen Stil, installierten den Boiler verkehrt herum, sodass er Giftgase in die Küche absonderte, verbeulten den Edelstahl-Herd, verkratzten den provenzalischen Schrank, verschütteten Farbe auf den Aubusson-Teppich, vergaßen, die Muttern zwischen zwei Wasserleitungen festzuziehen, wodurch sie die Wohnung einen Stock tiefer in einen einzigen Designersumpf verwandelten, bohrten die elektrischen Leitungen an, gipsten den Anschluss an die Gasleitung zu, installierten den Dimmer-Schalter im Schlafzimmer so, dass er gleichzeitig das Licht im Wohn- und Arbeitszimmer dimmte, und gaben einen Kostenvoranschlag von 3 500 Pfund ab, um schließlich 19 000 Pfund zu verlangen. Fast jeden Morgen schüttelte Laetitia weißen Kalkstaub aus dem Haar, wenn sie ins Büro kam, und murmelte dann etwas von »wie im Krieg«.

Folglich weiß ich mein Anfängerglück zu schätzen.

Nach sechs Knochen schindenden Wochen haben *meine* Bauarbeiter die Wände neu verputzt, die Wasser- und Stromleitungen neu verlegt und meine kleine Wohnung zu neuem Leben erweckt. Sie arbeiteten unter dem scharfen Auge von Terry, der nach eigenen Worten »ein straffes Kommando« führt. Und meine Mutter und ich haben mindestens 30 Stunden darauf verwandt, durch den Großraum London zu kutschieren und – wie sie es ausdrückt – »Accessoires zu erstehen«. Während ich im Aussuchen von Glasbausteinen ebenso gut bin wie im Lösen des *Times*-Kreuzworträtsels – nein, ich will ehrlich sein: jedes Kreuzworträtsels –, war meine Mutter absolut erstaunlich. Sie ging die Wohnungsrenovierung an wie ein Schulprojekt. Erst kaufte sie einen ganzen Stapel von Hochglanz-Wohnzeitschriften, dann befahl sie mir, jede einzelne durchzublättern und Notizen zu machen. Immer wenn ich etwas entdeckte, das mir gefiel, füllte sie Benzin in den Peugeot und zwang mich, eine Route zu planen. Ausgerüstet mit einem Maßband und einem Grundriss von Küche und Bad raste sie dann zu den entscheidenden Läden und *feilschte* dort mit den Verkäufern.

Sie hat beim Handeln etwa so viele Skrupel wie ein Organhändler, und wenn man ihr in einem Geschäft kein Verlust bringendes Angebot machen wollte, spazierte sie einfach wieder hinaus. (Ich war natürlich jedes Mal *längst* draußen, weil ich mit vor Scham lila angelaufenem Gesicht auf die Straße geflohen war.) Ich persönlich würde nicht einmal den Perlenpreis auf einem marokkanischen Flohmarkt in Frage stellen und hätte für ein paar Granitfliesen widerspruchslos einen Riesen hingeblättert. Meine Mutter hingegen hätte Gott und die Welt in Bewegung gesetzt, um eine Glühbirne billiger zu bekommen, und wahrscheinlich sogar dem Allmächtigen einen Rabatt abgerungen.

Ich will nicht behaupten, dass es nicht anstrengend gewesen wäre. Vor allem, da Lizzy angenommen hatte, die Rolle der Bauaufsichts-Assistentin würde ihr zufallen. Ich beschwichtigte sie mit einem Ausflug in den Farben-Laden, weshalb sie hinnahm – während sie gleichzeitig die Erkenntnis zu verdauen versuchte, dass ich alle Einkäufe im Baumarkt und nicht bei Farrow & Ball machen würde –, dass die Einbeziehung meiner Mutter als eine Art Witwentröstung Vorrang hatte. Diese Entschuldigung Lizzy gegenüber war nicht völlig gelogen.

Seit dem Ableben ihres Gemahls wird meine Mutter von einem Chaos verschiedenster Emotionen gepeinigt, die sie auf irgendein Ziel richten muss. Bis vor kurzem war sie dazu noch nicht in der Lage. Doch im Verlauf des letzten Monats hat sich der Schlüssel durch beständiges Wackeln immer tiefer ins Schloss geschoben und scheint sich nun, endlich, gedreht zu haben. Die elektronische Überweisung mitsamt den turbulenten Nachwehen hat dazu beigetragen, meiner Mutter – auf einer undeutlichen Ebene – klar zu machen, dass ich irgendwann wirklich gehen werde, wenn sie mich weiterhin von sich wegstößt. Also ja, ihr Interesse an meiner Wohnung liegt auch in ihrem Interesse. Aber in Wahrheit hat sie eher begriffen, wie sehr ich sie brauche.

Infolgedessen geht sie zum ersten Mal seit – grob geschätzt – 26 Jahren auf *meine* Wünsche ein. Als ich die *Elle Decoration* auf den Boden schleuderte und verkündete, es satt zu haben, zaunlattendürre Weiber in Klamotten von Nicole Farhi vorgesetzt zu bekommen, die sich in kühlen, leeren Häusern lümmeln und hochnäsig schmunzelnd auf ihre Stühle aus massiver Eiche schauen, die sie »für zwei Pfund pro Stück in einem Trödelladen aufgestöbert« haben, nahm meine Mutter die Herausforderung an. Drei Tage und 20 Pfund später – sie zeigte mir die Quittung – war ich stolze Besitzerin von zwei Stühlen aus massiver Eiche. (Sie hatte nur zwei gekauft, weil die Wohnung so klein war: »Bin ich nicht gerissen?«)

Als ich beschloss, dass ich auf gar keinen Fall auf eine Edelstahlküche für ein paar Millionen Pfund verzichten könnte, weil ich mich andernfalls so schämen müsste, dass ich nie auch nur einen Menschen einladen könnte, wälzte sie *Living etc.* und riet zu einem Besuch im London Metal Centre – »Schau mal, Schätzchen! Dort gibt es Edelstahlabdeckungen für fünf Pfund pro Quadratfuß! Die klebst du einfach auf dieses Pressspan-Zeugs und hast haargenau den gleichen Effekt!« Mir entging nicht, dass Terry verstohlen schnaubte, doch ich glaube, insgeheim war er beeindruckt.

Ich bin einfach dankbar, dass sie so energiegeladen ist. Ich bin fest entschlossen, nicht darüber nachzudenken, wie lange dieser Zustand wohl anhalten wird. Die meiste Zeit gelingt mir das. Vielleicht habe ich mich also ebenfalls verändert. Ich fühle mich ruhiger. So als hätte ich die Nase gegen ein abstraktes Gemälde gepresst und kämpfend und keuchend etwas zu erkennen versucht. Erst jetzt, nachdem ich ein paar Schritte zurückgetreten bin, kann ich das Bild erfassen. Es ist eine ganz unerwartete Offenbarung, und sobald ich mich an den unvergleichlichen Anblick meiner Mutter im angeregten Gespräch mit Terry erinnere, spüre ich vor Freude ein luftiges Flattern in der Brust.

Ich hatte eigentlich erwartet, dass ich meinen Einzug als erhabenen Augenblick empfinden würde, doch als ich Fatboy über die Schwelle trage, tut sich überhaupt nichts. Möglicherweise, weil ich nur sieben Einrichtungsgegenstände besitze: Zwei Stühle, einen Tisch, einen Fernseher, ein Bett, ein Dartboard und eine Kleiderstange, deshalb brauchen Luke und ich etwa sieben volle Minuten, um alles die knarzende Treppe hinaufzuschleppen und aufzustellen. Jetzt, wo die Arbeiter weg sind, wirkt die Wohnung leer – etwa so, wie ein Hohlschädel leer wirkt. »Helen«, sagt Luke, »das ist ja *viel* zu ordentlich für dich!«

Nachdem Luke gegangen ist – er hat eine dringende Verabredung mit Gobbo und einer PlayStation –, gehe ich von Zimmer zu Zimmer (was etwa neun Sekunden in Anspruch nimmt), streiche über die gelben Wände, atme den Geruch von frischem Kalk ein und befingere meinen so meisterhaft gefertigten Edelstahl und die Kücheneinrichtung. Dann bringe ich in meinem glänzenden neuen Kessel – ein Geschenk meiner Mutter, die ihn dem Verkäufer bei John Lewis als Entschädigung für einen defekten Stecker abgeschwatzt hat – Wasser zum Kochen, mache Kaffee, setze mich auf einen Stuhl und starre auf den abgeschliffenen Holzboden. Stille.

Dann, nach drei arbeitsintensiven Stunden, in denen ich meine Bettdecke aufgeschüttelt, vier Tassen und drei Teller vom oberen Regalfach ins untere geräumt, Gabeln in die Schublade geschoben, meine Krimisammlung zwischen zwei Backsteinen als Buchstützen auf dem Schlafzimmerboden aufgereiht, das Bad geschrubbt, die Toilette gereinigt, den Boden gewischt, meine blaue Zahnbürste neben dem Waschbecken postiert und eine Liste von Dingen aufgestellt habe, die ich brauche und mir ohne neue Kreditkarte nicht leisten kann, bin ich die Hausarbeit leid und rufe Lizzy an.

Ich habe versucht zu verdrängen, dass ich von Lizzy enttäuscht bin. Ihr ist die Abkühlung in unserer Beziehung nicht entgangen, und sie war merklich verletzt. Vor einer Woche sagte sie – mit steifer, eingeübter Stimme, die mich vermuten ließ, dass sie lange über ihre Worte nachgesonnen hatte -: »Helen, ich hoffe wirklich, du glaubst nicht, dass du mich nicht mehr anrufen kannst, nur weil ich mit Brian zusammen bin. Wir sind immer noch zwei verschiedene Menschen. Wir tun nicht *alles* zusammen.«

Ich lachte schuldbewusst und sagte: »Lizzy, das glaube ich natürlich nicht. Ich hatte bloß wahnsinnig viel mit der Wohnung zu tun, das ist alles.«

Das Pathos dieses Wortwechsels ließ mir keine Ruhe, sodass ich mich zu fragen begann, ob ich möglicherweise zu harsch gewesen war. Schließlich hatte ich Lizzy nicht mit den brutalen Fakten konfrontiert, deshalb war es vielleicht nicht fair, sie zu verurteilen. *Natürlich* hätte sie Tina helfen wollen, wenn sie die Wahrheit gewusst hätte. Und – mal ganz abgesehen von allen selbstlosen Bedenken –, Lizzy fehlte mir. Sie fehlte mir aus denselben Gründen, aus denen ich sauer auf sie war. Ich wollte, dass die gute Fee in mein Leben zurückkehrte und ihren Goldstaub versprühte. Am nächsten Tag ging ich im Büro zu ihr und fragte sie, ob sie den New-World-Allgasherd brauchen könne, weil der lediglich vor sich hin roste und kurz vor dem Transport zur Müllkippe stehe. Sie schlang ihre Arme um mich, als hätte ich ihr das ewige Leben versprochen, und holte ihn noch am selben Abend ab. Amen.

Lizzy ist ganz aufgeregt über meinen Anruf und kommt augenblicklich angeflattert, einen Strauß Margeriten und eine elegante Glasvase in der Hand. Die Vase ist wunderschön – in einem warmen, gedämpften Orange, wie eingefangener Sonnenschein. »Die ist ja irre«, quietsche ich, »die macht den Raum erst komplett!«

Lizzy strahlt. »Gern geschehen! Und jetzt führ mich rum!«, ruft sie aus. »Ich kann kaum glauben, dass es immer noch dieselbe Wohnung ist. Es ist ja so kuschelig!« Zu meiner

Schande verbringen wir die nächsten zwei Stunden damit, allen Ernstes über Glitzerfarbe und Tapetenkleister und Schwingschleifer zu sprechen. Ich merke, wie ich verzweifelt und ununterbrochen vor mich hin quassle, so als könnte ich Lizzy mit einer Mauer aus Worten daran hindern, wieder zu gehen. Doch um sechs Uhr abends reißt sich Lizzy schließlich los (Brians Tante schmeißt eine Hausboot-Party), und lässt Fatboy allein mit mir zurück. Der Abend gähnt vor mir wie ein tiefer, dunkler Tunnel.

Ich schalte den Fernseher ein, werde von *Songs of Praise* erschlagen, schalte wieder aus, frage mich, ob die Wohnung eigentlich größer ist als ein Pfefferkuchenhäuschen, knalle mich aufs Bett, starre die Decke an, entdecke einen Weberknecht in der Ecke, laufe in die Küche, um einen Besenstiel zu holen, mit dem ich das Vieh verscheuchen kann, entsinne mich, dass ich keinen Besen besitze, laufe zurück, kann die Spinne nicht mehr finden, begreife, dass sie jetzt im Zimmer herumkrabbelt, vermute, dass sie schwanger ist und überall winzige Spinneneier ablegt, und gerate in Panik. Ich will schon meine Mutter anrufen, doch dann fällt mir ein, dass Vivienne dieses Wochenende mit ihr auf eine Bio-Schönheitsfarm gefahren ist. Ich plumpse wieder aufs Bett und fühle mich elend. Als das Telefon klingelt, falle ich vor Erleichterung fast in Ohnmacht. »Hallo?«, flüstere ich und bete dabei, dass sich nicht jemand verwählt hat.

»Babe?«, antwortet eine abgehackte Stimme.

»Jasper!«, jauchze ich. »Wie *geht* es dir?«

Ich bin mir wohl bewusst, dass ich unangemessen enthusiastisch klinge. Jasper weiß nicht, dass meine Freude sich keineswegs auf ihn bezieht, denn ich hätte sogar einen Versicherungsvertreter mit demselben begeisterten Jubeln begrüßt. Doch da Jasper Jasper ist, nimmt er es persönlich.

»He, immer ruhig mit den jungen Pferden, Engelchen!«, ruft er aus.

Da ich der Überzeugung bin, dass jeder Mann, der ohne

jede Ironie den Satz: »He, immer ruhig mit den jungen Pferden, Engelchen«, über die Lippen bringt, augenblicklich Harakiri begehen sollte, um die Schande wieder zu tilgen, huste und räuspere ich mich, ehe ich antworte.

Ich sage: »Selber He, Schlaubär! Möchtest du rüberkommen und dir meine neue Wohnung ansehen?«

Es bleibt still, und ich beginne mich zu fragen, ob Jasper mir gleich eine Abfuhr erteilt, und zwar mit dem – schon da gewesenen – Ausruf: »Das ist wirklich zu und zu schade, Engelchen! Nichts würde ich lieber tun, aber leider, leider kann ich nicht! *(ansteigende Stimmlage wie bei einer Frage)* Ich eskortiere heute Monique das Supermodel? Die mit dem Harvard-Abschluss? Die das Buch über die Jungsche Psychoanalyse schreibt? Nach, äh, Paris? *(er würde es ›Parieh‹ aussprechen)* Für eine heiße Nacht im Georges Cinq? Was für ein blöder Zufall aber auch!«

Stattdessen antwortet er: »Aber immer, Babe! Wo bist du? Ich springe sofort ins Taxi!«

Eine Stunde später sitzen Jasper und ich auf meinen massiven Eichenholzstühlen an meinem Tisch und stochern in den Überresten eines chinesischen Essens aus dem Imbiss herum. Jasper hat eine blauweiße Baseball-Kappe aufgesetzt, auch wenn ich mir nicht erklären kann, wozu. Trotzdem sieht er umwerfend aus. Ich erkläre ihm gerade, wie man einen Raum optisch vergrößern kann, indem man die Fliesen diagonal verlegt, als ich merke, wie Jasper ein Gähnen unterdrückt. »Tut mir Leid.« Ich bin verstimmt. »Langweile ich dich?«

Jasper reißt die Augen auf und schnurrt: »Babe, ich könnte dir ewig zuhören.« Ich sage ihm ins Gesicht, dass er ein Lügner ist. Er seufzt.

»Was?« Ich kann nicht glauben, dass ich ihn tatsächlich getroffen habe.

»Ach nichts, Babe, *rien*.«

Er schüttelt bekümmert den Kopf.

Ich schnaube. »Wenn du mir französisch kommst, dann ist eindeutig was im Busch. Was ist los?«

Jasper stützt sich auf die Ellbogen und sagt langsam: »Ich möchte lieber nicht darüber sprechen.«

Natürlich spitze ich augenblicklich die Ohren. »Jasper«, keuche ich, »du *musst* es mir erzählen!«

Ich zermartere mein Gehirn, weil ich das auf Französisch sagen möchte, doch wo sich das erforderliche Vokabular befinden sollte, gähnt ein schwarzes Loch.

Jasper rutscht auf seinem Stuhl herum und murmelt: »Das wäre nicht fair.«

Ich kralle mich an der Tischkante fest, um nicht über den Tisch zu hechten und ihm das Geheimnis mit den Fingern aus dem Mund zu zerren. »Geht es um deinen Job?«, tippe ich.

»NEIN!« Jasper wird laut. »Mein Gott, nein! Der Job ist superspitze!«

Ich versuche es erneut. »Hat es was damit zu tun, dass du, äh, keinen Führerschein hast?«

Jasper sieht mich pikiert an. Er krächzt: »Helen, du glaubst doch nicht allen Ernstes, etwas derart Plebejisches wäre mir wichtig, oder?«

Da ich seine Nachttischschublade oft genug durchwühlt habe, um zu wissen, dass er mindestens sechsmal durch die Fahrprüfung gefallen ist (deshalb ist er auch ständig pleite), verkneife ich mir die Antwort. Ich sage »hmm« und dann: »Hat es was mit … Louisa zu tun?«

Jasper fährt sich mit der Hand durchs Haar und lehnt sich zurück. Ich halte den Atem an. »Das trifft den Nagel auf den Kopf«, sagt er.

In diesem Augenblick wird mir klar, dass sich in meinem Mund ein Speichelsee angesammelt hat und ich gleich wie ein Bassett sabbern werde, wenn ich ihn nicht augenblicklich hinunterwürge. Ich schlucke schwer und krächze: »Was ist denn los?«

Jasper reißt seine Lippen zu einer Grimasse auseinander, bis die Sehnen in seinem Hals hervorstehen wie die Taue eines Zirkuszeltes. Dann sagt er: »Sie, also, sie wollte, dass wir es noch einmal miteinander versuchen.«

Mir klappt der Kiefer runter. *»Nein!«*, sage ich. »Was, was hast du gesagt?«

Jasper seufzt noch mal und sagt: »Ich habe gesagt, ich würde schon, wenn ich könnte. Aber das wäre nicht fair ihr gegenüber.« Er hält inne. Und sagt dann: »Weil ich« – er seufzt – »jemand anderen begehre.«

Ich schaue ihn an, und er errötet. Augenblicklich wird mir klar, dass Jasper sich posthum in mich verknallt hat. Ich kriege Augen wie Dauerlutscher. Ich gebe mir alle Mühe, gelassen zu klingen. »O nein!«, quietsche ich. »Und was hat Louisa gesagt?« Jasper windet sich verlegen. »Sag schon!«, fordere ich.

Ganz ruhig antwortet er: »Ach, darüber möchte ich lieber nicht sprechen.«

Ich knalle die Faust auf den Tisch. »*Raus* mit der Sprache!«, belle ich. »Du kannst nicht mehr *nicht* darüber sprechen!« Ich ringe ihm alle Einzelheiten ab. Er nimmt meinen Namen zwar nicht in den Mund, aber das ist gar nicht nötig. Ich beobachte seine Lippen beim Reden. Und während er die traurige Mär von der unerwiderten Liebe seiner Ex-Freundin erzählt, merke ich plötzlich, dass ich ihn küssen möchte.

Mit Pullovern geht es mir ganz genauso. Einmal stand ich unschlüssig vor einem schwarzen Pulli mit V-Kragen, befingerte die Wolle und überlegte, ob sie wohl kratzt, als eine große, braun gebrannte Frau herangeschwebt kam und das Ding vom Regal pflückte. Augenblicklich verzehrte ich mich nach dem V-Kragen wie ein Kettenraucher auf einem Nichtraucher-Flug nach einer Kippe. Ich folgte der V-Kragen-Frau quer durch das ganze Geschäft, in die Garderobe hinein und aus der Garderobe heraus, und als sie mir einen gehässigen Blick zuschoss und den Pullover über einem Geländer hängen ließ, schnappte ich ihn und kaufte ihn, vor Erregung bebend. Ich bin die superleicht verführbare Materialistin, von der alle Werbefritzen träumen. Menschen oder Produkte sind mir so lange gleichgültig, bis jemand anders sie haben möchte. Dann will ich sie augenblicklich umso mehr.

Als Jasper mir also erzählt, dass Louisa ihm eine Woche vor Weihnachten drei Monate Zeit zum Ausziehen gegeben hat, weil sie die Qual nicht mehr ertrug, sein Gesicht zu sehen und es nicht abknutschen zu können, rufe ich aus: »Jass! Jass! Ich habe eine Superidee! Bis du was anderes gefunden hast – könntest du doch ein paar Tage bei *mir* wohnen!«

Jasper starrt mich an, als hätte Fatboy zu sprechen begonnen. »Das meinst du doch nicht wirklich?«, haucht er ehrfürchtig. Ich nicke energisch. Alles ist besser, als allein in einem Legehennenkäfig zu leben. Auf seinem fein gemeißelten Gesicht erstrahlt ein Grübchenlächeln, dann packt er meine Hand und küsst sie. »Engelchen!«, murmelt er, »du bist ein wahrer Stern.« Und dann: »He! Ich habe eine Idee! Warum fährst du mich nicht gleich jetzt nach Kensington, und wir holen meine Sachen! Das wär doch toll!«

Ich kann zwar nichts Tolles daran finden, Jasper quer durch London zu kutschieren und seine finsteren Schifffahrtsbilder meine Treppe hinaufzuwuchten, doch ich kann ihm das schwerlich abschlagen. Da es in ganz Kensington keinen einzigen freien Parkplatz gibt, warte ich im Toyota, während Jasper seine Habseligkeiten einlädt. Klamotten. Gemälde. Die Stereoanlage. Und zwei schauderhafte Korbsessel mitsamt einem Korbkaffeetisch. Ich platze heraus: »Ich dachte, dieser Scheiß gehört deinem Vermieter!«

Jasper lacht und sagt: »Babe, das hier sind originale Kolonialmöbel! Außerdem weiß ich gar nicht, was du hast. Die machen sich bestimmt spitze in deinem Wohnzimmer!« Ich bin da nicht so sicher und sehe meine schlimmsten Befürchtungen wahr werden, als die Stühle aufgestellt sind. Sie kauern auf dem Boden wie riesige Gottesanbeterinnen, und ihre fiese, kratzige Korbigkeit dominiert den ganzen Raum. Auch wenn es toll ist, Gesellschaft zu haben, bin ich sauer.

Und ich werde noch saurer, als sich Jasper von hinten anschleicht, mich an den Hüften packt und flüstert: »He Babe, was hältst du davon, wenn wir die Hütte taufen?«

Ich nehme seine Hände fest in meine und antworte gezwungen, aber zuckersüß: »Au ja, Jass. Da ist nur eine Sache, ich habe eine echt schwere Periode. Puh, ein wahrer Blutsturz! Ehrlich, ich fühle mich, als würde meine ganze Gebärmutter rausgeschwemmt, also pass auf, es wird eine ziemlich blutige Angelegenheit, fast wie Sex im Schlachthaus, aber du hast ja deine ägyptische Baumwolldecke mitgebracht, wie ich sehe, die können wir über das Bett breiten, damit sie den Ausfluss aufsaugt ...«

Jasper schläft auf dem Wohnzimmerboden und belästigt mich nicht weiter.

Kapitel 39

Ich war etwa 14 Jahre alt und gerade irgendwohin unterwegs, als ein feister, dünnhaariger, mittelalter Mann mich anhielt und mir sagte: »Bitte verzeihen Sie mir die Bemerkung, aber dieser Pullover steht Ihnen nicht.« Erschrocken quiekte ich: »Oh! Äh, vielen Dank, dass Sie mir das gesagt haben.« Ich rannte nach Hause, glotzte im Spiegel mich und meine runden Schultern in dem rotweiß geringelten Sweatshirt an und dachte: O Mann, wie siehst du denn wieder aus.

Es verging eine erkleckliche Anzahl von Jahren, ehe mir dämmerte, dass ein Erwachsener, der einen unbekannten, rundlichen Teenager auf der Straße anhält, um dessen Kleidung zu kritisieren, ein blöder chauvinistischer Irrer sein muss. Doch andererseits konnte ich mir die Frage nicht ersparen, wie zum Teufel ich auf die Idee gekommen war, ein rotweiß geringeltes Sweatshirt anzuziehen? Arbeitete ich etwa bei einem Herrenfriseur? Oder war ich eine halb verhungerte Schmollmund-Lolita, die Puppenkleider tragen und das als ironischen Kitsch verkaufen konnte? Hatte ich auch nur einen Funken Selbsterkenntnis gehabt, als ich wie ein Zirkusclown verkleidet losspaziert war? Nein.

Als ich mein jungfräulich weißes Bad von Jaspers Bartstoppeln entstellt, meinen frisch gefliesten Badezimmerboden in ein Pinguinbassin verwandelt und meinen großen, rechteckigen Spiegel zugedampft sehe wie die Tür eines Mikrowellenofens und begreife, dass ich zum vierten Mal in dieser Woche kalt duschen darf, obwohl es erst Donnerstag ist, ziehe ich die Stirn in Falten und überlege, ob ich in den letzten zwölf Jahren eigentlich irgendwas dazugelernt habe. Offenbar nicht.

Wenn die letzten vier Tage auch durchaus interessant waren. Meine romantischen Träume eines Lebens – wie Jasper wahrscheinlich sagen würde – *à deux* hatten sich innerhalb weniger Minuten zerschlagen. In den unbedachten Sekunden vor meiner übereilten Einladung hatte ich mir eine ganze Reihe kuscheliger Situationen ausgemalt. Wie ich die Nachricht auf meinem neuen Anrufbeantworter in »Helen-und-Jasper sind im Moment nicht da« ändere. Meinen Einkaufswagen im Supermarkt nicht nur mit Dime-Riegeln und Katzenstreu, sondern auch mit jasperischen Dingen wie geräuchertem Wild und frisch gepresstem »O-Saft« fülle. Wie wir uns vor *Lethal Weapon* auf den Dielenbrettern aneinander schmiegen. Der schneidende Duft von Egoïste, der meiner Junggesellinnenwohnung eine schwere, männliche Note verleiht.

Was habe ich mir nur dabei gedacht? Sobald ich sah, wie diese schmierigen Korbsessel mein Territorium verschmutzten, war mir klar, dass ich einen Fehler gemacht hatte. Es *gefiel* mir, auf dem Anrufbeantworter eine Ansage ganz für mich allein zu haben. Ich wollte kein totes Bambi in meinem

Kühlschrank haben. Ich schaute mir *Lethal Weapon* am liebsten allein an, vor allem, da ich – im Gegensatz zu einigen anderen – niemals an der entscheidenden Stelle ausrufen würde: »Was ist das für ein aufgeblasener, pubertärer Quatsch, lass uns einen anständigen Film wie *Citizen Kane* anschauen.« Und wenn ich unbedingt einen Hauch von Männlichkeit in meiner Wohnung brauchte, konnte ich jederzeit Fatboy eine Extraportion Truthahnpastete mit Innereien servieren und das stinkende Unvermeidbare abwarten. Was ist eigentlich los mit mir?

»Aber ich kann ihn doch nicht wieder rausschmeißen«, teile ich Lizzy beim Mittagessen mit. »Er kann doch nirgendwohin.«

Lizzy inspiziert ihren grünen Salat genauestens auf vergessene Nacktschnecken hin und sagt: »Ganz im Ernst, Helen, ich weiß nicht, warum du ihm das überhaupt vorgeschlagen hast. Er ist selbstsüchtig, er leidet an emotioneller Verstopfung, wenn du mich fragst, und er hat dich mies behandelt.«

Ich stochere mit meiner Gabel in der Lasagne und denke, wie hübsch verlogen Lizzy doch ist. Ich kann mich noch gut entsinnen, wie sie vor gar nicht so langer Zeit mit ihrem Psychologen-Freund in einer Zuckerbäcker-Straße in Camden gewohnt hat. Der Psychofritze verreiste auf eine Konferenz, kam zwei Tage später wieder heim und entdeckte – fast wie Papa Bär – dass jemand in seinem Bettchen geschlafen hatte. Wie sich herausstellte, hatte Lizzy Mitleid mit dem jungen Obdachlosen bekommen, der am Ende der Straße auf einer Parkbank geschlafen hatte. Sie konnte gar nicht begreifen, weshalb der Psychofritze sich so aufregte. »Aber *du* warst doch gar nicht da!«, sagte Goldlöckchen. »Und ich wollte das Bettzeug noch waschen, aber ich habe dich nicht vor morgen zurückerwartet.«

Ich streiche diese Episode aus meinen Gedanken und unternehme den Versuch, ihre Frage zu beantworten. Weshalb habe ich Jasper aufgenommen? »Ich habe mich einsam gefühlt, nachdem du zu deiner Bootsparty abgesegelt bist«, antworte ich mürrisch. »Außerdem hat es geregnet, und ich war ganz allein in meiner leeren Wohnung.«

Lizzy schüttelt ihre Locken und sagt: »Aber ich kann mir nichts Schöneres vorstellen! Gemütlich in der warmen Wohnung zu sitzen und dem Regen zuzuschauen. Hast du das nicht toll gefunden?«

Ich seufze. Dann gestehe ich verdrossen: »Schon, aber dann habe ich eine riesige Spinne entdeckt. Und ich hatte Mitleid. Mit Jasper, meine ich.«

Lizzy kneift die Lippen zusammen. »Wieso?«, sagt sie.

Ich fange allmählich an zu kochen. Ich fahre sie an: »Weil Louisa ihn rausgeschmissen hat!«

Lizzy lässt sich nicht einschüchtern. »Aber sie hat ihm genug Zeit gegeben. Konnte er sich nicht was Eigenes suchen?«

»Nein«, knurre ich.

»Ach«, sagt Lizzy. »Wieso nicht?«

Ich zucke die Achseln. »Ich glaube, er ist knapp bei Kasse.«

Das überzeugt Lizzy nicht. »Also, er kann sich glücklich schätzen, dass er dich hatte. Du bist sehr nett zu ihm, Helen, aber ich glaube wirklich, dass du das Recht hast, Jasper wieder wegzuschicken, falls du dich anders entscheiden solltest.«

Etwas, das Lizzy eben gesagt hat, kratzt an meiner entschlossenen Haltung. Ich verkünde hochnäsig: »Wir mögen einander. Und er tut mir Leid, denn ich weiß genau, wie es ist, mit jemandem zusammenzuwohnen, mit dem man mal zusammen war und nicht mehr zusammen ist.«

Lizzy gibt ein adrettes, damenhaftes Schnauben von sich und erwidert: »Also, Helen, *jetzt* weißt du es ganz bestimmt!« Ich schüttle missbilligend den Kopf und ignoriere sie.

Lizzy ist so mies drauf, weil sie morgen 28 wird. Normalerweise wäre das kein Thema, doch sie hat extra ein Nebenzimmer in einem Restaurant gemietet, um dort mit ihren Freunden zu feiern, und gestern hat Tina ihr eine E-Mail geschickt, um ihr mitzuteilen, dass sie nicht kommen kann. Einen Grund hat sie nicht angegeben. Lizzy war entsetzt, deshalb hat sie Tina angerufen, um sich zu erkundigen. Adrian war am Apparat. Ich kann nur annehmen, dass Lizzy diesem Scheißkerl Honig ums Maul geschmiert hat, denn nun werden er und Tina doch noch kommen.

Lizzy kriegt sich trotzdem nicht wieder ein. Sie zählt Tina zu ihren zehn engsten Freundinnen und hat sich unendlich viele Rechtfertigungen für die Tatsache zurechtgelegt, dass Tina in letzter Zeit etwa so liebenswürdig ist wie eine Politesse mit Magenverstimmung. Lizzy zufolge stand Tina unter »unglaublichem Druck«, weil die stellvertretende Moderedakteurin zur *Cosmopolitan* gewechselt hat und noch nicht ersetzt wurde, weshalb Tina »mit Arbeit zugeschüttet« ist. Außerdem ist Tina »verrückt nach Adrian«, aber »beide machen so viele Überstunden«, darum »will Tina jede kostbare Minute mit ihm verbringen«.

Für Lizzy war es kein Problem, ihre eigenen Lügen zu glauben, schließlich gehört sie zu jenen widerwärtig beliebten Menschen, die keinerlei Besitzanspruch auf ihre Freunde ausüben (sie hat jede Menge davon und wird ständig angerufen). Doch so liberal sie als Freundin ist, so faschistisch ist sie, wenn es um ihren Geburtstag geht. Das kommt daher, dass in Lizzys Familie immer ein Riesenwirbel um Geburtstage veranstaltet wurde – mit gemieteten Festhallen, Zauberern, Clownstorten, Ballonskulpturen, bunten Kostümen, hübsch verpackten Geschenken, Naschtütchen voller Süßigkeiten (als *ich* 26 wurde, bekam ich nichts dergleichen) –, darum betrachtet Lizzy Geburtstage als sakrosankt. Folglich ist es eine unverzeihliche Sünde, wenn Tina sich um Lizzys Geburtstagsessen drücken will. Und dass Tina nun doch teilnehmen muss, wetzt die Scharte keineswegs aus. Ich klappe den Mund auf, um zu fragen: »Wie viele Gäste hast du denn eingeladen?«, als Lizzy *ihren* Mund aufklappt und sagt: »Helen, fändest du es schrecklich schlimm, wenn ich Jasper nicht einlade?«

Mir bleibt die Spucke weg. Lizzy wird rot und erläutert hastig: »Ich glaube einfach, es würde ihm überhaupt nicht gefallen. Ach, hoffentlich habe ich dich nicht beleidigt, es ist nur so –«

Ich überwinde den ersten Schock und sage: »Liz, das ist kein Problem, ehrlich. Er *kann* ohnehin nicht kommen, er geht morgen Abend mit den Typen aus seinem College-Kricket-Team aus. Zerbrich dir deshalb nicht den Kopf.« So glatt mir diese Worte auch über die Lippen flutschen, in meinem Kopf rumpeln und poltern tausend andere herum. Ich traue meinen Ohren nicht! Jasper wird also vor die Tür gesetzt, während der Frauenprügler von Herzen eingeladen ist! Was für eine Häresie! Das ist, als würde Gott Adam erklären, dass Eva nicht auf die Gartenparty kommen darf, sondern nur die Schlange.

Ich lächle dünn und gebe mir Mühe, nicht beleidigt auszusehen. Ich hätte *sowieso* nicht gewollt, dass Jasper mit zu Lizzy kommt – er würde nur über das Essen und die Gäste und die Musik und das Lokal nörgeln –, aber dass Lizzy ihn auslädt, steht auf einem ganz anderen Blatt. Mir steht es zu, Jasper schlecht zu behandeln, schließlich ist er *mein* Ex. Doch Lizzy hat keinerlei auf früherem Besitz beruhende Rechte Jasper gegenüber, darum bin ich gezwungen, ihr zu erklären, dass sie entschieden zu weit gegangen ist. (Nur in Gedanken natürlich, mir würde nicht im Traum einfallen, ihr so was ins Gesicht zu sagen.)

»Dafür habe ich Luke eingeladen«, sagt Lizzy. »Ich weiß, wie gern du ihn magst, und er ist ja so süß.«

Zum zweiten Mal innerhalb von zwei Minuten bin ich fassungslos. »Oh!«, sage ich. Ich weiß nicht genau, ob ich mich freuen (wenigstens wird Luke bestimmt nicht den ganzen Abend über karmische Astrologie plaudern) oder ärgern soll (Lizzy hat eine Milliarde Freunde, wieso muss sie da ausgerechnet *meine* mit Beschlag belegen?). Ich antworte, dass ich das toll finde, aber jetzt muss sie mich entschuldigen, weil ich noch telefonieren muss. Dann stapfe ich zurück ins Büro und schmolle. Meine Laune bessert sich nicht wirklich, als ich nach Hause komme und entdecke, dass Jasper sich in der Küche ein Sandwich mit Käse und Tomaten gemacht hat, das er im Wohnzimmer gegessen hat – die Besteckschublade steht offen, ein verkrümelter Teller wartet einsam und verlassen auf dem Tisch, ein Brotmesser liegt neben der Spüle, ein spinnenartiger Tomatenstängel ruht auf dem Fußboden, und auf der Arbeitsfläche vertrocknen die (ausgepackten) Überreste eines riesigen Cheddar.

»Der hat vielleicht Nerven«, sage ich zu Fatboy, der an seinen Klauen knabbert und mich ignoriert. Ich frage mich, ob Jasper mir eine Nachricht hinterlassen hat, wohin er verschwunden ist. Nachdem ich in drei Sekunden die gesamte Wohnung durchkämmt habe, weiß ich, dass es keine Nachricht gibt. Ich wasche den Teller und das Messer ab, knalle die Schublade zu, sammle den Tomatenstängel und den rissigen Cheddar ein und schleudere beides in den Mülleimer, wobei ich mich ununterbrochen halblaut über flegelhafte Mitbewohner auslasse, die sich aufspielen wie Heinrich VIII., ihren Müll von anderen Leuten wegräumen lassen *und* ihre Teebeutel mit Earl Grey in der Spüle liegen lassen, wo sie Flecken in den Edelstahl machen. 40 Minuten lang räume ich grummelnd auf und staube ab, dann wird mir langweilig, und ich rufe Tina an.

Ich weiß, dass ich das nicht tun sollte. Als ich sie das letzte Mal angerufen und mich nach ihrer Gesundheit erkundigt habe, erklärte sie eisig, sie wisse, dass ich ihre Beziehung zerstören wolle, und sie wisse auch, dass ich nur eifersüchtig auf die »wahnsinnige Liebe« zwischen Adrian und ihr sei, auch wenn ich das einfach nicht begreifen könne. Ich bin – Tina zufolge – von Bitterkeit zerfressen, weil meine Männer durch die Bank blöde Schwachköpfe sind, die sich einen Dreck für mich interessieren (nur dass sie es nicht so nett ausgedrückt hat).

Ich war wohl verletzt, doch ich rief mir ins Gedächtnis, dass sie im Bann des Bösen steht, deshalb antwortete ich nur: »Du hast verdammt Recht, wenn du glaubst, dass ich eure Beziehung zerstören will! Ich täte nichts lieber, als dich von Adrian loszukriegen. Er ist ein –« Doch sie hatte schon aufgelegt. Seither hat sie mich ignoriert, und die Ratgeberbücher schimmeln auf meinem Schlafzimmerboden vor sich hin. Ich finde das grauenhaft, aber ich habe Angst, sie anzurufen, denn ich befürchte, sie dadurch in Schwierigkeiten zu bringen. Doch dann denke ich, ich könnte ja so tun, als würde ich nur anrufen, um zu erfahren, was sie Lizzy zum Geburtstag schenkt. Ein einziges Mal kann schließlich nicht schaden. Tinas Handy ist tot, darum probiere ich es bei ihr zu Hause. »Hallo?«, flüstert sie.

»Tina?«, frage ich nervös. »Ich bin's, Helen. Weißt du, dass dein Handy tot ist?«

Tina hustet und sagt: »Ich habe keins mehr.« Da Tina für ihre Handy-Rechnungen (annähernd 300 Pfund pro Monat!) berüchtigt ist – oder war –, bin ich wie vom Schlag getroffen.

»Aber«, stottere ich, »wie willst du ohne Handy überleben?«

Tina hustet noch mal. Sie scheint erkältet zu sein. »Handys sind schlecht für die Gesundheit«, antwortet sie tonlos. »Man kriegt Gehirntumor davon.«

»Aber brauchst du nicht eines für deinen Job?«, erwidere ich. Tina schweigt. Ich spüre Zorn in mir auflodern und frage hitzig: »Er wollte es, stimmt's? Er will, dass du nicht mehr mit uns zusammen bist! Wieso –«

Sie unterbricht mich. Ihre Stimme klingt fest. »Nein, das will er nicht! Er sorgt sich einfach um mich, und genau damit hast du ein Problem! Wieso hörst du nicht auf, dich ständig einzumischen, und lässt mich in Ruhe? *Bitte!* Er kommt bestimmt gleich heim, er hat einen Schlüssel, und wenn er mich am Telefon erwischt, dann drückt er die Anrufspeicherung, und dann wird er wissen wollen, mit wem ich gesprochen habe und wie lange und was wir geredet haben und –« Ihre Stimme erstirbt.

Ich verziehe das Gesicht und gebe mir Mühe, sie zu verstehen. Ich erkläre ihr, dass ich ihre beste Freundin bin und dass ich nur ihr Bestes will und dass sie mir vertrauen muss. Ich schwöre (allerdings mit gekreuzten Fingern), dass ich ihre Beziehung mit Adrian respektiere, doch dass eine Beziehung alle Beteiligten glücklich machen sollte und dass ich in letzter Zeit nicht den Eindruck habe, sie sei glücklich. Ich frage sie, ob er sie wieder geschlagen hat, und sie antwortet, er hätte sie schon lange nicht mehr geschlagen. Doch etwas an der Art, wie sie das sagt, weckt mein Misstrauen, deshalb hake ich nach, ob er irgendwas mit ihr angestellt hat, was er nicht tun würde, wenn, sagen wir, *ich* mit im Zimmer wäre.

Und dann erfahre ich, dass Adrian in der vergangenen Nacht, gleich nach Lizzys Anruf, einen Plastikschaber aus Tinas Küchenschublade genommen hat und eine Plastiktüte von Marks & Spencer unter ihrer Spüle herausholte, Tina in ihrer Wohnung einschloss (nachdem er gedroht hatte, dass er *möglicherweise* zwischendurch anrufen würde und es deshalb erführe, falls sie mit jemandem telefonierte), die Straße hinabschlenderte zum Park, drei frische Hundehaufen in die Plastiktüte von Marks & Spencer schaufelte, in die Wohnung zurückkam, gelbe Gummihandschuhe überzog und dann die Hundescheiße über Tinas Gesicht und in ihren Mund schmierte, wobei er sie immer wieder anzischte: »Das bist *du.*«

Abgesehen davon war er in letzter Zeit ein echter Goldschatz.

Kapitel 40

Ich bin in dem Glauben erzogen worden, dass das Gute letzten Endes über das Böse triumphiert. Aschenputtels gemeine Schwestern, Cruella de Vil, die arroganten Verkäuferinnen in *Pretty Woman* – alle bekamen ihre gerechte Strafe, und zwar einfach, weil sie es so verdient hatten. Als ich also von Adrians jüngster Gräueltat höre, erwarte ich Gerechtigkeit. Ich möchte, dass ein Bilderbuchheld angeflogen kommt, um das brave Mädchen zu retten und den bösen Schurken zu bestrafen. Doch als ich Tina anbettele, die Polizei zu rufen, zögert sie erst und sagt schließlich: »Nein.« Sie meint, dass es im wirklichen Leben anders zugeht. »Ich weiß nicht, wie Adrian das schafft, doch er ist schlauer als das Gesetz.« Als sie das sagt, komme ich mir so hilflos und schwach vor, dass mir ganz schlecht wird. Ich fühle mich der Sprache und zweier Jahrzehnte voller selbstzufriedener Zuversicht beraubt.

Donnerstagnacht schlafe ich schlecht und wache wie erschlagen am Freitagmorgen auf. Ich schleppe mich in die Arbeit und versuche nach besten Kräften, wach zu werden. Doch ich schaffe es nicht. Ich trinke zwei doppelte Espressos, die meinen Körper in Zuckungen versetzen, doch nicht die geringste Auswirkung auf mein betäubtes Gehirn zeigen. Ich sehe Tina mit gesenktem Kopf ins Büro schleichen. Mein Herz setzt einen Schlag aus, und ich komme zu dem Schluss, dass sie heute meinem Blick nicht auszuweichen braucht, weil ich sie nämlich ignorieren werde. Ich weiß, dass das kindisch ist, doch ich bin so wütend und frustriert, dass ich sie wahrscheinlich durchschütteln würde, wenn ich mich mit ihr unterhalten wollte. Wenn man mich so hört – ich bin kaum besser als Adrian. Ich zwinge mich zu einem Lächeln, als Lizzy angetänzelt kommt und trällert: »Freust du dich schon auf heute Abend? Was willst du eigentlich anziehen?«

Mein Lächeln löst sich in Luft auf, und ich sage: »Äh, das hier.«

Lizzy mustert mein sackartiges, verblichenes graues Top und zieht die Stirn in Falten. »Du kannst doch nicht *das da* zu meinem Geburtstag anziehen! Es ist mein *Geburtstag*!«

Werd endlich erwachsen, möchte ich ihr am liebsten ins

Gesicht schreien, tue es aber nicht. »Ich habe aber nichts anderes«, knurre ich. Lizzy linst unter meinen Schreibtisch. »He!«, quieke ich.

»Ich wollte nur nachschauen, was für Schuhe du anhast«, erklärt sie, »und ich muss sagen, diese Stiefel mit Keilabsätzen finde ich nicht gerade apart.« Um ehrlich zu sein, meine Stiefel mit den Keilabsätzen findet eigentlich niemand apart. Vor langer Zeit, als Tina noch Tina war, brauchte sie nur einen einzigen Blick darauf zu werfen, um zu befinden, sie sähen aus wie Schraubzwingen. Aber *mir* gefallen sie. »Ich weiß!«, flötet Lizzy. »Ich werde Tina bitten, dir was Schnuckliges aus dem Schrank in der Moderedaktion zu leihen! Das tut sie bestimmt, wenn sie – das tut sie bestimmt.«

Lizzy schwebt dahin, berät sich mit Tina und taucht vier Minuten später wieder vor meinem Schreibtisch auf, ein Paar schwarze Riemensandalen mit Pfennigabsätzen sowie ein gelbes Wickeltop mit malvenfarbenem Spitzenbesatz schwenkend. *»Ay carumba«*, sage ich säuerlich.

»Stell dich nicht so an!«, blafft Lizzy. »Die sehen fantastisch zu deiner schwarzen Hose aus.«

Ich erwidere: »Mag sein, aber wie sehe *ich* darin aus?«

Lizzy ignoriert meine mürrischen Proteste und zwingt mich, alles anzuprobieren. Griesgrämig starre ich in der Damentoilette mein Spiegelbild an, während Lizzy an dem Top herumzieht und -zupft und -streicht und mich dabei umtanzt wie eine durchgeknallte Ginsterhexe. Schließlich urteilt sie: »Helen, du siehst göttlich aus! Warte einen Moment!«

Sie schlüpft aus der Tür und ist zwei Sekunden später wieder da, gefolgt von Tina. »Was meinst du?«, kräht sie mit weit ausgebreiteten Armen wie eine Cabaret-Sängerin.

»Toll«, bestätigt Tina mit leerem Lächeln, wobei sie die Worte an mein linkes Ohr richtet.

»Sehr gut!«, beschließt Lizzy. »Das wär's dann also.« Sie gestattet mir, bis zum Abend mein graues Top wieder anzuziehen, doch die Stiefel bleiben beschlagnahmt, »weil ich dir nicht traue«. Sie tanzt aus der Tür und lässt Tina und mich allein zurück.

Ich bin so verlegen wie damals, als Michelles Großmutter ein Blind Date für mich ausmachte, und zwar mit ihrem Hunde-Ausführer – der aus Russland stammte (»aus *Rrrruss-land* miet Liebää!«, drohte er schon am Telefon) und eine Meeräsche besaß. »Hallo«, sage ich.

Tina knabbert an einem Fingernagel, und dann platzt es aus ihr heraus: »Helen, sei heute Abend bitte nicht gemein zu mir oder Adrian, er schöpft sonst Verdacht und, und –«

Augenblicklich komme ich mir grausam vor und schäme mich dafür, darum berühre ich ihren Oberarm, fahre sachte mit dem Finger abwärts und drücke ihre Hand. Ihr treten Tränen in die Augen, dann dreht sie sich um und geht hinaus.

Weil ich Lizzy nicht enttäuschen möchte – und weil ich, sobald sie aus dem Büro ist, ebenso hektisch wie erfolglos ihren Schreibtisch nach meinen Schraubzwingen durchsucht habe –, marschiere ich um Punkt 19 Uhr 30 in meiner schwarzen Hose, dem Karnevals-Top und den Riemensandalen im Restaurant ein. Und der Erste, auf den mein Blick fällt, ist Tom. Er steht am anderen Ende des Raumes und unterhält sich mit Brian, der eine ausgebleichte Kattun-Hose trägt. Ich bin so perplex (nicht über die ausgebleichte Kattun-Hose, sie passt perfekt zu dem neongrünen T-Shirt), dass ich einen Schritt zurücktaumle und beinahe Lizzys Geburtstagsgeschenk fallen lasse. Das Geburtstagskind kommt angehüpft. »Überraschung!«, plärrt sie mir ins Ohr.

Mein Gesicht fühlt sich heiß und rot an. »O mein Gott, du Wahnsinnige! Beherrsch dich!«, murmle ich, wobei ich mir alle Mühe gebe, das schwachsinnige Grinsen von meiner Miene zu wischen.

Lizzy presst die Hand auf den Mund, um ihr Kichern zu ersticken. Luke taucht an meiner Seite auf, rammt mir den Ellbogen in die Rippen und zwinkert.

»Wie subtil!«, sage ich.

»Tom ist mit Luke gekommen, ich kann nichts dafür«, ruft Lizzy vergnügt aus.

Luke zwitschert: »Wir haben uns irre Mühe gegeben, also bau nicht noch mal so'ne Scheiße.«

Ich starre auf meine Riemensandalen und murmle selig: »Ihr Kindsköpfe!«

Luke nimmt das als Zeichen der Zustimmung und schreit los: »Ich gehe ihn holen, okay?«

Ich kann ihn nur davon abhalten, indem ich ihn am T-Shirt packe, am Nacken zurückreiße und »Nein!« zische. Doch dann kommt Tom durch den Raum auf mich zu, sieht mich eine Sekunde lang an und erklärt kühn: »Aber hallo.« Und ich weiß, dass er dafür seinen ganzen Mut zusammengenommen hat, weil er dabei rosa anläuft und seine Stimme ein bisschen zittert. Ich mache den Mund auf und merke im selben Moment, dass er so trocken ist wie alter Toast, weswegen mein »Hallo, Tom« nur als kraftloses Krächzen endet.

Tom errötet gleich noch mal – wohl auch, weil Luke und Lizzy uns anstarren wie zwei Puppen aus der Muppet-Show – und will gerade sagen: »Ich, äh, du siehst gut –«, als er unterbrochen wird.

Luke haut ihm auf den Rücken und krakeelt: »Willst du sie nicht endlich küssen?«

Ich erstarre zu Eis, während uns diese grauenvollen Worte um die Ohren fliegen wie ein Bumerang bei einer Beerdigung. Lizzy – die, wie ich erkenne, nicht *wirklich* begriffen hat, worauf sie sich einließ, als sie mit Luke gemeinsame Sache zu machen beschloss – steht wie vom Blitz getroffen daneben. Irgendwann kommt wieder Bewegung in Toms Entsetzensmiene, er dröhnt: »Arrgh!«, und tut so, als wollte er Luke erdrosseln.

»Komm sofort mit«, befiehlt Lizzy streng wie ein Kindermädchen, das mit einem Fünfjährigen im Zoo vor den Nashörnern steht, die sich gerade zu paaren beginnen.

Tom und ich bleiben uns selbst überlassen. Meine Hände baumeln nutzlos an mir herunter, ohne dass ich irgendwas mit ihnen anzufangen wüsste. Die Hasenpfote klopft wie irre in meiner Brust, und als ich ihm ins Gesicht sehe, fällt mir nichts Besseres zu sagen ein als: »Wie geht's dir so?«

Tom neigt den Kopf und nickt und brummt: »Ganz gut, danke, und dir?«

Ich nicke ebenfalls und sage: »Danke, gut. Einfach gut.« *Einfach* gut! Wer bin ich denn? Dolly Parton? Ich beiße mir auf die Unterlippe und winde mich ein wenig und platze dann, weil ich merke, wie ich in Panik gerate, heraus: »Luke sagt echt komische Sachen, wie?«

Tom nickt leidend und bestätigt: »Ja.«

Plötzlich sieht er aus, als würde er gleich losheulen, sodass sich alles in mir zusammenzieht und ich tief durchatme und flüstere: »Aber manchmal sagt er auch Sachen, die ich denke und nicht zu sagen wage.«

Ich sage das, ich kann nicht glauben, dass ich das gesagt habe, ich starre auf den Boden, ich verziehe gepeinigt das Gesicht und denke mir: Du Rhinozeros, du Riesenrhinozeros! Du Baby! Du Rhinozeros! Als ich Tom wieder anzusehen wage, schaut er mich an wie ein Verhungernder ein Riesenkebab, und wir machen beide gleichzeitig einen Schritt vorwärts, und dann führt er mein Gesicht liebevoll an seines, und wir küssen uns. Es ist ein weicher, warmer Kuss, wie Samt auf Samt, und ich schließe die Augen und bekomme keine Luft mehr vor Freude, und als ich mal einen kurzen Blick riskiere, hat *er* die Augen zu, deshalb lasse ich meinen Blick kurz durch den Raum schweifen, um festzustellen, ob uns irgendwer beobachtet – etwa 20 Menschen glotzen uns an –, darum mache ich die Augen wieder zu und lasse mich tiefer in den Kuss sinken.

»Alle schauen her«, nuschle ich.

»Na und«, flüstert Tom und drückt mich fester, und dann drücke ich ihn ebenfalls so fest ich kann und schaue in seine blauen Augen, und das Blut dröhnt mir in den Ohren, und es kommt mir wie Irrsinn vor, dass wir uns getrennt hatten – Wahnsinn, Irrsinn –, und ich denke: Das darf nie wieder passieren, während mich die Wärme trifft wie Sonnenschein nach einem langen Regen. Ich liebe dich.

Es ist mit nichts zu vergleichen, was ich je erlebt habe. Alles, was vor Tom stattgefunden hatte, war ganz nett und schön, aber es war nichts. Tom ist es. Ich sehe ihn an und muss an den altmodischen Satz denken: »Ich liebe dich von ganzem Herzen« – wenn ich mich recht entsinne, hat das der gut aussehende Prinz zu der flachsblonden Prinzessin gesagt –, und genau das empfinde ich auch. Er küsst mein Gesicht, dann mein Haar und spricht hinein: »Tut mir Leid, dass ich so ein Ekel war.«

Mein Kopf schießt so schnell zurück, dass ich ihm um ein Haar die Zähne aus dem Mund geschlagen hätte. »*Dir* tut das Leid?«, quietsche ich. »Quatsch! Du hast Recht gehabt! Mit allem! *Mir* tut es Leid.«

Tom schüttelt den Kopf. Dann lächelt er. »Als du mit Lizzy damals im Pub eingefallen bist, trotzdem, obwohl sie das gesagt hat« – hier nicke ich hastig, um ihn zu ermuntern, diese Stelle auszulassen –, »selbst da wollte ich dir nachlaufen und dich küssen, bis du umfällst.«

Ich erglühe und sage: »Im Ernst!«

Er nickt, bohrt dabei den Zeh in den Boden wie ein kleines Kind und sagt dann betreten: »Ohne dich war es total öde. Einfach furchtbar.«

Ich kann kaum glauben, dass tatsächlich Tom das sagt – nicht irgendein halb kahler Witwer mit Mundgeruch, jene Männer, die mich normalerweise in einer Bar mit Beschlag belegen wollen, sondern *Tom*. Tom, nach dem ich mich verzehre. Tom, der kein Blatt vor den Mund nimmt. Tom, der mich mag, mich, Helen, obwohl ich keine Locken habe und einen Toyota fahre. O Gott, bitte mach, dass das wahr ist.

Ich wage es kaum auszusprechen, doch ich glaube, Tom

denkt etwas Ähnliches, denn während des Essens sitzen wir nebeneinander, er strahlt mich fortwährend an, küsst mich immerzu, drückt meine Hand und isst kaum einen Bissen. Und ich, was noch nie da gewesen war, ebenfalls. Wir reden nur.

Tom will alles erfahren, wie ich Weihnachten verbracht habe zum Beispiel und ob ich überhaupt an ihn gedacht habe und wie es mir in der Arbeit geht und wie Laetitia mich zurzeit behandelt (wie eine Leibeigene) und wie es Fatboy geht (er wird dermaßen verhätschelt, dass ihm ein Flaschengeist aus dem Allerwertesten fahren wird, wenn ich ihn nur noch einmal streichle) und Nana und meiner Mutter und wie wir zueinander stehen – das brauche ich allerdings nicht zu erklären – und wie ich meine Wohnung gefunden und wie ich sie eingerichtet habe und ob ich ihn vermisst habe und wie lange es gedauert hat und wofür ich mich entschieden habe und wie es mir geht und ob ich Marcus noch mal gesehen habe, und die ganze Zeit starrt er mich dabei an, als wäre ich eine unvorstellbare Schönheit, und ich will alles über ihn erfahren, was er so gemacht hat, ob Celine immer noch bei Megavet arbeitet (nein, sie wurde wegen absoluter Inkompetenz gefeuert, nachdem sie einen Hamster fallen ließ und drauftrat), ob es seiner Schwester gut geht (großartig; erst gestern sagte sie zu ihrem Chef, Mr. Higgenbotham: »Mit Ihrem Namen ist das so eine Sache, den braucht man gar nicht wie Higgen*bottom* auszusprechen – das lässt sich vermeiden, wenn Sie Higgen*botham* sagen!«), ob er das Boxen immer noch nicht aufgegeben hat (nur, wenn man *Rocky I, II und III anschauen dazuzählt*), wie es seiner Familie geht (sehr gut: sein Stiefvater hat beim Fußball-Toto eine kleinere Summe gewonnen und fährt von dem Geld mit Toms Mom in den Lake District), und ob er seine Malangst überwunden hat (wie nett von mir, mich daran zu erinnern) und ob er seit mir mit irgendwem Sex hatte (was für eine Dreistigkeit und ob er mir dieselbe Frage stellen kann?) und ob er schon *Knochenarbeit* von Kathy Reichs gelesen hat (hat er – das Buch ist so glitschig und eklig wie eine Fünf-Minuten-Terrine) und ob wir noch mal in seinem Honda auf die Heath Extension fahren und Bagels essen können?

Als ich ihn nach der Heath Extension frage, sieht er mich ernst an und sagt: »Ich würde alles für dich tun, Helen. Ehrlich.«

Und ich quake nicht: »Ach ja, aber du hast mich nicht bei dir wohnen lassen«, weil ich das inzwischen verstehe. Ich schlucke schwer und flüstere: »Ich für dich auch.« (Ich bin nicht so freizügig wie Tom, denn der ganze Satz: »Und ich würde alles für dich tun« will einfach nicht über meine Lippen und fühlt sich, obwohl ich ihn gern ausgesprochen hätte, in meinem Kopf einfach besser an. Außerdem scheint ihm die verkürzte Version zu genügen.)

Ich sehe ihn immerzu an und denke grinsend bei mir, dass er mich mag und was zum Teufel in mich gefahren war, seine Avancen zurückzuweisen wie eine Katze, die eine Schüssel voll Sahne verschmäht. Wir lächeln einander an, bis uns der Mund weh tut. Und bis ich quer über den Tisch Lukes Blick auffange und er augenblicklich *seinen* Mund aufreißt (ohne vorher den halb gekauten Burger runterzuschlucken) und einen Finger in die breiige Masse schiebt, um seinen Ekel darüber auszudrücken, dass seine beste Freundin und einer seiner Kumpels von normalen, anständigen Menschen zu einem Pärchen widerwärtig balzender Liebestauben mutiert sind.

Tom bemerkt Luke und füttert mich aufreizend mit einem Pommes frites, und zwar von Mund zu Mund. Luke stützt scheinbar schwer bekümmert den Kopf in die Hände. Tom seufzt und sagt: »Dir ist klar, dass er mich bis an mein Lebensende erpressen wird?«, worauf ich nicke und sage: »Also, wollen wir nachher noch zu mir?«, und er grinst. Ich stehe augenblicklich auf, wobei mein Stuhl über den Boden schabt. Tom sieht mich an, zieht eine Braue hoch und springt ebenfalls auf – doch in diesem Moment bringt der

Kellner eine riesige rosa Geburtstagstorte herein, und wir müssen alle »Happy Birthday, liebe Lizzy« singen. Tom und ich krächzen aus vollem Hals. Wir tauschen schon heimliche »Sollen wir's wagen«-Blicke, doch da sehe ich kurz auf die andere Seite des Tisches, um festzustellen, ob uns jemand bemerkt hat, und erblicke Tina.

Und all meine Glücksgefühle lösen sich in Luft auf. Sie sieht vollkommen eingeschüchtert aus. Mit hängendem Kopf, unterwürfig wie ein halb verhungerter Hund. Sie nippt an ihrem Wasserglas, und ihre Hand zittert. Sie weigert sich aufzusehen. Der Mann zu ihrer Linken hat es aufgegeben, ein Gespräch mit ihr anfangen zu wollen, und unterhält sich inzwischen mit der Frau zu *seiner* Linken. Schuld daran ist der Mann zu ihrer Rechten. Adrian sieht in seinem blassgrünen Hemd und dem maßgeschneiderten dunkelgrauen Anzug ungeheuer proper aus, seine Zähne sind strahlend weiß, und sein blondes Haar ist auf das *Akkurateste* frisiert. Er plaudert angeregt mit der Frau rechts von ihm. Ganz leicht berührt er ihre Hand, um einer Bemerkung Nachdruck zu verleihen, woraufhin sie den Kopf zurückwirft und ein entzückendes Lachen von sich gibt. Ich würde ihr am liebsten ein Messer in die Rippen jagen.

»Was ist denn?« Toms Blick ist meinem Blick gefolgt.

»Äh, also, nichts«, sage ich. »Ich glaube, Lizzy hat uns im Visier. Wir sollten es, äh, lieber auf später verschieben.«

Tom sieht mich an und meint: »Mit dir ist doch irgendwas.«

Ich schüttle den Kopf und sage: »Ich werde mich kurz mit Liz unterhalten, du kommst doch auch ohne mich zurecht, oder?« In diesem Moment taucht Luke hinter Tom auf und versucht, ihm eine Bohne ins Ohr zu stecken, doch Tom brüllt auf, packt Luke am Handgelenk und zwingt ihn in die Knie.

Ich nutze die Gunst der Sekunde und husche zu Tina hinüber. Ich sage »Hi«, doch sie sieht mich entsetzt an. Leise sagt sie: »Du bist offenbar wieder mit Tom zusammen.«

Ich lächle und sage »Genau!«, und: »Warum kommst du nicht kurz zu uns rüber?«

Tina sieht mich zornig an, denn schon wirbelt Adrian herum, mit aufgepapptem, einnehmendem Lächeln, und säuselt: »Helen! Was für eine *Freude*, dich zu sehen! Du siehst einfach klasse aus! Und ich *liebe* dein Top, es spricht dir aus der Seele!«

Ich würde ihm am liebsten ins Auge spucken, doch ich sehe Tina beben, darum zwinge ich meine Mundwinkel nach oben und bestätige: »Ja, es ist ein nettes Top.«

Ich halte inne und sage dann: »Ich wollte dich nicht unterbrechen – ich wollte Tina nur kurz auf unsere Seite des Tisches rüberschleifen, um mit Tom und Luke zu plaudern.«

Adrians Lächeln bleibt wie angeklebt auf seinem Gesicht. »Das würden wir ja liebend gern, aber« – Schauspielerblick auf die Tag Heuer – »meine Lady löchert mich schon den ganzen Abend, dass sie so erschöpft ist, darum bringe ich sie jetzt heim ins Bettchen, und zwar gleich. Erhebe dich, mein Zuckerstück, das Taxi wartet schon!«

Tina steht wie ein Roboter auf und sagt gepresst: »Gute Nacht, Helen.«

Sie küssen und umarmen Lizzy und sind gleich darauf verschwunden. Ich kann mich nicht entspannen. Lizzy kommt vorbei und kündigt an, dass sie mit Brian und ein paar anderen noch in einen Klub geht und ob ich mitkommen möchte. Sie hängt schnell noch an, dass sie nicht beleidigt ist, wenn ich ablehne. Ich will mich schon entschuldigen, doch sie drückt meine Schulter, macht eine Kopfbewegung hin zu Tom und flüstert: »Sei glücklich.«

Tom bemerkt, dass sich die Feier allmählich auflöst, darum dreht er sich zu mir um und meint großspurig: »Möchtest du dir ein Taxi mit mir teilen?«

Ich erwidere: »Natürlich.«

Luke steckt seinen Kopf zwischen unsere Köpfe und ruft aus: »Super! Dann hab ich ja eine Mitfahrgelegenheit!« Tom und ich starren ihn wütend an, doch Luke lächelt und beschwichtigt: »Keine Angst, ihr könnt mich als Erstes absetzen.«

Tom knurrt: »Worauf du wetten kannst!«

Wir stolpern auf die Straße, und Tom hält ein Taxi an. Luke legt die Beine hoch und zündet eine Kippe an, während Tom meine Hand streichelt und meint: »Du bist so still.«

Ich nicke. Ich kann nicht sprechen. Nichts auf der Welt täte ich lieber, als Luke den Mund zuzupflastern und ihn dann am Swiss Cottage rauszuschmeißen, um gleich darauf mit Tom nach Hause zu rasen und ihm die Kleider vom Leib zu reißen und ihn leidenschaftlich erst im Flur und dann noch mal auf dem Wohnzimmertisch zu lieben. Ich *brauche* das. Ich *muss* mit Tom schlafen und diese Verbindung spüren, so wie ich atmen muss.

Aber wie kann ich das, so lange ich weiß, dass Tina mit Adrian heimgefahren ist?

Wenn dies ein strahlender Neuanfang ist, dann soll er absolut perfekt sein. Sobald ich daran denke, welche Ängste meine Freundin aussteht, ist meine Libido futsch. Was tut er ihr jetzt wohl an? Schon der Gedanke bereitet mir Qualen. Es bleibt mir gar nichts anderes übrig. Ich klopfe Tom mit dem Finger aufs Knie und erzähle ihm die Wahrheit über Tina und Adrian.

Dann leite ich das Taxi nach Tooting um und bete, dass wir noch rechtzeitig kommen.

Kapitel 41

Auch wenn ich im Bikini komisch aussehe und unter Garantie krebsrot werde, liebe ich den Strand. Ich schaue zu gerne aufs Meer hinaus und denke wenig anspruchsvolle Gedanken wie: Wow, so viel Wasser, oder: Mein Gott, das Meer ist wirklich riesig. Ich sehe gern zu, wie die Wellen aufschäumen und dann im Sand versickern. Und ich vergrabe gern meine Füße im warmen Sand und spüre die Körner zwischen den Zehen. Ich suche mit Begeisterung nach Muscheln – am liebsten sind mir die gedrehten, die wie winzige Einhorn-Hörner aussehen – und nach glatten grauen Kieseln mit durchlaufender Marmorierung. Ich liebe es, die Augen zu schließen und dem Krachen der Wellen und dem Lachen der Menschen zu lauschen. Die salzige Luft zu riechen und sie auf meinen Lippen zu schmecken. Aber am allerliebsten paddle ich im klaren Wasser herum und suche nach Gold. Oft sehe ich etwas Winziges glitzern und versuche es zu erhaschen. Natürlich ist es nie *wirklich* Gold, immer nur ein Sandkorn, das von Sonne und Wasser zum Blinken gebracht wurde. Aber das ist mir egal, denn mir geht es einzig um den Spaß am Suchen.

Als ich Tom verliere, empfinde ich allerdings nichts dergleichen. Nach ewig langer Suche bin ich endlich auf Gold gestoßen, nur um es wie Sand zwischen meinen Fingern zerrinnen zu lassen.

Doch als wir wie eine Schwadron schwarzer Ritter zu Tinas Rettung eilen, deutet nicht das Geringste darauf hin, dass es jenes Ende nehmen könnte, das es schließlich nimmt. Ich sprudle die traurige Geschichte hervor, und Tom sagt: »Scheiße!«, um mich dann mit tausend Fragen zu bombardieren. Luke zischt und stottert: »Ich kapier's einfach nicht.« Sie plustern sich auf und sagen: Arme, arme Tina und dass Adrian sich auf was gefasst machen kann.

»Das hier ist kein Abenteuerspiel für kleine Jungs«, sage ich mit steinerner Miene, erschrocken über das, was ich da ausgelöst habe.

Tom sagt: »Helen, wir sehen nur nach, ob sie okay ist. Es ist richtig, dass du dich um Tina sorgst. Wir machen bestimmt keine Dummheiten.« Er zerquetscht mir halb die Hand.

Und Luke ergänzt ganz ernst: »Du hast ganz richtig gehandelt.« Ich bin da nicht so sicher.

Doch das soll sich bald ändern. Als das Taxi vor Tinas Wohnung anhält – »Adrian fährt einen Roadster!«, entfährt es Luke, »was untersteht sich der Kerl?« – und wir auf die Straße stolpern, kann ich die Schreie bereits hören. Was ein widerwärtiges Wunder ist, weil mein Herz so laut klopft, dass ich eigentlich taub sein müsste. Luke will die Tür eintreten, doch Tom möchte Adrian nicht vorwarnen. Wir schleichen uns mit Hilfe der Frau, die eine Etage tiefer wohnt, ins Haus. Seltsamerweise fragt sie nicht, wer wir sind. Doch andererseits schreit ihre Nachbarin gerade wie ein Schwein, dem man seinen Cousin in einem Brötchen mit Senf und Ketchup angeboten hat, ohne dass sie das rühren würde, darum sollte mich das vielleicht nicht überraschen.

Wir poltern die Treppe hoch, und Tom klingelt an der Tür. Ein Wimmern, ein Rascheln, dann Stille. Er klingelt noch mal. Er steht mit dem Rücken zur Tür, damit Adrian, falls er durch den Spion schaut, ihn nicht erkennen kann. »Wer ist da?«, bellt eine gepresste Stimme.

Tom bellt zurück: »Sind Sie der Besitzer des schwarzen Z3 mit den aufgeschlitzten Reifen –«

Es folgen ein lauter Aufschrei und das Klack-Klack zurückgeschobener Riegel, dann reißt Adrian die Tür auf, und im selben Moment tritt Tom mit aller Gewalt dagegen, sodass Adrian den Flur zurückfliegt. Tom und ich rennen zu Tina hin, die in der Ecke kauert. Luke hechtet auf Adrian, um ihn mit einer Rugby-Attacke wie aus dem Lehrbuch niederzustrecken – vielleicht stolpert er aber auch nur über den Teppich –, und noch bevor ich sagen kann: »Fester«, kniet er mit seinem ganzen Gewicht auf ihm und rüttelt ihn, bis Adrians Kopf mit einem wohltönenden Bong-Bong-Bong auf dem Boden aufschlägt.

Als Tom erkennt, in welchem Zustand sich Tina befindet, spannt sich seine Miene an. Adrian fragt, was der ganze

Scheiß soll, und plärrt, wir hätten die Situation völlig missverstanden und er und Tina hätten nur einen kleinen Streit gehabt, und autsch! Adrians Proteste verstummen abrupt, sobald Tom auf einen offenbar äußerst empfindlichen Punkt an Adrians Hals drückt. »Halt den Rand«, befiehlt Tom schneidend. Adrian wird still. Ich rufe auf meinem Handy die Polizei an, weil das Telefon aus der Wand gerissen wurde und Tom damit beschäftigt ist, Eis und ein Handtuch für Tina zu holen. Adrian ringt unter Lukes guten 90 Kilo nach Luft, die unentwegten Anstrengungen meines Freundes, sich über Jahre hinweg mit Pepperoni-Pizza und indischem Sahnehühnchen und *Cheese-&-Onion*-Chips in Form zu bringen, zahlen sich also auf das Beste aus. »Tina«, schreit Luke von seiner erhöhten Warte aus, »bist du okay?«

Tina hat sieben frische Zigaretten-Brandwunden auf dem Bauch und ist ganz und gar nicht okay. Ihre Kopfwunde ist wieder aufgeplatzt. Tom streicht ihr das Haar aus dem Gesicht und tupft behutsam das Blut ab, das über die Stirn rinnt. Er sagt: »Um Gottes willen, Tina, das ist ja schrecklich. So was musst du dir nicht bieten lassen.« Sie erwidert sarkastisch, wenn auch mit bebender Stimme, dass sie diesen Sommer wohl kein bauchfreies Top tragen wird, dann bricht sie in Tränen aus und krampft sich an mir und Tom fest.

»Tina«, sage ich, wobei ich mit aller Kraft versuche, nicht ebenfalls loszuheulen, »ich musste das einfach tun, ich konnte nicht länger zusehen, es tut mir so Leid.«

Als die Polizei eintrifft, hört Tina auf zu weinen und fängt an zu bibbern. Die Polizisten wollen von uns allen, aber ganz besonders von Tina, hören, was vorgefallen ist.

»Bitte sag es ihnen«, dränge ich sie. »Du musst tapfer sein. Wir sind alle bei dir.« Sie schluckt und sieht Adrian an, der sie anstarrt, als hielte er sich für den Terminator aus Maida Vale.

Stille. Tina sagt kein Wort, und ich halte den Atem an.

Luke macht einen Schritt auf sie zu, und Tina zuckt zurück, dabei will er ihr nur ein zerknülltes Stück Klopapier zum Schnäuzen anbieten. »Ich hab's erst einmal benutzt«, erklärt er freundlich.

Lukes Sanftmut gibt ihr Kraft. Nach langem Schniefen und Schlucken deutet Tina auf ihren Lover und sagt: »Er – Adrian – hat gesagt, Zigaretten wären nicht gut für mich, das sind sie auch nicht. Er, er ha-hat sie auf meinem Bauch ausgedrückt.«

Der Polizist – dessen strenge Miene für sein sommersprossiges Gesicht entschädigt – notiert das auf seinem Block. Dann schweigt Tina wieder, weshalb die Polizistin, eine junge Frau mit strohblondem Haar und stahlharter Aura, sie nach nebenan führt. Sommersprosse sieht Adrian an. Adrian setzt in seiner freundlichsten, schleimigsten Stimme zu einer Erklärung an, dass Tina ein Alkoholproblem hätte. Zu meiner unbeschreiblichen Freude schneidet ihm Sommersprosse sofort das Wort ab: »Ihre Erklärungen möchte ich im Augenblick nicht hören.«

Ich möchte Sommersprosse sagen, dass Tina ausschließlich Orangensaft trinkt, seit Adrian sie einmal halb ertränkt hat, weil sie angeblich mit einem Typen im Pub »geflirtet« hätte (als würde Tina einen Kerl in einem Overall auch nur anschauen). Doch ich will keinesfalls in Adrians Gegenwart zurechtgewiesen werden, deshalb hebe ich mir das für später auf. Stattdessen deute ich auf den Aschenbecher voller Kippen, die, wie ich annehme, mit Adrians Fingerabdrücken übersät sind, obwohl er überhaupt nicht raucht. Sommersprosse schüttet die Kippen gehorsam in eine Plastiktüte um, und ich flüstere Tom aufgeregt zu: »Das habe ich bei *The Bill* gesehen. Selbst wenn es nicht forensisch wasserdicht ist, sind das zulässige Beweismittel!«

Danach gehe ich in die Küche, weil Tina möchte, dass ich bei ihr bleibe. Ich sitze am Küchentisch, während Blondie mit einer Polaroid Bilder von Tinas Bauch und Kopfhaut macht. Sie scheint zu verstehen, dass Tina noch gar nicht ermessen kann, was das Erscheinen der Polizei bedeutet und welche Konsequenzen es hat, und sagt mit fester Stimme: »Sie tun das Richtige, meine Liebe. Sie haben sich nicht das Geringste vorzuwerfen. In einer normalen Beziehung darf so was nicht passieren.«

Ich weiß nicht, ob ich etwas sagen darf, darum nicke ich nur zustimmend hinter Blondies Rücken und biete meine ganze Kraft auf, damit mir beim Anblick von Tinas Verletzungen nicht das Geburtstagsessen hochkommt. Blondie möchte, dass ich Tina ins Krankenhaus fahre. Ich rufe ein Taxi. Dann denke ich mir: Scheiß drauf, ich kann es einfach nicht erwarten, meine Aussage zu machen, also mache ich eine. Ich war nicht mehr so versessen darauf, ein Geheimnis auszuplaudern, seit ich Laetitia beim Mittagessen dabei belauscht habe, wie sie sich ganz verstohlen nach einer Fettabsaugung erkundigte.

Blondie lässt mich gewähren, deshalb diktiere ich ihr, bis sie die Hand schüttelt, als hätte sie einen Krampf. Ich bin frustriert, weil ich gezwungen bin zuzugeben, dass ich nie mit *eigenen Augen* gesehen habe, wie Adrian meiner Freundin auch nur ein Haar gekrümmt hat. »Aber ich habe die Folgen gesehen«, ereifere ich mich, und dann frage ich: »Wollen Sie von Tina denn keine Aussage aufnehmen?«

Sie sagt, sie werde Tinas Aussage morgen früh aufnehmen. Tina, die inzwischen leise geworden ist wie ein Mäuschen in Filzpantoffeln, nickt. Tom und Luke machen ebenfalls eine kurze Aussage. Als das Taxi kommt, marschiert Blondie nach unten, um Tinas Nachbarin zu befragen (was mir gehässiges Vergnügen bereitet), und Sommersprosse sagt zu Adrian: »Ich verhafte Sie wegen des Verdachts schwerer Körperverletzung«, bevor er ihm Handschellen anlegt.

»Geben Sie auf meine Manschetten Acht!«, protestiert Adrian, was – zu meiner großen Freude – gar nicht gut ankommt. Wenn überhaupt, gibt Sommersprosse noch weniger Acht auf Adrians Manschetten. Adrian schießt einen Böser-Bube-Blick auf mich ab, worauf ich ihn mit einem gestreckten Mittelfinger zu provozieren versuche. Ich hoffe, ihn so weit zu bringen, dass er etwas Verräterisches sagt wie: »Ehrlich, Officer, ich habe sie kaum angerührt!«, doch so blöd ist Adrian nicht. Er sagt kein Wort. Ich hatte auch gehofft, ein lautstark gedröhntes »Sie sind geliefert!« zu hören, doch der herzerwärmende Anblick von Adrian in Handschellen reicht mir voll und ganz. Er und sein Maßanzug werden die Nacht in einer Zelle verbringen, und morgen wird er verhört. Und dann geht's vor Gericht.

Und, um es in Nana Flos Worten auszudrücken, bestimmt nicht zu früh.

Tom wickelt Tina in eine Decke, weil sie so zittert, und trägt sie zum Taxi. Die ganze Fahrt zum Krankenhaus reden wir ihr zu, wie toll sie war und dass sie so tapfer ist und dass jetzt Schluss ist mit Adrian. Tina scheint uns gar nicht zu hören. Sie flüstert in ihre Hände: »Ich schäme mich so.« Tom, Luke und ich beschwören sie im Chor: »Das brauchst du nicht!«, und Tina lächelt, weil wir uns anhören wie Volltrottel, bevor sie das Gesicht verzieht, weil ihr der Bauch so wehtut.

In der Notaufnahme fragt der babygesichtige Arzt, als könnte er nicht recht glauben, was er da sieht: »Und das hat Ihr Freund gemacht?«

Worauf Tina erwidert, als würde das alles erklären: »Ich rauche.«

Der Arzt – der stechend grüne Augen hat und aus *Emergency Room* stammen könnte, wenn er nur ein bisschen mehr Farbe auf den Wangen hätte – sieht Luke abschätzig an. Luke hat sich selbst zu Tinas Leibwächter ernannt und sich mit der Miene einer Bulldogge und verschränkten Armen neben ihr aufgebaut.

»Nicht *ich*!«, platzt er heraus. »Ich bin Luke! Ich passe auf sie auf!« Tina lächelt ihn unter Tränen an, und Tom lächelt mich an. Ich schaue auf die Uhr und stelle fest, dass es 3 Uhr 23 ist, und das bedeutet, dass wir drei Stunden lang in Dantes Inferno, Verzeihung, in der Notaufnahme gewartet haben. Unter sich abschälenden Wänden. Ich spüre, wie Erschöpfung sich in mir breit macht. Dann murmle ich, dass ich eine Sekunde lang rausgehe.

Ich taumle auf die Tür zu. Der süßliche Geruch der Notaufnahme schlägt mir auf die Lunge. Und die schwingenden Krankenhaustüren mit ihren korrekten rechteckigen Glaseinsätzen, die grell strahlenden Lichter, die kreischenden Kinder, die grölenden Besoffenen, die durch graue Klinikgänge schlurfenden Alten, die herumsausenden Schwestern und Ärzte in Weiß und Blau und in vernünftigen Schuhen, all das dreht sich und wirbelt um meinen Kopf wie ein Mini-Tornado, und plötzlich sehe ich meinen Vater sterben, der Monitor piept, die Vorhänge werden vorgerissen, Rollwagen herbeigeschoben, ich werde weggerissen, ich höre die Schreie: »Er sackt uns weg!«, meine Mutter heult, und mein Vater stirbt, und ich saß einfach nur dabei, ich hatte alles verpasst und ihm nie gesagt, dass ich ihn liebe, nur weil mir die Worte nicht über die Lippen wollten. Mein Gehirn ist plötzlich blutleer, mir ist schlecht und schwindlig. Ich muss mich hinsetzen oder mich übergeben, und weil ich nicht genau weiß was, lasse ich mich auf eine Bank fallen – direkt neben einen abgerissenen Kerl mit einer Flasche in der Hand –, sage »Urrgh«, und erbreche mich auf den Boden. Ich kann gut verstehen, dass der Mann auf eine andere Bank wechselt.

Ich halte mich an der Bank fest, während sich die Welt um mich dreht. Dann streicht mir Tom das Haar aus dem Gesicht und massiert mir den Rücken, während ich würge und weiter spucke. Ich kann nicht aufhören zu würgen. Laut. »Wie romantisch«, keuche ich, während mir noch der letzte Rülpser in den Ohren dröhnt und ich auf einen gelben Tümpel von halb festem Erbrochenem starre.

»Nee«, erwidert Tom gut gelaunt, »für mich ist das eher nostalgisch. Es erinnert mich an unseren ersten Abend.«

Ich würde ihn gern ansehen und lachen, doch an meinem Kinn hängt immer noch Speichel, den ich erst mit meinem Ärmel von Ay Carumba abwischen muss. »Wie geht es Tina?«, frage ich.

»Sie steht noch unter Schock, glaube ich«, antwortet Tom. »Sie hat gesagt, Adrian tue ihr Leid. Doch der Arzt wollte nichts davon hören. Er hat ihr erklärt, dass sich Männer wie Adrian nie ändern. Ganz freundlich, aber entschieden. Hoffentlich nutzt es was, die arme Tina. Ach ja, und Luke ist verliebt. Er will hier bleiben und sie bewachen.«

Mir fallen fast die Augen aus dem Kopf. »Luke ist *verliebt*?«, quieke ich.

Tom nickt grinsend. »Bis über beide Ohren«, bestätigt er. Ich verrenke mir fast das Gehirn bei dem Versuch, diese Information zu verdauen, doch Tom spricht bereits weiter. »Hat Tina eigentlich Familie? Glaubst du, jemand sollte ihre Eltern anrufen?«

»Um sie vor Luke zu warnen, meinst du?« Dann werde ich ernst. »Wahrscheinlich hast du Recht. Sie braucht alle Hilfe, die sie kriegen kann. Und ich möchte, dass ihre Brüder davon erfahren. Allerdings sollten wir erst Tina fragen.«

Tom nickt. »Tom«, sage ich. »Ich habe Angst um Tina.«

Ich habe Angst, weil ich mir wünsche, dass damit alles zu Ende ist, und weil ich Angst habe, dass es noch weitergeht. Ich habe Angst, weil ich vor ein paar Wochen in einem Frauenhaus angerufen und mich mit der Betreuerin unterhalten habe, wie ich Tina wohl helfen könnte. Sie erzählte mir ein paar Geschichten über Frauen wie Tina. Eine Geschichte hat mich seither nicht mehr losgelassen. Eine Frau war mit einem Mann verheiratet, der sie die Treppe runterschubste und auf ihre Wunden urinierte. Er hatte auch den Hund der Familie an einem Baum im Garten angebunden und ließ ihn drei Wochen lang verhungern. Sie und ihre zwei Kinder, vier und sechs Jahre alt, mussten zuschauen. Ein- oder zweimal gelang es ihnen, sich rauszuschleichen und dem Hund ein paar Reste zu bringen, doch damit verlängerten sie seine Qualen nur. Diese Frau zeigte ihren Mann erst an, als sie Angst um ihre Kinder bekam.

Dann zog sie die Anzeige zurück. Die Polizei verfolgte den Fall trotzdem, doch ihr Mann wurde auf Kaution freigelassen. Er behielt seinen Job, weil er in seiner Firma eine »Schlüsselstellung« innehatte und gerade über einen wichtigen Vertrag verhandelte, den sein Boss (ein Mann) auf keinen Fall verlieren wollte. Der Bürgermeister (ein Mann) beschloss, ihn nicht ins Gefängnis zu schicken, weil es – wie er es ausdrückte – nicht seine Art sei, das Leben anderer Menschen zu zerstören. Er trat für »Rehabilitation« ein. Irgendwann floh die Frau in das Frauenhaus, doch er spürte sie auf und …

Dieses Wissen vergiftet mich. Deshalb erzähle ich es Tom. »Ich wette, Adrian hat einen guten Anwalt«, meine ich geknickt.

Tom antwortet: »Schon. Das wette ich auch. Aber sieh es einmal so. Wenigstens wissen wir jetzt alle über ihn Bescheid. Er kann sie nicht mehr von uns absondern. Und ich weiß, dass das schräg klingt, aber Adrian kommt mir so vor, als läge ihm eine Menge an seinem guten Ruf. Und du weißt nicht, wie Adrians Chef ist. Außerdem hat Tina drei Brüder. *Drei.* Ich schätze, da hat Adrian ein echtes Problem. Wahnsinn, wenn jemand das *meiner* Schwester antun würde –« Tom schüttelt den Kopf. Ich zucke die Achseln. Ich fühle mich so elend, dass ich nicht mehr darauf bauen kann, dass irgendwer sich korrekt verhält.

»Hör mal, Helen«, sagt Tom. »Es ist vier Uhr früh. Luke klebt an Tina wie ein liebeskranker Blutegel. Sie werden sie nicht hier behalten, und Luke bleibt bei ihr, du kannst sie also gleich morgen früh besuchen. Du kannst hier noch länger warten, aber du bist schon halb im Delirium. Weißt du was, ich bringe dich heim. Ich schlafe einfach auf dem Boden.« Widerstrebend erkläre ich mich einverstanden. Ich laufe los, um nachzufragen, ob Tina damit einverstanden ist, dann sprinte ich zu Tom zurück. Ein kleiner Lichtblick in einer düsteren Welt: Tom hat ein Taxi gefunden. Er öffnet die Tür, ich klettere hinein und falle wie eine Lumpenpuppe auf den Sitz im Fond.

»Mist«, sage ich.

»Was?«, fragt Tom.

»Ich finde das alles so furchtbar«, stoße ich hervor. »Was Tina passiert ist. Ich hab verflucht noch mal viel zu spät was unternommen.«

Tom schüttelt den Kopf. »Helen«, sagt er, »nur Tina kann Adrian wirklich zum Teufel jagen. Du konntest sie nicht dazu zwingen. Aber du hast sie heute Nacht davor bewahrt, verletzt zu werden, also gut, noch schlimmer verletzt zu werden. Was du getan hast, war richtig, du kannst stolz auf dich sein.« Ich will sein Lob nicht annehmen, weil ich mich schmutzig fühle und es mir unverdient erscheint. Ich will keinerlei persönlichen Gewinn aus Tinas Qualen schlagen. Ich will sein Lob nicht. Tom spürt mein Elend, denn er sagt: »Wir werden alle zusammen Tina beistehen.« Dann nimmt er, was vollkommen unerklärlich ist, meine Hand und küsst sie.

Ich schließe die Augen. Ein verschwommener, flüchtiger Gedanke summt mir im Kopf herum, doch ich habe keine Lust, ihm nachzugehen, darum schlage ich ihn tot. »Weck mich auf, wenn wir da sind«, flüstere ich und schlafe ein.

Als wir in meine Straße einbiegen, wache ich wieder auf.

»Welches ist es?«, fragt Tom.

»Hm, es ist so dunkel, ich kann es nicht erkennen«, sage ich, reibe mir die Augen – und dann, lauter: »Wenn Sie hier bitte anhalten, das ist schon okay!«

Wir springen raus, ich erspähe den Kiesbetonbau und weiß, dass wir praktisch vor meiner Wohnung stehen. Ich will eben das Gartentor öffnen, da spannt sich Tom an, und ich bleibe instinktiv stehen. Ich schiele ins Dunkel und erkenne eine zusammengesunkene Gestalt auf meiner Türschwelle. Und erst als die Gestalt hochruckt und mühsam auf die Füße kommt, klart mein verschwommener Summgedanke schlagartig auf und meißelt sich hart und schnell und tief in mein immer noch benebeltes Gehirn.

Jasper.

Ich erstarre zu einer besonders verblödeten Salzsäule, die von Jasper angeblinzelt wird. Dann blinzelt er Tom an und knurrt: »Wer zum Teufel bist du denn?«

Tom erwidert ganz kühl: »Nein, wer bist *du*?«

Jasper sagt: »Ich bin ihr verdammter Freund und wohne mit ihr zusammen, du Sack.«

Tom lässt meine Hand los wie eine tote Ratte. Dann sagt er mit eisiger Stimme zu Jasper: »Verzeihung.« Zu mir sagt er gar nichts. Er pfeift dem abfahrenden Taxi nach – das mit quietschenden Bremsen stehen bleibt – und steigt wieder ein.

Ich sehe ihn in die Nacht davonbrausen und begreife, dass ich ihn diesmal endgültig verloren habe.

Kapitel 42

Da ich als Teenager die Unattraktivste der ganzen Klasse war, kam (wie jeder nachvollziehen kann) eine Brille für mich nicht in Frage. Zwei Jahre schlug ich mich mit zusammengekniffenen Augen durch, ehe mein Mathelehrer – der gehässigste Mensch, den man sich nur vorstellen kann – meine Mutter bei einem Elternabend zur Rede stellte und ihr erklärte, ich sei blind wie eine pensionierte Fledermaus und könne nicht die Bohne rechnen. Gleich am nächsten Tag wurde ich zu einem Optiker geschleift, der mich bat, die

»Buchstaben« auf einer vollkommen weißen Tafel zu lesen, und dann die rätselhaften Worte sprach, meine Sehkraft läge bei »minus fünfeinhalb«.

Als mir wenige Tage später eine monströse Kassenbrille überreicht wurde, war ich den Tränen nahe. Doch sobald ich sie aufsetzte, fühlte ich mich wie Dorothy beim Eintritt ins Land der Munchkins. Ich konnte *sehen*! Die Welt war ganz klar und glatt! Sie hatte scharfe Kanten! Die Bäume waren gar nicht flauschig! Sie waren ganz präzise! Sie hatten Millionen von einzelnen Blättern! Die Autokennzeichen! Es standen Zahlen darauf! Die Transformation war absolut und wundersam. Nachdem ich so lange mit der Optik einer billigen Unterwasserkamera gelebt hatte, wurde ich unversehens mit dem potenten Zauber der vollen Sehkraft beschenkt.

Jetzt, wo Tom aus meinem Leben davonfährt, erlebe ich erneut einen solchen Wendepunkt, an dem plötzlich alles ins rechte Bild rückt. Alles, was verschwommen war, wird schlagartig klar. Doch diesmal ist die Erfahrung so schmerzlich, als würde mir gemahlenes Glas in die Augen gerieben. Währenddessen brüllt Jasper ohne Ende, doch seine Worte gehen durch mich hindurch und lassen mich vollkommen unberührt.

»Wer war denn dieser Scheißer verflucht noch mal ich warte hier schon seit ein Uhr nachts ich habe dir doch gesagt dass ich den Schlüssel verloren habe ich friere mir hier den Arsch ab wo zum Teufel hast du gesteckt das ist doch geradezu lächerlich wie kannst du es wagen mich die ganze Nacht hier draußen warten zu lassen das ist inakzeptabel ich lasse mir das nicht bieten ich muss mich umziehen als ich vom Bahnhof heimgelaufen bin kamen ein paar sommersprossige Bengels in ihrem Escort vorbei und haben mich mit Eiern beworfen in was für einer Gegend lebst du eigentlich das ist ja wie in einer Asozialensiedlung hier was war das für ein Penner wie kann er es wagen mich zu fragen wer ich bin wer ist er überhaupt ich verlange eine Antwort ich werde nicht –«

Ich höre ihn kaum. Ich sehe das Taxi kleiner werden und verschwinden, und mit ihm meine gesamte Zukunft. Das kann doch nicht wahr sein. Das darf doch nicht wahr sein. Das habe ich nicht verdient. Ich starre zum Horizont, in der Hoffnung, dass Tom eine Kehrtwendung wie in einer Mills-&-Boon-Schmonzette macht und zu mir zurückgeschossen kommt. Vergebens. Scheiße. Wie konnte das passieren? Ich nehme Jasper aus reiner Güte (jedenfalls fast reiner Güte) bei mir auf, und diese Mistkröte lohnt es mir, indem er mein ganzes Leben in Trümmer schlägt. Tom einmal zu verlieren tut schon weh. Aber ihn *zweimal* zu verlieren. Das ist schon nicht mehr leichtfertig, das ist obszön.

Wie konnte ich nur vergessen, dass ich mein Bad mit dem schlimmsten Mitbewohner seit *mir* teile? Wie konnte mein Nudelsieb-Gedächtnis nur alle wichtigen Fakten aussieben und dabei die Lasagneplatte durchschlüpfen lassen? Und Jasper. Wie konnte er nur? Plötzlich wird mir auf peinliche Weise bewusst, dass er zwar eine Schwäche für mietfreies Wohnen hat, aber fast ein ganzes Jahr lang keine Schwäche für *mich* gezeigt hat. Sich als meinen Freund zu bezeichnen, der mit mir zusammenwohnt, ist nicht nur ein fahrlässiger Verstoß gegen das Verbot irreführender Werbung, es ist eine riesige, bösartige, Katastrophen heraufbeschwörende Lüge.

Meine Zukunft zerbricht in tausend Scherben, doch ich stehe reglos da. Als könnte eine einzige unbedachte Bewegung meine eingefrorenen Emotionen aus ihren Schlupflöchern schütteln und ein Chaos auslösen, so wie tausend auf einen Marmorboden geworfene Murmeln.

Mein unaussprechlicher Kummer wird still verharren, bis ich mich mit diesem Katalysator befasst habe. Langsam gehe ich zur Haustür – bei jedem Schritt glaube ich durch Leim zu waten –, schließe sie auf und sehe Jasper ins Gesicht.

»Es tut mir wirklich Leid«, sage ich ganz ruhig. »Es gab einen Notfall. Aber warte kurz. Ich habe eine Überraschung für dich.« Jasper reißt den riesigen Mund auf, um mir zu widersprechen, doch ich drücke die Tür vor seiner Nase zu. Ich schleiche nach oben – wobei ich mich frage, wie ich jemals mit einem Mann mit einem Kiefer wie ein Velociraptor ausgehen konnte – und trete ins Wohnzimmer, wo die Korbsessel auf mich warten. Ich gehe zu meinem CD-Stapel und durchsuche ihn nach einem geeigneten Soundtrack. Ach ja. Dann ziehe ich das Erkerfenster auf.

Jasper tritt einen Schritt zurück, stolpert über ein im Rasen steckendes Stück Draht und brüllt zornig: »Was zum Teufel soll das werden?«

Das wirkt, als hätte jemand einen Schalter mit der Aufschrift »Wahnsinn« auf meinem Rücken umgelegt. Der Schock über Tinas Zigarettenwunden und Toms Verschwinden verschmelzen. Ich singe: »Es ist eine Überraschung! Du wirst es gleich merken!« Ich überfliege das Chaos in meinem neuen Wohnzimmer. Jaspers Klamotten liegen auf dem Boden verstreut. Ich drücke auf »Play«, zupfe ein Paar weiße, gerippte Unterhosen vom Boden und schleudere sie aus dem Fenster. Zu meiner Überraschung – ich war beim Volleyball immer in der Reserve für die C-Mannschaft – landen sie genau auf Jaspers Gesicht. Er sieht so schockiert aus wie damals, als er zum ersten Mal sah, wie ich meinen Toyota einparkte (ich bin, um es kurz zu sagen, einfach brillant).

Ich beuge mich aus dem Fenster, um zu beobachten, was er jetzt tun wird. Und als anthropologische Studie ist es wirklich lohnend. Jasper reißt die Unterhose von seinem Gesicht und zetert: »Was zum Teufel soll das denn? Du« – er verstummt fassungslos, weil ich wieder im Zimmer verschwinde. »Lass mich rein, Herrgott noch mal! Was zum Teufel wird hier eigentlich gespielt?« Er findet es bald heraus. Ich stolpere mit seinem Koffer in der Hand zum Fenster, stütze mich am Rahmen ab, um nicht das Gleichgewicht zu verlieren, und schleudere ihn raus auf den Rasen. Er landet in einer großen Pfütze. Jasper springt feige beiseite, um seinen Kopf aus der Flugbahn zu bringen.

»Hör auf!«, heult er. »Was tust du da, bist du verrückt geworden? Sag doch was! Wieso tust du das?«

Wie ein in Panik geratener Käfer krabbelt er durch den Garten und versucht, Schuhe, Socken, Hosen, Westen, Unterhosen und Hemden zurück in den Koffer zu stopfen, während ich lachend singe: »Ja-späär! Bist du bereit?«

Er schaut auf und kreischt: »Neeeeiiin!«, doch da fliegt schon das erste seiner nautischen Gemälde wie ein Frisbee auf die Straße. Es klingt ausgesprochen nett, als das Glas zerspringt.

Ich drehe »Heart of Glass« bis zum Anschlag auf und krähe ausgelassen und wie eine Hexe: *»I love the sound of breaking glass!«*

Jasper lässt seinen College-Schal fallen – er stammt von einem College, das er nie von innen gesehen hat – und rennt laut schnatternd auf die Straße. Als er zärtlich die Splitter des vergoldeten Rahmens an seine Brust drückt, tut er mir beinahe Leid. Ich lasse die beiden anderen Schiffsgemälde so fallen, dass sie im Blumenbeet landen. Dann trotte ich zurück zur Stereoanlage, bete, dass die Nachbarn mir verzeihen, und wechsle die CD. Lieber etwas Frohgemutes, das mich davon abhält, den Flug von Jaspers Besitztümern aus dem Fenster zu beenden. Nach einer Minute – während der ich zorniges Gequake aus dem Garten vernehmen kann – finde ich, wonach ich suche. Die Musik, die auf Jasper wirkt wie Sonnenstrahlen auf einen Vampir. Genau. Country.

Zu den Klängen von »Let Your Love Flow« stürzen sich Jaspers Korbsessel zu Tode. Er fleht und bettelt von der Straße aus, doch ich lasse mich nicht erweichen. Ich summe mit (obwohl ich weiß, dass das wahnsinnig uncool ist) und wirble ein weiteres verirrtes Paar Rippenunterhosen um meinen Finger, um sie zu dem laut mitgegrölten Text von »Ring of Fire« in die Stratosphäre zu schleudern. Fatboy, der auf dem Tisch sitzt und sich putzt, hält mit erhobener Pfote inne und sieht mich mit großen Augen an. Ich versuche mich an einer hohen Note, und er legt ängstlich die Ohren an. La la la. Zu den erhebenden Klängen von »Stand By Your Man« lernt Jaspers Kaffeetisch das Fliegen.

»Hör doch auf!«, schluchzt Jasper, ein abgebrochenes Stück Korb an seine Brust pressend. »Mach das aus! Es tut mir Leid! Bitte!« Widerwillig würge ich die Musik ab.

»Danke, verdammt«, atmet Jasper auf (und mit ihm alle Anwohner in meiner Straße). Ich beuge mich aus dem Fenster und lächle. Ich bin die Eiskönigin, und ich liebe es. Jasper streckt mir ein geknicktes Korbsesselbein entgegen und brüllt: »Schau, was du getan hast! Du, du … Korb-Mörderin!« Ich lache bösartig, woraufhin er mit dem Fuß aufstampft. Er bellt: »Sei *still!* Ach, verflixt, sieh dir nur meine Sachen an! Helen! Hör auf! Du bist nicht bei dir! Bitte! Ich kann doch nirgendwohin! Sei vernünftig!« Ich verschwinde vom Fenster, um Jaspers ägyptische Baumwolldecke zu holen, die – wie ich mich plötzlich entsinne – klatschnass in meiner Waschmaschine ruht. Ich schleppe sie zum Fenster und lasse sie auf ihn fallen. »Du blödes Weibsstück!«, kreischt er. »Was tust du da?«

Ich brülle: »Was glaubst du denn, du Armleuchter?« Ich sehe die blauweiße Baseball-Kappe über einer Stuhllehne hängen, schnappe sie und kreischte: »Fang!«

Jasper setzt zu einem Hochsprung an, doch leider, leider landet sie auf einer Straßenlaterne. Verzweifelt rauft er die Haare und schreit: »Okay! Okay! Es tut mir Leid! Bitte! Lass mich rein! Ich hab doch kein Auto! Nur bis morgen?«

Ich strecke meinen Kopf ins Freie und singe: »Dann mach den Führerschein! Du hast deine Scheiß-Möbel und deinen albernen Hut, jetzt verpiss dich!«

Jasper wirft sich in eine Pose, die an einen äußerst Mitleid erregenden Hugh Grant erinnert. »Aber wohin denn?«, quakt er mit weit ausgebreiteten Händen.

Ich belle: »Das ist mir *scheißegal!* Adieu, Jasper!« Dann knalle ich das Fenster zu und ziehe die Vorhänge vor. Für einen kurzen Moment fühle ich mich befreit – als hätte mir der Albatros um meinen Hals ein zentnerschweres Gewicht von den Schultern gefressen und wäre dann weggeflogen. Ich lege »Sea of Heartbreak« ein. Ich bin befreit. Ich greife mir Fatboy und wirble ihn in einem trotzigen Tanz in meinem korblosen Wohnzimmer herum, doch er wehrt sich, jault, krallt sich in meiner Brust fest und ergreift schließlich die Flucht. Die Geschichte meines verfluchten Lebens.

Ich schalte die Stereoanlage aus und gehe durch die Stille in mein Schlafzimmer. Dann setze ich mich aufs Bett und denke an Tom. Tom ist weg. Was habe ich getan? Was *habe* ich getan? Eine schreckliche Ahnung macht sich in mir breit – die schreckliche Ahnung, den schlimmsten Fehler meines Lebens begangen zu haben. Ich habe nur ein Leben, und ich habe es verpfuscht! Mir dreht sich der Kopf angesichts der Ironie, dass Tom und ich in einem Taxi von Tinas Verdammnis zu meiner eigenen gerast sind. Ich habe nur noch den einen Gedanken, dass ich am Anfang eines neuen Lebens stand und einen klassischen Fehlstart hingelegt habe. Die Tränen beginnen zu fließen, ich presse die Hände gegen den Bauch und schreie. Ich schreie immer weiter, bis mir die Kehle wehtut (und der Kerl von nebenan gegen die Wand hämmert). Dann starre ich trübsinnig meine strahlend gelben Wände an und denke: Wozu das alles? Ich frage mich, ob sich so echte Trauer anfühlt. Dass man sich einfach nicht mit der Wahrheit abfinden kann?

Bis Sonnenaufgang sitze ich auf meinem Bett und leide aus tiefstem Herzen. Ich sage mir, dass Tina viel Schlimmeres durchmacht, doch die Qual pulsiert heftiger in mir als je zuvor. Ich ziehe die Vorhänge zu, rolle mich unter meiner Decke zusammen und versuche, das Bewusstsein zu verlieren. Erst der Schlaf bringt Erleichterung. Es ist nicht so, dass ich nicht weitermachen könnte. Dass ich ohne Tom nicht leben könnte. Immerzu sterben Menschen, und die Menschen, die sie lieben, leben weiter. Und Tom ist nicht mal tot. Nur für mich. Wenn ich also behaupten würde, ich könnte ohne Tom nicht leben, wäre das gelogen. Natürlich kann ich ohne Tom leben.

Es macht nur keinen Spaß.

Kapitel 43

Wenn ich an meinem großen Zeh eine Elektrode hätte, die mir jedes Mal einen Schlag versetzt, sobald ich etwas Dummes tue, würde ich vielleicht schneller aus meinen Fehlern lernen. So jedoch begehe ich immer und immer wieder die gleichen Dummheiten, bis ich irgendwann die Konsequenzen dermaßen satt habe, dass ich widerwillig meine Gewohnheiten ändere. Wenn ich zum Beispiel nachts aufstehe, um auf die Toilette zu gehen, und mit dem Fuß in einen Schuh mit nadelspitzem Absatz trete, dann muss ich mir den Fuß ein Dutzend Mal fast blutig stoßen, ehe ich den Schuh schließlich aufhebe und in den Schrank stelle. Wenn ich meinen Wecker auf 7 Uhr 30 stelle, um joggen zu gehen, muss ich mindestens neunmal um 7 Uhr 31 wieder eingeschlafen und zu spät zur Arbeit gekommen sein, bevor ich mir eingestehe, dass ich vor 8 Uhr nichts anderes als ein Kopfkissen um die Ohren haben kann. Laetitias Verwarnung beschleunigte diesen Lernprozess zusätzlich.

Doch Tom und Jaspers unvorhergesehene Begegnung war ein Ereignis ganz eigener Art. Hier war kein nächstes Mal vonnöten. Meine Pläne für die nächsten 60 Jahre waren über den Haufen geworfen, was mich genug wurmte, um ein paar Entschlüsse zu fassen. Nie wieder würde ich irgendwelche gedankenlosen Fehler machen. Keine Sekunde länger würde ich mein Leben schleifen lassen. Ab sofort würde Fatboy um 8 Uhr 15 und dann erst wieder um 19 Uhr 30 fressen, zusätzlich bekäme er einen tierärztlich empfohlenen Imbiss kurz vor dem Schlafengehen. Von jetzt an würde nicht mehr genascht (das galt für beide Mitglieder des Haushalts). Ich würde einmal wöchentlich im Supermarkt einkaufen, statt Tag für Tag eine Irrsinnssumme im Laden an der Ecke zu lassen. Ich würde sp- sp- igitt! *sparen*. Mich nur noch ganz selten betrinken. Mehr und vor allem für besonders unauffällige Anliegen spenden. Museen und Nana Flo besuchen. Mit einer Kassette Italienisch lernen. Nicht mehr an meiner Lippe zupfen und stattdessen lernen, das Auto zu reparieren. Zwölf Gläser Wasser am Tag trinken und dadurch meinen Flüssigkeitsbedarf decken.

Es war eine sehr lange, imponierende Liste, doch in jener Woche kam ich jeden Tag pünktlich zur Arbeit und zwang mich zu äußerster Höflichkeit Laetitia gegenüber, selbst als sie ausrief: »Nicht schon wieder! Du musst ja eine Blase wie einen Fingerhut haben!« (Ich verkniff mir die Entgegnung: »Keine Ahnung, ich hab noch nie einen Fingerhut gesehen.«) Meine Wohnung war so jungfräulich rein, dass ich sogar auf das neolithische Grundgestein meines Wäschekorbs stieß. Ich sprach nicht mehr über die Beziehungen anderer Leute, abgesehen von dem einen Mal, als ich Lizzy von Tina erzählte (mit Erlaubnis der Heldin selbst). Ich hörte jeden Abend die Wettervorhersage und war immer passend zum Wetter angezogen. Obwohl ich, wenn es nach mir gegangen wäre, nur in Sack und Asche gegangen wäre. Es heiterte mich nicht einmal auf, mit meiner Mutter *Grease* anzuschauen. Auch nicht, als sie den Soundtrack kaufte und fragte: »Schatz, glaubst du, ich bin zu alt, um einen Pferdeschwanz zu tragen?« Nicht einmal, als wir danach Pizza essen gingen und ich von Tina erzählte, worauf sie ausrief: »Und wenn ich mir vorstelle, dass du früher ein so selbstsüchtiges Mädchen warst!« Wie Viviennes Sohn Jeremy oft und gerne sagt: Dafür soll sie *büßen*!

Ich ging sogar mit Lizzy in den Fitnessklub und brachte in

der Umkleidekabine 35 Minuten damit zu, meine Turnschuhe zuzubinden und zwei Plastikfrauen zu belauschen, die einander anquäkten: »Ich bin so fett, und du bist so dünn! … Nein, *du* bist dünn! … Nein, *ich* bin fett! … Nein, bist du nicht, du bist *dünn*!« Und so weiter. Mein Herz fragte mich, ob wohl eine winzige Chance bestand, dass Tom mir zuhören würde, wenn ich ihn anrief, um alles aufzuklären, doch mein Verstand zerquetschte jede Hoffnung. Aus heiterem Himmel fiel mir eine Baseball-Regel ein – nach drei Fehlschlägen bist du draußen. Ich hatte es versiebt. Am Freitag fühlte ich mich schließlich elend wie die Sünde selbst und trostlos wie eine Regennacht. Ich riss meine Liste in Fetzen und schmiss sie in den Müll. Trotzdem fühlte ich mich innerlich tot.

Am Samstag jedoch geht es mir wieder besser. Nicht viel – ich werde auf gar keinen Fall je wieder glücklich sein und kann bestenfalls darauf hoffen, als Müll hortende Einsiedlerin zu enden –, doch wenigstens ein bisschen. Ich habe mich hochgearbeitet: aus der Wachstation für Selbstmordgefährdete (im übertragenen Sinn, denn niemand kümmert sich so intensiv um mich, dass er über mich wachen würde) in die Station für gewöhnliche Wald- und Wiesendepressionen. Der Grund für meine relative Euphorie ist, dass ich von Luke gehört habe.

Seit vergangenem Samstag ist Luke nicht mehr von Tinas Seite gewichen. Wohingegen *ich* sie seit unserem Krankenhausbesuch nicht mehr gesehen habe. Ich wollte letzten Sonntag vorbeischauen, doch Luke setzte mich davon in Kenntnis, dass sie gerade ruhen würde. Als ich später noch mal anrief, teilte Luke mir mit, dass ein Beamter in Zivil sie besucht hätte, doch Tina habe beschlossen, nicht auszusagen.

»Aber *wieso denn nicht*?«, schrie ich.

»Sie will nicht«, antwortete er.

»Aber sie muss!«, rief ich.

»Wir können sie nicht zwingen«, sagte Luke.

»Wahrscheinlich nicht«, bestätigte ich traurig. »Kann ich mit ihr sprechen?«

Luke sagte: »Sie verträgt es noch nicht, wenn ihr jemand zusetzt, du musst erst versprechen, dass du nicht rumnörgelst.«

Ich gab ihm mein Wort und durfte tatsächlich mit Tina sprechen, obwohl mich das ein wenig verletzte. (Luke hält mich also für eine Nörglerin, obwohl wir nie miteinander gegangen sind? Mein Ruf eilt mir voraus.) Tina teilte mir mit, dass es ihr besser ginge. Und dass die Polizei wahrscheinlich sowieso ermitteln würde. Und dass sie ihrer Familie davon erzählt hätte. Und dass ihre Eltern schon anreisten. Ach ja, und dass sie *fast* sicher sei, Adrian nie wieder sehen zu wollen.

Im Idealfall hätte ich es vorgezogen, wenn Tina ihren Ex durch alle Gerichtssäle schleifen würde, sich die Presse auf den Fall stürzt und ihn überall publik macht, fette Schlagzeilen und verschwommene Titelfotos inklusive, bis Adrian aus Maida Vale verbannt und aus seinem Nobelladen rausgeschmissen würde. Und wenn er seinen Job verloren hätte, und zwar nicht, weil er dem Ruf seiner Firma schadete, sondern weil sein Chef (ein Mann) eher – wie er mit durchdringender Stimme den lärmenden Reportern erklärt hätte – seinen eigenen Bonus kürzen würde, als einen Gewaltverbrecher zu beschäftigen. Und wenn Adrian seinen Job so oder so verloren hätte, weil man schlecht als Architekt arbeiten kann, wenn man die nächsten 40 Jahre in einer muffigen Kerkerzelle verbringen muss.

Dennoch kann ich halbwegs nachvollziehen, warum Tina die Angelegenheit nicht weiter verfolgen will. Was ich nicht nachvollziehen kann ist, warum Adrian auf »nicht schuldig« plädiert hat und augenblicklich auf Kaution freigesetzt wurde, so als hätte er nur vergessen, einen Strafzettel zu bezahlen. »Aber das ist doch unglaublich!«, kreischte ich, als Luke mir den Skandal offenbarte. »Sie wird keine ruhige Minute mehr haben! Wahrscheinlich kommt er gleich heute Nacht vorbei und jagt ihr Haus in die Luft! Jesus! Prüf bloß die Bremsen, bevor du sie in ihrem Escort fahren lässt!«

Obwohl bei Tina diese Warnung auch ohne Adrians Zutun angebracht ist, teilte Luke meinen Pessimismus nicht. Eine der Kautionsbedingungen für Adrian besagte, dass er keine Verbindung mit Tina aufnehmen dürfe. Und vielleicht könnte Tina, bis der Fall in drei oder vier Monaten vor Gericht kommt, sich doch zu einer Aussage entschließen. Und wenn *ich*, Helen, aussagen würde – »du kannst deinen Hintern darauf wetten, dass ich aussagen werde«, unterbrach ich ihn sauer –, könnte der Gerechtigkeit möglicherweise trotzdem Genüge getan werden. »Das wollen wir doch hoffen«, meinte ich bitter. Und außerdem würde er, Luke, in der Zwischenzeit auf sie aufpassen.

»Luke«, fuhr ich ihn an – energischer als eigentlich angebracht –, »du bist dir doch bestimmt der Tatsache bewusst, dass Tina eben erst aus einer erstickend engen, zerstörerischen Beziehung mit einem dominanten Tyrannen gezerrt worden ist. Das Letzte, was sie jetzt braucht, ist eine neue Beziehung.«

Wie vorherzusehen, ließ Luke das nicht auf sich sitzen. »Psst!«, jammerte er. »Sie kann dich hören! So ist es nicht! Sie denkt nicht so von mir. Sie ist noch sehr labil, Helen, sie hat Angst davor, allein zu sein. Sie fürchtet sich. Ich tue ihr *gut*! Ich helfe ihr, dass sie sich von Adrian fern hält. Ich beschütze sie, Ehrenwort! Sie ist immer noch scharf auf diesen Scheißkerl! Ich lenke sie ab! Ohne Scheiß! Tina ist ganz durcheinander. Aber sie vertraut mir. Wir reden miteinander. Wir haben eine Menge gemeinsam.«

Ich war versucht zu entgegnen: »Mach dich nicht lächerlich, dein Lieblings-Accessoire ist eine Sporttasche von Head, und du sprichst Gucci wie ›Gucki‹ aus!«

Doch entsprechend meiner neuen, zu 98 Prozent gehässigkeitsfreien Persönlichkeit riss ich mich am Riemen. Denn falls Luke tatsächlich Tinas Herz gegen das Absolut Böse verhärtete, dann war er kein taktloser, ungeschickter Trottel, sondern ein talentierter Wunderheiler, den man seine Bekehrungsbemühungen ungestört fortsetzen lassen sollte.

Doch diese Erkenntnis hielt mich nicht davon ab, ein winzig kleines bisschen eifersüchtig zu sein, weil Luke so unvermittelt aufgehört hatte, *mein* ewig hoffender platonischer Freund zu sein, und zu Tina konvertiert war.

Mit Ausnahme dieses Notrufs habe ich nichts von ihm gehört. Ich rufe Tina nicht an, weil sie – laut ihrem neuen Pressesprecher – »total hinüber und echt nicht zum Schwatzen aufgelegt ist. Aber wenn du Lizzy siehst, dann sag ihr danke für das Obst und das, äh, Johannisbeerkraut und das Teeschaumöl.«

Ich tue wie geheißen, bleibe brav auf meinem Platz und gebe die Botschaft weiter. Als ich Lizzy davon erzähle, sagt sie: »Ach, ich fühle mich schrecklich, ganz *schrecklich*! Adrian war ein solcher Sonnenschein! Und all die Blumen! Und Anrufe! Wer hätte das gedacht? Glaubst du, ich sollte ihr auch Calendula schicken?«

Ich antworte, das sei sehr nett von ihr, aber Tina hätte schon einen Kalender. Und außerdem bin ich überzeugt, dass sie sich meldet, falls sie irgendwas braucht. Doch sie meldet sich nicht. Darum hechle ich hungrig nach neuen Informationen, als Luke am Samstag anruft. Und ich kriege sie, aber wie! Obwohl Luke so aufgedreht und hektisch ist, dass ich mich voll konzentrieren muss, um ihm zu folgen.

»Okay, Tinas Brüder, Max, Sean und Andrew haben *Blut gespuckt*, als sie das von Adrian gehört haben. Sie sind total ausgeflippt, vor allem Max, er ist der Jüngste, er wollte gleich losfahren und ihm *richtig* eins mitgeben. Aber Sean hat gesagt nein, sie müssen geschickter vorgehen, klar, weil Adrian sich anhört wie ein Typ, der sofort eine Anzeige macht, also jedenfalls, Tina weiß nichts davon, aber Sean ruft so einen Kumpel von ihm an, Tony, und der kennt einen Typen namens Ray, also dieser Ray ist eine echt finstere Gestalt, Tony redet also ein paar Worte mit Ray, Ray leitet einen Wachdienst, er macht die Security für Klubs und so'n Scheiß, er war mal bei der Army, und er hat früher Bodybuilding gemacht, ein Riesenkerl, ich weiß nicht, locker über 100 Kilo und echt *übel*, er lässt sich dafür bezahlen, dass er andere Leute davor warnt, irgendwelche Dummheiten zu machen, klar, und dann schickt er wen hin, also gut, Sean erzählt Ray von Adrian, und Ray hasst Typen, die ihre Frauen schlagen, nichts hasst er mehr, er nennt sich der »Equalizer«, und zwei seiner Leute tauchen um zwei Uhr früh vor Adrians Tür auf und platzen rein und fesseln Adrians Hände mit seinem Gürtel, und Adrian brüllt los, er holt die Polizei, aber Ray sagt ganz sanft, dass *Adrian* die Schnauze hält, bis *Ray* es ihm sagt, *Ray* bestimmt hier, wer hier redet und wer nicht, und ihm sind die Bullen egal, und weißt du was, er ist den Bullen auch egal, und wie man sich denken kann, weiß Ray, wo Adrian wohnt, und Adrian wird's schon merken, wenn er vorbeischaut, außerdem warten draußen noch zehn andere, und dann wird Adrian ganz still, und sie reißen den Teppichboden in seinem Wohnzimmer raus, einfach so, und dann rollen sie ihn in seinen eigenen Teppichboden und stopfen ihm ein Taschentuch in den Mund, und dann tragen sie ihn *raus*, okay, und sie fahren ihn in Rays schwarzem Range Rover weg, er hat da Ledersitze drin, weil sich die Typen so oft einkacken, und Adrian kackt sich ein! Es stinkt! Und sie bringen Adrian zu diesem Kellerdings, wie ein Keller, nur schlimmer, und sie *warnen* ihn, Sean hat gesagt, sie sollen ihm nicht wehtun, sondern nur eine Warnung erteilen, und Ray, also Ray kann einen Mann mit einer Hand am Hals hochheben, er hat Hände wie ein Teller voll Fleisch – wie ein riesiges Steak, meine ich, nicht wie Hühnerbeine, oder vielleicht ist sein Daumenmuskel wie ein echt großes Hühnerbein, ich weiß nicht –, jedenfalls, Adrian war drei Stunden lang mit ihnen unten, und dann haben sie ihn splitternackt auf der Straße vor seinem Büro abgesetzt, und Ray hat mit Tony gesprochen, und der hat gestern mit Sean gesprochen und gesagt, dass Ray nicht glaubt, dass Adrian irgendwem davon erzählen wird. Oder dass er Seans Schwester noch mal zu nahe kommt.«

Meine Güte. Vielleicht hätte Adrian doch auf Tina hören sollen, als sie es im Guten versucht hat.

Es überrascht daher kaum, dass ich den ganzen restlichen Nachmittag an Tina denken muss. Ich wünsche mir so sehr, dass sie das durchsteht. Vielleicht wird sie eines Tages zurückblicken und sich fragen, wie das nur geschehen konnte. Man stelle sich vor, *so* blind dem wahren Wesen eines Menschen gegenüber zu sein. Und all die Gemeinheiten als ungewollt zu entschuldigen, als wären es epileptische Anfälle. So optimistisch zu sein, dass man immer noch lächelt, wenn der andere das Messer zückt, um es einem in die Brust zu stoßen. Ich sitze still da und staune über Tinas Verblendung. Und dann trifft es mich wie ein Schlag. Beide trauern wir um eine Beziehung, die wir so gern gehabt hätten, aber nicht haben konnten.

Ich kann nicht begreifen, warum Tina Adrian geliebt hat, und doch hat sie ihn geliebt.

Was mich angeht, ich liebe Tom und werde ihn immer lieben. Doch im Moment drehen sich meine Gedanken um jemand anderen. Ich muss an den anderen Mann denken, der nicht mehr in meinem Leben ist. Und ich denke dabei immer wieder dasselbe, wie in einem monotonen Singsang. Ich denke, ich war niemals Daddys kleiner Liebling und werde es niemals sein.

Kapitel 44

Wenn eine Beziehung auseinander bricht, verkünden die Beteiligten stets: »Es waren nicht die großen Dinge, es waren die kleinen Sachen.« Und falls es sich bei der fraglichen Beziehung um die von Marcus und Michelle handelt, würde ich ohne Zögern zustimmen. Doch in meinem Fall haben die kleinen Sachen gestimmt. Meine Beziehung mit Tom zerbricht an einem großen Ding – meiner unendlichen Blödheit. Und in der Folge sind es die kleinen Sachen, die *mich* zerbrechen.

So schlage ich zum Beispiel den *Observer* auf, lese die erste Zeile der Reportage eines Journalisten, der auf einem Greenpeace-Schiff in die Arktis gefahren ist, blicke auf das Foto daneben, lese die Unterschrift: »Ein verhungernder Eisbär bettelt das Schiff um Fressen an«, und breche in Tränen aus. Ich kaufe im Supermarkt eine Familienpackung schweineteurer Chips, stopfe mir sechs davon in den Mund und denke: Hm, die sind aber nicht besonders knusprig, stopfe noch drei weitere nach, um ganz sicherzugehen, denke: Die schmecken aber komisch, linse in die Packung und entdecke etwas, das wie eine riesige zerquetschte Kakerlake aussieht, aber wahrscheinlicher ein Haufen vergammelter Kartoffelchips ist. Das Bild spukt mir den ganzen Tag im Kopf rum, sodass ich nicht mal meinen Dime-Riegel essen kann.

Und ich bemerke bei einem Besuch bei meiner Mutter eine zusammengefaltete Karte auf dem Beistelltisch. Sie sieht aus wie eine Einladung in einen Siebzigerjahre-Klub, darum klappe ich sie auf und erblicke das verblichene Bild eines braun gebrannten Mannes und einer hübschen Frau, die sich gegenseitig lachend mit Spaghetti füttern – meine Eltern vor 25 Jahren, die in einem billigen Restaurant in Portugal essen. Der Schmerz ballt sich in mir zusammen, denn mir ist klar, dass sie danach gesucht haben muss, in einem einsamen Augenblick – einer Stunde? Einem Tag? Einer Woche? Ich sehe vor mir, wie meine Mutter auf der Suche nach diesem bleichen Abglanz einer Erinnerung die Kisten auf dem Speicher durchwühlt, und dieses Bild lässt mich – so gern ich es auch streichen möchte – nicht mehr los.

Wir haben seit einer Ewigkeit nicht mehr über meinen Vater gesprochen. Es ist, als hätte sich meine Mutter in ihren

Schmerz fallen lassen, nachdem sie monatelang dagegen angekämpft hat. Ich weiß, dass die Trauer in ihr anschwillt wie eine Zyste, aber ich habe Angst davor, sie anzustechen, weil ich fürchte, sie könnte in einem hysterischen Anfall platzen, und ich könnte von dem überschwemmt werden, was ich ausgelöst habe.

»Vielleicht solltest du mal wieder ein Abendessen geben«, schlägt Lizzy vor. »Das würde sie aufheitern.«

Ich seufze. »Liz, es wird sie genau fünf Minuten lang aufheitern, dann geht sie heim und fühlt sich noch elender. Außerdem habe ich abgesehen von dir keine Freunde mehr. Und ich habe nur zwei Stühle.«

»Man kann auch auf dem Boden sitzen, auf einem Kissen«, gibt Lizzy zurück.

Ich erwidere schnell: »Keine Chance, ich besitze nur ein Kissen.«

Lizzy lässt sich nicht abbringen. »Du und ich und Tina und Luke und, äh, deine Mutter, das wäre doch klasse!«

»Es wäre grauenvoll«, erkläre ich. »Das hat ein einziges Mal geklappt, aber nur, weil alle gewusst haben, dass sie es nie wieder tun müssen. Es wäre, als, ach, was weiß ich, als würde man die Beatles wieder zusammenbringen wollen.« Lizzy sieht da keine Verbindung und sagt das auch. Ich gehe darüber hinweg und frage: »Wäre Brian denn gezwungen, diesem Folterabend beizuwohnen, oder hat er ein ärztliches Attest?«

Lizzy macht einen Schmollmund. »Wir sind kein Thema mehr«, verkündet sie locker. »Ich habe Schluss gemacht.«

»Was?«, brülle ich. »Wieso? Und wieso hast du mir das nicht erzählt? Wie kannst du es wagen! Mir das nicht zu erzählen, meine ich.«

Lizzy erklärt, dass der Beschluss erst gestern gefallen sei und sie mir sehr wohl davon erzählen wollte, aber wir erst über Tina und Luke und dann über Tom und mich gesprochen hätten. »Dich und Tom.« Mich und Tom. Es reicht, in einem Satz mit ihm genannt zu werden, damit mein Blut in

Wallung kommt. Ist das nicht erbärmlich? Seufzend verlange ich eine Erklärung.

»Hat er irgendwas gemacht?«, frage ich.

»Irgendwie schon«, antwortet Lizzy.

»Etwas Abstoßendes?«, deute ich an.

»So in etwa«, sagt Lizzy.

»Für dich persönlich abstoßend?«, bohre ich nach.

»Ja«, sagt Lizzy.

»Widerwärtig?«, belle ich.

»Grässlich«, bestätigt Lizzy.

»Etwas, für das sich seine eigene Mutter schämen würde?« Ich winde mich vor angenehmem Abscheu.

»Ganz eindeutig«, sagt Lizzy.

»Jesus!« In meinem Kopf spielen sich die wildesten Szenen ab, von T'ai-Chi-Orgien bis zu Schlägereien bei Gap um das letzte Paar Trainingshosen. »Was in aller Welt hat er *getan*?«

Lizzy zögert. »Du glaubst bestimmt, ich habe überreagiert«, meint sie unsicher.

»Nein, bestimmt nicht«, beteure ich.

»Doch«, beharrt Lizzy.

»Elizabeth!«, quietsche ich. »Sieh mich an! Ich leide Tantalusqualen unter meiner Ahnungslosigkeit! Beende sie! Sag es einfach!« Ich spüre, wie Schweiß auf meine Oberlippe tritt. Ich kann es nicht *ausstehen*, wenn Menschen die Perle eines peinlichen Geständnisses vor meiner Nase baumeln lassen, nur um sie dann mit der scheinheiligen Begründung, ich würde sie verachten, wieder wegzureißen.

»Okay«, sagt Lizzy widerwillig, »aber nur, wenn du –«

»Ich verspreche es!«, kreische ich. Ich falte meine Hände wie im Gebet und setze eine Unschuldsmiene auf. Lizzy fällt darauf herein und offenbart, dass sie Brian rausgeschmissen hat – den lieben, großzügigen, sanftmütigen Brian, der ihr Feigen kauft und die Hand küsst –, weil sie ihm nicht beim Essen zuhören konnte. Und ich habe mich immer für oberflächlich gehalten.

Früher einmal hätte mich Lizzys Geständnis getröstet. Ich werde einsam leben und ganz allein sterben, doch *jippie!*, wenigstens bin ich damit nicht allein. Doch diesmal kratzen die Neuigkeiten nicht einmal an meinem Elend. Wenn überhaupt, habe ich Mitleid mit Brian. Die Strafe scheint dem Vergehen absolut unangemessen. »Hättest du ihn nicht bitten können, leiser zu kauen?«, frage ich.

Lizzy schnauft und antwortet sauer: »Das war es nicht allein.«

Ich kann es nicht lassen. »Was war es denn noch?«

»Wie er geschluckt hat«, antwortet Lizzy. Ich gebe auf.

Später, zu Hause, versuche ich jedoch, den eigentümlichen Verschlingungen in Lizzys Geist nachzuspüren. »Verstehst du, Helen«, sage ich laut zu meinem stillen Zimmer, »ihr würde das hier überhaupt nichts ausmachen. Ihr würde das sogar ausgezeichnet gefallen. Sie schätzt ihre eigene Gesellschaft *über alles.*« Erst als ich es ausspreche, begreife ich es. Mir macht es genauso wenig aus. Nachdem ich Lizzys vollkommen verdrehten Begründungen gelauscht habe, ist die Stille meiner eigenen Gesellschaft eine wahre Erholung.

Ich lege eine CD von Kate Bush ein und verbringe den verbleibenden Rest des Abends damit, jede Spur von Jasper aus meiner Wohnung zu tilgen (Rasierschaumflecken auf dem Spiegel im Bad, zwei Ausgaben von *Country Life* neben dem Klo, drei gelbe Zehennägel auf dem Wohnzimmerboden und – im Küchenregal – die Tasse mit dem Aufdruck »Oxford University«, die er in einem Souvenirshop am Leicester Square gekauft hat). Um elf Uhr nachts fühle ich mich besser als zuvor. Ich begreife, dass ich, wenn ich Tom nicht haben kann, niemanden haben will außer mir selbst. Eine Sekunde lang spiele ich mit dem Gedanken, zum Zeichen meiner neuen Unabhängigkeit das Telefon auszustöpseln. Dann denke ich: Dreh nicht total durch. Ich gehe früh zu Bett und lese *Abgrundtief.*

Am nächsten Tag rufe ich meine Mutter an und lade sie zum Kaffee ein. »Jetzt, wo deine Wohnung fertig ist, brauchst du mich nicht mehr«, sind ihre ersten Worte.

»Mummy, hör mal, du weißt genau, dass das nicht stimmt«, erwidere ich ernst, »wieso würde ich dich sonst einladen?«

Mürrisches Schweigen antwortet mir, ehe sie erwidert: »Keine Ahnung. Vielleicht brauchst du noch mehr Stühle?«

Ihre Dickköpfigkeit sollte mich eigentlich frustrieren, doch sie tut es nicht, weil ich vermute, dass sie in genau diesem Augenblick nicht anders handeln kann. Und unsere Flitterwochen mussten irgendwann mal enden. Nicht dass ich vorhabe, unsere Rückkehr zu einer Un-Beziehung voranzutreiben. Ich sage in schneidend fröhlichem Tonfall: »Im Gegenteil, ich habe dich einzig und allein eingeladen, um deine Gesellschaft zu genießen, doch natürlich fände ich es schrecklich, wenn du das Gefühl hättest, du *müsstest* kommen –«

»Ich bin um fünf bei dir«, schnappt meine Mutter.

Zum Kampf gerüstet, taucht sie bei mir auf. Mir war klar, dass es nicht ewig dauern konnte. Ich biete ihr Kaffee an (»nur wenn er koffeinfrei ist« – ist er nicht); ich biete ihr Tee an (»nur wenn es ein Earl Grey ist« – ist es nicht); ich biete ihr Wasser an (»nur wenn es Mineralwasser ist« – ist es nicht). Dann geht mir auf, dass auch Leitungswasser Mineralien enthält, darum rufe ich: »Okay!«, und lasse ihr ein Glas voll laufen. Als ich es vor ihr abstelle, schnüffelt sie misstrauisch daran und schubst es dann ein kleines Stück von sich fort.

»Willst du mir nichts zu essen anbieten?«, fragt sie.

»Doch, *natürlich*«, antworte ich beleidigt, während ich mir ins Gedächtnis zu rufen versuche, ob ich den Dime-Riegel schon gegessen habe oder ob er immer noch in meiner Handtasche steckt. »Eine Sekunde.«

Ich flitze ins Schlafzimmer, kippe den Inhalt der Handtasche auf den Boden und schnappe mir den Dime-Riegel aus den qualmenden Überresten. Ich wickle ihn aus (dann sieht er hübscher aus), lege ihn genau in die Mitte meines besten Tellers (von den zweien) und serviere ihn mit großer Geste. Sie inspiziert ihn aus gebührender Distanz, wobei sie leicht den Hals verdreht, aber ansonsten keinen Muskel bewegt – haargenau wie Fatboy, wenn er Billig-Katzenfutter aus dem Supermarkt inspiziert. Ich erkläre ungerührt: »Das ist Konfekt aus einem Delikatessenladen, es –«

Sie unterbricht mich barsch: »Das ist ein Dime-Riegel.« Meine betretene Miene lässt sie erstmals lächeln, und sie erläutert schroff: »Bernadette Dickenson isst die immer zum Mittagessen. Sie hat zwölf Plomben.«

Ich nehme dieses freundliche Informations-Fitzelchen als Friedensangebot und sage: »Du klingst, als wärst du nicht besonders glücklich, Mum.«

Sie reagiert, als hätte ich geflucht wie ein Droschkenkutscher. »Glücklich!«, spuckt sie aus. »Glücklich! Nein, ich bin nicht ›glücklich‹! Ich bin extrem *un*-glücklich! Mein Mann ist mausetot! Wie kann ich da glücklich sein? Ich bin eine Witwe! Mein ganzes Leben ist aus den Fugen geraten!«

Ich zucke zusammen und erkläre kleinlaut: »Tut mir Leid, das war wohl unpassend.«

Der Blick meiner Mutter sprüht Feuer. Dann platzt es aus ihr heraus: »Dein Vater hatte Geburtstag, und du hast nicht angerufen!«

Ich platze heraus: »Und warum hast *du* nicht angerufen?« Ich spüre, wie ich mich anspanne.

Meine Mutter verschränkt die Arme und jault: »Du darfst mich nicht kritisieren, dazu bin ich zu aufgelöst.«

Ich beiße die Zähne zusammen und sage: »Ich habe es probiert, zweimal, doch du warst beide Male beschäftigt. Ich dachte, wenn du mit mir sprechen möchtest, würdest du anrufen. Du weißt schon, wie eine Erwachsene?« Meine Mutter schnappt nach Luft, als hätte ich ihr eine runtergehauen. Augenblicklich bekomme ich ein schlechtes Gewissen. Ich sage leise: »Tut mir Leid, Mum. Ich wollte nicht, dass du dich noch mehr aufregst, als du dich sowieso aufregen würdest. Ich weiß, wie schlimm die Feiertage sind.«

Sie erwidert müde: »Es sind nicht nur die Feiertage. Es sind alle Tage.«

»O Mum«, sage ich traurig. Ich beuge mich vor und berühre sie am Arm. Sie schlägt die Hände vor die Augen und weint. Ich verziehe das Gesicht und warte ab. Nach etwa sechs Minuten (eine Ewigkeit, wenn es ums Weinen geht) versiegen die Tränen wieder. Sie erzählt, dass sie drei Stunden lang im Internet war und in einem Chatroom für Trauernde gelauscht hat. »Ach«, erkundige ich mich misstrauisch, »und du hast dich danach nicht besser gefühlt?«

Meine Mutter schüttelt den Kopf wie ein Hund, der aus einem Teich kommt. »Es war *grässlich*!«, schreit sie. »Alle anderen wurden erschossen!« Aha. »Bei allen anderen war es ein viel schlimmerer Tod als bei mir!«, ruft sie aus. »Viel, viel schlimmer! Ich kam mir vor wie eine Hochstaplerin! Und dann sagte diese Christin: ›Sehet auf zu Gott‹, und alle fingen an mit ihr zu beten!«

Ich spüre, dass es ratsam ist, das Thema zu wechseln, und zwar augenblicklich. »Mum«, sage ich, nach einem Körnchen Weisheit suchend und in meiner Hast eine Plattitüde findend: »Trauer ist etwas Privates, Persönliches. Niemand kann behaupten, dass sein Schmerz schlimmer sei als deiner, weil niemand das beurteilen kann. Vielleicht ist es nicht gut, sich vergleichen zu wollen. Vielleicht ist es besser, mit Menschen zu reden, die dich kennen. Du kannst jederzeit mit mir reden.«

Meine Mutter drückt mir schweigend die Hand, nickt und schnieft. Dann beginnt sie unter Tränen zu lachen und sagt: »Die Einzige, die mir sympathisch war, war Emma aus Kansas. Ihre Tochter starb als Teenager bei einem Unfall auf ihrer Farm, und sie hatten sie in einem offenen Sarg aufgebahrt, und eine von ihren Freundinnen schaute hinein und sagte zu Emma: ›Sie sieht aber ganz gut aus …‹ Das war wie damals,

als Harold Reels Mutter zu mir sagte, ich könne mich glücklich schätzen, schließlich sei eine Scheidung viel schlimmer.«

Ich lache entsetzt und rufe: »Um Himmels willen!« Dann lachen wir gemeinsam über die Taktlosigkeit mancher Menschen.

Und wir fangen an, über Dad zu reden. Meine Mutter erzählt mir von ihrem ersten Rendezvous. Er schleifte sie in ein französisches Restaurant, wo sie beide Schnecken aßen und sich eine Lebensmittelvergiftung holten. »Ich lag eine Woche lang flach! Meine Mutter bestand darauf, dass ich wieder zu ihr ziehen sollte. Dein Vater brauchte drei weitere Rendezvous, um das wieder auszubügeln!«, frohlockt sie und bekommt bei der Erinnerung rote Bäckchen. »Natürlich glaubte meine Mutter kein Wort von einer Lebensmittelvergiftung! Sie dachte, es sei morgendliche Übelkeit. Meine eigene Mutter meinte, ich sei ein ›leichtes Ding‹! Natürlich hat sie mir das nicht ins Gesicht gesagt, aber ich habe mich abends ans Treppengeländer geschlichen und hörte sie mit meinem Vater flüstern. Morrie hat immer gesagt, meine Mutter würde flüstern, dass einem die Trommelfelle scheppern! Ach, wie hat er mich zum Lachen gebracht. Obwohl« – sie wird ernst, und daran, wie sie zu sich selbst spricht, kann ich erkennen, dass sie in ihre eigene Welt eingetaucht ist – »ich ihn nie dazu bringen konnte, dass er seine Teetasse in die Spüle stellt. Nicht ein einziges Mal! Und Gott sei mir gnädig, wenn ich ihn mal ansprechen sollte, während im Fernsehen Golf lief. ›Du musst beim Golf doch nicht *zuhören*, oder?‹, habe ich immer gesagt!«

Meine Mutter gluckst, und ich stimme mit ein: »Mum, er hat nicht mit uns gesprochen, wenn *irgendwas* im Fernsehen kam. Er war schlimmer als Nana! Weißt du noch, wie er seine Auszeit genommen hat, um Wimbledon anzuschauen, und ich ins Zimmer gelaufen kam, weil ich ihm eine Tasse zeigen wollte, die wir im Töpferkurs gemacht hatten – wie alt war ich da? Acht? –, und ich lief vor den Fernseher, und er verpasste einen Matchball und schielte finster auf meine

Tasse und sagte: ›Die ist doch nicht zu gebrauchen, die sieht ja aus wie ein Tannenzapfen! Wie willst du denn daraus trinken?‹ Ich habe das Ding auf den Boden geschmissen und bin nach oben gerannt!«

Meine Mutter legt den Kopf schief. »Daran kann ich mich gar nicht erinnern«, gibt sie zu. Sie tätschelt meine Hand und meint leise: »Nimm's nicht persönlich, Schätzchen. Er konnte manchmal ziemlich grob sein. Ich habe ihn dann dafür geschimpft. So wie damals, als er zu Vivienne gesagt hat, dass ihr Nerzmantel stinkt.« Sie seufzt. »Ach Helen, er fehlt mir so. Es tut so weh. Und es hört überhaupt nicht auf. Du kannst mich bestimmt verstehen. An manchen Tagen ist es fast weg, aber dann sehe ich sein Brillenetui in einer Schublade liegen, und alles ist wieder frisch wie am ersten Tag.« Ich nicke dumpf. Was soll ich sonst auch tun?

Meine Mutter seufzt noch mal. »Ach ja«, sagt sie und bricht ein großes Stück von dem Dime-Riegel ab, »das ist eben der Preis, den man für die Liebe bezahlt.«

Ihre Worte gehen mir noch lange, nachdem sie gegangen ist, im Kopf herum. (Vivienne hat ihren Besuch angekündigt, um sich beraten zu lassen, welches Kleid sie zu Jeremys jüngster Premiere anziehen soll. »Ich weiß wirklich nicht warum«, grummelt meine Mutter, »sie sind alle rot und tailliert.«)

Ich habe das Gefühl, als müsste auch *ich* den Preis für die Liebe bezahlen, obwohl sie in den Laden zurückgeschossen ist, bevor ich irgendwas damit anfangen konnte.

Kapitel 45

Meine Mutter hatte nie die Absicht, eine totale Fehlbesetzung als Mutter zu sein, sie konnte es einfach nicht besser. Ihre mütterliche Unterstützung drehte sich, vorsichtig ausgedrückt, mit dem Wind. Als ich elf Jahre alt war, machte sie ein Riesentrara darum, dass sie sich extra einen Nachmittag freinehmen würde, um mir bei einem Wettschwimmen in der Schule zuzuschauen. Sie kam, und ich wurde Dritte. Von vier Schwimmerinnen.

»Ich war ganz sicher, dass du Erste wirst«, sagte sie, als ich mich, durchnässt und niedergeschlagen, neben ihr ins Auto fallen ließ. Dieser Vertrauensbeweis baute mich wieder auf, bis sie hinzufügte: »Die anderen waren so schrecklich dürr. Wirklich peinlich, dass du so schlecht warst!«

Mehr als zwei Jahrzehnte voll solcher Erfahrungen haben mich misstrauisch gemacht, darum erzähle ich ihr lieber nicht von Tom. Ich bin zu empfindlich, um mir ihre vermintten Trostsprüche anzuhören. Doch als ich schließlich aufgebe und alles gestehe, reagiert meine Mutter überraschend optimistisch.

»Er wird schon zu dir zurückgekrochen kommen!«, prophezeit sie. »Irgendwann kommen sie alle wieder an!« Sie schlägt vor, stattdessen einkaufen zu gehen. »Du könntest ein paar fröhlichere Sachen gebrauchen«, sagt sie. »Kein Wunder, dass du so ein Muffel bist.«

Wir sind uns zwar näher gekommen, doch ihre Fähigkeit, sekundenschnell von Wiederaufrichten auf Hinrichten umzuschalten, erstaunt mich jedes Mal aufs Neue.

Wenn ich mich nicht gerade von meinen Verwandten beleidigen lasse, hocke ich schmollend zu Hause. Ich habe mein Wohnzimmer mit einer Lampe verschönert und obszöne Magneten an meinen Kühlschrank geheftet, wodurch sich die Wohnung heimeliger und mehr wie meine eigene anfühlt. Ich bin gern daheim. Und ich habe reichlich Gelegenheit, daheim zu sein, weil mir nicht nach Feiern zumute ist. Wenn ich mich mit meinen Freundinnen treffe, dann tagsüber. (Ihnen ist ebenfalls nicht nach Feiern zumute.)

Wo wir gerade dabei sind: Gestern habe ich mit Tina gesprochen. Sie arbeitet wieder und sieht zwar zerbrechlich und abgespannt aus, aber als ich zu ihr rüberging, war das Erste, was sie sagte: »Na, alte Schabracke!« Ich strahlte und erwiderte fröhlich: »Hallo, Schnepfe!« Dann fielen wir uns in die Arme.

Später gingen wir auf einen Kaffee, und Tina erzählte, dass sie sich schon kräftiger fühle. »Ich schließe daraus, dass Luke immer noch für dich kocht«, neckte ich sie und sah dabei in ihr hageres Gesicht.

Zu meiner Überraschung erwiderte Tina mit Inbrunst: »Dieser Mann ist ein wahres Juwel. Ihr wart alle toll, vor allem du. Und auf der Polizei waren sie echt gut. Sie haben mir ein paar Faltblätter mitgegeben. Ich werde dir nie vergessen, was du für mich getan hast, Helen. Ich habe weiß Gott einen Schubs gebraucht. Ich – *ugh* – kann gar nicht darüber sprechen. Ich kann es einfach nicht. Es ist noch zu frisch. Vielleicht später mal.

Aber Luke. Ich weiß nicht, was ich ohne ihn angefangen hätte. Er ist wie ein Fels. Und es war bestimmt nicht einfach, Helen. Es macht mir Angst, wieder draußen in der Welt zu sein. Es mag verrückt klingen, aber ich fühlte mich geborgen bei Adrian. Und er, er hat noch nicht wieder von sich hören lassen, aber ich habe Angst, dass das irgendwann passiert. Bestimmt rast er vor Wut. Ich habe mich schon halb damit abgefunden. Manchmal denke ich, ich habe so viele Prügel überlebt, was macht da einmal mehr noch aus? Doch Luke meint, dass ich Adrian nie wieder sehe. Er ist da ganz sicher. Halb glaube ich ihm. Ich müsste eigentlich glücklich sein, aber ich weiß nicht genau, was ich wirklich fühle. So als wäre dort, wo meine Gefühle sein sollten, nur ein riesiges Loch. Vielleicht ändert sich das, nachdem die Verhandlung vorbei ist. Aber ich weiß nicht, ob ich es ohne Luke durchgestanden hätte. Ich kann es nicht anders sagen. Jede Frau hat einen Luke verdient.«

Beschämt sagte ich: »Nein, Tina, *du* hast einen Luke verdient.« Und weil ich nicht gefühlsduselig klingen wollte, fügte ich hinzu: »Einen Luke mit etwas Sinn für Hygiene und einem Mindestmaß an Modebewusstsein.«

Doch Tina meinte nur: »Er ist cool.«

Augenblicklich stach mich der Hafer. Bemüht, witzig zu klingen – doch mit dem Ziel, wirkliche Informationen aus Tina herauszukitzeln –, krächzte ich: »Ach! So ist das also, wie?«

Obwohl Tina darauf bestand, dass es keineswegs so sei und dass sie fest vorhabe, lange allein zu bleiben, war mir klar, dass es nur eine Frage der Zeit war, bis es schließlich so sein *würde*. Und als ich heute Morgen über meinem Marmeladentoast kauere, denke ich bei mir, wieso kann es für *mich* nicht so sein? Ich würde ja sagen, dass ich offenbar immer nur die Brautjungfer und nie die Braut sein soll, aber ich war bislang noch nicht mal *Brautjungfer*! Die Brautjungfern brauchen sich wirklich nicht zu beklagen! Sie wissen gar nicht, wie stolz sie auf ihr fliederfarbenes Rüschenkleid sein können.

Während ich darüber nachsinne, wie undankbar manche Menschen doch sind, höre ich ein dumpfes Scheppern. Die nächste Wucherrechnung. Ich stürme nach unten, um mir meine finanzielle Ohrfeige abzuholen, und sehe einen großen weißen Umschlag auf dem Boden liegen. Ich stürze mich darauf, reiße ihn auf und inspiziere den Inhalt. Eine schnell hingekritzelte Notiz: »Schätzchen, sieh nur, was ich gefunden habe!« Und eine verblichene Geburtstagskarte. Das Bild darauf zeigt einen kleinen Pinguin mit Wollmütze und Schal, der eine Blume in der Hand hält (wie Pinguine das gerne tun). Darunter steht: »Für Dich, Daddy, zu Deinem Geburtstag.« Ich klappe die Karte auf, und meine Augen beginnen zu brennen. »Meinem lieben Daddy«, hat dort ein kleines Mädchen in Schönschrift geschrieben, »mit aller Libe und vielen Küssen und Grüßen und den alerbesten Wünschen, in Libe von Helen.«

Ich warte bis 9 Uhr 32 ab, ehe ich Laetitia anrufe. »Hallo?«, flüstere ich und zwinge ein schwachbrüstiges Husten hervor. »Laetitia, hier ist Helen, mir *(stöhn)* geht's nicht gut.

Ich *(pfeif)* hab wahnsinnige Kopfschmerzen und *(hüstel)* fühl mich wirklich elend *(schnief)*. Ich glaube, ich muss *(schnüffel)* zum Arzt. Ich fühle mich *(krächz)* zum Kotzen.«

Ich warte auf den gefürchteten Aufschrei: »Lüg mich nicht an, du Drückebergerin, in fünf Minuten stehst du bei mir auf der Matte, sonst zerre ich dich an den Ohren aus dem Bett!« Doch Laetitia antwortet lediglich: »Du brauchst dich nicht blicken zu lassen, bis du die offizielle Bestätigung hast, dass du nicht mehr ansteckend bist.«

Ich erkläre mich einverstanden, lasse den Hörer auf die Gabel fallen und jubiliere: »Und der Oscar für die Leistung als beste Hauptdarstellerin geht an Miss Helen Bradshaw! Für ihre *umwerfend glaubhafte* Darstellung! Ta taaa!« Dann packe ich alles ein, was ich brauche, schnappe mir den blechernen Mülleimer aus dem Bad, springe in den Toyota und düse los zum Friedhof.

Ich hatte vergessen, wie still es war. Abgesehen von dem nervtötenden Dröhnen eines Flugzeugs alle fünf Minuten. Es ist nicht so windig wie am Tag der Beerdigung, doch der Himmel ist grau, nicht blau. Ich lasse den Blick über die trostlose Landschaft weißer Grabsteine wandern und seufze. Wer hätte das gedacht. Hoffentlich sieht niemand, dass ich diesen Mülleimer mit mir rumschleppe. Und eine dunkelbraune Baumwollhose trage. Ich schaue mich um, dann gehe ich in die Hocke und lese die Inschrift auf einem uralt aussehenden Stein. »Dein Wille geschehe.« Das nennt man wohl, sich in ein fremdes Schicksal zu fügen.

Ich schlendere herum, den Mülleimer fest im Arm, und betrachte fremde Gräber. Mit gerunzelter Stirn lese ich: »Nicht von uns gegangen, sondern vorangegangen.« Verfluchte Optimisten. Ich komme zu dem Schluss, dass »Hüte dich, denn du weißt nicht, wann der Herr zu dir kommt«, schon an gemeine Angstmache grenzt. Und es tut mir weh, die Inschrift für Joey Steadman, 22 Jahre, zu lesen:

Für die Welt war er nur ein kleiner Teil.
Für uns war er die Welt.

Ich brauche lange, ehe ich mich dem Grab meines Vaters nähere.

Schließlich stehe ich davor und lese den Namen. »Maurice Bradshaw«, in Granit gemeißelt. Und mein erster Gedanke ist: Was zum Teufel hat der Name meines Vaters auf diesem Friedhof zu suchen! Ausgiebig und mit finsterem Gesicht starre ich auf »Maurice Bradshaw«. Ganz langsam strecke ich die Hand aus und berühre den kalten Stein. Ich fahre mit dem Finger über jeden einzelnen der dunklen Buchstaben. Maurice Bradshaw. Seine Reihe ist schon fast voll, so viele Leute sind seither gestorben. Doch das Grab selbst wirkt immer noch nackt. Ich starre noch etwas länger vor mich hin und entdecke schließlich einen Löwenzahn, der in der Graberde ums Überleben kämpft. »Er hasst Gelb«, murmle ich. Etwas an meinem Hiersein lähmt mich. Ich habe das Gefühl, bis zur Dunkelheit so stehen bleiben zu können.

Ich starre wie hypnotisiert vor mich hin. Dann gehe ich neben dem Grab meines Vaters in die Knie, krame in meiner Tasche nach dem Notizblock und dem Stift und fange an zu schreiben. Die Kiesel bohren sich durch die Hose in meine Knie, doch das ist mir egal. Der scharfe Schmerz gefällt mir. Als ich fertig bin, ist meine Hose voll mit nassem Schlamm, und die Knie tun mir weh. Ich wische den Dreck ab – wobei ich ihn nur verschmiere –, bevor ich lese, was ich geschrieben habe.

»Lieber Dad,
ich hoffe, es geht dir gut.

Mir nicht. Ich vermisse dich, und es war einfach schrecklich. Ich wünschte, es wäre anders gekommen. Natürlich hat die Familie das ihre dazu beigetragen. Ich hasse Cousin Stephen. Er hat sich ganz schrecklich aufgeführt. Bei der Testamentseröffnung war er so gierig, dass Nana Flo ihm den Mund verbieten musste. Er hatte Mayonnaise mit Ei im Mundwinkel, es war einfach ekelhaft. Keiner von ihnen springt über seinen Schatten und zeigt ein Mindestmaß an Mitgefühl oder Anstand. Nana Flo hat seit Ewigkeiten nichts mehr von Großtante Molly gehört. Aber wir haben uns alle Mühe mit Nana gegeben, und ich glaube, es geht ihr inzwischen ein bisschen besser. Sie ist eine starke Frau. Mummy ist nicht ganz so stark, aber ich glaube, du wärst stolz auf sie (abgesehen von der Sache mit den Handgelenken). Sie war einfach super, als ich in meine eigene Wohnung gezogen bin. Es wird dich freuen zu hören, dass sie in einem guten Viertel liegt.

Als du gestorben bist, habe ich jedes Vertrauen verloren. Plötzlich wusste ich nicht mehr, wer ich bin. Was ich tun soll. Und wenn du es genau wissen willst, im Augenblick geht es mir nicht besonders gut. Vielleicht hat dein Tod DEIN TON DEIN TOD DEIN TOD DU BIST TOT DU BIST TOT ICH KANN ES NICHT GLAUBEN WIESO KOMMST DU NICHT ZURÜCK WIESO WIESO WIESO SCHON FAST EIN JAHR UND ES IST IMMER NOCH NICHT BESSER. Kaum jemand versteht mich. Die meisten Menschen beurteilen, wie ich mich fühle, fühlen sollte, fühlen müsste, indem sie vergleichen, wie schlecht sich Mum fühlt ... Ich bin 29 Jahre jünger als sie, deshalb muss man ihre Trauer im Quadrat abziehen, dann wieder etwas dazu addieren für ... Ich will mich nicht beklagen. Sie meinen es gut. Es ist witzlos, sie überzeugen zu wollen, dass es sich ganz anders verhält. So als wollte man Nana Flo davon überzeugen, dass die Schwulen nicht schwul sind, weil sie ihren Eltern eins auswischen wollen. Doch Mum und ich kommen inzwischen besser miteinander klar, und das ist gut.

Ich wünschte, wir wären miteinander klar gekommen, Dad. Es hat mir wehgetan, dass du mich ›Grinch‹ genannt hast. Ich habe mir wirklich Mühe mit dir gegeben, Dad. Ich habe dich geliebt. Ich wollte, dass du mich auch liebst. Nimm es mir nicht übel, aber es war, als wollte ich mit dem Toyota einen steilen Hügel hochfahren. Ich wollte dir noch im Krankenhaus sagen, dass ich dich liebe, und ich habe es auch gesagt, allerdings nur innerlich. Ich hoffe, das Sterben war nicht allzu schlimm, uns zurückzulassen und ganz allein in der Dunkelheit zu versinken. Hoffentlich spielst du inzwischen mit Grandpa Golf und lernst ihn endlich kennen. Es muss schön für euch beide sein, euch endlich mal zu begegnen.

Ich habe mich immer gefragt, was ich angestellt habe, dass du dich nicht für mich interessiert hast, doch inzwischen begreife ich, dass du dich auf deine Weise sehr wohl für mich interessiert hast. Mum meint, du wärst auch sonst ziemlich unhöflich gewesen, es tut mir deshalb gut zu wissen, dass es nicht an mir allein lag. Sei nicht beleidigt, aber nicht alle Männer sind wie du. Manche geben sich mehr Mühe.

Jedenfalls hoffe ich, dass du mir diese Bemerkung nicht übel nimmst, aber sie war längst fällig. Ich liebe dich trotzdem. Und es geht mir jetzt besser. Mit aller Libe und vielen Küssen und Grüßen und den alerbesten Wünschen, in Libe von Helen.

(Weißt du noch?!)

Ich möchte den Augenblick nicht allzu sehr verklären, doch ich fühle mich, als hätte ich eben einen Einlauf bekommen.

Mit einem tiefen Seufzer falte ich den Brief zusammen. Dann beuge ich mich über mein Todes-Set. Ich öffne die graue Papiertüte und stecke den Brief hinein. Dann folgen der Papier-Mercedes (um Dad zum himmlischen Golfklub zu chauffieren), die Bicolor-Uhr mit dem Aufdruck »Rolex« (er kommt nicht gern zu spät), der chinesische Goldbarren und die Banknoten aus der Höllenbank (damit er sich an der

Bar einen Drink kaufen kann). Und schließlich die herausgerissenen fünf letzten Seiten aus *Single & Single* von John le Carré (er hat es nicht zu Ende gelesen). Ich stopfe auch die Brille, den Stift und die Zigaretten hinein. Dann schreibe ich den Namen meines Vaters auf die Tüte, notiere auf einem Zettel das Datum und lege ihn ebenfalls hinein. Dann mache ich die Tüte wieder zu.

Ich schaue mich kurz um, ob mich jemand beobachtet, doch es ist keine Menschenseele zu sehen. Hektisch zünde ich die drei Räucherstäbchen an – dazu verziehe ich mich in den Schutz des Grabsteines – und denke: Dad, Dad, Dad. Dann begreife ich: Mist, so könnte ich *irgendeinen* Dad heraufbeschwören, darum präzisiere ich schnell: Maurice Bradshaw, Helens Dad, Maurice Bradshaw, Helens Dad. Nach fünf duftgeschwängerten Minuten bohre ich die Räucherstäbchen in die Erde und zünde die rote Kerze an. »Okay, Dad«, flüstere ich, wobei ich mir nur ein kleines bisschen albern vorkomme, »ich schicke dir Geld, was zu Rauchen und einen Mercedes, weil ich weiß, dass du dich darüber freuen wirst, selbst wenn es nicht besonders Zen ist. Ich hab auch einen John le Carré mit reingelegt, aber bitte lies erst meinen Brief. Okay, ich schicke jetzt alles los.«

Ich wühle die rote Kerze in die Erde, ganz dicht an den Grabstein, damit sie nicht ausgeht. Dann frage ich mich, ob ich wie eine Pyromanin den ganzen Sack anstecken oder ob ich die Zwanghafte spielen und ein Ding nach dem anderen anzünden soll. Es kann nicht schaden, der Reihe nach vorzugehen. Das bin ich dieser blöden Liste schuldig. Also kippe ich alles wieder auf den Boden. Erst verbrenne ich die Tüte, damit der Rest irgendwie transportiert wird. Ich falte das chinesische Geld, wie Lizzy es gezeigt hat, lasse es in den blechernen Mülleimer segeln und streiche ein Zündholz an.

Das Geld verbrennt und kringelt sich ein, orange Flammen schlängeln sich darüber wie Würmer und verschlingen das Papier, bis es zu Staub zerfällt. Wie verhext schaue ich zu.

Der Rauch riecht süßlich, zu Kopf steigend, fast eklig. Ich habe Schiss, dass der Rauch die Grabwächter (oder wie sie auch heißen mögen) alarmieren könnte, und schiele immer wieder über den Grabstein, um festzustellen, ob irgendwelche Uniformträger fäusteschüttelnd auf mich zugerannt kommen. Es ist niemand zu sehen. Dann stecke ich die Banknoten an. Ich warte ab, bis sie zu Asche zerfallen sind, ehe ich die Zigaretten anzünde (hoffentlich kommen sie nicht als Stummel an). Danach sind der Stift, die Uhr und die Brille dran, schließlich will ich keinen Flächenbrand auslösen. Das wäre meinem Vater wirklich zu peinlich. Anschließend folgt der Mercedes, der ungefähr drei Stunden braucht – von einem so schnellen Auto hätte ich etwas anderes erwartet. Dann John le Carré. Und schließlich mein Brief.

»Wer zu spät kommt, den bestraft der Tod«, scherze ich in die hauchdünne Luft. Der Qualm und andere Dinge treiben mir die Tränen in die Augen, deshalb wische ich mit dem Handrücken darüber, ehe ich bemerke, dass er dreckig ist. Dann sehe ich an mir herab und stelle fest, dass der Rest genauso dreckig ist. Ich sehe aus wie eine verkokelte Kartoffel. Mein Gesicht glüht und juckt, weil ich so lange über der Mülltonne gehockt habe, meine Kehle brennt, und meine Knie sind durchnässt und eiskalt. Aber das ist mir egal.

Mein Herz rast, als ich die Asche davonfliegen sehe.

Kapitel 46

Wie in Trance fahre ich heim, vor meinen Augen tanzen Flammen, meine Hände sind rußgeschwärzt. Unbesiegbar fliege ich dahin. Kein greifbarer Gedanke ist in meinem Kopf, nur das Bild der in der Luft tanzenden Asche, 1 000 weißen, freigelassenen Schmetterlingen gleich. Ich renne hoch zum Spiegel, um festzustellen, ob ich anders aussehe, und ein verdrecktes Straßengör starrt mich an. Als ich tief einatme, habe ich das Gefühl, in einem Stahlkorsett zu stecken. Behutsam lege ich die Hände auf meine Brust und spüre den hektischen Schlag meines Herzens. Reglos stehe ich da. Und der Schmerz über den Verlust, der an meinem Inneren zerrt wie ein Teufel an meiner Seele, scheint mir schwächer.

Als ich später in den Schlaf sinke, höre ich keine Verfolger, die hinter mir die Treppe heraufpoltern.

Doch das Schicksal rächt postwendend das Ende meiner Albträume. Am nächsten Morgen schlage ich die Augen auf und fühle mich augenblicklich *(stöhn)* sterbenselend. Mein erster Gedanke ist, dass ich mir auf dem Friedhof irgendwas eingefangen habe. Diese Abermilliarden Bakterien, die dort aus dem Boden aufsteigen. Mein zweiter Gedanke ist, dass dies die Strafe dafür ist, Laetitia angelogen zu haben, allerdings hätte Gott in diesem Fall keinerlei Gerechtigkeitssinn und einen erschreckenden Geschmack, was Frauen angeht. Und mein dritter ist, dass ich einen entscheidenden Schritt gemacht habe, um einen Geist zu exorzieren – mindestens, schließlich habe ich einen ganzen Mercedes geopfert –, und mich eigentlich leicht und fröhlich und voller *Elan* fühlen sollte.

Stattdessen fühle ich mich beflügelt wie ein toter Papagei. Ich wuchte mich im Bett hoch und versuche mich an einem hingehauchten »Huhhh«. Verdacht bestätigt. Meine Kehle ist wund, mein Kopf tut weh, und meine Augen sind wie in Ammoniak gebadet.

Ich plumpse zurück aufs Kissen und starre an die Decke. So. Am Tag, nachdem ich das Grab meines Vaters besucht habe, werde ich von der Moral des Märchens »Der Junge, der zu oft ›Wolf‹ rief« heimgesucht. Ich bin zu alt für so was, denke ich und wälze mich mit schmerzverzogenem Gesicht herum. Ich habe schon alles gelernt, was ich aus irgendwelchen Märchen lernen muss. (Ich habe es Rotkäppchen und Frau Holle zu verdanken, dass ich in Todesangst vor Nana Flo und tiefen Brunnen aufgewachsen bin).

»Ich fühle mich schwach wie ein neugeborenes Kätzchen«, krächze ich voller Selbstmitleid Fatboy vor, der mit der Wucht eines kleinen Einfamilienhauses auf meinem Bett landet. Ich schleppe mich zur Küche und öffne würgend eine Dose Katzenfutter. Dann rufe ich in der Arbeit an und hinterlasse eine heisere Nachricht. Außerdem rufe ich bei meinem Arzt an und bitte um einen Nottermin. »Er ist im Urlaub«, schmettert die alte Arzthelferin am Empfang, »Sie müssten zu seiner Vertretung, Dr. Sands. Würde Ihnen 11 Uhr 10 passen?«

Ich lehne eine volle Minute mit meinem ganzen Gewicht auf der Empfangstheke, ehe eine der drei Arzthelferinnen dahinter aufhört zu tratschen und sich herablässt, Notiz von mir zu nehmen. Ich will eben schon zuckersüß sagen: »Mrs. Zerberus, bitte verzeihen Sie die Störung, aber ich bin kurz vor dem Dahinscheiden«, als aus ihrer Stimme jedes Leben verschwindet und sie fragt: »Kann ich Ihnen helfen?« Ich nenne meinen Namen und werde ins Wartezimmer geschickt. Dort setze ich mich so weit wie möglich von den Kranken entfernt auf einen Stuhl. Auf dem Tisch liegt ein *Hello*, doch die Lektüre würde mich im Augenblick intellektuell zu sehr fordern. Ich schlucke vorsichtig – ein Gefühl, als wollte ich einen Golfball verschlingen – und schließe die Augen.

Es kommt mir wie eine Ewigkeit vor, ehe eine schroffe Stimme befiehlt: »Helen Bradshaw!« Ich springe auf und husche ins Behandlungszimmer. Der Vertretungsarzt und ich mustern einander, und das Herz rutscht mir in die Hose. Dr. Sands ist etwa 93, hat ein paar übrig gebliebene Büschel gelblichweißen Haares auf dem Kopf und eine äußerst missbilligende Ausstrahlung. Ich beginne meine Symptome zu beschreiben, doch er unterbricht mich, als wäre ich so doof und so dämlich, dass er mir einfach nicht zuhören kann. Er schaut in meinen Hals und grummelt: »Da ist nichts.«

Ich will schon ausrufen: »Was, nicht mal ein Kehlkopf?«, doch mir fehlt die Kraft dazu. Seine Verachtung raubt mir den Atem.

Ich reiße mich zusammen und sage fest: »Mein Vater ist kürzlich gestorben, und ich habe unter großem Stress gestanden, deshalb glaube ich, dass vielleicht –«

Der Arzt fällt mir ins Wort: »Wann?«

Ich balle die Fäuste und antworte: »Im Juli.« Ich versuche es erneut: »Ich bin einfach so müde, und ich hatte keine Zeit zum Nachdenken, und wenn ich vielleicht eine Woche frei –«

Dr. Sands lässt mich nicht aussprechen. Schneidend meint er: »Mit einer *Woche* ist da gar nichts auszurichten! Ich kann Ihnen eine Antidepressiva-Kur verschreiben –«

Jetzt ist es an mir, ihn zu unterbrechen. »Ich *will* keine Antidepressiva!«, fauche ich. »Ich will damit fertig werden, nicht alles abwürgen!« Ich sehe, wie ihm das Gesicht entgleist, diagnostiziere akute Langeweile und begreife, dass ich meine Zeit verschwende. »Ach, ich werde schon selbst damit fertig«, sage ich und verschwinde.

Ich koche und tobe, bis ich wieder bei meinem Toyota bin, und rase dann mit Schallgeschwindigkeit heim. Eingebildeter alter Bock. Und wenn ich Kehlkopfkrebs hätte? Wahrscheinlich würde er dann vorschlagen, ich soll ein paar Hustinetten lutschen. Ich denke wenig freundliche Gedanken über Dr. Sands, der in meiner Vorstellung in allernächster Zukunft niedergestreckt und sterben wird. »Er steht schon kurz vor dem Aus«, sage ich gehässig zu meinem Lenkrad, »und er will so viele Menschen mitnehmen wie möglich.« Bis ich zu Hause ankomme, ist der gröbste Zorn bereits verraucht. Ich haue mich aufs Bett und schlafe augenblicklich ein.

Um drei Uhr nachmittags wache ich total benommen auf. Ich schlucke, um meine Kehle zu testen. Nicht schlecht. Wenn nur die Watte aus meinem Kopf verschwinden würde. Ich kann noch nicht wieder in die Arbeit, ich kann es einfach nicht. Ich ertrage nicht einmal den *Gedanken* daran. Ich würde es nicht schaffen, Laetitias Wäsche nachjagen zu müssen. Ich muss erst einmal wieder *da sein*. Ich lasse mich zurücksinken und sehe, wie die Flammen die Banknoten aus der Hölle verzehren. Es fühlt sich genauso an, wie ich mir vorgestellt habe. Ich schnappe mir das Top vom Boden, das ich gestern getragen habe, und schnüffle daran. Es ist dreckverschmiert und stinkt nach Rauch und Weihrauch. Ich frage mich, ob Dad sein Päckchen wohl bekommen hat. Ich kann nicht anders, ich muss lächeln, als ich mir vorstelle, wie er es aufmacht. Vielleicht hätte ich Grandpa Gerald auch was schicken sollen? Ach nein. Er kann von Dad was abhaben. Man darf die Sache nicht zu weit treiben. Das ist so wie mit den Tauben im Regents Park. Solange man eine füttert, ist das ausgesprochen nett und britisch. Doch sobald man zwei füttert, bricht das Chaos aus, und ehe man sich's versieht, hat man Vogelscheiße auf dem Kopf.

Später rufe ich in der Arbeit an. Ich wähle meine Worte sorgfältig. Ich will die Wahrheit nicht überdehnen. Ich zupfe sie nur ein bisschen zurecht. »Laetitia«, verkünde ich mit tiefem Ernst, »ich war beim Arzt, aber der will mich unbedingt mit Antidepressiva ruhig stellen. Die Sache ist die, dann könnte ich nicht arbeiten, und ich möchte dich nicht in schwerer See im Stich lassen. Vor allem, wo wir so wenig Leute haben. Doch wenn ich mir diese Woche Urlaub nehme und mich ausruhe, habe ich mich bestimmt bis nächste Woche erholt. Wäre das okay für dich?«

Laetitia gibt mir ohne zu winseln diese *und* die nächste Woche frei.

Als Erste ruft Lizzy an. »Helen!«, tönt sie. »Bist du okay?« Alarmiert über ihren Tonfall – der auf einen nahen Tod hindeutet – erwidere ich: »Es geht mir gut. Warum?«

Lizzy sprudelt los: »Laetitia hat der Geschäftsführerin erzählt, dass du emotional instabil bist und dass du nicht kommen darfst, damit du nicht das ganze Büro ansteckst, und die Geschäftsführerin hat es der Moderedakteurin erzählt, und die hat es mir erzählt.«

Da ich genau das vorhergesehen habe, erwidere ich fröhlich: »Laetitia ist eine fette, niederträchtige Kuh, die lernen sollte, ihre Klappe zu halten.«

Schweigen. Lizzy flüstert: »Es stimmt also?«

Ich quietsche: »Nein, es stimmt nicht! Es geht mir gut! Ich bin bloß müde. Ich habe gestern dein Todes-Set verbrannt. Das hat mir geholfen.«

Lizzys Freude sprengt fast den Hörer: »Das ist ja *grandios*!«, kreischt sie. »War es faszinierend? Spirituell? Überwältigend? Eine Erlösung?« Lizzy ist – neben einer erklecklichen Anzahl anderer Talente – die Königin der Superlative, und ich ärgere mich augenblicklich, dass mein postalisches Ritual gefühlsmäßig nicht ihren extremen Beschreibungen gerecht wurde.

»Es war *ziemlich* intensiv«, antworte ich vorsichtig, »aber ich hatte ständig Angst, dass ein Grabwächter mich erwischt.« Ich weiß genau, dass Lizzy gleich erwidern wird: »Ein was?«, und ich habe nicht die geringste Lust, dieses Gespräch zu führen, darum erläutere ich schnell: »Es war toll. Ich fühle mich *innerlich* viel besser, aber auch krank, wenn du mich verstehst. Halsweh. Wahrscheinlich von dem Rauch. Deshalb nehme ich mir frei.«

Das Blyton-Gen schaltet sich ein, und Lizzy seufzt: »Ach, das ist ja toll für dich! Der Schmerz ist wahrscheinlich psychosomatisch. Bestimmt ist dir die Brust jetzt viel leichter geworden.«

Zufällig kann ich diese Redewendung nicht ausstehen, darum rufe ich aus: »Hoffentlich nicht – bei meiner Figur wäre das eine Katastrophe.«

Lizzy geht über meinen Einwand hinweg und fasst zusammen: »Entspann dich einfach und verfestige das, was du vollbracht hast.«

Bei diesem Bild komme ich mir vor wie eine brütende Henne. Gähnend erkläre ich: »Zuallererst will ich mal ausschlafen.«

Lizzy – die heute von noch mehr missionarischem Eifer beseelt ist als üblich – sagt: »In Ordnung, aber du darfst keinesfalls länger als neun Stunden schlafen. Falls doch und falls du dich danach immer noch lethargisch fühlst, leidest du vielleicht an Eisenmangel. Und hast du was von Tom gehört?«

»Nein«, antworte ich knapp. Und schieße zurück: »Was ist mit Brian?«

»O *nein*!«, sagt Lizzy, die niemals zurückblickt.

Während der folgenden Tage nehme ich Anrufe von meiner Mutter (»Frische Luft, Schätzchen, und viel Milch trinken«), von Tina (»Ich bring dir mit dem Rad ein paar Chips rüber«), von Luke (»Ich hab gestern Tom gesehen, aber er hat nicht über dich gesprochen. Hat Tina über mich gesprochen?«) und von Nana Flo entgegen.

»Cecelia hat mir erzählt, dass du bettlägerig bist«, sagt sie. »Hast du deine Regel?«

Wenn ich nicht schon gelegen hätte, als ich ans Telefon ging, wäre ich vor Schreck hintenübergekippt. So jedoch möchte ich am liebsten wie ein Maulwurf im Boden verschwinden. »Nein.« Ich schneide eine Grimasse. »Nein. Ich hatte Halsweh, aber jetzt geht es schon wieder, Nana. Ich habe ein paar Tage Urlaub genommen.« Allerdings nicht von meinen Verwandten, ergänze ich insgeheim. Es bleibt lange still, darum sage ich: »Ich würde dich gern mal besuchen. Vielleicht, wenn es mir wieder besser geht?«

Nana erwidert knapp: »Ich bin daheim.«

Nachdem ich mit Nana gesprochen habe, bleibe ich zehn Tage lang allein. Ich höre auf, auf einen Anruf von Tom zu warten, was bedeutet, dass ich aufhöre, den Hörer hochzunehmen, um festzustellen, ob die Leitung tot ist. Ich schlafe jede Nacht zehn Stunden *und* mache jeden Nachmittag ein gemütliches Nickerchen (hauptsächlich, um Lizzy eins auszuwischen), und ich lasse mich – zum ersten Mal in meinem Leben – maniküren. Es ist geradezu *exquisit* stumpfsinnig.

Außerdem verbringe ich viel Zeit auf der Heath Extension. Ich nehme *Der Beigeschmack des Todes* mit, dazu ein Bagel, ein Handtuch und eine Dose Haarspray, um die Räuber zu vertreiben, dann setze ich mich auf eine Holzbank und esse und lese und schaue den Leuten zu, die ihre Hunde ausführen. Und ich glotze ausgiebig in den Himmel. Abends spiele ich im vorderen Zimmer zu den Klängen der Sandpipers Dart – ich habe mir endlich Spicker besorgt. Zu meiner Überraschung erinnert mich das Lied »Guantanamera« an meinen Vater – meine einzige Erklärung dafür ist, dass er das Lied gemocht hat. Anfangs bringt mich das zum Weinen, doch dann spiele ich es 20-mal hintereinander und werde immun dagegen. (Dass ich auf den Text höre, trägt ebenfalls dazu bei.) Zwei Tage bevor ich wieder in die Arbeit gehe, bin ich es leid, »Einhundertund*acht*zig!« zu schreien, und beschließe, aktiver zu werden. Ich rufe Tina an und frage, ob sie mit mir eislaufen geht.

»Eislaufen?«, fragt Tina so fassungslos, dass ich mich frage, ob ich versehentlich »Höhlenforschen« gesagt habe. Ich erzähle ihr, dass ich einen Bericht im Fernsehen gesehen habe und dass es witzig und wunderbar wird. Sie fügt sich in ihr Schicksal, aber »nur weil du die letzten zwei Wochen wie eine Einsiedlerin gelebt hast«. Zwei Stunden später schliddern wir beide auf Gummibeinen durch das Queens-Eisstadion und lassen unsere Bahnen von Achtjährigen schneiden.

»Allmählich habe ich den Bogen raus!«, prahlt Tina, die Arme wie Windmühlenflügel schlagend.

»Ich bin total k.o. und halb gekocht und wie tot vor Erschöpfung«, keuche ich, nachdem ich neun Minuten lang herumgestolpert bin. »Ich brauche einen Riegel. Ich glaube, an der Bar verkaufen sie welche.« Wir hoppeln an die Bande, um kurz zu verschnaufen, wobei ich eine aufregende Entdeckung mache: »Schau mal! Ich kann rückwärts fahren!«, krähe ich, kralle mich an der Bande fest und rumple dagegen.

»Ich will *so was* machen!«, verkündet Tina, wobei sie auf eine Teenager-Eiskönigin in Glitzerröckchen und weißen

Stiefeln deutet, die sich mitten auf dem Eis postiert hat und dort wie ein Brummkreisel rotiert.

»Dann tu's doch«, sage ich.

»*Du* zuerst«, sagt Tina.

»Aber«, widersprach ich, »sie hat weiße Stiefel, und ich hab nur diese klobigen blauen Dinger. Und sie ist auf dem allerglattesten Eisstückchen. Hier ist es ganz rau. Und ich habe eine Daunenjacke und eine Thermohose an. Ich bin behindert.«

Tina schnaubt. »Dass du dich wie ein Doughnut einpackst, hat nichts damit zu tun. Das sind doch nur Ausreden!«

»Also gut!«, rufe ich aus. »Also gut! Du bist zu weit gegangen! Schau nur zu!«

Etwa drei Sekunden später humple ich mit angeschlagenem Selbstbewusstsein und kaltem, nassem Hintern zu den Schließfächern. Tina stapft wie ein Mini-Yeti hinter mir her. »Deine ha ha Beine sind *buchstäblich* ha ha ha einfach so weggeflogen unter ha ha ha deinem Hintern!«, kreischt sie und krümmt sich vor Schadenfreude. »Du hast ausgesehen wie eine Vollidiotin!«

Ich erwidere so spröde wie überhaupt nur möglich, dass ich kein Pinguin bin und daher nach Hause fahren werde, wo ich etwas Anständiges anziehen, eine heiße Schokolade trinken und mich auf festem Boden bewegen werde wie ein normaler Mensch, und wenn sie nichts Netteres zu sagen weiß, soll sie lieber den Mund halten.

Aber in Wahrheit habe ich es sehr genossen.

Kapitel 47

Gestern war ich zum ersten Mal wieder in der Arbeit, habe meine Stromrechnung bezahlt, bei Nana Flo angerufen, um nachzuprüfen, ob sie noch lebt, die Praktikantin auf einen Kaffee eingeladen, nachdem Laetitia sie zum Weinen gebracht hat, meine Bank gebeten, meinen Überziehungsrahmen zu erweitern (abgelehnt), Reinigungsmittel und Tesafilm gekauft, auf der chaotischen Suche nach einem Head-Set fürs Handy drei Läden durchkämmt, einen Termin beim Optiker vereinbart (die Autokennzeichen verschwimmen schon wieder), den Toyota zur Inspektion angemeldet (die Werkstatt wurde allmählich ärgerlich) und mir gedacht: Jetzt verstehe ich, warum Dad immer behauptet hat: »Die Schulzeit ist die schönste Zeit!«

Ich sinne darüber nach, wie ermüdend es ist, erwachsen zu sein, und denke an meine Schulzeit zurück. Mir fällt wieder ein, wie ich aus *König Heinrich IV.* vorlesen musste und die ganze Klasse mich auslachte, weil ich »Besonnenheit« falsch ausgesprochen hatte. Und wie sehr ich Korbball gehasst habe. Dann doch lieber Schulden und eine Rostlaube als Auto, denke ich. Wenigstens habe ich so viel Schulden und fahre so schlecht, wie es *mir* gefällt. Und ich brauche nie wieder eine Klassenarbeit zu schreiben. Im College sagte mein Tutor immer: »Wenn ihr die Fragen ausgehändigt bekommt, möchte ich, dass ihr euch umseht und wissend in euch hineinlächelt. Auf diese Weise treibt ihr die Konkurrenz in den Wahnsinn.« Ich folgte seinem Rat und hätte die Konkurrenz auch garantiert in den Wahnsinn getrieben, nur dass alle anderen ebenfalls ganz schrecklich wissend in sich hineinlächelten. Das trieb mich in den Wahnsinn, deshalb schaffte ich die Prüfung nur mit knapper Not. Nie wieder. Gott sei Dank habe ich nicht auf meinen Vater gehört und habe nicht versucht, Rechtsanwältin zu werden. (Der Ruf der Juristen ist auch so schon schlecht genug.)

Ich nehme einen großen Schluck Espresso und fühle mich ganz ruhig. Als hätte ich etwas losgelassen.

Laetitia ist völlig in ihren *Tatler* vertieft, darum lege ich eine Liste an, von wem ich im Alter von zehn Jahren Befehle entgegennehmen musste (meine Mutter, mein Vater, Brown Owl, neun Lehrer, Michelle, macht zusammen dreizehn) und von wem ich mit 26 Befehle entgegennehmen muss (Fatboy, Laetitia, die Bank, die Werkstatt, manchmal Lizzy, macht viereinhalb). Was bedeutet, dass ich rein rechnerisch knapp zwei Drittel weniger unter dem Stiefel stehe als vor 16 Jahren. Ich habe fast doppelt so viel Kontrolle über mein Leben. Nein, *dreimal*! Im Bruchrechnen war ich schon immer unter aller Kanone – auch das spricht für die Gegenwart. Ich muss öfter ins Theater.

Ich schiebe die Liste in eine Schublade und brüte dann wieder über der allerersten Reportage, die Laetitia mir, wenn auch nur unter Zwang, in Auftrag gegeben hat. Sie war ganz und gar nicht begeistert und erinnerte mich an einen Spaniel, der während eines meiner Besuche in Toms Praxis auf dem Hintern ins Wartezimmer geschleift wurde. Tina sah uns aus der Konferenz kommen und mailte mir, Morticia habe blutigen Schaum vor dem Mund, ob sie vielleicht ihre Tollwut-Impfung verpasst hätte? Ich schrieb zurück: »Tollwutmittel versagt angesichts der Kraft ihres Giftes. Morticia in Raserei verfallen, weil die Deodorant-Botin sich nach jahrelanger Unterwerfung gegen sie erhoben hat.«

Tina schickte zurück: »Gefällt mir. Doch in die Enge getriebene Tiere beißen schnell zu. Halte für den Notfall Nummer der Opfer-Beratungsstelle bereit.«

In einem Anfall von Kühnheit prahlte ich: »Schick sie Morticia. Ihr Hexenbesen ist zerbrochen! Sie steckt schon halb im Ofen!«

Dies war ein derart bestechender (wenn auch keineswegs wahrer) Gedanke, dass ich mit einem lauten Plonk! auf die Eingabetaste haute und Laetitia aufsah. »Was machst du da?«, schnauzte sie mich an.

»Ich recherchiere für meinen Artikel über Schikane am Arbeitsplatz«, erwiderte ich glücklich. Laetitia blies sich auf wie eine Puffotter mit PMS, doch dann vertiefte sie sich ohne ein weiteres Wort wieder in ihren *Tatler*.

Tina und ich gehen nach der Arbeit noch auf ein Glas,

um, wie sie es sagt, zu feiern. Ich bin mir da nicht so sicher. Laetitia würde eher das Gekrakel eines Totenkopfäffchens veröffentlichen als irgendwas, das ich verfasst habe, darum ist meine Schlacht noch keineswegs gewonnen. »Aber seit wann ist dir das denn wichtig?«, fragt Tina.

Ich zucke die Achseln. »Seit ich keine Lust mehr habe, mich als Tampon zu verkleiden.«

Tina nickt weise und sagt: »Kann ich verstehen.«

Ich ergänze düster: »Und ich brauche eine Gehaltserhöhung. Ich habe es satt, mir meinen Lebensstil nicht leisten zu können.«

Tina schnaubt. »Na, ein einziger Artikel wird da nicht reichen!«

»Tina!«, quieke ich. »Ich gebe mir alle Mühe, im Angesicht der Katastrophe positiv zu denken. Du bist mir keine große Hilfe.«

Tina erwidert: »Tut mir Leid. Eigentlich wollte ich sagen, du schaffst das schon, Kleine! Mach weiter so, dann kriegst du in einem Jahr vielleicht eine Gehaltserhöhung, nach der du dir ein Edel-Deo leisten kannst.«

Ich schneide eine Grimasse. »Man kann nie wissen. Vielleicht wird ja ein Headhunter auf mich aufmerksam, wenn mein Artikel abgedruckt wird.«

Tina meint: »Das ist unmöglich.« Wörtlich sagt sie: »Das wäre super«, doch es *hört sich an* wie: »Das ist unmöglich.«

Ich sacke in mich zusammen – Barhocker sind wie geschaffen für Zusammensacker. »Wie geht es dir inzwischen mit Adrian?«, setze ich an, doch Tina schüttelt den Kopf und zerknirscht einen Eiswürfel.

»Will nicht darüber nachdenken«, sagt sie.

Ich beobachte, wie sich ihr Kiefer anspannt, und wechsle eilig das Thema: »Hast du mal wieder von Luke gehört?«

Damit zaubere ich ein halbes Lächeln hervor. »Ich widerstehe ihm immer noch«, gesteht sie. »Er ist wirklich ein Süßer, aber ich brauche ein bisschen Abstand.«

Ich seufze. »Trotzdem muss es toll sein, wenn ein Mann dir so auf den Fersen ist.« Dann fällt mir auf, was ich da gerade gesagt habe, und ich stottere: »Ein netter Mann, meine ich.«

Tina versetzt mir spielerisch einen Tritt, der sich – dank ihres stahlkappenbesetzten Prada-Schuhs – etwa so spielerisch anfühlt wie ein Schlag mit dem Baseballschläger gegen die Kniescheibe.

»Autsch!«, beschwere ich mich, während Tina ausruft: »Dir *war* ein netter Mann auf den Fersen. Ich kapiere einfach nicht, warum ihr beiden nicht zusammen seid. Und dich scheint das überhaupt nicht zu kümmern. Ist er dir irgendwann auf den Geist gegangen?«

Ich denke an Tom und spüre einen schmerzhaften Stich. Ich knurre: »Nein, er ist mir nicht auf den Geist gegangen! *Ich* habe es verbockt! Ist dir nicht aufgefallen, dass ich keine Dime-Riegel mehr esse? Ich bringe kaum mehr einen Bissen runter, weil ich ständig Trübsal blasend rumhänge. Wenn ich nicht ununterbrochen jammere, dann nur, weil ich mich inzwischen selbst langweile.«

»Um Himmels willen!«, sagt Tina. »Das habe ich nicht gewusst! Wieso hast du mir nichts gesagt?«

Meine gespielte Tapferkeit löst sich in Luft auf, und ich sage traurig: »Es hat alles keinen Zweck. Wie er mich angesehen hat, als Jasper ihm erklärt hat, er sei mein Freund und lebe mit mir zusammen. Diesen Blick würdest du niemandem wünschen, nicht einmal Laetitia. Es war mindestens so schlimm wie damals, als ich versucht habe, eine Plastiktraube aus Viviennes Obstschale zu essen.«

Tina macht einen gereizten Eindruck. »Aber Jasper hat doch nur auf deinem Boden gepennt! Hast du Tom nicht angerufen und ihm alles erklärt?«

Ich seufze. »Millionen Male habe ich mich damit gequält. Aber es *gibt* keine Erklärung.«

Tina knallt ihre Bierflasche so energisch auf den Tisch,

dass oben ein kleiner Schaumkrake rausfliegt. »Natürlich gibt es eine!«, fährt sie mich an.

»Nein, es gibt *keine*!«, belle ich zurück. »Ob wir miteinander geschlafen haben, ist nicht das Thema. Sondern dass ich Jasper überhaupt bei mir wohnen lassen habe.«

Tina zieht die Stirn in Falten. »Wieso eigentlich?«

»Es hat was damit zu tun, dass ich Jasper zu diesem Zeitpunkt gebraucht habe. Es war blöd.«

Tina schnaubt. »Herrgott noch mal!«, sagt sie. »Tom ist doch ein vernünftiger Kerl. Er vergibt dir bestimmt einen –«

Ich falle ihr ins Wort. »Nein, darum geht es nicht. Darum nicht. Es waren *zahllose* Fehler. Ich weiß, er ist ein, er ist ganz vernünftig, aber darum geht es nicht. Es hat was mit« – ich halte inne und suche nach dem korrekten Wort – »Vertrauen zu tun.« Ich sage – wobei mir nur ein *winziges bisschen* nach Mills & Boon zumute ist, weshalb ich mir wünsche, ich würde etwas Passenderes tragen, vielleicht ein Cape? –: »Es geht weniger darum, dass er mir nicht mehr trauen kann, sondern darum, dass ich mir selbst nicht mehr trauen kann.«

Tina sieht mich beklommen an. »Hör auf, du bringst mich gleich zum Heulen.« Aber sie meint es nett.

Dann versucht sie nach Kräften, mich aufzuheitern, indem sie das Gespräch in seichtes Gewässer lenkt – wobei ich mir vorkomme wie ein greinendes Baby, das bis zur totalen Erschöpfung auf dem Knie geschaukelt wird. Tina hat gestern Abend *Men in Black* auf Video angeschaut und, kein Wort davon zu Luke, aber sie ist Rob Lowe abtrünnig geworden und zu Will Smith übergelaufen, der ganz eindeutig den Prototyp eines Mannes darstellt. Dies ist, wie wir beide wissen, mein Stichwort, und ich sage ihr, was ich schon seit über zehn Jahren sage: *Ich* habe Will Smiths Potenzial schon erkannt, als er noch als Prinz von Bel Air über die Mattscheibe gezappelt ist, und *ich* habe diese Erkenntnis schon verkündet, *Jahre* bevor er superberühmt wurde und der gesamte launische Pöbel auf den Zug aufgesprungen ist und ihn anzuhimmeln begann, und wenn irgendjemand ein Anrecht auf Will Smiths Perfektion hat, dann *ich* und ausschließlich *ich*. »Ich habe es nicht nur einmal gesagt, ich habe es schon 1 000-mal gesagt«, weise ich Tina streng zurecht. »Und außerdem ist Rob wie der Escort. Es wäre wirklich gemein, ihn nach so vielen Jahren im Stich zu lassen, nur weil du mal am Auspuff eines Porsche Boxster geschnuppert hast.«

»Ich wollte dich nur testen«, grinst Tina.

Nachdem sie gegangen ist, bleibe ich auf meinem Barhocker sitzen und frage mich, ob ich Tom anrufen sollte. Als Fantasie ist es der totale Kick. Ich male mir eine tränenreiche Wiedervereinigung aus, bei der ich über eine Butterblumenwiese auf ihn zulaufe, mit in der lauen Brise wehendem – zur Abwechslung mal blondem? – Haar, in der golden herabscheinenden Sonne; Tom von Liebe wie gebannt, ich, ohne in einen Kuhfladen zu treten, und nirgendwo ist ein Spanner zu sehen. Doch wenn ich den Traum in die Wirklichkeit zu übertragen versuchte, würde er augenblicklich zerbröseln. Von den Butterblumen und der lauen Brise mal ganz abgesehen, möchte ich mich keinesfalls aufdrängen und mir eine Abfuhr einhandeln. Doch eine verzagte Lady hat noch nie einen schönen Ritter erobert. Na gut, eigentlich waren es *immer* verzagte Ladys, die die schönen Ritter eroberten, aber heutzutage sind die Ritter fauler, und die Damen müssen energischer sein. Wenigstens hätte ich Gewissheit, wenn ich ihn anrufen würde. Vielleicht ist es besser, Bescheid zu wissen und dann mit aller Überzeugung zu trauern. Ich rufe ihn an.

Gleich nachher.

Wenn ich jetzt heimgehe, ist es Ehrensache, dass ich Tom anrufen muss. Also werde ich etwas anderes unternehmen. Was? Einen Spaziergang? Lieber nicht – ich könnte mir den Knöchel verstauchen. Ins Theater – ach, zu blöd, es hat alles schon angefangen. Zu Nana? Mein Masochismus hat Grenzen. Nach fünf Minuten, während denen mir aufgeht, dass mir jede Vorstellungskraft fehlt, beschließe ich, etwas zu tun, das ich noch nie getan habe. Ich werde ganz allein in einem Restaurant zu Abend essen. Und im Gegensatz zu diesen freundlosen Männern, die unweigerlich Paella bestellen und sich dann den grauen Anzug bekleckern, werde ich kein Buch mitnehmen, um mich vor den entsetzten Blicken der *gepaarten* Gäste abzuschirmen.

Und der Schauplatz meines Abenteuers wird nicht der Pizza-Express sein, sondern was Ordentliches. Am besten ein In-Lokal. Meine Nicht-Zweisamkeit soll öffentlich vorgeführt werden. Ich werde mit hoch erhobenem Kopf im Garfunkels einmarschieren und den Tisch in der Mitte verlangen! Nein – ein Fensterplatz ist noch besser! Sie sollen es nur *wagen*, mich in eine dunkle Ecke zu scheuchen, dann verklage ich sie wegen Diskriminierung! Alex Simpkinson wird mit all seiner Macht auf sie herniederfahren wie mit 1 000 Kilo Abmahnungen! Ich werde mein Essen bis zum letzten Augenblick genießen und jeden Bissen 50-mal kauen! Und falls ich meine eigenen Gedanken amüsant finde, werde ich laut darüber lachen! Helen Bradshaw wird das Banner der alleine essenden Frauen vorantragen!

Dann drängt ein untersetzter Kerl an mir vorbei, kippt meinen Drink um, und mir wird bewusst, dass ich mit schwitzigen Händen und roten Backen (allen vieren, könnte ich mir vorstellen) allein auf einem äußerst ungemütlichen Barhocker throne. Ich hatte bereits ein virtuelles Abendessen!, denke ich bei mir. Ich habe es praktisch getan! Ich kann genauso gut heimfahren.

Ich zwinge mich in das erste Restaurant auf meinem Weg, zufällig ist es die Noodle Bar. Mit stechendem Blick und bebendem Herzen stampfe ich durch die Tür, knalle mich grimmig auf einen Fensterplatz wie ein riesiger rosa Dummy, bestelle bei dem überaus zuvorkommenden Kellner Nudeln ohne alles, ignoriere alle um mich herum, starre wie hypnotisiert auf mein Handy, bis das Essen kommt, schlinge die Nudeln innerhalb einer Minute herunter, während ich begeistertes Interesse für die Speisekarte heuchle, um dann bar zu bezahlen und die Flucht zu ergreifen, wobei ich mich wie die größte Schwindlerin des Universums fühle.

Triumph!, denke ich, obwohl ich noch ganz außer Atem bin, weil ich schneller aus der Noodle Bar fortgelaufen bin als irgendwann sonst in meinem Leben. *Jetzt* kann ich Tom anrufen.

Ich hole tief Luft, um meine Atmung wieder unter Kontrolle zu bringen. Ich lege den Kopf mal auf die eine, dann auf die andere Seite, bis sich mein Hals nicht mehr ganz so einbetoniert anfühlt. Ich singe: »La la la!«, um sicherzugehen, dass meine Stimmbänder funktionieren. Puh, ich stinke nach Knoblauch. Mit heißem Gesicht, aus dem Mund pestend und mit zittrigen Fingern blättere ich in meinem Adressbuch nach Toms Nummer. »Komm schon!«, mache ich mir selbst vor. »Du hast eben allein in einem Restaurant gegessen! Das hier ist gar nichts dagegen!« Ich lege das Buch aufgeschlagen auf das Sofa und lasse mich auf der Armlehne nieder. Dann wähle ich.

Tut-tuut! Tut-tuut! Tut-tuut! Tut –

Ich grinse vor Schreck.

»Hallo?«

Plötzlich droht mir der Hörer aus der Hand zu glitschen.

»Hallo, Tom?«, flüstere ich.

»Wer ist da?«

Ich schlucke einen Klumpen hinunter und schließe die Augen. Ich bin noch nie mit dem Fallschirm gesprungen, aber es muss genauso sein.

»Erinnerst du dich nicht an mich?« Ein müder Scherz. »Ich bin's, Helen.«

Schweigen.

»Tom?«, hauche ich.

»Ja?« Seine Stimme ist Eis.

»Das mit Jasper war nicht so, wie du glaub –«, setze ich an.

Ich höre nur zu gut die abstoßende Verzweiflung in meiner Stimme.

»Ich bin –«, sagt Tom.

»*Bitte*, hör mir zu!«, unterbreche ich ihn. Betteln. Das wirkt immer.

»Helen«, sagt Tom.

»Jasper und ich haben nicht –«, sage ich. Er hat mich mit Namen angesprochen. Ein Anfang.

»*Helen*«, sagt Tom noch mal.

»Ja?«, flüstere ich, Hoffnung schöpfend.

»Nein«, sagt Tom.

»Wie, nein?«, frage ich kleinlaut.

»Tut mir Leid«, sagt Tom.

»Was?«, heule ich los. Ich denke, er kapiert es einfach nicht. Ich muss mich deutlicher ausdrücken.

»Ich –«, setzt Tom an.

»Ich wollte dich fragen, ob du mit mir ausgehst!«, rufe ich dazwischen.

Stille.

»Tom?«, flüstere ich.

»Danke«, sagt Tom. »Aber der Zug ist abgefahren.«

Klick!

Kapitel 48

Seit ich einmal bei einem Notfall für die Nachbarn als Babysitterin eingesprungen bin und ihr Kind mich gebissen hat, bin ich der festen Überzeugung, dass keine gute Tat ungesühnt bleibt. Diese sadistische Wahrheit bestätigt sich immer wieder aufs Neue. Mir ist aufgefallen, dass Fatboy sich in letzter Zeit für die schlanke graue Katze von nebenan interessiert. Bedauerlicherweise jagt ihr seine orangefarbene Wampe Angst ein. Darum habe ich heute Morgen versucht, ihn zu baden, um seine Chancen zu verbessern, doch er hat nur jaulend herumgezappelt und schließlich die Flucht ergriffen. »Ich bin dein Frauchen!«, rief ich seinem davonschießenden Katzenhintern nach, »ich lasse mich von dir nicht behandeln wie eine flüchtige Bekannte!«

Und heute Nachmittag erhalte ich die gerechte Strafe dafür, dass ich mich Vivienne gegenüber so gesittet verhalten habe. Meine Mutter ruft im Büro an, während ich an meinem Artikel *Wie wehre ich mich gegen böse Buben (Wenn ich 24 bin)* feile. Im Moment hat der Text 8 236 Worte, er muss also noch ein winziges bisschen gestrafft werden. Laetitia brummelt ohnehin schon ständig, dass sie in der nächsten Ausgabe zu wenig Platz hat. »Schätzchen?«, sagt meine Mutter in einem Tonfall, den ich als einschmeichelnd erkenne.

»Ja?«, frage ich misstrauisch.

»Schätzchen, ich möchte dich um einen Gefallen bitten. Aber um einen *lustigen* Gefallen.«

Mein Unglaube will nicht so ohne weiteres von mir abfallen, trotzdem sage ich: »Wirklich?«

Meine Mutter setzt zu einer offensichtlich einstudierten Einleitung an:

»Am Sonntag gibt Vivienne einen Nachmittagstee.«

Das Wort »Nachmittagstee« erklärt den Tonfall meiner Mutter. Viviennes Nachmittagstees sind legendär. Vivienne gibt für ihr Leben gern Nachmittagstees. Sie liefern ihr einen Vorwand, sich in ein weiteres tailliertes rotes Kleid zu hüllen. Ihr Mann schläft in seinem lachsrosa Ledersessel ein, wahrscheinlich weil die Unkosten so an seinen Kräften gezehrt haben. Vivienne flirtet mit ihrem neuesten muskelbepackten Sahneschnittchen und liefert auf diese Weise jedem Gast für eine ganze Woche Stoff zum Tratschen. Außerdem durchpflügt sie die Gästeschar auf der Suche nach einer Heiratskandidatin für ihren Sohn.

Und hier verbinden sich die Nachmittagstees mit mir. Nicht dass Vivienne in ihren schlimmsten Albträumen daran denken würde, Jeremy mit *mir* zu verkuppeln – meine Mutter hat einst durch die Freundin einer gemeinsamen Freundin mitbekommen, dass ich für Vivienne als potenzielle Schwiegertochter nicht in Betracht komme, weil ich zu »flatterhaft« bin. Meine Mutter war tief getroffen, doch mir ist das nur recht, denn Jeremy kommt für mich als Heiratskandidat nicht in Betracht, weil er zu »schwul« ist. Doch Jeremys Mama weigert sich, das zur Kenntnis zu nehmen, und der Nachmittagstee verbindet sich mit mir, weil selbst die Flatterhaften Freundinnen haben.

»Das Büffet wird geliefert«, sagt meine Mutter, obwohl das überflüssig ist.

»Mum«, antworte ich, »es wird jedes Mal geliefert. Das letzte Mal hat Vivienne gebacken, als sie auf ihrer Sonnenbank eingeschlafen ist. Weiter.«

Stille, dann platzt meine Mutter heraus: »Ein warmes *und* ein kaltes Büffet.«

Ich seufze. »Sehr schön. Und was ist diesmal als Zirkusnummer geplant?«

Vivienne besteht regelmäßig auf einer unnötigen Beigabe. Letztes Jahr trat eine Volkstanzgruppe auf, sodass sich alle, die nicht im Rentenalter waren, vorzeitig verabschiedeten. Im Jahr davor führten ein paar von Jeremys Schauspielerfreunden Improvisationen auf. Ich weiß noch gut, wie mein Vater zu einem jungen Mann im Artistentrikot sagte: »Hau bloß ab.«

Meine Mutter meint empört: »Es ist keine Zirkusnummer. Sie macht ein Fingerpainting. *Ich* habe das vorgeschlagen!« Ich sinne darüber nach, wie typisch für meine Mutter diese süße, grauenvolle Idee doch ist, als sie lossprudelt: »Undsiemöchteunbedingtdassdumitalldeinenfreundenkommstweilsiesogernejungemenschenumsichhat.«

Das ist eine derart dreiste und freche Lüge, dass ich nicht an mich halten kann und ein verächtliches Quieken von mir gebe. »Mum, du weißt *genau*, dass das nicht stimmt! Vivienne verabscheut junge Menschen, weil sie in deren Gegenwart so alt aussieht! Außer wenn sie mit ihr schlafen. Sie lädt uns ausschließlich ein, weil sie Jeremy endlich an die Frau bringen will – obwohl er sich hervorragend amüsiert, seit er sich selbst an den Mann gebracht hat.«

»Schätzchen«, sagt meine Mutter, »Vivienne glaubt nicht an so was. Sie hat sich eine Hochzeit in den Kopf gesetzt. Sie war *äußerst* hilfsbereit, als du nach einer Renovierungsfirma gesucht hast, nicht wahr? Und ich war dir unersetzlich, das hast du selbst gesagt!« Zugegeben, das habe ich, und mir wird zu spät klar, dass mein Lob gegen mich verwendet werden wird, bis die sieben Weltmeere versanden. »Und Vivvy war ausgesprochen nett zu mir, es ist also das Mindeste, was wir für sie tun können. Und es wäre wirklich *nett*, auf eine Party zu gehen, aber ich will nicht allein hingehen, weil mich sonst alle Verheirateten fragen: ›Hast du noch niemanden gefunden?‹, und ich habe Lizzy und Tina und Luke seit Ewigkeiten nicht mehr gesehen und ich will nicht *ständig* mit Nana Flo zusammenstecken, ich will mit einer Pussy kommen!« Der Arbeitsstress wirkt sich auf mein Gehör aus.

»Pardon? Mit was willst du kommen?«, frage ich nach.

»Einer Pussy!«, heult meine Mutter.

»Fatboy?« Ich bin perplex.

»Nein!«, kreischt meine Mutter. »Einem Aufgebot, wie in einem Western!«

»Einer *Posse*«, korrigiere ich tiefernst.

»Habe ich doch gesagt«, behauptet meine Mutter leichthin. »Also, wie ist es?«

»Na gut. Ich werde nett zu Jeremy sein. Aber ich muss mich erst erkundigen, was die anderen vorhaben. Ich rufe dich zurück.«

Meine Mutter wehrt ab: »Mach dir keine Umstände, ich rufe dich an.« Als sie das sagt, wird mir klar, dass sie uns um jeden Preis zu Viviennes Nachmittagstee mitnehmen möchte.

»Ein Fingerpainting!«, trällert Lizzy. »Wie kreativ! Das

klingt ja köstlich! *Eigentlich* hatte ich einen extralangen Termin bei meinem Wirbelsäulen-Chiropraktiker vereinbart, aber den kann ich ein andermal einschieben.«

Tina mischt sich ein: »Oh, echt irre. *Ich* würde das nicht tun.« Dann kichern Tina und ich über Lizzys bierernste Miene.

»Bitte kommt mit«, sage ich. »Wenn ihr nicht mitkommt, verzeihe ich euch nie!«

Lizzy zirpt: »Natürlich komme ich mit! Ich *liebe* solche Events!«

Ich denke: Da täuschst du dich, doch ich behalte die Worte für mich. Laut rufe ich aus: »Es wird bestimmt super, Lizzy. Tina?«

Tina rümpft die Nase, dann fällt ihr ein, dass Lizzy neben ihr steht, und sie entrümpft ihre Nase wieder, ehe sie geschimpft wird.

»Es gibt was zu essen«, verspreche ich schamlos.

»Ich bin keine Studentin mehr!«, faucht Tina.

»Verzeihung«, sage ich schnell. »Tust du es für mich? Für *miiiiich*? O bitte, bitte! *Biiiitte*! Bittebittebi –«

»Ach, verdammt, schon gut!«, schnauzt Tina.

»Ja!«, triumphiere ich und versuche einen High-Five mit Lizzy, die keine Ahnung hat, was ich von ihr will, und alles vermasselt, sodass wir beide blöd aussehen. »Nicht so, du Dussel!« Ich packe sie am Arm und zeige ihr, was sie machen muss.

Tina hält sich die Augen zu. »Aufhören!«, fleht sie. »Ich kann nicht glauben, dass ich mit euch befreundet bin. Ihr seid so spießig.« Unverschämtheit!

»*Ich* bin nicht spießig!«, wehre ich mich entrüstet. »Es ist ihre Schuld! *Ich* weiß, wie man einen High-Five –«

Tina sieht mich mit gesenkten Wimpern an. »Süße«, sagt sie, »es ist schon peinlich genug, dass du ›High-Five‹ dazu sagst. Das ist so *billig*. Mach es nicht noch schlimmer.«

Tina und Lizzy haben eingewilligt, zum Tee zu kommen.

Darum lasse ich Gnade walten und mache es nicht noch schlimmer.

Nun muss ich nur noch Luke fragen. Meiner Prophezeiung nach wird das Gespräch so verlaufen:

Ich: »Hi, ich rufe an, weil ich dich fragen wollte, ob du mitkommen möchtest, wenn wir am Sonntagnachmittag zu einer Freundin meiner Mutter zum Tee gehen.«

Luke: »Machst du Witze?«

Ich: »Tina kommt auch.«

Luke: »Sag mir die Adresse.«

Als ich Luke anrufe, verläuft das Gespräch wie vorhergesehen. Wodurch ich mich noch elender fühle, weil ich nicht Toms neue Freundin vorhergesehen habe, als ich mein undankbares Mahl in der Noodle Bar hinuntergeschlungen und *ihn* angerufen habe.

Natürlich stehen Tina und Lizzy felsenfest zu mir und ziehen ordentlich über Tom her. Von wegen. Lizzy war »enttäuscht« von ihm, doch vielleicht geht er ja nur »zum Spaß« mit einer anderen aus. Und Tina hat sich noch vehementer gesträubt, über ihn zu richten. Ich glaube, sie hat nicht vergessen, wie lieb er zu ihr war, nachdem er ihre Tür eingetreten hat. Sie sagte: »Du hast ihm das Herz gebrochen, Helen.« Ich wollte sie schon zurechtweisen, als sie eilig einschränkte: »Aber er ist trotzdem ein Trottel.« Fazit ist, ich bin offiziell in Trauer. Das hat einen Vorteil – dadurch habe ich ein Anrecht auf schonende Behandlung. Ich bin nicht beschränkt. Wenn die Sache mit Tom nicht wäre, hätten sie Viviennes Einladung zum Tee nie im Leben angenommen. Nicht mal, wenn Will Smith *und* ein gregorianischer Mönchschor gekommen wären.

Der Sonntag bricht an, und Tina ruft an, um abzusagen. Sie kann unmöglich ein Viertel ihres Wochenendes mit einem Haufen Gin und Katatonikern vergeuden, das ist nämlich überhaupt nicht Rock 'n' Roll. »Wenn du die Nächte mitzählst, ist es nur ein Achtel«, wende ich ein. »Und Luke wird am Boden zerstört sein«, bringe ich außerdem vor, »genau wie ich.« Tina verstummt, darum sage ich – wobei meine Stimme zu sirren beginnt wie eine Mücke in einem dunklen Hotelzimmer –: »Wir bleiben bloß 20 Minuten, dann verschwinden wir in einen Pub.«

Tina antwortet nur: »Bradshaw – deine Mutter findet gar nicht gut, was du tust. Und ich im Augenblick auch nicht.«

Lizzy trifft als Erste ein, in ein schickes schwarzes Baumwollhemd gehüllt. »Es ist waschbar, falls ich mich mit Farbe bekleckere«, trillert sie. »Es ist doch hoffentlich wasserlösliche Farbe?«

Ich sage: »Keine Ahnung, mir egal.«

Tina erscheint um zehn vor vier und mosert, wie »verwirrend« Nordlondon doch ist. Um vier rufe ich Luke auf dem Handy an. Er klingt aufgewühlt, und im Hintergrund höre ich Gekreische. »Ich wurde aufgehalten, aber ich bin gleich bei dir!«, verspricht er.

»Und wer ist bei *dir*?«, will ich wissen.

Lukes Stimme erhebt sich kühn wie ein Adler. »Marcus und Michelle«, trällert er. »Michelle wollte dich mal wieder sehen, sie meint, du würdest dich bestimmt freuen. Ich dachte, es wäre eine nette Überra – ach, Mist!«

»Eine nette Überraschung!«, krächze ich. »Was, meine Ex-Freundin und den Vermieter wieder zu sehen, der mich rausgeschmissen hat?«

Luke bleibt kurz still und sagt dann: »Ich kann nichts Schlechtes über sie sagen, sie sitzen bei mir im Auto.« Daraufhin werden die kreischigen Stimmen noch kreischiger.

Ich brülle: »Geschieht dir recht!«, und schalte das Telefon ab. Tina und Lizzy spenden mir Trost – »Vielleicht solltest du was mit höheren Absätzen tragen und dein Make-up ein bisschen aufdonnern?« … »über einen Trost bringenden Trostspruch meditieren« … »wenn sie sich nach Tom erkundigt, sagst du, du hast mit *ihm* Schluss gemacht« … »oder du sagst: ›Ich nehme an, seit du verlobt bist, empfindest du weibliche Singles als Bedrohung, weil wir von Natur aus mächtig sind‹«, als Lukes Fiesta mit quietschenden Bremsen vor dem Haus hält.

Michelle quillt, aufgetakelt und aufgemotzt, aus dem Fiesta wie eine Zuckerwattewolke. »Helen, Süße, es ist ja eine Ewigkeit her!«, kreischt sie und bringt dadurch ihr Haar und ihren Busen im Gleichtakt zum Wippen. »Sag, du siehst aber proper aus, hast du zugelegt?«

Ich versuche verzweifelt, eine schlagfertigere Antwort hochzuwürgen als: »Möglich«, doch Lizzy fährt ebenso schnell wie wohlerzogen dazwischen: »Wie albern – Helen ist ein Strich in der Landschaft!«, und Tina tönt: »Na, Michelle, du wirst ja langsam richtig füllig! Hast wohl ein bisschen zu viele Lollis genascht!«

Michelles rosa Flauschmantel bebt, als würde er gleich explodieren, und sie faucht: »Ich nasche *nie*!«

Tina sieht auf Michelles Verlobten, der folgsam wie ein schwer sediertes Lamm hinter seiner Zukünftigen steht, und säuselt: »Armer Marcus!«

Um die Sicherheit und geistige Gesundheit aller Beteiligten zu gewähren, fahren wir in zwei Autos zu Vivienne. »Jetzt *mach schon*!«, brülle ich das Auto vor uns an, das mit knapp 60 Stundenkilometern dahinkriecht, »die schleicht ja, als würde sie einen Leichenwagen fahren!«

»Wir haben es doch nicht eilig, oder?«, erkundigt sich Tina.

»Ich habe meiner Mutter gesagt, dass wir sie um vier Uhr vor dem Eingang treffen«, blöke ich. »Sie wird rasen vor Wut.«

Und richtig, als wir uns Arcadia nähern, erspähe ich einen tobenden Kobold, der einen Kriegstanz auf dem Gehweg aufführt. Im Näherkommen verwandelt sich der Kobold in meine Mutter, die einen dunkelgrünen Pulli und eine dazu passende Hose trägt. Nana Flo sitzt im Peugeot und scheint wiederzukäuen, aber wahrscheinlich kaut sie nur einen Kaugummi. Winkend klettere ich aus dem Toyota und trompete: »Luke ist schuld!«

»Jetzt aber *schnell*!«, schimpft meine Mutter, deren Gesicht unter der betonharten Abdeckschicht krebsrot angelaufen ist. »Bestimmt sind schon alle Fischfrikadellen weg! Ach! Hallo, Luke! Tina! Lizzy! Und Sie beide! Sehr gut, das wären dann alle. Wo ist Tom?« Mein Gesicht und Herz versteinern, während Michelle die Ohren aufstellt wie ein Deutscher Schäferhund.

»Er passt auf Helens Katze auf«, sagt Tina.

»Er meditiert«, sagt Lizzy.

»Ich habe mit ihm Schluss gemacht«, sage ich.

»Ich dachte, er hat mit *dir* Schluss gemacht!«, sagt Luke.

»Er hat mit dir Schluss gemacht!«, wiederholt Michelle. »Hu, da bist du bestimmt am Boden zerstört.«

»Du bist bestimmt am Boden zerstört«, murmelt Marcus, der anscheinend wieder zum Leben erwacht ist, wenn auch nur als schwaches Echo.

Die einzige würdige Reaktion darauf ist ein abfälliges Lachen und ein leise gemurmeltes »Stummelschwänzchen«. Dann deute ich mit großer Geste auf die Villa Arcadia, kneife die Nase zu und intoniere näselnd: »Also gut, Leute, ich gehe voran.«

Uns stockt kollektiv der Atem, als Vivienne die Tür aufreißt, in ein rotes Kleid geschnürt wie in eine Wurstpelle.

»Mann, das Kleid sieht aber eng aus«, verkündet Luke ehrfürchtig. Tina steigt ihm kraftvoll auf den Fuß.

»Für so ein Kleid würde ich *sterben*!«, haucht Michelle. Vivienne erkennt die Seelenverwandtschaft und lächelt breit.

»Vivvy, du hast Lippenstift auf den Zähnen«, sagt meine Mutter.

»Versace«, murmelt Tina. »Sechs Riesen, aber locker.«

Nana Flo scharrt mit den Füßen und beschwert sich: »Wollen wir den ganzen Tag hier rumstehen? Meine Füße bringen mich noch um.«

Derart zurechtgewiesen, geleitet uns Vivienne in die Eingangshalle, wo ein beschürztes Dienstmädchen mit einem Tablett voller Sektkelche sich unser annimmt.

»Kommt mit in den Garten, ihr Lieben, Zak hier« – damit deutet sie auf ein bronzehäutiges Wesen mit fluoreszierendem Gebiss – »wird euch die Mäntel abnehmen.« Meine Mutter wirkt verärgert und macht hinter Viviennes Rücken eine Geste, als würde sie einen Wodka kippen.

»Haben Sie Johannisbeersaft?«, fragt Lizzy höflich.

»Ganz bestimmt nicht«, erwidert Vivienne kühl.

»Vivienne hat sich zum Ziel gesetzt, die Raquel Welch unter den Schwiegermüttern zu werden«, erkläre ich, bevor wir in den Garten treten, »du hast dich also eben um deine Chancen als Jeremys Zukünftige gebracht. Du bist zu pittoresk für sie.« Ich zeige auf Jeremy, der gerade mit einem Kellner plaudert.

»Jeremy sieht aber wirklich schneidig aus«, meint Lizzy bewundernd.

»Und er ist nett«, ergänze ich trübsinnig. Lizzy und ich ziehen uns in einen schattigen Winkel zurück und verfolgen das Spektakel.

Vivienne entfernt eben ein lästiges Stäubchen von Zaks sehnigem Arm – woraufhin das Stäubchen auf spitzen Absätzen davonstiebt, um sich mit einem Wodka zu trösten. Michelle und Marcus stehen am Tapeziertisch und streiten sich zischelnd. Meine Mutter flirtet energisch mit Luke, der sich an Tinas Rockzipfel festkrallt wie eine Nisse in frisch gewaschenem Haar. Nana Flo verschlingt ein gewaltiges Stück Zitronenmeringue und steigert sich dann zu einem Trifle.

»Sollen wir ein bisschen Fingermalen?«, kichert Lizzy nach 20 Minuten gebannten Beobachtens.

»Warum nicht?« Mit einem Seufzer folge ich ihr zu der riesigen weißen Leinwand, die in sicherem Abstand zum Gewächshaus weit hinten im Garten aufgestellt wurde.

Viviennes Party-Animateur hat einen Regenbogen von

Farben in verschiedene Plastikschüsseln gekippt und diese fein säuberlich auf dem Rasen aufgereiht. Daneben steht ein Eimer mit Seifenlauge, außerdem gibt es Papiertücher.

»Glaubst du, wir dürfen schon?«, wispert Lizzy.

»Vivienne ist bestimmt ganz begeistert«, antworte ich. »Mum hat erzählt, sie möchte, dass alle Gäste einen Handabdruck hinterlassen und gemeinsam eine Collage machen. Die lässt sie dann einrahmen, oder sie verkauft sie an die Tate Gallery.«

Lizzy tunkt zaghaft einen Finger in die rote Farbe und malt – klatsch – mitten auf die Leinwand ein rotes Herz. »Das macht Spaß!«, seufzt sie. »Mach schon, Helen! Ich will nicht die Einzige sein!«

Ich schaue auf Lizzys Herz und sage: »Tom hat früher auch gemalt.« Lizzy lächelt leutselig. Ich seufze aus tiefstem Herzen, tunke einen Finger ins Blau und durchbohre ihr Herz mit einem Dolch.

»Ach, *Helen*!« Lizzy ist sauer. »Sei nicht so destruktiv!«

Ich sehe sie finster an. »Ich dachte, kreativ sein heißt, seinen Gefühlen Ausdruck zu verleihen.«

Lizzy taucht mit beiden Händen in die lila Schüssel und druckt einen eigentümlich aussehenden Schmetterling über das Herz.

»Ihr beide macht nur Mist!«, unterbricht uns eine gut gelaunte Stimme. »Ich zeig euch, wie das geht!«

Ich wende mich Luke zu – der höchst erleichtert ist, meiner Mutter entkommen zu sein –, verdrehe die Augen und stöhne: »Bahn frei für Leonardo!« Luke taucht seine rechte Hand in die Schüssel mit dem Schwarz und schreibt mit riesigen, krakeligen Buchstaben, die mindestens die halbe Leinwand überdecken:

LUKE LIEBT TINA.

Ich drehe mich zu Tina um, die in gespielter Verlegenheit die Hand vor den Mund schlägt. »Luke«, tadelt sie ihn, »das ist aber gar nicht lehrbuchmäßig.« Doch sie lächelt das leuchtende Lächeln einer Frau, die weiß, dass sie bewundert wird. Mir schnürt sich die Kehle zu. Und plötzlich überkommt mich der Gedanke: »Früher hat Luke *mich* gemocht.« Ich sehe Luke an, der sich Applaus heischend umgedreht hat. Er hat einen schwarzen Klecks auf der Stirn. Sein Hemd ist verknittert, und auf seiner Hose prangt direkt neben dem Reißverschluss ein dubioser Fleck. Ich schaue meinen liebsten menschlichen Labrador an, doch er hat keine Augen für mich, weil er Tina schüchtern anblinzeln muss. Und dann schwappt die Wahrheit über mich hinweg wie eine eisige Welle.

Ich liebe *Luke*.

Kapitel 49

Wenn ich mich korrekt entsinne, was wahrscheinlich nicht der Fall ist, bezeichnet man als »Hund in der Futterkrippe« einen Menschen, der etwas besitzt, das er nicht brauchen kann, das er aber auch niemandem sonst überlassen möchte. Ich glaube, es handelt sich um ein biblisches Gleichnis – so habe ich es jedenfalls Jasper erklärt, nachdem ich ihn »Hund in der Futterkrippe« genannt habe, weil er mir seine Autohandschuhe nicht leihen wollte. »Aber du hast nicht mal einen *Führerschein*!«, quakte ich, »und ich möchte zu gern wissen, wie es sich anfühlt, mit Handschuhen Auto zu fahren.« Jasper bestand darauf, dass sie zu groß für mich seien. »Das ist mir egal!«, nörgelte ich. »Ich will bloß mal um den Block fahren!« Jasper schlug vor, ich solle mir selbst ein Paar kaufen.

»Red keinen Quatsch!«, fuhr ich ihn an. »Nur Vollidioten kaufen sich Autoha –«

Jasper sah mich mit blitzenden Augen an und sagte: »Du kannst sie nicht ausleihen, du brauchst also gar nicht weiter zu fragen.« Daraufhin nannte ich ihn einen »Hund in der Futterkrippe«, und er fragte: »Was zum Teufel soll das sein?« Ich sagte, ich glaube, es habe was mit Josef und Maria zu tun, die nach einer Krippe gesucht hätten, in der sie Jesus bekommen könnten, und ein Hund hätte sich geweigert, ihnen *seine* Futterkrippe zu überlassen.

Jasper meinte, ich hätte keine Ahnung, wovon ich redete, und dass es wahrscheinlich allegorisch gemeint sei – Jesus sei das Lamm, und ein Hund sei ein Hund, und ein Lamm würde in die Futterkrippe gehören und ein Hund in einen Zwinger, und ob ich sicher sei, dass der Hund sich nicht geweigert habe, Maria und Joseph in seinem Zwinger Jesus kriegen zu lassen? Inzwischen schrie ich fast vor Zorn. »Jasper, das ist mir Wurst, zum Schluss haben sie jedenfalls eine Futterkrippe gekriegt, kann ich jetzt also deine Handschuhe haben?«

An diesen einen Streit erinnere ich mich mit einem spürbaren Mangel an Nostalgie. Ich erinnere mich daran, weil ich mich frage, ob *ich* vielleicht ein »Hund in der Futterkrippe« bin. Möglicherweise bin ich die allergrößte Hündin (natürlich nur im übertragenen Sinne) in der allergrößten Futterkrippe der ganzen Welt. Habe ich Tom zum Beispiel nur begehrt, weil ich um Aufmerksamkeit gebuhlt habe und in meiner Selbstsucht nicht wollte, dass eine andere ihn bekommt? Handelte es sich am Ende nur um eine vorübergehende Schwärmerei? War ich von Tom besessen, während ich im Grunde die ganze Zeit über unbewusst in Luke verliebt war?

Das klingt schlüssig. Viele Frauen verlieben sich in ihre besten Freunde. Zum Teil, weil sie sicher sein können, dass sie tatsächlich gut mit ihnen auskommen, und zum Teil, weil die Freiheit, nach Belieben pupsen zu können, wirklich verlockend ist. Bei einem gewöhnlichen Geliebten muss man sich die ersten sechs Monate zusammenreißen.

Mein peinigendes Geheimnis und die *Daily Mail* an meinem Busen bergend, schlurfe ich am Montagmorgen ins Büro, in der Hoffnung, Tina nicht über den Weg zu laufen. Ich fühle mich nicht im Stande, die gleiche Luft zu atmen wie sie. Zu meinem Glück erfahre ich, dass sie heute außer Haus ist und dass auch Lizzy zu einem Fototermin musste. Ich sitze an meinem Schreibtisch wie eine Roboterangestelle aus dem Film *Die Frauen von Stepford* und habe bis Mittag meine Schikane-Reportage gnadenlos auf klägliche 1 200 Worte zusammengestrichen. So was geht viel leichter, wenn man sich nicht ausstehen kann. (Vergangene Woche, als mir noch nicht klar war, dass ich Tinas Mann begehre, sezierte ich unter Qualen ganze 23 Worte aus dem Text, doch Laetitia warf den Artikel wieder auf meinen Schreibtisch und drohte, ihn ganz rauszuschmeißen, wenn ich ihn nicht auf »lesbare Länge« kürzen würde.)

Ich lege meinen Text auf ihren Schreibtisch und sage tonlos: »Heute Nachmittag fange ich mit meinem Artikel an: *Wie komme ich im Beruf voran, wenn mein Chef mich hasst?* Soll ich dir was von draußen mitbringen?«

Laetitia sieht mich grimmig an und schnauzt: »Das hole ich mir selbst, ich bin kein verflixter Krüppel.«

Fassungslos sehe ich zur Herausgeberin hinüber, deren achtjähriger Sohn MS hat. Laetitia folgt meinem Blick, sieht die Herausgeberin mit verschränkten Armen am Kopierer stehen und erbleicht. »Hasta la vista, Baby«, denke ich, winke Laetitia kurz zu und gehe. Sie sagt kein Wort. Sie hat schon genug gesagt, denke ich cool, als ich aus dem stickigen Gebäude in die Kälte trete.

Ich irre durch Covent Garden wie – so stelle ich es mir vor – eine verlorene Seele, oder, realistischer, ein verirrter Tourist. Nach zehnminütigem Irren kann ich meine eigene Niedergeschlagenheit nicht mehr ertragen, darum verbanne ich Luke aus meinen Gedanken und gehe mit schnellen Schritten in die Broadwick Street in Soho. Ich stürze in das erste Geschäft für Künstlerbedarf, das meinen Weg kreuzt, und fange an zu stöbern. Aquamarin, Dunkelviolett, Seidenschwarz – die Namen der Farben klingen viel versprechend und verführerisch, doch ich weiß so gut wie nichts über Kunst und kann mich nicht entscheiden. Wehmütige Wasserfarben oder leidenschaftliches Öl? Eine riesige Leinwand oder ein kleiner Skizzenblock? Eine breite Bürste oder ein eleganter Pinsel? Ich frage nach dem Preis für eine große Leinwand und – nein, ich falle nicht in Ohnmacht, aber fast rückwärts aus dem Laden.

Weniger ist mehr, sage ich mir ernst – entgegen meiner tiefen Überzeugung, dass mehr mehr ist – und schnappe eine kleine Farbpalette sowie ein Leinwandviereck. Dann rase ich ins Büro zurück. Laetitia ist nicht an ihrem Schreibtisch und taucht den ganzen Nachmittag über nicht wieder auf, darum bleiben mir die üblichen Botendienste erspart, und ich kann einen Haufen wegarbeiten. Nach vorsichtiger Schätzung wird sich *Wie komme ich im Beruf voran, wenn mein Chef mich hasst?* auf etwa 9 000 Worte beschränken. Es ist zwei nach sechs und ich frage mich gerade, ob ich nicht länger bleiben sollte – womöglich bis zehn nach sechs? –, um noch daran zu feilen, als das Telefon klingelt. »Ja?«, antworte ich freudlos.

»Helen?«, meldet sich mein Anrufer. »Ist alles okay? Du hörst dich wie an ein altes Weib.«

Ich fühle mich beschwingt und verärgert zugleich, und beide Gefühle vermengen sich zu einem großen, flauschigen Ball. »Luke!«, rufe ich aus. »Wie geht es dir?« Luke antwortet, dass es ihm gut geht. Aber er hört sich so unruhig an, als hätte er ein ganzes Hummelnest im Hintern. »Was ist denn?«, frage ich.

»Ich muss dich sehen«, sagt Luke. »Dringend. Können wir uns treffen?«

Das Blut rauscht in meinen Ohren, und ich stammle: »Ja, klar, wann denn, heute Abend?«

Luke sagt: »Ich warte in einer Viertelstunde vor deinem Büro auf dich.«

Ich antworte, dass ich gleich rauskomme, und mache dann

volle drei Überminuten. Dringend. Was soll *das* denn bedeuten? Luke hat erkannt, dass ich die Einzige für ihn bin, und will mir seine unsterbliche Liebe gestehen? Er will mich um einen Fünfer anpumpen? Falls seine Zuneigung plötzlich wieder mir gelten sollte, muss er Todesängste vor Tina haben.

Plötzlich fällt mir ein, dass mein Gesicht glänzt und ich meine Augenbrauen nicht gezupft habe, darum bringe ich neun Minuten mit einer kosmetischen Notoperation zu. Um 6 Uhr 17 trete ich zurück, um das Resultat in Augenschein zu nehmen, und erkenne, dass mein Gesicht immer noch strahlt wie eine Metalliclackierung. Fluchend laufe ich auf die Straße und pralle dort – rums – mit Luke zusammen. »Wow!«, keucht er. »Das nenne ich rote Bäckchen! Gehst du heute als Kasper?« Dann lacht er (allein) über seinen irrsinnigen Witz. »Am besten gehen wir gleich ins Punch & Judy!«, kommt als Nächstes. »Ha ha ha!«

Liebe ich diesen Mann wirklich?, frage ich mich verwirrt. Tom wäre niemals so derb. Nicht dass ich Derbheit *so* schlimm fände. Und Tom besitzt durchaus die Fähigkeit, derb zu sein. Der Trick mit dem Ketchup war nicht gerade hoch intellektuell. Aber Toms Derbheiten bringen mich zum Lachen und bewirken, dass ich ihn küssen möchte, wohingegen Luke nichts dergleichen auslöst. Wahrscheinlich weil Tom mich gut genug kennt, um zu begreifen, dass ich Derbheiten gegen andere durchaus verzeihen kann, sie aber nie und nimmer vergeben werde, wenn sie gegen mich gerichtet sind.

Luke und ich steigen in den wimmelnden Börsenmakler-Hexenkessel des Punch & Judy im Covent Garden hinab, doch mir fehlen immer noch die Worte, so verwirrt bin ich. Luke grinst boshaft und sagt: »Ich weiß was, das dir bestimmt gefallen wird.« O Gott. Ich *bin* die Auserwählte. Er zieht ab, um mir was zum Trinken zu holen, und mich beschleicht ein ekliges Gefühl.

Ich sehe Luke an der Bar hantieren und sich am Hintern

zupfen (wahrscheinlich ist ihm der Slip zwischen die Pobacken gerutscht), und ich denke: Nein. Das kann ich Tina nicht antun. Jetzt nicht und auch sonst nicht. Es gibt Regeln, die man nicht brechen darf – und ich rede nicht davon, in der Öffentlichkeit Leggings zu tragen. Natürlich wäre ich hingerissen, Lukes Erklärung zu hören, schließlich bin ich eine Frau, die *nie* einen Antrag bekommt, nicht einmal irrtümlich. Kein Mann hat je gesagt, dass er mich liebt, und wie viele Valentinskarten ich in meinem Leben bekommen habe, kann ich am Daumen einer Hand abzählen. (Sie war von meiner Mutter, damals, als ich 16 wurde und beschloss, dass ich es in diesem Jahr genauso machen würde wie alle anderen Mädchen – nur dass *ich* die Karte kaufen, adressieren und einwerfen musste.) Trotzdem. Ich habe schon so lange ohne ein »Ich liebe dich« überlebt, ich glaube, ich werde es auch noch länger durchhalten. Ich werde nicht zulassen, dass Luke sich bloßstellt – ich würde es zwar genießen, aber es wäre einfach nicht fair.

Luke schwenkt eine Bierflasche vor meiner Nase und setzt sich, immer noch grinsend wie ein Wahnsinniger. In London grinst man nicht! Sobald Luke Platz genommen hat, schnelle ich hoch wie ein junger Lachs, den eine Forelle in den Schwanz zwickt, und sprudle los: »Luke, ich weiß, was du mir sagen willst, aber ich glaube, es ist besser, wenn ich das nicht höre. Was du auf Viviennes Party für Tina getan hast, war wirklich sehr lieb von dir, wenn auch ein bisschen geschmacklos, und ich würde ihr wirklich eine Chance geben, weil ich weiß, dass sie scharf auf dich ist, sie braucht einfach nur noch etwas Zeit, das war's, okay, bye!« Als ich durch die Menge der Anzugträger fliehe, sehe ich ein letztes Mal zu Luke zurück und stelle fest, dass er immer noch die zwei Bierflaschen umklammert hält. Seine Miene zeigt absolute Verständnislosigkeit.

Doch eigenartigerweise kann ich keinerlei Trauer erkennen.

Ich lasse mich in ein Taxi fallen, immer noch den Malkasten umklammernd, den ich mittags gekauft habe. Ich halte die Tüte aus dem Geschäft für Künstlerbedarf fest in der Hand und denke, kein Spezi für mich – nur einen Bloody Martyr on the Rocks. Ich kann mich genauso gut selbst auf den Scheiterhaufen stellen. He, wenn ich mich in einem Sack verbrenne, dann holt mich auf der anderen Seite vielleicht mein Vater ab. »Ja, Mr. Bradshaw, das Paket ist für Sie, wir mussten es auspacken, um den Inhalt zu prüfen, auf dem Aufkleber steht ›deine Tochter‹, aber sie sieht aus wie ein nutzloser Haufen Asche, sollen wir sie an den Absender zurückschicken?« Ich male mir die Entrüstung meines Vaters aus, der eben von einem himmlischen Hole-in-One weggezerrt wurde, und sacke in meinem Sitz zusammen. Nein, Dad und ich kommen wunderbar miteinander aus, aber ich bin und bleibe verstoßen. Ich habe Lukes Avancen mit der Eleganz einer Ballerina in Kampfstiefeln abgeblockt. Ich war nur einen Ego-Hauch davon entfernt, eine meiner engsten Freundinnen zu hintergehen. Na ja, wenigstens werden alle anderen glücklich und zufrieden. Ich spüre den fiesen Drang, mein eigenes Elend mit einem fremden zu vermengen, und so nenne ich dem Fahrer ein neues Ziel.

»Was für eine Überraschung«, tönt Nana Flo, während sie die schwere Türkette aushakt. »Und was kann ich für dich tun?« Eine rhetorische Frage.

»Ich hatte gestern auf Viviennes Party gar keine Gelegenheit, mit dir zu reden«, brülle ich gegen den Fernseher an. »Deshalb bin ich mal vorbeigekommen.« Nana Flo blickt sehnsüchtig auf die Mattscheibe und sagt, sie werde den Videorecorder einschalten. »Soll ich uns Tee machen?«, frage ich in der Hoffnung, dass sie ablehnt. Meine Stimme klingt eigenartig, weil ich durch den Mund atme – Nana hält nichts vom Fensteröffnen, und ihre Wohnung muffelt, selbst nach Lukes Maßstäben.

»Der Kessel steht neben dem Herd«, sagt Nana. Mit knackenden Knöcheln grabscht sie nach der Fernsehzeitschrift und geht gequält vor dem Fernseher in die Knie.

»Soll ich es programmieren, Nana?«, biete ich beflissen an, doch sie verbannt mich in die Küche. Fünf Minuten später sitzt Nana in ihrem Fernsehsessel, und ich hocke wie ein paralysierter Papagei auf der Kante ihres Sofas.

Aber ich weiß, warum ich hier bin. Ich will mit Nana über Grandpa reden, und ich habe keine Zeit zu verlieren.

Vielleicht bin ich ein Parasit, der seine eigenen Schmerzen lindern will, indem er sich an fremden labt. Vielleicht kann ich meinen Verlust vermindern, wenn ich auch nur zu einem Bruchteil verstehe, was sie verloren hat. Oder vielleicht will ich einfach mit meiner Großmutter reden, weil mich das Schweigen in unserer Familie krank macht.

Verständlicherweise überrascht mein Interesse Nana Flo. Sie will wissen, wieso ich das wissen will. Ich erkläre ihr vage, doch in pikanten Andeutungen, dass ich die Liebe meines Lebens verloren hätte. (Ich halte mich so bedeckt, weil ich nicht sicher bin, ob nun Tom oder Luke die Liebe meines Lebens ist, doch mit diesem Klischee decke ich beide Möglichkeiten ab.) Ich habe den Verdacht, dass Nana mir nicht glaubt – das rasselnde Schnauben deutet darauf hin –, aber zumindest kriege ich sie auf diese Weise zum Reden.

Florence und Gerald lernten sich an einer Bushaltestelle kennen. Er erklärte ihr, er sei überzeugter Junggeselle, um drei Tage darauf in ihre großen blauen Augen zu blicken und sie zu bitten, seine Frau zu werden. Sie blieben zehn Monate lang verlobt, weil Florences Vater nicht duldete, dass sie eher heirateten – und fuhren in den Flitterwochen nach Torquay. »Sie hatten Stacheldraht gespannt, aber ich bin drunter durchgeschlüpft und ins Wasser gegangen. Ich war bis über beide Ohren verliebt, ich hätte ununterbrochen hüpfen können«, sagt Nana und nimmt einen Schluck Tee. Das Bild passt so überhaupt nicht zu ihr, dass ich ihr faltiges, hageres Gesicht betrachte und mir meine Großmutter als bis über beide Ohren verliebte junge Frau vorzustellen versuche, die ununterbrochen hüpft. Als Gerald starb, war ihr klar, dass sie nie wieder heiraten würde.

Ich schlucke schwer. »Warum nicht, Nana?«, frage ich schniefend.

»Auch wenn er nur sehr kurz mein Ehemann war, war er ein wunderbarer Ehemann«, antwortet sie. Dann sieht sie mit ihren trockenen Augen auf mich, die ich heulend auf ihrem Sofa hocke, und sagt leise: »Ich hätte ihn nicht ersetzen können.«

Nana ist heller, als ich gedacht hätte. Sie weiß, dass ich vor allem um mich selbst weine. »Und was ist mit *dir*?«, verwandelt sie sich schlagartig in die altbekannte Nana zurück. Beschämt durch die Gegenwart einer Frau, die jene Courage aufgebracht hat, die mir fehlt, erzähle ich ihr von Tom, und ich erzähle ihr von Luke. »Luke?«, ruft sie aus, und ihre schrille Stimme wird dabei so laut und ungläubig, dass meine Porzellantasse auf der Untertasse klirrt. »Unfug! Dieser langhaarige Affe! Der ist doch nichts für dich! Du bist eifersüchtig, sonst nichts! O ja, er sieht ganz gut aus, aber ich erkenne doch einen Taugenichts, wenn ich einen sehe!«

Als mich das Taxi heimchauffiert, rätsle ich, warum ich – trotz meiner 120 Pfund teuren neuen Kontaktlinsen – immer als Allerletzte das Naheliegende erkenne. Ganz im Ernst. Das nenne ich wahrhaft kurzsichtig.

Kapitel 50

Im Leben gibt es einen Punkt, an dem man aufhören muss, zurückzublicken, und endlich wieder nach vorn schauen muss, weil man andernfalls eines Tages auf der Straße gegen einen Laternenmasten rennt. Einfach ist das allerdings nicht. Als mein Vater starb, hatte ich das Gefühl, der weiche Teppich meines Lebens sei mit aller Sorgfalt über ein tiefes Loch gebreitet worden. Bis dahin war ich gedankenlos außen herumgehüpft, ohne etwas von dem schicksalsträchtigen Krater zu ahnen.

Doch eines schönen Tages trat ich auf die hohle Stelle und fiel immer tiefer und tiefer, wie Alice in einem gnadenlosen Wunderland, alles auf gefährliche Weise mit mir reißend, holterdiepolter in einem Riesenchaos umkippend, zerberstend, stürzend; ich wurde vom Wahnsinn gepackt, von einem irrationalen Strudel von Emotionen, die aus dem Nichts auftauchten und mich aus der eingebildeten Sicherheit meines papierenen Häuschens rissen, um mich einer tödlichen Flutwelle auszuliefern, die sich ohne Vorwarnung aus dem spiegelglatten Meer erhob und alles zerschmetterte, woran ich geglaubt hatte, bis ich schließlich gezwungen war, wieder ganz von vorn anzufangen. Wie sollte ich damit klarkommen, *ohne* zurückzublicken?

Und als ich zurückblickte, erkannte ich, dass die Trauer ein unergründlicher, unendlich tiefer Tümpel ist und dass man während eines Trauerjahres kaum den Zeh ins Wasser tunkt. Ich hingegen hatte Angst zu ertrinken. Ganz langsam lernte ich schwimmen, ich lerne es immer noch. Inzwischen habe ich begriffen, dass man manchmal nur vorwärts kommt, indem man zurückblickt. Aber das geht nicht ewig. Durch mein Gespräch mit Nana Flo ist mir klar geworden, wie ein Mensch durch seine eigene Vergangenheit gelähmt und für die nächsten 100 Jahre verbittert werden kann. Darum beschließe ich am Abend nach meinem Besuch bei Nana Flo, mir einen letzten Blick zurück zu gönnen, bevor ich wie ein braves kleines Kälbchen weitertrotte. Im Gegensatz zu einer dummen Kuh.

Auf der Heimfahrt sprühe ich vor Unternehmungslust. Über Laetitia hängt immer noch ein Damoklesschwert, weshalb sie demonstrativ über andere berufliche Möglichkeiten nachdenkt, und schlagartig ähnelt das Büro weniger einem Straflager. Außerdem habe ich heute Abend ein Date mit

Tom. Gut, er weiß nichts davon, aber da ich nicht eimerweise mit eisiger Verachtung überschüttet werden möchte, *soll* er auch nichts davon wissen. Ich beabsichtige zu kommen und zu gehen wie die Zahnfee bei einem One-Night-Stand. Ich wünsche ihm, dass er glücklich wird, und ich will, dass er das weiß. Allerdings schaffe ich es nicht, auch seiner Freundin viel Glück zu wünschen. Ich gebe mir redlich Mühe, eine gute Verliererin zu sein, trotzdem hoffe ich, dass ihr alle Haare ausfallen. Möglicherweise wünsche ich Tom, dass er glücklich wird, indem er wie ein Trappistenmönch lebt. (Wobei er seine Wohnung und seine Kleider behalten dürfte.) Mehr kann er vernünftigerweise nicht von mir erwarten – im Gegenteil, er sollte sich glücklich schätzen. Andere Frauen würden ihm winzige Krabben in die Vorhänge fädeln, die ihm nach ein paar Tagen die Bude voll stinken! Für mich kommt das nicht in Frage, ich hasse Handarbeiten.

Ich warte, bis es dunkel ist. Dann binde ich mein Haar zurück, biege die Wimpern in Form (er wird mich nicht sehen, aber ich habe einmal zu oft den Fehler gemacht: »Heute Nacht läuft sowieso nichts, da kann ich auch das alte graue Höschen anziehen«) und kleide mich ganz in Schwarz. Ich sehe aus wie eine junge italienische Witwe. Von wegen. Dann haste ich, die Tüte mit den Malsachen in der Hand, zum Auto. Da dies eine Geheimaktion ist, überlege ich kurz, ob ich eine Sonnenbrille aufsetzen sollte, und wünsche mir, der Toyota sähe nicht gar so nach Kurierdienst-Schleuder aus. Aber ich tue es nicht, und er tut es. Ich fahre so rasant zu Tom, dass alle vier Reifen und ein Fußgänger quietschen. Doch kurz vor seinem Haus bremse ich ab und lasse den Wagen langsam und mit ausgeschalteten Scheinwerfern ausrollen. (Was so aufregend ist, dass ich beschließe, auf Privatdetektivin umzuschulen, falls ich in dem Frühlingserwachen nach Laetitias Abgang bei *Girltime* nicht erblühen sollte. Krimis habe ich genug gelesen.)

Ich überzeuge mich davon, dass die Straße menschenleer

ist, dann gleite ich aus dem Auto, drücke ganz leise die Tür zu und schleiche auf Zehenspitzen zu Toms Erdgeschosswohnung. Aus seinen Fenstern dringt warmes, gelbes Licht, obwohl die Vorhänge zugezogen sind. Mit angehaltenem Atem schiebe ich Zentimeter um Zentimeter das Metalltor vor dem Garten auf. Es quietscht wie eine Maus beim Mäusezahnarzt. Ich zucke zusammen und husche über den Gartenweg. Die Hasenpfote hämmert wie wild in meiner Brust, und ich kann nur schwer sagen, ob Schweiß oder der Nieselregen mein Gesicht nass machen.

Ganz leise stelle ich die Tüte mit dem Farbkasten und der Leinwand neben Toms grüner Haustür ab. Ich habe einen an ihn adressierten Umschlag in die Tüte gesteckt. Soll ich läuten und dann wegrennen? Die Tüte einfach stehen zu lassen, ist riskant – was ist, wenn der Postbote ebenfalls Tom heißt? Ich brauche genauere Informationen, ehe ich eine Entscheidung fällen kann. Als Erstes muss ich mir Gewissheit über den Aufenthaltsort der Zielperson verschaffen, damit ich abschätzen kann, wie viel Zeit mir zum Untertauchen bleibt. Ich sehe zu der halb hohen Gardinenstange auf und fühle mich hintergangen, *weil* Tom Vorhänge hat. Glaubt er, der Rest der Welt findet ihn so faszinierend? Oder hat er vielleicht Paranoia, dass irgendwer ihn ausspionieren könnte?

In diesem Augenblick beginne ich zu zweifeln, ob ich nicht besser vernünftige Schuhe angezogen hätte. Ein Gedanke, den ich augenblicklich verwerfe, weil für mich vernünftige Schuhe auf einer Stufe mit Pennerklamotten stehen. Sie brandmarken einen als spießig. Und ich bin auch so spießig genug, ich brauche es nicht noch aller Welt auf die Nase zu binden. Trotz alledem sind vernünftige Schuhe ganz praktisch, wenn man vorhat, auf eine Blechmülltonne zu klettern, um bei seinem Ex-Lover über den Vorhang zu schielen. Ich prüfe, ob die Tonne stabil ist, dann erklimme ich sie, am Fensterrahmen abgestützt. Ich kauere auf dem rutschigen

Deckel und versuche, mich aufzurichten, wackelnd wie ein Wackelpudding auf einem Surfbrett.

Augenblicklich bricht der Deckel ein, und ich krache mitsamt der Mülltonne zu Boden, wobei ich ein ohrenbetäubendes Geschepper auslöse, das laut genug durch Kentish Town hallt, um die Nachbarn Anzeige erstatten zu lassen.

Fassungslos liege ich drei benommene Sekunden lang auf dem Rasen, ein Hähnchengerippe auf meiner Brust und eine stinkende, zerbröselte Eierschale in den Haaren, ehe die Haustür aufschwingt und Tom herausstürzt. Ich weiß nicht, was die Etikette gebietet, wenn man beim illegalen Betreten von Privatbesitz und beim Spionieren *und* mit Müll überzogen erwischt wird, darum sage ich einfach: »Hi.« Tom starrt mich an, als wäre ich splitternackt, und ich will ihn schon zurechtweisen, dass es unhöflich ist, so zu starren, als er ausruft: »Was *tust* du da?«

»Ich arbeite an einer Müllstudie, was glaubst du denn?«, erwidere ich säuerlich, während ich meinen Knöchel bewege, um festzustellen, ob er gebrochen ist.

»Ist alles in Ordnung?« Er beugt sich über mich. Ich kann nicht genau erkennen, ob der eigenartige Ausdruck auf seinem Gesicht ein Lächeln ist. Ich nicke. Tom hebt das Hähnchengerippe von meinem Bauch und kickt es quer über den Rasen. Es hinterlässt einen Fettfleck sowie einige Hautfetzen auf meinem schwarzen Top. Dem Himmel sei Dank, dass ich meine Wimpern geformt habe. »Warum hast du dich nicht gemeldet?« Tom geht neben mir in die Hocke.

»Ich *habe* mich gemeldet«, quieke ich erbost, »aber du hast gesagt, ich soll abziehen!«

Tom wirkt verlegen. Er schaut auf seine Füße und stammelt: »Nein, ich meine an der Tür, gerade eben.« Offenbar steht mir die Verblüffung ins Gesicht geschrieben, denn er platzt heraus: »Luke hat es dir nicht gesagt!«

»Was gesagt?« Ich versuche, den Regen von meiner Brille zu wischen, ohne mir dabei Eigelb in die Augen zu schmieren. Ich hatte gehofft, dass ihm die Kunst-Tüte auffällt, doch er ist einfach daran vorbeigerannt. Und das bedeutet, dass er sie nicht mehr romantisch entdecken und dann in nostalgische Tränen ausbrechen wird, sondern dass *ich* ihn ganz plump darauf hinweisen muss und die Situation peinlich wird wie Sex in der Badewanne. Der Bauch schlägt Falten, und die ganze Ästhetik geht flöten.

»Was gesagt?«, wiederhole ich, da Tom anscheinend die Sprache verloren hat.

Er findet sie wieder, abrupt, und zwar stammelnd: »Ich wollte es dir ja selbst sagen, ich hätte es dir sowieso gesagt, aber ich habe nicht gewusst, wie du reagieren würdest, deshalb habe ich gestern Luke gefragt, aber der hat gemeint, ich soll lieber kein Risiko eingehen, *er* würde es dir sagen, und dann taucht der Scheißer ab, und ich hatte keine Ahnung, ob er es dir gesagt hat, und ich habe ihn auch nirgendwo auftreiben können, dabei wollte ich es dir doch selbst sagen und –«

»Was sagen?«, schreie ich, den Kopf in den Nacken gelegt, während ich versuche, mir Lukes genaue Worte ins Gedächtnis zu rufen.

Tom pflückt eine weiße Bohne von meiner Schulter und sagt: »Wenn du es gar nicht weißt, wieso bist du dann gekommen?« Jetzt ist es so weit.

»Ich habe dir was gekauft«, murmle ich. »Es steht an der Tür.«

Tom sieht mich so verblüfft an, als hätte ich ihm ein Vollkornbrötchen an die Stirn gepfeffert. Er springt auf, entdeckt die Tüte und reißt den Umschlag mit der Karte auf. Er liest laut vor:

Es wird allmählich Zeit,
dass du wieder zu malen anfängst.
In Liebe, Helen

Und zu meiner großen Bestürzung – auch wenn mir klar war, dass es so kommen musste, und ich deshalb den Tag verfluche, an dem Tom eine so billige Mülltonne gekauft hat – beginnt sein Mund zu beben, und er blinzelt wie wild. Am liebsten würde ich sofort losheulen.

»Deine Nase läuft«, tadle ich ihn streng, um die Atmosphäre etwas aufzulockern, »möchtest du sie vielleicht an meinem Ärmel abwischen?« Offensichtlich muss ich meine Müllmanieren aufpolieren, denn Tom schlägt beide Hände vor die Augen und schüttelt den Kopf. Mein Blick fällt sehnsüchtig auf seine breiten Schultern und das zerzauste Haar, doch ich glaube, dass es besser ist, erst mal abzuwarten. Mit der Eleganz eines gestrandeten Gorillas zupfe ich Hühnchenfasern und Eierschalen aus meinen Haaren. Dann lege ich sanft die Hand auf Toms Arm und sage: »Ich wollte dich nicht aus der Fassung bringen.«

Tom sieht auf und schenkt mir ein Lächeln, das mir durch Mark und Bein geht. Leise sagt er: »Das war sehr nett von dir.« Auch wenn ich ansonsten nass und kalt bin wie ein Feiertag im Sommer, fühlt sich meine Kehle plötzlich strohtrocken an. Mein Gott! Man pflückt keine weißen Bohnen von der Schulter eines Menschen, den man verabscheut, *und* man lächelt ihn auch nicht so mark- und beindurchgehend an (es sei denn, man braust in einem neuen Testarossa an seinem Mini-Cooper vorbei) – ist es möglich, dass ich nach monatelanger Verbannung aus dem Königreich der Liebe wieder in die heiligen Hallen zurückgeleitet werde? Ich schlucke schwer, starre Tom an und zwinge ihn per Gedankenkraft zum Sprechen. Und er spricht.

Er sagt:

»Helen, ich wollte mit dir über meine Freundin sprechen.«

Das Ende.

Das blöde Grinsen, das sich eben auf meinem Gesicht breitgemacht hat, verschwindet wie ein Lemming von der

Klippe, und ich springe zornig auf. »Danke«, zische ich, »aber das will ich nicht hören.«

Tom sagt: »Helen, nein! Warte!«, und versucht mich am Arm zu packen, doch ich schüttle ihn ab und humple zum Gartentor. Mein dramatischer Abgang verliert etwas an Wirkung, als ich auf dem Hähnchengerippe ausglitsche, doch ich schaffe es, die Balance zu halten, und stürme zum Toyota. »Helen, warte!«, ruft Tom, während ich den Schlüssel ins Schloss zu rammen versuche. Wozu mache ich mir überhaupt die Mühe? Nichts wäre mir *lieber*, als wenn jemand dieses Auto stehlen würde, er täte mir einen riesigen Gefallen, denke ich unglücklich.

»Geh schon REIN!«, schreie ich den Schlüssel an. Tom erreicht mich in dem Moment, in dem ich die Tür aufreiße, die ihn darum ans Knie trifft. Sehr gut.

Ich knalle die Tür zu.

»Helen!«, keucht er, während ich den Motor starte. »Ich habe sie erfunden!«

Was?

Ich kurble das Fenster runter.

»Was?«, kreische ich.

Tom sieht mich an wie ein Welpe, der aufs Sofa gemacht hat. Er erklärt betreten: »Ich wollte es dir beichten, aber ich habe mich nicht getraut.«

»Kann ich verstehen«, antworte ich streng.

Tom seufzt. »Ich war ein Idiot.«

»Gut gesagt!«, krähe ich.

»Luke hat es also nicht ausgeplappert?«, erkundigt sich Tom halblaut.

»Hat er nicht.« Ich werde rot.

Tom kneift die Lippen zusammen und sieht mich besorgt an. »Ich war eifersüchtig«, gesteht er, den Blick reuig gesenkt.

»Echt«, erwidere ich spröde.

»Auf Jasper –« Er windet sich.

»Jasper«, setze ich an.

»Ich weiß inzwischen Bescheid«, sagt Tom.

Ich schalte den Motor aus.

»Danke«, sagt Tom, »ich wäre hier draußen fast erstickt.«

Ich lächle.

»Es tut mir Leid«, sagt Tom.

Ich nicke hoheitsvoll.

»Verzeihst du mir?«

Ich ziehe eine Braue hoch. (Also gut, ich versuche es wenigstens, ich habe es nie richtig fertig gebracht, und die Geste verliert stark an Wirkung, wenn man die andere Braue mit dem Finger runterdrücken muss.)

»Kommt drauf an«, sage ich.

Tom geht in die Hocke, bis sich sein Gesicht auf gleicher Höhe mit meinem befindet.

»Worauf?«, flüstert er.

»Darauf, wie oft du noch gelogen hast«, verkünde ich scharf.

»Gar nicht!«, ruft er entrüstet. »Ich bin ein ausgesprochen ehrlicher Mensch!«

»Bestimmt?«, frage ich. »Das ist sehr wichtig.«

Tom stutzt. Dann sagt er: »Als ich 20 war, also, da habe ich den Frauen immer erzählt, ich sei Kampftaucher. Zählt das?«

»Willst du, dass ich fahre?«, drohe ich halblaut.

Tom stützt die Arme auf den Fensterrahmen des Toyotas.

Dann beugt er sich herein und umarmt mich und zerrt mich durch das Fenster ins Freie.

»Der faule Cousin aus *Ein Duke kommt selten allein*«, sage ich, an ihm festgeklammert.

»Du stinkst nach faulen Eiern.« Tom packt mich noch fester.

»Das ist *zu* ehrlich«, erwidere ich und entwinde mich seiner Umarmung.

Ich schaue Tom an, er schaut zurück, und wir werden beide rot.

In dem folgenden Schweigen balle ich die Fäuste, um mir Mut zu machen.

»Tom«, sage ich langsam, »eines habe ich dir nie verraten.«

»Was hast du mir nie verraten?«, fragt er leise.

»Das mit meinem Vater«, sage ich. Ich lächle verkrampft und nicke eher mir selbst als Tom zu. »Du hast mir geholfen«, sage ich. »Du hast mir sehr geholfen, im Ernst.«

Tom sieht mich verdutzt an. »*Ich* habe doch nichts getan!«, schnauft er. »*Du* hast *mir* geholfen.«

Ich beiße mir auf die Lippe. »Trotzdem«, sage ich. »Du hast Sachen gesagt, die mir sehr geholfen haben.«

Tom flüstert so leise, dass ich ihn kaum hören kann. »Ich stand total neben mir.«

Bebend erwidere ich: »Ich auch.«

Tom sagt: »Ich wollte deinen Schmerz lindern. Aber ich habe gewusst, dass ich das nicht kann.« Seine Stimme bricht. »Trotzdem habe ich es mir so gewünscht.«

Eine Sekunde lang versagt meine Stimme. Dann antworte ich: »Du hast nicht versucht, mich, mich abzulenken.«

Tom schluckt schwer. »In dir war so viel Schmerz, der raus wollte«, sagt er.

Ich winde mich. »Besser raus als rein«, murmle ich.

»Du«, erklärt Tom, »bist stärker als du glaubst.«

Ich schüttle den Kopf. »Ich konnte der Wahrheit einfach nicht ins Auge sehen.« Mir versagt fast die Stimme. »Ewig lang nicht. Ich bin überhaupt nicht tapfer.«

Tom sieht mir in die Augen und korrigiert: »Stark, habe ich gesagt. ›Tapfer‹ ist etwas anderes. Eindeutig überschätzt.«

Er hebt eine Hand und streichelt mein Gesicht. Dann deutet er auf seine Haustür.

»Helen, möchtest du vielleicht reinkommen, dann, äh, würde ich uns einen Kaffee machen?«, fragt er schließlich.

»Ja. Ja, bitte«, sage ich.

»Wie geht es deinem Bein?«, erkundigt er sich.

»Nicht so toll.«

»Als Arzt«, verkündet er unvermittelt, »finde ich, du solltest mit einem verstauchten Knöchel nicht Auto fahren.«

»Sag mal, sehe ich vielleicht aus wie ein Chinchilla?«, widerspreche ich.

Aber ich lächle dabei.

Danksagung

So vielen ist zu danken: Phil Robinson für seine Liebe und seine Witze, Mary Maxted für ihren Mut und ihre Einsicht, Leonie Maxted für die Russen und die Anregungen, Caren Gestetner für ihre Güte, Jonny Geller für die beste Agenturarbeit aller Zeiten, Lynne Drew für ihr exquisites Lektorat, Andy McKillop für seine Nachsicht bei den fehlenden Kapiteln, Wendy Bristow für ihre Freundschaft, Emma Dally für ihre enthusiastische Unterstützung, Jo Kessel für die unzähligen Bekannten wie z. B. Dr. Michael Kessel, Dr. Maurice Cohen dafür, dass er den vollen Katheder bemerkte, Mark Curtis für seine Erklärungen zur Testamentseröffnung, Jeanette King für ihre Weisheit, Andy Robinson über die Informationen zu HK, Evelyn Smith für ihre Geduld – schließlich wartet sie seit meinem achten Lebensjahr auf meinen ersten Roman –, Daniel Silver, der kein Joop! benutzt, und dem fabelhaften Jason P. Worsnip. Ein riesiges Dankeschön auch an alle Mitarbeiter bei Random House, Laura Dubiner, Mandi Norwood, Margaret Carruthers, Sarah Vassel, Heather Blackmore, Sybil Sipkin, Paul Bern, Paul »TCB« Burke, Hudson und Gina Britton, Sasha Slater, Anna Moore, Lisa Sussman, Grub Smith, Alicia Drake-Reece, Martin Raymond, Lynne Randell, *Women In Need*, Sam Leek und James Buchanan.